《电动汽车工程手册》卷目

总主编 孙逢春（北京理工大学，中国工程院院士）

第一卷	纯电动汽车整车设计
主编	北京理工大学 林 程
主审	北京汽车集团有限公司 林 逸

第二卷	混合动力电动汽车整车设计
主编	北京理工大学 何洪文
主审	清华大学 张俊智

第三卷	燃料电池电动汽车设计
主编	同济大学 章 桐
主审	清华大学 李 骏（中国工程院院士）

第四卷	动力蓄电池
主编	中国电子科技集团公司第十八研究所 肖成伟
主审	中国科学院上海微系统与信息技术研究所 夏保佳

第五卷	驱动电机与电力电子
主编	上海电驱动股份有限公司 贡 俊
主审	中国科学院电工研究所 温旭辉

第六卷	智能网联
主编	清华大学 李克强
主审	清华大学 李 骏（中国工程院院士）

第七卷	基础设施
主编	北京交通大学 张维戈
主审	中国科学院电工研究所 王丽芳

第八卷	测试评价
主编	中国汽车工程研究院股份有限公司 周 舟
主审	湖南大学 刘敬平

第九卷	运用与管理
主编	北京理工大学 王震坡
主审	北京航空航天大学 王云鹏

第十卷	标准与法规
主编	中国汽车技术研究中心有限公司 吴志新
主审	比亚迪汽车工业有限公司 廉玉波

谨以此书献给

为中国电动汽车事业
砥砺奋进的电动汽车人！

......

HANDBOOK OF ELECTRIC VEHICLE

总主编 孙逢春　主编 周舟　副主编 徐磊 欧阳　主审 刘敬平

Volume 8

第八卷

电动汽车工程手册

测试评价

《电动汽车工程手册 第八卷 测试评价》主要从整车和关键零部件两个方面的测试评价工作展开，包含基本性能、功能控制、控制策略等整车层级以及关键零部件层级的开发性测试评价关键技术。本卷分别从测试目的、测试设备、参考标准、测试方法步骤、数据处理、评价指标和方法等方面阐述各层级开发性测试评价关键技术，目的在于通过测试评价数据的沉淀和积累真实反映车辆性能、策略、功能等层面的表现，通过挖掘和分析数据，探索标杆车型、竞品车型的设计理念和技术亮点，为开发过程提供重要的数据支撑。部分章节还提供了典型工程实例，可供从事测试评价相关的工程师在实际工作中参考。

本手册旨在梳理电动汽车现有技术成果、推动电动汽车产业链全面发展，不仅可以为高等院校、汽车研究机构和企业工程技术人才培养提供非常有价值的教材和参考资料，而且可以直接服务于电动汽车产业的自主创新，希望能够对深入推进供给侧结构性改革、提高我国电动汽车产业研发自主创新能力、提升自主品牌零部件和整车企业的竞争力、培育汽车产业新动能作出贡献。

版权声明

本书的文字、图像、版式设计等均受《中华人民共和国著作权法》保护。未经著作权人和机械工业出版社许可，任何单位、组织、个人不得以复制、转载、选编、出版等任何方式对本书的全部或局部内容进行非法使用。

任何侵犯本书合法权益的行为，都将被依法追究法律责任。

特此声明。

图书在版编目（CIP）数据

电动汽车工程手册.第八卷，测试评价/周舟主编.—北京：机械工业出版社，2019.12

ISBN 978-7-111-63798-1

Ⅰ.①电… Ⅱ.①周… Ⅲ.①电动汽车—汽车工程—技术手册 Ⅳ.① U469.72-62

中国版本图书馆 CIP 数据核字（2019）第 212338 号

机械工业出版社（北京市百万庄大街22号 邮政编码100037）
策划编辑：何士娟 　　　责任编辑：何士娟 丁 锋 谢 元
责任校对：杜雨霏 陈 越 　责任印制：张 博
北京铭成印刷有限公司印刷
2019年12月第1版第1次印刷
184mm×260mm・42.25印张・3插页・987千字
0 001—3 000册
标准书号：ISBN 978-7-111-63798-1
定价：338.00元

电话服务 　　　　　　　网络服务
客服电话：010-88361066 　机 工 官 网：www.cmpbook.com
　　　　　010-88379833 　机 工 官 博：weibo.com/cmp1952
　　　　　010-68326294 　金 书 网：www.golden-book.com
封底无防伪标均为盗版 　　机工教育服务网：www.cmpedu.com

《电动汽车工程手册》指导委员会

主　任： 付于武　　中国汽车工程学会

委　员：（按姓氏笔画排序）

　　　　　　王传福　　比亚迪汽车工业有限公司

　　　　　　朱华荣　　重庆长安汽车股份有限公司

　　　　　　衣宝廉　　中国工程院院士，中国科学院大连化学物理研究所

　　　　　　安　进　　安徽江淮汽车集团股份有限公司

　　　　　　李　骏　　中国工程院院士，中国汽车工程学会

　　　　　　李开国　　中国汽车工程研究院股份有限公司

　　　　　　林忠钦　　中国工程院院士，上海交通大学

　　　　　　欧阳明高　中国科学院院士，清华大学

　　　　　　钟志华　　中国工程院院士，中国工程院

　　　　　　徐和谊　　北京汽车集团有限公司

　　　　　　徐留平　　中国第一汽车集团有限公司

　　　　　　曾庆洪　　广州汽车集团股份有限公司

　　　　　　曾毓群　　宁德时代新能源科技股份有限公司

　　　　　　魏建军　　长城汽车股份有限公司

《电动汽车工程手册》编撰委员会

（按姓氏笔画排序）

主　　　任： 孙逢春

副 主 任： 王云鹏　王丽芳　王震坡　刘敬平　贡　俊　李克强
　　　　　　 肖成伟　吴志新　何洪文　张俊智　张维戈　林　逸
　　　　　　 林　程　周　舟　夏保佳　章　桐　温旭辉　廉玉波

常务委员： 史建鹏　李　罡　李高鹏　杨大勇　吴　凯　陈上华
　　　　　　 武锡斌　赵子亮　郝景贤　钟益林　高立新　凌和平

委　　员： 王　兆　王　芳　王大方　王仁广　王文伟　王志福
　　　　　　 王松蕊　王泽兴　田长青　田立庆　白　杰　白影春
　　　　　　 冯　屹　边明远　任丽彬　刘　鹏　刘永东　刘坚坚
　　　　　　 刘桂彬　闫紫电　阳如坤　孙　力　孙　影　孙华军
　　　　　　 苏金然　苏常军　李　进　李　威　李玉军　李冰心
　　　　　　 李益丰　杨　洁　杨　勇　杨子发　杨世春　杨智伟
　　　　　　 杨睿诚　时志强　吴　川　吴大勇　吴宁宁　囤金军
　　　　　　 何云堂　邹慧明　汪正胜　宋　珂　宋盼盼　张　雷
　　　　　　 张舟云　张承宁　张新丰　张福元　陈　勇　陈　强
　　　　　　 陈朝阳　陈潇凯　苗艳丽　欧　阳　罗禹贡　周　辉
　　　　　　 郑马英　单忠强　屈丽辉　孟祥峰　赵小勇　赵庆云
　　　　　　 赵治国　赵洪辉　段秋生　侯　明　秦志东　袁国辉
　　　　　　 袁登科　袁瑞铭　夏定国　倪绍勇　倪淮生　徐　宁
　　　　　　 徐　斌　徐　磊　徐焕恩　殷国栋　高　石　高　波
　　　　　　 高学平　高建平　高振海　郭景华　黄　艳　黄　彧
　　　　　　 黄苏融　曹万科　彭剑坤　董其惠　蒋　萌　程夕明
　　　　　　 程兴群　曾小华　谢　飞　翟　丽　熊　瑞　潘　牧
　　　　　　 戴长松　魏跃远　糜　锋

《电动汽车工程手册》出版委员会

出版人： 李奇

指导组： 郭锐　朱长福　范兴国　王霄飞　牛新国　杨民强
韩雪清　郑丹　张祖凤　王廷　彭晓婷　崔占军
孙翠　田淑华　赵海青　施红

编审组：（按姓氏笔画排序）
丁锋　王荣　王婕　王建霞　王海霞　孔艳
母云红　刘静　汤枫　安桂芳　孙鹏　杜凡如
李军　连景岩　时静　何士娟　张周鹏　张俊红
张淑谦　张翠翠　陈文龙　林春泉　孟阳　赵帅
赵璇　赵慧　赵晓峰　郝建伟　侯颖　徐霆
徐明煜　崔滋恩　鹿征　章承林　董一波　曾红
谢元　魏莹

生产组：（按姓氏笔画排序）
王廷　石冉　付方敏　刘雅娜　闫玥红　纪敬
杜雨霏　李杉　李婷　连美冬　宋安　张征
张博　张薇　陈越　陈立辉　郑婕　贾立萍
陶湛　梁静　蔡健伟　潘蕊

营销组： 苗强　牟小仪　黄吉安　李双雷　张萍　张彩峰
张敦鸿　邵邵　危井振　张全加　齐保镇　贾贯中
孙翔　于洋　陈远新　葛龙　张奕　邓晗男
甄冲　谭智慧　陈末予　刘佳佳　梁露　董春晖
郑晨

序

《电动汽车工程手册》正式和广大读者见面了。这是对我国新能源科技与工程领域的一个贡献,也是我国新能源汽车产业的一项重大基础性建设。

从顶层上看,中国汽车产业发展战略一定要与国家的能源战略相契合。国家的能源战略很明确,就是立足国情,多元替代。2009 年,我国将新能源汽车上升为国家战略,在全球率先启动了产业化进程。2014 年,发展新能源汽车被认为是迈向汽车强国的必由之路,这更进一步坚定了相关企业的信心,汽车产业总体由燃油汽车的跟踪追赶转向新能源汽车的"换道先行"。

近几年来,我国新能源汽车技术快速发展,整体素质和实力有所增强,产品的质量和水平有较大提高,产品的门类和品种有了较快的发展,为我国社会主义现代化建设做出了应有的贡献。但是也应当看到,与国民经济蓬勃发展的需要和国际先进水平相比,我国电动汽车技术还存在着一定差距。在我国社会主义市场经济体制逐渐建立和完善的进程中,在世界范围新技术革命步伐加快的过程中,我国电动汽车工业既有机遇,又有挑战。为此,电动汽车工业发展必须真正调整到依靠科技进步和提高劳动者素质的轨道上来,要下大力气掌握和追踪新技术,开发和应用新技术,改造传统工艺,发展新兴产业,不断增强电动汽车工业在国内外两个市场的竞争能力。只有这样,才能更好地完成党和人民赋予我们的发展民族汽车工业的历史重任。

《电动汽车工程手册》正是为完成这个历史任务而诞生的。它梳理了电动汽车产业多年发展的知识积累,凝结了我国电动汽车产业近 20 年来自主研究的重要成果,对于总结电动汽车现有技术成果、强化关键共性技术、引领技术发展方向有重要意义;另外,它涉及的内容全面,对于推进电动汽车产业链全面发展、加快国家基础体系建设具有重要意义,对于发展新能源汽车的国家战略、加快新能源汽车的推广应用、有效缓解能源和环境压力、促进汽车产业转型升级也将起到重要的参考作用,具有非常重要的出版价值。

这部手册的编写与审稿队伍,由国内千余名有专长、有经验的学者和专家所组成。手册扼要地总结了电动汽车各个关键细分领域的科学技术成就,同时也吸收了国外的成熟经验。聚沙成塔,集腋成裘。名为手册,实为巨著。

读书不易,写书颇难,写工具书更难。为了编好这部"立足全局,勾画全貌,反映共性,突出重点"的手册,从技术全面性、知识完整性、分卷协调性的角度出发,编者们做了很大努力,从无到有,诸事草创,困难重重,艰辛备尝。值此手册出版之际,我谨向各参编单位、各审稿单位和出版印刷单位,向数以千计的全体编写、审稿人员,向遍及全国的为手册提供资料和其他便利条件的单位和同志们,表示衷心的感谢。

"大道行于百年，权宜利于一时"。《电动汽车工程手册》是积累、扩充和传播知识的工具，是新能源汽车科技领域的一项宏远工程。唯有以渊博的科学技术知识作为基础，才能不断创新。它既可供从事技术工作的各类人员在工程实践中查阅使用，也可供企事业单位从事相关管理工作的人员参考使用。读者可以从中了解相关专业领域的国内领先科技和国际先进科技，了解和把握技术动向，以便能科学、准确地做出决策和规划，使我们的工作更具系统性、预见性和创造性，更好地为汽车工业的持续、快速、健康发展服务。

实践是检验真理的唯一标准。在我国，这类工具书的编撰和出版工作刚刚开始，现在是从无到有，将来是精益求精。我们将严肃认真地听取广大读者的意见和建议，以作为评价和改进这部手册的主要依据。在新的长征途中，希望我们全体的中国汽车人勠力同心，再接再厉，去完成时代赋予我们的光荣使命。

前 言

  2014年5月24日,习近平总书记在上海汽车集团考察时指出:"发展新能源汽车是我国从汽车大国迈向汽车强国的必由之路。"他的重要讲话为我国汽车工业的发展指明了前进和发展方向。2010年,国家把新能源汽车列入七大战略性新兴产业之一;2015年,节能与新能源汽车列入《中国制造2025》十大重点支持领域之一。

  保障我国能源安全、实现节能和环保、促进汽车产业技术革命及产业转型升级,是发展新能源汽车的国家战略和大势所趋。以新能源汽车为基础的智能网联汽车,将会在生产环节以及整个消费环节、服务环节取得全面发展。

  经过国家四个"五年计划"的科技攻关,特别是通过2008年北京奥运会、2010年上海世博会,我国新能源汽车行业取得了四大标志性成果:一是新能源汽车产业规模和产销量全球第一,并占有全球50%以上市场份额,技术水平处于国际先进行列;二是充电基础设施规模全球第一;三是动力蓄电池、电机、电控等核心关键技术产品产销量全球第一;四是构建了全球领先的新能源汽车安全运行监管平台技术和标准体系。

  目前,我国新能源汽车产业基本掌握了整车技术和关键零部件技术,有了一定的技术积累,进入了成长期。

  成长中的中国新能源汽车,对知识的需求极度渴望。在完全开放的全球市场中,技术竞争压力越来越大,中国汽车企业亟须解决电动汽车核心关键技术。加快新能源汽车持续创新,推进中国汽车产业技术转型升级,是中国科技发展的重大战略需求。

  我国新能源汽车发展了20多年,是到了一个该总结、该展望的时刻了。

  《电动汽车工程手册》是一部系统概括电动汽车各专业主要技术内容的大型工具书,总结了三种电驱动车辆——纯电动汽车、混合动力电动汽车和燃料电池电动汽车相关的技术成果和知识链。

  《电动汽车工程手册》的编写初衷,是响应国家建设制造强国的发展战略目标要求,系统地、完整地梳理我国电动汽车这20多年来的知识体系,对电动汽车各个关键细分领域专题技术路线进行深入剖析,总结电动汽车现有技术成果,强化关键共性技术,引领技术发展方向,希望能够从供给侧的角度推进电动汽车产业链全面发展。

  根据国家电动汽车重大专项部署,依据我国科技开发和产业化"三纵三横"布局,《电动汽车工程手册》规划了10卷:《纯电动汽车整车设计》《混合动力电动汽车整车设计》《燃料电池电动汽车设计》《动力蓄电池》《驱动电机与电力电子》《智能网联》《基础设施》《测试评价》《运用与管理》和《标准与法规》。其中,前三卷为整车卷,第四卷和第五卷为关键技术卷,第六卷到第十卷涉及三种整车共同的基础建设和相关产业链。手册内容广泛，卷帙浩繁，各卷的内容又相互渗透，互为补充，构成了一个纵横交错的知识体系。

从2016年开始，《电动汽车工程手册》编撰委员会盛情邀请在智能网联新能源汽车研究开发和产业化领域积极进取、攻坚克难和卓有建树的相关单位和专家，积极参与《电动汽车工程手册》的编撰工作。这套手册的编撰是一个从无到有的大工程，三年来，在千余位专家学者的共同努力下，书稿终成。

本手册集成产、学、研各方力量和智慧，实属来之不易。在这里，衷心地感谢《纯电动汽车整车设计》林程主编/林逸主审、《混合动力电动汽车整车设计》何洪文主编/张俊智主审、《燃料电池电动汽车设计》章桐主编/李骏主审、《动力蓄电池》肖成伟主编/夏保佳主审、《驱动电机与电力电子》贡俊主编/温旭辉主审、《智能网联》李克强主编/李骏主审、《基础设施》张维戈主编/王丽芳主审、《测试评价》周舟主编/刘敬平主审、《运用与管理》王震坡主编/王云鹏主审、《标准与法规》吴志新主编/廉玉波主审；感谢北汽新能源、宁德时代、福田汽车、广汽新能源、宇通客车、比亚迪汽车、中国一汽、东风汽车、上汽集团、长安新能源、奇瑞新能源等知名企业的技术总监和技术专家；感谢清华大学、北京理工大学、北京航空航天大学、北京交通大学、同济大学、吉林大学、南开大学、天津大学、重庆大学、湖南大学等院校的教授和老师；感谢中国电子科技集团公司第十八研究所、中国科学院电工研究所、中国科学院理化技术研究所、中国汽车技术研究中心有限公司、中国汽车工程研究院股份有限公司等研发机构的工程师。

《电动汽车工程手册》还是一个新生儿，希望大家能够不断地对之修正补充完善，使之始终伴随并助力中国电动汽车产业的健康成长。

手册终于和大家见面了，但在总体编排和一些具体问题的处理上仍有些不尽如人意之处，欢迎广大读者批评指正，并请将意见和建议发到邮箱evhandbook@163.com。感谢大家的支持！

本卷编写与审稿人员

主 编：周舟　副主编：徐磊　欧阳　主 审：刘敬平

章号	章名	负责人	编写人员	审稿人员
第1章	基础知识	重庆大学：胡建军	重庆大学：陶俊龙，熊松松	重庆大学：秦大同； 湖南大学：刘敬平，张全长，周维，杨钦文，王书千，关尽欢
第2章	纯电动汽车测试评价	吉林大学：初亮	吉林大学：郭崇，赵迪 中国汽车工程研究院股份有限公司：周舟，徐磊，欧阳，金岩，雷剑梅，王毅，孙瀚文，白琴，陈立东，韩超超	湖南大学：刘敬平，张全长，周维，杨钦文，王书千，关尽欢； 北京新能源汽车股份有限公司：田勇，岳巍，李毅
第3章	混合动力汽车测试评价	重庆大学：胡明辉	重庆大学：王东洋，傅春耘； 中国汽车工程研究院股份有限公司：杨勇	重庆大学：孙冬野； 湖南大学：刘敬平，张全长，周维，杨钦文，王书千，关尽欢
第4章	燃料电池汽车测试评价	重庆大学：张财志	上海汽车集团股份有限公司：陈沛； 重庆长安汽车股份有限公司：陈金锐； 上海重塑能源科技有限公司：宋小进	湖南大学：刘敬平，张全长，周维，杨钦文，王书千，关尽欢
第5章	电机系统测试评价	北京理工大学：宋强	河北师范大学：王再宙	湖南大学：刘敬平，张全长，周维，杨钦文，王书千，关尽欢
第6章	动力蓄电池测试评价	中国汽车工程研究院股份有限公司：张志	中国汽车工程研究院股份有限公司：张永生，仇明，唐小晴，王小，张大志； 桑顿新能源科技有限公司：肖剑，章振贵	湖南大学：刘敬平，张全长，周维，杨钦文，王书千，关尽欢
第7章	燃料电池堆与系统测试评价	中国科学院大连化学物理研究所：侯明； 同济大学：侯永平	中国科学院大连化学物理研究所：郑利民； 新源动力股份有限公司：邢丹敏； 南京大学：刘建国； 大连擎研科技有限公司：梁栋； 上海机动车检测认证技术研究中心有限公司：裴冯来； 同济大学：张若婧	湖南大学：刘敬平，张全长，周维，杨钦文，王书千，关尽欢
第8章	充电设施测试评价	北京交通大学：黄彧	北京交通大学：张言茹	北京交通大学：鲍谚，牛利勇； 湖南大学：刘敬平，张全长，周维，杨钦文，王书千，关尽欢

本卷前言

发展新能源汽车,是我国汽车产业由大变强的必由之路,经过多年持续的努力,我国新能源汽车的发展取得了明显成效,产业规模全球领先,产销量连续两年世界第一,技术水平逐步提升。随着产业规模和产销量的扩大,为了进一步提升产品品质,这就要求全行业必须高度重视电动汽车测试评价工作。

电动汽车测试评价不再仅限于检测认证,而是通过测试评价数据的沉淀和积累,真实地反映车辆性能、策略和功能等层面的表现,通过对数据的挖掘和分析,探索标杆车型、竞品车型的设计理念和技术亮点,为开发过程提供重要的数据支撑。还可用于开发过程中的车型验证工作,获取功能样车的性能,判断其控制策略和功能定义的合理性,确定后期的技术整改和优化方向,来指导产品技术的精细化开发和设计,这是面向正向开发的测试评价工作的难点和重点,也是行业技术突破的重点。电动汽车测试评价是产品开发过程中不可或缺的重要一环。

目前,我国在电动汽车测试评价领域起步较晚,在专业的试验设备、测试方法、评价体系和数据积累等方面有待进一步完善。《电动汽车工程手册 第八卷 测试评价》分别从纯电动汽车、混合动力汽车、燃料电池汽车、电机系统、动力蓄电池、燃料电池堆与系统、充电设施等方面介绍整车性能、策略、功能等层面的开发性测试评价关键技术以及关键零部件的开发性测试评价关键技术。

全书共分8章。第1章测试评价基础知识,包括电动汽车常用术语、测试基础知识、常规测试设备、专用测试设备和测试循环工况。第2章纯电动汽车测试评价,重点介绍纯电动汽车各性能特点的测试评价方法,涉及依据法规的测试评价,以及依据主机厂开发需求的测试评价。第3章混合动力汽车测试评价,介绍串联式、并联式、混联式等不同动力系统结构带来的"模式选择""功率分配""动态协调控制"等机电耦合系统控制关键技术测试评价方法。第4章燃料电池汽车的测试评价,包括燃料电池汽车经济性、冷却系统控制策略、热管理性能、整车安全以及环境适应性等方面。第5章电机系统测试评价,包括电机一般参数测试、性能参数测试评价、系统安全与环境适应性测试评价以及系统可靠性测试评价四个方面。第6章动力蓄电池测试评价,包括单体蓄电池测试评价、蓄电池包/系统测试评价以及开发性解析测试评价三大类，其中单体蓄电池针对电性能和安全性两方面，蓄电池包/系统则针对电性能、安全性、环境适应性、BMS 功能保护以及控制方法五个方面，开发性解析测试评价则针对开发过程中的特殊要求进行展开。第 7 章燃料电池堆与系统测试评价，其中燃料电池堆介绍了安全性、基本性能、低温性能、抗振动冲击性能四个方面；燃料电池系统介绍了系统稳态特性、系统动态特性、系统起动性能、系统安全性四个方面。第 8 章充电设施测试评价，包含非车载充电机、车载充电机、交流充电桩、无线充电系统四个方面，介绍了电气性能、安全防护性能、电气安全性能、耐环境性能以及电磁兼容性能等方面。

  本卷编写过程中汇集了行业专家智慧，众多企业、高校及研究机构的专家学者参与了本书的编写和审阅工作。其中，中国汽车工程研究院股份有限公司、上海汽车集团股份有限公司、重庆长安汽车股份有限公司、上海重塑能源科技有限公司、上海机动车检测认证技术研究中心有限公司、北京理工大学、中国科学院大连化学物理研究所、吉林大学、湖南大学、重庆大学、北京交通大学等多位专家学者直接负责和参与了各个章节的编写和审阅工作，在此对他们表示衷心的感谢。

  本书参考了大量的文献及整车和零部件相关资料，编辑尽量在参考文献中做了说明，但是由于工作量较大，对没有说明的文献的作者表示歉意和感谢。

  电动汽车测试评价涉及范围较广，限于编者的水平，书中难免存在一些不足之处，敬请广大读者批评指正。

编　者

2019 年 8 月

目 录

《电动汽车工程手册》指导委员会
《电动汽车工程手册》编撰委员会
《电动汽车工程手册》出版委员会
序
前言
本卷编写与审稿人员
本卷前言

第1章 基础知识

1.1 术语 ·· 1
 1.1.1 纯电动汽车相关术语 ································ 1
 1.1.2 混合动力电动汽车相关术语 ······················ 6
 1.1.3 燃料电池电动汽车相关术语 ······················ 8
1.2 测试基础 ·· 10
 1.2.1 测量基础知识 ·· 10
 1.2.2 试验设计理论 ·· 15
 1.2.3 测试系统基本特性 ·································· 22
 1.2.4 试验数据采集与处理 ······························ 40
 1.2.5 总线技术 ·· 50
1.3 测试设备 ·· 69
 1.3.1 传感器 ··· 69
 1.3.2 纯电动/混合动力汽车测试设备 ··············· 84
 1.3.3 燃料电池汽车专用测试设备 ······················ 98
 1.3.4 零部件测试设备 ··································· 102
1.4 测试工况 ··· 111
 1.4.1 工况的定义与分类 ································ 111
 1.4.2 5种常用工况 ······································· 113
参考文献 ·· 119

第2章 纯电动汽车测试评价

2.1 基本性能测试 ·· 122
 2.1.1 动力性测试 ··· 123
 2.1.2 经济性测试 ··· 125
 2.1.3 制动性能测试 ······································ 130
 2.1.4 NVH测试 ··· 132
 2.1.5 电磁兼容性测试 ··································· 135
 2.1.6 整车电平衡测试 ··································· 137
 2.1.7 一般安全测试 ······································ 139

		2.1.8	碰撞后安全测试	143
	2.2	功能性测试		144
		2.2.1	E/E 架构测试	144
		2.2.2	总线测试	146
		2.2.3	上下电测试	150
		2.2.4	失效安全测试	152
		2.2.5	电性能测试	155
		2.2.6	充电功能测试	158
		2.2.7	远程监控功能测试	174
	2.3	策略性测试		176
		2.3.1	驱动控制策略测试	176
		2.3.2	制动控制策略测试	180
		2.3.3	热管理策略测试	182
		2.3.4	附件管理策略测试	189
		2.3.5	测试案例	191
	2.4	展望		202
	参考文献			202

第3章　混合动力汽车测试评价

	3.1	基本性能测试		206
		3.1.1	动力性测试	206
		3.1.2	经济性测试	213
		3.1.3	制动性测试	233
		3.1.4	NVH 测试	235
		3.1.5	电磁兼容性测试	242
		3.1.6	整车电平衡测试	244
		3.1.7	一般安全测试	244
		3.1.8	碰撞后安全测试	244
	3.2	功能性测试		244
		3.2.1	E/E 架构测试	245
		3.2.2	总线测试	245
		3.2.3	上下电测试	245
		3.2.4	失效安全测试	245
		3.2.5	电性能测试	245
		3.2.6	充电功能测试	245
		3.2.7	远程监控功能测试	245
	3.3	策略性测试		245
		3.3.1	驱动控制策略测试	246
		3.3.2	制动控制策略测试	254
		3.3.3	热管理策略测试	257
		3.3.4	附件管理策略测试	257
	3.4	实车案例展示		257
		3.4.1	基本性能测试	257
		3.4.2	功能性测试	262

　　　　3.4.3　策略性测试 …………………………………………… 268
　3.5　展望 ……………………………………………………………… 308
　参考文献 ……………………………………………………………… 309

第4章　燃料电池汽车测试评价

4.1　燃料电池电动汽车动力性测试 ………………………………… 312
　　4.1.1　燃料电池电动汽车动力性客观测试评价 …………………… 312
　　4.1.2　燃料电池电动汽车动力性主观测试评价 …………………… 319
4.2　燃料电池电动汽车续驶里程及燃料经济性测试 ……………… 322
　　4.2.1　续驶里程测试 ………………………………………………… 322
　　4.2.2　氢气消耗量测试 ……………………………………………… 325
　　4.2.3　增程式燃料电池电动汽车能量消耗量测试 ………………… 329
　　4.2.4　全功率燃料电池电动汽车能量消耗量测试 ………………… 336
4.3　燃料电池电动汽车振动噪声测试 ……………………………… 338
　　4.3.1　电堆辅助系统振动噪声测试方法 …………………………… 338
　　4.3.2　进气系统振动噪声测试 ……………………………………… 339
　　4.3.3　汽车车内噪声测试 …………………………………………… 342
　　4.3.4　市区行驶条件下车辆噪声测试 ……………………………… 343
4.4　燃料电池电动汽车冷却系统控制策略分析测试 ……………… 344
　　4.4.1　起动暖机过程控制策略测试 ………………………………… 345
　　4.4.2　行驶控制策略测试 …………………………………………… 346
　　4.4.3　后冷却控制策略测试 ………………………………………… 348
4.5　燃料电池电动汽车整车热管理系统性能测试 ………………… 349
　　4.5.1　燃料电池电动汽车热平衡性能测试 ………………………… 350
　　4.5.2　燃料电池电动汽车空调系统降温性能测试 ………………… 351
　　4.5.3　燃料电池电动汽车空调系统采暖性能测试 ………………… 352
　　4.5.4　燃料电池电动汽车空调除霜除雾性能测试 ………………… 353
4.6　燃料电池电动汽车的整车安全要求及测试 …………………… 355
　　4.6.1　车载氢系统安全要求 ………………………………………… 355
　　4.6.2　燃料电池电堆/系统安全要求 ………………………………… 356
　　4.6.3　电气系统的安全要求 ………………………………………… 357
　　4.6.4　功能安全要求 ………………………………………………… 358
　　4.6.5　紧急情况下的安全要求 ……………………………………… 358
　　4.6.6　车载氢安全测试 ……………………………………………… 359
　　4.6.7　压缩氢存储条件及性能测试 ………………………………… 363
　　4.6.8　车载氢系统的氢兼容性测试 ………………………………… 366
　　4.6.9　氢气排放测试 ………………………………………………… 368
4.7　燃料电池电动汽车的环境适应性测试 ………………………… 369
　　4.7.1　低温环境性能测试 …………………………………………… 370
　　4.7.2　高湿测试 ……………………………………………………… 373
　　4.7.3　海拔测试 ……………………………………………………… 375
　　4.7.4　强化腐蚀测试 ………………………………………………… 376
4.8　燃料电池电动汽车测试案例 …………………………………… 380

	4.8.1 燃料电池电动汽车动力性测试案例	380
	4.8.2 百公里氢气消耗量和续驶里程测试案例	383
	4.8.3 燃料电池电动汽车低温冷起动性能测试案例	384
	4.8.4 燃料电池电动汽车噪声测试案例	388
	4.8.5 燃料电池电动汽车氢气排放测试案例	389
4.9	展望	392
附录	燃料电池电动汽车热管理性能测试测试点及传感器布置清单	392
参考文献		394

第5章 电机系统测试评价

5.1	整体试验准备	398
5.2	电机系统一般性参数测试	399
	5.2.1 电机定子绕组冷态直流电阻测试	400
	5.2.2 电机系统绝缘电阻测试	401
	5.2.3 电机系统耐电压测试	403
	5.2.4 电机超速测试	407
5.3	基于台架的电机系统性能参数测试	408
	5.3.1 电机温升测试	408
	5.3.2 工作电压范围测试	410
	5.3.3 电机系统输入输出特性测试	411
5.4	电机系统安全性和环境适应性测试	419
	5.4.1 安全性测试	419
	5.4.2 环境适应性测试	420
5.5	电机系统可靠性测试	425
5.6	电机系统电磁兼容测试	428
5.7	测试示例	436
5.8	展望	445
参考文献		446

第6章 动力蓄电池测试评价

6.1	单体蓄电池试验	449
	6.1.1 单体蓄电池测试平台	450
	6.1.2 通用测试程序	451
	6.1.3 基本信息检查和基本参数测量	452
	6.1.4 电性能试验	454
	6.1.5 安全性试验	464
6.2	蓄电池包/系统试验	470
	6.2.1 试验测试平台	472
	6.2.2 通用测试程序	474
	6.2.3 基本信息检查和基本参数测量	485
	6.2.4 电性能试验	485
	6.2.5 BMS控制方法试验	502
	6.2.6 BMS功能保护试验	515
	6.2.7 环境适应性试验	518

	6.2.8	安全性试验	526
6.3	解析试验		537
	6.3.1	基本信息解析	537
	6.3.2	CAN通信信息解析	541
	6.3.3	传感器信号解析	541
6.4	展望		544
参考文献			545

第7章 燃料电池堆与系统测试评价

7.1	测试对象		547
	7.1.1	燃料电池堆	547
	7.1.2	燃料电池系统	548
7.2	燃料电池堆参数确认与测量		549
7.3	燃料电池堆安全性测试		550
	7.3.1	气密性测试	550
	7.3.2	压力测试	553
	7.3.3	绝缘电阻测试	554
7.4	燃料电池堆性能测试		555
	7.4.1	极化曲线测试	555
	7.4.2	额定功率测试	558
	7.4.3	峰值功率测试	559
	7.4.4	反应气（氢气、空气）利用率测试	559
	7.4.5	燃料电池堆效率测试	561
	7.4.6	操作参数对性能的影响测试	563
	7.4.7	单电池一致性测试	563
7.5	燃料电池堆低温存储与启动测试		564
	7.5.1	低温存储测试	564
	7.5.2	低温启动测试	565
7.6	燃料电池堆冲击、振动测试		566
	7.6.1	冲击测试	566
	7.6.2	振动测试	568
7.7	燃料电池堆测试实例		569
	7.7.1	基本参数测试	569
	7.7.2	安全性测试	569
	7.7.3	性能测试	570
7.8	燃料电池系统测试准备		575
	7.8.1	燃料电池系统测试条件	575
	7.8.2	测试状态的规定	575
	7.8.3	测量误差的规定	576
	7.8.4	浸机及热机处理方法	576
7.9	燃料电池系统稳态性能测试		577
	7.9.1	稳态特性测试	577
	7.9.2	额定功率特性试验	578
	7.9.3	峰值功率特性试验	578

	7.9.4 稳态性能指标	579
7.10	燃料电池系统启动特性试验	579
	7.10.1 常温启动特性试验方法	580
	7.10.2 低温冷启动特性测试	582
	7.10.3 启动特性的评价	583
7.11	燃料电池系统动态特性测试	584
	7.11.1 动态响应特性	584
	7.11.2 动态循环特性	584
	7.11.3 动态平均效率特性测试	585
	7.11.4 氢气排放特性测试	586
7.12	燃料电池系统安全性测试	589
	7.12.1 紧急停机功能测试	589
	7.12.2 气密性测试	589
	7.12.3 绝缘性测试	590
7.13	展望	591
附录		591
	附录1 燃料电池堆振动工况	591
	附录2 燃料电池系统循环工况	594
	附录3 燃料电池系统稳态性能相关数据的计算	595
参考文献		598

第8章 充电设施测试评价

8.1	非车载充电机测试	602
	8.1.1 基本结构	602
	8.1.2 电气性能测试	602
	8.1.3 安全保护功能测试	607
	8.1.4 电气安全性能测试	609
	8.1.5 气候环境测试	610
	8.1.6 机械强度测试	612
	8.1.7 电磁兼容测试	613
	8.1.8 温升测试	615
	8.1.9 IP防护测试	616
	8.1.10 噪声测试	617
8.2	车载充电机	617
	8.2.1 基本结构	617
	8.2.2 电气性能测试	618
	8.2.3 安全保护功能测试	622
	8.2.4 电气安全性能测试	623
	8.2.5 气候环境测试	625
	8.2.6 机械强度测试	627
	8.2.7 电磁兼容测试	628
	8.2.8 耐环境测试	628
	8.2.9 噪声测试	629
8.3	交流充电桩	630

8.3.1　基本结构 …………………………………………………… 630
　　　8.3.2　安全防护测试 ………………………………………………… 630
　　　8.3.3　电气安全性能测试 …………………………………………… 631
　　　8.3.4　耐环境测试 …………………………………………………… 632
　　　8.3.5　电磁兼容测试 ………………………………………………… 634
　8.4　无线充电系统 ………………………………………………………… 634
　　　8.4.1　基本结构 …………………………………………………… 634
　　　8.4.2　电气性能测试 ………………………………………………… 635
　　　8.4.3　安全防护测试 ………………………………………………… 639
　　　8.4.4　电气安全性能测试 …………………………………………… 640
　　　8.4.5　耐环境测试 …………………………………………………… 642
　　　8.4.6　电磁兼容测试 ………………………………………………… 643
　　　8.4.7　温升测试 ……………………………………………………… 646
　8.5　案例展示 ……………………………………………………………… 648
　　　8.5.1　非车载充电机 ………………………………………………… 648
　　　8.5.2　车载充电机 …………………………………………………… 652
　8.6　展望 …………………………………………………………………… 654
　参考文献 …………………………………………………………………… 654

第1章 基础知识

1.1 术语

本小节界定了与电动汽车相关的术语和定义。GB/T 2900.41—2008、GB/T 19752—2005、GB/T 24548—2009 和 GB/T 30038—2013 界定的以及下列术语和定义适用于本卷。

1.1.1 纯电动汽车相关术语

1.1.1.1 驱动、行驶装置

辅助系统 驱动系统以外的用电或采用电能操纵的车载系统。
车载能源 变换器和储能装置的组合。
驱动系统 汽车起动后,能够依据驾驶人的操作指令,给汽车提供驱动动力的系统。
动力系 动力单元与传动系的组合。
电驱动系统 由驱动电机、动力电子装置和将电能转换到机械能的相关操纵装置组成的系统。
电动动力系 包括了电驱动系统和传动系统的动力系。
前后方向控制器 通过驾驶人操作,用来选择汽车行驶方向(前进或后退)的专用装置。

整车控制器 动力总成控制器采集加速踏板信号、制动踏板信号及其他部件信号，并作出相应判断后，控制下层的各部件控制器的动作，可实现整车驱动、制动、能量回收。

电力系统 产生、输送、使用电能的电路系统，包括电源。

制动能量回收系统 汽车滑行、减速或下坡时，将车辆行驶过程中的动能及势能转换或部分转换为车载可充电储能系统的能量并储存起来的系统。

动力蓄电池系统 一个或一个以上蓄电池包及相应附件（蓄电池管理系统、高压电路、低压电路、热管理设备以及机械总成）构成的为电动汽车整车行驶提供电能的能量储存装置。

驱动电机系统 驱动电机、驱动电机控制器以及其工作必需的辅助装置的组合。

高压系统 电动汽车内部 B 级电压以上与动力蓄电池直流母线相连或由动力蓄电池电源驱动的高压驱动零部件系统，主要包括但不限于：动力蓄电池系统、高压配电系统（高压继电器、熔断器、电阻器、主开关等）、电机及其控制器系统、DC/DC 变换器和车载充电机等。

1.1.1.2 车身、底盘

电池托架 为便于安装承载动力蓄电池的装置，有移动式和固定式之分。

电平台 一组电气相联的可导电部分，其电位作为基准电位。

动力电缆 驱动电机动力电路所用的电线。

充电插孔 在车身上安装充电用插座（传导式充电）或充电口（感应式充电）的装置。

乘员舱 由顶盖、地板、侧围、车门、玻璃窗和前围、后围或后座椅靠背支撑板以及防止乘员接触带电部分的电气保护遮栏、外壳围成的容纳乘员的空间。

1.1.1.3 电气装置及部件

储能装置 安装在电动汽车上储存电能的装置，包括各种动力蓄电池、超级电容和飞轮电池等或其组合。

带电部分 正常使用时通电的导体或导电部分。

可导电部分 能够使电流通过的部分，在正常工作状态下不带电，但在基本绝缘失效的情况下，可能成为带电部分。

外露可导电部分 可以通过 IPXXB（防护等级代码）关节试指触及的可导电部分。

主开关 用于开、关动力蓄电池和控制其主电路的开关。

绝缘电阻监测系统 对动力蓄电池及连接高压母线和车辆底盘之间的绝缘电阻进行定期或持续监测的系统。

维护插接器 维护和更换动力蓄电池时用来断开电路的装置。

高压母线 与 REESS（车载可充电储能系统）相连接的高压电路，包括 REESS 的对外输出部分和充电部分。

电力系统负载 断开所有可充电储能系统和燃料电池堆后剩下的 B 级电压电路。

1.1.1.4 指示器、信号装置

电池过热报警装置 当动力蓄电池的温度超过限值时,发出报警信号的装置。

电池液位报警装置 当动力蓄电池的电解液液位过低需要补充时,发出报警信号的装置。

剩余电量显示器 显示动力蓄电池剩余电量的仪器。

电机超速报警装置 当电机的转速超过限值时,发出报警信号的装置。

电机过热报警装置 当电机的温度超出限值时,发出报警信号的装置。

电机过电流报警装置 当电机的电流超过限值时,发出报警信号的装置。

控制器过热报警装置 当控制器的温度超过限值时,发出报警信号的装置。

绝缘失效报警装置 当主电路绝缘电阻低于限值时,发出报警信号的装置。

可运行指示器 显示车辆可以正常运行的装置。

制动能量回收指示器 显示电制动系统能量回收强弱的装置。

1.1.1.5 驱动电机系统

电驱动系统 由驱动电机、动力电子装置和将电能转换成机械能的相关操纵装置组成的系统。

电机 将电能转换成机械能或将机械能转换成电能的装置,它具有能做相对运动的部件,是一种依靠电磁感应运行的电气装置。

电动机 将电能转换为机械能的电机。

驱动电机 为车辆行驶提供驱动力的电动机。

辅助电机 驱动电机以外的电动机。

起动发电电机 用于起动发动机和具有发电功能的电机。

电机控制器 控制动力电源与电机之间能量传输的装置,由控制信号接口电路、电机控制电路和驱动电路组成。

串励直流电机 励磁绕组和电枢绕组串联的直流电机。

并励直流电机 励磁绕组和电枢绕组并联的直流电机。

无刷直流电机 用电子电路取代电刷和机械换向器的直流电机,常由永磁转子电机本体、转子位置传感器和电子换向电路三部分组成。

交流感应电机 定子及转子为独立绕组,双方通过电磁感应来传递力矩,其转子以低于或高于气隙旋转磁场转速旋转的交流电机。

交流同步电机 转子与气隙旋转磁场同步旋转的交流电机。

永磁同步电机 转子采用永磁材料励磁的同步电机。

电励同步电机 转子上的励磁绕组通过集电环接至转子外部励磁电源的同步电机。

开关磁阻电机 采用定转子凸极且极数相接近的大步距磁阻式步进电机的结构,利用转子位置传感器通过电子功率开关控制各相绕组导通使之运行的电机。

变换器 使电气系统的一个或多个特性(电压、电流、波形、相数、频率)发生变化的装置。

逆变器 将直流电转换为交流电的变换器。

整流器 将交流电转换为直流电的变换器。

斩波器 将输入的直流电压以一定的频率通断，从而改变输出的平均电压的变换器。

DC/DC 变换器 将某一直流电源电压转换成任意直流电压的变换器。

冷却装置 用于冷却电机及控制器的装置。

额定功率 在额定条件下的输出功率。

持续功率 规定的长期工作的最大功率。

峰值功率 在规定的持续时间内，电机允许的最大输出功率。

额定转速 额定功率下电机的最低转速。

额定转矩 电机在额定功率和额定转速下的输出转矩。

峰值转矩 电机在规定的持续时间内允许输出的最大转矩。

堵转转矩 转子在所有角位堵住时所产生的转矩最小测得值。

电压控制方式 通过改变电机端电压实现控制转速的方式。

电流控制方式 通过改变电机绕组电流实现控制转速的方式。

频率控制方式 通过改变电机的电源频率实现控制转速的方式。

矢量控制 将交流电机的定子电流作为矢量，经坐标变换分解成与直流电机的励磁电流和电枢电流相对应的独立控制电流分量，以实现电机转速/转矩控制的方式。

PWM 控制 通过脉宽调制（PWM）实现电压变化的控制方式。

转矩控制 以转矩为目标值，控制指令为转矩值的控制方式。

转速控制 以转速为目标值，控制指令为转速值的控制方式。

功率控制 以功率为目标值，控制指令为功率值的控制方式。

再生制动控制 通过驱动电机由电动状态转换为发电状态，将行驶中车辆的动能转换为电能回充至车载储能装置而实现车速控制的控制方式。

弱磁控制 通过减弱气隙磁场控制电机转速的控制方式。

输出特性 电机的转矩、输出功率与转速的关系。

连续输出特性 在规定的条件下，电机和控制器非限时连续运行的最大输出特性。

短时输出特性 在规定的条件下，电机和控制器在规定的时间内连续运行的最大输出特性。

电机效率 驱动电机输出功率与输入电功率的百分比。

控制器效率 控制器输出电功率与输入电功率的百分比。

驱动电机系统效率 驱动电机系统的输出功率与输入电功率的百分比。

1.1.1.6 充电储能装置

蓄电池 将所获得的电能以化学能的形式储存并可以将化学能转变为电能的电化学装置，可以重复充电和放电。

动力蓄电池 为电动汽车动力系统提供能量的蓄电池。

辅助蓄电池 为电动汽车低压辅助系统供电的蓄电池。

高能量应用 室温下蓄电池包或系统的最大允许持续输出电功率（W）和其在1C倍率下放电能量（W·h）的比。

高功率应用 室温下蓄电池包或系统的最大允许持续输出电功率（W）和其在1C倍率下放电能量（W·h）的比值大于或等于10的装置特性或应用特性。

锂离子蓄电池 利用锂离子作为导电离子，在阳极和阴极之间移动，通过化学能和电能相互转化实现充放电的电池。

铅酸蓄电池 正极活性物质使用二氧化铅，负极活性物质使用铅，并以硫酸溶液为电解液的蓄电池。

金属氢化物镍蓄电池 正极使用镍氧化物，负极使用可吸收释放氢的储氢合金，以氢氧化钾为电解质的蓄电池。

超级电容器 至少有一个电极主要是通过电极/电解液界面形成的双电层电容或电极表面快速氧化还原反应形成的赝电容实现储能的电化学储能元件。

圆柱形电池 具有圆柱形电池外壳和连接元件（电极）的蓄电池。

方形电池 具有长方体电池外壳和连接元件（电极）的蓄电池。

软包电池 具有复合薄膜制成的电池外壳和连接元件（电极）的蓄电池。

高能量型电池 以高能量密度为特点，主要用于高能量输出的动力蓄电池。

高功率型电池 以高功率密度为特点，主要用于瞬间高功率输出、输入的动力蓄电池。

1.1.1.7 充电机

电动汽车充电 以受控的方式将电能从车外电源传输到电动汽车的蓄电池或其他车载储能装置中的过程。

充电能量 用于充电的电能，有交流充电能量和蓄电池充电能量两种。

交流充电能量 通过交流电源输入充电机的电能，单位为W·h。

蓄电池充电能量 通过充电机输入蓄电池的电能，单位为W·h。

充电电流 充电机充电时的输出电流。

充电电压 充电机充电时的输出端电压。

充电机 控制和调整蓄电池充电的电能转换装置。

车载充电机 固定地安装在车上的充电机。

非车载充电机 所有部件均不安装在车上的充电机。

传导充电 利用电传导给蓄电池进行充电的方式。

感应充电 利用电磁感应给蓄电池进行充电的方式。

均衡充电 为确保蓄电池中所有单体蓄电池荷电状态均匀的一种延续充电。

恒流充电 以一个受控的恒定电流给蓄电池进行充电的方式。

恒压充电 以一个受控的恒定电压给蓄电池进行充电的方式。

脉冲充电 以脉冲电流给蓄电池进行充电的方式。

1.1.2 混合动力电动汽车相关术语

1.1.2.1 动力性

混合动力模式 车辆由内燃机和电机等所有的车载动力系统根据管理逻辑（整车控制策略）参与车辆驱动的一种工作模式。

纯电动模式 车辆仅由电机驱动汽车行驶的一种工作模式。

热机模式 车辆仅由内燃机或其他热机驱动汽车行驶的一种工作模式。

混合动力模式下的最高车速 车辆保持混合动力状态行驶 1km 以上所达到的最高车速的平均值。

混合动力模式下的 30min 最高车速 车辆保持混合动力状态行驶 30min 所达到的最高车速的平均值。

0~100km/h（0~50km/h）加速性能 车辆以混合动力模式行驶时，车速由 0km/h 加速到 100km/h 所需的最短时间（当混合动力电动汽车的最高车速小于 110km/h 时，测试 0~50km/h 的加速性能）。

混合动力模式下的爬坡车速 车辆在坡度为 4% 和 12% 的道路上保持混合动力模式行驶 1km 以上所达到的最高平均车速。

混合动力模式下的坡道起步能力 车辆在坡道上能够起动且在混合动力模式下行驶 10m 以上的最大坡度。

混合动力模式下的最大爬坡度 车辆满载时在良好路面上用最低档位克服的最大坡度。

原地起步加速时间 汽车由 1 档或 2 档起步，并以最大的加速强度（包括选择恰当的换档时机）逐步换至最高档后到某一预定的距离或车速所需的时间。

超车加速时间 是指汽车以最高档或次高档，由该档的最低稳定车速或预车速全力加速到一定的速度所需的时间。

电子稳定程序（Electronic Stability Program，ESP） ESP 综合了防抱死制动系统（Anti-lock Braking System, ABS）、制动辅助系统（Brake Assist System, BAS）和加速防滑控制系统（Acceleration Stability Retainer, ASR）三个系统的功能，目的是监控汽车的行驶状态，当紧急躲避障碍物或转弯出现不足转向或过度转向时，使车辆避免偏离理想轨迹。

电子稳定程序控制系统（Electronic Stability Control, ESC） 汽车电子稳定控制系统是汽车防抱死制动系统（ABS）和牵引力控制系统（TCS）功能的进一步扩展，并在此基础上增加了车辆转向行驶横摆率传感器、侧向加速度传感器和转向盘转角传感器，通过 ECU 控制前后、左右车轮的驱动力和制动力，确保车辆行驶时的侧向稳定性。

试验质量 整车整备质量与试验所需附加质量的综合。

总功率 车辆在混合动力模式下可输出的峰值功率。

轮胎滚动半径 车轮滚动时用来计算的等价半径，用于计算的圆周长度等于车轮实际滚动距离。

接近角 汽车满载静止时，汽车前端突出点向前轮所引切线与地面的夹角。

通过性 车辆通过一定情况路况的能力。具体是指汽车能够以足够高的平均车速通过各种坏路和无路地带（如松软地面、坎坷不平地段）和各种障碍（陡坡、侧坡、壕沟、台阶、灌木丛、水障）的能力。

滑行距离 汽车在水平路面且无风的条件下加速至某预定速度后，摘档脱开动力源，利用汽车的动能继续行驶达到的距离。

动力电池荷电状态（State Of Charge, SOC） 当前动力电池中按照规定放电条件可以释放的容量占可用容量的百分比。

最低稳定车速 汽车满载在路面平整坚实的水平道路上，以某一档位保持稳定行驶时所能达到的最低速度。

1.1.2.2 经济性

纯电动续驶里程 车辆从储能装置最高荷电状态开始，以一定工况行驶，在发动机不工作的情况下，能连续行驶的最大距离。

OVC 续驶里程 可外接充电混合动力电动汽车从储能装置最高荷电状态开始，经过 N 次测试循环达到最低荷电状态，这 N 次测试循环运行的总里程。

100km 燃油消耗量 车辆行驶 100km 消耗的燃料量。

放电能量（整车） 电动汽车行驶中，由储能装置释放的电能，单位为 W·h。

能量消耗量 电动汽车经过规定的试验循环后对动力蓄电池重新充电至试验前的容量，从电网上得到的电能除以行驶里程所得的值，单位为 W·h/km。

净能量改变量 储能装置能量的净改变量。

1.1.2.3 制动性

车载可充电储能系统 可充电且可提供电能的能量存储系统。如蓄电池、电容器。

平均减速度 汽车制动性能试验过程中，汽车在整个减速过程中减速度的平均值。

制动能量回收系统 汽车滑行、减速或下坡时，将车辆行驶过程中的动能及势能转化或部分转化为车载可充电储能系统的能量储存起来的系统。

1.1.2.4 通信协议

弱电 一般是指直流电路或音频、视频线路、网络线路、电话线路等，交流电压一般在 36V 以内，主要考虑信息传送问题。

强电 强电指电工领域的电力部分。特点是功率大、电流大、频率低，主要考虑损耗小、效率高的问题。

CAN 总线 CAN 是 Controller Area Network 的缩写，是国际标准化组织推荐的串行通信协议。

1.1.2.5 电性能测试

感性负载 指带有电感参数的负载。

抛负载 指交流发电机在产生充电电流时突然切断蓄电池和发电机之间的连接所产生

的瞬态现象。

DC/DC 是一种在直流电路中将一个电压值的电能变为另一个电压值的电能的装置。

1.1.3 燃料电池电动汽车相关术语

1.1.3.1 通用术语

燃料电池 将外部供应的燃料和氧化剂中的化学能通过电化学反应直接转化为电能、热能和其他反应产物的发电装置。

冷起动 充分浸车之后,在标准环境温度进行起动。

热起动 关机后起动,此时燃料电池系统的温度还在其正常工作温度范围内。

起动时间 在起动程序初始化后,燃料电池系统达到规定输出功率的时间。

燃料电池运行压力 燃料电池动力系统在工作时的压力。

减压 将高压压力容器或管路中的压力降低至工作所需压力的过程。

氢脆 氢原子进入金属后使晶格应变增大,因而降低韧性及延性,引起金属脆化的现象。

氢渗透 氢气穿过结构材料而导致氢的释放。

中毒 燃料电池部件,如燃料电池膜电极受到污染,导致催化剂性能衰减,而使燃料电池性能降低。

循环利用 经过采集、分离和处理等系列活动,将有效成分回收利用的过程。

燃料放空 将压力容器或其他管路内的燃料排空的过程。

吹扫 借助外部条件把燃料电池堆及管路进行排空的过程。

尾气 燃料电池堆里排出的气体,包含未反应气体、生成的气体和惰性气体。

气体净化 用物理或化学的方法清除气体中的杂质的过程。

燃料电池堆额定压力 额定功率时,燃料电池堆进气口处的空气压力。

开路电压 燃料电池堆与外部电路断开时的电压。

额定电压 特定工况条件下,在额定功率时电堆的端电压。

额定电流 特定工况条件下,在额定功率时电堆的电流。

输出特性 燃料电池电压和电流关系的特性。

额定功率 制造商规定的燃料电池堆在特定工况条件下能够持续工作的功率。

质量比功率 单位质量的额定功率。

体积比功率 单位燃料电池堆体积的输出功率。

1.1.3.2 质子交换膜燃料电池系统

燃料电池堆 由多个单体电池、隔板、冷却板、歧管等组成,使富氢气体和空气进行电化学反应生成直流电,并同时产生热、水等其他副产物的总成。

增湿器 使反应气体湿度增加的装置。

质子交换膜 以质子为导电电荷的膜。

气水分离器 将燃料电池排出的气体进行过滤并分离气体中水分的装置。

空气供给系统 对进入燃料电池的空气进行过滤、增湿、压力调节等方面处理的系统。

热管理系统 用以维持燃料电池系统的热平衡，可以回收多余的热量，并在燃料电池系统起动时能够进行辅助加热的系统。

燃料处理系统 把输入的燃料进行增湿等相关处理，从而转变成适于在燃料电池堆内运行的富氢气体。

通风系统 燃料电池系统中借助机械的方法将机壳内的气体排到外部的系统。

水处理系统 用于燃料电池系统水处理及生成水的回收和净化的系统。

1.1.3.3 车载供氢系统

高压储氢容器 储存高压氢气的装置。

氢气加注口 车辆侧的氢气燃料加注连接装置。

额定加注压力 设计的在标准状态下进行加注的正常工作压力。

最大加注压力 在安全工作范围内的最高加注压力。

氢气利用率 在规定的稳定状态运行条件下，氢气的理论消耗量与实际进入燃料电池系统的氢气量之比。

1.1.3.4 燃料电池电动汽车整车系统

燃料电池动力系统 包括燃料电池系统、DC/DC 变换器、驱动电机及其控制系统和车载储能装置。

燃料电池系统 包括燃料电池堆和燃料电池辅助系统，在外接氢源的条件下可以正常工作。

燃料电池辅助系统 包括空气供应系统、燃料供应系统或氢气供应系统、水/热管理系统、控制系统和安全保障系统等。

车载供氢系统 燃料电池的燃料经过的所有零部件的集合，包括储氢容器、压力调节装置、管路及附件等。

1.1.3.5 性能试验

气体泄漏 除正常排气、放空气，供气系统和燃料电池系统中出现的气体外泄现象。

低可燃极限 可燃气体可以在空气中燃烧的最低体积分数值。

待机状态 燃料电池系统已具备开机所需的运行条件，可随时接受起动命令进行起动的状态。

冷态 在环境温度下，燃料电池系统内部温度与外部环境温度相同，且燃料电池系统处于停机状态。

急速状态 燃料电池系统处于工作状态，其输出功率全部用于维持自身辅助系统的消耗，净输出功率为零的状态。

燃料电池系统净输出功率　燃料电池堆输出功率减去辅助系统消耗的功率后所剩的功率。

燃料电池系统额定功率　制造厂规定的燃料电池系统在特定工况条件下能够持续工作的净输出功率。

燃料电池堆效率　在规定的稳定状态运行条件下，燃料电池堆输出功率与进入燃料电池堆的燃料热值（低热值）之比。

燃料消耗率　在特定条件下，燃料电池电动汽车运行100km所消耗的燃料量，单位是 kg/100 km。

1.2　测试基础

本小节主要介绍本书中各类测试项目所涉及的测试基础知识，包括测量方面的基础知识、试验设计理论介绍与测试系统的特性、数据采集与处理以及相关的总线技术，旨在测试过程中为工程师提供一定帮助。

1.2.1　测量基础知识

1.2.1.1　测量的定义

测量是人们借助专门设备，通过试验的方法，对客观事物取得测量结果的认识过程。它是通过物理试验把一个量（被测量）和作为比较单位的另一个量（标准）相比较的过程。

$$测量结果 = 数值 \times 单位（量纲）$$

测量结果包括数值和单位两部分。

1. 数值

数值是指被测量的测得值，它可以是具体的数值，也可以用线段的长度或图形的大小来表示。在测量中，有时还应包括表示测量误差大小的准确度参数。

2. 单位

单位是指得到公认的、根据定义能够得到数值为1的被测量的基本量。目前多数国家都采用国际单位制。

1.2.1.2　测量方法的分类

各种测量方法是基于测量的要求不同而分类的，各种测量方法的分类介绍如下。

1. 根据对测量结果准确度要求不同进行分类

（1）工程测量

工程测量是对一般工作所进行的测量，对测量结果只要求取得测量值就能满足要求，不需要考虑测量误差的大小或估计测量值的可信程度。

（2）精密测量

凡是经过测量取得测量结果后，还要求估计出测量结果的误差确切值的测量，称为精密测量。

2. 根据取得测量结果的方法不同进行分类

（1）直接测量

把被测量与作为测量标准的量进行比较，或用预先按标准校对好的测量仪器对被测量进行测量，通过测量能直接得到被测量数值大小的测量结果，此种测量称为直接测量。

（2）间接测量

被测量不能用直接测量的方法得到，而必须通过一个或多个直接测量值，利用一定的函数关系运算才能得到，此种测量称为间接测量。

（3）组合测量

被测量不能通过直接测量或间接测量得到，而必须通过直接测量的测得值或间接测量的测得值联立方程组，通过求解方程组的方法，才能得到最后的测量结果，这样的测量称为组合测量。

3. 根据测量条件不同进行分类

（1）等准确度测量

对某一固定被测量进行重复测量，所取得的测量数据可以认为是在相同测量准确度条件下得到的，这种测量称为等准确度测量。

（2）不等准确度测量

对被测量进行测量得到的数据，其准确度可判定是不等的，这种测量称为不等准确度测量。

4. 根据被测对象在测量过程中所处的状态进行分类

（1）静态测量

被测量在测量过程中可以认为是固定不变的，对这种被测量进行的测量称为静态测量。

（2）动态测量

被测量处在随时间不断变化的状态，对这种被测量进行的测量称为动态测量。

1.2.1.3 测量误差的概念和分类

1. 测量误差概念

测量值与被测量真值之间总是存在着一定的偏差，测量结果与真值之差称为误差。误差反映了测量值偏离真值的大小，也反映了测量值的离散程度。真值通常是未知的，因此误差一般也是未知量。

测量误差可按绝对误差和相对误差两种方式表示。

（1）绝对误差

测量结果与被测量真值之间的差，即

$$\delta_x = x_i - x_0 \tag{1-1}$$

（2）相对误差

相对误差定义为测量的绝对误差与被测量的真值之比，即

$$r_x = \frac{\delta_x}{x_0} \times 100\% \tag{1-2}$$

2. 测量误差分类

按照测量误差的特征规律，可将其分为随机误差、系统误差和粗大误差等。

（1）随机误差

在同一条件下对同一被测量进行多次重复测量时，各测量数据的误差值或大或小，其值的大小没有确定的规律性，是不可预知的，这类误差称为随机误差。

随机误差值是不可预知的，这类误差表现出无规则性，因而不能通过"修正"的方法消除掉，但在大量的测量数据中表现出统计规律性，具有随机变量的一切特征，因而可利用概率论提供的理论和方法来研究。

（2）系统误差

在无数次测量的系列测量结果中，其值固定不变或按某一确定规律变化的误差称为系统误差。

系统误差对测量结果的影响：恒定系统误差影响测量的算术平均值，变值系统误差不仅影响测量的算术平均值，而且影响随机误差的分布规律和分布范围。

针对系统的不同，系统误差的一般处理方法分为两种：

恒定系统误差的减弱和消除方法：替代测量法、交换测量法。

变值系统误差的减弱和消除方法：线性系统误差消除法——对称测量法，周期性系统误差消除法——半周期偶数测量法，复杂规律变化的系统误差消除法——组合测量法。

（3）粗大误差

超出正常范围的大误差称为粗大误差，也称为过失误差。

粗大误差处理的基本原则：直观判断、及时剔除；增加测量次数、继续观察；用统计方法进行判别；保留不剔、确保安全。

本节仅对误差处理进行简要介绍，关于系统误差减弱和消除方法，详见参考文献[17]。

1.2.1.4 测量误差分析处理

1. 误差的传递

根据上一节直接测量误差与间接测量误差的介绍，在有些情况下，由于被测对象的特点，不能进行直接测量，或者直接测量难以保证测量准确度，需要采用间接测量。间接测量是通过直接测量与被测的量之间有一定函数关系的其他量，按照已知的函数关系式计算出被测的量。因此间接测量的量是直接测量所得到的各个测量值的函数，而间接测量误差则是各个直接测得值误差的函数，故称这种误差为函数误差。研究函数误差的内容，实质上就是研究误差的传递问题，下面分别介绍函数系统误差和函数随机误差的

计算问题。

间接测量值的系统误差计算公式：

$$\varepsilon_y = \frac{\partial F}{\partial x_1}\varepsilon_{x_1} + \frac{\partial F}{\partial x_2}\varepsilon_{x_2} + \cdots + \frac{\partial F}{\partial x_n}\varepsilon_{x_n} \qquad (1-3)$$

式中　$x_1, x_2, \cdots, x_n$——各个直接测量值；
　　　F——间接测量值 $F(x_1, x_2, \cdots, x_n)$。

随机误差的传递：

$$R_{ij} = \frac{\sum_{m=1}^{N}\delta x_{im}\delta x_{jm}}{N} = \rho_{ij}\sigma_{x_i}\sigma_{x_j} \qquad (1-4)$$

式中　R_{ij}——x_i 和 x_j 的协方差；
　　　ρ_{ij}——x_i 和 x_j 的相关系数。

方差 σ_y^2 的传递公式：

$$\sigma_y^2 = \left(\frac{\partial F}{\partial x_1}\right)^2\sigma_{x_1}^2 + \left(\frac{\partial F}{\partial x_2}\right)^2\sigma_{x_2}^2 + \cdots + \left(\frac{\partial F}{\partial x_n}\right)^2\sigma_{x_n}^2 + 2\sum_{1\leq i\leq j\leq n}\left(\frac{\partial F}{\partial x_i}\frac{\partial F}{\partial x_j}\rho_{ij}\sigma_{x_i}\sigma_{x_j}\right)$$

间接测量结果的处理步骤：

① 根据函数关系式，应用各分量的测得值计算间接测量值 y。

② 根据函数关系式，求各分量的误差传递系数 $\frac{\partial F}{\partial x_i}$。

③ 计算函数的系统误差 ε_y。

④ 计算函数的随机误差 σ_y。

⑤ 得出测量结果 $y_o = (y - \varepsilon_y) \pm K\sigma_y$。

2. 误差的合成

（1）随机误差分量的合成

随机误差分量是指用数理统计方法（随机误差方法）估算得到的误差。

影响测量结果的随机误差分量共有 n 项，分别是 $\sigma_1, \sigma_2, \cdots, \sigma_n$，则

$$\sigma = \sqrt{\sigma_1^2 + \sigma_2^2 + \cdots + \sigma_n^2 + 2\sum_{1\leq i\leq j\leq n}\rho_{ij}\sigma_i\sigma_j} \qquad (1-5)$$

（2）测量的总不确定度

合成分布的标准偏差——合成不确定度：

$$\sigma = \sqrt{\sigma_1^2 + \sigma_2^2 + \cdots + \sigma_p^2 + \left(\frac{e_1}{K_1}\right)^2 + \left(\frac{e_2}{K_2}\right)^2 + \cdots + \left(\frac{e_r}{K_r}\right)^2} \qquad (1-6)$$

K_a 为 $(p+r)$ 个误差合成分布所对应的置信因子。

总不确定度：
$$u_a = K_a \sigma \quad (1\text{-}7)$$

准确度：
$$A = \varepsilon \pm u_a \quad (1\text{-}8)$$

3. 误差的分析

若需要确切获得被测参数测定值的置信水平，需运用数理统计学中区间估计的方法，求得被测参数的真值在某个置信水平下的置信区间。

设 $l_1, l_2, \cdots, l_n$ 组成一个有限的等准确度测量列，由测量条件决定的标准误差为 σ。按照贝塞尔公式，标准误差的估计值为

$$\hat{\sigma} = \sqrt{\frac{1}{n-1} \sum_{i=1}^{n}(l_i - L)^2} \quad (1\text{-}9)$$

测定值的算术平均值服从正态分布，即

$$L \sim N(X, \frac{\sigma}{N}) \quad (1\text{-}10)$$

所以，$\dfrac{L-X}{\sigma/\sqrt{n}}$ 是一个标准化正态分布的随机变量，同时

$$(n-1)\frac{\hat{\sigma}^2}{\sigma^2} = \frac{1}{\sigma^2}\sum_{i=1}^{n}(l_i - L)^2 \quad (1\text{-}11)$$

则是一个自由度为 $f=n-1$ 的 χ^2 分布随机变量。如预先选定置信概率 p，则可由 t 分布查得 $t_p(f)$，使得 $P\{|t| \leqslant t_p(f)\} = p$，由此可得

$$X = L \pm \frac{\hat{\sigma}}{\sqrt{n}} t_p(f) = L \pm \hat{\sigma}_L t_p(f) \quad (1\text{-}12)$$

其含义为，被测参数的真值 X 在置信区间 $[L - \hat{\sigma}_L t_p(f), L + \hat{\sigma}_L t_p(f)]$ 内的置信概率为 p。或者说，以置信概率 p 确信，以算术平均值 L 代替真值 X 时，误差不超过 $\hat{\sigma}_L t_p(f)$。在实际工作中，如预先选定真值 X 的置信区间，则可由 t 分布确定对应的置信概率 p。

如果重复测量的次数较多，则 $\hat{\sigma}$ 与 σ 的差别可以忽略不计，$(X-L)/\hat{\sigma}$ 可近似地看作标准化正态分布的随机变量。这时，测量结果也可以表示为

$$\left.\begin{array}{l} X = L \pm \hat{\lambda}_{\lim}\ (p=0.997) \\ X = L \pm \hat{\gamma}_L\ (p=0.50) \\ X = L \pm \hat{\sigma}_L\ (p=0.68) \\ X = L \pm \hat{\Delta}_L\ (p=0.58) \end{array}\right\} \quad (1\text{-}13)$$

式中　$\hat{\lambda}_{\lim}$——算术平均值 L 的极限估计值；

　　　$\hat{\gamma}_L$——算术平均值 L 的概然误差估计值；

　　　$\hat{\sigma}_L$——算术平均值 L 的标准误差估计值；

　　　$\hat{\Delta}_L$——平均算术误差估计值。

关于误差理论与详细计算方法，请读者参考文献 [19]。

1.2.2　试验设计理论

所谓试验设计，就是在试验之前，根据试验目的和要求，按照试验所具备的条件，合理设计试验方案，力求以较少的试验次数，迅速而圆满地得到令人满意的结果。试验设计的方法很多，本节主要介绍因子设计、正交设计等一些常用的方法。

1.2.2.1　基本概念与要求

1. 基本概念

从广义上讲，试验设计是指整个研究课题的设计，包括选题、试验方案拟定、试验方法设计以及相应的资料搜集和统计分析方法等一系列内容；从狭义上讲，试验设计指试验方案设计和试验方法设计，即试验单元的选择与分组排列。

2. 试验研究的基本要求

（1）试验条件的代表性

通常一个试验只是对研究总体的一次抽样观察，试验结果的利用价值取决于试验样本对研究总体的代表性好坏。

（2）试验结果的可靠性

试验结果的可靠性包括试验的准确性与精确性两个方面。准确性指试验中某一个参数的观测值与其真实值的接近程度，越接近则说明准确性越好。精确性指试验中同一个参数的重复观测值的彼此接近程度，即试验误差的大小，可通过估算得到。当试验不存在系统误差时，精确性与准确性是一致的。

（3）试验结果的重演性

试验结果的重演性是指在相似条件下重复试验能够得到相同趋势的试验结果，这是试验结果具有应用价值的前提。为了保证试验结果能够重演，必须严格要求试验的正确实施和试验条件的代表性。

1.2.2.2　与试验有关的术语

1. 试验指标

试验指标指度量试验结果的标志。在科学研究中，许多数量性状和质量性状都可以作为试验指标，如电机的转矩响应时间、比功率、最高工作转速等。

2. 试验因素

试验因素指试验中由人为控制的影响试验指标的原因。只研究一个因素效应的试验，称为单因素试验；研究两个或两个以上因素的效应及其交互效应的试验，称为多因素试验。

3. 因素水平

对试验因素所设定的不同量或质的级别，称为因素水平。

4. 试验处理

试验设置的特定条件，称为试验处理。在单因素试验中，试验因素的每一个水平就是一个试验处理；在多因素试验中，不同因素的水平相互组合构成一个试验处理。

5. 试验方案

试验方案指一个试验的全部处理或水平组合的总和。

6. 重复

重复指同一试验处理所设置的试验单元数。当一个试验的每个处理只设置一个试验单元时，称为无重复试验；当一个试验中部分处理设置两个或两个以上试验单元时，称为部分处理重复试验；当一个试验的每一个处理都设置两个试验单元时称为试验有两次重复，其余类推。

7. 隐重复

隐重复指多因素试验中某因素的水平重复次数。

8. 因素效应

因素效应指试验因素的水平变化对试验指标值的增进或减少作用。

1.2.2.3 多因子试验设计

1. 因子设计的概念

（1）因子

因子指影响试验指标的因素。很多试验包含两个、三个或更多的因子，对这些因子产生的效果都要进行研究。

（2）因子效果

因子效果指由因子水平改变而引起的反应的变化，也称此因子的主要效果。

（3）因子设计

通过考虑各因子及其交互作用效果来进行方差分析，从而判断各因子及其交互作用对试验指标的影响。

2. 2^k 因子设计

假设试验共有 k 个因子，各因子均为 2 个水平，则有 2^k 个不同组合，若每种组合下取一个观察值，总观察值共有 2^k 个，因此称为 2^k 因子设计。2^k 因子设计的前提假设：①因子是固定的；②设计是完全随机的；③一般都满足正态性；④反应近似于线性。

2^k 设计中最简单的就是 2^2 设计，即只有 2 个因子 A、B；每个因子有低、高两个水平 l、h；每个组合下做 n 次重复观察，即取 n 个观察值。

要判断各因子及其交互作用对试验指标的影响，可进行方差分析。下面介绍其常用方法。

（1）标准分析法（对照法）

1）对照。若线性组合$\sum_{r=1}^{m}C_r y_r$满足约束条件$\sum_{r=1}^{m}C_r=0$，则称这样的线性组合为效果对照，并记作$(K)_C=\sum_{r=1}^{m}C_r y_r$。C 的离差平方和为

$$S_C=\frac{(K)^2_C}{n\sum_{r=1}^{m}C_r y_r} \tag{1-14}$$

2）效果的对照与平均效果。比如因子 A 效果的对照：

$$(K)_A=ab+a-b-l \tag{1-15}$$

总平均效果：

$$A=\frac{1}{2n}(K)_A \tag{1-16}$$

则

$$S_A=\frac{1}{2n}(K)^2_A=\frac{1}{4n}(ab+a-b-l)^2 \tag{1-17}$$

又如交互作用 AB 效果的对照：

$$(K)_{AB}=ab+l-b-a \tag{1-18}$$

总平均效果：

$$AB=\frac{1}{2n}(K)_{AB} \tag{1-19}$$

则

$$S_{AB}=\frac{1}{2n}(K)^2_{AB}=\frac{1}{4n}(ab+l-b-a)^2 \tag{1-20}$$

（2）代数符号法

标准顺序：指各线性组合式按 l、a、b、ab 顺序写出来。

代数符号表：指计算因子效果的标准顺序因子组合表（表 1-1）。

表 1-1 代数符号表

因子水平组合	因子效果			
	L	A	B	AB
l	+	−	−	+
a	+	+	−	−
b	+	−	+	−
ab	+	+	+	+

代数符号表有下列性质:

1) 对照性。纵向看,每列按 l、a、b、ab 配上该列顺序的"+""-"号构成的和式,表示该列因子的(对照)定义式。

2) 均衡性。除 L 列外,各列中"+""-"号个数相等。

3) 正交性。任何两列同行系数乘积之和为零。

4) L 列的恒等性。任何列乘以 L 列,符号不变,L 列为恒等元素。

5) 可转换性。任何两列对应符号相乘可得出表中另一列的符号(除 L 列)。

3. 一般的 2^k 设计

k 个因子,每个因子取两个水平,其中有 k 个单因子的效果,C_k^2 个两两交互作用效果;C_k^3 个 3 因子作用效果,一个 k 个因子作用效果。

在一个 2^k 设计中,即使因子数 k 不太大,组合的总数也可能是很大的。如果每种组合再重复试验多次,那么试验次数势必更多,这对人力、物力都会有很大的消耗。因此,通常都要限制试验的重复次数。

1.2.2.4 正交试验设计

正交试验设计能用少量试验提取关键信息,简单易行,已成为多因子最优化的主要方法,它促进了试验设计的发展,并形成了一些新的领域,如稳健设计、回归设计、配方设计等。本节仅对正交试验设计进行简要介绍,具体方法见本章参考文献 [8]。

1. 正交表

正交设计是多因子试验中最重要的一种设计方法。它是根据因子设计的分式原理,采用由组合理论推导而成的正交表来安排设计试验,并对结果进行统计分析的多因子试验方法。

正交表是正交设计中合理安排试验,并对数据进行统计分析的主要工具,较简单的正交表 $L_9(3^4)$ 见表 1-2。

表 1-2　正交表 $L_9(3^4)$

试验处理	列号			
	1	2	3	4
1	1	1	3	2
2	2	1	1	1
3	3	1	2	3
4	1	2	2	2
5	2	2	3	3
6	3	2	1	2
7	1	3	1	3
8	2	3	2	2
9	3	3	3	1

$L_9(3^4)$ 中的符号含义如图 1-1 所示。

L 代表正交表；

t 表示正交表行数，即处理数；

n 为水平数；

q 为正交表列数，即可容纳的最大因子数。

$t=n^k$，k 为基本列数，即基本因子数。

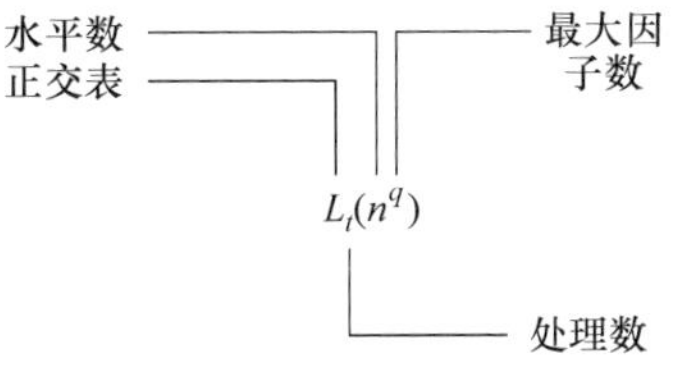

一般的正交表具有以下性质：

1）每一列中，不同数字出现次数相等。

2）任意两列中，将同一行的两个数字看成一种排列时，每种排列出现的次数相等。

常见的正交表有 $L_4(2^3)$、$L_8(2^7)$、$L_{16}(2^{15})$、$L_9(3^4)$、$L_{25}(5^6)$ 等。

图 1-1 正交表符号

（1）正交设计的特点

正交表的性质决定了正交设计有 3 个主要特点，即整齐可比、均衡分散、简单易行。

正交设计在实际试验中可以灵活应用，主要适用于水平数相同或不相同的试验、考虑或不考虑交互作用的试验。利用正交表可以对试验结果做直观分析、极差分析、方差分析、回归分析和协方差分析等。

（2）正交表的用途

为了确定各因子对指标影响的主次顺序，一般来说进行全面试验是不必要的，特别是在因子和水平都较多的情况下。不做全面试验，就必须选择部分试验条件进行试验。为了使挑选出来的这些试验条件具有一定的代表性，即能反映全面情况，可以利用正交表来安排试验。比如某试验需要考察 5 个因子 A、B、C、D、E，每个因子取两个水平，各因子不同水平的组合共有 32 种，即全面试验要完成 32 次。而将因子 A、B、C、D、E 分别填在 $L_8(2^7)$ 表头的 1、2、4、5、6 列，这样获得的试验方案只需要 8 次试验，比全面试验的试验次数减少了 3/4，并且试验点的分布也很均匀。

$L_8(2^7)$ 正交表对应的交互作用列表见表 1-3。

表 1-3 $L_8(2^7)$ 正交表对应的交互作用列表

列号	1	2	3	4	5	6	7
1		3	2	5	4	7	6
2			1	6	7	4	5
3				7	6	5	4
4					1	2	3
5						1	2
6							1
7							

通常，二水平正交表任意两列的交互作用列只有一列，三水平正交表任意两列之间的交互作用列有两列。一般来说，水平数相同的两因子，其交互作用所占的列数为水平数减 1。如果多因子对比试验中某些因子间的交互作用不能忽略，就必须利用交互作用列表来确定试验方案，它是进行表头设计的依据。

2. 正交设计的基本方法

（1）试验方案的确定

首先，确定试验因子及其水平，试验处理条件的选取是正交设计的关键。在选取因子时，将次要的因子在重复试验中淘汰，把主要的集中起来。尽量选取较少的水平数。利用较少的试验次数对试验趋势有了初步认识后，再合理安排进一步试验。此外，还要探讨所提出的因子间有无交互作用。当两个因子 A 与 B 的交互作用大时，最好把 A 与 B 的交互作用作为一个因子来考虑。

其次，选择合适的正交表。即根据试验所考虑的因子数、每个因子所取得水平数和应当考虑的因子间的交互作用所占的交互作用列数来选择相应的正交表。选用的正交表大小要适当，以能容下全部因子及要考虑的交互作用为准。

再次，进行表头设计。表头设计就是将试验所要考察的因子及交互作用列分别安排在正交表的各列中。

下面以四因子、二水平正交设计为例来说明不同的表头设计。

1）如果因子间的交互作用不予考虑，则 A、B、C、D 各因子可以任意安排到正交表的各列中去。选用正交表 $L_8(2^7)$ 的交互作用列表。表头设计见表 1-4。

表 1-4　表头设计方案一

列号	1	2	3	4	5	6	7
因子	A	B		C		D	

2）只考虑 A 因子对其他 3 个因子 B、C、D 的交互作用。仍选用 $L_8(2^7)$ 设计试验，查 $L_8(2^7)$ 的交互作用列表。表头设计见表 1-5。

表 1-5　表头设计方案二

列号	1	2	3	4	5	6	7
因子	A	B	AB	C	AC	D	AD

这样设计的表头没有空列。若要求留出空列，则应选用大一点的正交集。

3）若考虑全部交互作用，则要选用 $L_{18}(2^{15})$ 正交表，根据其交互作用列表，得到表头设计见表 1-6。

表 1-6　表头设计方案三

列号	1	2	3	4	5	6	7	8	9	10	11	12	13	14	15
因子	A	B	AB	C	AC	BC		D	AD	BD		CD			

表头设计完成后，将列中的数字换成对应因子的各个水平，得到试验方案表。

试验方案确定后，就可以按试验号逐个进行试验。

（2）试验结果的极差分析

极差分析是对试验结果进行比较的一种简单、直观的分析方法。具体做法是先计算每列各水平所对应的试验指标之和 T_{jk} 及其算术平均值 $\bar{y}_{jk}$，其中 j 表示正交表的列号，k 表示水平数，这里把交互作用当作一个因子看待。

然后计算极差 R_j，R_j 为 $\overline{y}_{jk}$ 中数值最大者与最小者之差。

$$R_j = \max\{\overline{y}_{jk}\} - \min\{\overline{y}_{jk}\} \tag{1-21}$$

于是便可根据极差的大小排列因子和交互作用的主次顺序。如果某个交互作用在正交表上有好几列，则以极差最大的列为准。

（3）试验结果的方差分析

极差分析法尽管工作量小，直观方便，但不能区分试验过程中由于试验条件改变所引起的试验数据的波动，以及试验误差引起的数据波动，为了解决这个问题，可用方差分析法处理试验数据。

1）数据结构模型。正交设计的方法是按正交表安排试验的，因此其数据结构模型也应与正交表相对应。设 y_i 为试验结果的观测值，则数据结构模型可表示为

$$y_i = \mu + a_{jk} + \delta_i \tag{1-22}$$

式中　　i——试验序号，$i=1, 2, \cdots, n$；

　　　　μ——总均值；

　　　　a_{jk}——第 j 列第 k 水平的效应，$j=1, 2, 3, \cdots$；$k=1, 2, 3, \cdots$；

　　　　δ_i——试验误差，$\delta_i \sim N(0, \sigma^2)$。

2）效应估计。因子的第 k 水平效应 a_{jk} 为该因子所对应的第 j 列第 k 水平的算术平均值 $\overline{y}_{jk}$ 与全部观测值的算术平均值 $\overline{y}$ 的差，即

$$a_{jk} = \overline{y}_{jk} - \overline{y} \tag{1-23}$$

3）方差分析。总偏差平方和 S_T 可以分解为各列对应的各因子或其交互作用的偏差二次方和 S_j 与误差二次方和 S_e 之和，即

$$S_T = S_j + S_e \tag{1-24}$$

其中，$S_T = \sum_{1}^{n} y_i^2 - CF$；$S_j = \sum_k \dfrac{T_{jk}^2}{n_{jk}} - CF = \sum_k \dfrac{(n_{jk} \times \overline{y}_{jk})^2}{n_{jk}} - CF = \sum_k n_{jk} \overline{y}_{jk}^2 - CF$。

式中　CF——矫正因子，$CF = \dfrac{T^2}{n} = n\overline{y}^2$；

　　　n——正交表的行数，或称为试验次数；

　　　T——全部观测数据总和；

　　　n_{jk}——第 j 列第 k 水平对应的试验数据个数，$j=1, 2, 3, \cdots, k=1, 2, 3, \cdots$。

用正交表安排试验时，如果各列均被占满，要想估计试验误差，必须做重复试验。在重复试验的情况下，如果设重复次数为 r，则总偏差二次方和与各因子交互作用所在列的偏差二次方和分别为

$$S_T = \sum_{i=1}^{n} \sum_{l=1}^{r} y_{il}^2 - \dfrac{T^2}{rn} \tag{1-25}$$

$$S_j = \sum_k \frac{T_{jk}^2}{rn_{jk}} - \frac{T^2}{rn} \qquad (1\text{-}26)$$

式中　T_{jk}——第 j 列第 k 水平对应的观测值之和；其他各符号的意义同前。

3. 混合水平正交设计

前述正交表中各列都具有相同的水平数，这类正交表称为等水平正交表，当各因子水平数不同时，应采用混合水平正交表，如 $L_8(4×2^4)$、$L_{18}(2×3^7)$ 等。针对在水平数较多的正交表中安排一部分水平数较少的因子的正交设计问题，主要采用以下 3 种方法。

1）直接套用混合水平正交表。

2）并列法。将 k 水平正交表的某两列合并，同时划去相应的交互作用列，组成一个 k^2 水平的新列，这种方法称为并列法。

3）拟水平法。将一个水平数少的因子安排在水平数较多的正交表中，其不足的水平用因子的某些水平去顶替。

1.2.3　测试系统基本特性

1.2.3.1　测试系统的基本要求及性质

任何测试系统都有自己的传输特性，当输入信号用 $x(t)$ 表示，测试系统的传输特性用 $h(t)$ 表示，输出信号用 $y(t)$ 表示，则通常的工程测试问题总是处理 $x(t)$、$h(t)$ 和 $y(t)$ 三者之间的关系。测试系统组成如图 1-2 所示。

图 1-2　测试系统与其输入、输出关系图

从输入到输出，系统对输入信号进行传输和变换，系统的传输特性将对输入信号产生影响，要使输出信号真实地反映输入的状态，测试系统必须满足一定的性能要求。一个理想的测试系统应该具有如下特征。

1）输入、输出应该具有一一对应关系，即单一、确定的输入输出关系，对应于每个确定的输入量都应有唯一的输出量与之对应。

2）其输出和输入呈线性关系，且系统特性不应随时间的推移发生改变。满足上述要求的系统是线性时不变系统。

3）响应速度快。

4）动态测试时，必须保证信号波形不发生失真。

因此具有线性时不变特性的测试系统为最佳测试系统，线性时不变系统具有如下基本性质：

（1）叠加性

若 $x_1(t) \to y_1(t)$，$x_2(t) \to y_2(t)$，则 $x_1(t) \pm x_2(t) \to y_1(t) \pm y_2(t)$。

（2）比例性

若 $x(t) \to y(t)$，则 $kx(t) \to ky(t)$。

（3）微分性

若 $x(t) \to y(t)$，则 $x'(t) \to y'(t)$。

（4）积分性

若 $x(t) \to y(t)$，则 $\int_0^t x(t)\mathrm{d}t \to \int_0^t y(t)\mathrm{d}t$。

（5）频率保持性

若 $x(t)=A\cos(\omega t+\varphi x)$，则 $y(t)=B\cos(\omega t+\varphi y)$。

非线性系统不具有这样的性质。通常的测试系统都可看成线性系统，但可能存在着非线性。用作静态测试时，测试装置如果存在非线性，可以事先对装置进行标定，通过修正运算或输出补偿技术来解决。如果是用作动态测试，一般很难修正或补偿，必将导致测试结果失真。

1.2.3.2 测试装置的静态特性

静态特性是测试装置在静态测试时表现出的特性。静态测试则是指被测试信号不随时间变化或几乎不随时间变化的测试。在描述线性系统中，当系统的输入 $x(t)=x_0$（常数），即输入信号的幅值不随时间变化或随时间的变化周期远远大于测试时间，因而输入与输出的各阶导数均为零，测试系统的公式为

$$y = \frac{b_0}{a_0} x = Sx \tag{1-27}$$

因此，理想测试系统输入和输出的关系是过原点的一条直线，直线的斜率为 S。但实际的测试装置输入和输出关系并非理想的直线，式（1-27）变为

$$y = S_1 x + S_2 x^2 + S_3 x^3 + \cdots \tag{1-28}$$

描述静态特性的量有很多，主要有灵敏度、线性度、漂移和回程误差等。

灵敏度表示装置对输入量变化的反应能力，其值为输出变化量 Δy 与输入变化量 Δx 之比。

装置的理想输入-输出特性应为线性的，而实际的输入-输出特性常是非线性的，即为 $y=S_1 x+S_2 x^2+S_3 x^3+\cdots$，实际系统与理想系统有差异，表示此差异的参数是线性度。静态测量时，常用试验的方法来确定上述关系，即确定被测量的实际值与系统输出值之间的函数关系，称此过程为静态校准（标定、定度）。静态校准所得曲线并非直线，为应用方便，常以直线来拟合校准曲线，校准曲线与拟合直线的接近程度称为线性度。

漂移分为零点漂移和灵敏度漂移。零点漂移是测量装置的输出零点偏离原始零点的距离，它可以是随时间缓慢变化的量。灵敏度漂移则是由于材料性质的变化所引起的输入与输出关系（斜率）的变化。在一般情况下，后者的数值很小，可以忽略不计，只考虑零点漂移。

回程误差也称为迟滞、滞环，表示测量装置在全量程范围内，输入量由小到大（正行

程），或由大到小（反行程），两个静态特性不一致的程度。

1.2.3.3 测试装置的动态特性

1. 测试装置动态特性的描述

测试装置的动态特性，是指装置的输入、输出随时间变化时装置所表现出的特性。一个线性定常系统的输入和输出关系可用式（1-29）的微分方程来描述：

$$a_n \frac{d^n y(t)}{dt^n} + a_{n-1} \frac{d^{n-1} y(t)}{dt^{n-1}} + \cdots + a_1 \frac{dy(t)}{dt} + a_0 y(t)$$
$$= b_m \frac{d^m x(t)}{dt^m} + b_{m-1} \frac{d^{m-1} x(t)}{dt^{m-1}} + \cdots + b_1 \frac{dx(t)}{dt} + b_0 x(t) \quad (1\text{-}29)$$

式中 a_n，a_{n-1}，$\cdots$，a_1，a_0 和 b_m，b_{m-1}，$\cdots$，b_1，b_0——系统的物理参数；
$x(t)$——系统的输入；
$y(t)$——系统的输出。

2. 单位脉冲响应函数

当输入为单位脉冲函数时系统的输出即为单位脉冲响应函数。

设测试装置的单位脉冲响应函数为 $h(t)$，对于任意的输入 $x(t)$，输出 $y(t)$ 可表示为

$$y(t) = h(t)x(t) = \int_0^\infty h(\tau) x(t-\tau) d\tau \quad (1\text{-}30)$$

即输入信号与单位脉冲响应函数的卷积，输入 $x(t)$ 可以分解为许多宽度为 $\Delta\tau$ 的一个个矩形脉冲之和，$t = n\Delta\tau$ 时的第 n 个矩形脉冲的高度为 $x(n\Delta\tau)$，当 $\Delta\tau$ 趋近于零时，矩形脉冲变为单位冲激信号，冲激强度可以看作是矩形脉冲的面积；在 $t = n\Delta\tau$ 时刻，矩形脉冲引起的响应为 $x(n\Delta\tau)\Delta\tau h(t-n\Delta\tau)$；各脉冲引起的响应之和即为输出 $y(t)$：

$$y(t) = \lim_{\Delta\tau \to 0} \sum_{n=0}^\infty x(n\Delta\tau)\Delta\tau h(t - n\Delta\tau)$$
$$= \int_0^\infty h(\tau)x(t-\tau)d\tau = h(t)x(t) \quad (1\text{-}31)$$

由此看出，单位脉冲响应必须满足 $t<0$ 时 $h(t)=0$ 的条件，这是由于仅当有脉冲作用后，原来处于静止的系统才会有响应产生。

3. 阶跃响应函数

输入为单位阶跃函数 $u(t)$ 如图 1-3 所示时，系统输出 $g(t)$ 为阶跃响应函数。阶跃响应是脉冲响应函数的积分。这是由于当把 $x(t)=u(t)$ 代入式（1-30）中，

$$g(t) = \int_0^\infty h(\tau)u(t-\tau)d\tau = \int_0^\infty h(\tau)d\tau \quad (1\text{-}32)$$

反之，脉冲响应函数则是阶跃响应函数的导数，即

$$h(\tau) = \frac{d}{dt}g(t) \quad (1\text{-}33)$$

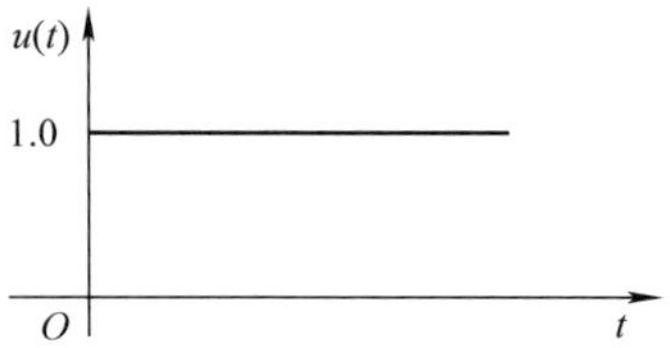

图 1-3 单位阶跃函数

4. 传递函数

若 $y(t)$ 为时间变量 t 的函数，当 $t \leq 0$ 时，有 $y(t)=0$，则 $y(t)$ 的拉普拉斯变换 $Y(s)$ 定义为

$$Y(s) = \int_0^\infty y(t)e^{-st}dt \qquad (1\text{-}34)$$

式中　　s——复变量，$s=\alpha+j\omega$，$\alpha>0$。

记作 $Y(s)=L[y(t)]$，其逆变换记为 $y(t)=L^{-1}[Y(s)]$。

拉普拉斯变化是一种积分变换，在测试中最常用的拉普拉斯变换的性质是微分定理，当函数 $y(t)$ 的初值及各阶导数的初值为零时，其 n 阶导数的拉普拉斯变换为

$$L\left[\frac{d^n y(t)}{dt^n}\right] = s^n Y(s) \qquad (1\text{-}35)$$

若系统的初始条件为零，即认为输入 $x(t)$ 与输出 $y(t)$ 以及它们的各阶导数的初始值（即 $t=0$ 时的值）均为零，对式（1-30）做拉普拉斯变换得

$$\begin{aligned} & a_n s^n Y(s) + a_{n-1} s^{n-1} Y(s) + \cdots + a_1 Y(s) + a_0 Y(s) \\ & = b_m s^m X(s) + b_{m-1} s^{m-1} X(s) + \cdots + b_1 X(s) + b_0 X(s) \end{aligned} \qquad (1\text{-}36)$$

将输入 $X(s)$ 和输出 $Y(s)$ 两者的拉普拉斯变换之比定义为传递函数 $H(s)$，即

$$H(s) = \frac{Y(s)}{X(s)} = \frac{b_m s^m + b_{m-1} s^{m-1} + \cdots + b_1 s + b_0}{a_n s^n + a_{n-1} s^{n-1} + \cdots + a_1 s + a_0} \qquad (1\text{-}37)$$

其逆变换为

$$y(t) = L^{-1}[Y(s)] = L^{-1}[H(s)X(s)] \qquad (1\text{-}38)$$

传递函数 $H(s)$ 表征了一个系统的传递特性，是在复数域中对系统特性的一种解析描述，包含了瞬态、稳态时间响应和频率响应的全部信息。式（1-37）分母中的 s 的幂次 n 称为传递函数的阶次。传递函数具有如下的特征：

1）$H(s)$ 描述了系统本身的动态特性，由式（1-37）可以看出，传递函数 $H(s)$ 与输入量 $x(t)$ 及系统的初始状态无关。

2）由传递函数 $H(s)$ 所描述的一个系统对于任意具体的输入 $x(t)$ 都可明确给出相应的输出 $y(t)$。

3）式（1-37）中的系数 a_n，a_{n-1}，$\cdots$，a_1，a_0 和 b_m，b_{m-1}，$\cdots$，b_1，b_0 是由测试系统本身结构特性所唯一确定的常数。

5. 频率响应函数

对于稳定的线性定常数系统，可设 $s=j\omega$，即原 $s=\alpha+j\omega$ 中的 $\alpha=0$，此时式（1-37）变为

$$H(\mathrm{j}\omega) = \frac{Y(\mathrm{j}\omega)}{X(\mathrm{j}\omega)} = \frac{b_m(\mathrm{j}\omega)^m + b_{m-1}(\mathrm{j}\omega)^{m-1} + \cdots + b_1(\mathrm{j}\omega) + b_0}{a_n(\mathrm{j}\omega)^n + a_{n-1}(\mathrm{j}\omega)^{n-1} + \cdots + a_1(\mathrm{j}\omega) + a_0} \qquad (1\text{-}39)$$

$H(\mathrm{j}\omega)$ 称为测试系统的频率响应函数，也可记为 $H(\omega)$。显然，频率响应函数是传递函数的特例。不难看出，把 $H(\mathrm{j}\omega)$ 表达式中的 $\mathrm{j}\omega$ 换成 s，就可得到传递函数；反之，把 $H(s)$ 中的 s 换成 $\mathrm{j}\omega$，就可得到频率响应函数。

由欧拉公式可知，$\mathrm{e}^{\mathrm{j}\omega t}=\cos\omega t+\mathrm{j}\sin\omega t$，根据叠加原理，线性系统可用 $\mathrm{e}^{\mathrm{j}\omega t}$ 代替正弦或余弦信号输入给系统。其响应可由式（1-30）求得：

$$y(t) = \int_0^\infty h(\tau)\mathrm{e}^{\mathrm{j}\omega(t-\tau)}\mathrm{d}\tau = \mathrm{e}^{\mathrm{j}\omega t}\int_0^\infty h(\tau)\mathrm{e}^{-\mathrm{j}\omega\tau}\mathrm{d}\tau \qquad (1\text{-}40)$$

故频率响应函数又可定义为

$$H(\omega) = \int_0^\infty h(\tau)\mathrm{e}^{-\mathrm{j}\omega\tau}\mathrm{d}\tau \qquad (1\text{-}41)$$

则式（1-40）为

$$y(t)=H(\omega)\mathrm{e}^{\mathrm{j}\omega t} \qquad (1\text{-}42)$$

由此可见，当输入频率为 ω 的正弦波时，输出也是同频率的正弦波，只是振幅扩大了 $|H(\omega)|$ 倍，相位变化了 $H(\omega)$ 的幅角，即 $H(\omega)$ 表示输出相对于输入的振幅比及相位差。由式（1-43）可知，频率响应函数是脉冲响应函数的傅里叶变换，脉冲响应函数是频率响应函数的傅里叶逆变换。

$$h(t) = \frac{1}{2\pi}\int_{-\infty}^{+\infty}H(\mathrm{j}\omega)\mathrm{e}^{\mathrm{j}\omega t}\mathrm{d}\omega \qquad (1\text{-}43)$$

用传递函数和频率响应函数均可表达系统的传递特性，但两者含义不同。在推导传递函数时，系统的初始条件设为零。而对于一个从 $t=0$ 开始所施加的简谐信号激励来说，采用拉普拉斯变换解得的系统输出将由两部分组成：由激励所引起的、反映系统固有特性的瞬态输出以及该激励所对应的系统的稳态输出。如图 1-4a 所示，系统在激励开始之后有一段过渡过程，经过一定的时间以后，系统的瞬态输出趋于定值，亦即进入稳态输出。图 1-4b 所示出的是频率响应函数描述下系统的输入与输出之间的对应关系。当输入为简谐信号时，在观察时系统的瞬态响应已趋近于零，频率响应函数 $H(\mathrm{j}\omega)$ 表达的仅仅是系统对简谐输入信号的稳态输出。因此用频率响应函数不能反映过渡过程，必须用传递函数才能反映全过程。

频率响应函数是描述测试装置动态特性一个非常重要的参数。一般来说，频率响应函数 $H(\mathrm{j}\omega)$ 是一个复数，可以写成幅值与相角表达的形式，则有

$$H(\mathrm{j}\omega) = A(\omega)\mathrm{e}^{\mathrm{j}\phi(\omega)} = A(\omega)\angle\varphi(\omega) \qquad (1\text{-}44)$$

式中　$A(\omega)$——复数的模。

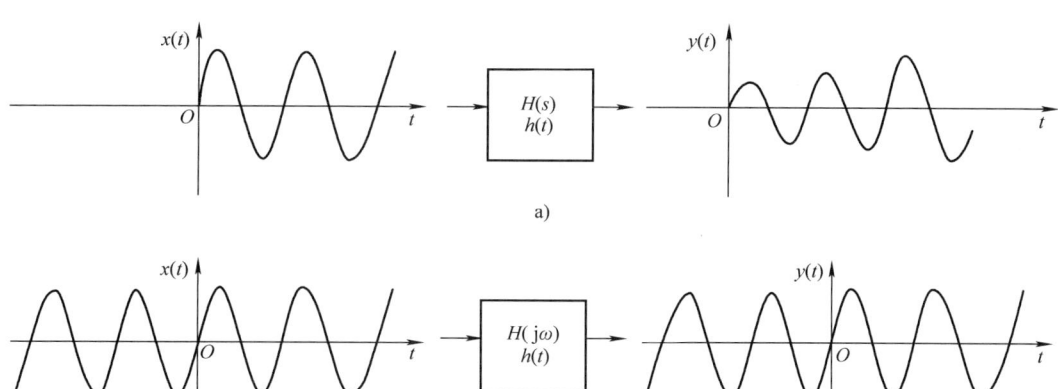

图 1-4 用传递函数和频率响应函数分别描述不同输入状态的系统输出
a）传递函数 b）频率响应函数

$$A(\omega)=\frac{|Y(\omega)|}{|X(\omega)|}=|H(\mathrm{j}\omega)| \tag{1-45}$$

$A(\omega)$ 反映了线性时不变系统在正弦信号激励下，其稳态输出与输入的幅值比随频率变化，称为系统的幅频特性。

$\varphi(\omega)$ 为 $H(\mathrm{j}\omega)$ 的幅角：

$$\varphi(\omega)=\arg H(\mathrm{j}\omega)=\varphi_y(\omega)-\varphi_x(\omega) \tag{1-46}$$

幅角 $\varphi(\omega)$ 反映了稳态输出与输入的相位差随频率的变化，称为系统的相频特性。

$H(\mathrm{j}\omega)$ 也可用实部和虚部的组合形式来表达：

$$H(\mathrm{j}\omega)=P(\omega)+\mathrm{j}Q(\omega) \tag{1-47}$$

则 $P(\omega)$ 和 $Q(\omega)$ 均为 ω 的实函数，式（1-47）也可写成

$$A(\omega)=\sqrt{P^2(\omega)+Q^2(\omega)} \tag{1-48}$$

以 ω 为自变量分别画出 $P(\omega)$ 和 $Q(\omega)$ 的图形，分别称为实频特性曲线和虚频特性曲线。以 ω 为自变量分别画出 $A(\omega)$ 和 $\varphi(\omega)$ 的图形，所得的曲线分别称为幅频特性曲线和相频特性曲线。将自变量 ω 用对数坐标即 $\lg(\omega)$ 表达，幅值用 $A(\omega)$ 分贝（dB）数即 $20\lg A(\omega)$ 来表示，此时所得的对数幅频曲线与对数相频曲线称为伯德（Bode）图。另外一种表达系统幅频与相频特性的作图法称为奈奎斯特（Nyquist）图法。它是以系统 $H(\mathrm{j}\omega)$ 的实部 $P(\omega)$ 为横坐标，虚部 $Q(\omega)$ 为纵坐标，画出它们随 ω 变化的曲线，且在曲线上注明响应频率。图中自坐标原点到曲线上某一频率点所做的矢量长度表示该频率点的幅值 $|H(\mathrm{j}\omega)|$，该曲线与横坐标轴的夹角代表了频率响应的幅角 $\arg[H(\mathrm{j}\omega)]$。

1.2.3.4 动态特性试验测定法

获取测试装置动态特性的方法有计算法和试验测定法。采用计算法时，首先要列出装

置的微分方程,然后计算系统的频率响应函数或其他参数,最后再由试验来判断计算的精确性。试验测定法则是直接用试验来测定装置的动态特性。采用计算法时,列出系统微分方程后,有两条途径求解系统的动态特性,见图1-5。

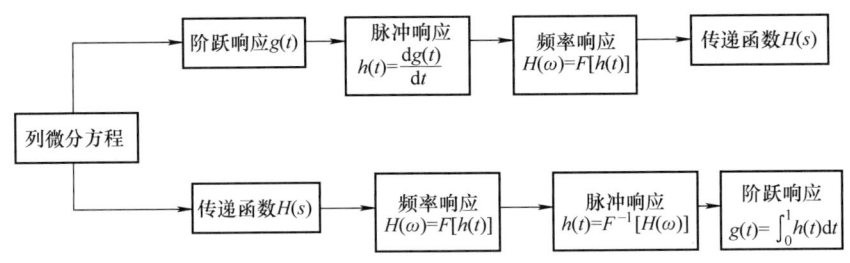

图1-5 求解动态特性的两条途径

第一条途径由于要解微分方程,故一般仅用于一阶或二阶系统。第二条途径,无论是对低阶系统或变阶系统都适用,另外由于在动态特性中频率响应函数是最常用的,故一般都按该途径来求解系统的动态特性。

1. 一阶系统

图1-6所示为 RC 低通滤波电路,设其输入电压为 $x(t)$,输出电压为 $y(t)$,电流为 i,则有:

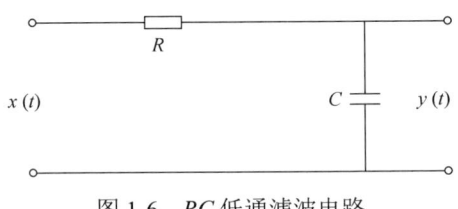

图1-6 RC 低通滤波电路

$$x(t) = Ri + \frac{1}{C}\int i \mathrm{d}t$$

$$y(t) = \frac{1}{C}\int i \mathrm{d}t$$

消去 i,并令 $\tau = RC$,则有:

$$\tau \frac{\mathrm{d}}{\mathrm{d}t}y(t) + y(t) = x(t) \tag{1-49}$$

如上的输入输出关系可用一阶微分方程表示的系统称为一阶系统。式(1-49)是典型的一阶系统微分方程。下面由前述的途径一来求解一阶系统的阶跃响应、脉冲响应、频率响应和传递函数。

(1)阶跃响应

由于输入信号 $x(t)=u(t)$,故式(1-49)变为

$$\tau \frac{\mathrm{d}}{\mathrm{d}t}y(t) + y(t) = 1 \quad (t>0) \tag{1-50}$$

在初始条件 $y(0)=0$ 下解此微分方程，则求得阶跃响应函数为

$$g(t)=1-e^{-t/\tau} \tag{1-51}$$

图 1-7 所示为一阶系统的阶跃响应，当 $t=\tau$ 时，$g(\tau)=0.632$，称 τ 为时间常数。可见，一阶系统在单位阶跃激励下的稳态输出为零，且进入稳态的时间 $t\rightarrow\infty$。但当 $t=4\tau$ 时，$g(4\tau)=0.982$，误差小于 2%；当 $t=5\tau$ 时，$g(5\tau)=0.993$，误差小于 1%；所以对于一阶系统，时间常数 τ 是表示其特性的一个重要物理量，且越小越好。

（2）脉冲响应

阶跃响应的导数为脉冲响应，对式（1-51）求导，得脉冲响应为

$$h(t)=\frac{d}{dt}g(t)=\frac{1}{\tau}e^{-t/\tau} \tag{1-52}$$

一阶系统的脉冲响应如图 1-8 所示，当 $t=\tau$ 时，达到 $t=0$ 时值的 36.8%。显然，脉冲响应也完全由时间常数决定。

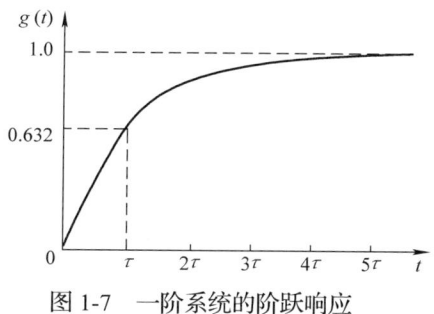

图 1-7 一阶系统的阶跃响应

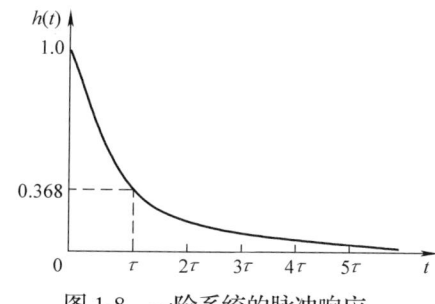

图 1-8 一阶系统的脉冲响应

（3）频率响应

对式（1-50）做傅里叶变换，即得频率响应函数为

$$\begin{aligned}H(\omega)&=\int_0^\infty \frac{1}{\tau}e^{-t/\tau}e^{-j\omega t}dt\\&=\frac{1}{1+j\omega\tau}\end{aligned} \tag{1-53}$$

一阶系统的幅频特性和相频特性如图 1-9 所示；其伯德图和奈奎斯特图分别如图 1-10 和图 1-11 所示。

（4）传递函数

求解一般性一阶系统，其微分方程为

$$a_1\frac{dy(t)}{dt}+a_0y(t)=b_0x(t) \tag{1-54}$$

任何测试系统如果遵循式（1-54）的数学关系，则被定义为一阶测试系统，可写成

$$\tau\frac{dy(t)}{dt}+y(t)=Sx(t) \tag{1-55}$$

式中　τ ——时间常数，$\tau = \dfrac{a_1}{a_0}$；

　　　S ——系统灵敏度，$S = \dfrac{b_0}{a_0}$。

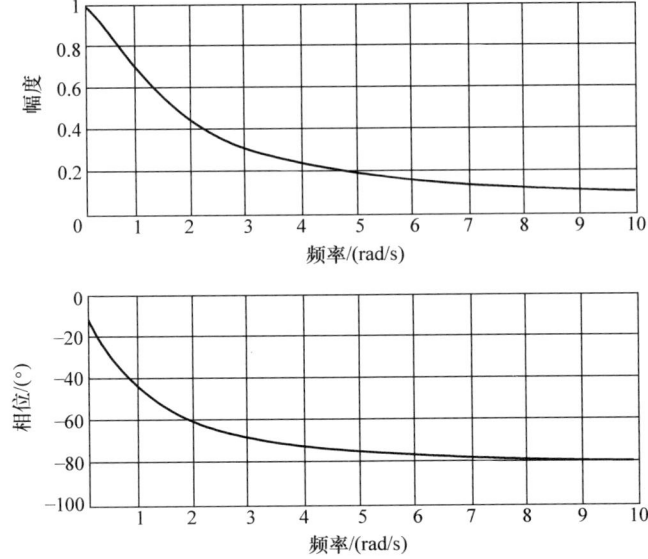

图 1-9　一阶系统的幅频特性和相频特性

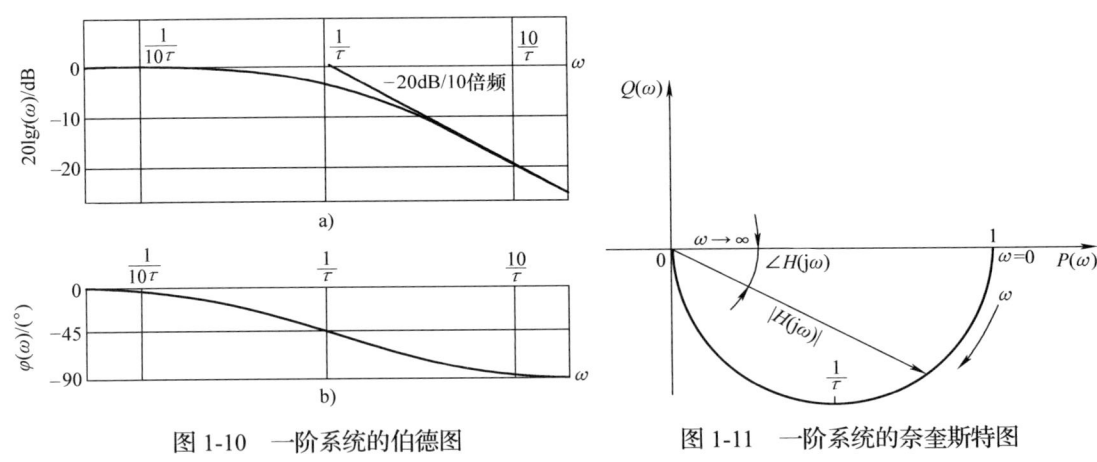

图 1-10　一阶系统的伯德图　　　图 1-11　一阶系统的奈奎斯特图

对式（1-55）做拉普拉斯变换，则有

$$\tau s Y(s) + Y(s) = S X(s) \tag{1-56}$$

则传递函数为

$$H(s) = \dfrac{S}{\tau s + 1} \tag{1-57}$$

其频率响应函数为

$$H(\omega) = \frac{S}{1+j\tau\omega} = \frac{S}{1+(\tau\omega)^2} - j\frac{S}{1+(\tau\omega)^2} \tag{1-58}$$

其幅频特性和相频特性为

$$A(\omega) = |H(j\omega)| = \frac{S}{\sqrt{1+(\omega\tau)^2}} \tag{1-59}$$

$$\varphi(\omega) = \arg[H(j\omega)] = -\arctan(\omega\tau)t \tag{1-60}$$

其中，负号表示输出信号滞后于输入信号。

一阶系统具有如下特性：

1）外激频率 ω 远小于 $1/\tau$ 时（$\omega<1/5\tau$），其幅值 $A(\omega)$ 接近于 1（误差不超过 2%）；一般来说一阶系统的时间常数越小，$A(\omega)$ 的值在越宽的频率范围内可看作常数。

2）时间常数 τ 是反映一阶系统特性的重要参数。在 $\omega=1/\tau$ 处，设系统灵敏度 $S=1$，则 $A(\omega)=0.707(-3dB)$，相位滞后 $45°$。时间常数 τ 决定了系统所适用的频率范围。

2. 二阶系统

可用二阶常系数微分方程描述的系统称为二阶系统。弹簧阻尼质量系统和动圈式仪表的振子等都是二阶系统。其微分方程为

$$a_2\frac{d^2y(t)}{dt^2} + a_1\frac{dy(t)}{dt} + a_0y(t) = b_0x(t) \tag{1-61}$$

可变为

$$\frac{d^2y(t)}{dt^2} + 2\zeta\omega_n\frac{dy(t)}{dt} + \omega_n^2 y(t) = S\omega_n^2 x(t) \tag{1-62}$$

式中　　S——系统的灵敏度，$S = \frac{b_0}{a_0}$；

ω_n——系统的无阻尼固有频率，$\omega_n = \sqrt{\frac{a_0}{a_2}}$；

ζ——系统阻尼比，$\zeta = \frac{a_1}{2\sqrt{a_0 a_2}}$。

（1）传递函数

对式（1-62）两边做拉普拉斯变换得

$$\left(\frac{S^2}{\omega_n^2} + \frac{2\zeta S}{\omega_n} + 1\right)Y(S) = SX(S) \tag{1-63}$$

二阶系统的传递函数为

$$H(S) = \frac{S\omega_n^2}{S^2 + 2\zeta\omega_n S + \omega_n^2} \tag{1-64}$$

（2）频率响应函数

频率响应函数为

$$H(\omega) = \frac{S\omega_n^2}{\omega_n^2 + 2\zeta\omega_n \mathrm{j}\omega - \omega^2} = \frac{S}{1 - \left(\dfrac{\omega}{\omega_n}\right)^2 + 2\mathrm{j}\zeta\dfrac{\omega}{\omega_n}} \quad (1\text{-}65)$$

二阶系统的频率响应函数是由 ω_n 和 ζ 决定的。其幅频特性和相频特性分别为

$$A(\omega) = |H(\omega)| = \frac{S}{\sqrt{\left[1 - \left(\dfrac{\omega}{\omega_n}\right)^2\right]^2 + 4\zeta^2\left(\dfrac{\omega}{\omega_n}\right)^2}} \quad (1\text{-}66)$$

$$\phi(\omega) = \arg[H(\omega)] = -\arg\frac{2\zeta\left(\dfrac{\omega}{\omega_n}\right)}{1 - \left(\dfrac{\omega}{\omega_n}\right)^2} \quad (1\text{-}67)$$

若令 $S=1$，画出二阶系统的幅频和相频特性曲线，如图 1-12 所示：

1）阻尼比 ζ 对二阶系统的动态特性影响很大，频率响应随阻尼比 ζ 的不同而不同，当 $\dfrac{\omega}{\omega_n} = \sqrt{1-2\zeta^2}$，$A(\omega)$ 取最大值为 $A(\omega)_{\max} = \dfrac{1}{2\zeta\sqrt{1-\zeta^2}}$，并且当 $\zeta>0.707$ 时，$A(\omega)$ 将无峰值。为在较宽的频率范围内减少稳态响应的动态误差，阻尼比应设计为 $\zeta=0.65\sim0.7$。

2）二阶系统的频率响应随固有频率 ω_n 的不同而不同。固有频率 ω_n 越高，稳态响应动态误差小的工作频率范围越宽，一般工作频率取 $\omega \leqslant (0.6\sim0.8)\omega_n$。因此应尽可能提高测试系统的固有频率 ω_n。

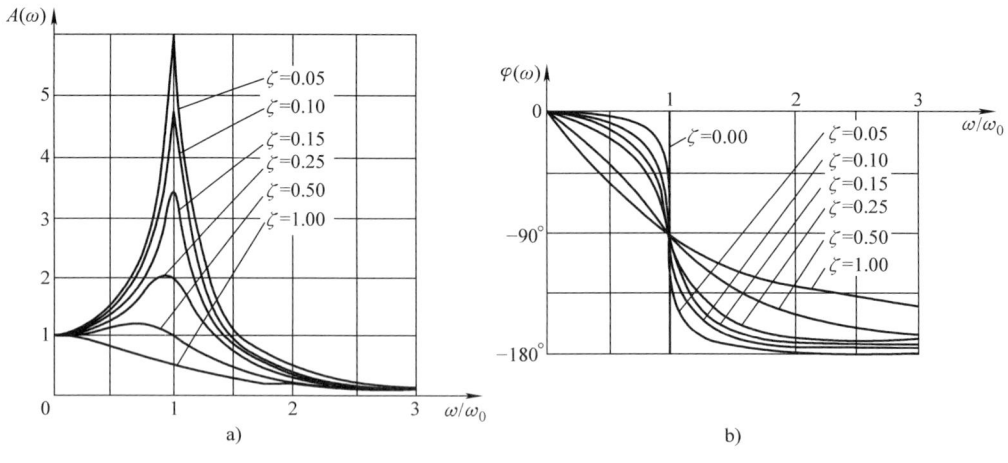

图 1-12 二阶系统的幅频和相频特性曲线
a）幅频特性曲线　b）相频特性曲线

（3）脉冲响应函数

设灵敏度 $S=1$，单位脉冲响应函数为

$$h(t) = \frac{\omega_n}{\sqrt{1-\zeta^2}} e^{-j\omega_n t} \sin\sqrt{1-\zeta^2}\omega_n t \text{（欠阻尼情况，}\zeta<1) \quad (1-68)$$

$$h(t) = \omega_n^2 t e^{-j\omega_n t} \text{（临界阻尼情况，}\zeta=1) \quad (1-69)$$

$$h(t) = \frac{\omega_n}{\sqrt{\zeta^2-1}} e^{-j\omega_n t} \sin\sqrt{\zeta^2-1}\omega_n t \text{（过阻尼情况，}\zeta>1) \quad (1-70)$$

二阶系统脉冲响应函数曲线如图 1-13 所示。

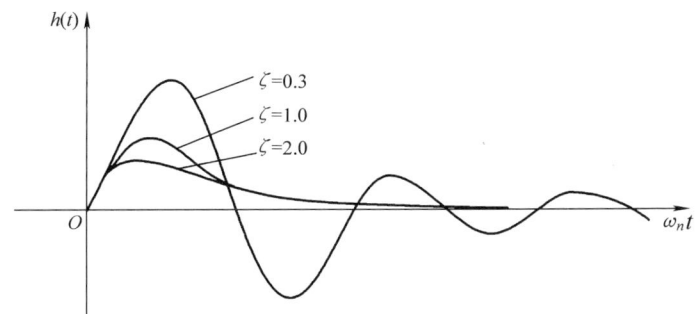

图 1-13　二阶系统脉冲响应函数曲线

（4）阶跃响应函数

设灵敏度 $S=1$，阶跃响应函数为

$$g(t) = 1 - e^{-\zeta\omega_n t}\left(\cos\sqrt{1-\zeta^2}\omega_n t + \frac{\zeta}{\sqrt{1-\zeta^2}}\sin\sqrt{1-\zeta^2}\omega_n t\right)(\zeta<1) \quad (1-71)$$

$$g(t) = 1 - e^{-\zeta\omega_n t}(1+\omega_n t)\ (\zeta=1) \quad (1-72)$$

$$g(t) = 1 - e^{-\zeta\omega_n t}\left(\cos\sqrt{\zeta^2-1}\omega_n t + \frac{\zeta}{\sqrt{1-\zeta^2}}\sin\sqrt{\zeta^2-1}\omega_n t\right)(\zeta>1) \quad (1-73)$$

二阶系统不同阻尼比时的单位阶跃响应曲线如图 1-14 所示。

二阶测试系统的单位阶跃响应具有如下性质：

1）阶跃响应曲线形状取决于阻尼比 ζ。$\zeta>1$ 时，曲线缓慢增大，逐渐趋于 1，但不会超过 1；$\zeta<1$ 时，曲线做减幅振荡，逐渐趋于 1；$\zeta=1$ 时，介于两者之间，不产生振动；$\zeta=0$ 时，产生持续振荡，永无休止。

2）进入稳态的时间取决于系统的固有频率 ω_n 和阻尼比 ζ。ω_n 越高，系统响应越快；ζ 值过大，则趋于稳态的时间过长，ζ 值过小，由于产生振荡，趋于稳态的时间仍然很长。因此，为提高响应速度，通常 $\zeta=0.6~0.8$。

3）二阶系统在单位阶跃激励下的稳态输出误差为零。

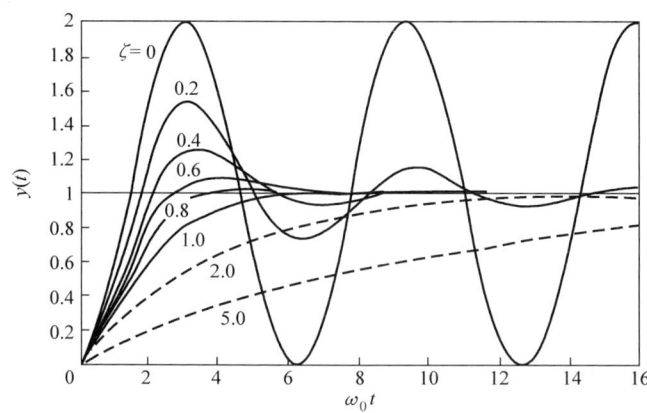

图 1-14 二阶系统不同阻尼比时所对应的单位阶跃响应曲线

3. 高阶系统

一般的测试装置总是稳定系统,即满足 $\lim_{t\to\infty}h(t)=0$。系统传递函数式(1-37)分母中 s 的幂次总高于分子中 s 的幂次,即 $n>m$,所以 n 阶系统的传递函数可以写成

$$H(s)=\sum_{i=1}^{r}\frac{q_i}{s+p_i}+\sum_{i=1}^{(n-r)/2}\frac{\alpha_i s+\beta_i}{s^2+2\zeta_i\omega_{ni}+\omega_{ni}^2} \quad (1\text{-}74)$$

式中 α_i、β_i、ω_{ni}、q_i、p_i 和 ζ_i——常量。

该式表明,任何一个系统均可分解成若干一阶、二阶系统。

4. 环节的串联和并联

包装测试中,往往需要把几台测试装置串联和并联起来,构成包装测试系统。

两个传递函数各为 $H_1(s)$ 和 $H_2(s)$ 的环节,将其串联起来,如图 1-15,设串联后两环节没有能量交换,即一个环节不会对另一环节的传递函数产生影响,串联后系统的传递函数设为 $H(s)$,则

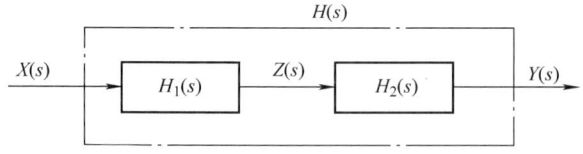

图 1-15 两个系统的串联

$$H(s)=\frac{Y(s)}{X(s)}=\frac{Z(s)}{Y(s)}\frac{Y(s)}{X(s)}=H_1(s)H_2(s) \quad (1\text{-}75)$$

对于 n 个环节串联组成的类似系统,有

$$H(s)=\prod_{i=1}^{n}H_i(s) \quad (1\text{-}76)$$

若两个系统并联,如图 1-16 所示,则因

$$Y(s)=Y_1(s)+Y_2(s) \quad (1\text{-}77)$$

有

$$H(s)=\frac{Y(s)}{X(s)}=\frac{Y_1(s)}{X(s)}+\frac{Y_2(s)}{X(s)}=H_1(s)+H_2(s) \quad (1\text{-}78)$$

对于 n 个环节并联组成的系统，则有

$$H(s)=\sum_{i=1}^{n}H_i(s) \quad (1\text{-}79)$$

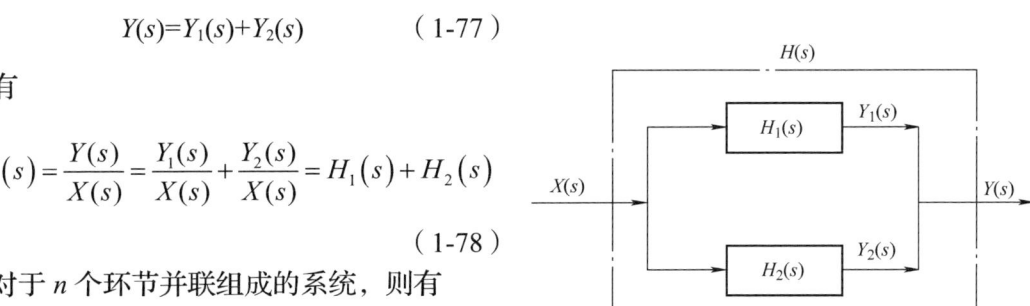

图 1-16 两个系统的并联

实际上，当两个环节耦合时，后续环节必将对前一环节的传递函数产生影响，为了减轻后续环节对前一环节的影响（也称负载效应），对于电压输出的环节，可以通过以下方法来减轻影响。

1）提高后续环节的输入阻抗。
2）在两个环节插入高输入阻抗、低输出阻抗的放大器。
3）利用反馈或零点测量原理几乎不从前面环节吸收能量，用电位差计测量电压就属于此类。

1.2.3.5 测试装置动态特性的测定

一个测试系统的各种特性参数表征了该系统的整体工作特性，为了获得正确的测量结果，需要精确地知道所用系统的各类参数，此外也需要通过定标和校准来维持系统的各类特性参数。测试装置的动态特性参数的测定比较复杂和特殊，所以要考虑采用合理的方法进行测定。

动态特性的测量方法一般有频率响应法和阶跃响应法等。

1. 动态特性测定的阶跃响应法

阶跃响应法是以阶跃响应作为测试系统的输入，通过对系统输出响应的测试，从而计算出系统的动态特性参数。这种方法的实质是一种瞬态响应法，即通过对输出响应的过渡过程来标定系统的动态特性。

（1）一阶系统

一阶系统的传递函数由式（1-57）表示，其阶跃响应为

$$y(t)=(1-e^{-t/\tau})S \quad (1\text{-}80)$$

设其灵敏度 S 为 1，则其可改写为

$$1-y(t)=e^{-\frac{t}{\tau}} \quad (1\text{-}81)$$

令 $Z=\ln[1-y(t)]$，则有

$$Z = -\frac{t}{\tau} \tag{1-82}$$

由此可见，$Z=\ln[1-y(t)]$ 与时间 t 为线性关系，画出 Z 与 t 的关系图，若其关系为一条直线，则表明所测系统为一阶系统（否则可考虑为过阻尼二阶系统），其斜率为 $-\dfrac{\Delta t}{\Delta \tau}$（图 1-17）。

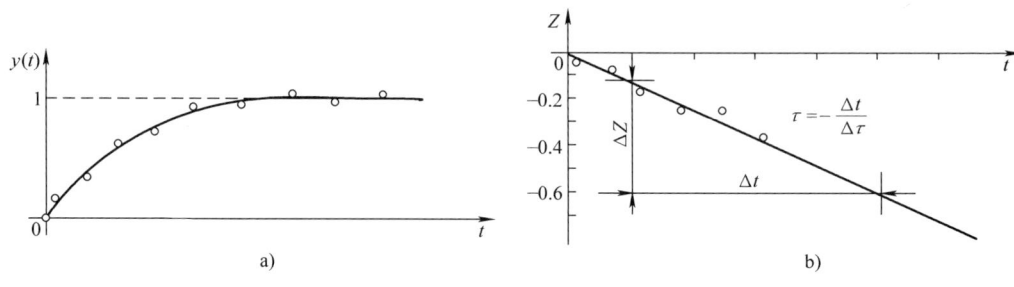

图 1-17　一阶系统阶跃响应

a）$y(t)=1-\mathrm{e}^{-\frac{t}{\tau}}$　b）$Z=\ln[1-y(t)]$

（2）二阶系统

二阶系统一般均设计成欠阻尼系统，它的阶跃响应是一条衰减的正弦曲线，如图 1-18 所示，其单位阶跃响应函数为

$$y(t) = 1 - \frac{\mathrm{e}^{-\zeta\omega_n t}}{\sqrt{1-\zeta^2}}\sin(\omega_\mathrm{d}+\varphi) \tag{1-83}$$

式中

$$\omega_\mathrm{d} = \omega_n\sqrt{1-\zeta^2}$$

$$\varphi = \arctan\frac{\sqrt{1-\zeta^2}}{\zeta}$$

其响应的频率为 $\omega_\mathrm{d}=\omega_n\sqrt{1-\zeta^2}$，周期为 $T_\mathrm{d}=\dfrac{2\pi}{\omega_\mathrm{d}}$，曲线中各振荡峰值对应的时间 $t_\mathrm{p}=0,\ \dfrac{\pi}{\omega_\mathrm{d}},\ \dfrac{2\pi}{\omega_\mathrm{d}},\ \cdots$。显然，当 $t=\dfrac{\pi}{\omega_\mathrm{d}}$ 时，$y(t)$ 取得最大值，该值称为最大超调量 M，可表示为

$$M = \mathrm{e}^{-\left(\dfrac{\pi\zeta}{\sqrt{1-\zeta^2}}\right)} \tag{1-84}$$

或

$$\zeta = \sqrt{\dfrac{1}{\left(\dfrac{\pi}{\ln M}\right)^2 + 1}} \qquad (1\text{-}85)$$

可根据实测上限测得最大超调量 M，即可求得阻尼比 ζ。

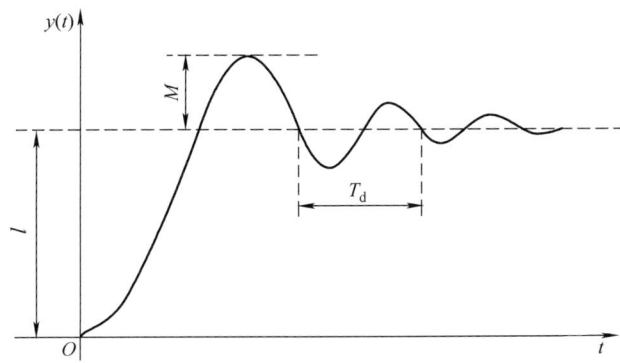

图 1-18　欠阻尼二阶系统阶跃响应

如果测得的阶跃响应衰减过程较长，可利用任意两个超调量 M_i 和 M_{i+n} 来求阻尼比 ζ。设相邻周期数为 n 的任意两个超调量 M_i 和 M_{i+n}，其对应的时间分别为 t_i 和 t_{i+n}，则

$$t_{i+n} = t_i + \dfrac{2\pi n}{\omega_n \sqrt{1-\zeta^2}} \qquad (1\text{-}86)$$

将其代入二阶系统的阶跃响应函数，有

$$\ln \dfrac{M_i}{M_{i+n}} = \dfrac{2\pi n \zeta}{\sqrt{1-\zeta^2}} \qquad (1\text{-}87)$$

则阻尼比：

$$\zeta = \sqrt{\dfrac{[\ln(M_i/M_{i+n})]^2}{[\ln(M_i/M_{i+n})]^2 + 4\pi^2 n^2}} \qquad (1\text{-}88)$$

系统的固有频率：

$$\omega_n = \dfrac{\omega_d}{\sqrt{1-\zeta^2}} = \dfrac{2\pi}{T_d \sqrt{1-\zeta^2}} \qquad (1\text{-}89)$$

其中，振荡周期 T_d 可由图 1-18 直接测得。

2. 动态特性测定的频率响应法

频率响应法是逐步改变输入正弦波的频率，使系统达到稳定状态，从输入输出正弦波的振幅比和相位差，测定频率响应函数的模 $|H(\omega)|$ 和幅角 $\arg[H(\omega)]$。当允许给系统输入正弦波时，例如测量电路等，频率响应法是一种简单实用的方法。但当系统本身的响应很慢时，或者不允许给系统输入正弦波时，可以采用阶跃响应法。

为了求出频率响应函数的模和相位，可以使用如下方法。

（1）记录比较法

同时记录输入 $x(t)$ 和输入 $y(t)$，可以直接求得振幅的大小和相位差（图 1-19）。

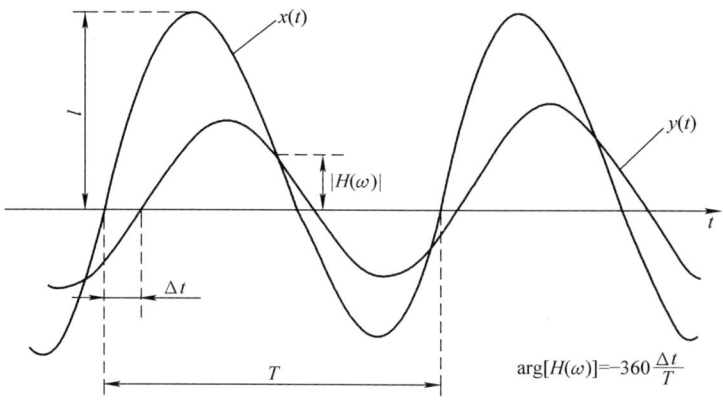

图 1-19　由 $y(t)$、$x(t)$ 的振幅比和相位差求 $H(\omega)$

（2）相关法

记录比较法适用于输出的正弦波中不包含噪声的情况，当输出中包含与输入无关的噪声 $n(t)$ 时，可以采用相关法。

设系统的输入、输出分别为

$$x(t)=A\sin(\omega t+\varphi) \tag{1-90}$$

$$y(t)=B\sin(\omega t+\psi)+n(t) \tag{1-91}$$

则输入 $x(t)$ 和输出 $y(t)$ 的互相关函数为

$$R_{xy}(\tau)=\lim_{T\to\infty}\frac{1}{T}\int_0^T AB\sin(\omega t+\varphi)\sin[\omega(t+\tau)+\psi]dt+\lim_{T\to\infty}\frac{1}{T}\int_0^T A\sin(\omega t+\varphi)n(t+\tau)dt \tag{1-92}$$

若平均时间足够长，式（1-92）中第二项为 0，其互相关函数为

$$R_{xy}(\tau)=\frac{AB}{2}\cos(\omega\tau+\psi-\varphi) \tag{1-93}$$

即可求得 $|H(\omega)|=\dfrac{B}{A}$，$\arg[H(\omega)]=\psi-\varphi$。

3. 动态特性测定的统计法

（1）频率响应函数的测定

当系统输入、输出为随机信号时，输入信号的功率谱 $S_x(\omega)$、输入输出的互谱 $S_{xy}(\omega)$ 和频率响应函数 $H(\omega)$ 之间存在如下关系：

$$S_{xy}(\omega)=H(\omega)S_x(\omega) \tag{1-94}$$

当输出中包含有与输入不相关的噪声时，这一关系也成立，如图 1-20 所示。利用这一关系，可以测定测试装置的动态特性。需要注意的是，用随机信号作为输入，测定系统

的频率响应函数时，在测定的频率范围内，输入信号的功率要足够大。

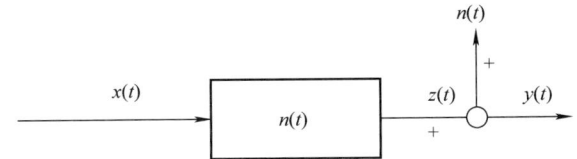

图 1-20　输出中包含噪声的线性系统

（2）脉冲响应函数的测定

在上述系统中，输入输出的互相关函数、输入的自相关函数和脉冲响应函数间存在的卷积关系为

$$R_{xy}(\tau) = \int_0^\infty h(\lambda) R_x(\tau - \lambda) \mathrm{d}\lambda \tag{1-95}$$

当用白噪声作为输入时，其自相关函数 $R_x(\tau)$ 为单位脉冲函数，则输入输出的互相关函数 $R_{xy}(\tau)$ 就是脉冲响应函数，这样的白噪声可以由伪随机信号发生器产生。

1.2.3.6　不失真测量条件

测试的目的是为了获得被测对象的原始信息，就测试装置而言，我们总希望测试结果能够真实、准确地反映出被测对象的信息，这种测试称为不失真测试。

设测试系统的输入为 $x(t)$，若实现不失真测试，则该系统的输出 $y(t)$ 应满足

$$y(t) = A_0 x(t - t_0) \tag{1-96}$$

式中　A_0、t_0——常数。

式（1-96）为测试系统在时域内实现不失真测试的条件。测试装置的输出与输入的波形形状相同，只是输出将输入放大了 A_0 倍，时间上滞后了 t_0，如图 1-21 所示。

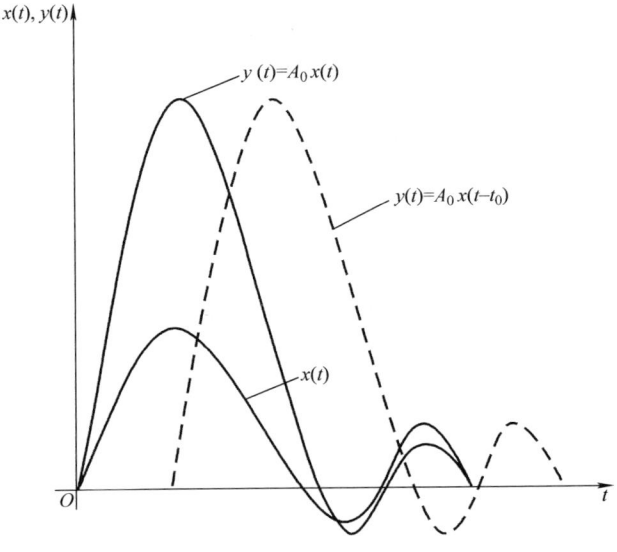

图 1-21　不失真测试条件

将式（1-96）两边做傅里叶变换，根据傅里叶变换的延时性质，则有

$$Y(\omega)=A_0 e^{-j\omega t_0}X(\omega) \tag{1-97}$$

故有

$$H(\omega)=\frac{Y(\omega)}{X(\omega)}=A_0 e^{-j\omega t_0} \tag{1-98}$$

这说明为实现不失真测试，测试装置的频率响应函数必须满足

$$\begin{aligned}|H(\omega)|&=A_0\\ \angle H(\omega)&=-\omega t_0\end{aligned} \tag{1-99}$$

式（1-99）为不失真测试的条件，即幅频特性曲线是一条平行于 ω 轴的直线，相频特性曲线是斜率为 $-t_0$ 的直线。

要保证从 0 到 ∞ 的整个频率范围内都满足上述条件是困难的，不过，选择测试装置应保证在测试的频率范围内尽可能满足上述条件。

1.2.4 试验数据采集与处理

1.2.4.1 数据采集系统设计

1. 系统设计的基本原则

（1）确保性能指标的完全体现

系统设计的根本依据是所要达到的性能指标，如采样速率、系统分辨率、系统精度等。要保证系统性能指标，主要应考虑系统输入信号的特性，如输入信号通道数、模拟量还是数字量、信号的强弱及动态范围等。

（2）系统结构的合理选择

系统结构的合理与否对系统可靠性、性价比等有直接影响。首先是硬件、软件功能的合理分配。原则上要尽可能"以软代硬"，其次要考虑系统的布局以及接口特性，包括采用什么样的总线、采样数据的输出形式（串行还是并行）、数据的编码格式等。

（3）参考软件工程学设计方法

软件工程强调结构化分析、结构化设计和结构化编程，依据软件工程学的方法进行设计，可以保证软件的开发效率和生存周期，从而取得较高的经济效益。

（4）安全可靠

要保证在规定的工作环境下，系统能稳定、可靠地工作，保证系统精度符合要求，同时也要保证系统应用人员的人身安全，这方面要充分利用各种标准。

2. 数据采集系统的基本结构

常见的数据采集系统有以下 4 种结构形式。

（1）多通道共享采样保持器和 A/D 转换器

如图 1-22 所示，采用分时转换的工作方式，各路被测信号共用一个采样保持器和一

个 A/D 转换器。在某一时刻，多路开关只能选择接入其中某一路到采样保持器的输入端，当采样保持器的输出已充分逼近输入信号时，在控制命令作用下，采样保持器由采样状态进入保持状态，A/D 转换器开始转换，并输出数字信号。转换期间，多路开关可以将下一路接通到采样保持器的输入端。

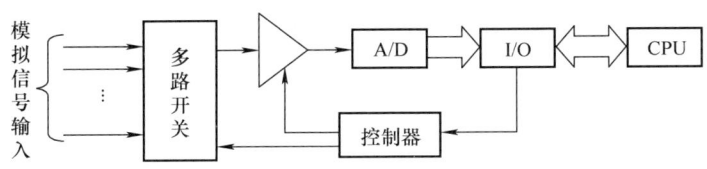

图 1-22　多通道共享采样保持器和 A/D 转换

这种结构形式简单，所用芯片数量少，适用于信号变化速率不高，对采样信号不要求同步的场合。

（2）多通道同步型数据采集系统

图 1-23 所示结构中各路信号共用一个 A/D 转换器，但每一路通道都有一个采样保持器，可以在同一个指令控制下对各路信号同时进行采样，得到各路信号在同一时刻的瞬时值。模拟开关分时地将各路采样保持器接到 A/D 转换器上进行模数转换。这些同步采样的数据可以描述各路信号的相位关系，这种结构被称为同步数据采集系统。

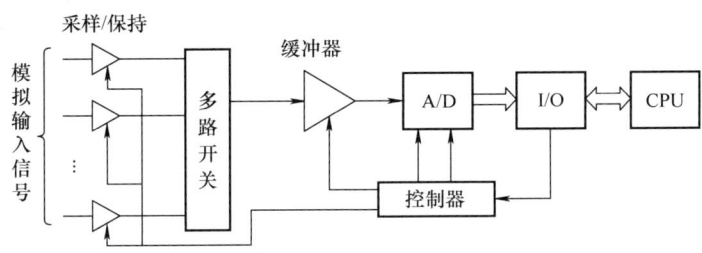

图 1-23　多通道同步型数据采集系统

（3）多通道并行数据采集系统

如图 1-24 所示，每个通道都有独自的采样保持器和 A/D 转换器，各个通道的信号可以独立进行采样和模数转换。转换的数据可经过接口电路直接到达 CPU 中。这种结构的数据采集系统速度最快，所用的硬件也最多，成本较高。

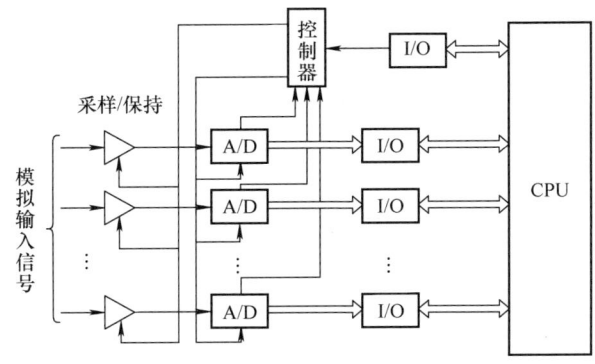

图 1-24　多通道并行数据采集系统

以上三种结构形式中，系统各部件之间距离较近，逻辑上的耦合程度较紧密，称为集中式数据采集系统。这类系统结构简单，容易实现，能满足中、小规模数据采集的要求。

（4）分布式数据采集系统

分布式数据采集系统的结构如图 1-25 所示，它由若干个数据采集站和一台上位机及通信线路组成。

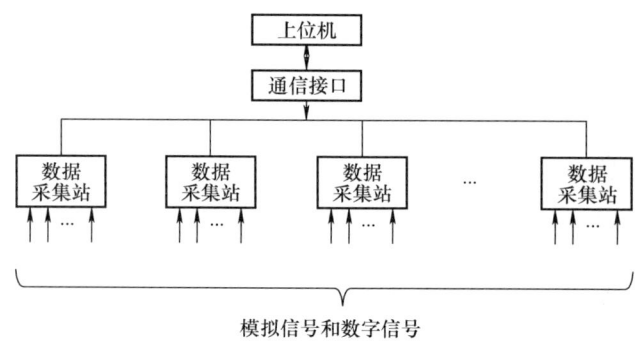

图 1-25　分布式数据采集系统的结构

数据采集站相当于小型的集中式数据采集系统，位于被测对象附近，可独立完成数据采集和预处理任务。采集的数据以数字信号的形式传送给上位机，从而彻底克服固有缺陷。上位机将各个数据采集站传送来的数据集中处理、显示、打印，或以文件形式储存，或者将系统的控制参数发送给各个数据采集站，以调整数据采集站的工作状态。

1.2.4.2　数据采集系统的主要性能指标

1. 分辨率

系统区别两个相邻模拟电压的能力称为分辨率，也称为灵敏度。它是相应于二进制数最低位（Least Significant Bit，LSB）的模拟量，常用二进制位数表示，如 8 位、10 位、12 位等。

2. 采集速率

系统采集速率是指系统在单位时间内（如 1s）采集数据的个数。若用 T 表示采集 N 个数据的时间，则系统采集速率为

$$R = \frac{N}{T} \quad (1\text{-}100)$$

假设数据采集系统通过多路模拟开关依次接入公共采集通道的方法巡回检测 M 路输入参数，每一路输入参数的采集速率称为通过率，用 P 表示，即

$$P = \frac{R}{M} \quad (1\text{-}101)$$

3. 误差限

误差限是用系统误差与随机误差的合成来评价数据采集系统测量准确度的一项指标。被评价通道在信号 V_S 值处的测量误差限 $e_{\max}$ 为

$$e_{\max} = \frac{\pm(|\overline{V} - V_S| + 2S)}{A} \times 100\% \qquad (1\text{-}102)$$

其中：

$$\overline{V} = \frac{\sum_{i=1}^{N} V_i}{N} \quad S = \sqrt{\frac{\sum_{i=1}^{N}(V_i - \overline{V})^2}{N-1}}, \quad \Delta\overline{V} = \overline{V} - V_S$$

式中　V_i——折合到通道输入端的数据采集值（i=1, 2, $\cdots$, N）；

　　　N——每个通道的采集数据个数；

　　　$\overline{V}$——某通道所有数据采集点的平均值；

　　　V_S——系统输入标准信号的幅度；

　　　$\Delta\overline{V}$——通道的系统误差；

　　　S——采集数据的标准差估计值；

　　　A——通道量程。

4. 线性度

线性度是用来描述数据采集系统采集通道输入输出特性非线性误差限的指标，可按最小二乘法、理想直线法、平均选点法等计算出不同定义下的线性度。

5. 温度系数

温度系数定义为环境温度变化1℃时满量程模拟量变化的百分数，单位为%/℃或10^{-6}/℃。一般来说，温度系数是在标准室温下（25℃）测得的。

6. 随机噪声

输入量为零（或一稳定值）时，其输出数据的标准偏差。

7. 通道间串扰

该指标用来描述多通道巡回采集过程中，数据采集系统前一通道信号对后续通道的影响，以串模抑制比SMRR来表示，可以用来评价数据采集系统对自身通道间互相干扰的抑制能力。

第n通道上的输入变化ΔV_n在第n+1通道上产生的影响为ΔV_{n+1}时，则串模抑制比SMRR（单位为dB）定义为

$$\text{SMRR} = 20\lg\left|\frac{\Delta V_n}{\Delta V_{n+1}}\right| \qquad (1\text{-}103)$$

8. 动态有效位数

在满足采样定理条件下，实际数据采集系统对单频正弦交流信号采集并拟合曲线，采集数据与拟合曲线之间的有效值误差归结为动态采集下的量化误差，与之对应的模数转换有效位数称为数据采集系统通道的动态有效位数。

9. 输入电阻

输入电阻是指数据采集系统通道输入端之间的电阻，当输入电阻过低时，系统准确度会随信号内阻而变化。

10. 输入通频带

输入通频带是指在约定衰减误差条件下，输入信号频率可变化的范围。

11. 直流输入特性

直流输入特性描述了数据采集系统的偏移电压（失调电压）、偏移电流（失调电流）及偏置电流对数据采集系统测量准确度的影响。

1.2.4.3 数据采集系统标定的概念

数据采集系统一般由传感器和有关测量仪器组成，为确保准确度，在采集之前必须准确掌握系统的性能，进行必要的标定工作。所谓"标定"，就是利用某些具有法定意义的标准器具对系统进行准确度、精密度等方面的试验，以确定系统的输入输出关系以及在不同使用条件下的误差关系等。一般情况下，产品在出厂前或经过修理后经过一定时间的使用之后，或者在重大试验前需要标定。

对数据采集系统的标定分为系统标定和分部标定两种形式。系统标定是对数据采集系统整个测量链的输入量与输出量之间的转换关系的标定；分部标定是选取测量链的某一局部做标定。

为了保证各种量值的准确一致，标定应按有关的检定规程进行。各种标准量值都有一个传递系统，图1-26给出了力值传递系统，只能用上级标准装置检定下级系统。同时，标定所用的仪器及设备至少要比被标定传感器准确度高一级。

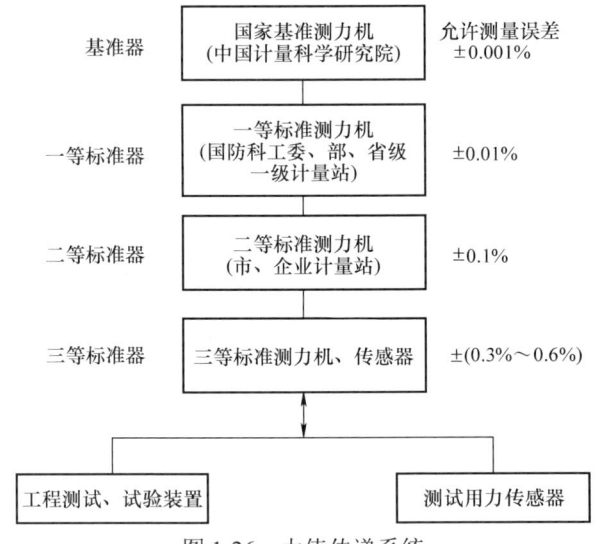

图1-26 力值传递系统

1.2.4.4 试验数据的插值与回归处理

1. 试验数据的插值处理

试验数据的插值就是根据已知试验数据，找出一个原函数关系的简单表达式，使它们在给定的若干点符合试验值，用此表达式近似地求出插值点的数值。

（1）一元函数的插值

一元函数的插值通常采用图解法、线性插值法和拉格朗日法。

1）图解法。选择直角坐标系（也可以是其他坐标系），以横坐标表示测量数据 x_0、x_1 等，纵坐标表示测量数据 y_0、y_1 等。然后，将已知测定点标注在图上，再将这些点用光滑曲线连接起来，即得到了近似的函数关系。

2）线性插值法。线性插值是把插值区间的函数关系近似为直线。设被插值的原函数 $y=f(x)$，在 x_0、x_1 处的值分别为 y_0、y_1，则通过 (x_0, y_0) 与 (x_1, y_1) 的直线方程为

$$y = y_0 + \frac{y_1 - y_0}{x_1 - x_0}(x - x_0) \tag{1-104}$$

将 x 值代入式（1-104），即可求得原函数 $f(x)$ 的近似值。

3）拉格朗日插值法。设原函数 $y=f(x)$ 在 $[a, b]$ 上连续，在 $(x_1, x_2, \cdots, x_n)$ 的取值为 $(y_1, y_2, \cdots, y_n)$，现通过以上点，求出一个次数低于 n 次的代数多项式 $y=P(x)$ 来近似原曲线，即

$$P(x_j) = y_j \quad (j=1, 2, \cdots, n) \tag{1-105}$$

引进下式：

$$B_j(x) = \frac{(x-x_1)(x-x_2)\cdots(x-x_{j-1})(x-x_{j+1})\cdots(x-x_n)}{(x_j-x_1)(x_j-x_2)\cdots(x_j-x_{j-1})(x_j-x_{j+1})\cdots(x_j-x_n)} \tag{1-106}$$

很明显，对于每一个 $B_j(x)$ 有：

$$B_j(x) = \begin{cases} 0, & k \neq j \\ 1, & k = j \end{cases} \tag{1-107}$$

有了这 n 个 $n-1$ 次多项式，便可写出满足式（1-105）的插值多项式 $P_{(n-1)}(x)$，即

$$P_{(n-1)}(x) = B_1(x)y_1 + B_2(x)y_2 + \cdots + B_n(x)y_n = \sum_{j=1}^{n} B_j(x)y_j \tag{1-108}$$

上式就是拉格朗日多项式。为了计算方便，可以改写成

$$y = y_1\left[\frac{(x-x_2)}{(x_1-x_2)} \times \frac{(x-x_3)}{(x_1-x_3)} \times \frac{(x-x_4)}{(x_1-x_4)} \times \cdots\right] + y_2\left[\frac{(x-x_1)}{(x_2-x_1)} \times \frac{(x-x_3)}{(x_2-x_3)} \times \frac{(x-x_4)}{(x_2-x_4)} \times \cdots\right] + \cdots + y_n\left[\frac{(x-x_1)}{(x_n-x_1)} \times \frac{(x-x_2)}{(x_n-x_2)} \times \cdots \times \frac{(x-x_{n-1})}{(x_n-x_{n-1})}\right] \tag{1-109}$$

式中　y——所拟合的函数；

　　　x——自变量。

（2）二元拉格朗日插值多项式

若在 $m \times n$ 个 $(x_i, y_j)(i=1, 2, \cdots, m; j=1, 2, \cdots, n)$ 上，已知函数值 $z_{ij} = f(x_i, y_j)$，现在求一个拟合函数 $\varphi(x, y)$，使它在这 $m \times n$ 个已知点上，有相同的函数值 z_{ij}，其直观意义，就是做一个曲面 $z = \varphi(x, y)$，使它经过 m 个已知点 (x_i, y_j, z_{ij}) 且与原曲面 $z = \varphi(x, y)$ 接近。这里，可以将二元插值问题转化为一元插值问题来处理。下面给出常见的二元拉格朗日插值多项式（具体推导过程参见数值分析有关章节）：

$$z = \sum_{i=1}^{m}\sum_{j=1}^{m} \frac{B(x)}{B'(x_i)(x-x_i)} \frac{B(y)}{B'(y_j)(y-y_j)} \tag{1-110}$$

其中,

$$B(x) = \prod_{i=1}^{m}(x-x_i)$$

$$B(y) = \prod_{j=1}^{m}(y-y_i)$$

$$B'(x_i) = (x_i - x_1)\cdots(x_i - x_{i-1})(x_i - x_{i+1})\cdots(x_i - x_m), (i=1,2,\cdots,m)$$

2. 试验数据的图形表示

从得到试验数据到绘制出表示试验结果的图形,一般可分四个步骤来进行,总称为曲线的拟合。

(1) 数据的整理

通过试验测量所得到的数据是作图的基础,对测得的原始数据进行初步处理:取合理的有效数字表示测量结果,刷除可疑值,给出相应的测量误差值。

(2) 坐标与分度的选择

常用的作图坐标有直角坐标和极坐标两种。工程上多采用直角坐标,在数据变化具有指数特征时,用对数坐标可压缩图幅。

(3) 做散点图

把数据作为点的坐标值在坐标系中标出,若在同一坐标系内比较不同的试验数据,或者虽然是同一试验所得数据,但数据变化与测量的先后次序有关,应当采用⊗、▽、◊、□等不同的符号。

(4) 曲线描绘

作曲线的原则为:曲线应光滑匀整,所有数据点要靠近曲线,大体上随机地分布在曲线两侧并落在误差带范围内,在曲线急剧变化的地方,数据点应选密一些。在要求不太高时,可以采用下面2种简便的方法绘图。

1) 分组平均法。把试验数据点分成若干组,每组包含2~4个数据,然后分别求出各组数据点几何质心的坐标,连线绘图即可。

2) 残差图法。描绘的曲线存在直线关系时,若所得直线是最佳的,则此时的残差和 $\sum v_i \approx 0$,残差二次方和 $\sum v_i^2$ 可趋向最小值。若所得直线与理想的最佳直线发生了偏斜,则残差和 $\sum v_i \neq 0$。做出 v_i-x_i 的残差图,分析其变化规律然后予以修正,这就是利用残差图法修正直线的基本思想。

3. 试验数据的回归处理

(1) 一元线性回归

根据最小二乘法原理确定经验公式的数理统计方法称为回归分析。处理两个变量之间的关系称为一元回归分析。若两个变量之间的关系是线性的,则称为一元线性回归。一元线性回归分析是工程和科研中常见的直线拟合问题。

坐标系中，如果各点的分布近似于一条直线，则可采用线性回归。令回归直线表达式为

$$\bar{\bar{y}} = a + bx \tag{1-111}$$

式中 　$\bar{\bar{y}}$——估计值；

　　　x——自变量；

　a、b——线性回归系数。

如果 y 表示实测值，$v = y - \bar{\bar{y}}$ 代表残差，残差 v 越小，说明回归直线越接近理想的最佳直线。因此，确定回归直线的原则是找出一条直线，使其与实测数据之间的误差比任何其他直线与实测数据之间的误差都小，即残差的平方和最小，这就是最小二乘法的基本思想。可写为

$$\sum_{i=1}^{n} v_i^2 = \sum_{i=1}^{n} (y_i - \bar{\bar{y}}_i)^2 = \sum_{i=1}^{n} [y_i - (a + bx_i)]^2 = \min \tag{1-112}$$

a、b 的数值可由数理统计相关知识得出：

$$a = \bar{y} - b\bar{x}, \quad b = \frac{l_{xy}}{l_{xx}} \tag{1-113}$$

式中 　$\bar{x} = \frac{1}{n}\sum_{i=1}^{n} x_i$；

　　　$\bar{y} = \frac{1}{n}\sum_{i=1}^{n} y_i$；

　　　$l_{xx} = \sum_{i=1}^{n} (x_i - \bar{x})^2 = \sum_{i=1}^{n} x_i^2 - \frac{1}{n}(\sum_{i=1}^{n} x_i)^2$。

　　　$l_{xy} = \sum_{i=1}^{n} (x_i - \bar{x})(y_i - \bar{y}) = \sum_{i=1}^{n} x_i y_i - \frac{1}{n}\sum_{i=1}^{n} x_i \sum_{i=1}^{n} y_i$

　　　n——试验数据个数。

（2）二元线性回归

二元线性回归是对一个因变量与两个自变量之间建立线性函数的一种方法。

设因变量 y 与两个自变量 x 和 z 之间是线性关系，记第 t 次观察值为 (x_t, y_t, z_t)，$t = 1, 2, 3, \cdots, n$。这 n 组数据在空间坐标上可表示为一个平面，它的结构式为

$$y_t = \alpha + \beta x_t + \gamma z_t + \varepsilon_t, t = 1, 2, \cdots, n \tag{1-114}$$

其中，ε_t 是第 t 次观测值的试验误差，一般假设 ε_t 是 n 个相互独立且都服从正态分布 $N(0, \sigma^2)$ 的随机变量。未知系数 α、β、γ 仍用最小二乘法来确定，设 a、b、c 是它们对应的估计值，则得二元线性回归方程为

$$\bar{\bar{y}} = a + bx + cz \tag{1-115}$$

式中 $\overline{y}$ —— 理论估计值或回归值；

a、b、c —— 回归系数，当全部观测值 y_t 与回归值 $\overline{y}$ 的总偏差二次方和 q 为最小时的最佳估计值。

$$q = \sum_{i=1}^{n}(y_t - \overline{\overline{y}}_t)^2 = \sum_{i=1}^{n}(y_t - a - bx - cz) \quad (1-116)$$

利用最小二乘法将 q 分别对 a、b、c 进行偏微分，得出 α、β、γ。

$$a = \overline{y} - b\overline{x} - c\overline{z} \quad (1-117)$$

$$b = \frac{(\sum YX)(\sum Z^2) - (\sum YZ)(\sum YZ)}{\sum X^2 \sum Z^2 - (\sum XZ)^2} \quad (1-118)$$

$$c = \frac{(\sum X^2)(\sum YZ) - (\sum YX)(\sum XZ)}{\sum X^2 \sum Z^2 - (\sum XZ)^2} \quad (1-119)$$

其中，$Y = \overline{\overline{y}} - \overline{y}$；$X = \overline{\overline{x}} - \overline{x}$；$Z = \overline{\overline{z}} - \overline{z}$。

（3）多元线性回归处理

多元线性回归仅仅是二元回归的延伸，其原理是完全相同的，这里不再赘述。

（4）非线性回归处理

对于非线性回归处理，在实际问题中，当两个变量之间不符合线性关系时，一般分两步求得所需的回归方程。

1）选取合适的函数类型。

2）求解相关函数中的回归系数和常数项。

一元非线性回归分析是试验数据处理中的曲线拟合问题。用最小二乘法直接求解非线性回归方程比较复杂，通常是通过变量转换把回归曲线转换成直线，然后用一元线性回归方法求解，或者直接用回归多项式来描述两变量之间的关系。

1.2.4.5 异常数据的处理

在一个测量列中，可能出现个别过大或过小的测定值，这种包含有巨大误差的测定值，通常称为异常数据。异常数据取舍的具体准则，表现为测定值的残差是否超过某个极限值。这里介绍3种常用的取舍准则。

1. 拉依达（Layard）准则

在一个有限的等精密度测量列中，随机误差服从正态分布，即 $\delta \sim N(0, \sigma^2)$，其中 σ 为测量列的标准差，可用残差 v 予以估计，即

$$\overline{\overline{\sigma}} = \sqrt{\frac{1}{n-1}\sum_{i=1}^{n}v_i^2} \quad (1-120)$$

如果测量次数 n 足够多，则残差亦服从正态分布，即 $v\sim N(0,\sigma')$，其中 $\sigma'=\sqrt{\sum_{i=1}^{n}v_i^2}$。

由概率积分表可知，绝对值大于 $3\sigma'$（近似于 $3\sigma'$）的残差出现的概率仅为 0.0027，这是一个小概率事件。因此，残差的绝对值大于 $3\sigma'$（即残差极限值 $v=3\sigma'$）的测定值，可以认为是由过失误差引起的异常数据，应予舍弃。

2. 肖维纳（Chauvenet）准则

对未知参数做 n 次重复测量，如残差超过某个极限值的测定值，出现的概率等于或小于 $\frac{1}{2n}$，可以认为是小概率事件，因而不应该发生。如果出现了这种测定值，可以认为是异常数据而予以舍弃，这就是肖维纳准则。

设残差服从正态分布，且分布参数 σ' 可用测量列的标准误差 σ 近似代替。于是，肖维纳准则可表示为

$$1-\frac{2}{\sqrt{2\pi}}\int_{0}^{K_n}e^{-\frac{t^2}{2}}\mathrm{d}t=1-\Phi(K_n)=\frac{1}{2n} \qquad (1\text{-}121)$$

式中 $\Phi(K_n)=\frac{2n-1}{2n}$，其中 $K_n=\frac{v_{ch}}{\sigma}$；

v_{ch}——肖维纳准则的残差极限值；

σ——测量列的标准误差。

根据测量次数 n，可以求得 $\Phi(K_n)$，然后查概率积分表即可求出 K_n 值。于是 $v_{ch}=K_n\sigma$。

在实际工作中，可根据测量次数 n，直接由表 1-7 查得 K_n 值。

表1-7 K_n 值

n	K_n	n	K_n	n	K_n	n	K_n
3	1.38	10	1.96	17	2.17	24	2.31
4	1.53	11	2.00	18	2.20	25	2.33
5	1.65	12	2.03	19	2.22	30	2.39
6	1.73	13	2.07	20	2.24	40	2.49
7	1.80	14	2.10	21	2.26	50	2.58
8	1.86	15	2.13	22	2.28	75	2.71
9	1.92	16	2.15	23	2.30	100	2.81

3. 格拉布斯（Crubbs）准则

设测定值服从正态分布，即 $l\sim N(X,\sigma)$。根据贝塞尔方法，分布参数 $\bar{\sigma}$ 可用测定值的误差予以估计，即

$$\bar{\bar{\sigma}} = \sqrt{\frac{1}{n-1}\sum_{i=1}^{n}v_i^2} \qquad (1\text{-}122)$$

一个有限的测量列,可以看作从测定值总体中抽取的随机样本。建立 $G = \frac{v_i}{\bar{\bar{\sigma}}}$,则 G 是一个随机变量。格拉布斯推导了随机变量 G 的概率密度函数,选定信度(显著性水平)a,就可得到临界值 G_0,使得

$$P(G \geqslant G_0) = a \qquad (1\text{-}123)$$

其中,a 一般取为 0.05、0.025 或 0.01。

临界值 G_0 是测量次数 n 和信度 a 的函数,它的数值可通过文献查得。

在一个测量列中,最大或最小测定值的残差,如果超过残差极限值 v_G,即

$$|v_i| \geqslant v_G = G_0\bar{\bar{\sigma}} \qquad (1\text{-}124)$$

则认为该测定值是一个异常数据,应予舍弃。这样做,犯错误(把不是过失误差引起的异常数据弃去)的概率为 a。

4. 三种取舍准则的讨论

拉依达准则与肖维纳准则是在测定值的残差服从正态分布的假设下推导的,这两种准则具有一定的近似性。拉依达准则将信度 a 取为 0.0027,而肖维纳准则将信度 a 取为 $\frac{1}{2n}$。当重复测量次数 n 较多时,这两种准则的残差极限值比较接近,而在较少时,肖维纳准则的信度较大,因而残差极限值较小,将筛去较多的异常数据。

格拉布斯准则以统计量 $\frac{v}{\sigma}$ 的概率分布为基础,并根据测量工作的具体情况选择适当的信度 a,因此这是一种比较准确、有根据的取舍准则。大量的模拟试验证明,用格拉布斯准则取舍异常数据,效果良好。近年来,格拉布斯准则得到了日益广泛的应用。

1.2.5 总线技术

1.2.5.1 网络基础

1. 拓扑结构解析

网络拓扑结构就是网络节点的结构和连接。为了能参与网络通信,每个网络节点最少应与另一个网络节点相互连接。不同使用情况的通信网络具有对所用网络拓扑结构(布线)的不同要求。按拓扑结构可将计算机网络分为总线拓扑、星形拓扑、环形拓扑、菊花链拓扑、网目拓扑和混合拓扑结构。

（1）总线拓扑结构

总线拓扑结构也称为线性总线。核心件是唯一的导线，所有节点通过短的连接线与导线相连（图1-27a）。在总线拓扑结构中，要在网络上扩展一些其他参与者十分容易。各个总线参与者发送信息，并分配在整个总线上。

如果一个节点失效，同在网络上期待从这个节点获得的数据无法提供给其他节点，但余下的、没有失效的其他节点仍可继续交换信息。当中央导线有故障（如电缆折断）时，则总线拓扑网络完全失效。

（2）星形拓扑结构

星形拓扑结构由中心节点和通过各连接线与中央节点相连的所有其他节点组成（图1-2-27b）。星形拓扑结构网络是一个可扩展的网络，只要在中心节点处有自由的接头即可。通过各节点的连接线与中心星（中心节点）交换数据。中心星有主动中心星和被动中心星之分。主动中心星包括可处理和传输数据的一台计算机。网络的运行能力主要由该计算机的工作能力决定，但主动中心星没有特别有力的智能控制方法。被动中心星只是把各个网络参与者的总线汇集在一起。如果一个网络参与者失效或到中心节点的连接有故障，则其余的网络还能运行。反之，如果中央节点失效，则整个网络停止运行。

（3）环形拓扑结构

在环形拓扑结构中每个节点与它的邻居（相邻的节点）相连，从而形成一个闭环（图1-27c）。在一个环中的数据传输只能从一个站到另一个站的方向实现。在接收数据后要检验数据。如果数据不是为这个站使用的，则需重新转发（转发器功能）、增强和继续发送到下一站。在环中将要传输的数据从一个站继续传输到下一个站直到到达数据的使用地点，或重新回到原始点。如果信息在整个环上传输，则表明环上的所有节点（站）接收数据。只要单环中的一个站失效，则导致数据传输中断，网络完全失效。也可以建立双环。在双环中，数据在两个方向上传输。在环形拓扑结构中，一个站失效或两个站之间的一个环失效，则可将所有的数据传输给环中所有正常工作的站。

（4）菊花链拓扑结构

在去掉连接后，菊花链拓扑结构（Daisy Chain Topology）类似于环形拓扑结构。这时第一个节点直接与计算设备（如计算机）相连，其他的节点总是与它前面的一些节点相连（串联原则），从而形成一个链。这样信息可能经多个节点传输到目标节点。

（5）网目拓扑结构

在网目拓扑结构上，每个节点与一个或多个其他节点相连（图1-27d）。当一个节点或连接失效时，数据就绕道传输。因此，网目拓扑结构网络的特征在于高的抗失效安全性。当然这种网络的数据传输费用要高。

（6）混合拓扑结构

在混合拓扑结构中有不同的混合拓扑结构耦合，可能有下面的组合方式。

星形-总线拓扑结构：作为线性总线的多星中心网络相互连接（图1-27e）。

星形-环形拓扑结构：多星中心网络与主中心相连（图1-27f）。在主中心中星形网络的中心与环形耦合。

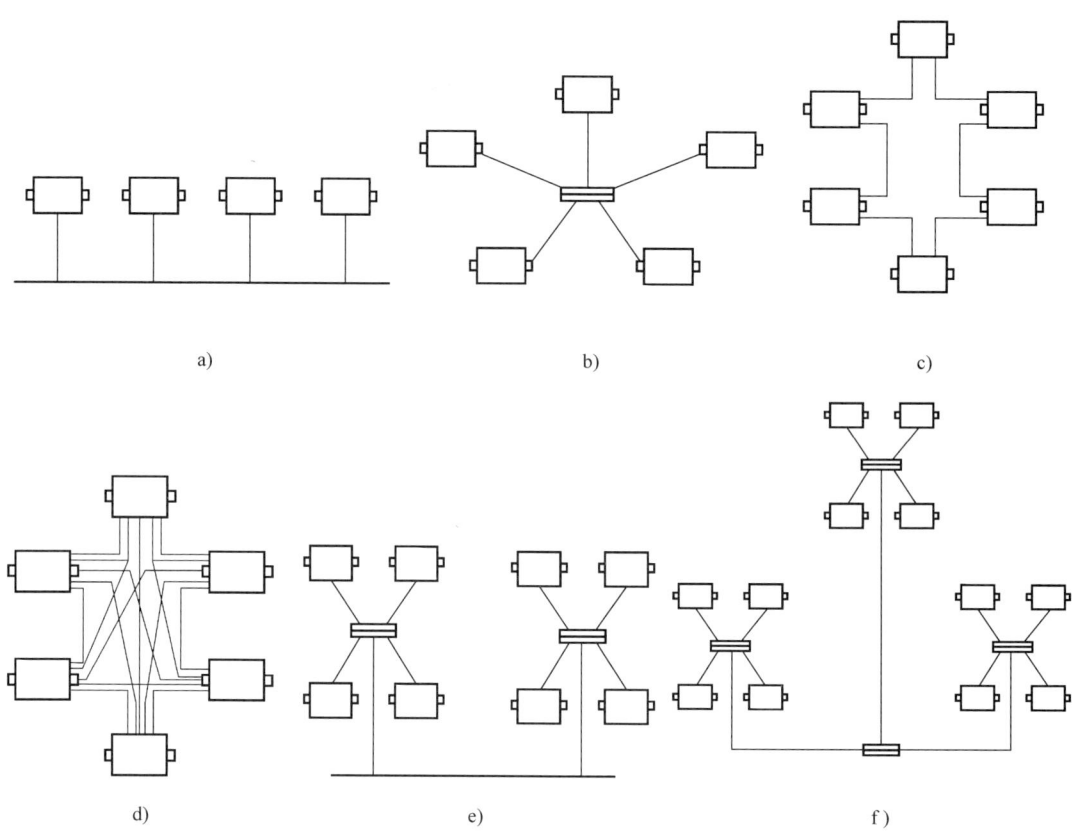

图 1-27 网络拓扑结构

a）总线拓扑结构 b）星形拓扑结构 c）环形拓扑结构
d）网目拓扑结构 e）星形-总线拓扑结构 f）星形-环形拓扑结构

2. 车载网络

自 20 世纪 80 年代初开始，国外许多汽车公司与研究机构致力于车载网络技术的研究及应用，目前汽车网络技术正处在高速发展和全面应用阶段。汽车网络标准虽多，但其侧重的功能各有不同。为了方便研究和设计应用，美国汽车工程师协会（Society of Automotive Engineers，SAE）车辆网络委员会将汽车数据传输网络划分为 A、B、C 三类（表 1-8）：A 类为面向执行器、传感器的低速网络；B 类为面向数据共享的中速网络；C 类为面向实时控制的高速网络。

表 1-8 SAE 的汽车车载网络系统

网络类别	位传输速率	应用场合
A 类	低速：<10kbit/s	应用于传输少量数据的场合
B 类	中速：10~125kbit/s	应用于一般的信息传输场合，如仪表
C 类	高速：125kbit/s~1Mbit/s	应用于实时控制的场合，如动力系统

最近几年，随着汽车电子技术的高速发展，世界各大汽车公司、电子元器件公司及各科研机构根据电子技术和汽车应用的发展推出了许多新的车用通信协议。现在已经难以将基于这些新协议的网络都归类到 SAE 定义的三类网络中，综合考虑位传输速率和功能等

因素，现有的汽车通信网络大致可划分为 5 类，沿袭 SAE 的分类方式，一般将这 5 类网络称为 A、B、C、D、E 类网络。

（1）A 类网络协议

A 类网络的定义与 SAE 相同，它主要是面向传感器、执行器的低速网络。该类网络对实时性要求不高，位传输速率一般为 1~10kbit/s，主要应用于电动门、座椅调节、灯光照明等控制。表 1-9 列出了 A 类车载网络协议。

表 1-9 A 类车载网络协议

名称	主要用户	使用场合
UART	通用	多种场合
Sinebus	通用	音频
LIN	许多厂商	智能连接器与传感器
CCD	克莱斯勒	HVAC，音频
J1708/J1587/J1922	T&B	多种场合
TTP/A	TTTech	智能传感器

LIN（Local Interconnect Network）采用 SCI、UART 等通用硬件接口，辅以相应的驱动程序，因此适用面较广且成本低廉，配置灵活，而且采用 LIN 能够提高汽车上分层多路复用网络的性能，降低汽车电控单元开发、生产以及诊断服务的成本。尽管 LIN 目前正处于开发阶段，但是它已经广泛地被大多数汽车公司以及零配件厂商所接受，有望成为事实上的 A 类网络标准。

（2）B 类网络协议

B 类网络主要面向独立模块间的数据共享，属于中速网络。该类网络适用于对实时性要求不高的通信场合，以减少冗余传感器和其他电子部件。B 类网络的位传输速率一般为 10~100kbit/s，主要应用于车辆信息中心、故障诊断、仪表显示等系统。目前看来，B 类网络的主流协议为 ISO 11898-3（CAN）、J2284、VAN、J1850。表 1-10 列出了 B 类车载网络协议。

表 1-10 B 类车载网络协议

名称	主要用户	使用场合
ISO 11898-3（CAN）	欧洲	多种场合
J2284	通用，福特，DC	多种场合
VAN	雷诺，PSA	控制应用
J1850	通用，福特，克莱斯勒	多种场合

目前，主流的汽车控制网络协议是 CAN（Controller Area Network）。CAN 又分为低速和高速两个部分。低速 CAN 具有许多容错功能，一般用在车身电子控制中，而高速 CAN 则大多用在汽车底盘和发动机电子控制中。CAN 属于总线式串行通信网络，由于采用了许多新技术及独特的设计。与一般通信总线相比，CAN 总线的数据通信具有突出的可靠性、实时性和灵活性。目前，B 类网络之间的竞争已初见端倪，CAN 凭其优越的性能，已成为被全世界接受的 B 类网络主流协议。

（3）C类网络协议

C类网络主要面向高速、实时闭环控制的多路传输网，表1-11列出了C类车载网络协议。目前，C类网络中的主流协议包括高速CAN（ISO 18898-2），正在发展中的TTP/C、FlexRay等协议。

表1-11 C类车载网络协议

名称	主要用户	使用场合
CAN	通用，欧洲	实时控制场合
TTP/C	TTTech	实时控制场合
FlexRay	宝马，摩托罗拉，DC	实时控制场合

目前国外常用的C类协议仍为高速CAN协议，即ISO 11898-3，总线传输速率通常为125kbit/s~1Mbit/s。然而，作为一种事件驱动型总线，CAN无法为下一代线控系统（X-by-Wire）提供所需的容错功能或带宽，因为X-by-Wire系统实时性和可靠性要求都很高，必须采用时间触发的通信协议，如TTP/C或FlexRay等。就目前来说，CAN协议仍为C类网络协议的主流。随着下一代汽车中引进X-by-Wire系统，由于它们对实时性和可靠性要求大大提高，CAN将不再能满足该类网络系统的要求，TTP/C和FlexRay将展现出它们的优势。

（4）D类网络协议

目前，A、B、C类网络最终的标准逐渐凸现，而D类网络仍处于百花齐放阶段。D类网络主要面向多媒体、导航系统等，网络协议的位传输速率为250kbit/s~400Mbit/s。随着ITS（Intelligent Transportation System）产品悄然崛起，ITS相关设备的出现、ITS应用技术的普及开创了"远程信息处理"这一新的领域。为促进ITS和车载多媒体系统的应用，有关方面已经制定了许多规范，IDB（Intelligent Data Bus）是其中的一个重要内容。IDB首次确定了汽车行业用于信息、通信和娱乐系统的接口标准，该标准支持即插即用。目前SAE已将各种IDB设备分为低速（IDB-C）、高速（IDB-M）和无线通信（IDB-Wireless）三类。

（5）E类网络协议

除了A、B、C、D四类网络外，还有一类网络主要是面向乘员的安全系统，称为E类网络，主要应用于车辆被动安全领域。在E类网络的应用场合中可能存在两条或多条总线。目前主要的5类安全系统总线见表1-12。

表1-12 汽车安全系统总线

名称	主要用户
SafetyBus	德尔福
BOTE	Bosch-Temic
Plant	Philips
DSI	摩托罗拉 AMP
SI（Byteflight）	宝马

1.2.5.2 网络管理

OSEK 是汽车电子软件标准,旨在为汽车上各电子控制单元(ECU)提供一个标准的软件架构。OSEK 标准是基于 ECU 开发的,标准中包括三部分:操作系统(Operating System,OS)、通信交互(COM)、网络管理(NM)。可见,OSEK 网络管理为 OSEK 标准中的一部分。

下面将介绍 Autosar 架构下的网络管理。Autosar 是基于 OSEK 架构开发的,其规定的操作系统即 OSEK OS。但 Autosar 架构与 OSEK 架构的网络管理是有区别的,具体如下。

1. OSEK 网络管理系统的体系结构

OSEK 网络管理系统应用于嵌入式汽车通信网络,管理网络中各个 ECU 之间的通信,以提高网络的通信效率。该系统运行于 OSEK 操作系统平台,并且兼容各复合类的 OSEK 操作系统。OSEK 网络管理系统为用户提供了标准的系统调用,它支持两种接口——应用程序和站管理任务来使用这些系统调用。

(1) OSEK 网络管理系统与其他 OSEK 组件的关系

OSEK/VDX 技术委员会目前所制定的 OSEK 规范,主要是 OSEK 操作系统、OSEK COM 通信系统、网络管理,如图 1-28 所示。

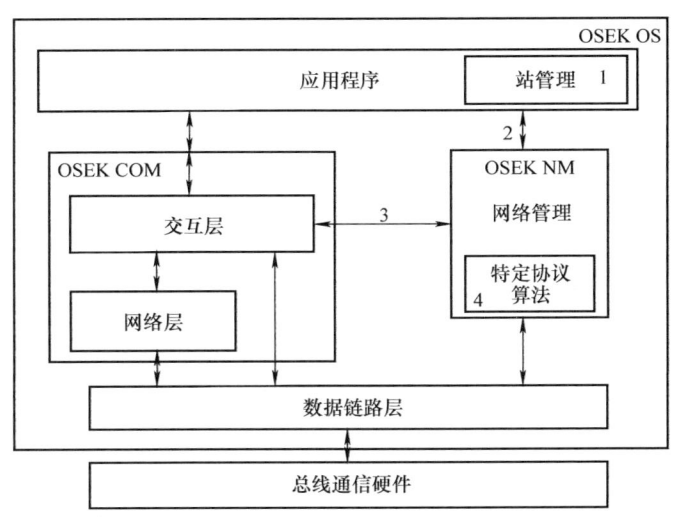

图 1-28 OSEK 网络管理与其他组件关系图

1)站管理。它通过依赖于系统的算法,应用程序可以查询 NM 组件当前网络的状态和配置。一般情况下,用户需要定义一个专门的站管理组件作为应用程序与网络管理之间的接口。如果一个 NM 标识的网络节点是无效的,那么站管理组件能够提供一个默认值消息给应用程序,以便应用程序能够在功能缩减的模式下继续工作。NM 规范没有定义特定的站管理组件。

2)网络管理应用程序接口。NM 组件提供了许多标准的 API 服务,站管理组件通过这些标准的 API 服务可以对 NM 组件状态进行初始化、控制和查询。标准的 API 服务分为通用服务、直接 NM 服务、间接 NM 服务。

3）交互层接口。这个接口由 COM 组件的交互层提供，它只向间接网络管理提供服务，并且对应用程序来说是不可见的。

4）网络管理特定协议算法。网络管理可以应用于基于 CAN、VAN、J1850、K-BUS 等的物理网络，对每一种物理网络都有一种特定协议算法与之对应。

（2）OSEK 网络管理系统的分类

应用程序功能需求的多样化和具体系统通信能力要求的不同，要求网络管理系统也呈现多样性，来满足不同系统的网络通信管理要求。根据 OSEK 网络管理标准，把 OSEK 网络管理系统分为两种类型。

1）直接网络管理，支持网络配置管理、网络状态管理、网络睡眠协商、数据管理、错误管理、操作模式管理等。

2）间接网络管理，包括统一监控周期的间接网络管理和非统一监控周期的间接网络管理，支持网络配置管理、网络状态管理、错误管理、操作模式管理等，不支持网络睡眠协商而采用主从方式广播睡眠。两者具有相同的网络管理功能，都是基于对应用程序消息的监控，其区别在于，非统一监控周期的间接网络管理在监控应用程序消息时，监控周期采用各个应用程序对应 OSEK COM 里的 IPDU 的死限监控周期，而统一监控周期的间接网络管理在一个周期内对所有的应用程序消息进行监控。

一个 ECU 节点可以同时具有以上两个版本的网络管理或多个同一版本的网络管理并存，用来管理多个网络，而各个网络管理系统相互独立且互不影响。

2. Autosar 网络管理系统的体系结构

（1）Autosar 网络管理系统组成

Autosar 网络管理部分由通信管理器（简称 ComM）、通用网络管理器接口（简称 NmIf）、总线相关的网络管理器（简称 NM，包括 CanNM、LinNM、FrNM）和总线相关的状态管理器（简称 SM，包括 CanSM、LinSM、FrSM）四个模块组成。

1）ComM 模块。ComM 模块简化用户对通信栈的使用，包括对网络管理使用的简化，同时协调一个 ECU 上多个独立的软件对总线通信模型的分时复用。可以通过 ComM 唤醒启动和保持物理信道唤醒，限制通信模式，协调通信请求，透明化软件组件和物理信道的关系，保持物理信道独立性，请求通信，支持不同的通信模式，询问当前的通信模式，获得通信模式变换的通知，支持多种物理通道类型，支持禁止唤醒物理通道，提供用户到通信通道的映射，询问当前请求的通信模式，提供被抑制的通信请求的计数器，对被抑制的通信请求的计数器清零，重设 ComM 模式限制，提供当前通信模式的计算。

2）NmIf 模块。通用网络管理接口模块是 ComM 和总线相关的网络管理模块（比如 CAN 网络管理和 FlexRay 网络管理）之间的适配层，这是它的基本功能。此外，NmIf 还提供了一种相同 ECU 上多个互联网络之间的交互功能，这被称为 NM 协调功能，其中"交互"指的是让这些网络可以同步进入网络睡眠状态。

3）总线相关的网络管理模块。总线相关的网络管理模块是一个只适用于同一种总线上的与硬件无关的协议，提供了一个通用网络管理接口层和对应总线接口模块之间的适配层。总线相关的网络管理模块对每一个网络都维护一个状态机以及两种请求（网络请求和网络释放）模式。这主要是为了协调网络在正常操作模式和总线睡眠模式之间的变换，也是它的核心功能。

总线相关的网络管理模块还提供了一些可选功能，如实现服务检查所有当前的节点，检查其他的节点是否已经准备睡眠等。

4）总线相关的状态管理器模块。每个通信总线也有自己的与总线相关的状态管理器模块。这个模块实现了对应总线的控制流。总线相关的状态管理器模块主要负责维护两个状态机。

① 网络通信模式状态机：负责维护网络通信模式。

② 总线离线恢复状态机：负责把总线从离线事件中恢复。

比如 CAN 总线的状态管理器 CanSM，负责实现 CAN 网络控制流程的抽象。CanSM 提供 API 以便 ComM 来请求 CAN 网络进行通信模式的切换。ComM 请求切换网络模式的时候，会传递一个参数（用来标识是哪个网络）。对应网络收到这个请求之后，会执行对应的通信模式切换。在网络通信模式切换的过程中，会执行对应的 CAN 外设控制和 PDU 处理。

由于延迟等原因，网络的通信模式可能会和 ComM 请求的不一致。这就需要 CanSM 通过以下两种方式来提供接口向 ComM 反馈当前的通信模式。

① CanSM 自己提供 API，ComM 可以通过这个 API 调用来得到 CAN 网络当前的通信模式。

② CanSM 使用 ComM 提供的回调函数来通知通信模式的改变。

（2）网络管理关键技术

1）网络管理架构设计。Autosar 网络管理结构模型如图 1-29 所示。最上层是通信管理器 ComM 模块，负责简化用户对网络管理和总线通信状态的控制等。网络管理部分使用通信服务栈来发送和接收维护网络激活态的网络管理帧。与总线相关的状态管理器通过使用通信服务栈的服务来控制总线通信状态。网络管理在 ECU 抽象层和微控制器抽象层直接使用通信服务栈的模块。

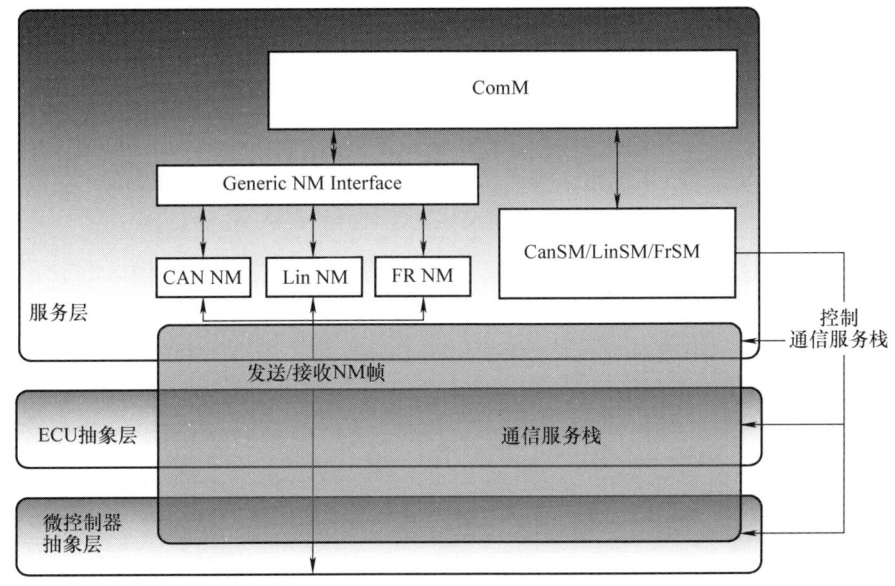

图 1-29 Autosar 网络管理结构模型

2）总线状态管理器网络模式管理机制。下面以 CANSM 为例，阐述总线状态管理器中的网络模式管理机制。

CANSM 管理的总线网络模式状态见表 1-13。

表 1-13　CANSM 管理的总线网络模式状态

名字	描述
CANSM UNINITED	网络总线尚未被初始化
CANSM NO COMMUNICATION	总线 NO 通信模式，此状态总线不能进行通信
CANSM SILENT COMMUNICATION	总线 SILENT 通信模式，此状态只能接收通信
CANSM FULL COMMUNICATION	总线 FULL 通信模式，此状态既能接收又能发送

为了管理总线状态管理器中的网络模式，CANSM 为每个 CAN 网络实现图 1-30 所示的网络模式状态机。

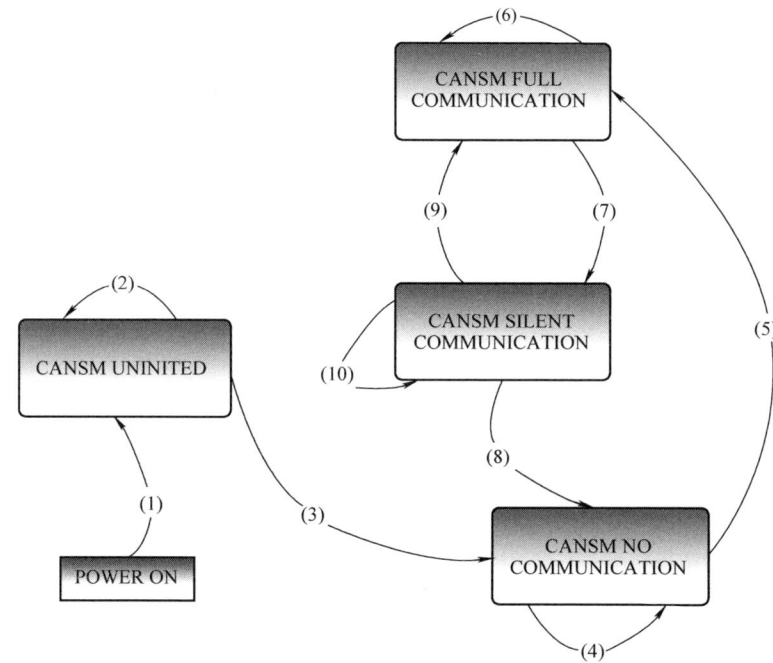

图 1-30　CANSM 的网络模式状态机

网络模式状态机的核心状态转移见表 1-14。

表 1-14　网络模式状态机的核心状态转移

变迁编号	触发条件	转移动作编号
3	网络初始化	H、J、A
5	ComM 请求 CAN 总线进入 FULL 通信	I、K、F、B、C、A
8	ComM 请求 CAN 总线停止通信	D、J、H、A
9	ComM 请求 CAN 总线进入 FULL 通信	F、C、A
7	ComM 请求 CAN 总线进入 SILENT 通信模式	E、G、A

表 1-14 使用的转移动作编号是表 1-15 中的动作编号。

表 1-15　CAN 总线的网络模式状态机的动作表

动作编号	动作描述
A	ComM 的回调函数以通知 ComM 模式切换
B	调用 COM 模块服务启动接收方向的 PDU 组
C	调用 COM 模块服务启动发送方向的 PDU 组
D	调用 COM 模块服务关闭接收方向的 PDU 组
E	调用 COM 模块服务关闭发送方向的 PDU 组
F	调用 CAN 总线接口层服务设置 PDU 为在线模式
G	调用 CAN 总线接口层服务设置 PDU 模式为发送方向离线
H	调用 CAN 总线接口层服务设置 CAN 收发器进入休眠模式
I	调用 CAN 总线接口层服务设置 CAN 收发器进入正常模式
J	调用 CAN 总线接口层服务设置 CAN 控制器进入睡眠模式
K	调用 CAN 总线接口层服务设置 CAN 控制器进入启动模式

3）总线状态管理器总线离线恢复机制。如果总线发生离线事故（简称 Bus-Off），传统的做法是直接重启通信通道，效率较差。为了高效修复网络，总线状态管理器为被管理的总线实现一种总线离线恢复机制。下面就以 CAN 总线为例，阐述总线离线恢复机制。

CANSM 为每个 CAN 网络维护一个图 1-31 所示的总线离线恢复状态机。

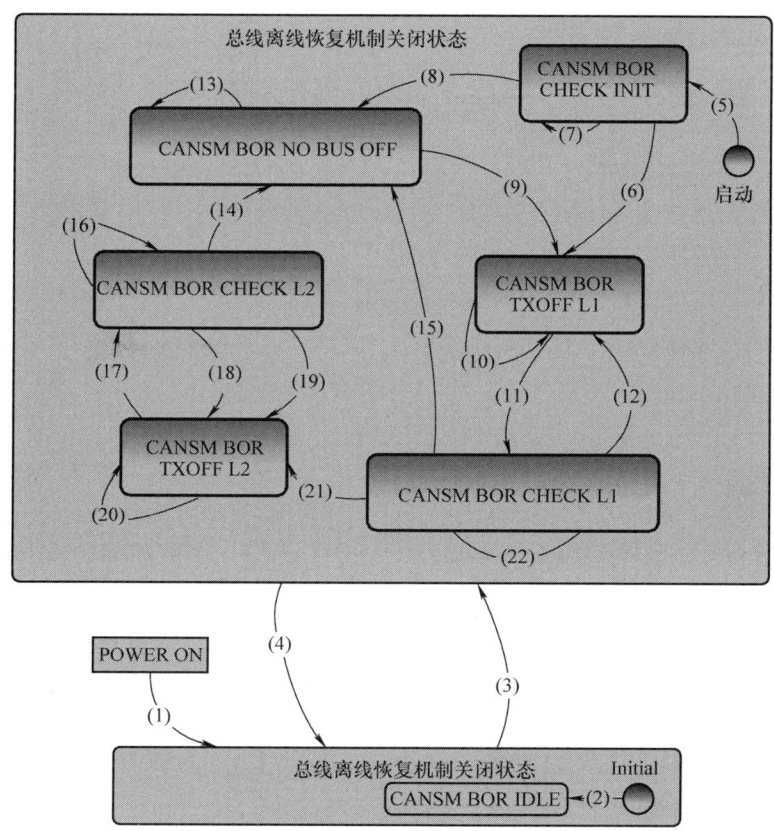

图 1-31　总线离线恢复状态机

总线离线恢复状态机的状态分类见表1-16。

表1-16 总线离线恢复状态机状态分类

名字	描述
CANSM BOR IDLE	BOR 空闲状态
CANSM BOR CHECK INIT	BOR 初始化状态
CANSM BOR TXOFF L1	BOR 第一离线阶段
CANSM BOR CHECK L1	BOR 第一离线阶段检查
CANSM BOR TXOFF L2	BOR 第二离线阶段
CANSM BOR CHECK L2	BOR 第二离线阶段检查
CANSM BOR NO BUS OFF	BOR 正常情况下的收敛状态（发送正常）

每个总线离线恢复状态机有一个总线离线计数器。这个计数器分为如下三个阶段。

① 计数器位于区间 [0，1)：总线恢复状态无离线状态。

② 计数器位于区间 [1，CANSMBorCounterL1ToL2)：总线恢复状态机离线的第一阶段。其中 CANSMBorCounterL1ToL2 为预设的第一阶段阈值。

③ 计数器位于区间 [CANSMBorCounterL1ToL2，CANSMBorCounterL2ToErr)：总线恢复状态机离线的第二阶段。其中 CANSMBorCounterL1ToL2 为预设的第一阶段阈值，CANSMBorCounterL2ToErr 为预设的第一阶段阈值。

每个 Bus-off 恢复状态机有一个 Bus-off-timer，即总线离线计时器。这个计时器分为如下三个值。

① CANSMBorTimeTxEnsured：无 Bus-off 时间的确保时间间隔，这个时间要足够大来确保新的 PDU 被发送出去。

② CANSMBorTimeL1：Bus-off 第一离线阶段时间间隔，这个间隔内的所有离线事件被当作同一个离线事件。

③ CANSMBorTimeL2：Bus-off 第二离线阶段时间间隔，这个间隔内的所有离线事件被当作同一个离线事件。

1.2.5.3 CAN 总线

1. 概述

（1）主要特征

自 1991 年以来，首批在汽车上使用的 CAN 总线（Controller Area Network Bus，控制器区域网总线）已成为标准。CAN 总线在自动化工程中也得到广泛应用，其主要特征如下。

1）周期性控制信息/数据传输，而不破坏网络各参与者的数据发送权（调度能力）。

2）由于使用双绞线和不需要高计算能力的简单协议，CAN 总线使传输成本降低。

3）高速 CAN 总线数据传输速率达 1Mbit/s，低速 CAN 总线数据传输速率达 125kbit/s（在硬件费用很低时）。

4）由于对偶然出现的和持续出现的故障可以进行识别和信号化以及宽网接收信息/

数据的相容性，都使数据传输具有很高的安全性。

5）多主节点原则。

6）一些站（节点）出现局部故障时仍具有高可用性。

7）符合 ISO 11898 标准。

（2）数据传输系统

为实现通信，采用两个逻辑状况"显性的"和"隐性的"。利用这两个逻辑状态就可传输比特（bit，位）。"0"代表显性状态，"1"代表隐性状态。在传输时作为编码使用 NRZ（Non-Return to Zero）法（不返回零）。在用 NRZ 法时，两个等价传输状态不总是返回零状态。因此，为同步化所需的两个信号前沿之间的时间间隔可能太长。

根据使用环境，CAN 总线大多使用不扭绞双导线和扭绞双导线，并分别标以 CAN_H 和 CAN_L（图 1-32）。

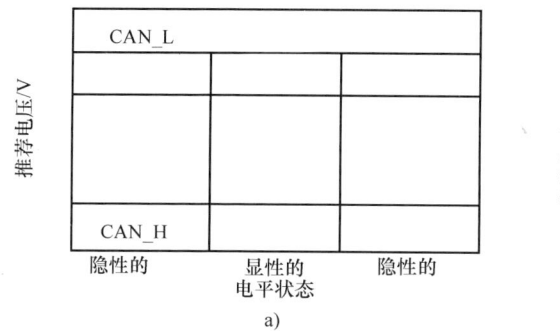 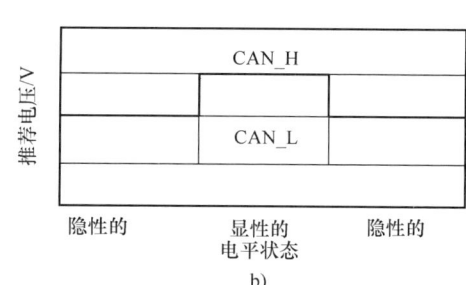

图 1-32　CAN 总线数据传输电平
a）低速 CAN 总线（CAN-B）　b）高速 CAN 总线（CAN-C）
CAN_H—CAN 总线高水平　CAN_L—CAN 总线低水平

双导线可对称地传输数据。在双导线中通过不同电压的两个 CAN 总线传输比特，从而降低对同周期干扰的敏感性，因为干扰同时对两个 CAN 总线产生干扰脉冲并形成差值而被过滤掉（图 1-33）。

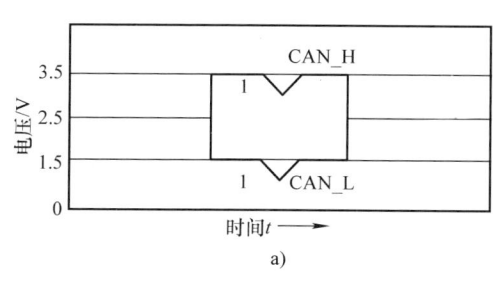 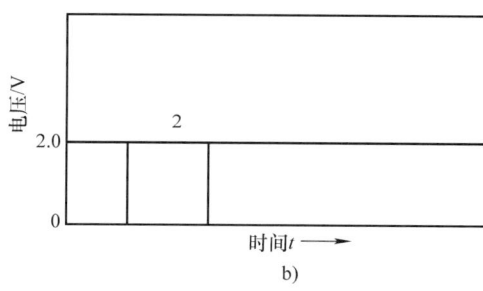

图 1-33　滤掉在 CAN 总线上的干扰
a）在双绞线上有干扰的 CAN 总线的信号电平　b）信号电平差值
1—干扰脉冲　2—信号电平差值　CAN_H—CAN 总线高电平　CAN_L—CAN 总线低电平

单导线由于省去第二根导线从而降低制造成本，但要为 CAN 总线的各个参与者提供原来由第二根导线承担的公共地线功能。CAN 总线的单导线结构只能用于空间范围受到限制的通信系统。在单导线上的数据传输伴有干扰辐射，因为不能像在双导线中那样可过滤掉干扰脉冲。为此，在 CAN 总线上需要较高的电平，但随之而来的是不利于抗干扰辐射。与双导线相比，必须减小 CAN 总线信号前沿陡度，但这又会降低数据传输速率。单导线只用在车身电子系统和舒适性电子系统的低速 CAN 总线上。当使用双导线低速 CAN 总线时，一根导线折断成为单导线仍能继续运行。单导线 CAN 总线不在 CAN 规范之中。

1）电平。高速 CAN 总线和低速 CAN 总线采用不同的电平，以传输比特的显性和隐性两种逻辑状态。对于双导线上的比特隐性状态，在高速 CAN 总线上施加推荐的 2.5V 电压；对于比特是显性状态，在 CAN_H 上施加推荐的 3.5V 电压和在 CAN_L 施加推荐的 1.5V 电压。对于低速 CAN 总线和比特隐性状态，在 CAN_H 上施加推荐的 0V 电压（最大为 0.3V）和在 CAN_L 上施加 5V 电压（最小 4.7V）；对于比特显性状态，在 CAN_H 上的电压至少为 3.6V，在 CAN_L 上的最高电压为 1.4V。

2）限值。在 CAN 总线上各参与者数据发送权（调度能力）的本质是把网络中的所有节点（参与者）同时看成是数据框（数据包）标识符的比特。再看一个节点发送比特时是否有另外一个节点也在发送比特。从在数据总线上信号的运行时间和在收发器中处理的时间可得到信号延迟时间。允许的最高数据传输速率与总线长度有很大关系。ISO 规定在总线长度为 40m 时，最高数据传输速率为 1Mbit/s。总线较长则数据传输速率下降，且约成反比。1km 范围的网络，数据传输速率为 40kbit/s。

（3）CAN 总线协议

1）CAN 总线配置。CAN 总线按多主节点原则进行配置。在多主节点时，多个权利相等的节点通过线性总线结构相互连接。

2）确定与内容有关的地址。在 CAN 总线上确定与内容（信息）有关的地址。每个信息有一个固定的"标识符"。标识符（Identifier，ID）标志信息内容（如发动机转速）。每个站几乎都使用存储在接收信息表格中属于标识符的数据。这称为认可检验，如图 1-34 所示。这样，CAN 总线数据传输不需要站址，而且这些节点不需要管理系统配置，从而比较容易掌握变型配备。

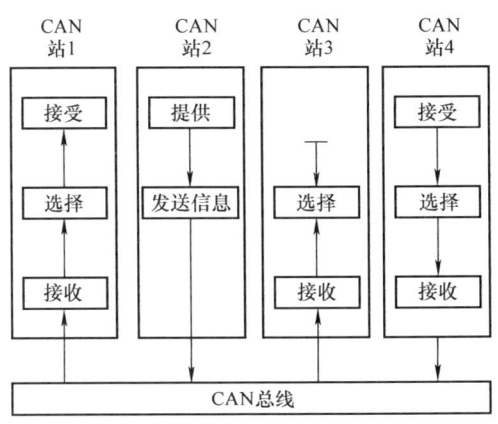

图 1-34 确定认可检验地址

3)CAN总线逻辑状态。CAN总线协议根据两个逻辑状态:"隐性的"比特(逻辑1)或"显性的"比特(逻辑0)。如果至少一个站发送显性的比特,则其他站同时发送的隐性的比特会转发送。

4)优先权。标识符除确定数据内容外,在发送时还同时确定信息优先权。符合最小二进制数值的标识符具有高优先权,否则反之。

5)CAN总线要求。CAN总线自由时可在每一站开始传输信息。如果多个站同时开始发送信息,那么为解决CAN总线存取数据引起的冲突,要使用"布线与各参与者的数据发送权图",在该图中,具有最高优先权的信息(最小二进制数值的标识符信息)没有时间损失或比特损失(图1-35)。只要CAN总线再次空出(不占用),丧失数据发送权的每个发送器自动将数据发送至接收器,并重复它的发送试验。

6)数据框和信息表格。CAN总线支持两个不同的信息表格,它们几乎仅在标识符长度上有差别。在标准表格中,标识符长度为11bit,在扩展表格中为29bit。这样要传输的数据框最长为130bit(在标准表格)和150bit(在扩展表格),从而保证到下次可能很紧急地传输,等待时间总是短的。

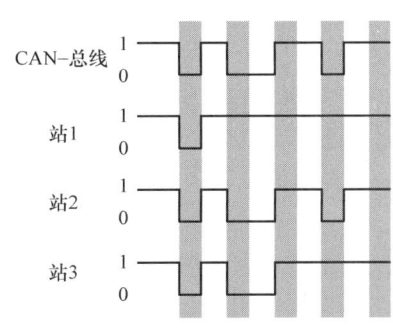

图1-35 比特方式的各参与者的数据发送
0—显性电平 1—隐性电平

数据框由7个相互跟随的区(图1-36)组成。

"数据框开始"标示信息开始,并同步所有节点。

"仲裁区"由信息识别区和附加的控制器比特组成。在这个区传输数据时,每一个比特发送器检验是否还有数据发送权的站或是否还有较高优先权的另一个站发送数据控制比特,决定在这个区是否是"数据框"或是否是间接"数据框"。

"控制区"包含"数据区"中数据字节数目的代码。

"数据区"有一个0~8B的信息内容。长度为0的信息用于分配过程的同步。

"CRC区"(循环冗余码(位)校验)包含识别可能出现的传输干扰。

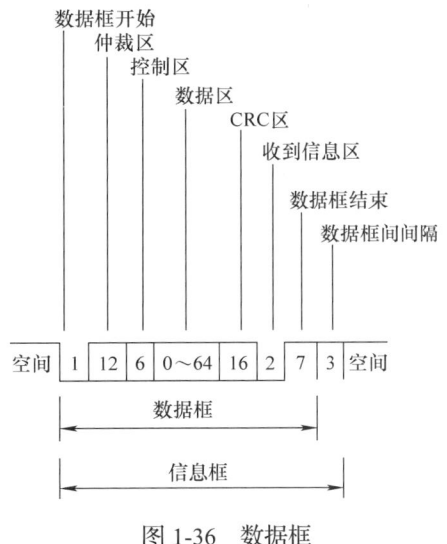

图1-36 数据框

"收到信息区"包含已无故障的接收器接收到的确认信号。

"数据框结束"标示信息结束。为与接下来的信息框分开,数据框之间留有间隔。

7)开始发送。当发送器发送"数据框"时,通常发送器开始数据传输,但也有可能在发送器发送时接收器取出(调出)数据,为此要从接收站送出一个"间接数据框"。"数据框"和所属的"间接数据框"有同样的标识符。两标识符的差别是一个标识符

（Identifier）后跟着比特，另一个则不跟着比特。

8）干扰识别。CAN 总线有一系列干扰识别控置。

① 15 比特 CRC：每个接收器将接收到的 CHC 顺序与计算的 CRC 顺序比较。

② 监控：每个发送器阅读它发送的 CAN 总线信息，并比较每个发送的和扫描的比特。

③ 比特嵌入：在每个"数据框"或"间接数据框"中，在"数据框开始"和"CRC 区"结束之间允许有最多 5 个同样优先权的相互跟随的比特。然后，发送器将反对优先权的一个比特嵌入比特流中，接收器在接收信息后又除去这些比特。

④ 数据框安全：CAN 总线协议包含带有被所有站检验的固定表格的几个比特区。

9）干扰处理。如果 CAN 控制器证实受到干扰，则控制器发送"故障特征位标计"中断正在进行的数据传输。故障特征位标计由 6 个显性比特组成。它的作用是有针对性地干扰塞入规则和表格规则。

10）缺陷时的误差极限。有缺陷的一些站会显著增加 CAN 总线数据往来的负担。为此，CAN 控制器配置一些器件，以将偶然出现的干扰与持续不断的干扰分开，并将站缺陷限制在一定范围（局部化）。这需要误差状况的统计分析。

11）执行。半导体生产厂提供各种 CAN 控制器执行器，它们之间的差别在于它们在多大范围存储和管理信息，就此还可减轻与协议有关的主计算机工作。

12）标准化。汽车上 CAN 总线数据交换已标准化。ISO 11898-3 标准用于数据传输速率达 125kbit/s 的低速 CAN 总线；ISO 11898-2 和 SAE J1939（载货汽车）标准用于数据传输速率超过 125kbit/s 的高速 CAN 总线。

13）时间控制 CAN 总线。选择按时间控制的扩展 CAN 总线协议称为"时间触发 CAN（Time Triggered CAN，TTCAN）总线"。在分配时间控制中可自由配置对事件控制的通信份额，这样与 CAN 网络完全兼容。作为 ISO 11898-4 的 TTCAN 已标准化。

2. CAN 网络一般测试

（1）CAN 网络性能的度量

1）容量。容量常常被不规范地称作速率或速度，它表示单位时间内信道上最多可以传输的比特数，用位/秒（bit/s）或分组/秒来衡量。对于硬件而言，容量就是带宽。容量决定了网络的吞吐量上限。

2）吞吐量。单位时间内通过总线上某一点成功发送的比特的平均数。采用归一化吞吐量，即网络吞吐量与信道传输速率的比。最大吞吐量也就是系统的容量。理想化的吞吐量等于系统提供的负载。任何情况下吞吐量只能介于提供的负载和系统的容量之间。

3）利用率。系统处于忙状态的时间百分比。

4）延迟。延迟指的是在 CAN 总线节点之间传输一位数据需要花费多少时间。精确起见，通常需指明最大延迟和平均延迟。延迟可细分为四种：传播延迟、交换延迟、使用延迟和队列延迟。传播延迟与信号的传播距离成正比，传播需要时间。交换延迟是由于 CAN 总线网络中的电子设备如 MCU、网桥等在传输包之前要等待包的所有数据都到达，而且发送前选择下一站也需要时间。使用延迟是竞争共享介质造成的，因为只有当介质空闲时才能进行通信。所谓队列延迟，指的是在帧交换中存储转发过程要花一定的时间。

5）队列长度。缓冲区中排队队列的长度，一般正比于延迟时间。

6）帧的长度。帧长对局域网性能也有一定影响。CAN 标准帧与扩展格式数据帧长度是固定的。

7）网络负载。单位时间里可供发送的比特平均数，分为分析负载和统计负载。分析负载考虑网络上新到达的信息而不包括重发信息，在信息都得以成功发送时，分析负载等于网络吞吐量。统计负载包括网络所有重发信息数。

（2）物理层测试

1）隐性/显性输出电压。验证在隐性和显性状态下，CAN 总线的输出电压是否满足通信要求。

如果 CAN 总线未集成终端电阻，则电路需要连接图 1-37 中"1"和"2"终端网络；如果 CAN 总线集成了 120Ω 的终端电阻，则电路只需要连接图 1-37 中"1"终端网络。

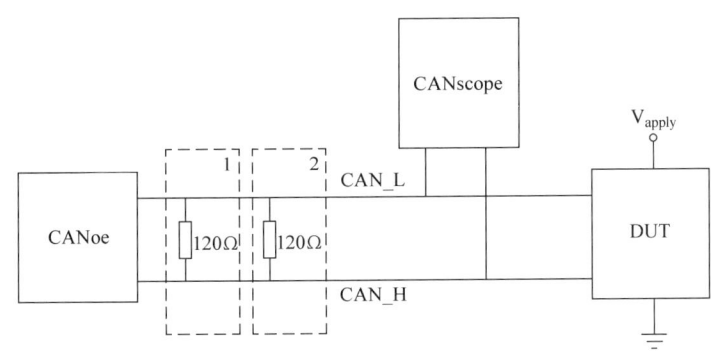

图 1-37 总线电压测试电路

测试步骤为：

① 配置 CANoe、CANscope 的位定时参数与 CAN 总线相匹配。

② CANoe 为接收节点。

③ CAN 总线上电。

④ CANscope 监测 CAN 总线的输出报文，记录 CAN 总线输出报文在隐性和显性状态下的电压值。

输出电压参考值见表 1-17。

表 1-17 输出电压参考值

参数	符号	单位	隐性状态			显性状态		
			最小值	标称值	最大值	最小值	标称值	最大值
总线电压	U_{CAN_H}	V	2.0	2.5	3.0	3.0	3.5	5.0
	U_{CAN_L}	V	2.0	2.5	3.0	0	1.5	2.0
差分电压	U_{diff}	V	−1.2	0	0.05	1.5	2.0	3.0

2）隐性输入电压阈值（图 1-38）。CAN 总线在 $U_{diff} \leqslant 0.5V$ 时，应该可以正常发送报文。

3）显性输入电压阈值（图1-39）。CAN总线为终端节点，则 $R_{test}=120\Omega$；否则 $R_{test}=60\Omega$。测试需要包含 $U_1=6.5V$ 和 $U_2=-2V$ 两种情况。至少在 $U_{diff}>0.9V$ 的情况下，CAN 总线应该停止发送帧。

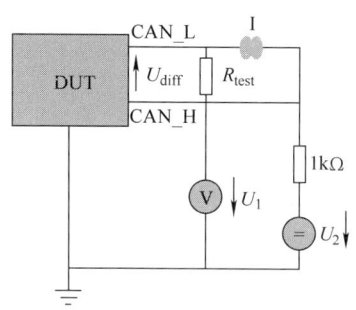 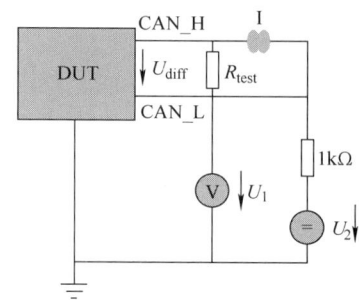

图 1-38　隐性输入电压阈值测试环境　　　　图 1-39　显性输入电压阈值测试环境

4）信号沿。测试电平在显性和隐性的转化过程中，上升沿和下降沿的时间是否在规定的范围内。

测试步骤为：

① 配置 CANoe、CANscope 的位定时参数与 CAN 总线相匹配，CANoe 为接收节点。

② 利用 CANscope 分别测量 CAN 总线发出 CAN 报文的差分信号的信号沿 10%~90% 的上升与下降时间，上升沿、下降沿时间如图1-40所示。

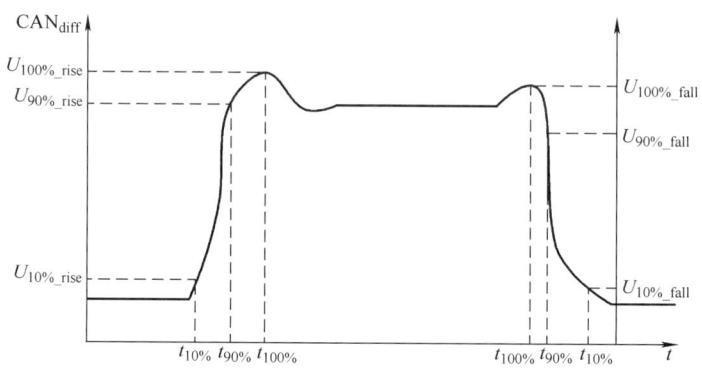

图 1-40　CAN 报文上升沿、下降沿时间

其评价指标见表1-18。

表 1-18　信号沿评价指标

参数	符号	单位	最小值	标称值	最大值
上升沿时间	T_{rdiff}	ns	200	—	500
终端电阻	T_{fdiff}	ns	200	—	500

（3）数据链路层测试

1）数据帧格式。验证 CAN 总线发送的报文是否都是标准的 J1939 帧格式。

测试步骤如下：

① 配置 CANoe 的位定时参数与 CAN 总线相匹配。

② CAN 总线上电。

③ CANoe 监测 CAN 总线发送的 CAN 报文，验证 CAN 总线发送的所有 CAN 报文的类型是否都是标准 J1939 帧格式的。

④ 利用 CANoe 发送非标准 J1939 数据帧，监测总线是否有错误帧，同时监测 CAN 总线是否有响应（如发送事件报文等）。

评价指标为 CAN 总线发送的 CAN 报文类型全部为标准 J1939 帧格式，CAN 总线接收到其他帧格式的报文时不应发送错误帧，同时 CAN 总线不作任何响应。

2）位定时参数。验证 CAN 总线位定时参数是否满足通信要求。通过 CANscope 测量总线的位定时时，如果 CAN 总线只发送事件触发报文，则可以通过产生相应的事件来触发 CAN 总线发送报文；测量连续 100 个位的位时间，计算平均值。评价指标见表 1-19。

表 1-19 评价指标

最小值	名义值	最大值
3998	4000	4002

3）采样点（图 1-41）。验证 CAN 总线的采样点是否符合通信要求。

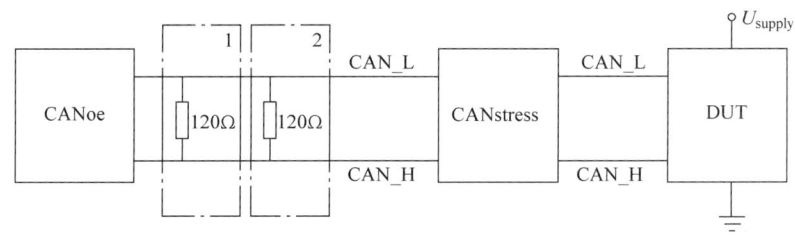

图 1-41 采样点测试电路

利用 CANstress 逐个时间份额地干扰 CAN 总线发送的某一特定报文，直至 CANoe 监测到有错误帧计算。

$$\text{Sample Point} = \frac{m}{n} \times 100\% \qquad (1\text{-}125)$$

式中　m——出现错误帧时 CANstress 已干扰的时间份额数；

　　　n——每个位时间包含的总时间份额数。

采样点允许最小值为 75%，最大值为 87.5%。

（4）交互层测试

1）周期报文的发送周期。测试 CAN 总线周期报文的发送周期是否符合需求定义。测试步骤如下：

① 配置 CANoe 的位定时参数与 CAN 总线相匹配。

② CAN 总线上电。

③ CANoe 监测总线通信。

④ 查看 CAN 总线所有周期报文。

⑤ 对比 CAN 总线周期报文的周期与通信矩阵中的定义。

⑥ 若发送周期误差小于 10%，则通过测试，反之不通过。

2) 触发信号改变 CAN 总线行为测试。测试事件报文的触发信号改变时事件报文的发送是否符合规范要求。根据供应商提供信息或 NAVECO 定义改变事件报文主动信号值；等待 5s；对比 CAN 总线发送报文与通信矩阵中的定义；对于其他事件报文，重复步骤④、⑤；如果 CAN 总线无事件型报文，此测试项忽略。通过的条件是 CAN 总线立即发送包含触发信号的事件报文。

3) 被动信号改变 CAN 总线行为测试。测试事件报文的被动信号改变时事件报文的发送是否符合规范要求。根据供应商提供信息或 NAVECO 定义改变事件报文的被动信号值；等待 5s；对比 CAN 总线发送报文与通信矩阵中的定义；对于其他事件报文重复步骤④～步骤⑥；如果 CAN 总线无事件型报文，此测试项忽略。通过的条件是 CAN 总线不发送包含被动信号的事件报文。

4) 事件报文的重复发送。测试事件报文的重复发送是否符合规范要求。根据供应商提供信息或 NAVECO 定义改变事件报文的主动信号值；等待 5s；CANoe 记录报文的重复次数 NRepetitionOE；对于其他事件报文重复步骤④～步骤⑥；如果 CAN 总线无事件型报文，此测试项忽略。通过的条件是 NRepetitionOE=NRepetitionOENom（NRepetitionOENom=1）。

（5）通信矩阵一致性测试

1) DLC（Date Length Code）的验证。验证 CAN 总线发送报文的 DLC。CANoe 监测 CAN 总线发送的 CAN 报文，验证 CAN 总线发送的所有 CAN 报文的 DLC。CAN 总线发送的所有报文的 DLC 应该与通信数据库一致。

2) 参数组有效性。验证网络中各节点所发送参数组的有效性，包括：

① 传输协议、故障诊断特殊报文的填写规则。

② 常规应用参数组的物理值是否在协议规定范围内。

③ 参数组的 ID、SRR、IDE 与 RTR 等参数。

测试步骤如下：

① 运行 CANoe，并触发 CAN 总线发送所有参数组。

② 从 CANoe 的 TRACE、DATA 等窗口监测总线上的参数组，并验证参数组有效性。CAN 总线发送的所有报文的参数应与通信数据库一致。

3) CAN 总线是否发送了非预期性报文。验证 CAN 总线是否发送非预期性报文以及是否丢失应该发送的报文。

测试步骤如下：

① 点火开关处于 OFF 档。

② 设置 CANoe 的位定时参数与 CAN 总线一致，且 CANoe 为接收节点。

③ 点火开关处于 ON 档。

④ 利用 CANoe 监测总线。

CAN 总线应发送 DBC 文件要求该节点的所有报文，同时不应发送除此之外的报文。

4）位填充格式。验证 ECU 的位填充格式是否能满足通信要求。CANoe 监测 CAN 总线发送的 J1939 报文。查看 J1939 报文未使用位是否填充为"1"（未使用字节为 0xFF）。

1.3 测试设备

本节详细介绍了几类主要的整车测试设备（包括纯电动汽车测试设备、混合动力汽车测试设备以及燃料电池汽车专用测试设备）的结构原理、种类和适用范围以及车用传感器的分类与应用；同时也详细介绍了电动汽车关键零部件（包括电机和动力蓄电池）性能测试设备，列举了一些主流厂家的设备型号和参数，旨在为工程师选用测试设备提供一定帮助。

1.3.1 传感器

传感器是将被测物理量转换为与之相应且容易检测、传输或处理的信号装置。

传感器是测试系统的首要环节，担负着信号转换任务，如将应力、压力、转矩、位移、速度、加速度、温度、流量和时间等被测非电量转换成与之对应的、容易处理和传输的电量（电压、电流）或电参量（电阻、电感和电容等）。

传感器的输出电量必须与被测非电量有单值函数关系，并尽可能为线性关系，同时要求传感器具有较高的准确度和灵敏度，良好的稳定性和动态特性。此外，还要求结构简单、经久耐用及密封防潮，具有一定的抗振性能和对测量环境有较强的适应性。传感器的种类很多，现就几种工程中常用传感器的工作原理、特性进行简要介绍，后面再针对汽车测控中具体的传感器进行介绍。

1.3.1.1 传感器的分类

1. 应变式传感器

电阻应变片简称电阻片或应变片，它是一种将应变转换成电阻变化的置换元件。应变片不仅能测量应变，而且对任何物理量，如力、转矩、压强、位移、温度及加速度等，只要能设法变为应变的相应变化，都可以利用应变片进行测量，所以它在测试中应用非常广泛。

（1）应变片的构造和工作原理

应变片由敏感元件、基底、引线和盖片组成，如图 1-42 所示。

栅状的敏感元件用黏合剂粘在基底与盖片之间，引线焊接在线栅的两端。将应变片用黏合剂粘贴在试件上，试件受力产生变形时，应变片也同时发生变形，其电阻随之改变，这种现象称为应变片的应

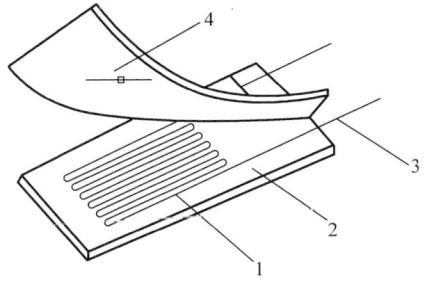

图 1-42　电阻应变片结构
1—敏感元件　2—基底　3—引线　4—盖片

变效应。设有一根长为 L(m)、截面积为 A(mm^2)、电阻率为 ρ($\Omega \cdot$ mm^2/m) 的金属导线，其电阻 R(Ω) 为

$$R = \rho \frac{L}{A} \tag{1-126}$$

（2）应变片的主要特性参数

1）应变片的灵敏度系数 K_0。

2）应变片的横向效应。应变片对垂直于其主轴线方向应变的响应称为应变片的横向效应。粘贴在试件上的应变片，当其主轴线与试件的受力方向一致时，线栅纵向部分感受应变为 ε_1，而线栅的横向部分感受的应变为 $\varepsilon_2 = -\mu \varepsilon_1$，因而使应变片电阻值的变化减小，降低了应变片的灵敏系数。

3）应变片的动态特性。应变片只能反映平均应变值，这会与瞬时应变值相差较大，从而造成失真。为了减少这个失真，应使应变片的长度做得短一些。

4）应变片的温度特性。电阻丝的电阻率随温度的变化而改变，当环境温度变化时，贴在试件上的应变片总的电阻变化为

$$\left(\frac{\mathrm{d}R}{R} \right)_t = [\alpha + K(\beta_1 - \beta_2)]\Delta t = \alpha_t \Delta t \tag{1-127}$$

式中　R——电阻（Ω）；

　　　dR——温度变化量（Ω）；

　　　α——温度系数；

　　　K——灵敏系数；

　　　β_1——被测材料的线膨胀系数；

　　　β_2——敏感材料的线膨胀系数；

　　　Δt——温度变化量（℃）；

　　　α_t——总温度系数。

5）应变片的线性及滞后。应变片的线性是指粘贴在试件上的应变片，其电阻变化率 dR/R 和应变 ε 之比为常数。应变片的滞后指粘贴在试件上的应变片作 dR/R 特性曲线时，其加载与卸载曲线不重合。

6）应变片的零漂和蠕变。零漂是指在试件不受力的情况下，在某恒定温度时，粘贴在试件上的应变片指示的应变值随时间而变化的情况。蠕变是指粘贴在试件上的应变片，在某恒定应变下及不变的温度环境中，其指示应变随时间而改变的情况。蠕变主要是由黏合层引起的。

7）应变片的应变极限。它是指应变片能够测量的最大应变值，当指示应变值降到真实应变的 90% 时，认为应变片开始失去工作能力，此时的真实应变值即为应变片的极限应变值。

8）应变片的电阻值。应变片的电阻值是指应变片在未经安装也不受外力的情况下，于室温时测得的电阻值，推荐的电阻值为 60Ω、120Ω、200Ω、350Ω、500Ω 和

1000Ω，其中以 120Ω 最常用。

9）应变片的几何尺寸。以基长（敏感栅）的纵向长度和基宽（敏感栅）的宽度表示。

2. 电感式传感器

电感式传感器是根据电磁感应原理进行工作的，电感传感器的工作原理如图1-43所示。线圈1绕在铁心2上，衔铁3与测杆4连接在一起，铁心2与衔铁3之间的空气隙厚度为δ。当衔铁3发生位移时，改变了磁路中的空气隙δ，也就改变了磁阻的数值，因而使线圈1的电感L发生变化。

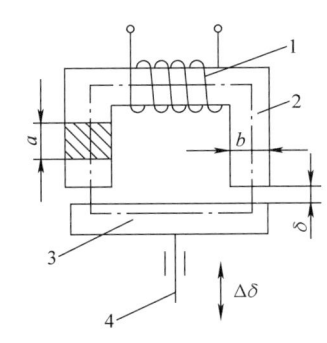

图1-43 电感传感器工作原理
1—线圈 2—铁心 3—衔铁 4—测杆

根据磁路的基本知识，

$$L = \frac{N^2}{R_m} \approx \frac{N^2 \mu_0 S}{2\delta} \tag{1-128}$$

式中　N——线圈的匝数；

R_m——磁路的磁阻（H^{-1}）；

δ——空气隙的厚度（m），一般较小；

μ_0——真空中的磁导率，$\mu_0 = 4\pi \times 10^{-7}$ H/m；

S——空气隙的截面积（m^2）。

由式（1-128）可知，改变气隙厚度或改变通磁气隙截面积，都能使电感量变化。

3. 电容式传感器

电容式传感器实质上是一个电容器。根据电工学知识，当忽略电容器边缘效应时，两个平行极板组成的电容器，其电容量

$$C = \frac{\varepsilon_r \varepsilon_0 A}{d} \tag{1-129}$$

式中　A——两金属板间的相对有效面积（m^2）；

d——两金属板间的距离（m）；

ε_r——板极间介质的相对介电常数，在空气中为1；

ε_0——真空介电常数，$\varepsilon_0 = 8.85 \times 10^{-12}$ F/m。

由式（1-129）可知，如果被测物理量能使电容器结构参数A、d或ε_r发生变化，则电容器电容量C必然随之改变，通过有关电路测量电容的变化量，即可实现被测物理量的间接测量。

实际应用中，电容式传感器通常是改变其某一结构参数，而其余结构参数则保持不变。根据所改变结构参数的不同，电容式传感器有三种类型：

1）变极板间距式，即根据极板间距d与电容量C之间关系实现测试的电容式传感器。

2）改变极板相对有效面积式，即电容器一侧极板固定，另一侧极板由被测物理量使之产生移动，从而改变了两极板间相对有效面积A的电容式传感器。

3）改变极板间介电常数式，这种电容式传感器的极板间相对有效面积与间距保持不变，但被测物理量可以改变介电常数，从而改变电容量，实现对被测物理量的间接测量。

4. 压电式传感器

压电式传感器的工作原理是基于某些物质具有压电效应。一些晶体如石英、压电陶瓷及锆钛酸钡等，当沿一定方向对其施加外力时，晶体不仅产生机械变形，而且其内部产生极化现象，从而在相对表面上出现异性电荷，形成电场。当外力去掉后，晶体又恢复到不带电状态。这种物理现象被称为压电效应。当对片状压电材料的两极面上施加交流电压时，就会产生机械波的现象，称为逆压电效应。图 1-44 为压电效应工作原理示意图。

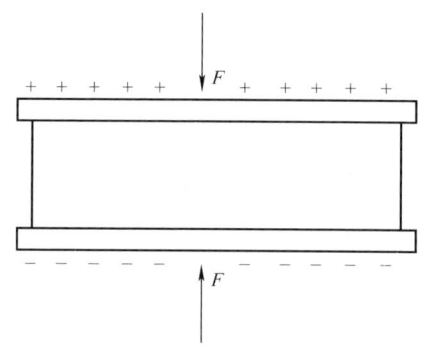

图 1-44　压电效应工作原理示意图

压电效应所产生的电荷量与作用力成正比，其关系式为

$$Q=KF \tag{1-130}$$

式中　Q——电荷量（C）；
　　　F——作用力（N）；
　　　K——压电系数（C/N）。

根据传感器不同的连接方式及其不同的输出信号，压电式传感器可分为两类。

1）电荷放大式。两片压电材料进行并联，则其电荷输出量是单片压电材料的两倍，而其电容也是单片电容的两倍，在这种情况下，压电式传感器等效于一个电容器与其并联的电流源，如图 1-45 所示。这种电荷放大器对传输线路的分布电容不敏感，传输距离可达数百米。由于放大器输出与信号频率无关，使其适于进行很宽频带的信号测量，其高频响应可达十几千赫兹，低频响应可小于 1Hz。但电荷放大器电路复杂，价格也较昂贵。

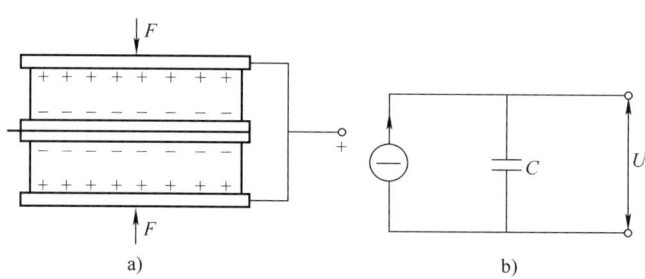

图 1-45　电荷放大式压电式传感器原理
a）原理示意图　b）电路图

2）电压放大式。两片压电材料进行串联，则传感器输出电压高、电容小，适于进行电压输出，这时的传感器等效于一个电压源。如图 1-46 所示，该电压放大器具有很好的高频响应特性，但其低频响应性能较差。相对于电荷放大器，这类传感器具有较好的经济性。

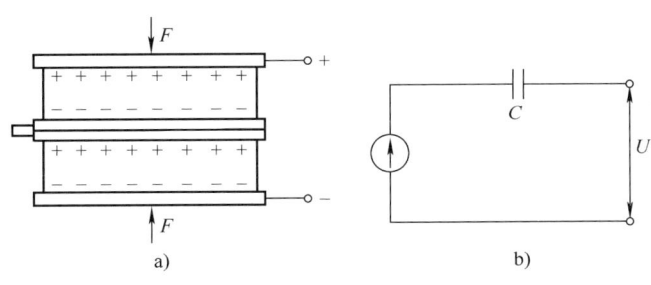

图 1-46 电压放大式压电式传感器原理
a）原理示意图 b）电路图

5. 磁电式传感器

磁电式传感器是一种可将非电物理量转换成感应电动势的传感器，也称感应式传感器。由电磁感应定律可知，当通过闭合导电回路面积内的磁通量发生变化时，回路内就会产生感应电动势，其大小与磁通量的变化率有关，即

$$e = -N\frac{\mathrm{d}\Phi}{\mathrm{d}t} \tag{1-131}$$

式中　e——感应电动势（V）；
　　　N——导电回路线圈匝数；
$\mathrm{d}\Phi/\mathrm{d}t$——穿过线圈的磁通量变化率（Wb/s）。

磁通量变化率与磁场强度、磁路磁阻及导线运动速度有关。改变其中一个因素，感应电动势就会发生变化。

根据结构不同，磁电式传感器可分为动圈式和磁阻式两类。

1）动圈式。动圈式磁电传感器中的动圈运动分为线性运动和转动两种，如图1-47所示。其具体的电动势表达式分别为

$$\begin{aligned} E &= NBlv \\ E &= NBA\omega\sin\theta \end{aligned} \tag{1-132}$$

式中　N——线圈匝数；
　　　B——磁场磁感应强度（T）；
　　　l——单匝线圈的有效长度（m）；
　　　v——线圈垂直于磁场方向的相对运动速度（m/s）；
　　　A——单匝线圈的截面积（m²）；
　　　ω——线圈转动角频率；
　　　θ——线圈运动方向与磁场方向的夹角。

2）磁阻式。在这种磁电式传感器中，线圈与磁铁均固定，而使某种由导磁材料制成的物体运动（图1-47c），其结果是改变了磁路的磁阻，从而改变了贯穿线圈的磁通量，使线圈内产生的电动势发生变化。

磁电式转速传感器不适用于转速变化范围太大的测量对象，也不能用于转速太低的转速测量。

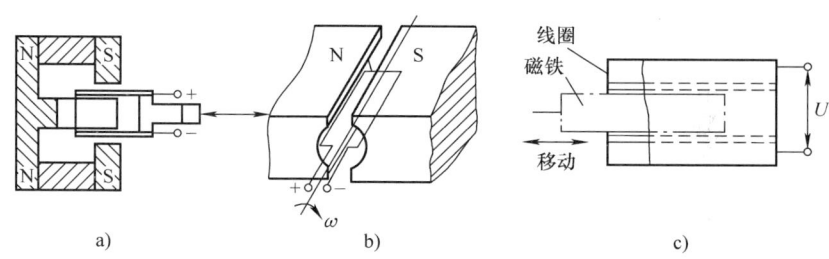

图 1-47 动圈式电磁传感器原理示意图
a）线圈移动式　b）线圈旋转式　c）磁铁移动式

6. 光电式传感器

（1）光电式传感器工作原理

光电式传感器是一种将光量转换为电量的传感器，其工作原理是光电效应。通常，光电效应具有以下3种类型。

1）外光电效应。在光的作用下，光电元件的表面会逸出电子，这种光电效应称为外光电效应。光电管就是利用这种光电效应的光电变换元件。图 1-48 是一种常用的光电管结构示意图。在真空玻璃管内装有两个电极，光电阴极受到光照射时便放出电子，电子在阳极电场作用下形成电子流，从而在外电路中产生电流并在负载上形成电压降，该电压经放大后即可实现电测量。

2）内光电效应。在光的作用下，光电元件的电阻率将发生变化，这种现象称为内光电效应。应用内光电效应的光电变换元件有光敏电阻等。

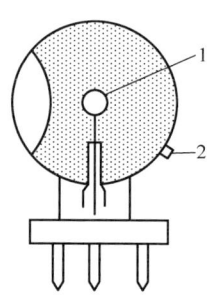

图 1-48　光电管
1—阳极　2—阴极

3）光生伏特效应。在光的作用下，光电元件内部产生电动势的现象称为光生伏特效应，光电池、光电晶体管就是利用了这种光电效应原理。光电池是一种直接将光能转换为电能的光电元件。光电池有一个大面积的 PN 结，当光照射到 PN 结上时，便在 PN 结两端产生电动势。光电池产生的电动势除与光照度有关外，还与负载有关。当负载电阻值接近短路状态时，光照度与产生的电动势有最好的线性关系。因此，在应用光电池时，电路负载电阻值越小越好。

（2）光电式传感器的类型

目前，有多种光电式传感器应用于非电物理量测量。从光通量对光电元件的作用所确定的光学装置来看，基本上可以分成两类。

第一类光电式传感器的测量系统是光电流为被测光通量的函数，从而可得光电流是被测非电量的函数。这类光电式传感器从被测非电量来看可以分为图 1-49 的 4 种形式：①辐射能源就是被测对象；②光源是白炽灯，其光通量穿过被测对象，部分被吸收后，再照射到光电元件上；③光源的光通量首先照射到被测对象上，然后经被测对象表面反射到光电元件上；④由于从光源发出的光通量受被测对象遮挡而只能部分照射到光电元件上。

第二类光电式传感器的测量系统是使其输出端工作在通与断的开关状态，传感器的输出是电脉冲信号。光电转速计、光电转角仪等均属于这种类型的传感器。

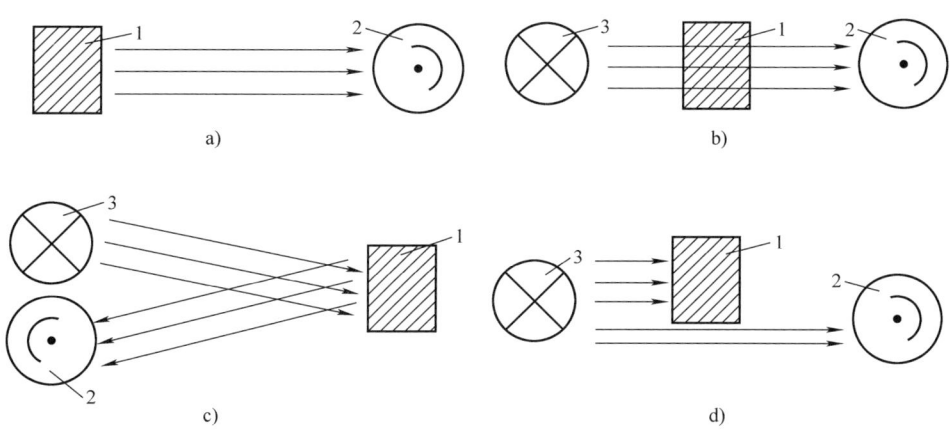

图 1-49 光电式传感器测量系统类型

a)辐射能源为被测对象 b)光通量穿过被测对象 c)被测对象反射光源 d)被测对象遮挡光通量
1—被测对象 2—光电元件 3—光源

7. 热电式传感器

热电式传感器利用某些材料或元件的物理性能与温度有关,从而将温度变化转换为热生电动势变化,常见的热电式传感器有热电偶、热敏电阻及 PN 结等。

（1）热电偶

热电偶的工作原理是热电效应,如图 1-50 所示,将两种不同的导体或半导体连接在一起组成闭合回路,如果使两端连接点处于不同温度,就会在回路中产生由温度差所决定的电动势,从而在回路中形成电流,这种现象称为热电效应。而由两种不同导体组成的电气元件称为热电偶。将热电偶一端置于被测温度场称为工作端,另一端置于某恒定温度场称为自由端。当热电偶两端温差较大时,回路中产生的电动势也较大。通过测定热电偶输出电动势的大小,即可测得被测温度值。

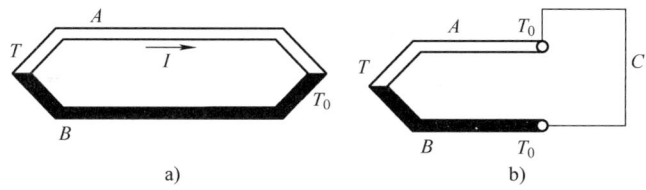

图 1-50 热电偶的热电效应

a)两个导体的回路 b)三个导体的回路

（2）热敏电阻

热敏电阻是一种具有很高负电阻温度系数的新型半导体测温元件。在室温下,温度每变化 1℃,热敏电阻的电阻率变化可达 2%~6%。热敏电阻按其热电特性分为负温度系数(Negative Temperature Coefficient,NTC)型、正温度系数（Positive Temperature Coefficient, PTC）型以及临界温度（Critical Temperature Ressistor,CTR）型。NTC 型热敏电阻适于 −100~300℃ 范围内的温度测量。PTC 型和 CTR 型热敏电阻在某一温度范围内,其阻值随温度剧烈变化,因此常用作开关元件。只有在较小的工作电流范围内,热敏电阻端电压才与电流成正比关系,当其工作电流过大时,由于自身温度升高,其负阻特性将降低其阻值,从而引起端电压下降。因此,在实际应用中应注意热敏电阻的功率消耗不宜过大,以防止自身发热而引起测量误差。

（3）PN结

利用晶体管的PN结温度特性可以制作温度传感器。例如,根据PN结的伏安特性,二极管PN结的正向结电压降与温度变化有关。当PN结的正向电流恒定时,在一定温度范围内,其正向结电压降与温度是线性关系。

8. 霍尔式传感器

霍尔元件的工作原理如图1-51所示。

由图1-51可知,霍尔元件为一种半导体薄片,其四端均有引出线。其工作原理是:当在其a、b端以电流激励并有垂直于薄片的磁场作用时,在垂直于电流和磁场方向的c、d端会产生与激励电流I和磁场强度H乘积成正比的电动势,这种现象称为霍尔效应,该半导体薄片称为霍尔元件,所产生的电动势E_H称为霍尔电动势。

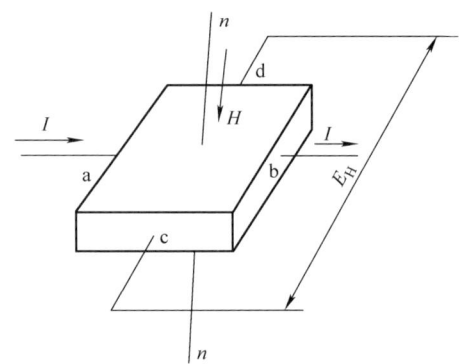

图1-51　霍尔元件的工作原理

$$E_H = K_H I H \tag{1-133}$$

式中　K_H——霍尔参数。

将霍尔元件、放大器、稳压电源、功能电路及输出电路集成在一个芯片上,就构成了霍尔集成电路。霍尔集成电路可分为线性型和开关型两类。汽车上所装用的霍尔集成电路一般为开关型。

9. 超声波传感器

声波是一种机械波。声的发生是由于发声体的机械振动,引起周围弹性介质中质点的振动由近及远地传播,这就是声波。人耳所能听到的声波频率在20~20000Hz之间,频率在20~20000Hz以外的声波不能引起人耳的感觉。频率超过20000Hz的声波叫作超声波。

超声波传感器是利用波在介质中的传播特性,实现自动检测的测量元件。超声波在传播中遇到相界面时,有一部分反射回来,另一部分则折射入相邻介质中。但当它由气体传播到液体或固体中,或由固体、液体传播到空气中时,由于介质密度相差太大而几乎全部发生反射。因此,超声波发射器发射出的超声波在相界面被反射,由接收器接收,测出超声波从发射到接收的时间差,便可测出反射界面与发射器之间的距离。

以超声波作为检测手段,必须产生超声波和接收超声波。完成这种功能的装置就是超声波传感器,习惯上称为超声换能器或超声波探头。

常用的超声波传感器有两种,即压电式超声波传感器（或称压电式超声波探头）和磁致式超声波传感器。压电式超声波探头是利用压电材料的压电效应来工作的,实质上是一种压电式传感器。逆压电效应将高频电振动转换成高频机械振动,以产生超声波,可作为发射探头。利用压电效应则将接收的超声振动转换成电信号,可作为接收探头。

图 1-52 是一种超声波探头结构示意图。压电片是换能器的主要元件。探头通过保护膜向外发射超声波,吸收背衬的作用是吸收晶片向背面发射的声波,以减少杂波。匹配电感的作用是调整脉冲波的波形。

磁致式超声波传感器是把铁磁材料置于交变磁场中,使它产生机械尺寸的交替变化,即机械振动,从而产生出超声波。它用几个厚为 0.1~0.4mm 的镍片叠加而成,片间绝缘以减少涡流损失,其结构形状有矩形、窗形等。图 1-53 是一种磁致伸缩式超声波传感器工作原理图。

超声波在空气中的传播速度为 340m/s,根据计时器记录的时间 t,就可以计算出发射点距障碍物的距离 s,即 $s=340t/2$。

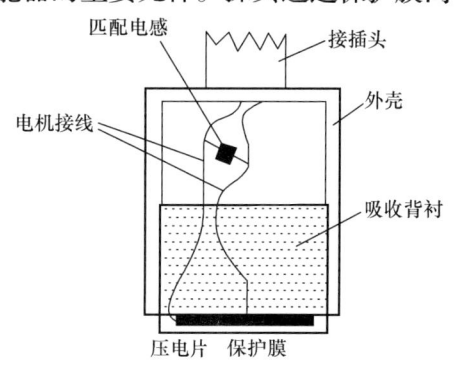

图 1-52 超声波探头的结构示意图

10. 激光传感器

激光测距与超声波测距的原理类似,它是利用从激光发射起到接收到物体反射回来的激光的时间来计算车辆到障碍物的距离。激光测距具有测量时间短、量程大、准确度高等优点。采用激光测距技术的车载激光雷达可以对车前的路面状况进行电子扫描,还可以对周围及后面驾驶人看不到的地方进行扫描,将收集的信息通过各个响应部位的传感器汇集到计算机中去,在车内屏幕显示出来,从而扩大了驾驶人对路面的观察范围,并能对超速或有障碍物的路面发出警报,以引起驾驶人注意。早期的车载激光雷达采用的方法是,发射数条固定的激光束,利用从前车反射镜的反射时间来测定距离。新型的检测装置为了识别多台车,采用了扫描式激光雷达,如图 1-54 所示。

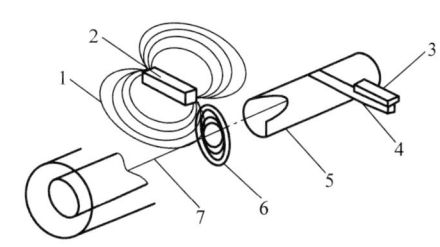

图 1-53 磁致伸缩式超声波传感器的工作原理图
1—移动磁铁产生磁场　2—移动磁铁　3—偏置磁铁
4—线圈　5—波导管　6—脉冲电流产生磁场　7—铜丝

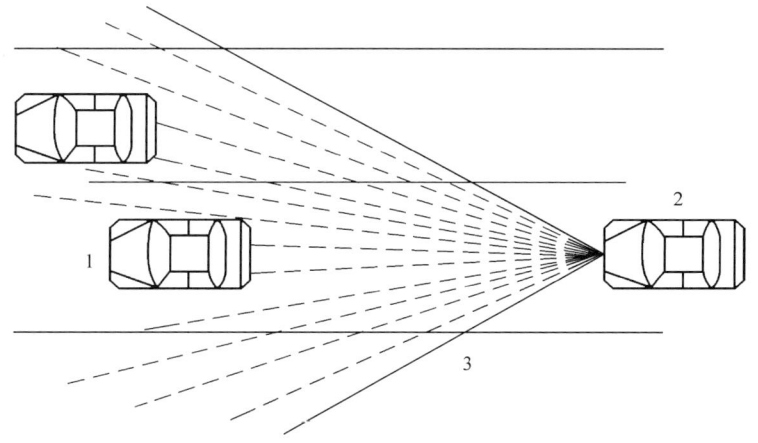

图 1-54 扫描式激光雷达的工作原理
1—被测车辆　2—装有激光雷达的车辆　3—激光光束

1.3.1.2 传感器的应用

1. 力的测量

（1）力的测量原理

力的测量是依靠其静力效应和动力效应实现的。静力效应是指物体在力的作用下发生了变形或某种物理效应；动力效应是指物体在力的作用下产生了加速度。

1）利用静力效应测力。利用静力效应测力是通过测定物体的变形量或用与内部应力相对应参量的物理效应来确定力的大小与方向。两种利用静力效应测力的基本原理如图1-55所示。一种是测力装置（传感器）设有变形量与力成确定函数关系（通常为线性关系）的弹性体，通过测得变形量获得力参数；另一种是无弹性体，利用某种物质在力的作用下变形量甚微，但具有压电效应、压磁效应等与力有关的物理效应，通过这些物理效应将被测力转换为相应的电信号。

2）利用动力效应测力。利用动力效应测力原理如图1-56所示。已知物体的质量，测定其加速度大小即可获得力参数（$F=ma$）。在工程上，利用动力效应测量力、压力及转矩的实际应用很少。

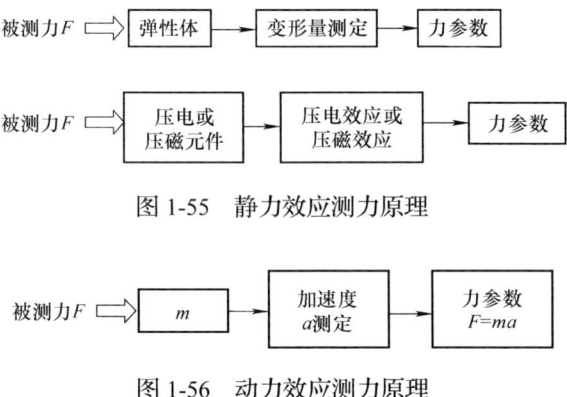

图1-55 静力效应测力原理

图1-56 动力效应测力原理

（2）力的测量方法

力参数的测量可以用直接比较法，即通过杠杆、滑轮等将被测力与标准质量（砝码）的重量进行比较。直接比较法是有级加载，测量准确度取决于砝码的分级密度，并与机械系统摩擦力的影响程度有关，在实际测量中很少采用。间接比较法测力是通过传感器将被测力转换为其他的物理量，然后与标定量进行比较，以获得被测力参数。间接比较法测力有机械式和电子式两种类型。

1）机械式测力仪。机械式测力仪利用其内部的弹性体将被测力转换为变形，并直接将变形量标定为相应的力，通过指针和刻度指示力参数。3种典型的机械式测力仪的原理如图1-57所示。

上述3种机械式测力仪的共同特点是测量方法简单，在其弹性范围内，力与其变形量成正比，测量准确度较高。这些机械式测力仪的不足是只能用于静态测量，其适用的测量对象很有限。

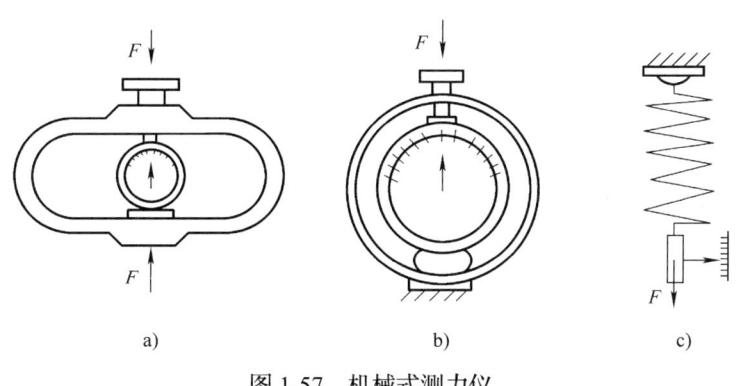

图 1-57 机械式测力仪
a）扁环式　b）圆环式　c）弹簧式

2）电子式测力系统。电子式测力系统利用测力传感器将被测力转换为相应的电信号，再对电信号进行标定。电子式测力装置的基本组成如图 1-58 所示。

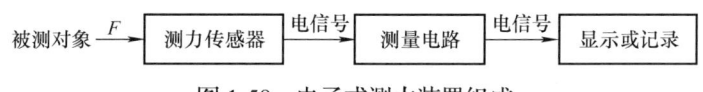

图 1-58 电子式测力装置组成

电子测力装置最大的优点是可以进行动态测量，测量结果的显示方式灵活多样，测量数据的传输、存储及进一步处理十分方便。

测力传感器按其电信号转换的工作原理可分为电阻应变式、电感式、电容式和压电式等类型。

2. 位移的测量

（1）位移测量的特点与类型

位移的测量在机械工程中应用十分广泛，因为机械工程中确定零件的尺寸、监视零件的尺寸误差、物体移动的方向或位置等都需要通过测量位移来实现。此外，许多物理量的测量（如力、转矩、速度和加速度等）都是以位移测量为基础的。

1）位移测量的特点。位移是反映物体在空间位置变动的矢量，因此位移测量不仅要获得被测对象位移的大小，还需要测出位移的方向。测量位移时，应当根据不同的测量对象选择测量点和测量方向，并选择适当的测量系统。选择正确的测量点和测量方向，是为了确保测量方向与位移方向重合，使测量结果真实地反映位移量的大小。如果测量方向与位移方向不重合，则测量结果只是该位移量在测量方向上的分量。在测量位移时，应根据不同的被测对象、位移方式、测量环境及要求等，选择适当的位移测量装置，以确保位移测量的准确度。

2）位移测量的类型。位移测量方法多种多样，可按不同的分类方法进行归类。

① 按被测对象的运动方式分类。如果按被测对象的运动方式分类，有线位移测量和角位移测量两大类。线位移测量的对象沿直线移动，而角位移测量的对象转动。

② 按被测量运动状态分类。如果按被测量运动状态分类，则有静态位移测量和动态位移测量两种类型。静态位移测量的对象是静止不动的，测量的参数通常是被测对象的几何尺寸或尺寸大小的变化；动态位移测量的对象是运动着的，测量过程或测量结果需要考

虑被测对象运动的方向。

③按被测参量的作用与形式分类。如果按被测参量的作用与形式分，有零件几何尺寸大小测量、物件形态变化测量、确定物体空间位置测量、构件位置变化距离与方向测量等多种。

④按位移测量的方式分类。如果按位移测量过程的测量方式分类，则有接触式测量和非接触式测量两大类。

（2）测位移传感器

与同类型的测力传感器相比，测位移传感器的不同点在于传感器直接将被测对象的位移量转换为电量，没有变形（或位移）量与所测力成比例关系的弹性体。可用作位移测量的传感器有很多，按传感器的原理分有电位计式、电阻应变式、电感式、电容式、霍尔式、磁电式、光电式和压电式等，除此之外，感应同步器、光栅、磁极和角度编码器等均可用作位移测量。工程上位移的测量从微米级到米级。大位移量的测量可用感应同步器、光栅、磁栅等位移传感器，0.1μm 的位移变化可用电容式位移传感器来测量。在位移测量系统中，为适应不同的测量对象、满足不同的测量准确度要求，选择性能特点适当的测位移传感器十分重要。

1）电位计式位移传感器。相比于其他类型的位移传感器，电位计式位移传感器结构简单、工作可靠、线性度较好，在工程测量和自动控制技术领域中有较多的应用。电位计式位移传感器有滑线式和变阻器式两种，其性能及特点见表1-20。

表1-20　电位计式位移传感器的性能及特点

形式	滑线式		变阻器式	
	线位移	角位移	线位移	角位移
测量范围	1~300mm	0°~360°	1~1000mm	0°~60°
准确度	±0.1%	±0.1%	±0.1%	±0.1%
直线性	±0.1%	±0.1%	±0.1%	±0.1%
特点	分辨力较高，可静态或动态测量		寿命长，分辨力较低，电噪声大	

2）应变式位移传感器。应变式位移传感器结构简单，适用于小位移量的测量，但测量准确度易受冲击、温度、湿度等因素的影响。不同形式的应变式位移传感器的性能与特点见表1-21。

表1-21　不同形式的应变式位移传感器的性能及特点

形式	非粘贴式	粘贴式	半导体式
测量范围	±0.15% 应变	±0.3% 应变	±0.25% 应变
准确度	±0.1%	±(2%~3%)	±(2%~3%)
直线性	±1%	±1%	满刻度 ±20%
特点	不牢固	牢固，需温度补偿	灵敏度高，温度影响较大

3）电感式位移传感器。与其他类型的位移传感器相比，电感式位移传感器工作可靠性较高、输出功率较大、分辨力较高、测量的准确度较高，但其响应速度较低，线性范围

较小。各种形式的电感式位移传感器的性能与特点见表 1-22。

表 1-22 电感式位移传感器的性能与特点

形式	自感式		差动变压器式	电涡流式
	变气隙式	螺管式		
测量范围	±0.2mm	1.5~2mm	0.08~75mm	2.5~250mm
准确度	±1%	±1%	±0.5%	±(1%~3%)
直线性	±3%	±3%	±0.5%	<3%
特点	适用于微小位移测量	测量范围较大，动态性能较差	分辨力高，测量范围较大，动态特性较差	结构简单，分辨力较高，非接触测量

4）电容类位移传感器。用于测量位移的电容类传感器有变面积式、变气隙式和变介电常数式等多种形式。与其他类型的位移传感器相比，电容类位移传感器的特点是结构简单、能耗低、动态特性好、非线性小。电容类位移传感器的性能与特点见表 1-23。

表 1-23 电容类位移传感器的性能与特点

形式	变面积式	变间距式
测量范围	10^{-3}~10^{3}mm	10^{-5}~10^{3}mm
准确度	±0.005%	±0.1%
直线性	±1%	±1%
特点	线性度相对较好，测量准确度受环境温度、湿度的影响较大	分辨力较高，但测量范围很小，只能在小间隙范围内有较好的线性度

5）发电类位移传感器。磁电式、光电式、霍尔式及压电式等发电类传感器均可用来测量位移，光电式和霍尔式位移传感器可以用于动态和静态测量，其实际应用相对较多。各种形式的发电类位移传感器的性能与特点见表 1-24。

表 1-24 各种形式的发电类位移传感器的性能与特点

形式	光电式			霍尔式
	非扫描式	扫描式	电荷耦合器件（CCD）	
测量范围	±10mm	0~970mm	0~1500mm	±1.5mm
准确度	±1%	±4%	±0.5%	±0.5%
特点	非接触式测量，响应速度快，对使用环境和光源有一定要求	测量范围大，测量功能较多，对光源要求低，抗干扰能力强，准确度不高	测量范围大，扫描稳定，抗振动和电磁干扰能力强，可用于图形识别，能耗低	结构简单，动态特性好，准确度较高，抗干扰能力较强

6）其他位移传感器。其他可用于测量位移的传感器有感应同步器、计量光栅、磁栅和角度编码器等，其性能与特点见表 1-25。

表1-25 其他位移传感器的性能与特点

形式	感应同步器		计量光栅		磁栅	
	直线式	旋转式	直线式	旋转式	长磁尺	圆磁尺
测量范围	$10^{-3} \sim 10^4$mm	0°~360°	$10^{-3} \sim 10^4$mm	0°~360°	$10^{-3} \sim 10^4$mm	0°~360°
准确度	2.5μm/250mm	±0.5″（测角）	2.5μm/250mm	±0.5″（测角）	5μm/1m	±1″（测角）
特点	模拟和数字混合测量系统，数字显示（直线式感应同步器的分辨力可达1μm）		模拟和数字混合测量系统，数字显示（长光栅分辨力可达1μm）		测量时工作速度可达12m/min	

3. 转速的测量

（1）转速的测量方法

转速是表征旋转运动速度的物理量，转速测量就是对被测对象进行旋转角速度的测量。在测试与自动控制领域中，转速的测量往往是测量被测对象的旋转频率，其度量单位是 r/min。转速测量的方法有多种，如果按转速测量过程信号的转换特征划分，可将诸多转速测量归为角速度转换方式和旋转频率转换方式两大类。

1）角速度转换方式测量。角速度转换方式转速测量过程如图1-59所示。转速测量装置通过传动装置导入被测对象的旋转运动，并通过某种方式将旋转角速度转化为相应的转速示值。

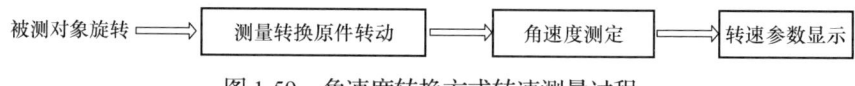

图1-59 角速度转换方式转速测量过程

2）旋转频率转换方式测量。旋转频率转换方式转速测量过程如图1-60所示。转速测量装置通过传感器将被测对象的转速转换为相应频率的电脉冲，经过测量电路进行信号处理后，由显示器显示转速参数。

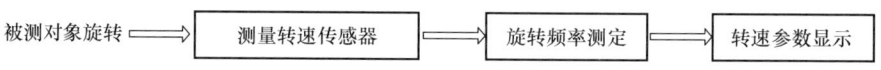

图1-60 旋转频率转换方式转速测量过程

（2）常用转速传感器

车辆中常用的转速传感器有磁电式转速传感器、光电式转速传感器、霍尔式转速传感器、舌簧式转速传感器。常见的转速传感器适用转速测量范围见表1-26。

表1-26 常见的转速传感器适用转速测量范围

名称	低转速	中转速	高转速	备注
磁电式转速传感器	—	√	√	不适用于转速变化太大的测量对象
光电式转速传感器	√	√	√	对防尘密封性要求高
霍尔式转速传感器	√	√	√	可用于低转速测量，测量范围广
舌簧式转速传感器	√	√	√	常用来测量变速器输出轴转速

4. 温度的测量

（1）温度的测量方法

温度测量有直接用温度计进行测量和通过温度传感器进行测量两种类型。温度计将随被测温度变化的物理量直接标定为温度值。温度计有液体式（如水银式温度计）、固体式（如双金属式温度计）、压力式（如波登管式温度计）等多种。温度传感器则是将随被测温度变化的物理量转换为电信号，再经测量电路进行信号处理后送到显示器或控制器。温度测量按是否接触被测对象可分为接触式温度测量和非接触式温度测量两种。

1）接触式温度测量。接触式测温是基于热平衡原理，即感温元件直接与被测介质接触，当感温元件与被测对象处于同一热平衡状态（具有相同的温度），便可以得到被测物体的温度。接触式测温时，由于温度计（温度传感器）的感温元件与被测物体相接触吸收被测物体的热量，往往容易使被测物体的热平衡受到破坏。因此，接触式测温不适于小物体的温度测量。

2）非接触式温度测量。非接触式测温其温度计（温度传感器）的感温元件不直接与被测物体相接触，而是利用物体的热辐射原理或电磁原理感受被测物体的温度。非接触方法测温时，温度计的感温元件与被测物体有一定的距离，靠接收被测物体的辐射能实现测温，所以不会破坏被测物体的热平衡状态，具有较好的动态响应。非接触式测温的缺点是准确度较低。

（2）常用温度传感器

常用温度传感器有热电阻式温度传感器、半导体式温度传感器、热电偶温度传感器。

1）热电阻式温度传感器。热电阻式温度传感器利用金属导体的电阻随温度变化的特性，将被测温度的变化转换为相应的电阻值，并通过测量电路转换为相应的电信号。热电阻式温度传感器按其结构划分，有绕线型、薄膜型和厚膜型，其中绕线型的热电阻式温度传感器应用相对较多。绕线型热电阻由金属丝（镍、铜、铂、银等）绕制在绝缘绕线架上，再罩上适当的外壳构成。各种金属温度系数见表1-27。

表1-27 各种金属的温度系数

材料	铜	银	铂	镍
温度系数 α	0.0043	0.0041	0.0039	0.0068

绕线式电阻准确度在±1%以内，响应较慢，其电阻值一般不大。

2）半导体式温度传感器。半导体式温度传感器利用半导体的电阻随温度显著变化的特性，将被测温度的变化转换为相应的电阻值。半导体热敏电阻由金属氧化物按一定的比例混合烧结而成，有球状、片状或柱状等。各种半导体热敏电阻的温度测量范围见表1-28。

表1-28 各种半导体热敏电阻的温度测量范围

热敏电阻种类	温度测量范围	基本材料
负温度系数热敏电阻（NTC）	超低温：$-173 \sim 10^{-3}$℃ 低温：$-130 \sim 0$℃ 常温：$-50 \sim 350$℃ 中温：$150 \sim 750$℃ 高温：$500 \sim 1300$℃ 超高温：$1300 \sim 2000$℃	碳、锗、硅 常用组成中添加铜，以降低电阻 锰、镍、钴、铁等金属氧化物的烧结体 Al_2O_3 加过渡族金属氧化物的烧结体 ZrO_2 与 Y_2O_3 的复合烧结体 ZrO_2 与 Y_2O_3 的复合烧结体（短时间测量）
正温度系数热敏电阻（PTC）	$-50 \sim 150$℃	以 $BaTiO_3$ 为主，加适量稀土元素的烧结体
临界温度热敏电阻（CTR）	$0 \sim 350$℃	BaO、P 与 B 的酸性氧化物烧结体，Si、MgO、CaO、SrO、B、Pb、La 等氧化物烧结体

3）热电偶温度传感器。热电偶温度传感器利用热电偶的热电效应，将被测对象的温度参数转换为相应的电热电动势，并通过动圈式仪表、模拟式电位差计、数字式电位差计等显示相应的温度参数。标准型通用热电偶种类见表 1-29。

表 1-29 标准型通用热电偶种类

名称	分度号	测温范围 /℃	热电动势 /mV	特点
铑铑 30- 铂铑 6	B	50~1820	0.33/100℃ 4.834/1000℃	优点：熔点高，测温上限高，性能稳定 缺点：价高，热电动势小，线性度差，只能适用于高温测量
铑铑 13- 铂 6	R	−50~1768	0.647/100℃ 10.506/1000℃	优点：测温上限高，性能稳定，准确度高，重复性好，多用于高准确度测量 缺点：价高，热电动势小，不能在金属蒸气和还原性气氛中使用，高温下连续工作时性能会逐渐下降
铑铑 10- 铂	S	−50~1768	0.646/100℃ 9.587/1000℃	与 R 型热电偶相似，但性能稍差，曾经是国际温标的法定标准热电偶
镍铬 - 镍硅	K	−270~1370	4.096/100℃ 41.276/1000℃	优点：热电动势较大，线性好，稳定性好，价廉，多用于工业测量 缺点：材质较硬，在 1000℃ 以上长时间工作时热电动势容易漂移
镍铬硅 - 镍硅	N	−270~1300	2.744/100℃ 36.256/1000℃	各项性能均比 K 型热电偶好，适用于工业测量，是一种新型热电偶
镍铬 - 铜镍	E	−270~800	6.319/100℃	优点：热电动势大（比 K 型热电偶大 50% 左右），线性好，耐高湿度，价廉，多用于工业测量 缺点：不能用于还原性气氛
铁 - 铜镍	J	−270~760	5.269/100℃	优点：价廉，在还原性气氛中性能较为稳定 缺点：纯铁容易被腐蚀和氧化
铜 - 铜镍	T	−270~400	4.279/100℃	优点：价廉，加工性好，离散性小，性能稳定，线性好，准确度高 缺点：在高温时铜容易被氧化，测温上限低，因而多用于低温测量

1.3.2 纯电动／混合动力汽车测试设备

1.3.2.1 动力性与经济性试验设备

1. 底盘测功机

底盘测功机又称转鼓试验台，是一种用来测试汽车动力性、多工况排放指标、燃油指标等性能的室内试验设备。底盘测功机通过滚筒实时模拟道路行驶阻力，并用其他辅助装置，实现对汽车各工况的模拟。底盘测功机可测试项目有底盘输出功率测试，最高车速测试，加速、滑行测试，车速、里程表校验，油耗测试等。

底盘测功机主要由测功机、传感器、转鼓组件、控制系统与车辆固定装置等组成，转鼓组件是汽车室内性能试验的行驶"路面"；借用测功机模拟汽车行驶时的空气阻力、坡道阻力及加速阻力；利用各种传感器获得测试结果。

当汽车驱动轮带动测功机滚筒及电涡流制动器转子旋转时，由于磁通密度发生变化，使转子表面产生电涡流，该电涡流与磁场相互作用产生反向制动力矩，使定子绕主轴轴线摆动。该制动力矩通过杠杆传递给压力传感器，由压力传感器给出相应的电信号，经处理后则可显示出瞬时驱动力值。与此同时，底盘测功机的速度传感器给出电信号，经处理可显示瞬时的速度值，经过计算机计算则可得出瞬时的功率值；测功机与五气分析仪、透射式烟度计、发动机转速计及计算机自控系统一起组成一个综合测量系统以测量不同工况下的汽车尾气排放；通过加载试验来诊断汽车在负载条件下出现的故障。底盘测功试验现场如图1-61所示。

2. 排气取样系统

排气取样系统主要由取样管、取样探头、颗粒物过滤器和水分离器等组成。

取样管与取样探头及分析取样系统的连接采用螺纹方式固定。取样管具有抗挤压的功能和一定的柔韧性，直接与排气样气接触的取样材料是无气孔的，并且不能以任何方式吸附、吸收、影响样气或是与样气发生反应。取样管外表面的涂层具有耐磨性，不受外部特殊使用环境条件的影响；取样探头为挠性管，能够插入不同弯曲程度的排气管；取样探头采用不锈钢或其他无腐蚀、无化学反应的材料制成，探头前端能够承受600℃的持续高温气体达10min以上；水分离器的容积较大，能够连续去除排气样气中的冷凝水，保证取样系统中无水冷凝。当水蒸气饱和时，保证自动脱离，或自动停止测量操作。

3. 排气分析仪

采用非扩散红外线分析法（NDIR）测试机动车辆废气中的HC、CO和CO_2浓度；采用电化学传感器对O_2和NO浓度进行检测。HORIBA MEXA7200D排放分析仪如图1-62所示。

图1-61 底盘测功试验现场

图1-62 HORIBA MEXA7200D排放分析仪

（1）HC、CO和CO_2浓度测试原理

HC、CO和CO_2浓度测试采用NDIR来测量其浓度，测量原理是某种气体吸收的红外线波长为特定的范围，即绝大多数非对称分子对某一特定范围的红外线波长具有吸收功能，且吸收程度与被测量气体的浓度有关。依据红外线吸收图谱中红外线强度推断出HC、CO和CO_2浓度。其中HC吸收红外线最强波长为3.4μm，CO吸收红外线最强波长为4.7μm，CO_2吸收红外线最强波长为4.2μm。红外分析仪具有较短的预热时间，且响应时间较快、测量准确度高，同时具有较高的性价比。

（2）O_2 和 NO 测试原理

汽车尾气分析仪的 O_2 测试功能能够有效测得汽车排气中的含氧量，从而能够反映三元催化反应器的工作状况，通过对 O_2 测试测定，采用有效措施调节空燃比，以控制排放量。

5 种气体成分的浓度测定通常采用两类不同方法，HC、CO 和 CO_2 浓度测试通过"气体吸收的红外线波长为特定的范围"原理来测定，测试准确度较高。而 O_2 和 NO 浓度的测试采用电化学原理，排气中含氧量的浓度测定通过在测试信道中设置氧传感器即可。

4. 油耗仪

燃油消耗量是评价汽车经济性能的主要指标，而油耗仪则是测量车辆燃油消耗量的主要仪器。油耗仪种类繁多，按测量原理可分为容积式油耗仪、流量式油耗仪及重量式油耗仪。

容积式油耗仪的测量原理见图 1-63。其测量容器由 A、B、C 三个容器组成，测量时可根据需要选择 A 或（A+B）或（B+C）或（A+B+C）作为测量容积。这种测量方法随着电子技术的发展，实现了自动计时测量。液面测量起始、停止位置由光电管检测，计时功能由计时器完成，三通阀采用电磁阀。容积式油耗仪是一种恒压式工作过程，燃油供给压力不变，一般只用于台架试验中。其主要误差有测量容器的误差、密度误差、标定误差以及温度变化所引起的误差。另外，容积式油耗仪只能测量一定时间内的平均值。

流量式油耗仪的测量原理是测量发动机单位时间内耗油的体积流量。这类仪器适用于车载道路试验，适用于汽油机，不适用于柴油机。其代表为日本小野测器 DF 系列及国产五轮仪等。

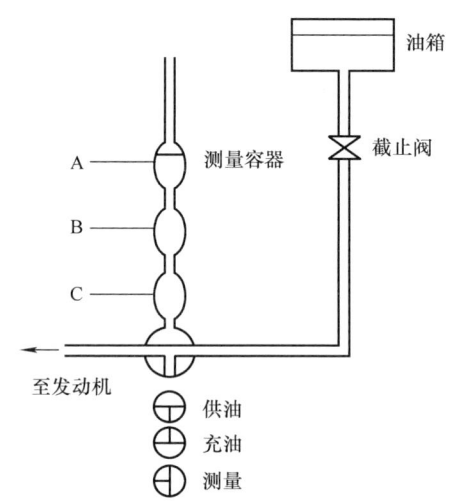

图 1-63　容积式油耗仪测量原理

重量式油耗仪最初是以自动燃油天平为基础的，测量原理见图 1-64。其中最重要的是采用了砝码自动转移法。后来这种结构的装置又进一步发展进化为力平衡式油耗仪。充油测量改为电磁阀控制，计时改为电子计数器进行，加减砝码改为采用改变电磁线圈的励磁电流来调整平衡力的大小，天平由不平衡状态到平衡状态有了很大提高。因为油杯中燃油重量的减少可由励磁电流来表示，故可进行不同重量的计时测量，而且可以进行定时的计量测量，大大方便了使用，测量准确度也大大提高。由于油杯为开放式，工作过程分为充油和测量两种状态，燃油和大气相通，有蒸发的油气散发在大气中，污染环境。当仪器发生故障时，有可能发生燃油外泄。重量法的测量精度一般比容积法高。这是因为重量法不需要测量燃油的密度，因而完全消除了由于燃油密度变化所造成的误差。重量法测量油耗所产生的误差来源于系统误差、泄漏误差、时间测量误差。

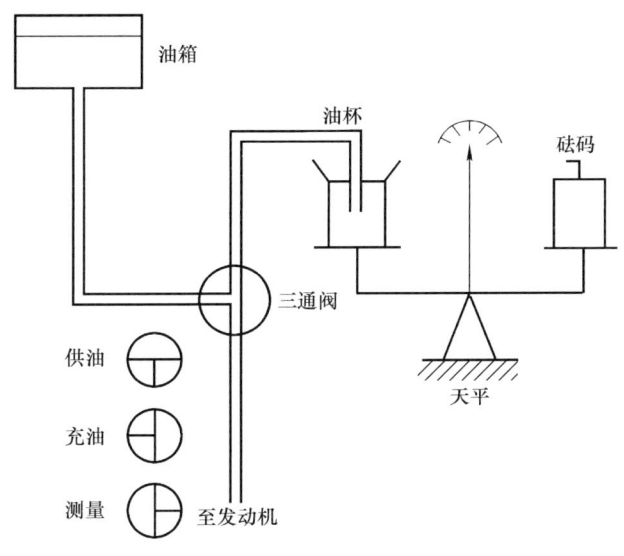

图 1-64 重量式油耗仪测量原理

1.3.2.2 振动噪声试验设备

1. 振动试验设备

（1）振动加速度传感器

加速度传感器一般多采用质量弹簧系统，把测得的振动加速度变换成力，再由力敏元件把力变换成电信号输出。由质量块和弹簧片构成质量-弹簧系统，基座随被测物体一起振动，质量块将对压电晶片施以周期变化的作用力。根据牛顿第二定律，作用力 F 与质量块的振动加速度 a 成正比。利用压电片的压电效应，压电片表面所产生的电荷 Q 与作用力 F 成正比，即 $Q=kF$。这里的比例系数 k 为压电材料的压电常数。综合两个公式可得 $Q=kma$。

对于结构确定的加速度传感器，质量 m 和压电常数 k 均为常数值，因此电荷 Q 与加速度 a 成正比。常用的振动传感器还有应变片式加速度传感器。测量时，电阻应变片受力，使其电阻值改变，从而把振动参数变换为电参数。

测振时经测振仪将加速度传感器输出信号处理、放大后，可直接显示振动加速度值，也可经积分网络后显示振动速度和幅值。采用压电式加速度传感器时，由于压电片是一种高内阻、输出信号微弱的压电变换元件，因此需要配置一个高灵敏度、高输入阻抗的前置放大器。

（2）振动试验台

在电机系统的试验过程中，经常使用振动试验台（简称振动台），它是模拟振动的一种设备，用它来考察产品能否经受住长时间振动而不改变其性能或不会导致机械损坏，如图 1-65 所示。

图 1-65　某型号振动试验台

振动试验台按其原理可分为机械式、电动式、电液式、压电式、磁致伸缩式、液压式等；按所产生的信号不同，可分为简谐振动式和复合振动式；按振动方向不同，可分为垂直式和水平式。振动台和激振器同属激振设备，但振动台是将试验对象置于其台面上，由台面提供一定频率、振幅或加速度的振动。而激振器是装在试验对象上，由激振器产生一定频率和大小的激振力作用于试验对象的某一区域上，使试验对象产生强迫振动。下面介绍4种常用的振动试验台。

1）机械式振动台。机械式振动台利用旋转不平衡质量块所产生的离心力进行激振，台面没有磁场，特别适用于易受磁场影响的被试件做振动试验。这种振动台结构简单、成本低、维修方便，能获得比较大的激振力，载荷也大，但频率范围窄（10~100Hz）、噪声大、振动波形失真大。

对于偏心轮式机械振动台，其振幅的大小由偏心距确定，振动频率由偏心轮旋转速度决定。通常转轴由电动机带动，转速是可调的。这种结构的偏心距不可调。偏心轮式机械振动台的振动方向可垂直，也可水平，一般在低频（1~60Hz）和大振幅（0.1mm 以上）的情况下使用。

2）离心式机械振动台。在机械振动台中，使用最多的是离心式机械振动台。离心式振动台利用两组以相反方向旋转的偏心块产生的离心力来激振。每组偏心块由两块角度可调整的扇形块组成，在它们各自绕轴转动时，扇形块产生离心力。当两扇形块呈180°安装时，因自身平衡而没有离心力，当两扇形块重叠安置时，偏心最严重，转动时产生的离心力也最大。由于两组偏心块以相反方向同步旋转，则离心力的水平分量相互抵消，垂直分量相互叠加。

离心式机械振动台的转轴由电动机带动，调节电动机转速便可改变振动频率。这类振动台的工作频率为 1~100Hz，振幅范围为 0.1~0.3mm。

3）电动式振动台。由一恒定磁场和位于磁场中通过一定交变电流的线圈的相互作用产生的电动力来驱动的振动台，称为电动式振动台。电动式振动台的工作频率范围大，波形失真小，控制方便，可以采用反馈控制，能实现定值振动，如果线圈通以随机变化的交变电流，还可以实现随机振动，进行随机振动试验。因此，电动式振动台比机械式振动台的适用范围广。但是电动式振动台结构复杂、价格贵、维修比较复杂，一般低频特性不太好，台面有漏磁场的影响。

电动式振动台的原理是，当给振动台通电后，磁刚体内便产生电磁场，在磁场中的通电导体由于磁力作用就产生运动。由左手定则可知，驱动线圈（动圈）受力的作用而使振动台台面向下运动。若改变流过动圈中的电流方向，那么动圈受方向相反的力作用而使动圈向上运动。因此，在动圈中通以交变电流时，它将使动圈受交变力作用而使工作台台面在磁场中产生相应的交变运动，即上下运动。动圈中的交变电流由频率可调的振荡器经功率放大器放大后供给。

电动式振动台除了振动台本体外，还包括输入信号部分和控制部分，主要由三部分组成：信号发生器、功率放大器和振动控制仪。信号发生器根据指令发出所需要的振动信号，经过功率放大器放大后，产生足够的能量驱动振动台本体。在振动台本体放置有加速度传感器，可以测量振动台的振动运动状态，并反馈给控制系统，参与对振动信号的修正。

4）电液式振动台。用电子线路控制，由液压系统驱动的振动台，称为电液式振动台。电液式振动台的主要优点是激振力大、承载能力大、振幅大，台面没有磁场影响，工作频率下限可以达到0Hz，可以反馈定振控制，即在某个频率范围内振幅或激振力恒定；也可以实现随机振动。但是，电液式振动台仅适用于在低频区及中频区进行振动试验，液压系统的性能容易受温度的影响，对油液要求高、维修复杂。由于油泵的压力脉动、油液压缩性引起的共振、液压密封件的摩擦等，使得波形失真比电动式振动台大。

电液式振动台主要有2种：电动力激振滑阀式电液振动台和喷嘴挡板式电液振动台。电动力激振滑阀式电液振动台由电液伺服阀、执行器、液压泵和工作台面组成。

2. 噪声测量设备

噪声测量中常用的仪器有声级计、频谱分析仪、电平记录仪、磁带记录仪等。

（1）声级计

噪声测量主要是噪声声压的测量。测量声级的仪器称为声级计，主要由传声器、放大器、衰减器、计权网络、检波和显示等部分组成。某型号声级计外形如图1-66所示。

传声器是一种实现声电转换的传感器，分为电动式、压电式和电容式等。电动式传声器在声压作用下，磁场中的动圈随声压变化而产生振动从而产生感应电动势，其特点是输出阻抗低、受温度影响小，但灵敏度低、易受磁场干扰。压电式传声器基于材料的压电效应，把声压变化转换成电荷或电压信号输出，结构简单、价格便宜、动态范围宽，但灵敏度较低、受温度影响较大。电容式传声器是应用最广泛的一种传声器。膜片和电极构成平板电容器两个极板，当膜片随声压波动而改变平衡位置时，两个极

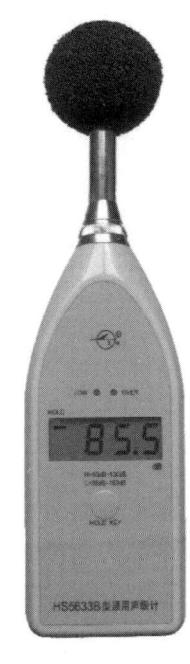

图1-66 某型号声级计

板间的距离也发生变化,于是改变了电容量,将声压转换成电信号输出。电容式传声器具有灵敏度高（50mV/Pa）、测量范围宽（10~170dB）、性能稳定等优点,但价格较贵,常用于精密型声级计。计权网络是声级计的一个关键部件,它是一种带通滤波器,能近似模拟人耳的听觉特性。声级计中的频率计权网络有A、B、C三种。

A计权网络模拟人耳对40phon（phon为响度的单位）纯音的响应,对1kHz以下的中低频段声音有较大衰减,对高频段声音较为敏感,此种特性比较接近人耳的听觉特性,因此在噪声测量时应用最为广泛。在我国的电机标准中,噪声限值全部以A计权定义,用A计权网络测量的声级称为A声级,记作LA,单位为dB（A）。B计权网络模拟人耳对70phon纯音的响应,应用较少。C计权网络模拟人耳对100phon纯音的响应,由于频响特性平直,主要用于测量总声压级。

该声级计在电复位并初始化后,CPU首先置衰减系数于最小档,然后选择计权网络。计权网络确定后,首先使频率最低的噪声通过频谱滤波器,然后检查衰减系数是否正确。若正确,则测取这一频率噪声的声压数值。接着测量另一频率噪声的声压值,直到每一个中心频率的噪声测量完毕并计算出各声压级,最后计算平均声压级。

（2）频谱分析仪

电机的噪声主要分为3种：电磁波引起的电磁噪声、空气动力引起的通风噪声以及机械运动引起的机械噪声。各种不同性质的噪声有着不同的响度和频率,研究噪声时,不仅需要了解噪声级的大小,还需要了解组成噪声的主要成分分布在哪些频段上（例如电磁噪声频率大多分布在100~4000Hz之间）,以便采取相应的措施予以削弱。某型号频谱与信号分析仪如图1-67所示。

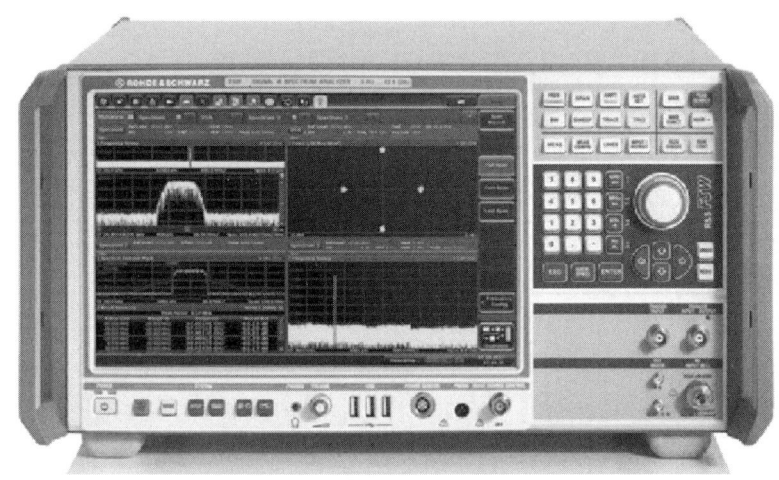

图1-67　某型号频谱与信号分析仪

频谱分析仪是用来分析噪声频谱的主要仪器,5Hz~50kHz的被测信号在前置放大器中经过衰减/放大到一定电平,在混频器中与100Hz~150kHz的扫描信号混频。50kHz的差频信号经窄带滤波器滤去谐波后送入中频放大器。可以选择线性中频放大器或对数中频放大器以满足不同的需要。中频放大后进行平均值检波、滤波和直流放大,然后分两路输出,一路送到X-Y记录仪或存储示波器描绘相应的频谱图,另一路送到数字处理器进行数据处理。

数字处理器的作用是进行数据采样、A/D 转换、D/A 转换以及控制显示器。数字控制器还可以同时控制调谐波发生器和频率控制器，从而控制振荡器，构成频率负反馈稳压系统，以便产生频率稳定性很高的扫频信号。

频谱分析仪具有灵敏度高、动态范围宽、频率范围宽和分析时间短等一系列优点。

（3）电平记录仪

在噪声频谱分析中应用最普遍的记录仪是电平记录仪。电平记录仪是一种自动记录仪，能准确地记录一定频率范围内交流信号的有效值、平均值和峰值以及直流信号。输入信号经电位计的滑动触点送至交流放大器，整流后与系统内的直流参考电压相减，其差值信号送至直流放大器放大，反馈送给驱动线圈。驱动线圈处于均匀磁场中，结构上通过连接杆与记录笔、电位计的滑动触点连接在一起。当送到差值电路的被测信号电压等于比较电压时，驱动线圈中的电流为零，记录笔和滑动触点停留在某一确定位置上。若被测信号在此基础上有所变化，则差值信号不再为零，驱动线圈中便有电流，这时记录笔和滑动触点也跟着运动，运动的方向使差值信号趋于零而达到新的平衡位置。原来位置与新位置间的差别和输入信号的变化成正比，这样记录笔便绘制了输入信号的变化。

1.3.2.3 测功机

测功机可以测量被测试件的输出转矩、转速和功率。其中电机测试用的测功机包括磁粉测功机、水力测功机、电涡流测功机、直流电力测功机和交流电力测功机等，目前使用较多的有电涡流测功机和交流电力测功机。

1. 磁粉测功机

磁粉测功机又称磁粉制动机，图 1-68 所示为磁粉测功机的结构原理图。其中 1 为传动轴，其上装有转子 2，壳体 3 中有励磁线圈 4，空腔 5 中装有磁粉。线圈不通电时，无磁通产生，此时磁粉呈自由状态。如果传动轴旋转，由于离心力的作用，磁粉甩在空腔的外圈，传动轴基本上不受制动转矩作用。当线圈通电时，有磁通产生，静止件和旋转件之间的磁粉在磁通的作用下连接成链状，这时由于磁粉之间的连接力和摩擦力，产生了对转子的制动转矩。

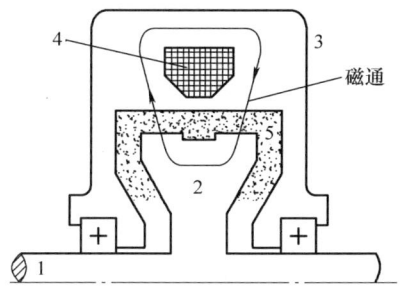

图 1-68 磁粉测功机的结构原理图
1—传动轴 2—转子 3—壳体 4—励磁线圈 5—空腔

通过改变励磁线圈中电流的大小，可改变磁粉连接力的大小，从而制动转矩的大小发生变化。制动转矩的大小基本与励磁电流大小成正比关系,但当出现磁饱和现象时,制动转矩也达到饱和值。制动转矩的大小还与空腔中磁粉的填充率有关。

作为传递转矩的介质,磁粉的动摩擦系数和静摩擦系数基本相同。因此,当励磁电流保持不变时,制动转矩也保持不变。但当转速低于20r/min时,磁粉分布不均匀,当转速过高时,又存在过大的离心力。即高速和低速均会导致制动转矩的不稳定。

磁粉测功机常采用强制水冷却系统来增加它的热容量。磁粉测功机的技术参数见表1-30。

表1-30 磁粉测功机的技术参数

测试范围		连续运行功率/W
转矩 T/N·m	转速 n/(r/min)	
2~50	0~5000	4000
4~100	0~5000	8000
8~200	0~5000	10000

2.水力测功机

水力测功机利用水对旋转体的阻力进行测功,有两种负荷调节方法:一种是通过改变进出水阀升度,调节进入测功机的水量来改变负荷;另一种则是通过改变闸套的相互位置来调节水层作用的有效面积来改变负荷。水力测功机体积小、重量轻、结构简单、制动转矩大、可以正反转、操作方便、使用寿命长,但是小负荷时稳定性差,动态响应时间长,供水系统需要有稳压水箱。图1-69所示为水力测功机的结构原理图,主轴8通过滚动轴承5安装在外壳1内,转子4固定在测功机轴上,可以与轴一起旋转。外壳通过滚动轴承6架于轴承座9之上,外壳可以相对于轴承座自由摆动。在转子外圆柱面上装有搅水棒3,而在外壳内壁上装有阻水柱2,外壳上部有进水管10,下部有排水管11,通过开关或手轮调节进水量。

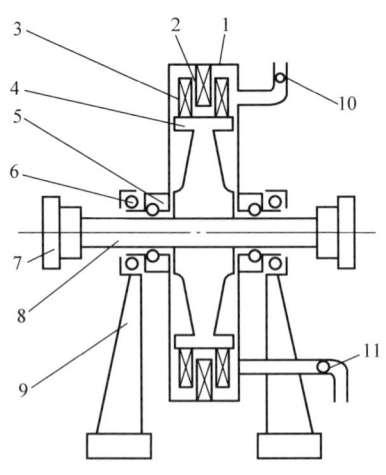

图1-69 水力测功机结构
1—外壳 2—阻水柱 3—搅水棒 4—转子 5、6—轴承 7—联轴器
8—主轴 9—轴承座 10—进水管 11—排水管

试验时,将电机轴与测功机轴用联轴器 7 相连接并使水不断流入测功机内。电机带动主轴 8 和转子 4 一起旋转,搅水棒使进入测功机的水也跟着旋转。在离心力的作用下,水被甩向外壳内壁,形成环形涡流水圈。由于水圈与外壳内壁和阻水柱的摩擦,其旋转速度比转子的转动要慢,因而水圈就要阻止转子的转动而产生一个阻力矩。这就使加在电机轴上的负荷可以通过调节进出水量来控制,水圈越厚,阻力矩越大,吸收的功率就越多。

转子转动时,旋转的涡流水圈也使外壳受到一定力矩的作用,外壳绕轴承 6 偏转的趋势由测力机构的摆锤所平衡。工作稳定时,水对外壳产生的摩擦力矩等于电机带动转子旋转传给水的转矩(忽略摩擦)。

水圈与转子和外壳相对运动而互相摩擦产生的热量,将使水温升高,水温高于 70℃时,阻水柱(或叶轮)上会出现蒸汽泡,使测功机工作不稳定。为了保持水温恒定,应同时开启进、排水阀。

为了增加外壳、转子和水之间的摩擦力矩,以减少测功机尺寸,除采用加装搅水棒、阻水柱这种结构外,有的测功机还采用增加钻孔的圆盘或在圆盘上打孔,加铆钉,装叶片等方法。

3. 电涡流测功机

电涡流测功机的结构简单、使用方便、调节平滑。测量部分已由平衡锤和刻度盘发展为利用转矩传感器(或力传感器)和转速传感器实现数字测量和自动记录。电涡流测功机结构如图 1-70 所示。

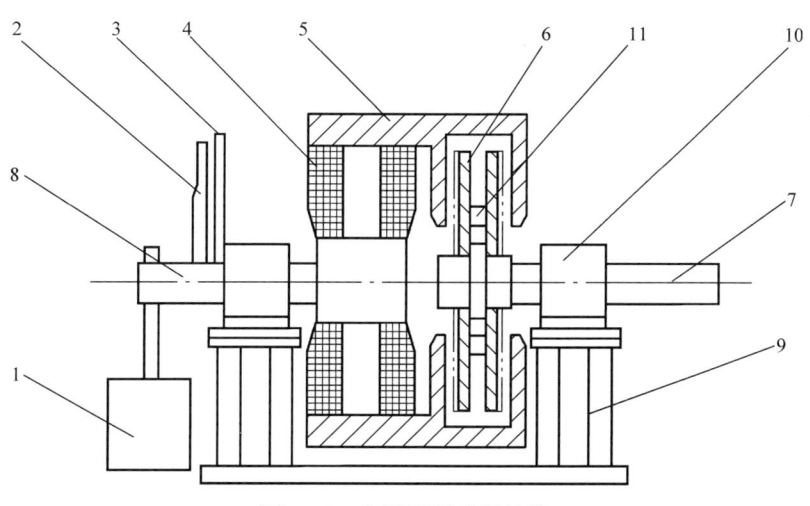

图 1-70 电涡流测功机结构

1—平衡锤 2—指针 3—刻度盘 4—励磁绕组 5—磁极 6—钢盘 7—转轴
8—磁极轴 9—支架 10—轴承 11—风叶

被测试电机的输出转矩通过转轴 7 传到测功机,转轴 7 带动钢盘 6(或称之为制动盘、涡流闸)在可偏转的磁极极掌叉口中旋转。磁极 5 与平衡锤 1 固定在可以偏转的磁极轴 8 上,当励磁绕组 4 中通入直流电产生磁通时,这个磁通从磁极经过极掌叉与钢盘 6 之间的气隙,再从钢盘 6 穿过另一个气隙进入另外一个磁极,形成回路。当被测试电机带动钢盘 6 旋转时,钢盘则切割这个磁通,从而在钢盘内部产生自成回路的感应电流,称为

"涡流"。涡流又与磁场相互作用产生制动转矩。这个转矩同时作用在测功机磁极和被测试电机的转轴上，但方向相反。测功机磁极受到这个转矩作用后开始偏转，其方向和电机转子相同。由于磁极偏转之后带动平衡锤使其重心提高，在重力的作用下，平衡锤产生一个与磁极偏转方向相反的力矩。当两者达到平衡的时候，磁极停止转动。指针可以指示出刻度盘上的转矩值，调节励磁电流可以平滑地调节制动转矩的大小。

如果平衡锤部分改为与力传感器连接，则可以将力传感器的力值输入计算机，并与力传感器作用点的力臂长度相乘，从而获得更为精确的被测电机的转矩大小。

电涡流测功机也需要进行冷却，以便将涡流产生的热量带走，它的冷却方式有空气冷却和水冷却两种。

国产某系列电涡流测功机的基本参数见表 1-31。

表 1-31 国产某系列电涡流测功机的基本参数

型号	额定吸引功率 /kW	最大转矩 /N·m	转矩表量程 /N·m	转速表量程 /(r/min)	转动惯量 /kg·m^2	平均耗水量 /L·h^{-1}	满功率耗电流 /A	重量 /kg
0~20-5000/15000	20	37	40	15000	0.00921	540	3	180
0~50-2700/10000	50	176	200	10000	0.0432	1350	4	280
0~100-3000/10000	100	318	400	10000	0.164	2700	4	460
0~150-1500/6500	150	955	1000	6500	1.19	4050	14	700
0~160-3000/10000	180	522	600	10000	0.231	4320	5	600
0~250-1800/7500	260	1395	1500	7500	1.39	7020	13.5	1000
0~440-1500/6500	440	2764	3000	6500	3.69	11880	21	1300

4. 直流电力测功机

直流测功机实际上是一台定子可以在支座上转动的直流电机，另外增加了一些测量转矩的部件（如转速转矩传感器或力传感器等）。直流测功机可作为直流发电机运行，此时作为机械负载即测功机，也可以作为其他机械的动力。前者用于测量外连接动力的输出转矩，后者则用于驱动外接设备的输入转矩。

图 1-71 所示为直流测功机的结构简图。直流测功机测量电机输出转矩的工作原理：当转子被被试电机拖动旋转后（此时定子励磁绕组通入励磁电流），转子电枢切割气隙中的磁力线并产生感应电动势，如果电枢外接负载，则有直流电流输出。电枢电流和定子磁场相互作用，在定子和转子上分别产生一个大小相等、方向相反的转矩；转子上的转矩阻止转子旋转，对被试电机来讲是一个制动转矩，起到负载的作用。定子上受到的转矩和转子转向相同，使定子产生偏转，这样就对装在定子外壳一侧的力传感器施加压力或拉力。力传感器将这一力转化为电信号传给配套显示仪，显示出被试电机输出转矩值。

直流测功机输出的电能可用电阻负载直接消耗掉，也可以通过直流电源机组或逆变器回馈给电网。

直流测功机准确度高、操作方便、输出电能可以回收，节约了能源，但结构复杂、使用中维护量较大。

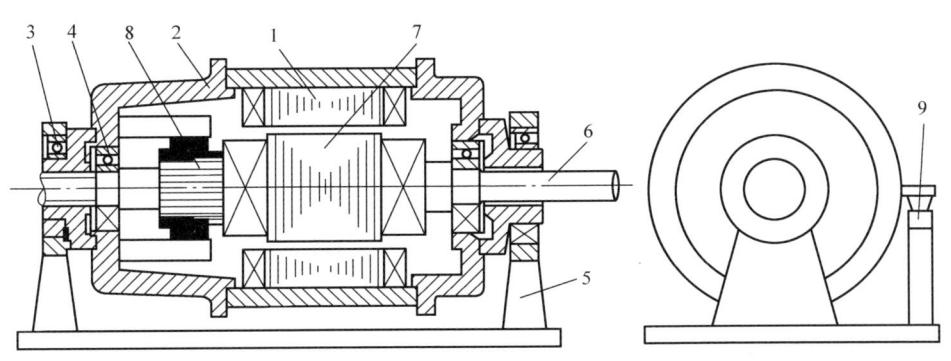

图 1-71 直流测功机的结构简图

1—定子励磁绕组 2—外壳 3—定子轴承 4—转子轴承 5—支架 6—转子轴
7—转子电枢 8—换向器及电刷 9—力传感器

5. 交流电力测功机

直流电力测功机由于受到电刷和换向器的限制，转速不高。由于交流电机控制技术的完善，交流测功机应用日益广泛，它的工作转速范围可以非常大，控制性能超过直流测功机。

图 1-72 所示为交流电力测功机主机结构。交流电力测功机的主体为交流异步电机或者永磁同步电机，联轴器 1 与被测试电机相连接，力传感器与测功机外壳连接，并通过力臂获得试验过程中传递转矩的大小，在大功率测功机上，一般不采用力传感器测量转矩的形式，而是在测功机前端安装（转速）转矩传感器，直接测量被测电机轴端的转矩（或转速）的大小。在测功机的尾端安装有转速传感器（光码盘或者旋转变压器），用以测量测功机电机转轴的转速，冷却风机承担测功机试验过程中的降温冷却功能，也有些测功机不采用风机冷却，而是利用专用冷却液进行冷却。校正臂承担测功机力传感器或转矩传感器数值的校正，通过利用标准砝码加载到一定长度的力臂上，获得标准的转矩数值，并和测功机显示装置显示的转矩数值比较校对，一般在测功机使用过程中，需要将校正臂拆下。

图 1-72 交流电力测功机主机结构

1—联轴器 2—校正臂 3—力传感器 4—连线盒 5—吊环 6—电机 7—导风罩
8—冷却风机 9—转速传感器 10—底座 11—传感器接线盒

标准的交流电力测功机系统由一台交流电机（含转矩转速测量传感器）、一套可四象限运行的交流变频调速系统、一台交流电力测功机测控仪和上位机等组成。交流电力测功机控制系统如图 1-73 所示。其中测控仪实现对测功机转速转矩的数据采集，同时实现对交流变频调速系统的通信控制，利用测控仪可以实现对测功机转速和转矩的控制。上位机利用程序完成测控仪的功能，并实现数据的采集和图形显示。交流变频调速系统与电网连接，将试验过程中交流测功机发出的交流电经变频器整流为直流电然后再变为标准工频正弦交流电上网，通过交流变频调速系统调节测功机的馈电电流以控制原动机的转速或转矩。

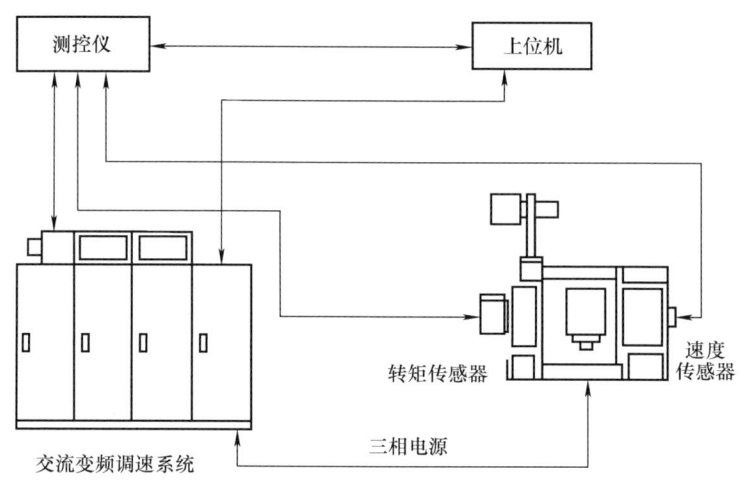

图 1-73　交流电力测功机控制系统

交流测功机控制系统的核心由交流变频器和输入/输出滤波器、电抗器、整流/逆变单元组成，主要功能是对测功机进行闭环控制，一般采用交流矢量控制技术，对大功率交流电力测功机的转速或转矩实现精确控制。

转速闭环是通过速度传感器（光码盘或旋转变压器）测量测功机的实际转速并与变频器设定的转速进行比较后，通过改变电机频率的方式由交流变频器直接给定，也可以通过计算机系统程序给定。

转矩闭环是通过安装在输入端的转速转矩传感器测量到的转矩值（或经过力传感器测得力值进而计算获得转矩值）与系统设定转矩值比较，通过变频系统的自动调节反馈电流以达到控制转矩的目的。转矩调节可以由变频器给定，亦可由计算机或计算机程序给定。

上位计算机可以控制测功机的运行，并设置测量参数的名称、单位、量程、报警值等内容，控制完成电机的各种特性实验（如电机空载特性实验，电机负载实验，电机转矩、转速特性及效率测定，特性曲线测定，堵转转矩测定，最高工作转速测定，超速实验等），实时显示各项测量参数值，打印各种曲线报表等。

1.3.2.4　直流电源

电机系统在台架试验过程中需要大功率直流电源供能，一般在电机系统台架试验过程中采用专门的大功率直流电源，为试验过程提供稳定的直流电压。

直流电源工作原理如图1-74所示，来自电网的交流电经过隔离变压器后变为合适的交流电压，整流为脉动电压后，进而滤波为平滑电压，通过稳压控制电路，获得一定精度的直流电。

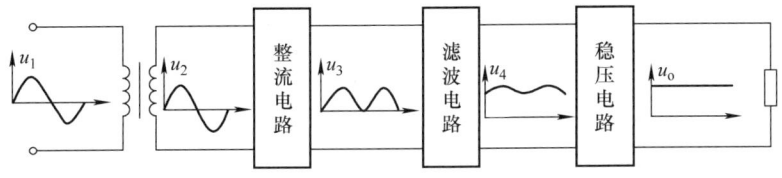

图1-74　直流电源工作原理

目前，大功率直流电源一般分为线性直流稳压电源和高频直流稳压电源。线性直流稳压电源内部采用线性串联和可控硅调整模式，通过测量稳压电路输出端取样电阻电压值的大小，进而调整可控硅控制角大小，以实现直流电压高低的调整。但控制精度低，响应时间慢，特别是在试验车用电机系统动态特性时，直流电压往往会出现不稳定的情况，工作电压大幅变动，影响试验结果。此外，利用可控硅电路为主体的直流电源，在试验电机系统的馈电特性时，需要增加一套逆变系统，从而造成大功率电源结构复杂，可靠性降低等问题。

高频直流稳压电源是直流电源的发展趋势，其内部采用绝缘栅双极晶体管（Insulated Gate Bipolar Transistor, IGBT）模块，采用全桥移相式脉宽调制控制技术将电网交流电整流为直流，经过功率因数校正后，再由DC/DC高频变换电路将整流后的直流电变化为稳定可控的输出直流电。该电源能够自动调整高频开关的脉冲宽度和移相角，使得输出电压在任何情况下都能够保持稳定。特别是当电机系统在进行剧烈的试验状态变化而导致直流输出电流剧烈变动时，其输出电压在高频开关控制下也能够保持稳定。当进行电机系统馈电试验时，高频开关直流稳压电源也能够在不增加元器件条件下实现直流电源向电网的逆变。该系统具有高效能、高精度、高稳定性等特性。

在进行电机系统台架试验过程中，提供直流电时，往往需要真实再现或模拟实车车载电池的电压、电阻等参数变化情况。在此需求下，基于高频开关直流稳压电源技术，进一步开发了电池模拟器。电池模拟器是一种模拟储能电池外特性的装置，具有成本低、结构简单、使用方便、易于维护等特点。

电池模拟器实质为一输出电压受到电池模型控制的直流稳压电源，它实际上是高频开关直流电源与电池模型计算相结合的产物。电池模型考虑电池内阻变化情况，为直流电压输出提供了一个参考值，其输出电压动态变化，且变化规律与所要模拟的电池外特性一致。在图1-75中，上升的为负载特性，下降的为电池特性曲线，以SOC（剩余电量）值分别为20%、50%和80%三种工况为例，负载特性和电池特性曲线的交点即为工作点。当电池模拟器工作于放电状态时，装置输出端接入负载，负载特性符合欧姆定律，同时也满足电池工作特性。控制器的任务是控制装置使其稳定并收敛到正确的工作点上。工作时，直流电流、电压传感器将会对直流侧的电压和电流进行采样、转换，然后送入控制器。控制器根据实测电池电流和实时SOC值，根据电池模型及其外特性表达式计算得到直流电压给定值U_{ref}，U_{ref}和实测直流电压共同送入控制器，控制器计算后输出控制信号，使得装置输出需求的或者给定的电压。在突加、突减的暂态过渡过程中，控制器循环执行上述过程，最终可以收敛和稳定在需求工作点。当负载发生变化时，原来工作点的稳定被打破，电池电流将会改变，从而导致直流电压给定值 U_{ref} 也发生变化，控制器将实时控制，保证装置能够追踪新的直流电压给定值 U_{ref}，从而转移到新的稳态工作点。同理，在充电工作状态时（电机系统馈电试验时）的工作原理也与此类似。

电池模拟器拓扑结构中，变压电路部分结合电池模型以决定输出电压的高低。在电池模型中，一般需要对电池内阻状态进行设置。电池模拟器也提供相关的数据接口，可以将实车试验时直接测量获得的车载电池的电压、电流数据传输至电池模拟器，电池模拟器进而按照这些数据实现电压和电流的输出。

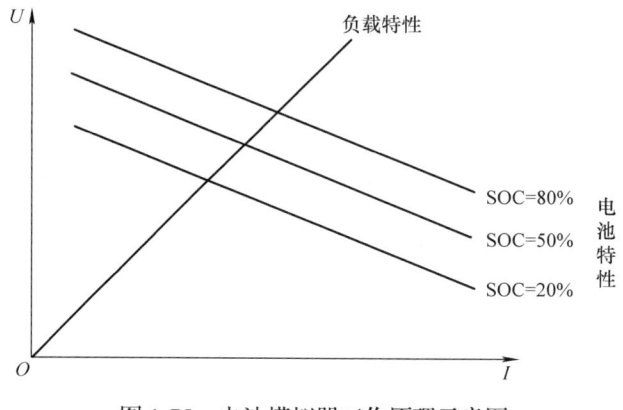

图 1-75　电池模拟器工作原理示意图

一般情况下，电池模拟器都带有 CAN 总线接口，以完成与电机系统或者试验系统的通信，确保试验过程中电池模拟器、被测电机及测功机等设备的工作状态能够协调控制。

1.3.3　燃料电池汽车专用测试设备

1.3.3.1　电功率分析仪

传统的有功功率表通常针对工频或中频正弦波测量设计，只能满足正弦波电路的有功功率测量，在波形畸变较小时可以获得一定精度的测量结果，但是当波形畸变增大时，测量误差增大，甚至丧失正常的测量功能。

电功率分析仪是一种测量用电功率和其他电参数的仪器，也称为电参数分析仪，它采用有功功率表的升级技术，一般具备下述功能。

① 具备功率表的基本功能：电压、电流真有效值和总有功功率的测量。

② 对功率表的基本功能的适用性进行扩展，使其能够测量正弦电路和非正弦电路的电压、电流真有效值和总有功功率，一般具有较宽的带宽和基波频率范围。不同于工频功率表，功率分析仪可以测量的电参数频率范围高达数兆赫兹。

③ 能够对非正弦电压、电流及功率包含的详细信息进行定性和定量的分析。定性分析一般通过直观的时域分析法，主要建立在实时波形同步采集基础上；定量分析一般通过

抽象但准确量化的频域分析法，频域分析法主要基于傅里叶变换。

新能源汽车电机系统由于采用变频调速技术，其电压、电流等信号含有较多的谐波含量，传统的工频仪器仪表无法进行准确测量。采用电功率分析仪，不但能够对电机变频系统进行准确的电气测量，还可以进行谐波分析，也可以同时进行电机转速和转矩信号的采集及分析。

功率分析仪的结构和工作原理如图 1-76 所示。

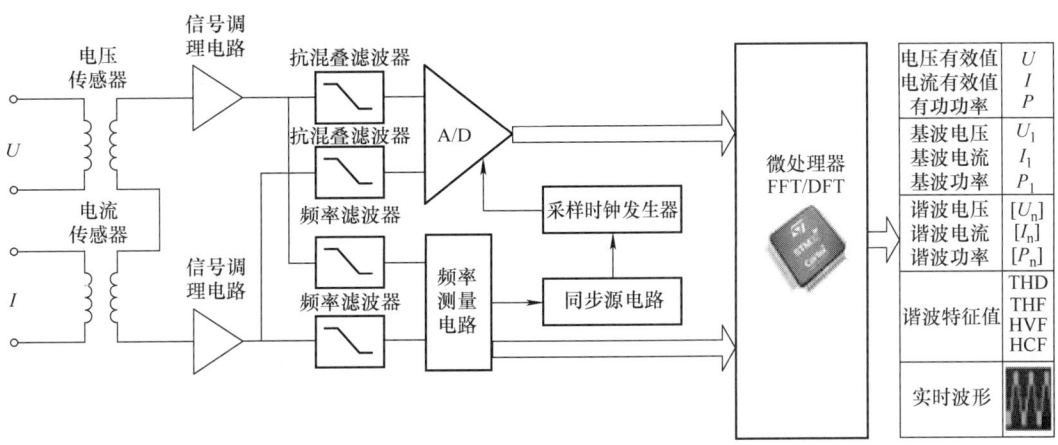

图 1-76　功率分析仪的结构和工作原理

被测电压 U 通过电压传感器或者直接连接至功率分析仪电压测量端口，一般情况下，功率分析仪电压测量端口可以直接测量数百伏至数千伏电压，因此将电压测量端口直接连接即可。获得的电压信号首先经过具有频率补偿的采样电阻（几兆欧至数十兆欧）进行分压，并在信号调理电路中实现对采样对象波形的选择和设置，如直流电压采样、交流电压采样或者直流+交流电压采样，然后经过进一步降压/增压后，将信号转变为标准信号，进入抗混叠滤波器之后，信号经过采样和保持电路，并进一步经过模数转换（A/D），由微处理器进行处理或进行相关计算，最终实现波形的输出以及基波、谐波或频域的相关计算。

同样，被测电流信号 I 经过电流传感器或高精度电流分流器转变为小电流信号（最大为几十安培）进入功率分析仪，进入的信号经过频率补偿电阻（几十欧至几百千欧），并经过波形放大/缩小，将信号转变为标准信号，进入抗混叠滤波器，之后的信号处理方式与电压信号的处理方式一致。

信号采集过程中，电压和电流的频率信号由频率测量电路获得，并经过同步电路和采样时钟发生器确保采样电压、电流信号的同步。

车用电机系统一般包括电机和电机控制器，其中电机控制器连接车载蓄电池直流端，需要测量一个直流电压信号和一个直流电流信号，一般异步电机和交流同步电机具有三相结构，需要测量三个交流电压和三个交流电流信号，因此，目前市面上适用于电机系统的功率分析仪大多在三相以上，四相和六相的较多，也有多达八相的（在开关磁阻电机系统或其他多相电机系统中使用多相功率分析仪较多）。依靠功率分析仪内部的同步时钟，可以实现各个测量通道数据采集的同步性,从而避免了各路信号由于测量不同步造成的相位差所带来的显示和计算误差,确保了测量结果的准确性。

功率分析仪一般具备电机的转速和转矩测量功能。转速转矩传感器测量转速和转矩后输出的信号一般为频率信号(如 5~15kHz)或者电压信号(如 −5~+5V),利用功率分析仪的计数器可以实现对频率信号的采集,进而利用时钟电路计算获得电机转速或转矩的大小;同理,也可以利用功率分析仪所具备的模拟信号采集功能,标定转速传感器输出电压与转速或转矩之间的换算关系,通过测量电压获得电机的转速或者转矩数值。

功率分析仪可以测量和显示的参数包括电压和电流的有效值、平均值、峰值、峰峰值;基波和谐波含量、波形畸变;有功功率、无功功率、视在功率;相位角;电机轴端转矩、转矩及机械功率等。一般情况下,高准确度宽带功率分析仪的测量带宽可达 3~10MHz,电流和电压的测量精度可达 0.01%,功率计算精度可达 0.02%。

功率分析仪具有丰富的接口,除了以上介绍的电压、电流及转速转矩测量接口外,一般情况还具备模拟和脉冲信号输入输出接口、键盘接口、打印机接口、RS-232 接口、GPIB 接口、USB 接口、网口等,通过相应软件,可以实现功率分析仪与计算机的连接及通信,方便远程控制和数据的保存处理。

现阶段应用较多的功率分析仪主要有美国福禄克(Fluke)公司 Norma 系列高准确度功率分析仪以及日本横河(YOKOGAWA)公司 WT5000、WT3000、WT1800 等规格型号的功率分析仪。图 1-77 所示为 Norma5000 功率分析仪,图 1-78 所示为 WT1800 功率分析仪。

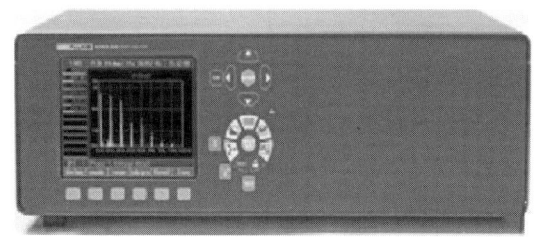

图 1-77　Norma5000 功率分析仪

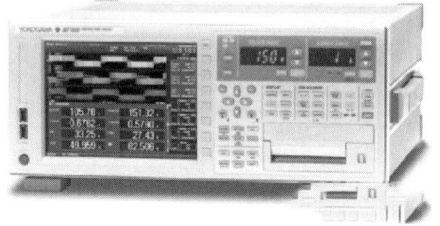

图 1-78　WT1800 功率分析仪

1.3.3.2　氢气流量计与浓度检测仪

1. 氢气流量计

氢气流量计具有安装简单、维修方便等特点,并带有防爆功能,使用安全可靠。

氢气流量计是根据卡门涡街原理研究生产的,由设计在流场中的旋涡发生体、检测探头及相应的电子线路等组成。当流体流经旋涡发生体时,它的两侧就形成了交替变化的两排旋涡,这种旋涡被称为卡门涡街。主要用于工业管道介质流体的流量测量,如气体、液体、蒸汽等多种介质。其特点是压力损失小,量程范围大,精度高,在测量工况体积流量时几乎不受流体密度、压力、温度、黏度等参数的影响。由于无可动机械零件,因此可靠性高,维护量小,仪表参数能长期稳定。氢气流量计采用压电应力式传感器,可靠性高,可在 −20~+250℃的温度范围内工作。该设备有模拟标准信号输出,也有数字脉冲信号输出，容易与计算机等数字系统配套使用。某型号氢气流量计如图 1-79 所示。

2. 氢气浓度检测仪

气体检测仪是一种检测气体泄漏浓度的工具，其中包括便携式气体检测仪、手持式气体检测仪、固定式气体检测仪、在线式气体检测仪等。主要利用气体传感器来检测环境中存在的气体种类，气体传感器是用来检测气体成分和含量的传感器。

用于测量有毒气体浓度的传感器大多是电化学传感器，它是基于电化学原理工作的传感器，影响其寿命的主要是电解液，一般的传感器在使用 2~3 年之后，电解液就消耗至不能正常工作了，所以电化学传感器的使用寿命是 2~3 年。用于检测可燃气体浓度的传感器大多是催化燃烧传感器，它的使用寿命在 3~5 年。

图 1-80 是某公司一款手提式多功能氢气检测分析仪，主要用于移动式需要检测分析氢气气体浓度、温湿度测量的场合。该仪器可以检测分析管道中或受限空间、大气环境中的氢气浓度，也可以检测气体泄漏，检测气体种类超过 500 种，还可以分析高浓度单一气体的纯度。

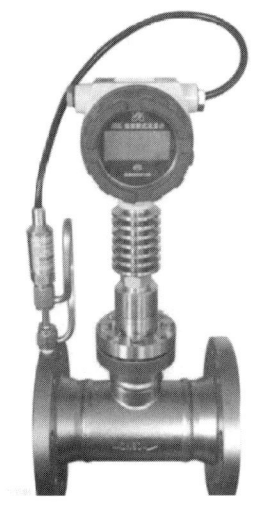

图 1-79　某型号氢气流量计

图 1-80　手提式多功能氢气检测分析仪

JK90-H2 多功能氢气分析仪检测参数见表 1-32。

表 1-32　JK90-H2 多功能氢气分析仪检测参数

检测参数	技术要求
检测气体	氢气
线性度	≤ ±2%
不确定度	≤ ±2%
恢复时间	≤ ±30s
检测方式	内置泵吸式
检测准确度	≤ ±2%（F.S）
重复度	≤ ±2%
响应时间	T90 ≤ 20s
使用环境	−40~70℃

1.3.4 零部件测试设备

1.3.4.1 电机试验测试设备

电机系统测试除了一般用工具设备外,还包括电机系统测试台架、电功率分析仪、测功机、振动噪声综合测量仪等。

1. 测功机

有关测功机的详细介绍见 1.3.2.3 小节内容。

2. 电功率分析仪

有关电功率分析仪的详细介绍见 1.3.3.1 小节内容。

3. 振动噪声综合测量仪

该类仪器在测量时不受周围背景噪声的影响,也不必建造消声室。对于各种电机产品,在外界噪声很大、反射很强、环境不稳定或被测体声音很小等声级计无法使用的恶劣环境下,均可使用振动噪声综合测量仪。

声音是振动的结果,当物体出现声频范围的机械振动时,会使周围介质发生相应的振动,并以声波的形式向外辐射。大量的试验结果反映出电机产品的振动声辐射特性有很强的规律性,根据这些规律,可以确定电机产品的实际辐射效率指数曲线,然后将这些曲线以计权网络的形式加入原振动测量仪中,从而实现了用振动法测定电机的噪声。其工作过程如下:由压电传感器输出的电荷信号经电荷放大器转换成电压信号,再经积分后得到振动速度,然后分两路,一路经线性滤波器、表头放大器等直接由表头显示出振动速度值;另一路经线性滤波器、A 计权网络、滤波器、表头放大器等直接由表头显示出噪声级分贝值。另外,也可由单片机控制,信号通过 A/D 转换器转换成数字信号显示。

4. 电机系统测试台架

(1) 连接方式

台架结构如图 1-81 所示。

被测试驱动电机、转速转矩传感器、测功机(一般以交流电力测功机居多)之间采用弹性联轴器顺序连接以传递机械动力,电池模拟器、电机控制器与被测试驱动电机之间采用电气连接以传递电功率。测功机与测功机变频装置之间也为电气连接,测功机上位机为测功机系统的控制单元,可以检测测功机和测功机变频装置的工作状态,也可以通过变频装置调整测功机的工作状态。在台架试验过程中,测功机需要模拟被测试驱动电机轴端负载大小,在加减速或者变速过程等动态工作特性测试过程中,有时候需要模拟相关车辆机械惯量的大小,可以采用交流电力测功机电惯量模拟的方式,但是这种方式无疑将增加测功机的功率或者转矩等级,特别是模拟的惯量较大时,必须采用功率或转矩等级大得多的测功机来实现,并且要求测功机的动态响应特性要高,这将导致试验成本急剧增大。为了解决这一问题,一般情况下可以将测功机的电惯量模拟和机械飞轮惯量模拟相结合,采用机械飞轮模拟主要惯量部分,采用测功机的电惯量模拟功能进行小惯量补偿,从而可以在不增加太多试验成本的情况下实现对整车惯量的模拟。

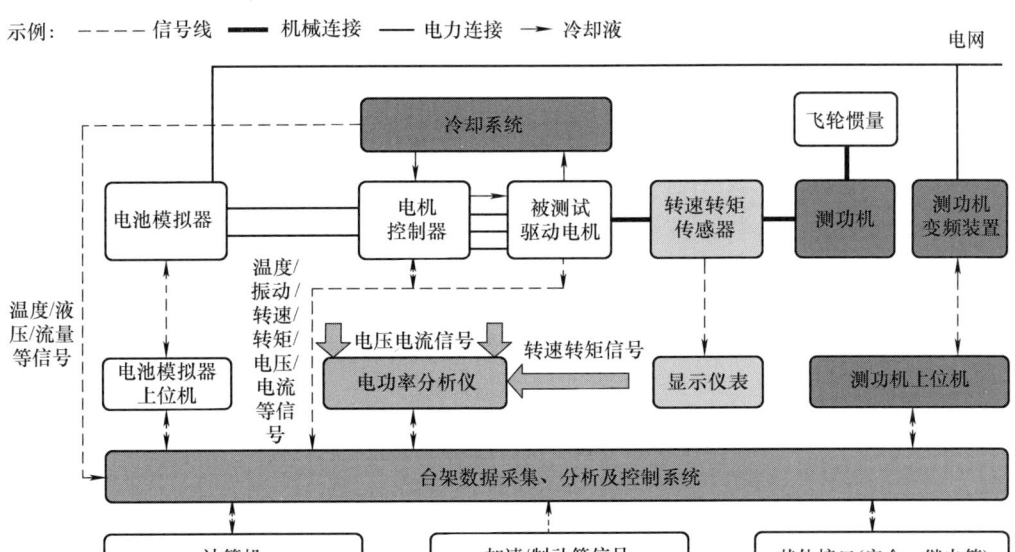

图 1-81 车用电机系统性能的试验台架结构

（2）各子系统说明

冷却系统为台架上被测试驱动电机及电机控制器提供冷却环境，冷却方式可以是风冷，也可以是液冷。有些情况下，被测试驱动电机和电机控制器自带冷却风扇进行冷却，也有些情况下需要试验台架为其提供一定流量、压力和温度的冷却液进行冷却。冷却管路的连接视被测试系统的要求而定，既可以是图 1-81 所示的串联式冷却方式（即冷却液顺序进入电机控制器和被测试驱动电机，然后返回至冷却系统，构成一个串联液路，冷却液流经电机控制器和被测试驱动电机的流量相同），也可以为被测试驱动电机和电机控制器单独提供冷却液（流经电机控制器和被测试驱动电机的冷却液路可以单独提供，流量可以不相同）。

电池模拟器负责为被测试驱动电机系统提供动态直流电源，可以模拟车载蓄电池电压电流变化的工作特性。电池模拟器的输出特性由其上位机控制，为被测试驱动电机系统提供一定电压大小的直流电，并能够根据被测试驱动电机负载变化动态地调整输出电流的大小。电池模拟器可以处于电力输出或者电力回馈工作状态，当被测试驱动电机系统处于驱动状态时，电池模拟器从电网获得电能，并输出一定电压和电流的直流电，当被测试驱动电机系统工作于回馈制动状态时，电池模拟器吸收一定电压和电流的直流电，并将这部分电能回馈到电网。

被测试驱动电机和测功机之间一般安装有转速转矩传感器，可以直接测量电机输出轴端的转速和转矩。该传感器可以在试验时单独安装于被测试电机和测功机之间，也可以将该传感器长期固定于测功机输出轴上，进而在台架安装过程中减少机械调整和连接的工作量。转速转矩传感器一般配有显示仪表，可以通过数字方式直接显示所测量的电机轴端的转速和转矩数值，同时还带有一定的通信接口，为转速转矩数据的传输和波形的显示提供方便。

电功率分析仪一般具有多个测量通道，除了测量各相电压电流信号外，也可以将转速转矩传感器输出的信号（一般为频率或电压信号）直接或者通过显示仪表上的接口与之相连，这样可以在同样的时钟触发条件下同步测量被测试电机和电机控制器的电压电流和转速转矩信号，确保信号测量和计算的准确性。

台架数据采集、分析和控制系统获得电池模拟器、电功率分析仪、转速转矩传感器、测功机系统、冷却系统等各部件工作时的状态信息，同时进行信号的分析和显示。台架控制系统可以根据试验要求设计试验程序，并确保试验过程的顺利进行。例如，通过试验需求的加减速及制动信号（外界给出信号），对被测试电机控制器发出加减速或制动指令，同时为电池模拟器发出加减速及制动过程中电压随之变化的指令，通过控制测功机系统输出的转速或转矩大小，实现对所需求试验程序的控制，完成对被测试电机系统的加载。又如，台架控制系统利用继电器或者其他开关装置，通过控制开关工作的先后顺序，确保各零部件上电（或下电）过程的先后逻辑，通过检测开关装置的工作状态，在高压安全没有确认或者高速旋转零部件没有被保护的情况下，台架不予起动等，确保试验过程中台架安全及互锁功能的实现。

台架通信包括与被测试电机系统的通信，以及独立的台架测试系统的通信，均可以采用普通的串并行总线、CAN 总线、GPIB 总线、PXI 总线等各种方式实现，具体采用何种总线取决于对试验对象和试验测量准确度的要求。现阶段，台架测量和控制系统对电机控制器、测功机之间的通信以 CAN 总线为主；对于独立的台架测量系统，如果对测量精度要求较高，对被测电机及其控制器的电压电流和转速转矩等信号采集的同步性要求较高，则采用 PXI 总线为好，但是这会导致测试设备成本的提高。

（3）参数测量

台架试验过程中，一般要进行以下参数的测量。

① 冷却系统的工作状态：如冷却液温度、压力、流量等。

② 电机控制器及电机的工作状态：如电机绕组工作温度、IGBT 等关键部件的工作温度、直流电压/电流、交流电压/电流、电机轴端的转速转矩、电机振动状态等。

③ 测功机的工作状态：如测功机的电压电流及温度、振动状态、转速转矩等。

④ 转速转矩传感器输出的数值等。

以上参数中，有些参数既可以由电机控制器获得，也可以通过设置独立的传感器获得，例如电机轴端转速，其数值既可以通过电机控制器测量旋转变压器或者转速码盘获得，也可以通过转速转矩传感器独立测量获得。为了保证测量的独立性和台架数据采集系统的完整性，一般情况下，由单独的传感器获得为好，这样通过对独立传感器的校准及必要的期间核查等质量保证手段，就可以很容易地确保测量结果的准确性。

在台架系统中，一般还需要配置被测试电机系统直流电力侧和交流电力侧的电压电流传感器，并将相关的测量信号输入至电功率分析仪。需要注意的是，在选择电压传感器和电流传感器时，除了需要考虑电压、电流的测量范围之外，特别要考虑交流电测量传感器的工作频率带宽、测量响应时间等动态参数，以确保对高动态高压脉宽调制信号测量的准确性。

部分情况下，电动车辆可以具有多个驱动电机，例如轮毂电机，如果需要同时对这些驱动电机进行台架试验，则需要将图 1-81 所示的台架结构进行调整，需要利用多个测功机进行试验，各个测功机之间需要协调控制；还有一些电动车辆是由多个电机（或其他动力）耦合后驱动的，在进行试验时，可以将电机单独进行台架试验，也可以与耦合装置一并进行台架试验。以上情况所构成的试验台架已经是一个电传动系统的试验台架了，测量、分析和控制的参数将会更多，系统也将更复杂。

1.3.4.2 动力蓄电池试验测试设备

动力蓄电池主要进行单体蓄电池、模块、电池包及管理系统的测试评价，包括电性能测试、循环寿命测试、环境可靠性测试和安全性测试。

1. 电性能测试设备

当前所使用的电性能测试设备主要有迪卡隆电池系统电性能试验设备、德普电池系统电性能试验设备、星云电池系统电性能试验设备等。

电性能测试系统主要由上位计算机、充放电动力柜及辅助电压、温度数据采集器组成。测试系统可对外接口各类设备，可与电池管理系统（BMS）等外部设备进行系统集成。在充放电测试过程中，同步采集单体蓄电池电压、温度，蓄电池模块电压、温度信息，并作为设备起停跳转及保护的判断条件。测试系统开放 BMS 对接功能，根据用户需要，通过 DBC 文件导入各类 CAN 协议，对接各类 BMS，将 BMS 数据整合到测试系统的数据结构中，并支持 BMS 数据作为设备工作的判断条件，也可接受 BMS 控制指令，执行相关操作。

动力蓄电池模块 / 包性能综合测试系统的充放电主机可采用 IGBT 全控变流技术及 AFE 电能质量优化控制技术，实现动力蓄电池组 / 电容组测试过程中能量的双向流动及高品质的电能回馈；结合高性能 DSP 数字处理技术及高准确度采样、控制技术，通过先进的矢量控制算法配合锂离子蓄电池行业成熟的测试工艺，达到对蓄电池组 / 电容组的性能进行综合测试的目的。德普电池系统电性能试验设备如图 1-82 所示。

2. 模拟碰撞试验台

冲击碰撞试验台用于模拟产品在实际使用中，需要承受的冲击破坏的能力，以此来评定产品结构的抗冲击能力，并通过试验数据，优化产品结构强度。通过正确评定产品的抗冲击能力，可有效地提高产品使用的可靠性。用实验室试验的方式来模拟蓄电池包在运输、装卸、行车过程中可能受到的冲击破坏，由此来评定产品在运输和使用过程中受到冲击时，产品的缓冲、减振性能能否达到对产品的保护要求。模拟碰撞试验台如图 1-83 所示。

图 1-82　德普电池系统电性能试验设备

3. 挤压针刺测试设备

蓄电池挤压针刺试验机又称为蓄电池挤压针刺一体机，如图1-84所示，适用于各类单体蓄电池、蓄电池模块和蓄电池包试验，模拟蓄电池遭受挤压针刺的情形。

图1-83　模拟碰撞试验台

图1-84　蓄电池挤压针刺一体机

挤压：被试蓄电池在两个平面被挤压，通过台虎钳或者活塞液压臂施加一定的挤压力，挤压持续至液压装置上压力表读数达到某一数值，一旦到达设定压力值，就解除挤压。

针刺：试验应在一定范围的环境温度下进行，将接有热电偶的蓄电池（热电偶的触点固定在蓄电池大表面上）置于通风橱中，用一定直径的无蚀锈钢针以一定速度刺穿蓄电池大表面的中心位置。

通过挤压试验可检验蓄电池的安全性能，用于模拟各类动力蓄电池在使用过程中遭受挤压的情形，进行试验后蓄电池应不起火，不爆炸。电池挤压针刺设备是各电池厂家及研究所必不可少的检测设备，如图1-85和图1-86所示。

图1-85　单体蓄电池和蓄电池模块挤压设备

图1-86　单体蓄电池和蓄电池模块针刺设备

4. 蓄电池系统短路测试设备

遥控大电流短路装置综合多种电池短路试验标准要求而设计，短路装置必须符合内阻范围小于5mΩ，从而获得试验要求的一定数值的大短路电流。短路装置在线路设计上要能够承受大电流的冲击，所以一般选用工业级直流电磁接触器及全铜接线柱和内部铜板导流，内置主动式滚珠轴流风机提供有效的散热保护，使大电流短路装置更安全，有效减少试验设备的损耗，确保试验数据的准确性。蓄电池系统短路设备如图1-87所示。

图 1-87 蓄电池系统短路设备

5. 高低温试验设备

高低温试验设备是指高低温试验箱、湿热试验箱、湿热交变试验箱、温度冲击试验箱等，空间温度一般可以在 −90~200℃，湿度在 20%~100% 之间变化。

高低温试验箱从结构上可以分成电控系统、制冷系统、加热系统、传感器系统等部分。

1）电控系统。电控系统是试验箱的核心，通过温度传感器测量试验箱内部温度，并利用控制系统控制试验箱内部升温速率、温控准确度等重要指标。

2）制冷系统。制冷系统的制冷方式通常采用制冷压缩机组进行机械制冷，在需求极低温度的场合，采用液氮辅助制冷。

3）加热系统。主要由大功率电阻丝组成，通过电阻丝加热周围空气，并利用通风系统将加热后的空气循环至温度箱内部，平衡箱体内的温度。

4）传感器系统。高低温试验箱的传感器主要是温度传感器，可以布置在温度箱内部的某个点或多个点处，也可以采用可移动的温度传感器来测量和控制特定工作点的温度。

湿热试验箱是在高低温试验箱结构基础上进行的拓展升级，增加了水槽、蒸发器等湿度调节结构。在需要湿度环境时，湿度控制器进行调节，接通水槽加热元件，通过蒸发水槽的水来实现增加箱体内的湿度或者调节制冷电磁阀来实现去湿操作，其外形如图 1-88 所示。

6. 蓄电池包外部火烧试验台

外部火烧试验装置由下部底座、油盘、覆盖板移动导轨、油盘覆盖板、蓄电池放置支架、控制台、蓄电池包吊装装置等组成。

蓄电池放置支架采用可移动小车方式设计。小车由牵引机牵引实现小车在导轨上的平行移动，移动速度、距离可预先设定。小车上部为蓄电池放置面，整体采用槽钢框架结构；小车下部采用轮轨方式，由牵引机牵引平行移动。

油盘采用不锈钢板制造，油盘数量及尺寸

图 1-88　9m³ 高低温湿热交变温度箱

依据需方要求设定；隔框之间采用金属管固定连接；油盘每一隔框下方分别安装有一路油水快速连接头；油盘支架可手动调节高度；油盘支架可安装可移动式点火装置。蓄电池包火烧试验台如图 1-89 所示。

图 1-89　蓄电池包火烧试验台

7. 振动台

振动试验系统主要用来进行产品的振动环境与冲击环境试验、环境应力筛选试验、可靠性试验。振动台的基本工作原理是基于载流导体在磁场中受到电磁力作用的安培定律，载流导体所受电磁力与导体中的电流、导体在磁场中的有效长度及导体所处磁场的磁感应强度成正比。电磁力的方向用左手定则确定。

电动振动台主要由活动组件（驱动线圈和工作台）、磁路系统、弹性支承系统、导向系统及冷却装置等组成，8t 和 10t 电动振动台分别如图 1-90 和图 1-91 所示。

图 1-90　8t 电动振动台　　　　图 1-91　10t 电动振动台

1.3.4.3　燃料电池堆及系统测试专用设备

1. 燃料电池堆测试平台

燃料电池堆测试平台组成如图 1-92 所示。

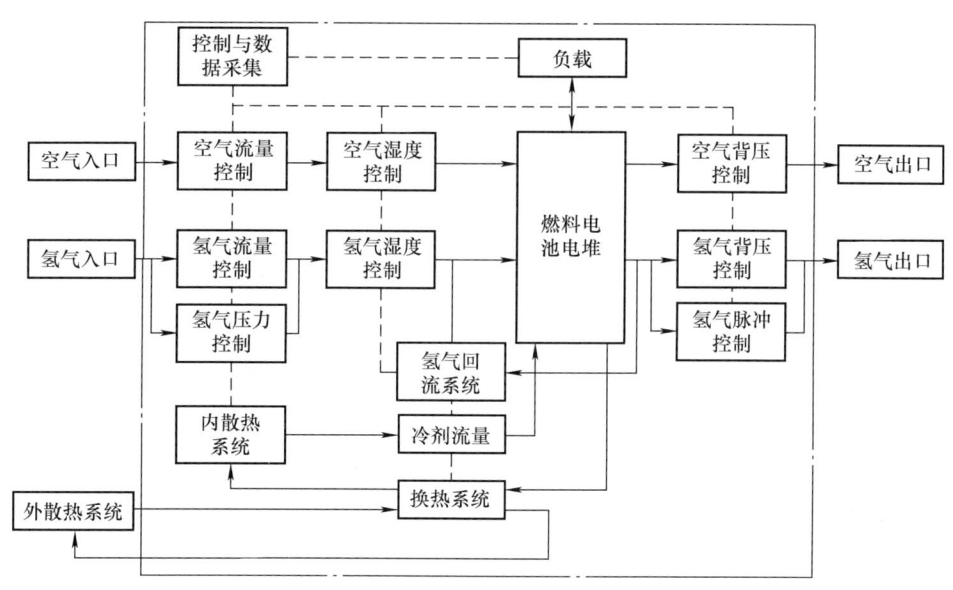

图 1-92　燃料电池堆测试平台组成

燃料电池堆测试平台的功能为根据给定的试验条件客观评价燃料电池堆性能。

燃料电池堆测试平台应具有载荷控制、操作参数控制、应急保护控制、数据自动采集等功能。

（1）载荷控制

可以采用恒电流、恒电压或恒功率控制方式，实现载荷按试验要求变化。

（2）操作参数控制

包括气体流量、温度、湿度、压力等参数。

1）气体流量控制。气体流量可按照燃料电池堆供应商规定的空气、氢气化学计量比分别设定，使用气体质量流量控制器控制相对应气体的流量值，流量可以采用前馈控制、反馈控制、混合控制 3 种方式。前馈控制是在加载之前，给定该输出负载下所需的流量；反馈控制是采用流量和动负载载荷的方式；混合控制介于两者之间，预置部分流量，部分采用流量和动负载载荷模式。氢气也可以不设定化学计量比，按照一定的气体操作压力直接进气，进气管路使用流量计采集气体流量，尾排采用脉冲方式，由该电流载荷运行时理论消耗的氢气流量与流量计实际采集的流量（换算为标态），计算相对应电流下的气体利用率（气体利用率与化学计量比互为倒数）。

2）温度控制。燃料电池堆运行时，温度通过测试平台的冷却系统自动调整控制。冷却系统包括内冷却循环与外冷却循环。内冷却循环通过调整冷却液（通常为去离子水）流过燃料电池堆的流量，控制燃料电池堆内部的温差。外冷却循环通过换热器与内冷却循环交换热量，控制内冷却循环冷却液的温度，外冷却循环通常带有冷源，如风冷、凉水塔等。

3）气体湿度控制。氢气和空气的湿度控制，可采用氢气单侧增湿、空气单侧增湿、氢气空气同时增湿等多种方式。

4)气体压力控制。燃料电池堆分为常压操作、加压操作。常压操作是指燃料电池堆气体出口没有背压状态,气体通过燃料电池堆的阻力降和出口端管路阻力降之和即为入口压力;加压操作一般采用气体出口背压阀实现气体入口压力调整。

氢气压力与空气压力两个参数可以分别设定;也可以单独设定空气压力,氢气通过进口比例调节阀自动调节氢气压力和动空气压力。

(3)应急保护控制

根据设定的极限操作参数起动自动停机保护以及手动应急保护。

极限保护参数通常包括单电压低限值、气源压力低限值、气体压力高限值、气体压差高限值、水压高低限值、水温高限值、环境氢浓度高限值、设备通信故障等。

(4)数据自动采集

测试平台要具有燃料电池堆电压、电流、功率、单电池电压、湿度、压力、流量、设备通信状态等数据采集与显示功能。

2. 燃料电池系统测试平台

燃料电池系统测试方案原理如图 1-93 所示。系统测试平台包含主控系统、辅助电源系统、氢气供应系统、负载系统、冷却系统、环境舱等。

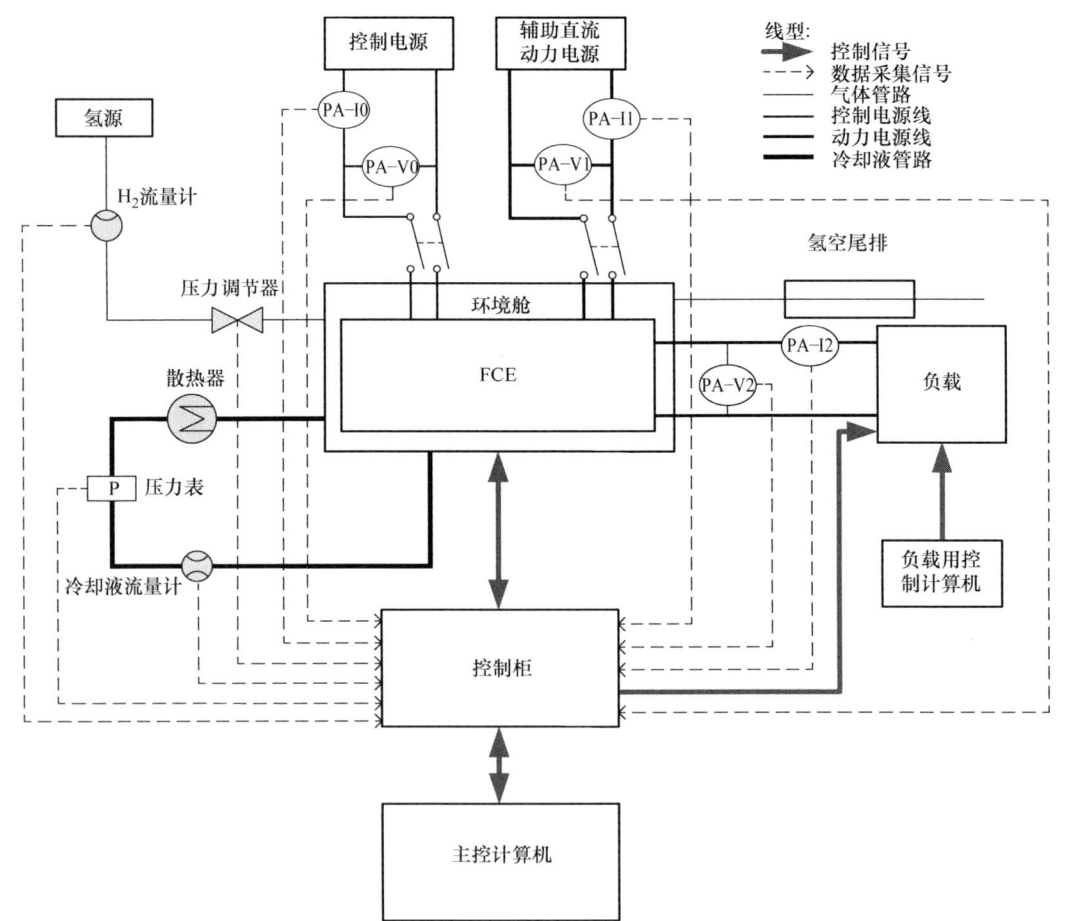

图 1-93 燃料电池系统测试方案原理图

主控系统主要实现对整个系统的控制功能和数据采集功能，包括向燃料电池系统发送控制命令并接收燃料电池系统的反馈信号，控制系统根据接收的信号进行判断，根据判断结果向负载系统发送加载或者卸载命令，同时对电压、电流、氢气流量等信号进行检测和采集等。主控系统通常由主控计算机、电气控制柜等组成。

辅助电源系统主要是向燃料电池系统提供所需的电源，包括为燃料电池系统的起动提供辅助高压动力电源，以及为控制系统提供稳定的低压控制电源。辅助电源系统通常由高压动力电源模块及低压控制电源模块等组成。

氢气供应系统负责向燃料电池系统按规定压力提供一定流量的氢气，通常由氢源、压力调节器、氢气质量流量计组成。

负载系统的主要功能为调节燃料电池系统的输出载荷，包括控制燃料电池系统输出的电流、电压及功率，并将接收到的能量以热量的形式散失掉，或者反馈到电网。负载系统通常为电阻式负载和电子式负载两种，也可按能量处理方式分为馈电式、风冷式及水冷式等。

冷却系统主要功能是将燃料电池系统产生的热散掉，通常由冷却液循环装置、散热器以及温度、冷却液流量监测装置组成。

环境舱主要功能是模拟燃料电池系统所处的实际环境条件，向燃料电池系统提供所需的环境温度、环境湿度、环境压力等特殊要求。

系统测试平台的工作原理主要分为控制及检测两部分，控制包括系统测试平台通过与燃料电池系统建立通信，如图 1-93 所示，向燃料电池系统发送控制命令，使燃料电池系统按照测试方法要求的步骤执行操作，并接收燃料电池系统所发送的执行反馈信息。检测内容：在燃料电池系统按照测试方法要求的步骤执行操作的过程中，实时检测测试方法要求的燃料电池系统相关参数，包括燃料电池系统输出电压、电流、功率以及测试平台为燃料电池系统所提供的氢气用量、辅助电功率、散热功率等。

1.4 测试工况

本小节主要介绍了整车经济性测试工况的定义和相关分类，并详细介绍了电动汽车行驶里程测试所采用的几种主流测试工况，包含 WLTP（世界轻型车辆测试程序）工况、EPA（美国环境保护署）工况、欧盟 NEDC（新标欧洲循环测试）工况、日本 JC08 工况等。

1.4.1 工况的定义与分类

1.4.1.1 工况的定义

车辆在道路上的行驶状况可用一些参数（如加速、减速、匀速和怠速等）来反映，对这种运动特征的调查和解析，绘制出能够代表车辆运动状况，表达形式为速度-时间的曲线，即为车辆行驶工况图。影响汽车续驶里程的因素有很多，例如蓄电池的使用状况、交通路况与气候、驾驶习惯以及是否开空调等，这些因素通常统称为"工况"。

1.4.1.2 行驶工况分类

1. 按行驶工况构造形式分

以美国 FTP-75 为代表的实际行驶工况（瞬态工况）。所谓瞬态行驶工况，指的是在瞬态行驶工况、速度及时间曲线与车辆的实际运行过程非常相似，必须符合车辆的实际运行特征。

以欧洲 ECE+EUDC 为代表的合成行驶工况（模态工况）。所谓模态工况，指的是在模态行驶工况，速度及时间曲线主要由一些线段组成，分别代表匀速度、匀加速度和匀减速度等运行工况，其特点是试验操作较为简单，但不太符合车辆的实际运行特征。

2. 按行驶工况的使用目的分

（1）认证工况

由权威部门颁布，具有法规效用，通用的评价标准，认证工况范围宽，对地域针对性不强，是一种由大量真实道路工况合成的具有代表性的工况，如欧洲经济委员会的 ECE-R15 工况、美国联邦城市及高速公路循环 CSC-C/H 工况以及我国的城市客车四工况循环等。

（2）I/M 工况

用于车辆的排放测试，操作时间短，一般不超过 10min。

世界范围内车辆排放测试用工况分为 3 组：美国行驶工况（USDC）、欧洲行驶工况（EDC）和日本行驶工况（JDC）。FTP72 为代表的瞬态工况和 ECE 为代表的模态工况（NEDC）为世界各国采用。

各类工况的详细信息见表 1-33。

表 1-33 各类常见工况

工况名称	简称	中文名称
Urban Driving Cycle	UDC	城市循环工况
Economic Commission for Europe	ECE	城市道路循环工况
Extra Urban Driving Cycle	EUDC	市郊循环工况
New Europe Driving Cycle	NEDC	新欧洲汽车法规循环工况
Federal Test Procedure	FTP	美国轻型车排放认证工况
Urban Dynamometer Driving Schedule	UDDS	城市道路循环工况
Worldwide Harmonised Light Vehicle Test Procedure	WLTP	全球统一轻型车排放测试规程
INDIA_HWY	INDIA_HWY	印度高速公路测试工况
INDIA_URBAN	INDIA_URBAN	印度城市道路循环工况
COMMUTER	COMMUTER	城郊通勤往返测试工况
NewYork City Cycle	NYCC	纽约城市循环工况
Speed Correction Driving Schedule	SC03	速度修正测试循环
Los Angeles Driving Cycle	LA92	洛杉矶行驶工况
Inspection and Maintenance	IM240	负荷模拟行驶工况
The Highway Fuel Economy Test	HWFET	高速公路燃油经济性测试
Suplemental FTP Driving Schedule	US06	高速大负荷工况循环
New York Bus	New York Bus	纽约市公共汽车行驶工况
NurembergR36	NurembergR36	德国纽伦堡市 36 路公交车路线工况
Japan 10 mode plus 15 mode	J10.15	日本循环工况

(续)

工况名称	简称	中文名称
—	JC08	日本机动车燃油排放标准
University of West Virginia-City	MVU CITY	典型城市市区行驶工况
University of West Virginia-Suburb	MVU SUB	典型城市郊区行驶工况

1.4.2　5种常用工况

1.4.2.1　FTP-75

FTP-75是美国用于轻型车排放认证和燃油经济性测试的测试规范。该测试通常简称为FTP测试。

另外还有一个FTP-72，也称作UDDS或LA-4循环。FTP-72循环模拟了12.07km的城市道路状况，包含了频繁的停车情况。最高车速是91.2km/h，平均车速是31.5km/h。FTP-72循环包括两个阶段：第一阶段505s，5.78km，平均车速41.2km/h；第二阶段864s。第一循环从冷起动开始。

FTP-75和FTP-72是EPA UDDS的两个变体。FTP-75循环中采用了部分FTP-72的循环，即在第三阶段增加了505s的FTP-72第一阶段，但是是从热起动开始。第三阶段在发动机停止10min之后开始。因此，整个FTP-75循环构成下图1-94所示。

1）冷起动过渡阶段，环境温度20~30℃，0~505s。
2）稳定阶段，506~1372s。
3）热浸渍，最小540s，最大660s。
4）热起动过渡阶段，0~505s。

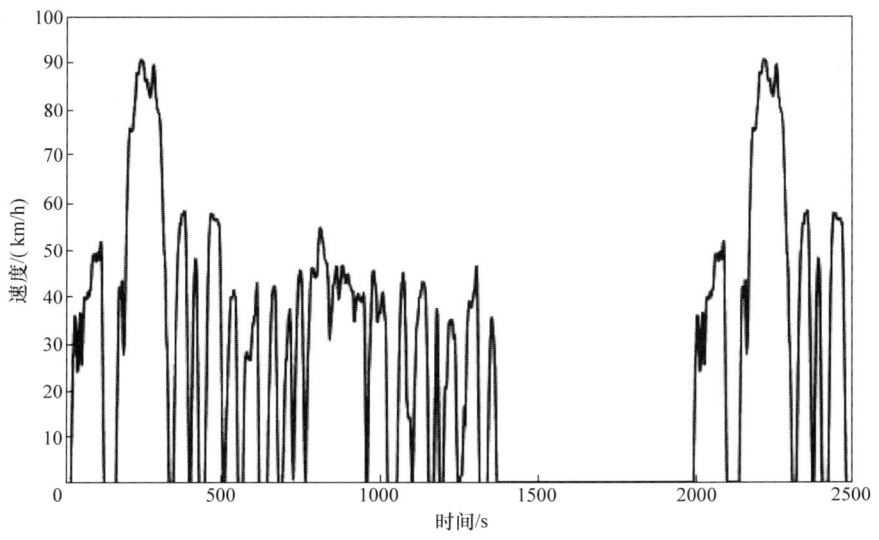

图1-94　FTP-75工况图

每个阶段的排放物分别用特氟龙袋子收集，用单位g/km表示结果。冷起动的权重因子为 0.43，稳定阶段是 1.0，热起动阶段是 0.57。整个 FTP-75 循环距离为 12.07km，持续 1369s（第一阶段 505s，第二阶段 864s），平均车速 31.5km/h，最大车速 91.2km/h。

FTP-75 还增加了两个附属工况，一个是 US06，专门用于考察高速大负荷。首先车辆会进行一个高速、高加速的测试，然后对车辆进行预处理使车辆达到暖机条件，最后进行 1~2min 的怠速状态，随即直接进入 US06 驾驶循环开始正式试验，如图 1-95 所示。

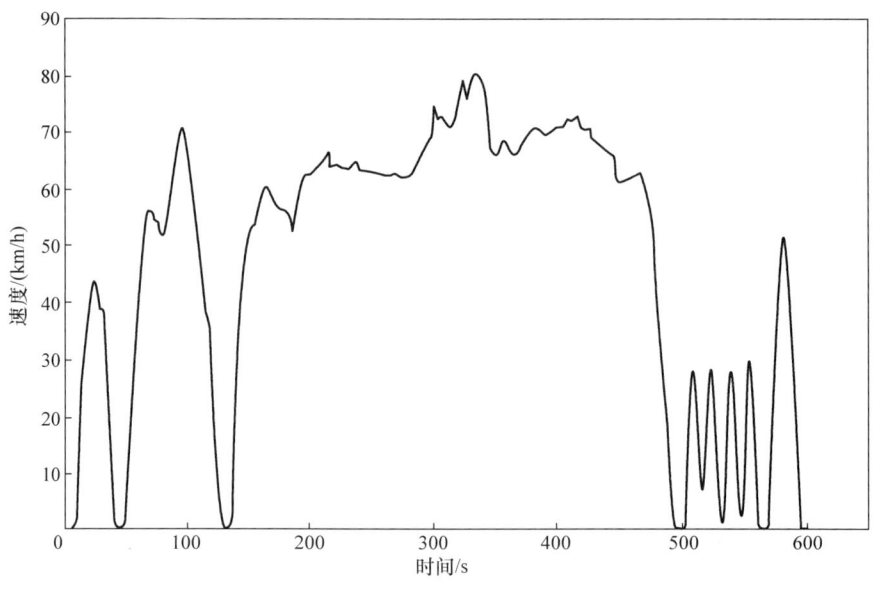

图 1-95　US06 工况图

另外一个 SC03 工况用来对夏季高温下的空调开启状态进行单独测试。此时的试验温度会在 35℃（正负不超过 5℃）下进行，光辐照度平均值要达到 850W/m^2，也是进行预处理后熄火、热浸、热起动再开始试验，如图 1-96 所示。

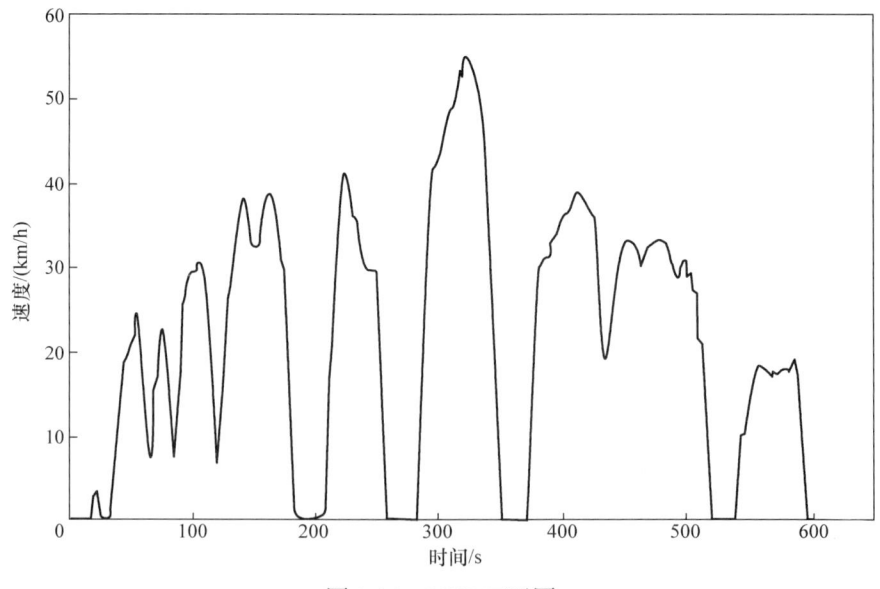

图 1-96　SC03 工况图

这三个工况完成后，才会加权得到最终的测试值，高速和市区的占比分别为 45∶55，最后还会乘以 0.905 的修正系数，做到了全面覆盖。

1.4.2.2 HWFET

HWFET 是 EPA 为了测定轻型车辆的燃油经济性，基于 FTP-75 得出。

循环需要进行两次，中间最大可间隔 17s。第一次作为准备阶段，第二次作为测试阶段。该工况持续时间 765s，一共行驶 16.45km，平均速度 77.7km/h，如图 1-97 所示。

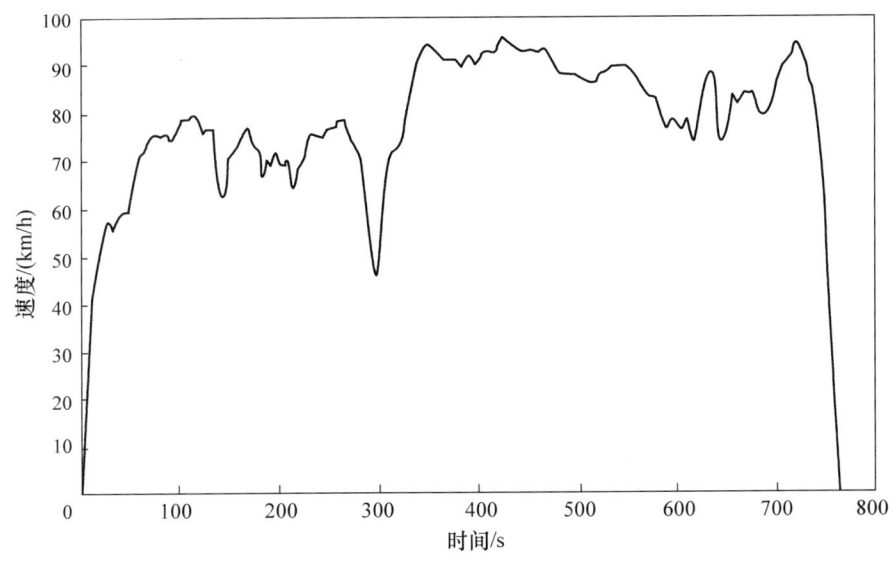

图 1-97　HWFET 工况图

1.4.2.3 NEDC

NEDC（New European Driving Cycle）是 ECE+EUDC 的一个版本。ECE+EUDC 之前用于欧洲轻型车排放测试，包括 4 个连续的 ECE 部分和一个 EUDC 部分，其中 ECE 是城市工况，特点是低车速、低发动机负荷、低尾气温度，如图 1-98 所示。测试前，车辆在 20~30℃下至少搁置 6h，然后开始起动，允许有 40s 怠速。2000 年开始，怠速被取消，发动机在 0s 的时候起动，同时开始收集排放物。

ECE 工况由怠速、加速、等速、减速等共计 15 种不同车速和负荷组成一个试验循环，如图 1-99 所示。按规定试验车辆必须在 195s 的时间内，完成这 15 个工况的运行，完成全部试验需要进行 4 个循环，约需 780s。该工况的最高车速是 50km/h，平均车速为 19km/h，与我国一些大城市城区内的平均车速较为接近。

EUDC 工况一个循环为 400s，最高车速为 120km/h，平均车速为 62.6km/h。取样和分析的设备及方法同 ECE 工况法一样。一个市郊运转循环包括 40s 的怠速，10s 的怠速、车辆减速、离合器脱开，6s 的换档，103s 的加速行驶，209s 的等速行驶，32s 的减速行驶，如图 1-100 所示。市郊循环进行一次，共计 400s。由于是市郊工况，等速行驶时间最长，占总时长的 52.2%。

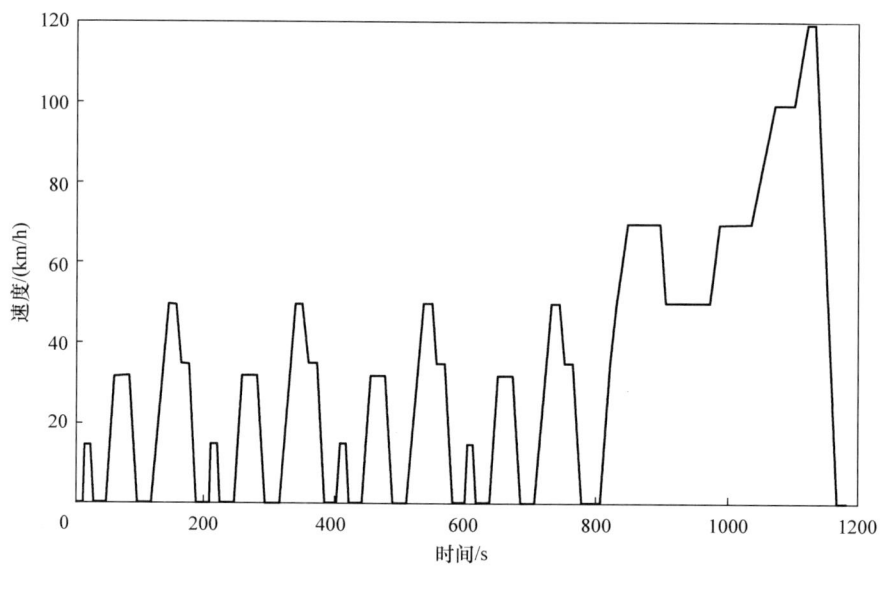

图 1-98　NEDC 工况图

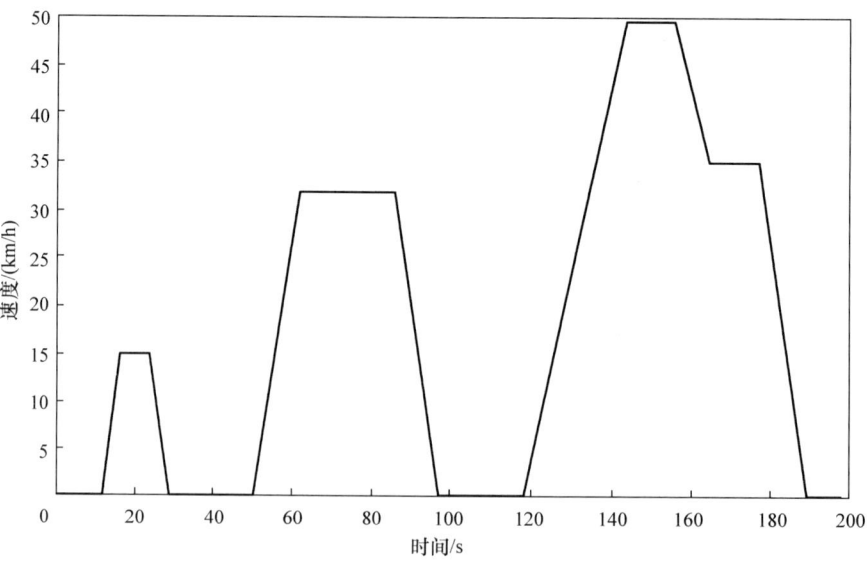

图 1-99　ECE 工况图

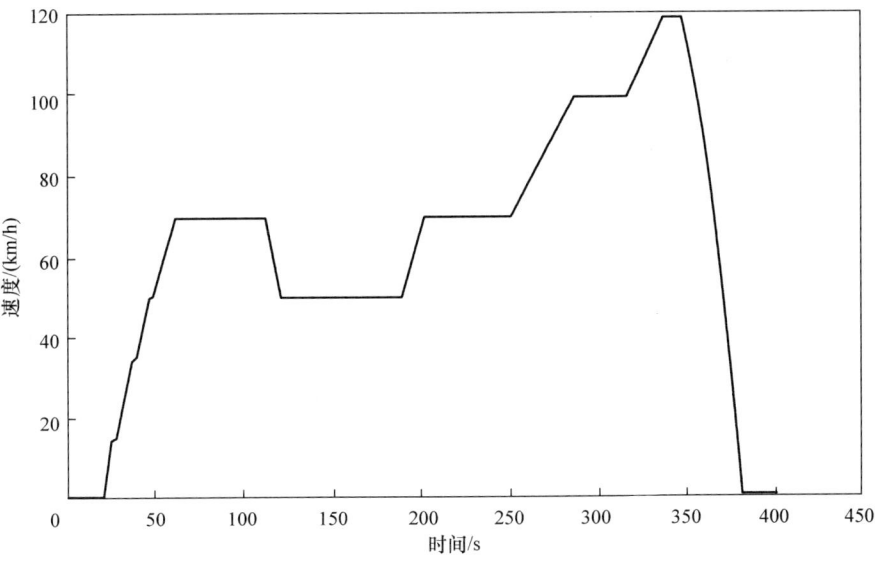

图 1-100　EUDC 工况图

1.4.2.4　WLTP

WLTP 为联合国推荐的世界轻型汽车测试程序，由日本、美国、欧洲等国家和地区的专家共同制定，并对应最大设计车速的 6 种试验循环，包括不同类型的低速、中速、高速、额外高速阶段。相比 NEDC，其特点是测试标准更贴近真实的行驶工况。

WLTP 的开发数据是从 5 个不同国家和地区采集的：欧洲、美国、印度、韩国和日本。根据车辆的功率、质量比（Power to Mass Ratio，PMR）（PMR= 额定功率 / 整备质量）和最高车速，WLTP 分为三个不同的工况，分别代表三种车辆级别。

Class 3 循环是欧洲和日本的代表性工况，如图 1-101 所示。

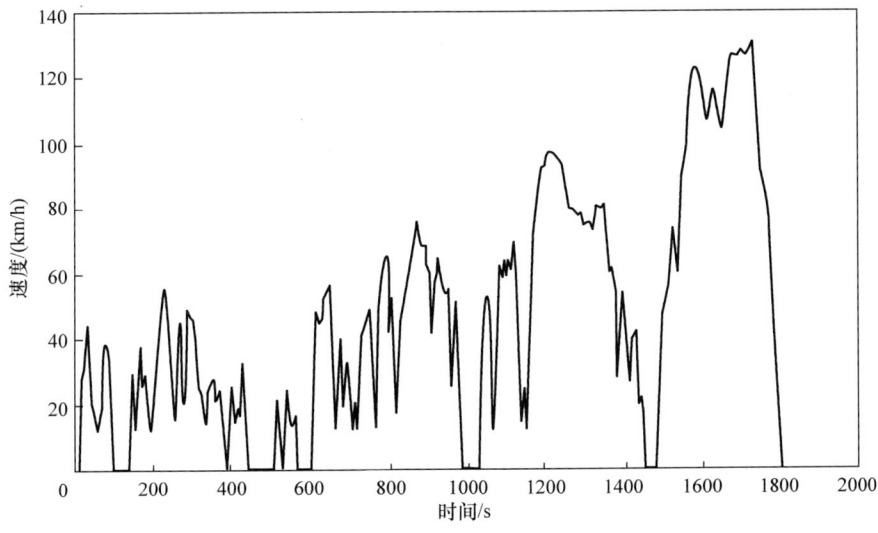

图 1-101　WLTP Class 3 循环工况图

1.4.2.5 JC08

日本于 2005 年 10 月正式提出 JC08 新规,并从 2007 年 10 月开始,分阶段对日本生产的汽车实施该项规定。自新规提出以来,基本可以分为三个节点,见表 1-34。

表 1-34 日本油耗测试历史标准

时间节点	冷起动		热起动	
	占比	运行模式	占比	运行模式
2005 年 10 月	12%	11 模式	88%	11 模式
2007 年 10 月	25%	JC08 模式	75%	JC08 模式
2011 年 10 月	25%	JC08 模式	75%	JC08 模式

10/15 模式下整个测试耗时 660s,而 JC08 模式耗时是前者的 1 倍,达到 1200s,最高车速也提升至 82km/h,测试平均速度 24.4km/h(包括怠速时间),总的测试路程为 8.171km,如图 1-102 所示。

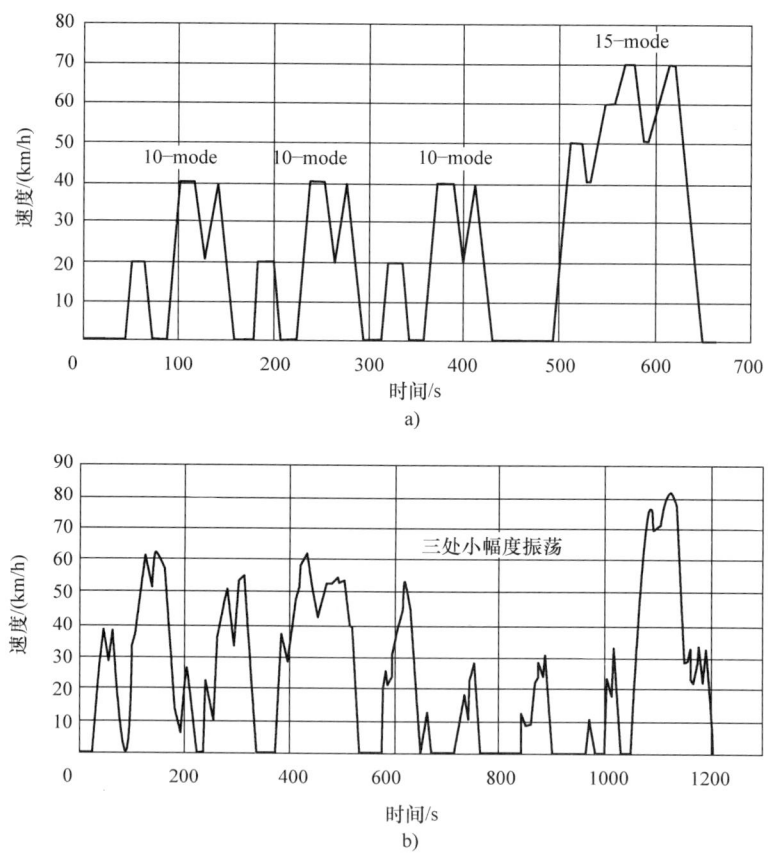

图 1-102 日本 10/15 模式和 JC08 模式工况图
a)日本 10/15 模式 b)日本 JC08 模式

与 10/15 模式相比,JC08 测试模拟加减速工况更加频繁,无论在市区还是在郊区行车,其最高速度都要比 10/15 模式更高,并且匀速行驶的时间更短,取而代之的是频繁松踩加速踏板动作，这也更加符合车主的用车习惯。车辆在完全制动之前的平均车速保持在 50km/h，这也能够很好地模拟市区行车红绿灯的情况。700~1000s 之间有三处小幅度振荡，这是模拟市区行车遇紧急情况车辆紧急制动的工况。另外，车辆在达到最高车速 82km/h 后也经历了一小段振荡期，这里模拟的是车辆在郊区过碎石路段的情形。国外主要工况部分运行参数对比见表 1-35。

表 1-35 国外主要工况部分运行参数对比

循环名称	行驶总时间 /s	行驶总里程 /km	最高车速 /（km/h）	平均车速 /（km/h）
NEDC	1180	11.007	120	33.6
FTP75	3066	36.46	129.2	42.79
WLTP	1800	23.27	131.1	46.54
JC08	1200	8.171	82	24.4

参考文献

[1] 康学政. 测量误差 [M]. 北京：中国计量出版社，1990.
[2] 刘品，张也晗. 机械准确度设计与检测基础 [M]. 哈尔滨：哈尔滨工业大学出版社，2016.
[3] 余志生. 汽车理论 [M]. 北京：机械工业出版社，2009.
[4] Bosch 公司. BOSCH 汽车工程手册 [M]. 顾柏良，译. 北京：北京理工大学出版社，2009.
[5] 贾俊平. 统计学基础 [M]. 3 版. 北京：中国人民大学出版社，2017.
[6] 樊继东，贺焕利. 汽车测试技术 [M]. 北京：机械工业出版社，2017.
[7] 唐瑞娜，白淑岩. 高等数学：上册 [M]. 北京：北京交通大学出版社，2004.
[8] 宋强. 电动汽车电机系统原理与测试技术 [M]. 北京：机械工业出版社，2016.
[9] 胡信国. 动力电池技术与应用 [M]. 北京：化学工业出版社，2012.
[10] KHAJEPOUR A. 纯电动和混合动力汽车机电控制技术 [M]. 殷国栋，边辰通，译. 北京：机械工业出版社，2017.
[11] 李成华，栗震霄. 现代测试技术 [M]. 2 版. 北京：中国农业大学出版社，2012.
[12] 李晓莹. 传感器与测试技术 [M]. 北京：高等教育出版社，2006.
[13] 戴汝泉. 汽车运行材料 [M]. 2 版. 北京：机械工业出版社，2016.
[14] 赵立，白欣. 汽车试验学 [M]. 北京：北京大学出版社，2014.
[15] 中国汽车研究中心标准化研究所. 汽车标准汇编 2013：上册 [M]. 北京：中国标准出版社，2015.
[16] 中国标准出版社. 节能与新能源汽车标准汇编 [M]. 北京：中国标准出版社，2015.
[17] 麻友良. 汽车工程测试技术 [M]. 北京：机械工业出版社，2016.
[18] 中国标准出版社. 新能源汽车标准汇编：电动汽车整车及零部件 [M]. 北京：中国标准出版社，2019.
[19] 费业泰. 误差理论与数据处理 [M]. 北京：机械工业出版社，1999.

第 2 章 纯电动汽车测试评价

纯电动汽车是指以车载电源为动力，以电机系统驱动的车辆。纯电动汽车在动力系统构型方面相对简单，常见的纯电动汽车动力系统布置形式可分为集中式和分布式，核心技术集中于整车控制、电机系统、蓄电池系统三方面关键技术。本章重点阐述针对纯电动汽车各方面性能特点的测评方法，其中涉及依据法规的测评项，以及来源于主机厂对性能、功能、策略深入解析需求的测评项，纯电动汽车测试项目见表 2-1。

表 2-1 纯电动汽车测试项目

测试项目名称		主要测试内容
基本性能测试	动力性测试	最高车速（1km）试验 30min 最高车速试验 加速性能试验 爬坡车速试验 坡道起步能力试验
	经济性测试	能量消耗率和续驶里程试验
	制动性能测试	制动安全试验 制动能量回收效能试验
	NVH 测试	电磁噪声试验
	电磁兼容性测试	整车骚扰源频域评价测试 电动汽车 T-BOX 的电磁抗扰性能测试 电动汽车卫星定位 / 导航系统电磁抗扰性能测试
	整车电平衡测试	电平衡试验
	一般安全测试	直接接触防护测试 绝缘电阻测试 绝缘监测功能验证测试 电位均衡测试 电容耦合测试 整车防水测试 功能安全防护测试
	碰撞后安全测试	碰撞后安全测试

（续）

测试项目名称		主要测试内容
功能性测试	E/E 架构测试	高压电气架构测试 低压电气架构测试
	总线测试	隐性/显性输出电压测试 终端电阻测试 信号沿测试 地偏移测试 数据帧格式测试 位定时参数测试 采样点测试 周期报文的发送周期测试
	上下电测试	高低压系统上/下电时间测试 高低压系统上/下电条件测试 高低压系统上/下电时序测试 非常规上/下电操作的高压系统响应测试
	失效安全测试	通信总线故障测试 熔丝故障测试 CAN 通信干扰测试 高压绝缘故障测试 高压接触器异常测试 高压互锁回路故障测试 加速踏板失效测试 制动踏板失效测试 换档信号失效测试
	电性能测试	整车静态电流测试 整车电源分配测试 整车接地系统测试 线路保护功能测试 过载测试 感性负载测试
	充电功能测试	直流充电互操作性测试 交流充电互操作性测试
	远程监控功能测试	登入/登出测试 行车数据测试 充电数据测试 报警数据测试 补发数据测试
策略性测试	驱动控制策略测试	加速踏板控制特性测试 蠕行特性测试 SOC 对驱动控制的影响测试 环境温度对驱动控制的影响测试
	制动控制策略测试	滑行制动策略测试 常规制动策略测试 再生制动协调控制策略测试
	热管理策略测试	乘员舱降温模式测试 乘员舱采暖模式测试 动力蓄电池冷却模式测试 动力蓄电池加热模式测试 电机冷却模式测试
	附件管理策略测试	空调系统测试 除霜除雾系统测试 动力蓄电池辅助加热（PTC）测试

2.1 基本性能测试

汽车主要性能包括动力性、燃油经济性、制动性、操纵稳定性、行驶平顺性以及通过性等。本节重点阐述与纯电动汽车关系密切的整车级别性能测试评价，扩展了针对纯电动汽车的电磁兼容性、电性能等。

2.1.1 动力性测试

动力性是指汽车在良好路面上直线行驶时由汽车受到的纵向外力决定的，所能达到的平均行驶速度。汽车的动力性主要由以下 3 个指标评定：

① 汽车的最高车速 v_{max}。
② 汽车的加速时间 t。
③ 汽车能爬上的最大坡度 i_{max}。

在实际的测试评价过程中，尤其是针对新能源汽车，上述 3 项指标越来越不能满足动力性测试要求。一方面，由于纯电动系统工作模式或档位模式对于动力性的影响，对于动力性测试提出了新的约束条件；另一方面，由于纯电动系统动态响应特性和传统系统的差别，对于动力性测试的动态历程分析提出了更为细致的需求。

1. 测试目的

测试纯电动汽车动力性。

2. 测试设备

跑道或底盘测功机，时间、长度、温度、大气压力、速度、质量记录仪器。

3. 依据标准

GB/T 18385—2005《电动汽车动力性能试验方法》。

4. 测试方法与步骤

依据标准，电动汽车动力性能测试试验项目见表 2-2。

表 2-2　电动汽车动力性能测试试验项目

序号	试验项目
1	最高车速（1km）试验
2	30min 最高车速试验
3	加速性能试验
4	爬坡车速试验
5	坡道起步能力试验

1）最高车速（1km）试验。

① 将试验车辆加载到试验质量并按要求合理分布载荷。
② 在直线跑道或环形跑道上将试验车辆加速，使汽车在驶入测量区之前能够达到最高稳定车速，并且保持这个车速持续行驶 1km（测量区的长度）。
③ 记录车辆持续行驶 1km 的时间 t_1。
④ 随即做一次反方向的试验，并记录通过的时间 t_2。

2）30min 最高车速试验。

① 将试验车辆加载到试验质量并按要求均匀分布载荷。

② 在环形跑道或底盘测功机上,将车辆加速至制造厂家估计的 30min 最高车速(误差为 ±5%)行驶 30min。

③ 记录车辆实际通过的距离 s_1,30min 最高车速 v_{30}。

3)加速性能试验。

① 将试验车辆加载到试验质量并按要求合理分布载荷。

② 将试验车辆停放在试验道路的起始位置,并起动车辆。

③ 将加速踏板快速踩到底,使车辆加速到(50±1)km/h(如有手动变速系统,则需要适时切换档位),记录从踩下加速踏板到车速达到(50±1)km/h 的时间 t_1。

④ 以相反方向行驶再做一次相同的试验,记录时间 t_2。

⑤ 将试验车辆加速到(50±1)km/h,并保持这个车速行驶 0.5km 以上。

⑥ 将加速踏板快速踩到底,使车辆加速到(80±1)km/h(如有手动变速系统,则需要适时切换档位),记录从踩下加速踏板到车速达到(80±1)km/h 的时间 t_3。

⑦ 以相反方向行驶再做一次相同的试验,记录时间 t_4。

4)爬坡车速试验。

① 将试验车辆加载到最大设计总质量并按要求合理分布载荷,将试验车辆置于测功机上,调整测功机使其增加一个相当于 4% 坡度的附加载荷。

② 将加速踏板踩到底使试验车辆加速或适当变换档位使车辆加速,确定试验车辆能够达到并能持续行驶 1km 的最高稳定车速,同时,记录持续行驶 1km 的时间 t。

③ 调整测功机使其增加一个相当于 12% 坡度的附加载荷,重复试验。

5)坡道起步能力试验。

① 将试验车辆加载到最大设计总质量,选定的坡道应有 10m 的测量区,在测量区前应提供起步区域。

② 将试验车辆放置在起步区域,选定的坡度角应尽可能地近似于最大爬坡度对应的角 α_0。

③ 以每 1min 至少行驶 10m 的速度通过测量区。

5. 数据处理及评价指标

(1)最高车速(1km)试验

最高车速(1km)试验结果为

$$v=3600/t \qquad (2-1)$$

式中　v——实际最高车速(km/h);

　　　t——持续行驶 1km 两次试验所测时间的算术平均值 $[(t_1+t_2)/2]$(s)。

(2)30min 最高车速试验

30min 最高车速试验结果为

$$v_{30}=s_1/500 \qquad (2-2)$$

式中　v_{30}——车辆 30min 最高车速(km/h);

　　　s_1——车辆 30min 驶过的里程(m)。

(3) 加速性能试验

0~50km/h 加速性能是两次测得时间的算术平均值，为

$$t_{0\sim 50}=(t_1+t_2)/2 \quad (2\text{-}3)$$

50~80km/h 加速性能是两次测得时间的算术平均值，为

$$t_{50\sim 80}=(t_3+t_4)/2 \quad (2\text{-}4)$$

(4) 爬坡车速试验

爬坡车速试验结果为

$$v=3600/t \quad (2\text{-}5)$$

式中　v——实际爬坡最高车速（km/h）；
　　　t——持续行驶 1km 所测时间（s）。

(5) 坡道起步能力试验

最大爬坡能力用 $\tan\alpha_0 \times 100\%$ 表示。

其中，α_0 的计算方法为：

已知最大动力轴转矩，计算车轮的转矩：

$$C_r=C_a T\eta_\tau \quad (2\text{-}6)$$

已知轮胎动载半径，计算平衡力：

$$F_t=C_r/r=Mg(\sin\alpha_0+R) \quad (2\text{-}7)$$

式中　C_r——车轮转矩（N·m）；
　　　C_a——最大动力轴转矩（N·m）；
　　　T——总的齿轮传动比；
　　　η_τ——齿轮传动效率；
　　　F_t——平衡车辆载荷所需的牵引力矩（N·m）；
　　　r——轮胎动负荷半径（m）；
　　　M——试验时的车辆最大设计总质量（kg）；
　　　g——重力加速度（m/s²）；
　　　R——滚动阻尼系数，一般为 0.01。

2.1.2　经济性测试

汽车燃油经济性定义为在保证动力性的条件下，汽车以尽量少的燃油消耗量经济行驶的能力，是评价整车性能关键指标之一，常用一定工况下汽车行驶百公里的燃油消耗量来衡量。针对纯电动汽车的经济性概念及评价指标一般以能量消耗率和续驶里程评价。

1. 测试目的

测试纯电动汽车经济性。

2. 测试设备

底盘测功机，时间、距离、温度、速度、质量、能量、电压、电流记录仪器。

3. 依据标准

本测试参考 GB/T 18386—2017《电动汽车能量消耗率和续驶里程试验方法》。

4. 测试方法与步骤

① 首先，试验车辆以 30min 最高车速的 70%±5% 的稳定车速行驶，使车辆的动力蓄电池放电，放电截止条件为车速不能达到 30min 最高车速的 65% 或行驶达到 100km。

② 在环境温度为 20~30℃时，使用车载充电机或车辆制造厂推荐的外部充电机为蓄电池充电，12h 的充电即为充电结束标准。

③ 在动力蓄电池充电结束时记录该时刻，在此之后 12h 之内开始按照规定的试验程序进行试验，在此期间，确保车辆在 20~30℃的温度条件下放置。

④ 行驶阻力测试及在底盘测功机上的模拟：M1、N1 类，最大设计总质量不超过 3500kg 的 M2 类车辆按照 GB 18352.5—2013 中附件 CH 的规定；其他类试验车辆相应载荷的道路行驶阻力按照 GB/T 27840—2011 中附录 C 的方法进行测量或按照 GB/T 18386—2017 中附录 A 的重型商用车辆行驶阻力系数推荐方案。在进行道路和底盘测功机的滑行试验时，均应当把制动能量回收功能屏蔽，汽车的其他部件都应当处于相同的状态。

⑤ 适用于 M1、N1 类，最大设计总质量不超过 3500kg 的 M2 类车的工况法，在底盘测功机上采用 NEDC 循环进行试验，直到达到表 2-3 所列的结束条件时停止试验。记录试验车辆驶过的距离 D，用 km 表示，同时记录用时（h）和分（min）表示的所用时间。

⑥ 适用于 M1、N1 类，最大设计总质量不超过 3500kg 的 M2 类车以外的工况法，对于城市客车，在底盘测功机上采用中国典型城市公交循环或 C-WTVC 循环进行试验；对于其他车辆，在底盘测功机上采用 C-WTVC 循环进行试验，直到达到表 2-3 所列的结束条件时停止试验。在中国典型城市公交循环工况结束，车辆停止时，记录试验车辆驶过的距离 $D_{试验阶段}$。在 C-WTVC 循环工况结束，车辆停止时，分别记录试验车辆驶过的市区部分距离 $D_{市区}$、公路部分距离 $D_{公路}$、高速部分距离 $D_{高速}$，用 km 表示，同时记录用时（h）和分（min）表示的所用时间。

⑦ 适用于 M1、N1 类，最大设计总质量不超过 3500kg 的 M2 类车的等速法，进行（60±2）km/h 的等速试验，当车辆的行驶速度达到表 2-3 所列的结束条件时停止试验。记录试验车辆驶过的距离 D，用 km 表示，同时记录用时（h）和分（min）表示的所用时间。

⑧ 适用于 M1、N1 类，最大设计总质量不超过 3500kg 的 M2 类车以外的等速法，进行（40±2）km/h 的等速试验，当车辆的行驶速度达到表 2-3 所列的结束条件时停止试验。记录试验车辆驶过的距离 D，用 km 表示，同时记录用时（h）和分（min）表示的所用时间。

⑨ 在 2h 之内将车辆与电网连接，按照充电规程为车辆的蓄电池充满电，在电网与车载充电机之间连接能量测量装置，在充电期间测量来自电网的能量 $E_{电网}$，用 W·h 表示。

表2-3 结束试验循环的标准

试验工况	结束条件
NEDC工况	对最高车速大于等于120km/h的试验车辆,不能满足表2-4所列的公差要求时,应停止试验
	对最高车速小于120km/h的试验车辆,在工况目标车速大于车型申报最高车速时,目标工况相应车速基准曲线调整为车辆申报最高车速,此时要求驾驶人将加速踏板踩到底,允许车辆实际车速超过表2-4所列的公差上限,当不能满足表2-4所列的公差下限时应停止试验;在工况目标车速小于等于车型申报最高车速时,不能满足表2-4所列的公差要求,应停止试验
中国典型城市公交循环工况	不能满足表2-4所列的公差要求时,应停止试验
C-WTVC工况	在车速小于等于70km/h时,不能满足表2-4所列的公差要求,应停止试验;在车速大于70km/h时,不能满足公差要求时,则将加速踏板踩到底,直到车速再次跟随C-WTVC循环工况目标车速,允许超出表2-4所列的公差范围
等速试验	当车辆的行驶速度达不到54km/h(M1、N1类,最大设计总质量不超过3500kg的M2类车)或36km/h(M1、N1类,最大设计总质量不超过3500kg的M2类以外的车辆)时停止试验

表2-4 基准曲线和公差

基准曲线	公差要求
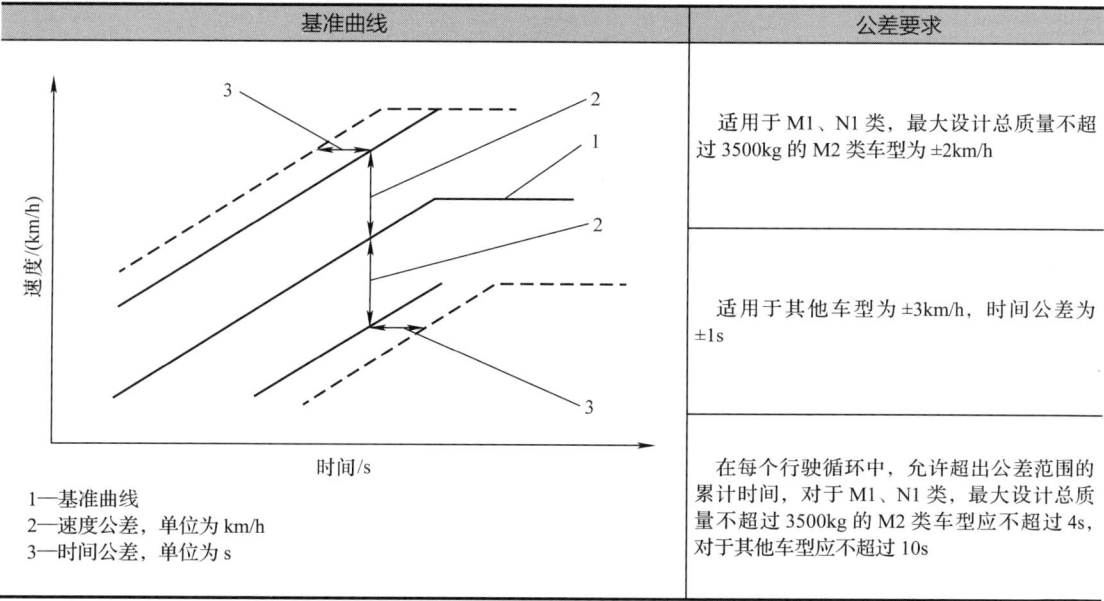　1—基准曲线　2—速度公差,单位为km/h　3—时间公差,单位为s	适用于M1、N1类,最大设计总质量不超过3500kg的M2类车型为±2km/h
	适用于其他车型为±3km/h,时间公差为±1s
	在每个行驶循环中,允许超出公差范围的累计时间,对于M1、N1类,最大设计总质量不超过3500kg的M2类车型应不超过4s,对于其他车型应不超过10s

5. 数据处理及评价指标

评价指标采用续驶里程和能量消耗率。

1)适用于M1、N1类,最大设计总质量不超过3500kg的M2类车工况法的计算方法。续驶里程即记录的车辆驶过距离D,用km来表示。能量消耗率C,用W·h/km表示,

$$C = E_{电网}/D \qquad (2\text{-}8)$$

式中 $E_{电网}$——充电期间来自电网的能量(W·h);

D——续驶里程(km)。

2)适用于M1、N1类,最大设计总质量不超过3500kg的M2类车以外工况法的计算方法

① 适用中国典型城市公交循环工况的计算方法。中国典型城市公交循环工况的能量消耗率 C，用 W·h/km 表示，并圆整到整数：

$$C = \frac{\int_{\text{试验开始}}^{\text{试验结束}} UIdt}{\int_{\text{移动开始}}^{\text{移动结束}} UIdt + \int_{\text{试验开始}}^{\text{试验结束}} UIdt} \frac{E_{\text{电网}}}{D_{\text{试验阶段}}} \quad (2\text{-}9)$$

式中 $D_{\text{试验阶段}}$——试验阶段车辆驶过的距离（km）；

U——车辆运行时蓄电池端电压（V）；

I——车辆运行时蓄电池端电流（A）；

$E_{\text{电网}}$——充电期间来自电网的能量（W·h）。

续驶里程 D，用 km 表示，并圆整到整数，

$$D = E_{\text{电网}} / C \quad (2\text{-}10)$$

式中 $E_{\text{电网}}$——充电期间来自电网的能量（W·h）；

C——中国典型城市公交循环工况的能量消耗率（W·h/km）。

② 适用 C-WTVC 循环工况的计算方法。对照表 2-5 确定试验车型市区、公路和高速部分的特征里程分配比例 K，计算 C-WTVC 循环工况的能量消耗率 C，用 W·h/km 表示，并圆整到整数：

$$C = C_{\text{市区}} K_{\text{市区}} + C_{\text{公路}} K_{\text{公路}} + C_{\text{高速}} K_{\text{高速}} \quad (2\text{-}11)$$

式中 $C_{\text{市区}}$——市区部分能量消耗率（W·h/km）；

$C_{\text{公路}}$——公路部分能量消耗率（W·h/km）；

$C_{\text{高速}}$——高速部分能量消耗率（W·h/km）；

$K_{\text{市区}}$——市区里程分配比例系数（简称市区比例）（%）；

$K_{\text{公路}}$——公路里程分配比例系数（简称公路比例）（%）；

$K_{\text{高速}}$——高速公路里程分配比例系数（简称高速比例）（%）。

表 2-5 特征里程分配比例

车辆类型	最大设计总质量（GCW/GVW）/kg	市区比例（$K_{\text{市区}}$）	公路比例（$K_{\text{公路}}$）	高速比例（$K_{\text{高速}}$）
半挂牵引车	9000 < GCW ≤ 27000	0	40%	60%
	GCW > 27000	0	10%	90%
自卸汽车	GVW > 3500	0	100%	0
货车（不含自卸汽车）	3500 < GVW ≤ 5500	40%	40%	20%
	5500 < GVW ≤ 12500	10%	60%	30%
	12500 < GVW ≤ 25000	10%	40%	50%
	GVW > 25000	10%	30%	60%
城市客车	GVW > 3500	100%	0	0
客车（不含城市客车）	3500 < GVW ≤ 5500	50%	25%	25%
	5500 < GVW ≤ 12500	20%	30%	50%
	GVW > 12500	10%	20%	70%

注：GCW 是货物总重量，GVW 是总体车重。

各部分能量消耗率计算如下：

$$C_{市区} = E_{市区}/D_{市区} \quad (2\text{-}12)$$

$$C_{公路} = E_{公路}/D_{公路} \quad (2\text{-}13)$$

$$C_{高速} = E_{高速}/D_{高速} \quad (2\text{-}14)$$

式中 $E_{市区}$——市区部分来自电网的能量（W·h）；
　　$E_{公路}$——公路部分来自电网的能量（W·h）；
　　$E_{高速}$——高速部分来自电网的能量（W·h）；
　　$D_{市区}$——市区部分行驶的距离（km）；
　　$D_{公路}$——公路部分行驶的距离（km）；
　　$D_{高速}$——高速部分行驶的距离（km）。

$$E_{市区} = \frac{\int_{市区开始}^{市区结束} UI\mathrm{d}t}{\int_{试验开始}^{试验结束} UI\mathrm{d}t + \int_{移动开始}^{移动结束} UI\mathrm{d}t} E_{电网} \quad (2\text{-}15)$$

$$E_{公路} = \frac{\int_{公路开始}^{公路结束} UI\mathrm{d}t}{\int_{试验开始}^{试验结束} UI\mathrm{d}t + \int_{移动开始}^{移动结束} UI\mathrm{d}t} E_{电网} \quad (2\text{-}16)$$

$$E_{高速} = \frac{\int_{高速开始}^{高速结束} UI\mathrm{d}t}{\int_{试验开始}^{试验结束} UI\mathrm{d}t + \int_{移动开始}^{移动结束} UI\mathrm{d}t} E_{电网} \quad (2\text{-}17)$$

式中 $E_{电网}$——充电期间来自电网的能量（W·h）；
　　U——车辆运行时蓄电池端电压（V）；
　　I——车辆运行时蓄电池端电流（A）。

续驶里程 D，用 km 来表示，并圆整到整数

$$D = E_{电网}/C \quad (2\text{-}18)$$

式中 $E_{电网}$——充电期间来自电网的能量（W·h）；
　　C——WTVC 循环工况的能量消耗率（W·h/km）。

3）适用于等速法的计算方法。续驶里程即记录的车辆驶过距离 D。
能量消耗率 C，用 W·h/km 表示，并圆整到整数：

$$C = E_{电网}/D \quad (2\text{-}19)$$

式中 $E_{电网}$——充电期间来自电网的能量（W·h）；
　　D——续驶里程（km）。

2.1.3 制动性能测试

汽车的制动性能是汽车的主要性能之一，指汽车行驶时能在短距离内停车且维持行驶方向稳定性和下长坡时能维持一定车速的能力。汽车的制动性能主要可由以下 3 个指标评定：

① 制动效能，即制动距离与制动减速度。
② 制动效能的恒定性，即抗热衰退性能与抗水衰退性能。
③ 制动时汽车的方向稳定性。

在针对新能源车辆制动性能的测试评价中，由于加入了再生制动系统以实现制动能量回收功能，因此考虑再生制动的制动效能恒定性和制动能量回收效能成为制动性能测试评价的重要项目。

1. 测试目的

测试纯电动汽车再生制动系统的制动效能恒定性和制动能量回收效能性能。

2. 测试设备

跑道和底盘测功机，车速、时间、制动踏板力、胎压、距离、电流、电压记录仪器。

3. 依据标准

QC/T 1089—2017《电动汽车再生制动系统要求及试验方法》。

4. 测试方法与步骤

依据标准，试验项目见表 2-6。

表 2-6　纯电动汽车制动性能测试试验项目

序号	试验项目
1	制动安全试验
2	制动能量回收效能试验

1）制动安全试验。

① 车辆空载，制动初速度为车辆最高车速的 80%，且不超过 160km/h，确认温度最高的车轴上的行车制动器平均温度处于 65~100℃。

② 在附着系数良好的水平路面上，将车速加速到试验规定车速以上 5km/h，在车速下降到试验规定车速时全力进行行车制动。

③ 车辆从规定初速度制动到 10km/h 时，车轮应不抱死，并记录制动距离 S_1，并计算得出平均减速度 $MFDD_1$。

④ 开启制动能量回收功能，分别设置 3 种状态，重复步骤①~步骤③，并记录这 3 种情况下的 MFDD 及其标准差 S 和平均值（Mean），3 种状态如下：

a）车辆完成充电或 SOC 在 95% 以上。
b）车辆放电，完成 1/3 等速续驶里程。
c）车辆放电，完成 2/3 等速续驶里程。

2）制动能量回收效能试验。

① 开启制动能量回收功能。

② 指定某一车速（60~80km/h），进行等速法试验，记录试验车辆驶过的距离 D_0（km）。

③ 关闭制动能量回收功能。

④ 以②中指定的车速进行等速法试验，记录试验车辆驶过的距离 D'_0（km）。

⑤ 比较 D_0 与 D'_0，若 $(D_0-D'_0)/D'_0 \leqslant 3\%$，则继续完成后续试验，否则无效。

⑥ 开启制动能量回收功能。

⑦ 按照 GB/T 18386 规定的试验方法进行试验，实时测量动力蓄电池的母线电流和电压，并将回馈电流记为 I（A），动力蓄电池两端的电压记为 U（V）。

⑧ 试验循环结束时，记录试验车辆驶过的距离 D_1（km），记为车辆的续驶里程。

⑨ 关闭制动能量回收功能。

⑩ 重复步骤⑦、步骤⑧。

试验循环结束时，记录试验车辆驶过的距离 D_2（km），记为车辆在关闭制动能量回收功能状态下的续驶里程。

5. 数据处理及评价指标

1）制动安全指标。根据试验结果计算得出制动安全试验步骤④中所述 3 种情况下的 MFDD，及其标准差 S 和平均值 Mean：

$$S = \sqrt{\sum_{i=1}^{n}\frac{(X_i - \bar{X})^2}{n-1}} \tag{2-20}$$

将标准差 S 与平均值（Mean）的比值，定义为不同 SOC 下电动汽车制动试验中的 MFDD 变异系数 CV。

$$\text{CV} = S/\text{Mean} \tag{2-21}$$

2）制动能量回收效能指标。回收的制动能量 E_1 的计算方法如下：

$$E_1 = \frac{\int IU \mathrm{d}t}{3600 \times 1000} \tag{2-22}$$

式中　E_1——汽车减速过程中，由再生制动系统回收，最终回馈至可充电储能系统的能量（kW·h）；

　　　I——汽车减速过程中，回馈至可充电储能系统总线的电流（A）；

　　　U——汽车减速过程中，可充电储能系统两端的电压（V）。

最大理论制动能量 E_2 的计算公式为

$$E_2 = E_3 - \int V(A + Bv + Cv^2)\mathrm{d}t \tag{2-23}$$

式中　E_2——试验循环内汽车减速过程中所需施加的制动能量（kW·h）；

　　　E_3——试验循环内汽车减速过程中的动能减少量（kW·h）；

　　　v——试验循环内汽车减速过程中的车速（km/h）；

　　　A、B、C——车辆滑行系数，由厂家或试验场按照 GB 18352—2016《汽车轻型污染排放限值及测量方法》规定的滑行方法进行滑行试验得到。

其中：

$$E_3 = \frac{1}{2}m\frac{v_1^2 - v_2^2}{3.6^2 \times 3600 \times 1000} \tag{2-24}$$

式中　v_1、v_2——试验循环内汽车减速过程的车速（km/h），v_1 为前一时刻的车速，v_2 为后一时刻的车速，且 $v_1 > v_2$；

　　　　m——汽车基准质量（kg）。

制动能量回收效率 η，表示为最终回馈至可充电储能系统的能量（E_1）与汽车减速过程中所需施加的制动能量（E_2）之间的比值。

$$\eta = \frac{E_1}{E_2} \tag{2-25}$$

制动能量回收系统续驶里程贡献率 P_1，以开启与关闭制动能量回收功能时电动汽车运行里程的差值（D_1-D_2）同关闭制动能量回收功能时的运行里程 D_2 的比值表示。

$$P_1 = \frac{D_1 - D_2}{D_2} \times 100\% \tag{2-26}$$

2.1.4　NVH 测试

NVH 是噪声、振动与声振粗糙度（Noise、Vibration、Harshness）的英文缩写。NVH 是衡量汽车制造质量的一个综合性指标，它给汽车用户的感受是最直接和最表面的。车辆的 NVH 问题是各大整车制造企业和零部件企业关注的问题之一。

针对纯电动汽车，电机噪声是区别于传统汽车 NVH 分析的主要因素。电机噪声分为电磁噪声、空气噪声、机械噪声。其中，电磁噪声由气隙磁场作用于电机定子、转子产生的交变电磁力引起，该部分噪声是电机噪声的主要来源。因此，需对电磁噪声进行测量，并对声学包进行优化处理，以降低电磁噪声对车内噪声影响。

1. 测试目的

测试纯电动汽车的电磁噪声。

2. 测试设备

多通道数据采集分析系统（至少 10 个以上振动噪声采集通道，外加一个转速通道），自由声场传声器及支架，校准器，转速传感器（准确度不低于 5r/min）。

3. 依据标准

GB/T 10069.1—2006《旋转电机噪声测定方法》。

4. 测试方法与步骤

① 电机采用刚性连接的方式，通过螺栓联接等方式将电机固定在牢固基础上。

② 可以采用隔声等方法对电机附件的噪声进行屏蔽，减小对测试结果的影响。

③ 测点布置：如果电机轴心高为 90mm 及以下，传感器按照半球面进行布置，如图 2-1a 所示，测试面半径为 $r=0.4$m，$R=0.31$m，测点为 4 点，在电机的前后左右 4 个互相

垂直的方向上配置，四周测点高度为 0.25m。

如果电机轴心高大于 90mm 但不超过 225mm，传声器仍按照半球面进行布置，如图 2-1b 所示，测试面半径为 $r=1$m，$R=0.97$m，测点为 5 点，在电机的前后左右 4 个互相垂直的方向上及电机中心正上方配置，四周测点高度为 0.25m。

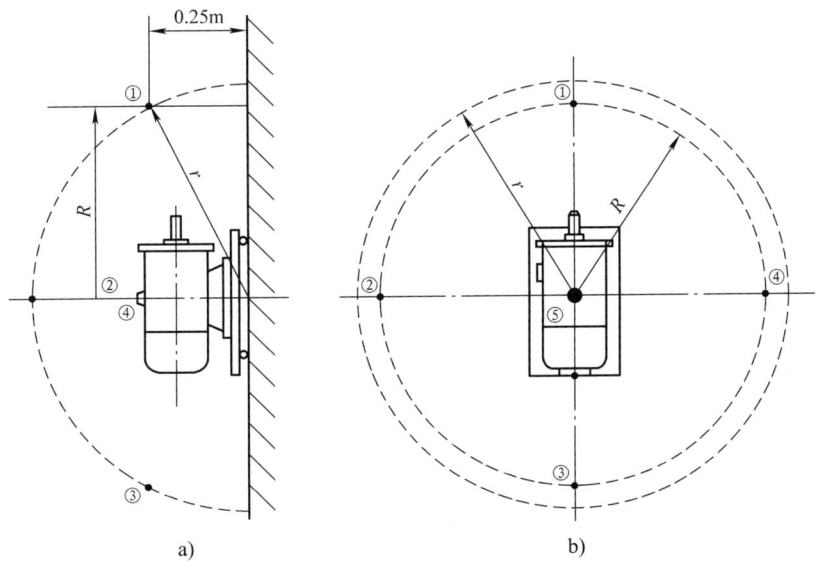

图 2-1 半球面法布置传感器位置示意图

如果电机轴心高大于 225mm 或长度大于 1m 的电机，传声器的布置采用平行六面体，如图 2-2 所示，测点距电机外表面的垂直距离为 1m，测点为 5 点，在电机的前后左右 4 个互相垂直的方向上及电机中心正上方配置，四周测点高度等于轴中心高度，上方测点的高度为距离电机表面 1m。

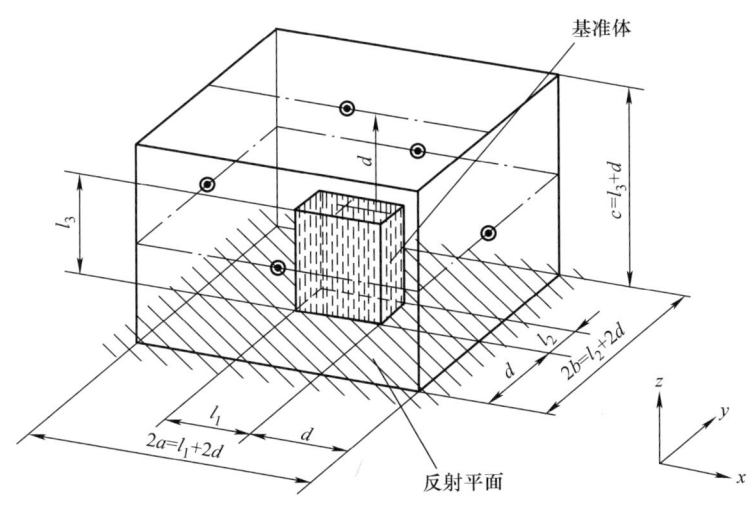

图 2-2 六面体布置传声器示意图

④ 用传声器支架固定传感器，开始测试之前进行传声器的标定；记录传声器的实际安装位置编号和所对应的通道。

⑤ 运行电机，进行电机功率、转矩等参数的调试，确保电机的转矩和额定功率等参数与标称特性相差不超过5%。

⑥ 背景噪声的测试：在开始测试之前测试各个测点的背景噪声，要保证各个测点上的背景噪声低于测试结果10dB以上。

⑦ 稳态工况：调整电机转速和转矩到测试工况，测试过程中注意电机工作状态的变化；噪声测试的频率范围设定为40kHz，频率分辨率为1Hz，采样时间设定为10s。

⑧ 加速工况：通过设置测功机控制电机，从1000r/min转速缓慢增加到额定转速，转速扫描的时间建议控制在30~60s。

⑨ 采样频率范围设定为40kHz，频率分辨率为1Hz，转速更新的分辨率为50r/min或用户指定的其他转速间隔。

5. 数据处理及评价指标

根据球面法或六面体法测得的电机A计权、倍频带或1/3倍频带声压级L_{pi}用下式计算。

A计权、倍频带或1/3倍频带表面平均声压级$\overline{L_{pA}}$：

$$\overline{L}_{pA} = 10\lg\left(\frac{1}{n}\sum_{i=1}^{n}10^{0.1L_{pi}}\right) \tag{2-27}$$

式中　$\overline{L}_{pA}$——A计权、倍频带或1/3倍频带表面声压级[dB(A)]；

L_{pi}——背景噪声修正后第i个测点处A计权、倍频带或1/3倍频带声压级[dB(A)]；

n——测量位置总数。

$$L_{WA} = \overline{L}_{pA} + 10\lg(S_1/S_0) \tag{2-28}$$

式中　L_{WA}——声功率级（dB）。

如果采用球面法测试声功率，$S_1=2\pi r^2$，S_1是测量表面面积，单位为m^2。

如果采用六面体的方式进行声功率测试：

$$S_1 = 4(ab + bc + ca)$$

式中　$a = \dfrac{l_1}{2} + d$；

$b = \dfrac{l_2}{2} + d$；

$c = l_3 + d$；

l_1、l_2、l_3——矩形基准体的长、宽、高。

另外，为了表示电机各测点声压级随转速的变化关系，测试报告中应包含：

① 各测点电机声压随转速的变化关系曲线。

② 各测点电机噪声随转速变化的彩色MAP图。

③ 电机主要的噪声阶次随电机转速的变化关系曲线。

2.1.5 电磁兼容性测试

电磁兼容性是指汽车内部各电器部件之间的自兼容性能，即各电器部件之间不会产生因相互干扰导致的功能失效或缺失的问题，以及整车各主要系统满足相关法规和标准测试的能力。

当前各标准测试方法，对于在汽车上采用的新技术，行业内还没有统一的测试评价方法，评价指标不明确。而新技术在车辆行驶安全、车辆预警中有很多应用，本节对于新技术在车辆上的运用，参考常规测试标准，建立新技术的测试评价体系。

2.1.5.1 整车骚扰源频域评价测试

1. 测试目的

本测试规定了在整车环境中，进行电器部件频域骚扰测试的方法，用于评估骚扰源在整车上引起的电磁骚扰，尽早发现整车其他电器被干扰的风险，和引起整车对外辐射发射的骚扰源。

2. 测试设备

ESCI 型接收机（9kHz~3GHz），F-51 型电流探头（10kHz~500MHz）。

3. 依据标准

GB 18655—2018《车辆、船和内燃机 无线电骚扰特性 用于保护车载接收机的限值和测量方法》。

4. 测试方法与步骤

① 参考 GB 18655 中传导电流法测试进行测试布置，将电流探头夹在电器部件的线束上，测量电器部件线束上的骚扰。

② 根据全车电器部件列表，整理出潜在风险大的电器部件清单。

③ 整车电源处于 ON 档状态。

④ 将电流探头夹在被测电器部件的线束上。

⑤ 打开被测电器部件，待电器部件工作状态稳定后，测量电器部件在其线束上产生骚扰的频谱特性。

重复步骤④、步骤⑤，测试清单上其他电器部件的频谱特性，并记录数据。

5. 数据记录

记录骚扰源的频谱特性，与底噪比较，评估骚扰源产生的骚扰是否会影响其他用电器的正常工作，或导致整车对外发射超标。

6. 测试结果的评价

可参考 CISPR 25 的电流法限值要求，并根据其他车载电器部件的抗扰度等级，由整车厂制定评价标准。

2.1.5.2 电动汽车 T-BOX 的电磁抗扰性能测试

1. 测试目的

本测试提出利用电波暗室、通信综测仪、音频分析仪等设备对电动汽车 T-BOX 通信性能的抗扰度性能进行测试，并保证试验的准确性、可重复性、指标客观性。

2. 测试设备

CMW500 型通信综测仪（2G、3G、4G），UPV 型音频分析仪。

3. 依据标准

ISO 11451-2—2015《道路车辆 由窄带辐射电磁能产生的电气骚扰的车辆试验方法 第 2 部分：车外辐射源》。

ISO 11451-3—2015《道路车辆 窄带辐射电磁能量的电干扰车辆试验方法 第 3 部分：车载发射机模拟》。

4. 测试方法与步骤

① 参考 ISO 11451 系列整车抗扰度测试标准进行布置。

② 将被测车辆按照 ISO 11451 系列标准的测试布置，布置在整车暗室中。

③ 将通信综测仪模拟的基站信号通过暗室穿墙板接入暗室内的通信天线，通信天线应布置在抗扰天线背后或暗室角落等在抗扰测试时场强较弱的位置，以保护与其连接的通信综测仪。

④ 将 T-BOX 与综测仪连通，并在综测仪上注册。

⑤ 在无干扰条件下，操作综测仪进行通信指标测试。

⑥ 对整车施加一定强度等级的骚扰（例如 30V/m、50V/m 或 100V/m，具体强度由整车厂定义），监控通信指标变化情况。

5. 数据处理及评价指标

记录施加骚扰前后，T-BOX 通信指标的变化情况，依据表 2-7 中的测试指标评估 T-BOX 装车后的电磁抗扰性能。

表 2-7　电动汽车 T-BOX 电磁抗扰性能测试指标

序号	试验项目	通信模式
1	吞吐量	GSM
2	误码率	GSM
3	通话语音质量（当 T-BOX 有语音通话功能时）	GSM
4	吞吐量	WCDMA/CDMA2000
5	误码率	WCDMA/CDMA2000
6	通话语音质量（当 T-BOX 有语音通话功能时）	WCDMA/CDMA2000
7	吞吐量	TD-LTE/FDD-LTE
8	误码率	TD-LTE/FDD-LTE

6. 评价方法

可参考通信产品的抗扰测试通信降级要求，并根据车辆通信的实际需求，由整车厂制定评价标准。

2.1.5.3　电动汽车卫星定位/导航系统电磁抗扰性能测试

1. 测试目的

本测试办法提出利用电波暗室、矢量信号源等设备在标准的环境中对电动汽车车载定位/导航系统的电磁抗扰性能进行准确可控的测试。

2. 测试设备

SMBV100 型矢量信号源（GPS, BEIDOU, Galileo, Glonass）。

3. 依据标准

ISO 11451-2—2015《道路车辆 由窄带辐射电磁能产生的电气骚扰的车辆试验方法 第2部分：车外辐射源》。

ISO 11451-3—2015《道路车辆 窄带辐射电磁能量的电干扰车辆试验方法 第3部分：车载发射机模拟》。

4. 测试方法与步骤

① 参考 ISO 11451 系列整车抗扰度测试标准进行测试布置。

② 将被测车辆按照 ISO 11451 系列标准的测试布置，布置在整车暗室中。

③ 根据车载定位/导航系统适用的卫星制式，使用矢量信号源模拟相应的卫星导航信号。

④ 将卫星模拟信号通过天线引入到电波暗室中，并使用车载定位/导航系统解析卫星模拟信号。

⑤ 通过上位机监控车载定位/导航系统回传的导航信息。

⑥ 测量车载定位/导航系统的客观指标。

⑦ 对整车施加一定强度等级的骚扰（例如 30V/m、50V/m 或 100V/m，具体强度由整车厂定义），监控表 2-8 中所列的变化情况。

5. 数据处理及评价指标

记录施加骚扰前后，车载定位/导航系统的指标变化情况，依据表 2-8 中的测试指标评估车载定位/导航系统的电磁抗扰性能。

表 2-8　电动汽车车载定位/导航系统电磁抗扰性能关注指标

序号	关注指标	模式
1	捕获灵敏度	静态
2	跟踪灵敏度	静态
3	导航准确度	静态

2.1.6　整车电平衡测试

电平衡指在汽车电气系统中，电器负载、蓄电池、发电机在汽车的各种工况与用电状态下，保持电量平衡的状态，使整车电器和 DC/DC 功率相匹配。

1. 测试目的

测试整车电平衡性能，保证电源供电系统与整车负载用电方面的电量平衡，为 DC/DC 和蓄电池的设计提供依据。

2. 测试设备

跑道或转鼓试验台，环境舱，温度、速度、电流、电压记录仪器。

3. 测试方法与步骤

① 传感器安装：根据测量需求信号安装好传感器，并将传感器校零（特别是蓄电池充放电传感器）。测试需求信号：蓄电池充放电电流、DC/DC 电流、用电器耗电总电流、DC/DC 端电压、蓄电池端电压、蓄电池温度、DC/DC 外壳温度、环境温度、EPS 电机电流、散热风扇电流等。

② 蓄电池预处理：将样车蓄电池拆下，在通用蓄电池测试仪上，以 16V 恒压充电 2h，然后以 4A 恒流充电 1h，然后以蓄电池容量 C_{20}（C_{20} 表示蓄电池额定容量的 20%）的电流放电到 10.5V，测量蓄电池 C_{20}。定量充电：先对蓄电池进行完全充电，然后以 I_{20}（I_{20} 表示标准放电电流的 20%）放电至规定的初始容量，测量此时蓄电池电压，铅酸蓄电池初始容量为 70%，锂离子蓄电池初始容量为 30%。如要求放电至 70%，则以 I_{20} 放电时间为（1~0.7）×20h。每个测试工况需准备一块试验用蓄电池。

③ 整车浸车：根据试验测试环境温度，试验前将车辆及其测试用蓄电池放置在试验环境温度舱浸车 12h，待整车部件温度达到试验温度后开始试验。

④ 车辆在道路环境使用实际运行工况，或在转鼓试验台使用循环工况。

⑤ 按照表 2-9 进行正交测试。

⑥ 记录不同条件下的整车用电消耗、蓄电池的平均放电电流、蓄电池最低电压等参数。

表 2-9 整车电平衡测试矩阵

序号	条件	变量控制
1	测试环境	夏季温度（35℃±2℃）、冬季温度（-11℃±2℃）
2	测试工况	白天、夜间、下坡、NEDC 工况、JC08 工况或自定义工况
3	必需负载（保证车辆正常行驶的各种控制器和传感器等）	开启
4	长时负载（出于安全性和舒适性考虑，需要一直使用的长时负载，如近光灯、刮水器等）	关闭、开启
5	短时负载（车辆行驶时随机性、短时间使用的电器，如喇叭、车窗、除霜器等）	关闭、开启

4. 数据处理及评价指标

定义蓄电池充放电电流比 k，用于评价整车电平衡性能。在采集到的蓄电池电流中，筛选出充电电流与放电电流，计算蓄电池充放电电流比 k：

$$k = \frac{\sum i_n t_n}{\sum j_m t_m} \tag{2-29}$$

式中 i_n——第 n 次充电电流数据（A）；

j_m——第 m 次放电电流数据（A）；

t_n——第 n 次充电电流采集间隔的时间（s）；

t_m——第 m 次放电电流采集间隔的时间（s）；

k——蓄电池充放电电流比。

要求蓄电池充放电电流比 $1<k<6$，若充放电电流比大于 6，则判定 DC/DC 容量设计过大；若低于 1，则判定发电机或 DC/DC 容量过低。

2.1.7 一般安全测试

安全性是指车辆保障人体健康和人身、财产安全免受伤害或损失的能力,针对传统汽车的安全性测试评价主要是通过整车的碰撞试验来测试和评价的。对于新能源汽车,由于搭载电驱动系统,需要进一步完善高压电气安全一系列规范,以检测和衡量整车的安全性。因此,传统碰撞安全不再赘述,本节主要描述电动汽车安全性测试方面内容。

1. 测试目的
测试针对纯电动汽车的安全性。

2. 测试设备
电阻、电压、电流、电容测试记录仪器。

3. 依据标准
GB/T 18384—2015《电动汽车安全要求》。

4. 测试方法与步骤
依据标准,试验项目见表 2-10。

表 2-10 电动汽车安全测试试验项目

序号	试验项目
1	直接接触防护测试
2	绝缘电阻测试
3	绝缘监测功能验证测试
4	电位均衡测试
5	电容耦合测试
6	整车防水测试
7	功能安全防护测试

1)直接接触防护测试。

① 在进行直接接触防护测试过程中,车辆应处于整车断电状态,且车辆所有遮栏和外壳完好。

② 测试过程中,检测人员在不使用其他工具的前提下,按照 GB/T 4208—2017《外壳防护等级(IP 代码)》中 IPXXD 和 IPXXB 的测试方法,仅使用探针或试指对车外和车内的开口和插接器等进行 IP 等级测试。

③ 此外,可通过目测并结合厂家说明进行实操验证插接器、高压维修断开装置以及车辆充电插座对于直接接触防护要求的符合性。

2)绝缘电阻测试。绝缘电阻测试包括整车绝缘电阻测试和充电插座绝缘电阻测试两方面内容,测试步骤如下:

① 将车辆的绝缘监测功能关闭或将绝缘电阻监测单元从 B 级电压电路中断开。

② 使车辆上电,保证车辆上所有电力、电子开关处于激活状态。

③ 用相同的两个电压检测工具同时测量 REESS 的两个端子和电平台之间的电压,如图 2-3 所示。较高的一个为 U_1,较低的一个为 U_1'。

④ 添加一个已知电阻 R_0,阻值推荐 1MΩ。如图 2-4 所示,并联在 REESS 的 U_2 侧端子与电平台之间。再用两个电压检测工具同时测量 REESS 的两个端子和电平台之间的电压,测量值为 U_2 和 U_2'。

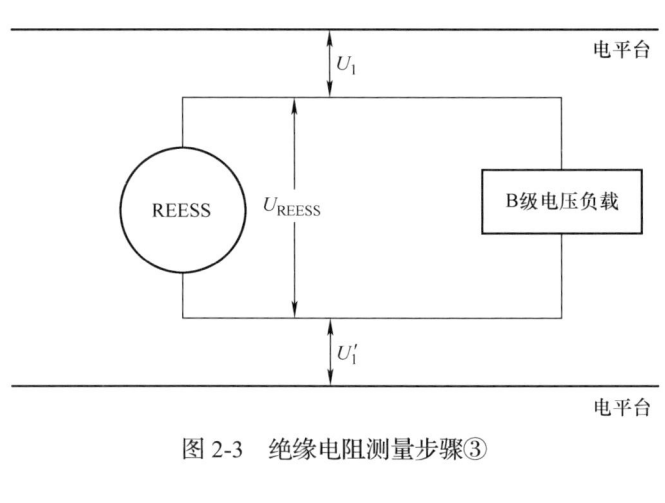

图 2-3　绝缘电阻测量步骤③

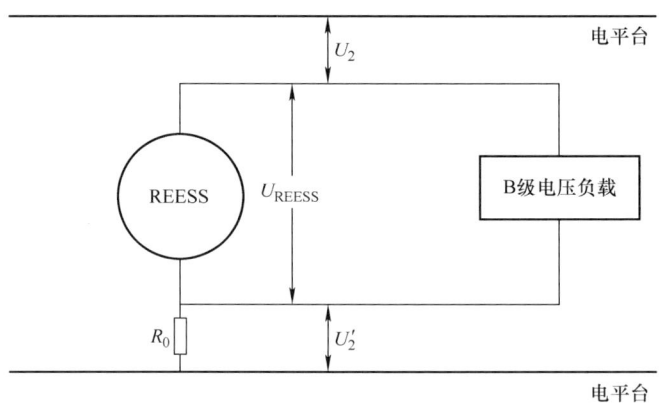

图 2-4　绝缘电阻测量步骤④

⑤ 使车辆断电，保证车辆上所有电力、电子开关处于非激活状态。

⑥ 将充电插座高压端子，即直流充电插座的正负极端子或交流充电插座三相线端子，用电导线进行短接。

⑦ 将绝缘电阻测试设备的两个探针分别连接充电插座高压端子及电平台，见图 2-5。

⑧ 测试设备的检测电压要求大于整车最大工作电压。

3）绝缘监测功能验证测试。

① 车辆应处于"可行驶模式"，使用可调节电阻器（变阻箱等），可调节电阻器的最大电阻值 $\geqslant 10\mathrm{M}\Omega$。

② 在常温下，测出当前整车绝缘电阻值为 R_i。

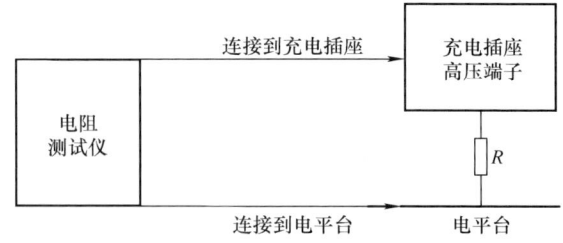

图 2-5　充电口绝缘电阻测量步骤⑦

③ 按照被测车辆的正常操作流程使车辆进入"可行驶模式"。

④ 绝缘监测功能验证测试方式如图 2-6 所示，将可调节电阻器并联在 REESS 正极端与车辆电平台之间。开始测量时，可调节电阻器的阻值设置为最大值。

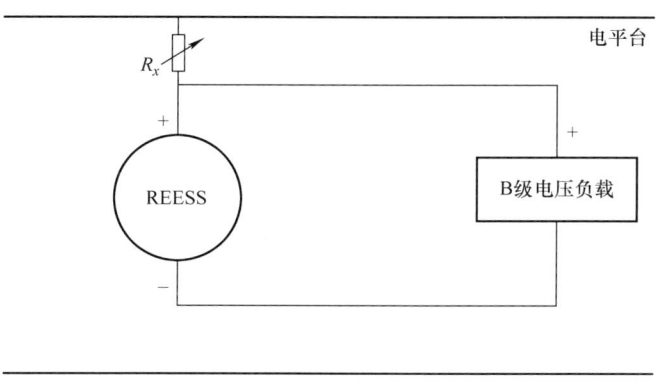

图 2-6 绝缘监测功能验证测试方式

⑤ 若最小绝缘电阻要求为 $100\Omega/V$，则将可调节电阻器的阻值减小到目标值 R_x，R_x 按照式（2-30）计算得到：

$$1/[1/(95U_{REESS})-1/R_i] \leqslant R_x<1/[1/(100U_{REESS})-1/R_i] \tag{2-30}$$

若最小绝缘电阻要求为 $500\Omega/V$，则将可调节电阻器的阻值减小到目标值 R_x，R_x 按照式（2-31）计算得到：

$$1/[1/(475U_{REESS})-1/R_i] \leqslant R_x<1/[1/(500U_{REESS})-1/R_i] \tag{2-31}$$

式中　U_{REESS}——蓄电池包当前总电压。

4）电位均衡测试。

① 将电阻测试仪的两个探针分别连接外露的可导电外壳或遮栏，以及距离不超过 2.5m 的电平台，如图 2-7 所示。

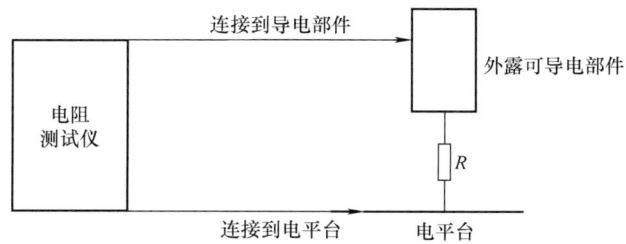

图 2-7 用电阻测试仪测试导电部件与电平台间电阻

② 增大测试电流，使测试电流大小达到 0.2A。

③ 将电阻测试仪的两个探针分别连接两个外露的可导电外壳或遮栏，且探针测量点的距离不超过 2.5m，如图 2-8 所示。

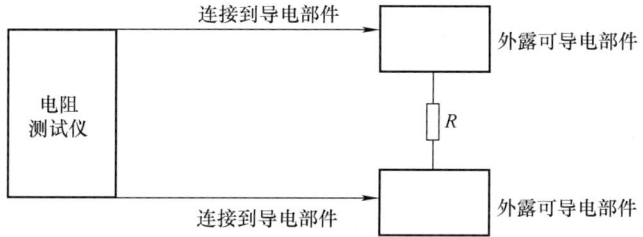

图 2-8 用电阻测试仪测试两个导电部件间电阻

④ 重复步骤②。

5）电容耦合测试。测试记录整车所有 B 级电压电路的电容值，以及该 B 级电压单元的 Y 电容最大工作电压。

6）整车防水测试。

模拟清洗试验：

① 试验模拟电动汽车正常清洗的情况，不包括使用高压水枪冲洗和车身底部的特殊清洗。

② 试验测试范围为整车的边界线，如两个部件间的密封、玻璃密封圈、可打开部件的外沿、前立柱的边界和灯的密封圈。

③ 试验采用 GB/T 4208—2017《外壳防护等级（IP 代码）》中 IPX5 软管喷嘴。使用洁净的水，以流量为 12.5L/min±0.5L/min，0.10m/s±0.05m/s 的速度，在所有可能的方向向所有的边界线喷水，喷嘴至边界线的距离为 3.0m±0.5m。

模拟暴雨试验：

① 试验模拟通向乘客舱、货物舱和电气元件舱的可打开部分处于开启状态时，突然下起大暴雨的情况。

② 如果 B 级设备被遮蔽，能够避免暴露在水中，可以用独立元件进行相当的试验代替整车试验。

③ 试验采用 GB/T 4208—2017《外壳防护等级（IP 代码）》中 IPX3 喷头；使用干净的水，以流量为 10L/min，尽可能通过喷头有规则地移动，将水喷在可打开部件正常开启时暴露出的所有表面上，喷水时间为 5min。

模拟涉水试验：试验模拟电动汽车经过积水街道或水洼的情况。车辆应在 100mm 深的水池中，以 20km/h±2km/h 的速度行驶 500m，时间大约 1.5min。如果水池长度小于 500m，车辆应在水池中多行驶几次，涉水长度应不小于 500m。包括车辆在水池外的总试验时间应少于 10min。

7）功能安全防护测试。

① 对驱动系统进行电源接通和断开操作。

② 常规行驶操作。

③ 常规倒车操作。

④ 常规停车操作。

5. 数据处理及评价指标

1）直接接触防护测试。可通过目测并结合厂家说明进行实操验证插接器、高压维修断开装置以及车辆充电插座对于直接接触防护要求的符合性。

2）绝缘电阻测试。整车绝缘电阻 R_i 可以使用 R_0 和四个电压值（U_1、U_1'、U_2 和 U_2'）以及电压检测设备内阻，代入式（2-32）或式（2-33）来计算：

$$R_i = R_0 \frac{U_1 - U_2}{U_2} \left(1 + \frac{U_1'}{U_1}\right) \qquad (2\text{-}32)$$

$$R_i = R_0 \left(\frac{U_2'}{U_2} - \frac{U_1'}{U_1}\right) \qquad (2\text{-}33)$$

根据国标规定，在最大工作电压下，直流电路绝缘电阻的最小值应大于 $100\Omega/V$，交流电路应大于 $500\Omega/V$。

3) 绝缘监测功能验证测试。绝缘电阻低于规定要求时，应通过一个明显的信号装置提示驾驶人；如果车辆行驶时发现绝缘电阻降低到规定的危险状态，手动或自动进入驱动系统电源切断模式时应能将电路断开；在故障未排除前，如果系统设计允许驾驶人强制通电，应给驾驶人一个明显的警告。

4) 电位均衡测试。所有外露导电体与电平台间的连接阻抗应不超过 0.1Ω。

电位均衡通路中，任意两个可以被人同时触碰到的外露可导电部分，即距离不超过 2.5m 的两个可导电部分间电阻应不超过 0.2Ω。

5) 电容耦合测试。电容耦合应满足下述选项之一：

① 任何带电的 B 级电压部件和电平台之间的总电容在其最大工作电压时所存储的能量应不大于 0.2J。总电容的计算应依据相关部分和部件的设计值。

② 直流 B 级电压电路采用机械或其他电气方法防止人员接触。

直流电容耦合是通过计算的方式得到整车所有 B 级电压电路中 Y 电容存储的最大电量之和。具体计算公式如下：

$$Q=\int_1^n \frac{C_x U_x^2}{2} dx \tag{2-34}$$

式中　n——带有 Y 电容的 B 级电压单元个数；

C_x——该 B 级电压单元的 Y 电容值；

U_x——该 B 级电压单元的 Y 电容最大工作电压。

6) 整车防水测试。每次试验后，在车辆仍是潮湿的情况下，进行绝缘电阻测量，绝缘电阻应满足要求。另外，车辆放置 24h 后，再进行绝缘电阻测量，绝缘电阻应满足要求。

7) 功能安全防护测试。驱动系统电源接通和断开程序、行驶、倒车、驻车等内容应有符合国家标准的提示，包括防护动作的触发条件、操作说明、报警提示信号说明等。

2.1.8　碰撞后安全测试

电动汽车相比传统燃油车，在碰撞后由于电驱动系统和储能系统结构造成破坏，易造成持续性、延时性潜在危险，因此，对于碰撞后二次损伤也提出了相应的要求和测试方法。

1. 测试目的

测试纯电动汽车碰撞后二次损伤的安全性。

2. 测试设备

GB 11551—2014、GB 20071—2006 中规定的碰撞测试设备，电流、电压、电阻、长度、体积记录仪器。

3. 依据标准

GB/T 31498—2015《电动汽车碰撞后安全要求》。

GB/T 18384.1—2015《电动汽车安全要求　第 1 部分：车载储能装置》。

4. 测试方法与步骤

① 按 GB/T 18385 中规定进行完全充电。

② 汽车碰撞试验应在充电结束 24h 内进行。

③ 进行正面碰撞试验的车辆其他状态按 GB 11551 的相关规定准备。

④ 进行侧面碰撞试验的车辆其他状态按 GB 20071 的相关规定准备。

⑤ 正面车辆碰撞试验形式和试验方法按照 GB 11551 的相关规定进行。

⑥ 侧面车辆碰撞试验形式和试验方法按照 GB 20071 的相关规定进行。

⑦ 进行电压、电能、物理防护、绝缘电阻方面的电安全测量。

5. 数据处理及评价指标

依据国标要求，电动汽车碰撞后安全主要包含防触电保护要求、电解液泄漏要求和可充电储能系统（REESS）要求。

1）防触电保护要求。从电压要求、电能要求、直接和间接触电物理防护、绝缘电阻检测方面测试是否达到下述 4 点要求：

① 整车母线电压、母线搭铁电压满足交流不大于 30V 和直流不大于 60V。

② 电能要求高压母线上的总电能小于 0.2J。

③ 按照 GB/T 4208—2017《外壳保护等级（IP 代码）》中 IPXXB 的测试方法进行 IP 等级测试；此外，用大于 0.2A 的电流进行测量，所有外露的可导电部件与电平台之间的电阻应低于 0.1Ω。

④ 如果交流高压母线和直流高压母线是互相传导绝缘的，高压母线与电平台之间的绝缘电阻对于直流母线来说，最小值应为 100Ω/V，同时对于交流母线来说，最小值应为 500Ω/V；如果交流高压母线和直流高压母线是互相传导连接的，高压母线与电平台之间绝缘电阻的最小值应为 500Ω/V，若所有交流高压母线达到 IPXXB，或交流电压小于或等于 30V，则高压母线与电平台之间绝缘电阻的最小值应为 100Ω/V。

2）电解液泄漏要求。碰撞结束 30min 内，不应有电解液从 REESS 中溢出到乘员舱，不应有超过 5.0L 的电解液从 REESS 中溢出。

3）可充电储能系统。

① 位于乘员舱里面的 REESS 应保持在安装位置，REESS 部件应保持在其外壳内，位于乘员舱外面的任何 REESS 部分不应进入乘员舱。

② 碰撞结束 30min 内，REESS 不应爆炸、起火。

2.2　功能性测试

2.2.1　E/E 架构测试

E/E 架构包括汽车中所有电子和电气部件、它们之间的相互连接结构（拓扑结构）及它们之间的线束连接。

电子电气架构随着传统燃油车的电控化发展而来，集合汽车的电子电气系统原理设计、中央电器盒设计、插接器设计、电子电气分配系统等提出整车电子电气一体化的解决方案，大致划分为如下4项：

① 车身和车厢（舒适和灯光系统）。

② 信息娱乐（指示、娱乐和汽车导航系统）。

③ 汽车行驶和安全（底盘技术、主动和被动安全以及驾驶辅助系统）。

④ 传动系统（车辆驱动和废气处理系统）。

电动汽车由于加入了电驱动系统，电子电气架构更为复杂，首先是具有高压电气系统，对高压电气系统的功能安全、电磁兼容等问题提出了新的要求。另外，随着低压蓄电池系统的固化和总线通信系统的发展，低压电气系统和电子控制系统逐渐分立为具有针对性规范要求、测试评价的独立系统。因此，本手册将电动汽车电子电气架构总体上分成三类：一是高压电气部分，二是低压电气部分，三是总线通信部分。总线通信系统的测试评价将在后文独立章节介绍。

2.2.1.1 高压电气架构测试

电动汽车高压电气架构组成包括动力蓄电池、驱动电机驱动系统部件，以及高压控制盒、DC/DC、车载充电机、压缩机、PTC等辅助系统。

高压电气系统测试主要解析车辆高压电气系统组成及连接方式，为电气系统功能和失效分析提供测试案例编制依据。

高压电气系统测试涵盖电气系统部件特性检验，不仅限于电气安全性测试，主要包括直接接触防护测试、绝缘电阻测试、绝缘监测功能验证测试、电位均衡测试、电容耦合测试、整车防水测试、功能安全防护测试等内容，详见2.1.7节。

2.2.1.2 低压电气架构测试

电动汽车低压电气架构定义为车辆低压供电负载拓扑结构，其中包括低压供电执行元件、传感器和控制器等。低压电气系统测试的目的在于评价低压电气系统的功能性与可靠性，拟定试验项目及相应试验方案如下：

1. 全负载特性检查

动力蓄电池电量充足的情况下接通DC/DC，设定测试电源电压为（14.5±0.1）V，结合车辆正常使用状态激活相应负载，尽可能使负载符合实际工作运行状态，测试回路最大电流。

2. 单负载特性检查

动力蓄电池电量充足的情况下接通DC/DC，设定测试电源电压为（14.5±0.1）V，结合车辆正常使用状态激活相应负载，尽可能使负载符合实际工作运行状态，逐一测试某负载的工作电压和电流。

3. 回路压降测试

动力蓄电池电量充足的情况下接通DC/DC或外接直流稳压电源，使回路电压保持在（14.5±0.1）V。打开相关负载，测量蓄电池电压U_0、负载两端电压U_1以及动力蓄电池正极到负载输入端的电压U_2，算出负载输出端到动力蓄电池负极的电压U_3，即$U_3=U_0-U_1-U_2$。

4. 接地测试

动力蓄电池电量充足的情况下接通 DC/DC 或外接直流稳压电源，按照下列负载要求逐一测量仪表板搭铁点、车身搭铁点等与蓄电池负极之间的压降，负载要求如下：

① 关闭所有电器。
② 灯光系统工作。
③ 所有负载工作。

5. 熔丝断路测试

动力蓄电池电量充足的情况下接通 DC/DC，待各个负载工作稳定后，逐一拔插熔丝。检查熔丝所在回路的负载是否正常工作，电器系统是否异常，关联负载以外的其他回路是否有误动作产生，以及熔丝恢复后系统是否自动复原。

6. 搭铁点短路测试

动力蓄电池电量充足的情况下接通 DC/DC，待各个负载工作稳定后，逐一将搭铁点断开。检查该搭铁点所有回路的负载是否正常工作，未断开的导线是否有发热、烧毁的现象。

7. 过载测试

将所测回路中的负载拆卸掉并用导线将回路重新连接起来；在所测回路的搭铁点和动力蓄电池正极之间串联一个负载箱，用短接片代替熔丝；加载电子负载到熔丝值的 135%，然后测试回路各节点的温度。

如果温度在熔丝最长分断时间前就已经到达稳定状态，记录此时的温度点；如果温度在熔丝最长分断时间内未达到稳定状态，则记录达到最长分断时间时的温度点。

8. 短路测试

动力蓄电池电量充足的情况下接通 DC/DC 或外接直流稳压电源，设定电压为（12.75±0.1）V；测试过程中，短路测试使用的短路导线长度至少为 10cm，且线径要比验证的导线粗 30%；接地点为负载的负极或最近搭铁点；按照实际使用状态激活相应回路，测试熔丝的熔断时间和电流。

2.2.2 总线测试

CAN 总线是目前汽车电控系统最广泛应用的现场总线之一。电动汽车由于高度电动化，其电控系统对总线性能具有很高要求。在总线测试上，按照 CAN 总线的物理层、数据链路层、交互层的基本机构，分别进行测试和评价。

1. 测试目的
测试 CAN 网络性能。

2. 测试设备
示波器，电压表，CANoe、CANscope、CANstress 等 CAN 总线分析记录专用设备。

3. 测试方法与步骤
试验项目见表 2-11。

表 2-11 电动汽车总线测试主要试验项目

序号	项目分类	试验项目
1	物理层	隐性/显性输出电压测试
2		终端电阻测试
3		信号沿测试
4		地偏移测试
5	数据链路层测试	数据帧格式测试
6		位定时参数测试
7		采样点测试
8	交互层测试	周期报文的发送周期测试

1)隐性/显性输出电压测试。

① 配置 CANoe、CANscope 的位定时参数与 CAN 总线相匹配。

② CANoe 为接收节点。

③ CAN 总线上电。

④ 利用 CANscope 监测 CAN 总线的输出报文,记录 CAN 总线输出报文在隐性和显性状态下的电压值。

2)终端电阻测试。

① 正确设置万用表后,将万用表两表笔连接到 CAN_H 和 CAN_L 的引脚上,如图 2-9 所示。

② 记录被测 CAN 总线的电阻值。

3)信号沿测试。

① 配置 CANoe、CANscope 的位定时参数与 CAN 总线相匹配,设置 CANoe 为接收节点。

② 利用 CANscope 分别测量 CAN 总线发出 CAN 报文的差分信号的信号沿 10%~90% 的上升与下降时间,上升沿、下降沿时间如图 2-10 所示。

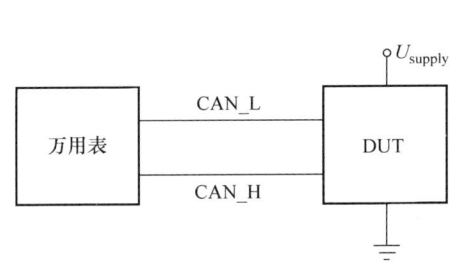

图 2-9 终端电阻测试环境

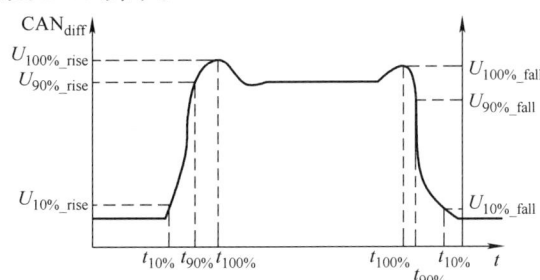

图 2-10 总线上升沿、下降沿时间

4)地偏移测试。

① 配置 CANoe 的位定时参数与 CAN 总线相匹配,CANoe 仅作为接收节点,如图 2-11 所示。

② CAN 总线 1 上电,供电电压为 12V。

③ CAN 总线 2 上电,供电电压为 10V。

④ 利用 CANoe 监测总线上的报文,验证 CAN 总线 1 与 CAN 总线 2 是否可正常进行

通信而不产生错误帧。

⑤ CAN 总线 1 和 CAN 总线 2 断电。

⑥ CAN 总线 1 上电，供应电压为 12V。

⑦ CAN 总线 2 上电，供电电压为 14V。

⑧ 利用 CANoe 监测总线上的报文，验证 CAN 总线 1 与 CAN 总线 2 是否可正常进行通信而不产生错误帧。

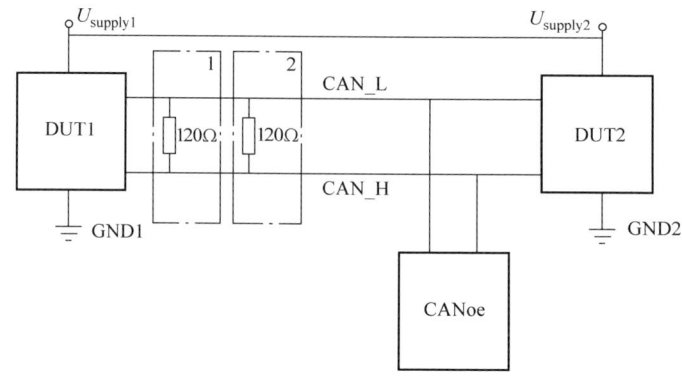

图 2-11　CAN 总线地偏移测试电路

5）数据帧格式测试。

① 配置 CANoe 的位定时参数与 CAN 总线相匹配。

② CAN 总线上电。

③ 利用 CANoe 监测 CAN 总线发送的 CAN 报文，验证 CAN 总线发送的所有 CAN 报文的类型是否为标准 J1939 帧格式。

④ 利用 CANoe 发送非标准 J1939 数据帧，监测总线是否有错误帧，同时监测 CAN 总线是否有响应（如发送事件报文等）。

6）位定时参数测试。

① 通过 CANscope 测量总线的位定时。

② 如果 CAN 总线只发送事件触发报文，则可以通过产生相应的事件来触发 CAN 总线发送报文。

③ 测量连续 100 个位的位时间，计算平均值。

7）采样点测试。

① 配置 CANoe 和 CANstress，如图 2-12 所示。

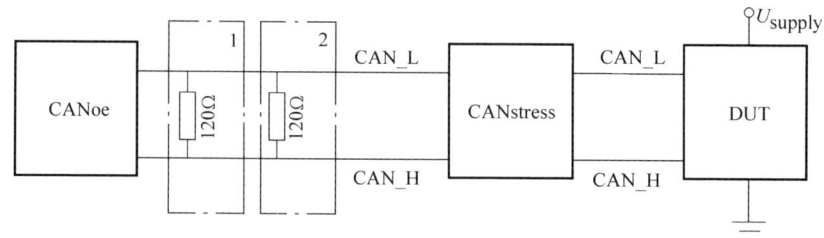

图 2-12　采样点测试电路

② 利用 CANstress 逐个时间份额地干扰 CAN 总线发送的某一特定报文。

③ 直至 CANoe 监测到有错误帧。

8）周期报文的发送周期测试。

① 配置 CANoe 的位定时参数与 CAN 总线相匹配。

② CAN 总线上电。

③ 利用 CANoe 监测总线通信。

④ 查看 CAN 总线所有周期报文。

⑤ 对比 CAN 总线周期报文的周期与通信矩阵中的定义。

4. 数据处理及评价指标

1）隐性/显性输出电压测试。测试得到的隐性/显性输出电压值应满足表 2-12 中的参考值。

表 2-12　输出电压参考值

参数	符号	单位	隐性状态			显性状态		
			最小值	标称值	最大值	最小值	标称值	最大值
总线电压	U_{CAN_H}	V	2.0	2.5	3.0	3.0	3.5	5.0
	U_{CAN_L}	V	2.0	2.5	3.0	0	1.5	2.0
差分电压	U_{diff}	V	−1.2	0	0.05	1.5	2.0	3.0

2）终端电阻测试。终端电阻标称值为 120Ω，测试得到的终端电阻值应满足范围 [120,130]。

3）信号沿测试。测试得到的信号沿值应满足表 2-13 中的参考值。

表 2-13　信号沿评价指标

参数	符号	单位	最小值	标称值	最大值
上升沿时间	T_{rdiff}	ns	200	—	500
下降沿时间	T_{fdiff}	ns	200	—	500

4）地偏移测试。在 CAN 总线 2 的供电电压等于 10V 或 14V 两种状态下，CAN 总线 1 和 CAN 总线 2 应能可靠地通信，无错误帧产生，则地偏移特性符合规范要求。

5）数据帧格式测试。评价指标为 CAN 总线发送的所有 CAN 报文类型全部为标准 J1939 帧格式，CAN 总线接收到其他帧格式的报文时，不应发送错误帧，同时 CAN 总线不做任何响应。

6）位定时参数测试。测试得到的位定时参数应满足表 2-14 中的参考值。

表 2-14　位定时参数评价指标

最小值	名义值	最大值
3998	4000	4002

7）采样点测试。采样点根据式（2-35）进行计算。

$$\text{Sample Point} = \frac{m}{n} \times 100\% \tag{2-35}$$

式中　　m——出现错误帧时 CANstress 已干扰的时间份额数；

　　　　n——每个位时间包含的总时间份额数。

采样点允许最小值为 75%，最大值为 87.5%。

8）周期报文的发送周期测试。周期报文的发送周期以其发送周期误差评价，若发送周期误差小于 10%，则通过测试，反之不通过。

2.2.3　上下电测试

电动汽车搭载的电驱动系统和可充电储能系统工作电压高达几百伏，高的电压等级对于人员安全防护和高压电气系统控制都提出了更高的要求，因此，在设计高压动力系统时必须充分考虑整车和人员的电气安全，以保证驾乘人员安全和电气系统运行可靠。

1. 测试目的

测试电动汽车上 / 下电控制逻辑及控制效果。

2. 测试设备

示波器，CAN 总线工具，电流、电压记录仪器。

3. 依据标准

GB/T 18384.2—2015《电动汽车 安全要求 第 2 部分：功能安全和故障防护》。

4. 测试方法与步骤

试验项目见表 2-15。

表 2-15　电动汽车上下电测试试验项目

序号	试验项目
1	高低压系统上 / 下电时间测试
2	高低压系统上 / 下电条件测试
3	高低压系统上 / 下电时序测试
4	非常规上 / 下电操作的高压系统响应测试

1）高低压系统上 / 下电时间测试。

① 车辆处于下电状态。

② 按操作规范起动车辆。

③ 记录从操作钥匙开关开始，到出现明确起动标志的时间，起动标志可为仪表 "Ready" 指示灯或 CAN 总线上主继电器闭合完成的状态标志位。

④ 按操作规范关闭车辆，记录至下电状态的时间。

2）高低压系统上 / 下电条件测试。

法规性测试：

① 车辆从驱动系统电源切断状态到 "可行驶模式" 应至少经过两次有意识的不同动作。

② 至少经过两次有意识的不同的连续动作，才能完成从 "电源切断" 状态到 "可行驶" 状态。

③ "电源切断"：驱动系统关闭，在这个状态，车辆不可能有主动的行驶。

④ "可行驶"：只有在这种状态，当使用加速踏板时，车辆才能够行驶。

⑤ 当车辆与外部电路（例如：电网、外部充电器）连接时，不能通过其自身的驱动系统使车辆移动。

⑥ 驱动系统经自动或手动关闭后，只能通过正常的电源接通程序重新起动。

⑦ 应该使用一个明显的信号装置（例如：声或光信号）持久或间歇地显示驱动系统已处于准备工作状态。

策略性测试：

① 条件变量筛选。分析上电条件中关于档位（P/R/N/D）和制动踏板（是否踩下）的要求。

② 低压系统上电条件分析。在不同制动踏板状态下，按"起动"按钮，测试中控门、中控窗、收音机、点烟器、多媒体、仪表、导航等低压电气附件上电状态。

③ 高低压系统上电条件分析。在不同档位、不同制动踏板状态时，分"单次""两次""多次""长按"等方式按"起动"按钮，依据表2-16所示测试矩阵进行正交试验，记录仪表状态信息、高压继电器闭合标志位等获取高压电气上电状态。

④ 车辆"Ready"条件分析。在不同档位、不同制动踏板状态条件下，以不同方式操作"起动"按钮，按照表2-16所示测试矩阵进行正交试验，记录"Ready"指示灯或其他"可行驶状态"标志位的触发条件。

⑤ 类似步骤②~步骤④，按照表2-16所示测试矩阵进行正交试验，进行下电条件分析。

表2-16 上电条件测试试验矩阵

序号	条件	变量控制
1	档位	P、R、N、D
2	制动踏板状态	踩下、释放
3	"起动"按钮操作方式	单次按下、两次按下、多次按下、长按

3）高低压系统上/下电时序测试。

① 在试验测试前，依据整车电子电气架构和CAN网络架构，明确需观测的控制器节点位置和总线报文。

② 试验过程中，绘制高低压系统上/下电时序图，记录各系统响应时序。

③ 依据高低压系统上/下电条件，在不同上/下电操作条件下，重复步骤②操作。

4）非常规上/下电操作的高压系统响应测试。

① 车辆在关闭状态下，踩下制动踏板，快速频繁地按下Start/Stop按键。

② 车辆在关闭状态下，踩下制动踏板，按下Start/Stop按键后隔1s再按，反复多次。

③ 记录反复开关点火按钮/钥匙车辆是否能够正常上电和下电，并记录车辆上/下电、运行模式、报故障及故障恢复等响应状态。

④ 按照表2-17所示测试矩阵进行正交试验，记录行驶过程中反复上、下电时，车辆运行状态和上下电状态的变化。

⑤ 按照表2-17所示测试矩阵进行正交试验，记录行驶过程中强行下电时，车辆运行

状态和上下电状态的变化。

⑥ 按照表 2-17 所示测试矩阵进行正交试验，记录行驶过程中强行下电后上电时，车辆运行状态和上下电状态的变化。

表 2-17 非常规上 / 下电操作测试试验矩阵

序号	条件	变量控制
1	档位	N、D
2	"起动"按钮操作方式	单次按下、两次按下、多次按下、长按
3	车速	电爬、20km/h、30km/h、40km/h、50km/h

5. 数据处理及评价指标

1）高低压系统上 / 下电时间测试。对于高低压系统上 / 下电时间没有法规或标准要求，国内外车型普遍上 / 下电时间在 1~2s。

2）高低压系统上 / 下电条件测试。应满足 GB/T 18384.2—2015《电动汽车 安全要求 第 2 部分：功能安全和故障防护》中涉及的技术要求。

3）高低压系统上 / 下电时序。应满足 GB/T 18384.2—2015《电动汽车 安全要求 第 2 部分：功能安全和故障防护》中涉及的技术要求。

4）非常规上 / 下电操作的高压系统响应。应满足 GB/T 18384.2—2015《电动汽车 安全要求 第 2 部分：功能安全和故障防护》中涉及的技术要求。

2.2.4 失效安全测试

失效安全是电动汽车整车控制策略的主要组成部分，其完整性与合理性直接影响整车的功能安全。由于电动汽车高度电气化和电控化带来的复杂电气、电磁环境，对于整车电子电气系统的可靠性及失效安全提出了更高的要求，因此失效安全测试针对整车及部件的失效模式，测试各失效模式下的控制逻辑及控制效果。

1. 测试目的

测试电动汽车失效安全控制效果，评价安全性的符合性要求。

2. 测试设备

示波器、万用表、CANalyzer 等 CAN 总线分析记录专用设备。

3. 依据标准

GB/T 18384.1—2015《电动汽车 安全要求 第 1 部分：车载储能装置》。
GB/T 18384.2—2015《电动汽车 安全要求 第 2 部分：功能安全和故障防护》。
GB/T 18384.3—2015《电动汽车 安全要求 第 3 部分：人员触电防护》。

4. 测试方法与步骤

试验项目见表 2-18。

1）通信总线故障测试。

① 设置状态为"上电前"，断开指定控制器的通信连接，查看车辆是否能够上电，车辆仪表故障灯显示和报警信息，车辆能否完成换档。

表 2-18　电动汽车失效安全测试试验项目

序号	试验项目
1	通信总线故障测试
2	熔丝故障测试
3	CAN 通信干扰测试
4	高压绝缘故障测试
5	高压接触器异常测试
6	高压互锁回路故障测试
7	加速踏板失效测试
8	制动踏板失效测试
9	换档信号失效测试

② 设置状态为"上电后",在车辆静止的条件下断开指定控制器的通信连接,查看车辆仪表故障灯显示和报警信息,车辆能否完成换档。

③ 设置状态为"可行驶",在车辆静止的条件下断开指定控制器的通信连接,查看车辆仪表故障灯显示和报警信息,车辆能否完成换档。

④ 设置状态为"正常行驶",断开指定控制器的通信连接,观察仪表显示和车辆反应,监控总线上相关信号变化情况。

2）熔丝故障测试。

① 动力蓄电池电量充足的情况下接通 DC/DC,待各个负载工作稳定。

② 逐一拔插熔丝。

③ 检查熔丝所在回路的负载是否正常工作,电器系统是否异常,关联负载以外的其他回路是否有误动作产生,以及熔丝恢复后系统是否自动复原。

3）CAN 通信干扰测试。

① 采用信号发生器、CAN 网络分析工具或专业的 CAN 网络干扰设备对总线实施干扰。

② 分别在各路总线上设置干扰点和采样点,按照表 2-19 的测试矩阵进行正交测试。

③ 监测被测总线负载率、丢包率、错误帧和错误状态等信息,并观察仪表显示和车辆反应,监控总线上相关信号变化情况。

表 2-19　CAN 通信干扰测试矩阵

序号	条件	变量控制
1	干扰加载方式	单独 CAN-H、单独 CAN-L、同时加载
2	干扰信号设置	单次/循环固定电平干扰序列、单次/循环特定报文干扰序列、单次/循环错误帧干扰序列

4）高压绝缘故障测试。

① 上电前,任一（蓄电池）高压电路负极与车辆地短接后,上电,观察整车故障表现。

② 上电后,驻车,"可行驶"状态,任一（蓄电池）高压电路负极与车辆地短接后,观察整车故障表现。

③ 上电后,车辆低速行驶,任一（蓄电池）高压电路负极与车辆地短接后,观察整车故障表现。

5)高压接触器异常测试。

① 根据整车高压接触器布置节点情况,将高压接触器控制装置及线束引至驾驶室,按下列步骤进行试验。

② 上电前,利用高压接触器控制装置分别控制高压接触器"正极""预充正极""负极"处于"断开"状态,车辆上电起动。观察整车故障表现。

③ 上电后驻车,REDAY 状态。利用高压接触器控制装置分别控制高压接触器"正极""预充正极""负极"处于"断开"状态。观察整车故障表现。

④ 车辆起动后低速行驶,利用高压接触器控制装置分别控制高压接触器"正极""预充正极""负极"处于"断开"状态。观察整车故障表现。

⑤ 车辆运行停车后下电,利用高压接触器控制装置分别控制高压接触器"正极""预充正极""负极"处于"闭合"状态。观察整车故障表现。

6)高压互锁回路故障测试。

① 高压互锁电路查找。

② 上电前,断开 HVIL 回路插接件,上电,观察整车故障表现。

③ 上电后,车辆低速行驶,断开 HVIL 回路插接件,观察整车故障表现。

7)加速踏板失效测试。

① 上电前,注入加速踏板传感器故障,具体包括但不限于:a.断开其中一路信号线;b.断开两路信号线;c.其中一条信号线对地短接。查看车辆是否能够上电,车辆仪表故障灯显示和报警信息,车辆能否完成换档。

② 车辆正常上电后,在静止不动的情况下,注入加速踏板故障,具体包括但不限于:a.断开其中一路信号线;b.断开两路信号线;c.其中一条信号线对地短接。查看车辆仪表故障灯显示和报警信息,车辆能否完成换档。

③ 车辆正常行驶时,注入加速踏板故障,具体包括但不限于:a.断开其中一路信号线;b.断开两路信号线;c.其中一条信号线对地短接。观察仪表显示和车辆反应,监控总线上相关信号变化情况。

8)制动踏板失效测试。

① 制动踏板传感器及信号形式分析,获悉传感器形式为开关传感器、位置传感器或角传感器。

② 上电前,断开制动踏板状态信号线,查看车辆是否能够上电,车辆仪表故障灯显示和报警信息,车辆能否完成换档。

③ 上电后,断开制动踏板状态信号线,查看车辆仪表故障灯显示和报警信息,车辆能否完成换档。

④ "可行驶状态"下,断开制动踏板状态信号线,查看车辆仪表故障灯显示和报警信息,车辆能否完成换档。

⑤ 切换至行驶档位后,断开制动踏板状态信号线,查看车辆仪表故障灯显示和报警信息,车辆能否完成换档。

⑥ 车辆正常行驶时,断开制动踏板状态信号线,观察仪表显示和车辆反应,监控总线上相关信号变化情况。

9）换档信号失效测试。

① 换档操纵机构与换档信号形式分析。

② 上电前，断开换档信号，查看车辆是否能够上电，车辆仪表故障灯显示和报警信息，车辆能否完成换档。

③ 上电后，断开换档信号，查看车辆仪表故障灯显示和报警信息，车辆能否完成换档。

④ 车辆正常行驶时，断开换档信号，观察仪表显示和车辆反应，监控总线上相关信号变化情况。

5. 数据处理及评价指标

针对失效安全性能和控制效果没有相关法律法规或可量化指标体系，但应至少满足GB/T 18384.1—2015《电动汽车 安全要求 第1部分：车载储能装置》GB/T 18384.2—2015《电动汽车安全要求 第2部分：功能安全和故障防护》GB/T 18384.3—2015《电动汽车 安全要求 第3部分：人员触电防护》中涉及的各项要求。

2.2.5 电性能测试

电动汽车电气化、电控化水平较高，整车电子电气架构和控制总线网络越来越复杂，为了适应不断提高的舒适性、安全性和经济性等要求，对于整车电性能的测试与验证已成为整车开发中的一个重要环节。本节通过总结整车电性能测试及评价的相关文献资料，对具体测试项目以及测试方法进行指导并制定评价方法。

1. 测试目的

测试电动汽车整车电性能。

2. 测试设备

示波器，电流钳，万用表，CANalyzer 等 CAN 总线分析记录专用设备。

3. 依据标准

GB/T 18384.1—2015《电动汽车 安全要求 第1部分：车载储能装置》。

GB/T 18384.2—2015《电动汽车 安全要求 第2部分：功能安全和故障防护》。

GB/T 18384.3—2015《电动汽车 安全要求 第3部分：人员触电防护》。

QC/T 413—2002《汽车电气设备基本技术条件》。

4. 测试方法与步骤

试验项目见表 2-20。

表 2-20 电动汽车电性能测试试验项目

序号	试验项目
1	整车静态电流测试
2	整车电源分配测试
3	整车接地系统测试
4	线路保护功能测试
5	过载测试
6	感性负载测试

1）整车静态电流测试。

① 试验准备，使车辆处于电器静止状态，同时开始测量并记录蓄电池端电流。

② 测量停止条件。当蓄电池端电流超过 30min 没有出现大于 ±5mA 的无规律变化，即停止试验；当在 30min 内只出现在 ±10mA 内的有规律变化时，也可停止试验。停止试验时 1min 内蓄电池端电流平均值即汽车静态电流。

③ 测试方法。将毫安表短路，串联于蓄电池负极与正极之间，等待 30min 后，断开毫安表的短路线，此时测量值可视为汽车的静态电流，也可计算 30min 内的平均值作为精确测量值。

2）整车电源分配测试。

① 电器负载特性测试。将汽车以一般用电状态预热运行 30min，以使蓄电池达到一定的电量水平，保持蓄电池电压基本稳定。

② 采用电流传感器分别测量蓄电池充放电电流、DC/DC 输入输出电流以及用电器总电流，若用电器总电流不便测量，则用 DC/DC 输出电流减去蓄电池充放电电流近似获得。

③ 电器单负载特性测试。利用电流、电压传感器，分别测量各个用电器负载在工作状态时的工作电流、电压。对于感性负载类功率测试，需增加堵转状态的测试。对于通过电器盒或汽车走线直接能找出的用电器线路，用传感器直接套住这些电器的电源线正极或者负极，如空调鼓风机、前后灯、前后玻璃升降器等，对于很难找出其电源线的电器，通过测量蓄电池端电流的变化，来测量其电流，如转向助力器等。对于一些有多个用电档位的用电器，如空调鼓风机、刮水器高低速档、玻璃升降器的运行与堵转状态、音响的高低音等，要测量其在各种情况下的一系列耗电量，特别是最高值与一般值，对各用电器耗电电流分别进行测量，得出用电器耗电量列表。

3）整车接地系统测试。

① 将汽车以一般用电状态预热运行 30min，以使蓄电池达到一定的电量水平，保持蓄电池电压基本稳定。

② 按照下列负载要求逐一测量仪表板搭铁点、车身搭铁点等与蓄电池负极之间的压降，负载要求分别设置为关闭所有电器、灯光系统工作、所有负载工作三种工况。

4）线路保护功能测试。

① 试验准备。动力蓄电池电量充足的情况下接通 DC/DC，或外接直流稳压电源设定电压为 12.75V±0.1V。

② 测试过程中，短路测试使用的短路导线长度至少为 10cm，且线径需要比验证的导线粗 30%；接地点为负载的负极或最近搭铁点。

③ 按照实际使用状态激活相应回路，测试熔丝的熔断时间和电流。

5）过载测试。

① 将所测回路中的负载拆卸掉并串联一个电子负载箱，并在回路负载导线节点上安装温度传感器。

② 分别加载电子负载到熔丝额定电流值的 135%、200%，然后测试回路各节点的温度。

③ 如果温度在熔丝最长分断时间前就已经到达稳定状态，记录此时的温度点；如果温度在熔丝最长分断时间内未达到稳定状态，则记录达到最长分断时间时的温度点。

6）感性负载测试。

① 选择感性负载器件，重点选择直接连入供电网络的感性负载器件作为被测对象。

② 在被测对象相同供电网络中设置测试点，重点关注控制器供电端子和特殊信号管脚。

③ 设置不同的被测器件用电工况，包括最低功耗、高功耗和一般功耗；设置不同的电器负载工况，包括最低功耗、高功耗和一般功耗；采用正交法构建测试矩阵，通过多次测量以定量分析反向电压影响范围。

5. 数据处理及评价指标

1）整车静态电流测试。车辆对静态电流的要求，若以静态电流的消耗应能满足车辆停放2个月的要求计算，则静态电流不大于25mA。

2）整车电源分配测试。测量并记录各负载在工作状态时的电流及电压，依据主机厂标准评价合理性。

3）整车接地系统测试。测量并记录各工况下的压降，测量值应在设计指标范围内。

4）线路保护功能测试。测量并记录熔丝的熔断时间和电流，测量值应在设计指标范围内。

5）过载测试。测量并记录回路各节点的温度，熔丝在不同相对额定电流下的熔断时间参照见表2-21、表2-22。

表2-21 微型熔丝熔断性能参照表（QC/T 420—2004《汽车用熔断器》）

相对熔断电流（相对额定电流）	最小熔断时间	最大熔断时间
110%	100h	—
135%	0.75s	1800s
200%	0.15s	5s
350%	0.04s	0.5s
600%	0.02s	0.2s

注：参数温度23℃。

表2-22 缓动式熔丝熔断性能参照表（QC/T 420—2004《汽车用熔断器》）

相对熔断电流（相对额定电流）	最小熔断时间	最大熔断时间
110%	100h	—
135%	60s	1800s
200%	5s	60s
350%	0.2s	7s
600%	0.02s	1s

注：参数温度23℃。

测量值应在设计指标范围内。

6）感性负载测试。

感性负载造成的脉冲应满足表2-23所列的限值要求。

表 2-23　感性负载脉冲限值要求

脉冲类型	电压绝对值 /V	脉冲宽度 /μs
正脉冲	<150	<100
	<75	>100
负脉冲	<150	<100
	<100	>100

2.2.6　充电功能测试

针对纯电动汽车充电功能测试评价方法，主要分为直流充电互操作性测试、交流充电互操作性测试两部分。

2.2.6.1　直流充电互操作性测试

1. 测试目的

测试电动汽车直流充电互操作性。

2. 测试设备

电动汽车直流充电互操作性测试系统、示波器、万用表、CANalyzer 等 CAN 总线分析记录专用设备。

其中，电动汽车直流充电互操作性测试系统通过模拟非车载充电机，对电动汽车的充电控制过程、连接控制时序以及异常充电状态响应等项目进行测试。测试系统结构如图 2-13 所示。

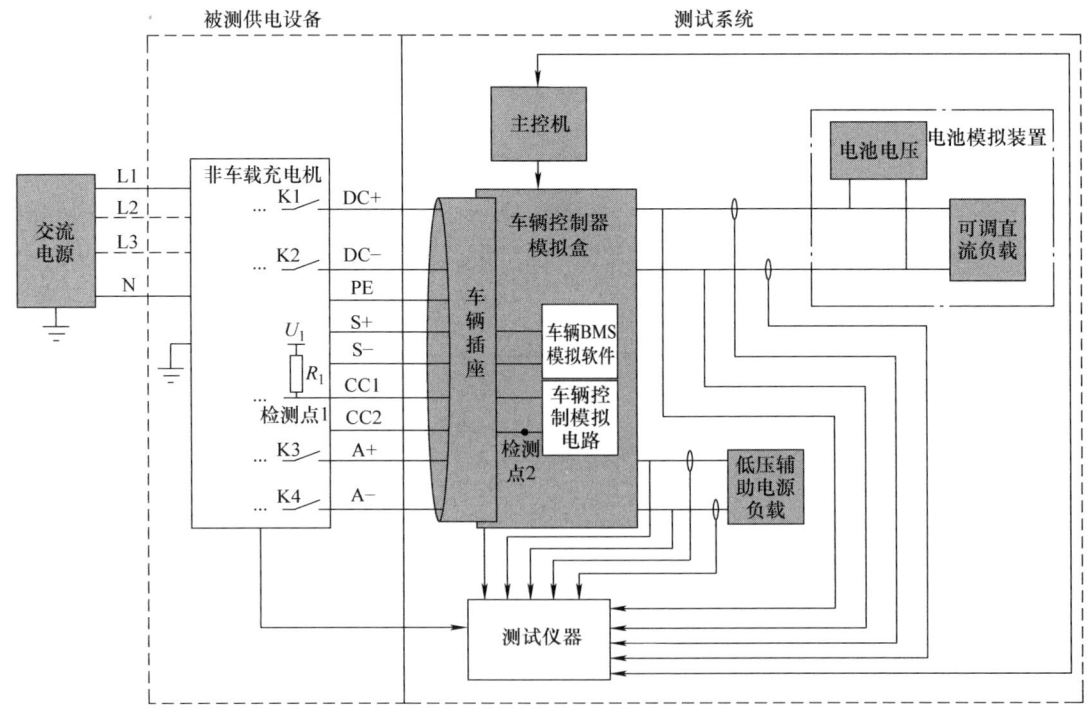

图 2-13　电动汽车直流充电互操作性测试系统结构

电动汽车直流充电互操作性测试系统应能满足以下测试点要求：

① 检测点 1 的电压值：车辆接口 CC1 与 PE 之间的电压值。

② 检测点 2 的电压值：车辆接口 CC2 与 PE 之间的电压值。

③ 接触器 K1 和 K2 状态：测量车辆插头 DC+、DC- 之间电压的变化或接触器反馈信号变化，判断 K1 和 K2 的开合状态。

④ 接触器 K3 和 K4 状态：测量车辆插头 A+、A- 之间电压的变化或接触器反馈信号变化，判断 K3 和 K4 的开合状态。

⑤ 充电状态：检查充电机是否允许充电或正常充电，如正常充电，测量当前充电电压值和电流值。

⑥ 通信状态：检查通信报文是否符合 GB/T 18487.1—2015 中 B.6 和 GB/T 27930—2015 中对应阶段的规定。

⑦ 锁止状态：检查机械锁止状态和电子锁止状态。通过检查检测点 1 电压值，并施加 GB/T 20234.1—2015 中 6.3.2 规定的拔出外力，判断机械锁止装置的有效性。通过检查电子锁反馈信号变化和机械锁是否能操作，判断电子锁止装置对机械锁止装置的联锁效果。

⑧ 解锁条件：充电接口直流电压在 60V 以下，才可进行解锁。

⑨ 故障计时起点：故障发生时刻起同步计时。

3. 依据标准

GB/T 34657.1—2017《电动汽车传导充电互操作性测试规范》。

4. 测试方法与步骤

依据标准，试验项目见表 2-24。

表 2-24 电动汽车直流充电互操作性测试试验项目

序号	试验类别	试验项目
1	充电控制状态测试	连接确认测试
2		自检阶段测试
3		充电准备就绪测试
4		充电阶段测试
5		正常充电结束测试
6	充电连接控制时序测试	充电连接控制时序测试
7	充电异常状态测试	通信中断测试
8		开关 S 断开测试
9		车辆接口断开测试
10		输出电压超过车辆允许值测试
11		绝缘故障测试
12		保护接地导体连续性丢失测试
13		其他充电故障测试
14	充电控制输出测试	输出电压控制误差测试
15		输出电流控制误差测试
16		输出电流调整时间测试
17		输出电流停止速率测试
18		冲击电流测试
19	充电控制导引回路测试	控制导引电压限值测试

1）连接确认测试。

① 状态 0：车辆插头未插入车辆插座时，检查检测点 1 的电压值和充电状态。

② 状态 1/ 状态 2：将车辆插头插入车辆插座中，检查检测点 1 的电压值和充电状态。

③ 状态 3：车辆插头与车辆插座完全连接后，检查检测点 1 的电压值、检测点 2 的电压值、充电状态。

④ 检查该阶段车辆接口锁止状态。

2）自检阶段测试。

① 绝缘检测开始前，分别模拟正常的电池端电压（K1 和 K2 外侧电压 <10V）、不正常的电池端电压（K1 和 K2 外侧电压 ≥ 10V），进行步骤②～步骤⑦。

② 分别模拟车辆通信握手报文内的最高允许充电总电压在充电机输出电压范围内、超过充电机输出电压范围上限值、低于充电机输出电压范围下限值。

③ 检查该阶段 K3 和 K4 状态、K1 和 K2 状态，测量车辆接口的低压辅助供电回路的电压值和电流值。

④ 测量绝缘检测时稳定输出后充电直流回路的电压值。

⑤ 绝缘检测完成后，检查从稳定输出的绝缘电压开始下降的变化时刻到车辆接口直流电压降至 60V 以下的时间、K1 和 K2 状态。

⑥ 检查该阶段通信状态。

⑦ 检查该阶段车辆接口锁止状态。

3）充电准备就绪测试。

① 分别模拟正常的车辆端电池电压（接触器外端电压与通信报文电池电压误差范围 ≤ ±5% 且在充电机正常输出电压范围内）、非正常车辆端电池电压（接触器外端电压与通信报文电池电压误差范围 >±5% 或不在充电机正常输出电压范围内），检查该阶段 K1 和 K2 状态、充电状态。

② 检查该阶段通信状态。

③ 检查该阶段车辆接口锁止状态。

4）充电阶段测试。

① 充电过程中，利用车辆 BMS 模拟软件发送"电池充电需求"报文，检查该阶段充电状态。

② 充电过程中，按照第 14）、15）、16）项试验中的规定分别进行输出电压控制误差测试、输出电流控制误差测试、输出电流调整时间测试。

③ 检查该阶段通信状态。

④ 检查该阶段车辆接口锁止状态。

5）正常充电结束测试。

① 在正常充电过程中，对充电机实施停止充电指令，检查该阶段充电状态、K1 和 K2 状态、K3 和 K4 状态。

② 停止充电时，按照第 17）项试验的规定进行输出电流停止速率测试。

③ 充电结束，检查 K1 和 K2 的状态，并记录从泄放投切开关闭合的时刻到 K1 和 K2 前端直流电压降至 60V 以下的时间。

④ 检查该阶段通信状态。

⑤ 检查该阶段车辆接口锁止状态。

⑥ 在正常充电过程中，利用车辆 BMS 模拟软件发送 "BMS 中止充电"报文和"BMS 统计数据"报文，检查该阶段充电状态、K1 和 K2 状态、K3 和 K4 状态。

⑦ 停止充电时，按照第 17）项试验的规定进行输出电流停止速率测试。

⑧ 充电结束，检查 K1 和 K2 的状态，并记录从泄放投切开关闭合的时刻到 K1 和 K2 前端直流电压降至 60V 以下的时间。

⑨ 检查该阶段通信状态。

⑩ 检查该阶段车辆接口锁止状态。

6）充电连接控制时序测试。利用车辆 BMS 模拟软件与被测充电机进行通信，模拟车辆接口连接状态、K5 和 K6 状态、电池状态等，检查充电连接控制过程中检测点 1 的电压值、K1 和 K2 状态、K3 和 K4 状态、充电状态、通信状态、车辆接口锁止状态、充电状态转换的间隔时间。

7）通信中断测试。

① 在正常充电过程中（除了充电结束阶段），模拟通信超时（采用如通信线 S+ 断线、通信线 S- 断线、通信线 S+ 和 S- 之间短路、车辆 BMS 模拟软件停止发送报文等故障方式中的一种），检查该阶段通信状态、充电状态、K1 和 K2 状态、K3 和 K4 状态、车辆接口锁止状态。

② 保持通信故障状态，检查充电机是否能进行三次握手辨识阶段的连接、该阶段充电状态、K1 和 K2 状态、K3 和 K4 状态、车辆接口锁止状态。

③ 在正常充电过程中（除了充电结束阶段），模拟通信超时，检查该阶段通信状态、充电状态、K1 和 K2 状态、K3 和 K4 状态、车辆接口锁止状态。

④ 当检测到被测充电机进入握手辨识阶段时，利用车辆 BMS 模拟软件与其正常通信，检查重新连接后的通信状态、充电状态、K1 和 K2 状态、K3 和 K4 状态、车辆接口锁止状态。

⑤ 通信中断（重新连接发生三次通信超时）时，检查该阶段通信状态、充电状态、K1 和 K2 状态、K3 和 K4 状态、车辆接口锁止状态。

8）开关 S 断开测试。

① 使电子锁失效后进行测试。

② 在正常充电过程中，模拟开关 S 由闭合变为断开，检查该阶段通信状态、充电状态、K1 和 K2 状态、K3 和 K4 状态。

9）车辆接口断开测试。在正常充电过程中，模拟车辆接口断开，即车辆接口 CC1 断线，检查该阶段通信状态、充电状态、K1 和 K2 状态、K3 和 K4 状态、车辆接口锁止状态。

10）输出电压超过车辆允许值测试。在正常充电过程中，使充电直流回路电压高于车辆最高允许充电总电压，检查该阶段通信状态、充电状态、K1 和 K2 状态、K3 和 K4 状态、车辆接口锁止状态。

11）绝缘故障测试。

① 在绝缘检测前，选择测试电阻 R_t（测试电阻的准确度为 ±3%），分别在充电直流回

路 DC+ 与 PE 之间或 DC- 与 PE 之间进行非对称绝缘测试、DC+ 与 PE 之间和 DC- 与 PE 之间进行对称绝缘测试，测试电压为充电机的额定输出电压。

② 设置 $100\Omega/V<R_t\leq 500\Omega/V$，检查该阶段是否有绝缘异常提示，是否允许充电。

③ 设置 $R_t\leq 100\Omega/V$，检查该阶段是否有绝缘故障告警，是否允许充电。

④ 绝缘检测完成后，检查泄放过程中充电接口直流电压降到 60V 以下的时间、K1 和 K2 状态。

⑤ 检查该阶段车辆接口锁止状态。

12）保护接地导体连续性丢失测试。在正常充电过程中，模拟充电机保护接地导体连续性丢失（不含车辆接口内 PE 断针），检查该阶段充电状态、K1 和 K2 状态、车辆接口锁止状态。

13）其他充电故障测试。

① 在正常充电过程中，分别模拟出现不能继续充电故障和交流电源停电，检查该阶段通信状态、充电状态、K1 和 K2 状态、K3 和 K4 状态、车辆接口锁止状态。

② 交流电源停电测试结束后，保持充电用连接装置处于完全连接状态，恢复对被测充电机的交流供电，检查该阶段通信状态、充电状态、K1 和 K2 状态、K3 和 K4 状态、车辆接口锁止状态。

14）输出电压控制误差测试。充电机设置在恒压状态下运行，在正常充电过程中，利用车辆 BMS 模拟软件发送"电池充电需求"，设置充电电压需求值 U_0 在充电机输出电压上限、下限范围内，稳定输出后利用测试仪器分别测量实际输出电压 U_M。

15）输出电流控制误差测试。充电机设置在恒流状态下运行，在正常充电过程中，利用车辆 BMS 模拟软件发送"电池充电需求"，设置充电电流需求值 I_0 在被测充电机输出电流上限、下限范围内，稳定输出后利用测试仪器分别测量实际输出电流 I_M。

16）输出电流调整时间测试。

① 充电机设置在恒流状态下运行，在正常充电过程中，利用车辆 BMS 模拟软件发送"电池充电需求"，设置充电电流需求值 I 在被测充电机输出电流上限、下限范围内，当 BMS 发送的充电电流需求值从 I_0 调整至目标值 I_N 时，见图 2-14，利用测试仪器测量电流到达目标值的间隔时间。

② 调整充电电压在被测充电机输出电压上限、下限范围内，重复以上步骤。

17）输出电流停止速率测试。

① 在正常充电过程中，主动实施停止充电指令，记录充电机从稳定输出电流开始下降的变化时刻 $T(s)$，并利用测试仪器测量当前实际输出电流值。

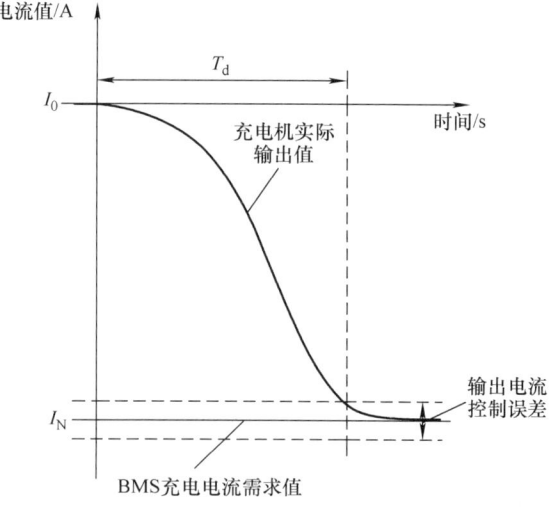

图 2-14　电流控制阶跃响应

② 充电结束过程,记录直流输出电流降至 5A 的时刻 $T'(s)$,计算输出电流停止速率。

③ 在正常充电过程中,利用车辆 BMS 模拟软件发送"BMS 中止充电",记录当前时刻 $T(s)$,并利用测试仪器测量实际输出电流值。

④ 充电结束过程,记录直流输出电流降至 5A 的时刻 $T'(s)$,计算输出电流停止速率。

18)冲击电流测试。在充电准备就绪阶段时,利用车辆 BMS 模拟软件与其正常通信,模拟正常的车辆端电池电压并闭合 K5 和 K6,利用测量仪器测量被测充电机在闭合接触器 K1 和 K2 时,从车辆到充电机或充电机到车辆产生的冲击电流。

19)控制导引电压限值测试。

① 车辆接口完全连接后,通过调整车辆控制器模拟盒内等效电阻 R4,使检测点 1 的电压值正常充电范围内,即[3.65V,4.37V],起动充电,检查该阶段通信状态、充电状态、K1 和 K2 状态。

② 在正常充电过程中,通过调整车辆控制器模拟盒内等效电阻 R4,使检测点 1 的电压值在正常充电范围内,即[3.65V,4.37V],检查该阶段通信状态、充电状态、K1 和 K2 状态。

③ 车辆接口完全连接后,通过调整车辆控制器模拟盒内等效电阻 R4,使检测点 1 的电压值超过标称值误差范围,即(0V,3.2V)或(4.8V,+∞),起动充电,检查该阶段通信状态、充电状态、K1 和 K2 状态。

④ 在正常充电过程中,通过调整车辆控制器模拟盒内等效电阻 R4,使检测点 1 的电压值超过标称值误差范围,即(0V,3.2V)或(4.8V,+∞),检查该阶段通信状态、充电状态、K1 和 K2 状态。

⑤ 车端电阻最值测试:车辆接口完全连接后,将车辆控制器模拟盒内等效电阻 R4 分别设置在 GB/T 18487.1—2015 中表 B.1 规定的最大值和最小值,起动充电,检查该阶段通信状态、充电状态、K1 和 K2 状态。

5. 数据处理及评价指标

1)连接确认测试。合格评判:

① 车辆接口连接确认应符合 GB/T 18487.1—2015 中 B.3.2 的规定。

② 在车辆接口连接过程中,检测点 1 的电压值及充电状态应符合表 2-25 的规定。

③ 在车辆接口完全连接后,检测点 2 的电压值应符合表 2-25 的规定,即等效电阻 R3 正常。

④ 在车辆接口完全连接后,绝缘检测输出电压前,车辆插头电子锁应可靠锁止。

表 2-25 供电设备(直流充电)检测点及相关状态测试要求

状态	充电接口状态	开关 S 状态	可否充电	检测点 1 电压/V			检测点 2 电压/V		
				标称值	最大值	最小值	标称值	最大值	最小值
状态 0(初始状态)	断开	闭合	否	6	6.8	5.2	12	12.8	11.2
状态 1	断开	断开	否	12	12.8	11.2	12	12.8	11.2
状态 2	连接中	断开	否	6	6.8	5.2	6	6.8	5.2
状态 3	完全连接	闭合	可	4	4.8	3.2	6	6.8	5.2

2）自检阶段测试。合格评判：

① 绝缘检测开始前，当检测到不正常的电池端电压时，充电机应不允许充电。

② 当车辆通信握手报文内的最高允许充电总电压低于充电机输出电压范围下限值时，充电机应不允许充电。

③ 充电机自检阶段 K1 和 K2、K3 和 K4 状态变化应符合 GB/T 18487.1—2015 中 B.3.3 的规定。

④ 当充电机输出稳定的绝缘检测电压值后，再闭合 K1 和 K2 进行绝缘检测。

⑤ 绝缘检测的输出电压应为车辆通信握手报文内的最高允许充电总电压和充电机额定电压二者中的较小值。

⑥ 充电机低压辅助供电回路的电压值和电流值应符合 GB/T 18487.1—2015 中 B.1 的规定。

⑦ 绝缘检测完成后，泄放过程应符合 GB/T 18487.1—2015 中 B.4.2 的规定。

⑧ 该阶段通信状态应符合 GB/T 18487.1—2015 中 B.6 和 GB/T 27930—2015 中对应阶段的规定。

⑨ 该阶段车辆插头电子锁应可靠锁止。

3）充电准备就绪测试。合格评判：

① 检测到车辆端电池电压不正常时，充电机应不允许充电。

② 充电机充电准备就绪应符合 GB/T 18487.1—2015 中 B.3.4 的规定；且充电机应在其输出电压比接触器外端电压低（1~10V）时闭合 K1 和 K2。

③ 该阶段通信状态应符合 GB/T 18487.1—2015 中 B.6 和 GB/T 27930—2015 中对应阶段的规定。

④ 该阶段车辆插头电子锁应可靠锁止。

4）充电阶段测试。合格评判：

① 充电机充电阶段应符合 GB/T 18487.1—2015 中 B.3.5 的规定。

② 充电过程中，输出电压控制误差、输出电流控制误差、输出电流调整时间应分别符合第 14）、15）、16）项试验的规定。

③ 该阶段通信状态应符合 GB/T 18487.1—2015 中 B.6 和 GB/T 27930—2015 中对应阶段的规定。

④ 该阶段车辆插头电子锁应可靠锁止。

5）正常充电结束测试。合格评判：

① 充电机正常条件下充电结束应符合 GB/T 18487.1—2015 中 B.3.6 的规定。

② 停止充电时，输出电流停止速率应符合第 17）项试验中的规定。

③ 充电结束后，泄放过程应符合 GB/T 18487.1—2015 中 B.4.2 的规定。

④ 该阶段通信状态应符合 GB/T 18487.1—2015 中 B.6 和 GB/T 27930—2015 中对应阶段的规定，中止充电报文中的结束充电原因应符合实际动作情况。

⑤ 充电结束后，达到解锁条件，车辆插头电子锁应能正确解锁。

6）充电连接控制时序测试。合格评判：充电机充电连接控制时序和充电状态流程应符合 GB/T 18487.1—2015 中 B.5 的规定，通信状态应符合 GB/T 18487.1—2015 中 B.6 和

GB/T 27930—2015 中对应阶段的规定。

7）通信中断测试。合格评判：

① 充电中出现通信超时或通信中断，充电机中止充电过程应符合 GB/T 18487.1—2015 中 B.3.7.3 的规定。

② 充电机发送错误报文中的超时报文类型应符合实际动作情况，且有警告提示。

③ 当重新连接（握手辨识阶段）且与车辆匹配成功后，充电机应能正确进入充电阶段。

④ 通信中断后，达到解锁条件，车辆插头电子锁应能正确解锁。

⑤ 通信中断后，当充电机再次充电时，应重新插拔充电连接装置。

8）开关 S 断开测试。合格评判：

① 充电中出现该故障，充电机中止充电过程应符合 GB/T 18487.1—2015 中 B.3.7.4 的规定。

② 充电机发送中止充电报文中的结束充电原因应符合实际动作情况，且有警告提示。

9）车辆接口断开测试。合格评判：

① 充电中出现该故障，充电机应在 100ms 内发送中止充电报文并断开 K1 和 K2，K3 和 K4 应在充电机发完统计报文和收到车辆统计报文后断开。

② 充电机发送中止充电报文中的结束充电原因应符合实际动作情况，且有警告提示。

③ 充电结束后，达到解锁条件，车辆插头电子锁应能正确解锁。

10）输出电压超过车辆允许值测试。合格评判：

① 充电中出现该故障，充电机中止充电过程应符合 GB/T 18487.1—2015 中 B.3.7.6 的规定。

② 充电机发送中止充电报文中的结束充电原因应符合实际动作情况，且有警告提示。

③ 充电结束后，达到解锁条件，车辆插头电子锁应能正确解锁。

11）绝缘故障测试。合格评判：

① 充电机绝缘检测应符合 GB/T 18487.1—2015 中 B.4.1 和 B.4.2 的规定。

② 绝缘检测完成后，泄放过程应符合 GB/T 18487.1—2015 中 B.4.2 的规定。

③ 当绝缘故障时，达到解锁条件，车辆插头电子锁应能正确解锁。

12）保护接地导体连续性丢失测试。合格评判：

① 充电中出现该故障，充电机中止充电过程应符合 GB/T 18487.1—2015 中 5.2.1.2 的规定。

② 充电机发送中止充电报文中的结束充电原因应符合实际动作情况，且有警告提示。

③ 充电结束后，达到解锁条件，车辆插头电子锁应能正确解锁。

13）其他充电故障测试。合格评判：

① 充电中出现不能继续充电故障时，充电机在 100ms 内发送中止充电报文并断开 K1 和 K2，K3 和 K4 应在充电机发送统计报文且收到车辆统计报文后断开；充电机发送中止充电报文中的结束充电原因应符合实际动作情况，且有警告提示。

② 充电中发生交流电源停电时，充电机中止充电过程应符合 GB/T 18487.1—2015 中 B.4.3 的规定，恢复供电后充电机应不能继续本次充电且不能发送停电前的充电阶段报文。

③ 充电结束后，达到解锁条件，车辆插头电子锁应能正确解锁。

14）输出电压控制误差测试。计算测得的输出电压控制误差 ΔU：

$$\Delta U = U_M - U_0 \tag{2-36}$$

式中　U_0——BMS 设定的充电电压需求值；
　　　U_M——充电机实际输出电压测量值。

合格评判为输出电压控制误差应符合 NB/T 33001 中输出电压误差的规定。

15）输出电流控制误差测试。计算测得的输出电流控制误差 ΔI：

$$\Delta I = I_M - I_0 \tag{2-37}$$

式中　I_0——BMS 设定的充电电流需求值；
　　　I_M——充电机实际输出电流测量值。

合格评判为输出电流控制误差应符合 NB/T 33001 中输出电流误差的规定。

16）输出电流调整时间测试。计算测得的输出电流调整时间 T_d：

$$T_d \leq \frac{|I_N - I_0|}{\mathrm{d}I_{\min}} \tag{2-38}$$

式中　I_0——BMS 设定的充电电流需求当前值；
　　　I_N——BMS 设定的充电电流需求目标值；
　　　$\mathrm{d}I_{\min}$——最小充电速率，20A/s。

合格评判：

① 输出电流调整时间不应超过表 2-26 的要求。

② 输出电流目标值的控制误差应符合第 15）项试验中的规定。

表 2-26　输出电流调整时间要求

电流变化值 ΔI/A	下降调整时间 /s
≤ 20	1
> 20	$\Delta I/20$

17）输出电流停止速率测试。合格评判为输出电流停止速率应不小于 100A/s。

18）冲击电流测试。合格评判为冲击电流应符合 GB/T 18487.1—2015 中 9.7 的规定。

19）控制导引电压限值测试。合格评判：

① 在充电前或充电过程中，当检测点 1 的电压值在对应状态下标称值误差范围内时，充电机应允许充电或正常充电。

② 在充电前或充电过程中，当检测点 1 的电压值超过对应状态下标称值误差范围时，充电机应不允许充电或停止充电。

③ 充电机发送中止充电报文中的结束充电原因应符合实际动作情况，且有警告提示。

2.2.6.2　交流充电互操作性测试

1. 测试目的

测试电动汽车交流充电互操作性。

2. 测试设备

电动汽车交流充电互操作性测试系统、示波器，万用表，CANalyzer 等 CAN 总线分析记录专用设备。

电动汽车交流充电互操作性测试系统通过模拟交流充电桩，对电动汽车的充电控制过程、连接控制时序以及异常充电状态响应等项目进行测试。测试系统结构见图 2-15。

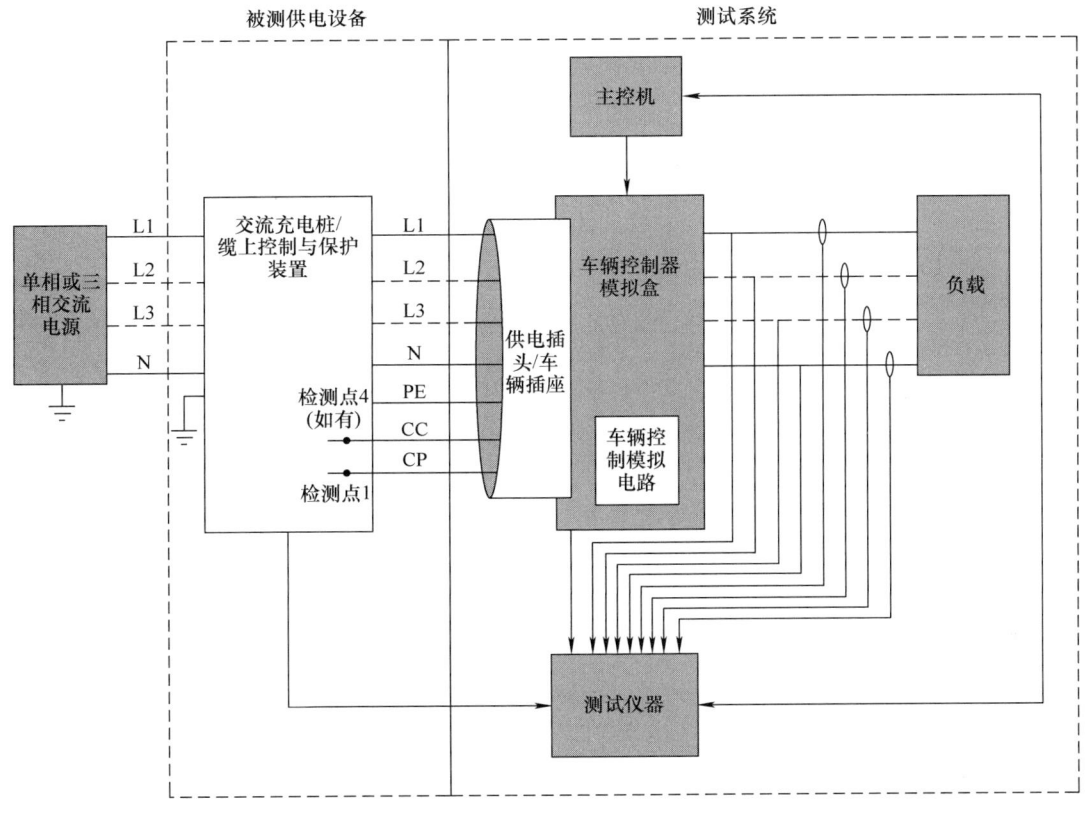

图 2-15　供电设备（交流充电）互操作性测试系统

电动汽车交流充电互操作性测试系统应能满足以下测试点要求：

① 检测点 1 的电压值：供电接口（连接方式 A）或车辆接口（连接方式 B 或连接方式 C）CP 与 PE 之间的电压值。

② PWM 信号：供电接口（连接方式 A）或车辆接口（连接方式 B 或连接方式 C）CP 与 PE 之间的 PWM 信号占空比、频率、上升时间、下降时间。

③ 检测点 4 的电压值：供电接口（连接方式 A 或连接方式 B）CC 与 PE 之间的电压值。

④ 开关 S2 状态：测量 CP 与 PE 之间的电压变化，判断开关 S2 开合状态。

⑤ 连接状态：检查充电桩是否提示供电接口处于未连接状态或已连接状态。

⑥ 充电状态：检查充电桩是否允许充电或正常充电；如正常充电，测量当前交流供电回路中的电压值和电流值。

⑦ 锁止状态：对于充电电流大于 16A 的充电桩，检查供电接口的机械锁止状态和电子锁止状态。通过检查检测点 1 的电压值，并施加 GB/T 20234.1—2015 中 6.3.2 规定的拔出外力，判断机械锁止装置的有效性。通过检查电子锁反馈信号变化和机械锁是否能操作，判断电子锁止装置对机械锁止装置的联锁效果。

⑧ 解锁条件：对于充电电流大于 16A 且采用连接方式 A 或连接方式 B 的充电桩，如果供电接口锁止装置无需用户授权触发，应在停止充电（交流供电回路切断）或不允许充电（开关 S1 切换到 +12V 连接状态且不闭合交流供电回路）100ms 后 5s 内解锁；如果供电接口锁止装置由用户授权触发，则只有满足停止或不允许充电条件及再次获得用户的授权两个条件，方能解锁。

⑨ 故障计时起点：故障发生时刻起同步计时。

3. 测试依据

GB/T 34657.1—2017《电动汽车传导充电互操作性测试规范》。

4. 测试方法与步骤

依据标准，电动汽车交流充电互操作性测试试验项目见表 2-27。

表 2-27　电动汽车交流充电互操作性测试试验项目

序号	试验类别	试验项目
1	充电控制状态测试	连接确认测试
2		充电准备就绪测试
3		起动和充电阶段测试
4		正常充电结束测试
5	充电连接控制时序测试	充电连接控制时序测试
6	充电异常状态测试	CC 断线测试
7		CP 断线测试
8		CP 接地测试
9		保护接地导体连续性丢失测试
10		输出过电流测试
11		断开开关 S2 测试
12	充电控制输出测试	CP 回路电压限值测试

1）连接确认测试。

① 模拟具备开关 S2 的车辆，进行步骤②~步骤⑤测试；模拟不配置开关 S2（或开关 S2 为常闭状态）的车辆，进行步骤⑥~步骤⑨测试；对充电连接方式 B 再进行步骤⑩~步骤⑬测试。

② 状态 1：充电连接装置未连接，将充电桩上电，检查检测点 1 的电压值、连接状态、充电状态。

③ 状态 2：充电连接装置连接，检查检测点 1 的电压值、连接状态、充电状态。

④ 状态 2′：充电连接装置完全连接，起动充电，检查检测点 1 的电压值、PWM 信号、连接状态、充电状态。

⑤ 对于充电电流大于 16A 且采用连接方式 A 或连接方式 B 的充电桩，检查该阶段供

电接口锁止状态。

⑥ 状态1：充电连接装置未连接，将充电桩上电后，检查检测点1的电压值、连接状态、充电状态。

⑦ 状态3：充电连接装置连接，检查检测点1的电压值、连接状态、充电状态。

⑧ 状态3'：充电连接装置完全连接，起动充电，检查检测点1的电压值、PWM信号、连接状态、充电状态。

⑨ 对于充电电流大于16A且采用连接方式A或连接方式B的充电桩，检查该阶段供电接口锁止状态。

⑩ 充电连接装置未连接，将充电桩上电，检查检测点4的电压值、连接状态、充电状态。

⑪ 充电连接装置连接，检查检测点4的电压值、连接状态、充电状态。

⑫ 状态2'：充电连接装置完全连接，起动充电，检查检测点4的电压值、连接状态、充电状态。

⑬ 对于充电电流大于16A的充电桩，检查该阶段供电接口锁止状态。

2）充电准备就绪测试。

① 模拟具备开关S2的车辆，进行步骤②、步骤③测试；模拟不配置开关S2（或开关S2为常闭状态）的车辆，进行步骤④、步骤⑤测试。

② 状态2'转状态3'：模拟闭合开关S2，检查该阶段检测点1的电压值、PWM信号、充电状态。

③ 对于充电电流大于16A且采用连接方式A或连接方式B的充电桩，检查该阶段供电接口锁止状态。

④ 状态3转状态3'：充电连接装置完全连接，起动充电，检查该阶段检测点1的电压值、PWM信号、连接状态、充电状态。

⑤ 对于充电电流大于16A且采用连接方式A或连接方式B的充电机，检查该阶段供电接口锁止状态。

3）起动和充电阶段测试。

① 状态3'：在正常充电过程中，检查检测点1的PWM信号、充电状态。

② 调整负载，对于具备可调节占空比功能的充电桩，分别设置输出占空比在5%、10%、其最大供电电流对应的占空比，检查该阶段充电状态；对于不可调节占空比功能的充电桩，设置输出占空比为其最大供电电流对应的占空比，检查该阶段充电状态。

③ 对于充电电流大于16A且采用连接方式A或连接方式B的充电桩，检查该阶段供电接口锁止状态。

4）正常充电结束测试。

① 状态3'：在正常充电过程中，模拟充电桩达到设定的充电终止条件，并分别模拟在3s内和超（含）过3s断开开关S2，检查该阶段检测点1的电压值、PWM信号、充电状态。

② 对于充电电流大于16A且采用连接方式A或连接方式B的充电桩，检查该阶段供电接口锁止状态。

③ 状态 3′：在正常充电过程中，模拟将充电电流减小至最低（<1A），然后断开开关 S2，检查该阶段检测点 1 的电压值、PWM 信号、充电状态。

④ 对于充电电流大于 16A 且采用连接方式 A 或连接方式 B 的充电桩，检查该阶段供电接口锁止状态。

5）充电连接控制时序测试。利用车辆控制器模拟盒与被测充电桩进行通信，模拟充电接口连接状态、电池等，检查充电连接控制过程中检测点 1 的电压值、PWM 信号、充电状态、供电接口锁止状态（对于充电电流大于 16A 且采用连接方式 A 或连接方式 B）、充电状态转换的间隔时间。

6）CC 断线测试。

① 状态 2′：模拟断开供电接口 CC 线，检查该阶段检测点 1 的电压值、PWM 信号、充电状态；对于充电电流大于 16A 的充电桩，检查该阶段供电接口锁止状态。

② 状态 3′：在正常充电过程中，模拟断开供电接口 CC 线，检查该阶段检测点 1 的电压值、PWM 信号、充电状态；对于充电电流大于 16A 的充电桩，检查该阶段供电接口锁止状态。

7）CP 断线测试。

① 状态 2′：模拟断开供电接口（连接方式 A）或车辆接口（连接方式 B 或连接方式 C）CP 线，检查该阶段检测点 1 的电压值、PWM 信号、充电状态；对于充电电流大于 16A 且采用连接方式 A 或连接方式 B 的充电桩，检查该阶段供电接口锁止状态。

② 状态 3′：在正常充电过程中，模拟断开供电接口（连接方式 A）或车辆接口（连接方式 B 或连接方式 C）CP 线，检查该阶段检测点 1 的电压值、PWM 信号、充电状态；对于充电电流大于 16A 且采用连接方式 A 或连接方式 B 的充电桩，检查该阶段供电接口锁止状态。

8）CP 接地测试。

① 状态 2′：利用 120Ω 电阻将供电接口（连接方式 A）或车辆接口（连接方式 B 或连接方式 C）CP 线接地，检查该阶段检测点 1 的电压值、PWM 信号、K1 和 K2 状态、充电状态；对于充电电流大于 16A 且采用连接方式 A 或连接方式 B 的充电桩，检查该阶段供电接口锁止状态。

② 状态 3′：在正常充电过程中，利用 120Ω 电阻将供电接口（连接方式 A）或车辆接口（连接方式 B 或连接方式 C）CP 线接地，检查该阶段检测点 1 的电压值、PWM 信号、K1 和 K2 状态、充电状态；对于充电电流大于 16A 且采用连接方式 A 或连接方式 B 的充电桩，检查该阶段供电接口锁止状态。

9）保护接地导体连续性丢失测试。

① 状态 3′：在正常充电过程中，模拟断开供电接口（连接方式 A）或车辆接口（连接方式 B 或连接方式 C）PE 线，检查该阶段检测点 1 的电压值、PWM 信号、充电状态。

② 对于充电电流大于 16A 且采用连接方式 A 或连接方式 B 的充电桩，检查该阶段供电接口锁止状态。

10）输出过电流测试。

① 状态 3′：在正常充电过程中，根据充电桩提供的最大供电电流能力，选择进行步

骤②或步骤③测试。

② 当充电桩输出的 PWM 信号对应的最大供电电流 ≤ 20A 时，模拟充电电流超过充电桩最大供电电流 +2A，并保持 5s，检查该阶段检测点 1 的 PWM 信号、充电状态。

③ 当充电桩输出的 PWM 信号对应的最大供电电流 >20A 时，模拟充电电流超过充电桩最大供电电流的 1.1 倍，并保持 5s，检查该阶段检测点 1 的 PWM 信号、充电状态、供电接口锁止状态。

11）断开开关 S2 测试。

① 状态 3′：在正常充电过程中，模拟断开开关 S2（状态 2′），检查该阶段检测点 1 的 PWM 信号、充电状态；对于充电电流大于 16A 且采用连接方式 A 或连接方式 B 的充电桩，检查该阶段供电接口锁止状态。

② 保持充电连接装置完全连接（状态 2′）在 PWM 持续输出时间内重新闭合开关 S2，检查该阶段充电状态；对于充电电流大于 16A 且采用连接方式 A 或连接方式 B 的充电桩，检查该阶段供电接口锁止状态。

12）CP 回路电压限值测试。

① 状态 2：通过调整车辆控制器模拟盒内等效电阻 R3 和等效二极管 VD1 压降，使检测点 1 的正电压值在标称值误差范围内，即 [5.47V，6.53V]，起动充电，检查该阶段检测点 1 的 PWM 信号、连接状态、充电状态。

② 状态 3′：在正常充电过程中，通过调整车辆控制器模拟盒内等效电阻 R2 和 R3、使检测点 1 的正电压值在正常充电范围内，即 [5.47V，6.53V]，检查该阶段检测点 1 的 PWM 信号、充电状态。

③ 状态 2：通过调整车辆控制器模拟盒内等效电阻 R3，使检测点 1 的正电压值超过标称值误差范围，即（0V，8.2V）或（9.8V，+∞），起动充电，检查该阶段检测点 1 的 PWM 信号、连接状态、充电状态。

④ 状态 3′：在正常充电过程中，通过调整车辆控制器模拟盒内等效电阻 R2 和 R3，使检测点 1 的正电压值超过标称值误差范围，即（0V，5.2V）或（6.8V，+∞），检查该阶段检测点 1 的 PWM 信号、充电状态。

⑤ 车端电阻最值测试：状态 1 时，将车辆控制器模拟盒内等效电阻 R2 和 R3 分别设置在 GB/T 18487.1—2015 中表 A.5 规定的最大值和最小值，连接被测充电桩，起动充电，检查该阶段检测点 1 的 PWM 信号、连接状态、充电状态；被测充电桩准备就绪后，模拟闭合开关 S2，检查该阶段检测点 1 的 PWM 信号、连接状态、充电状态。

5. 数据处理及评价指标

1）连接确认测试。合格评判：

① 充电连接确认应符合 GB/T 18487.1—2015 中 A.3.2 和 A.3.4 的规定。

② 在充电接口连接过程中，检测点 1 的电压值、PWM 信号、检测点 4 的电压值及充电状态应符合表 2-28 的规定。

③ 对于充电电流大于 16A 且采用连接方式 A 或连接方式 B 的充电桩，在充电连接装置完全连接后、交流供电回路导通前，供电接口电子锁应可靠锁止。

2）充电准备就绪测试。合格评判：

表 2-28　供电设备（交流充电）检测点及相关状态测试要求

状态	充电接口状态	可否充电	检测点1的电压值/V			检测点4的电压值/V	PWM信号频率/Hz			上升时间/μs	下降时间/μs
			标称值	最大值	最小值		标称值	最大值	最小值	最大值	最大值
状态1	断开	否	+12	+12.8	+11.2	≠0	—	—	—	—	—
状态1'	断开	否	+12	+12.8	+11.2	≠0	1000	1030	970	10	13
		否	−12	−11.4	−12.6	≠0					
状态2	已连接	否	+9	+9.8	+8.2	0	—	—	—	—	—
状态2'	已连接	否	+9	+9.8	+8.2	0	1000	1030	970	10	13
		否	−12	−11.4	−12.6	0					
状态3	已连接	否	+6	+6.8	+5.2	0	—	—	—	—	—
状态3'	已连接	可	+6	+6.8	+5.2	0	1000	1030	970	7	13
		可	−12	−11.4	−12.6	0					

① 充电准备就绪应符合 GB/T 18487.1—2015 中 A.3.6 的规定。

② 对于充电电流大于 16A 且采用连接方式 A 或连接方式 B 的充电桩，交流供电回路导通前，供电接口电子锁应可靠锁止。

3）起动和充电阶段测试。合格评判：

① 起动和充电阶段应符合 GB/T 18487.1—2015 中 A.3.7 和 A.3.8 的规定。

② 在充电阶段，检测点 1 的电压值、PWM 信号、充电状态应符合表 2-28 的规定。

③ 充电桩产生的占空比与充电电流限值关系应符合 GB/T 18487.1—2015 中表 A.1 的规定。

④ 对于不同充电模式的充电桩，其最大充电电流应符合 GB/T 18487.1—2015 中 5.1 的相应规定。

⑤ 充电桩输出占空比应不超过其最大可供电能力。

⑥ 对于充电电流大于 16A 且采用连接方式 A 或连接方式 B 的充电桩，该阶段供电接口电子锁应可靠锁止。

4）正常充电结束测试。合格评判：

① 充电桩正常充电结束过程应符合 GB/T 18487.1—2015 中 A.3.9.2 的规定。

② 充电结束后，对于充电电流大于 16A 且采用连接方式 A 或连接方式 B 的充电桩，达到解锁条件。

③ 供电接口电子锁应能正确解锁。

5）充电连接控制时序测试。合格评判：充电桩充电连接控制时序应符合 GB/T 18487.1—2015 中 A.4 和 A.5 的规定。

6）CC 断线测试。合格评判：

① 充电前出现该故障，充电桩中止充电过程应符合 GB/T 18487.1—2015 中 A.3.10.9 的规定；充电结束后，对于充电电流大于 16A 的充电桩，达到解锁条件，供电接口电子锁应能正确解锁。

② 充电中出现该故障，充电桩中止充电过程应符合 GB/T 18487.1—2015 中 A.3.10.5 的规定；充电结束后，对于充电电流大于 16A 的充电桩，达到解锁条件，供电接口电子

锁应能正确解锁。

7）CP断线测试。合格评判：

① 充电前出现该故障，充电桩中止充电过程应符合GB/T 18487.1—2015中A.3.10.9的规定；充电结束后，对于充电电流大于16A且采用连接方式A或连接方式B的充电桩，达到解锁条件，供电接口电子锁应能解锁。

② 充电中出现该故障，充电桩中止充电过程应符合GB/T 18487.1—2015中A.3.10.4的规定；充电结束后，对于充电电流大于16A且采用连接方式A或连接方式B的充电桩，达到解锁条件，供电接口电子锁应能正确解锁。

8）CP接地测试。合格评判：

① 充电前出现该故障，充电桩中止充电过程应符合GB/T 18487.1—2015中A.3.10.9的规定；充电结束后，对于充电电流大于16A且采用连接方式A或连接方式B的充电桩，达到解锁条件，供电接口电子锁应能解锁。

② 充电中出现该故障，充电桩充电中止过程应符合GB/T 18487.1—2015中A.3.10.4的规定；充电结束后，对于充电电流大于16A且采用连接方式A或连接方式B的充电桩，达到解锁条件，供电接口电子锁应能正确解锁。

9）保护接地导体连续性丢失测试。合格评判：

① 充电中出现该故障，充电桩中止充电过程应符合GB/T 18487.1—2015中5.2.1.2的规定。

② 充电结束后，对于充电电流大于16A且采用连接方式A或连接方式B的充电桩，达到解锁条件，供电接口电子锁应能正确解锁。

10）输出过电流测试。合格评判：

① 充电中出现该故障，充电桩中止充电过程应符合GB/T 18487.1—2015中A.3.10.7的规定。

② 充电结束后，对于充电电流大于16A且采用连接方式A或连接方式B的充电桩，达到解锁条件，供电接口电子锁应能正确解锁。

11）断开开关S2测试。合格评判：

① 充电中出现该情况，充电桩中止充电过程应符合GB/T 18487.1—2015中A.3.10.8的规定；充电结束后，对于充电电流大于16A且采用连接方式A或连接方式B的充电桩，达到解锁条件，供电接口电子锁应能正确解锁。

② 在PWM持续输出时间内重新闭合开关S2时，充电桩应能导通交流供电回路；重新充电时，对于充电电流大于16A且采用连接方式A或连接方式B的充电桩，供电接口电子锁应能可靠锁止。

12）CP回路电压限值测试。合格评判：

① 在充电前或充电过程中，当检测点1的正电压值在对应状态下标称值误差范围内，充电桩应允许充电或正常充电。

② 在充电前或充电过程中，当检测点1的正电压值超过对应状态下标称值误差范围时，充电桩应不允许充电或停止充电。

2.2.7 远程监控功能测试

近年来电动汽车技术趋于成熟，电动汽车示范运行与推广已经进入市场化阶段，为了完善管理和监督车辆运行状态，保证车辆运行安全和及时维护，企业应当对处于起步期和发展期的每一辆新能源汽车的运行状态建立档案并进行实时监控，以便对新能源汽车的质量进行跟踪。因此，远程监控系统成为保证上述需求的必要手段。

1. 测试目的

测试纯电动汽车远程监控系统。

2. 测试设备

CAN 总线数据记录设备。

3. 依据标准

GB/T 32960—2016《电动汽车远程服务与管理系统技术规范》。

4. 测试方法与步骤

依据标准，电动汽车远程监控测试项目见表 2-29。

表 2-29 电动汽车远程监控测试项目

序号	试验项目
1	登入 / 登出测试
2	行车数据测试
3	充电数据测试
4	报警数据测试
5	补发数据测试

1) 登入 / 登出测试。

① 车辆以直连的方式与国家检测平台进行通信，即发送登入 / 登出请求。

② 客户端平台对登入 / 登出信息进行身份识别，并对接收到的数据进行校验。

③ 当校验成功时，执行车辆登入、登出操作 5 个循环，并记录时间。

2) 行车数据测试。

① 车辆以直连的方式与国家检测平台进行通信。

② 保持车辆行驶状态，并发送车辆行驶数据维持 1h 以上，记录试验时间。

③ 服务器端以数据格式标准对接收数据进行校验。

3) 充电数据测试。

① 车辆应保持以直连的方式与国家检测平台实施通信。

② 发送车辆充电数据，车辆充电状态维持发送 1h 以上，或发送单一 SOC 为 100% 时车辆状态为充电状态数据，维持发送 5min。

③ 记录试验时间，服务器端以数据格式标准对接收数据进行校验。

4) 报警数据测试。

① 车辆应保持以直连的方式与国家检测平台实施通信。

② 通过软件故障注入模拟触发故障报警，检测期间发送车辆报警数据，并要维持三级报警且持续发送 5min 以上。

③ 记录试验时间，同时在服务器端监测报警数据补发情况，并对数据格式进行校验。

5）补发数据测试。

① 车辆应保持以直连的方式与国家检测平台实施通信。

② 通过软件故障注入模拟数据传输异常终端，检测期间发送车辆补发数据，车辆离线状态数据应维持 10min 以上。

③ 记录试验时间，同时在服务器端监测数据补发情况，并对数据格式进行校验。

5. 数据处理及评价指标

1）登入/登出测试。对接收到的数据进行校验，数据格式要求满足表 2-30 和表 2-31 所列的格式。

表 2-30　车辆登入数据格式和定义

数据表示内容	长度 /B	数据类型	描述及要求
数据采集时间	6	BYTE	无
登入流水号	2	WORD	车载终端每登入一次，登入流水号自动加 1，从 1 开始循环累加，最大值为 65531，循环周期为天
ICCID	20	STRING	SIM 卡 ICCID 号（ICCID 应为终端从 SIM 卡获取的值，不应人为填写或修改）
可充电储能子系统数	1	BYTE	可充电储能子系统数 n，有效值范围：0~250
可充电储能系统编码长度	1	BYTE	可充电储能系统编码长度 m，有效范围：0~250，"0"表示不上传该编码
可充电储能系统编码	$n×m$	STRING	可充电储能系统编码宜为终端从车辆获取的值

表 2-31　车辆登出数据格式和定义

数据表示内容	长度 /B	数据类型	描述及要求
登出时间	6	BYTE	无
登出流水号	2	WORD	登出流水号与当次登入流水号一致

2）行车数据测试。记录的行车数据应满足 GB/T 32960.3—2016《电动汽车远程服务与管理系统技术规范 第三部分：通信协议及数据格式》中定义的数据格式。

3）充电数据测试。

① 记录的充电数据应满足 GB/T 32960.3—2016《电动汽车远程服务与管理系统技术规范 第三部分：通信协议及数据格式》中定义的数据格式。

② 车辆在充电过程中需要实时上传整车状态信息，不应在充电过程中丢失车辆状态信息。

4）报警数据测试。

① 对接收到的数据进行校验，数据格式要求满足表 2-32 中的格式。

② 故障状态应以不小于 1s 的频率上送故障发生点前后各 30s 的数据，因此，发生故障后，车载终端应具备以 1s 频率补发故障点发生前后 30s 车辆状态信息的功能。

5）补发数据测试。

① 补发数据的格式与实时数据完全一致。

② 补发数据的命令标识应为 0x03。

③ 补发数据的时间应为数据发生时间而非发送时间。

表 2-32 报警数据格式和定义

数据表示内容	长度 /B	数据类型	描述及要求
最高报警系统	1	BYTE	为当前发生的故障中的最高等级值,有效值范围:0~3。"0"表示无故障;"1"表示1级故障,指代不影响车辆正常行驶的故障;"2"表示2级故障,指代影响车辆性能,需驾驶人限制行驶的故障;"3"表示3级故障,为最高级别故障,指代驾驶人应立即停车处理或请求救援的故障;具体等级对应的故障内容由厂商自行定义;"0xFE"表示异常;"0xFF"表示无效
通用报警标志	4	DWORD	无
可充电储能装置故障总数 N_1	1	BYTE	N_1 个可充电储能装置故障,有效值范围:0~252,"0xFE"表示异常;"0xFF"表示无效
可充电储能装置故障码列表	$4N_1$	DWORD	扩展性数据,由厂商自行定义,可充电储能装置故障个数等于可充电储能装置故障总数 N_1
驱动电机故障总数 N_2	1	BYTE	N_2 个驱动电机故障,有效值范围:0~252,"0xFE"表示异常;"0xFF"表示无效
驱动电机故障码列表	$4N_2$	DWORD	厂商自行定义,驱动电机故障个数等于驱动电机故障总数 N_2
发动机故障总数 N_3	1	BYTE	N_3 个发动机故障,有效值范围:0~252,"0xFE"表示异常;"0xFF"表示无效
发动机故障列表	$4N_3$	DWORD	厂商自行定义,发动机故障个数等于发动机故障总数 N_3
其他故障总数 N_4	1	BYTE	N_4 个其他故障,有效值范围:0~252,"0xFE"表示异常;"0xFF"表示无效
其他故障列表	$4N_4$	DWORD	厂商自行定义,故障个数等于故障总数 N_4

2.3 策略性测试

策略性测试是为了解析标杆车能量管理核心控制方法,为自主开发提供关键性支持。一般来说,根据整车控制策略一般架构和功能划分,策略性测试分为驱动控制策略测试、制动控制策略测试、热管理策略测试和附件管理策略测试。

2.3.1 驱动控制策略测试

驱动控制策略测试关注于测试目标车辆驱动性能的相关控制效果,旨于通过控制历程的客观记录量化其驱动控制策略。针对纯电动车的驱动控制策略,主要测试内容有加速踏板控制特性测试、蠕行特性测试、SOC 对驱动控制的影响测试、环境温度对驱动控制的影响测试,电动汽车驱动控制策略测试项目见表 2-33。

表 2-33 电动汽车驱动控制策略测试项目

序号	试验项目
1	加速踏板控制特性测试
2	蠕行特性测试
3	SOC 对驱动控制的影响测试
4	环境温度对驱动控制的影响测试

2.3.1.1 加速踏板控制特性测试

1. 测试目的

测试加速踏板与需求功率或需求转矩的关系,获得加速踏板特性 MAP;进一步开展档位、模式、工况、踏板输入速率状态下的影响测试。

2. 测试设备

跑道或底盘测功机、位移传感器、转矩传感器、车速传感器、电流传感器、电压传感器、温度传感器、数据采集模块、总线解析模块等。

3. 测试方法与步骤

① 将试验车辆加载到试验质量并按要求合理分布载荷,控制试验温度为常温,蓄电池 SOC 为正常状态(厂家规定的合理使用范围内,如 50%~80%)。

② 第一阶段:车辆由静止状态开始,踩下加速踏板至不同开度,使车辆加速至该踏板开度最高稳定车速并稳定 10s 以上。

③ 第二阶段:车辆加速至最高车速并稳定 10s 以上,控制加速踏板至不同开度,至车速再次到达某一稳定车速并维持 10s 以上。

④ 记录试验过程速度、驱动总转矩、总需求功率等关键状态变量时间历程。

⑤ 按照表 2-34 的测试矩阵,重复步骤②~步骤④,进行正交测试。

表 2-34 加速踏板控制特性测试矩阵

序号	条件	变量控制
1	踏板开度	0%—5%—30%,40%—10%—100%
2	踏板输入速率	快、慢
3	档位	可设置的驱动档位,如 D、S、B、R 等
4	驾驶模式	可设置的驾驶模式,如 Comfort、ECO、Sport 等

4. 数据处理及评价指标

加速踏板控制特性测试主要输出加速踏板特性 MAP,即车速、踏板开度、需求转矩三者之间的关系 MAP,具体测试结果包括:

① 前进档加速踏板特性 MAP。

② 各档位(D/S/B)加速踏板特性 MAP。

③ 各驾驶模式(Comfort、ECO、Sport)加速踏板特性 MAP。

④ 特定工况(起步、急加速)加速踏板特性 MAP。

⑤ 倒档加速踏板特性 MAP。

⑥ 倒档限速值。

2.3.1.2 蠕行特性测试

1. 测试目的

对蠕行工况控制策略和控制特性进行解析,解析蠕行过程的转矩时间历程、转速/车速-时间历程、稳定车速、稳定功率,深入分析前进档/倒档以及坡道对蠕行的影响。

2. 测试设备

跑道或底盘测功机，位移传感器、转矩传感器、车速传感器、电流传感器、电压传感器、温度传感器、数据采集模块、总线解析模块等。

3. 测试方法与步骤

① 将试验车辆加载到试验质量并按要求合理分布载荷，控制试验温度为常温，蓄电池 SOC 为正常状态（厂家规定的合理使用范围内，如 50%~80%）。

② 快速松开制动踏板，使车辆从静止开始蠕行至蠕行最高稳定车速。

③ 记录蠕行过程速度、驱动总转矩等关键状态变量时间历程。

④ 按照表 2-35 的测试矩阵，重复步骤②、步骤③，进行正交测试。

表 2-35 蠕行特性测试矩阵

序号	条件	变量控制
1	档位	可设置的驱动档位，如 D、S、B、R 等
2	驾驶模式	可设置的驾驶模式，如 Comfort、ECO、Sport 等

4. 数据处理及评价指标

蠕行特性测试输出测试结果如下：

① 初始转矩。

② 最终稳定转矩。

③ 最终稳定车速。

④ 达到稳定车速时间。

⑤ 加速度时间历程。

⑥ 倒档蠕行特性。

2.3.1.3 SOC 对驱动控制的影响测试

1. 测试目的

研究 SOC 对于车辆动力性的影响，获取竞标车型 SOC 影响动力性的阈值，解析低 SOC 状态下限功率模式的系统响应、仪表提示等控制策略。

2. 测试设备

跑道或底盘测功机，位移传感器、转矩传感器、车速传感器、电流传感器、电压传感器、温度传感器、数据采集模块、总线解析模块等。

3. 测试方法与步骤

① 将试验车辆加载到试验质量并按要求合理分布载荷，控制试验温度为常温。

② 在环形跑道或底盘测功机上，将车辆加速至 30min 最高车速，达不到 30min 最高车速的，则以能达到的最高车速运行。

③ 保持车辆持续行驶 30min 或直至降速、停车。

④ 记录试验过程中车速，电机转矩，蓄电池 SOC、电流、电压时间历程，以及报警提示。

⑤ 按照表 2-36 的测试矩阵，重复步骤②~步骤④，进行正交测试。

表 2-36 SOC 对驱动控制的影响测试矩阵

序号	条件	变量控制
1	初始 SOC	高（≥95%）、较低（≤30%）、低（≤5%）
2	档位	可设置的驱动档位，如 D、S 等
3	驾驶模式	可设置的驾驶模式，如 Comfort、ECO、Sport 等

4. 数据处理及评价指标

SOC 对驱动控制的影响测试输出测试结果如下：

① SOC 可用区间。

② 限功率触发阈值。

③ 功率限定值与 SOC 的关系。

④ 功率限制过程功率/转矩波动幅值。

2.3.1.4 环境温度对驱动控制的影响测试

1. 测试目的

研究环境温度对于车辆动力性和经济性的影响，进行高温、低温环境下的动力性、经济性试验，并解析环境影响下的系统响应、仪表提示等控制策略。

2. 测试设备

跑道或底盘测功机、环境舱、位移传感器、转矩传感器、车速传感器、电流传感器、电压传感器、温度传感器、数据采集模块、总线解析模块等。

3. 测试方法与步骤

① 将试验车辆加载到试验质量并按要求合理分布载荷，蓄电池 SOC 为正常状态（厂家规定的合理使用范围内，如 50%~80%）。

② 设置试验环境温度，并保证车辆在试验环境中静置超过 24h 以上。

③ 参考 2.1.1 节动力性测试中最高车速（1km）试验、30min 最高车速试验进行动力性试验。

④ 参考 2.3.1.3 节 SOC 对驱动控制的影响测试进行试验。

⑤ 记录试验过程中车速，电机转矩、温度，蓄电池 SOC、电流、电压、温度 – 时间历程，以及报警提示。

⑥ 按照表 2-37 的测试矩阵，重复步骤②~步骤⑤，进行正交测试。

表 2-37 环境温度对驱动控制的影响测试矩阵

序号	条件	变量控制
1	环境温度	高温（40℃）、低温（0℃、-25℃）
2	初始 SOC	高（≥95%）、较低（≤30%）、低（≤5%）
3	档位	可设置的驱动档位，如 D、S 等
4	驾驶模式	可设置的驾驶模式，如 Comfort、ECO、Sport 等

4. 数据处理及评价指标

环境温度对驱动控制的影响测试输出测试结果如下：

① 高温动力性。

② 高温限功率策略蓄电池组温度阈值。
③ 高温限功率策略电机系统温度阈值。
④ 高温限功率策略蓄电池 SOC 阈值。
⑤ 高温功率限定值与 SOC 的关系（冷却系统正常工作）。
⑥ 低温动力性。
⑦ 低温限功率策略蓄电池 SOC 阈值。
⑧ 低温功率限定值与 SOC 的关系。

2.3.2 制动控制策略测试

制动控制策略主要根据驾驶人操作制动踏板及档位、整车运行状态来协调驱动电机和液压系统的制动转矩输出关系，核心策略包括需求制动力、制动力分配、轮缸压力控制以及再生制动与防抱死制动协调控制等模块。针对纯电动汽车的制动控制策略，主要测试内容有滑行制动策略测试、常规制动策略测试、再生制动协调控制策略测试。电动汽车制动控制策略测试项目见表 2-38。

表 2-38 电动汽车制动控制策略测试项目

序号	试验项目
1	滑行制动策略测试
2	常规制动策略测试
3	再生制动协调控制策略测试

2.3.2.1 滑行制动策略测试

1. 测试目的

分析滑行过程中，前后轴液压和电机制动力分配情况，并研究档位、SOC、驾驶模式等对其的影响。

2. 测试设备

跑道或底盘测功机，位移传感器、转矩传感器、车速传感器、电流传感器、电压传感器、温度传感器、数据采集模块、总线解析模块等。

3. 测试方法与步骤

① 将试验车辆加载到试验质量并按要求合理分布载荷。
② 车辆加速至某一车速后，松开加速踏板，滑行至停车或稳定车速。
③ 记录试验过程中车速，电机转矩，主缸压力，动力蓄电池电流、电压时间历程。
④ 按照表 2-39 的测试矩阵，重复步骤②、步骤③，进行正交测试。

4. 数据处理及评价指标

滑行制动策略测试输出测试结果如下：
① 各模式、档位、SOC 状态组合下，滑行过程车辆减速度时间历程。
② 各模式、档位、SOC 状态组合下，滑行过程电机转矩时间历程。

表 2-39 滑行制动策略测试矩阵

序号	条件	变量控制
1	初始 SOC	高（≥95%）、较低（≤30%）、低（≤5%）
2	初始车速/(km/h)	10、20、30、40、50、60、70、80、90、100、110
3	档位	可设置的驱动档位，如 D、S 等
4	驾驶模式	可设置的驾驶模式，如 Comfort、ECO、Sport 等

2.3.2.2 常规制动策略测试

1. 测试目的

分析不同制动强度制动过程中，前后轴液压和电机制动力分配情况，并研究档位、SOC、驾驶模式等对其的影响。

2. 测试设备

跑道或底盘测功机，位移传感器、转矩传感器、车速传感器、电流传感器、电压传感器、温度传感器、数据采集模块、总线解析模块等。

3. 测试方法与步骤

① 将试验车辆加载到试验质量并按要求合理分布载荷。
② 车辆加速至某一车速后，松开加速踏板，缓踩制动踏板至一定值后保持，直至停车。
③ 记录试验过程中车速，电机转矩，主缸压力，蓄电池电流、电压时间历程。
④ 按照表 2-40 的测试矩阵，重复步骤②、步骤③，进行正交测试。

表 2-40 常规制动策略测试矩阵

序号	条件	变量控制
1	制动踏板开度（%）	5、10、15、20
2	初始 SOC	高（≥95%）、较低（≤30%）、低（≤5%）
3	初始车速/(km/h)	20、30、40、50、60、70、80、90、100、110
4	档位	可设置的驱动档位，如 D、S 等
5	驾驶模式	可设置的驾驶模式，如 Comfort、ECO、Sport 等

4. 数据处理及评价指标

常规制动策略测试输出测试结果如下：

① 各模式、档位、SOC 状态组合下，前后轴制动力分配效果（车速、制动踏板开度、前后轴制动力关系）。
② 各模式、档位、SOC 状态组合下，驱动轴电机、液压制动力分配效果（车速、制动踏板开度、驱动轴电机和液压制动力关系）。

2.3.2.3 再生制动协调控制策略测试

1. 测试目的

分析制动能量回收策略与其他制动系统控制策略的协调控制效果，如 ABS 等功能触发情况下再生制动力矩的控制过程。

2. 测试设备

跑道或底盘测功机、位移传感器、转矩传感器、车速传感器、电流传感器、电压传感器、温度传感器、数据采集模块、总线解析模块等。

3. 测试方法与步骤

① 将试验车辆加载到试验质量并按要求合理分布载荷。

② 按照表 2-39 的测试矩阵，初始速度 v_0，轻踩制动踏板至车速 v_1 后，再进行紧急制动（触发 ABS）至停车。

③ 记录试验过程中车速、电机转矩、主缸压力时间历程。

④ 按照表 2-41 的测试矩阵，初始速度 v_2，开始紧急制动（触发 ABS），车速至 v_3 后，部分抬起制动踏板（退出 ABS）。

⑤ 记录试验过程中车速、电机转矩、主缸压力时间历程。

表 2-41 再生制动协调控制策略测试矩阵

序号	条件	变量控制
1	制动踏板开度（%）	5、10、15、20
2	路面条件	高附、低附、对接路面、对开路面
3	车速设置 v_0 至 v_1/(km/h)	120 至 80、80 至 40、60 至 40
4	车速设置 v_2 至 v_3/(km/h)	80 至 40、60 至 40

4. 数据处理及评价指标

再生制动协调控制策略测试输出测试结果如下：

① ABS 功能触发后再生制动系统是否退出或参与协调。

② 若退出，ABS 功能触发后电制动的退出时间及斜率。

③ 若不退出，ABS 功能触发后电制动的协调控制效果。

2.3.3 热管理策略测试

纯电动汽车热管理性能与整车动力性、经济性、NVH 性能、安全性、可靠性等有重要关系。热管理策略测试的目的是在热管理基本性能测试的基础上，通过对环境条件、行驶工况等测试边界的设置，测试纯电动车型的热管理效果。纯电动汽车常用热管理策略测试内容见表 2-42。

表 2-42 纯电动汽车热管理策略测试内容

序号	试验项目
1	乘员舱降温模式测试
2	乘员舱采暖模式测试
3	动力蓄电池冷却模式测试
4	动力蓄电池加热模式测试
5	电机冷却模式测试

2.3.3.1 乘员舱降温模式测试

1. 应用场景设计
主要包括行车状态、静车充电状态及远程空调控制状态，乘员舱有制冷需求的应用场景。

2. 关键测试信号监测
乘员舱降温模式控制策略解析测试信号包括压缩机、风扇、乘员舱等，关键测试信号见表 2-43。

表 2-43 纯电动汽车乘员舱降温模式关键测试信号

序号	测试信号
1	车速
2	SOC
3	压缩机电流
4	压缩机电压
5	排气压力
6	吸气压力
7	压缩机转速
8	冷凝器进口管壁温度
9	冷凝器出口管壁温度
10	膨胀阀进口管壁温度
11	膨胀阀出口管壁温度
12	蒸发器出风口温度
13	乘员舱进风口温度
14	乘员舱头部温度
15	风扇电流
16	风扇转速

3. 降温模式推荐测试工况
1）试验环境见表 2-44。

表 2-44 整车空调降温性能试验环境条件

环境温度	40℃ ±1℃
相对湿度	50%±1%
光照强度	1000W/m²±25W/m²

2）试验工况见表 2-45。

表 2-45 整车空调降温性能试验工况

序号	工况	坡度（%）	车速/(km/h)	试验说明	备注
1	预热 1	0	0	风速：30km/h 车门状态，车窗状态：全开 蒸发器风机状态：关闭	预热时间：30min
2	预热 2	0	0	车门状态，车窗状态：全开 蒸发器风机状态：中速	时间：10min
3	升温阶段	0	0	车门状态，车窗状态：全开 蒸发器风机状态：关	呼吸点温度值为 60℃

（续）

序号	工况	坡度（%）	车速/(km/h)	试验说明	备注
4	试验工况1	0	40	档位：直接档/D位 空调模式：全冷吹面内循环、空载	时间：45min
5	试验工况2	0	60	档位：直接档/D位 空调模式：全冷吹面内循环、空载	时间：15min
6	试验工况3	0	100	档位：合理档/D位 空调模式：全冷吹面内循环、空载	时间：15min
7	试验工况4	0	怠速	档位：空档 空调模式：全冷吹面内循环、空载	时间：30min

4. 降温模式策略解析结果

1）空调压缩机工作请求条件。
2）空调压缩机目标转速。
3）空调压缩机实际转速。
4）风扇起动与关闭条件（与降温性能有关部分）。

2.3.3.2 乘员舱采暖模式测试

根据采暖热量来源，纯电动汽车采暖主要包括PTC水暖、PTC风暖、热泵三种类型。鉴于PTC水暖集成难度小，且易于与动力蓄电池加热系统耦合设计，因此使用广泛。本次策略解析测试中，以PTC水暖为例进行说明。

1. 应用场景设计

主要包括行车状态、静车充电状态及远程空调控制状态，乘员舱有采暖需求的低温环境应用场景。

2. 关键测试信号监测

乘员舱采暖模式控制策略解析测试信号包括PTC、水泵、乘员舱等，关键测试信号见表2-46。

表2-46 乘员舱采暖模式关键测试信号

序号	测试信号
1	车速
2	SOC
3	PTC电压
4	PTC电流
5	PTC进口冷却液温度
6	PTC出口冷却液温度
7	水泵电流
8	暖风芯体出风口温度
9	暖风芯体进口冷却液温度
10	暖风芯体出口冷却液温度
11	PTC回路冷却液流量
12	乘员舱进风口温度
13	乘员舱脚部温度

3. 采暖模式推荐测试工况

（1）试验环境

整车空调采暖性能试验环境条件见表2-47。

表2-47 整车空调采暖性能试验环境条件

环境温度	相对湿度	光照强度
−20℃ ±1℃	—	—

（2）试验工况

整车空调采暖性能试验工况见表2-48。

表2-48 整车空调采暖性能试验工况

工况	行驶路况	车速/（km/h）	环境条件/℃	空调设置	试验时间
1	低速	40	−20	前5min最低档，5min后最高档；全暖、外循环、吹脚	40min
2	怠速	0	−20	中间档；全暖、外循环、吹脚	15min
3	高速	100	−20	中间档；全暖、外循环、吹脚	20min

注：1. 以上三个工况为连续工况，试验时依次连续运行。
  2. 自动空调切换为手动模式进行试验。
  3. 车辆状态：车辆车门、车窗、天窗要全闭，敞篷车顶要全闭。
  4. 座椅与头枕可调的车辆要调节至滑道中央位置。

（3）试验方法

1）开始浸车前，车辆SOC不低于90%。

2）试验车辆按半载进行阻力设置。

3）降下车窗玻璃，车门全开，进行试验前车辆低温浸车，要求冷却液温度达到−20℃ ±1℃。

4）试验前空调设置：温度模式全暖，外循环吹脚，关闭其他用电器。15min后试验人员进入车内，关闭车门、车窗及通风孔，要求试验时车内一人驾驶车辆。

4. 采暖模式策略解析结果

1）PTC使能条件。

2）PTC功率。

3）水泵使能条件。

4）水泵功率。

2.3.3.3 动力蓄电池冷却模式测试

1. 应用场景设计

主要包括行车状态、静车充电状态，蓄电池温度过高，有冷却需求的应用场景。

2. 关键测试信号监测

纯电动汽车动力蓄电池冷却模式关键测试信号包括压缩机、水泵、风扇、电磁阀或电子膨胀阀等，见表2-49。

表 2-49 纯电动汽车动力蓄电池冷却模式关键测试信号

序号	测试信号
1	车速
2	SOC
3	压缩机电流
4	压缩机电压
5	排气压力
6	吸气压力
7	压缩机转速
8	冷凝器进口管壁温度
9	冷凝器出口管壁温度
10	膨胀阀进口管壁温度
11	膨胀阀出口管壁温度
12	蒸发器出风口温度
13	乘员舱进风口温度
14	乘员舱头部温度
15	风扇电流
16	风扇转速
17	冷却器进口管壁温度(制冷剂侧)
18	冷却器出口管壁温度(制冷剂侧)
19	冷却器进口冷却液温度(蓄电池包侧)
20	冷却器出口冷却液温度(蓄电池包侧)
21	动力蓄电池冷却回路冷却液流量
22	动力蓄电池进口冷却液温度
23	动力蓄电池出口冷却液温度
24	单体蓄电池最高温度
25	单体蓄电池最低温度

3. 动力蓄电池冷却模式推荐测试工况

动力蓄电池冷却模式推荐测试工况见表 2-50。

表 2-50 动力蓄电池冷却模式推荐测试工况

参数	高速	低速爬坡	高速爬坡	城市工况	充电工况
环境温度 /℃	40	40	40	40	40
相对湿度(%)	50	50	50	50	50
光照强度 /(W/m²)	1000	1000	1000	1000	1000
坡度(%)	0	9	3	0	0
载荷	满载	满载	满载	满载	—
空调状态	全开内循环	全开内循环	全开内循环	全开内循环	—
车速	0.9× 最高车速	60km/h	110km/h	NEDC 工况	—

4. 动力蓄电池冷却模式策略解析结果

1)动力蓄电池包冷却请求条件。

2)蓄电池包进水口目标温度。

3)蓄电池包进水口当前温度。

4）压缩机目标转速。

5）蓄电池水泵工作占空比。

2.3.3.4 动力蓄电池加热模式测试

1. 应用场景设计

主要包括行车状态、静车充电状态，蓄电池温度过低，有加热需求的应用场景。

2. 关键测试信号监测

纯电动汽车动力蓄电池加热模式关键测试信号包括水泵、PTC 等，见表 2-51。

表 2-51 纯电动汽车动力蓄电池加热模式关键测试信号

序号	测试信号
1	车速
2	SOC
3	PTC 电压
4	PTC 电流
5	PTC 进口冷却液温度
6	PTC 出口冷却液温度
7	水泵电流（PTC 回路）
8	水泵电流（动力蓄电池回路）
9	暖风芯体出风口温度
10	暖风芯体进口冷却液温度
11	暖风芯体出口冷却液温度
12	PTC 回路冷却液流量
13	乘员舱进风口温度
14	乘员舱脚部温度
15	冷却器进口冷却液温度（蓄电池包侧）
16	冷却器出口冷却液温度（蓄电池包侧）
17	动力蓄电池冷却回路冷却液流量
18	动力蓄电池进口冷却液温度
19	动力蓄电池出口冷却液温度
20	单体蓄电池最高温度
21	单体蓄电池最低温度

3. 动力蓄电池加热模式推荐测试工况

动力蓄电池加热模式推荐测试工况见表 2-52。

表 2-52 动力蓄电池加热模式推荐测试工况

参数	循环放电	充电工况
环境温度/℃	−20	−20
坡度（%）	0	0
载荷	空载	—
车速	WLTC 工况	—

4. 动力蓄电池冷却模式策略解析结果

1) 动力蓄电池包加热请求条件。
2) 蓄电池包进水口目标温度。
3) 蓄电池包进水口当前温度。
4) 水泵工作占空比。

2.3.3.5 电机冷却模式测试

1. 应用场景设计
主要是在行车状态下，电机温度过高有冷却需求的应用场景。

2. 关键测试信号监测
纯电动汽车电机冷却模式关键测试信号包括水泵、风扇等，见表2-53。

表2-53　纯电动汽车电机冷却模式关键测试信号

序号	测试信号
1	车速
2	SOC
3	电机进口冷却液温度
4	电机出口冷却液温度
5	高温回路散热器进口冷却液温度
6	高温回路散热器出口冷却液温度
7	高温回路冷却液流量
8	水泵电流（PTC回路）
9	水泵电流（动力蓄电池回路）
10	暖风芯体出风口温度
11	暖风芯体进口冷却液温度
12	暖风芯体出口冷却液温度
13	PTC回路冷却液流量
14	乘员舱进风口温度
15	乘员舱脚部温度
16	压缩机电流
17	压缩机电压
18	排气压力
19	吸气压力
20	压缩机转速
21	动力蓄电池冷却回路冷却液流量
22	动力蓄电池进口冷却液温度
23	动力蓄电池出口冷却液温度
24	单体蓄电池最高温度
25	单体蓄电池最低温度
26	风扇电流
27	风扇转速

3. 电机冷却模式推荐测试工况

电机冷却模式推荐测试工况见表 2-54。

表 2-54 电机冷却模式推荐测试工况

参数	高速	低速爬坡	高速爬坡	循环工况
环境温度 /℃	40	40	40	40
相对湿度（%）	50	50	50	50
光照强度 /（W/m²）	1000	1000	1000	1000
坡度（%）	0	9	3	0
载荷	满载	满载	满载	满载
空调状态	全开内循环	全开内循环	全开内循环	全开内循环
车速	0.9× 最高车速	60km/h	110km/h	WLTC 工况

4. 电机冷却模式策略解析结果

1）水泵工作占空比。
2）风扇使能条件。

2.3.4 附件管理策略测试

附件管理是针对电动汽车车载能源相对紧张条件下的新命题。车辆正常行驶除了需要关键动力传动系统外，还需要润滑、冷却、燃油供给、转向助力、制动助力、空调等一系列需要供能的主动附件。在传统燃油车上，所有附件动力均由发动机提供；但对于电动汽车，尤其是纯电动汽车，需要附件系统全部进行电气化改造。然而由于电动汽车蓄电池能量密度有限，在纯电动汽车里程焦虑问题持续存在的情况下，研制开发电动汽车用高效节能电附件，并制定合理、经济的车载电附件管理策略，对于电动汽车整车能量管理优化具有重要意义。

1. 测试目的

获悉空调系统、除霜除雾系统、动力蓄电池辅助加热系统相关能量管理策略。

2. 测试设备

底盘测功机、环境舱、电流传感器、电压传感器、温度传感器、数据采集模块、总线解析模块等。

3. 测试方法与步骤

电动汽车附件管理策略测试项目见表 2-55。

表 2-55 电动汽车附件管理策略测试项目

序号	试验项目
1	空调系统测试
2	除霜除雾系统测试
3	动力蓄电池辅助加热（PTC）测试

(1) 空调系统测试

1) 传感器布置。

① 温度传感器：冷凝器出口管路表面温度、膨胀阀出口管路表面温度、散热器出水温度、散热器进水温度、各蒸发器回风口温度（在内循环回风口表面中心处）、吹面出风口温度（在距出风口表面中心内 25~35mm 处，不接触风管壁）。

② 电压传感器：动力蓄电池母线端电压、电动压缩机电压。

③ 电流传感器：动力蓄电池母线端电流、电动压缩机电流。

2) 试验工况及条件。试验工况及条件按照外部环境温度、驾驶人操作、蓄电池系统状态、车辆行驶工况四个维度设置条件，按照表 2-56 所示测试矩阵进行正交试验。

表 2-56 空调系统测试矩阵

序号	条件变量	变量控制
1	外部环境温度	30℃、40℃
2	驾驶人操作	空调系统低档、中间档、最高档
3	蓄电池系统状态	30%（略高于最低许用 SOC）、50%
4	车辆行驶工况	匀速 120km/h、匀速 60km/h、电爬工况、循环工况

(2) 除霜除雾系统测试

1) 传感器布置。

① 按 GB 11555 确定试验车的 A 区、B 区、A′区。

② 电压传感器：动力蓄电池母线端电压、除霜机电压。

③ 电流传感器：动力蓄电池母线端电流、除霜机电流。

2) 设置蓄电池系统状态为 30%（略高于最低许用 SOC）。

3) 低温浸车 8h。

4) 除了加热和通风系统的进出口外，动力蓄电池舱、车门和通风口等均应关闭，但可开启 1 扇或 2 扇车窗，总开启间隙不得超过 25mm，将空调开关置于关状态；暖风风扇处于最高档位置；温度调节钮处于最热位置；内外循环控制钮置于外循环位置，风向调节钮置于除霜除雾位置。

5) 用喷枪将 0.044g/cm³ 的水均匀地喷射到玻璃外表面上，生成均匀的冰层。喷射时，喷嘴应垂直于玻璃表面，相距 200~300mm；风窗上形成冰层后，汽车应继续停放 40min；一两名试验人员进入车内，闭合总电源开关，开启除霜装置，即认为试验开始；试验期间，若风窗刮水器无需人工辅助而能自动工作，则可随时使用刮水器；试验开始后，试验人员每隔 5min 在车窗内表面上描绘一次除霜面积的踪迹图。

6) 设置蓄电池系统状态为 50%，重复步骤 3) ~ 步骤 5)。

(3) 动力蓄电池辅助加热（PTC）测试

1) 传感器布置。

① 温度传感器：环境温度、蓄电池箱内部温度（多点）。

② 电压传感器：动力蓄电池母线端电压、PTC 电压。

③ 电流传感器：动力蓄电池母线端电流、PTC 电流。

2）试验工况及条件：试验工况及条件按照外部环境温度、蓄电池系统状态、车辆行驶工况三个维度设置条件，按照表 2-57 所示测试矩阵进行正交试验。

表 2-57 除霜除雾系统测试矩阵

序号	条件变量	变量控制
1	外部环境温度	−30℃、0℃、10℃
2	蓄电池系统状态	30%（略高于最低许用 SOC）、50%、100%
3	车辆行驶工况	匀速 60km/h、电爬工况、循环工况

4. 数据处理及评价指标

1）空调系统测试。记录试验过程中空调系统工作状态及运行功率，重点分析所涉及四个维度的变量对空调系统功率的影响，建立面向空调系统的能量管理策略关联性矩阵，解析空调系统能量管理策略架构，并确定控制参量门限值的大致范围。

2）除霜除雾系统测试。试验人员每隔 5min 在车窗内表面上描绘一次除霜面积的踪迹图。

3）动力蓄电池辅助加热（PTC）测试。记录试验过程中 PTC 系统工作状态、运行功率以及蓄电池系统温度，重点解析温度控制目标和加热功率的控制策略及影响因素。

2.3.5 测试案例

本节主要展示某款纯电动汽车的部分测试结果，并结合测试结果对其控制效果进行简要描述。

1. 驱动控制策略

（1）驱动控制策略架构

针对纯电动汽车动力系统和控制系统硬件结构，出于兼顾整车动力性和经济性考虑，驱动控制策略总体架构常采用基于模式划分和转矩控制的策略架构，如图 2-16 所示，因此驱动控制策略测试主要针对模式进入/退出边界条件、具体模式中需求转矩和实际转矩的响应情况等控制因素。

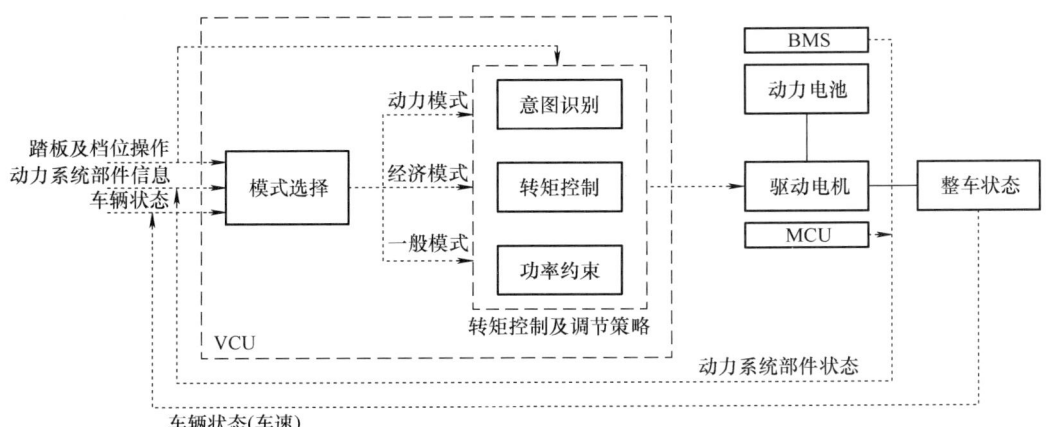

图 2-16 整车控制策略软件架构

可通过档位设置和手动选择的方式实现驾驶模式的选择和切换以达到不同的控制效果和驾驶感觉，通常设置有动力模式、一般模式、经济模式、制动模式等。从该款车型的档位设置可以看出，目前纯电动汽车一般都会根据动力性和经济性的侧重设置至少两个前进档位，一个偏向于发挥电机转矩响应快的特点，突出纯电动汽车的动力性能；另一个侧重于经济性的考虑，需要降低动力性表现，以提高经济性。

（2）加速踏板控制特性

一般情况下，根据车辆的动力需求特性，传统燃油车理想的加速踏板控制特性需符合以下特点：

① 连续性：为使车辆行驶平稳，较小的加速踏板开度变化不能导致很大的转矩及车速变化，因此目标驱动转矩以及车速随加速踏板开度的变化而连续变化。

② 单调性：目标驱动转矩以及车速随着加速踏板开度的增加而增加。

③ 稳定性：目标驱动转矩对车速的导数小于行驶阻力对车速的导数，可使车辆在某一踏板开度下最终能够达到稳定状态。

④ 适应性：在低速时，驱动转矩主要用于车辆的加速或者爬坡，转矩需求较大；在高速时，驱动转矩主要用于维持车速，此时需要较大的功率，但转矩需求并不大。车速较低时，随着速度的降低，单位速度对应的转矩增加量应越大，并且此趋势随着加速踏板开度的减小而愈趋于明显，以保证低速段车辆具有较大的后备转矩和低速时加速踏板的感觉。

通过试验测得该车型在动力档位和经济档位的加速踏板负荷特性分别如图 2-17 和图 2-18 所示。

由以上试验结果可知，某车型在动力模式及经济模式下的加速踏板控制特性较符合传统燃油车的理想加速踏板控制特性，具体表现在以下 3 点：

① 驱动转矩及车速（转速）随着加速踏板开度的变化而连续变化，并且均随着加速踏板开度的增加而增加，即满足理想加速踏板控制特性的连续性与单调性。

② 当加速踏板开度保持不变时，驱动转矩对车速的导数小于或等于 0，即满足理想加速踏板控制特性的稳定性。

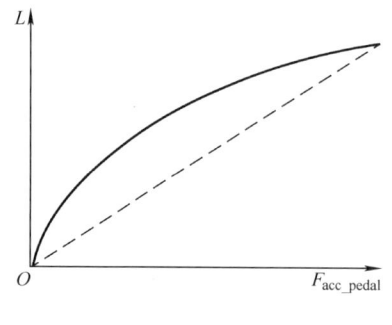
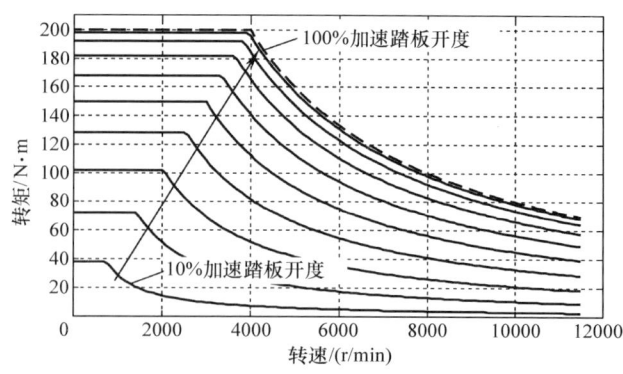

图 2-17 某纯电动汽车动力档位加速踏板负荷特性

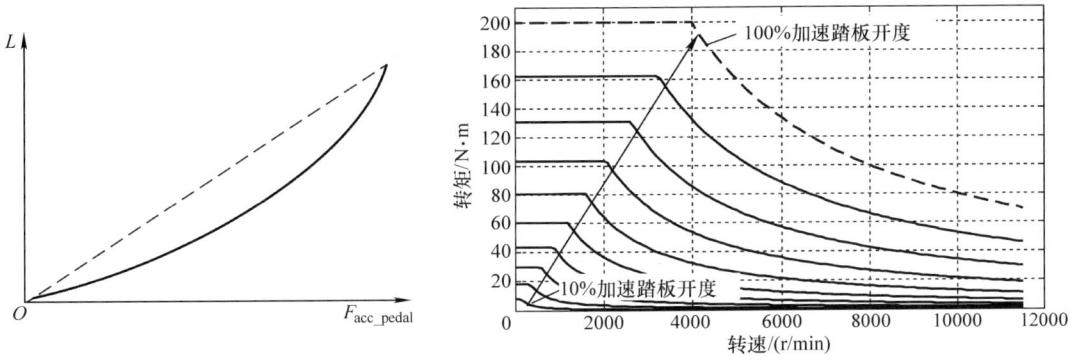

图 2-18　某纯电动汽车经济档位加速踏板负荷特性

③ 车速较低时，随着速度的降低，单位速度对应的转矩增加量越大，并且此趋势随着加速踏板开度的减小而愈趋于明显；车速较高时，需要较大的功率，但转矩需求并不大，即满足理想加速踏板控制特性的适应性。

在同种踏板开度及车速下，动力模式下的转矩输出明显大于经济模式。这可以满足不同驾驶人的驾驶风格，动力模式可满足驾驶人的动力性需求，经济模式可减少整车能耗，延长续驶里程。

（3）蠕行控制特性

图 2-19 所示为某款纯电动汽车蠕行特性。

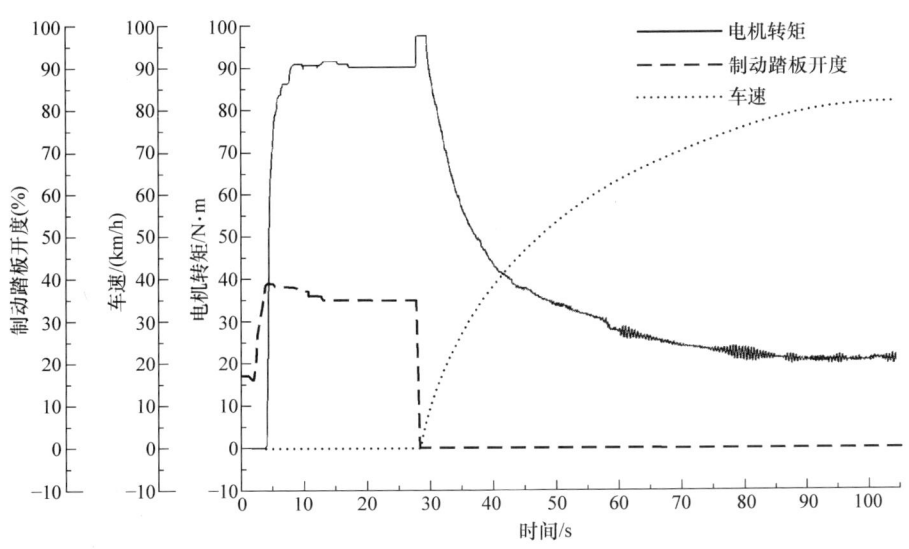

图 2-19　某款纯电动汽车蠕行特性

（4）起步转矩补偿效果

新能源汽车在起步工况时，常设计有快速起步控制策略，即在起步时补偿一定的起步需求转矩，以提高起步动力性。图 2-20 所示为某款纯电动汽车起步工况时转矩补偿效果。

（5）温度敏感性

考虑到纯电动汽车动力系统的温度特性，分析温度对于车辆性能的影响，以0~100km/h加速时间为例，图2-21所示为某款纯电动汽车在0℃和-25℃条件下100%加速踏板开度加速时间历程，由图可见，低温环境对于车辆动力性影响明显。

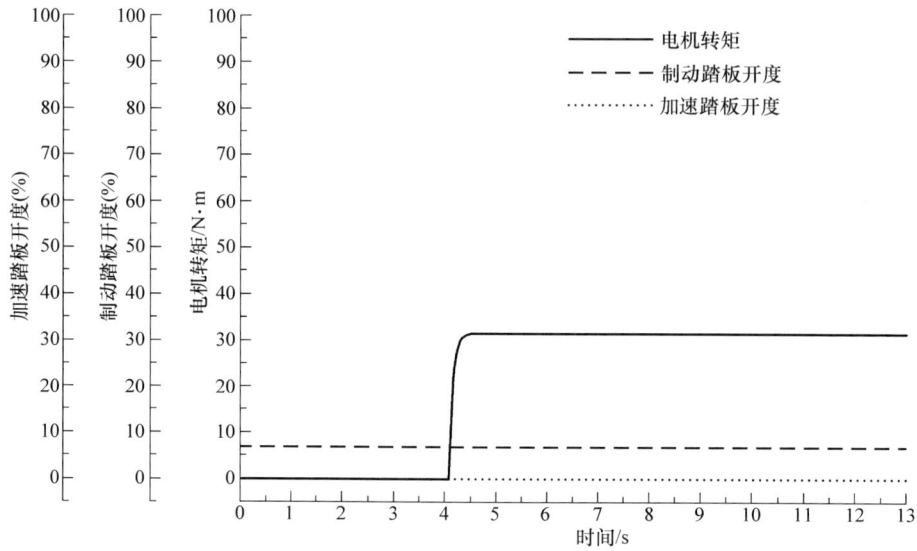

图2-20　某款纯电动汽车起步工况时转矩补偿效果

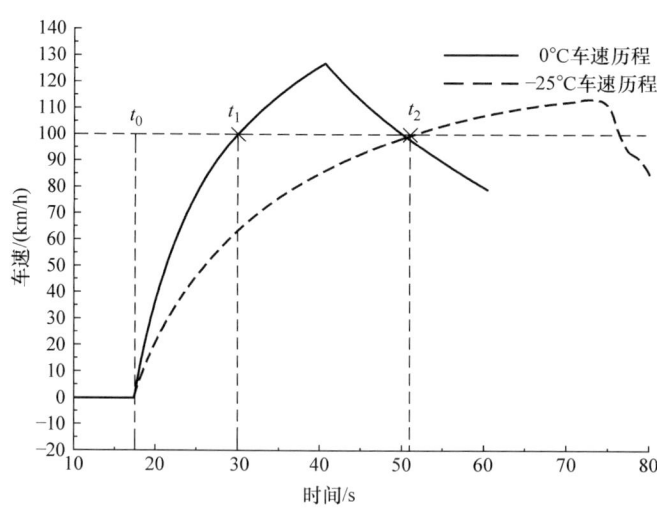

图2-21　某款纯电动汽车在0℃和-25℃条件下100%加速踏板开度加速时间历程

（6）档位/模式切换控制效果

通过手动切换驱动档位/模式，经济档位/模式切换至动力档位/模式，测试档位/模式切换控制效果，结果如图 2-22 所示。

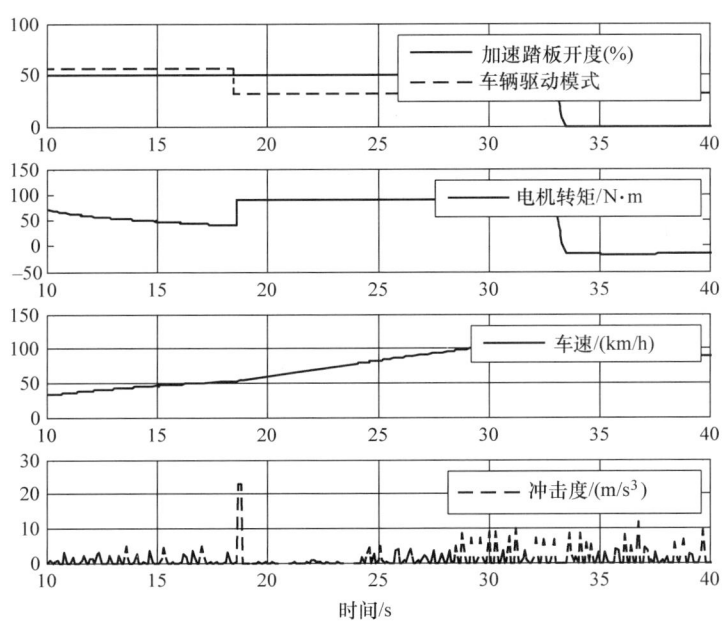

图 2-22　档位/模式切换控制效果

由试验曲线可知，由经济档位/模式切换到动力档位/模式时，车辆冲击度有明显突变。

2. 制动控制策略

（1）制动系统构型测试

图 2-23、图 2-24 所示为某款纯电动汽车小强度和中等强度常规制动试验结果。

松开加速踏板，电机开始产生再生制动力矩，电机再生制动力矩不断增大。踩下制动踏板，液压制动力矩随踏板开度增大而增大。制动踏板开度在 8mm 以下时，电机产生较大的再生制动力，随着车速降低，电机制动力不断增大直到最大值，当踏板开度增大到 8mm 以上时，电机制动力先增大到最大值，维持稳定，然后不断减小。液压制动力则与电机制动力进行协调控制，随电机制动力矩的增加，液压制动力减小，当电机制动力稳定后，液压制动力同样保持稳定。电机制动力矩减小时，液压制动力矩增加，以保持制动强度。由轮缸液压制动压力和制动踏板的随动特性可见，制动主缸和制动轮缸是未解耦的。

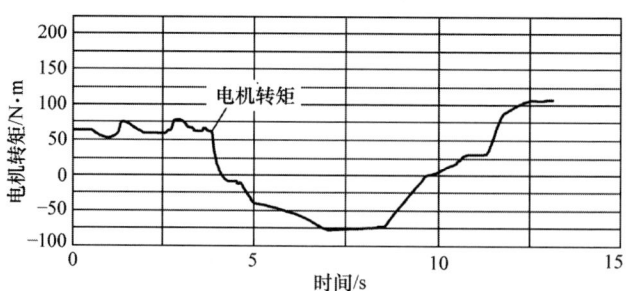

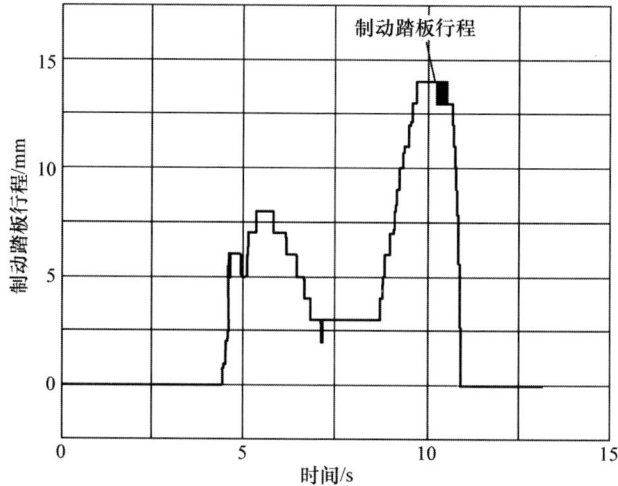

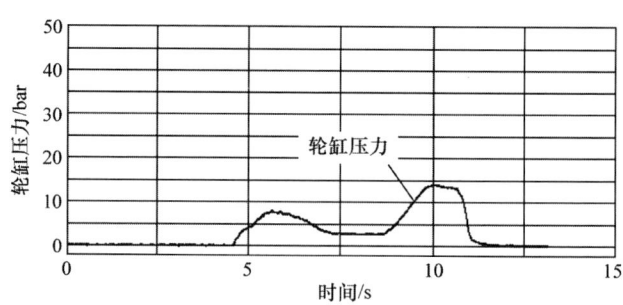

图 2-23 某款纯电动汽车小强度常规制动试验结果（40km/h）

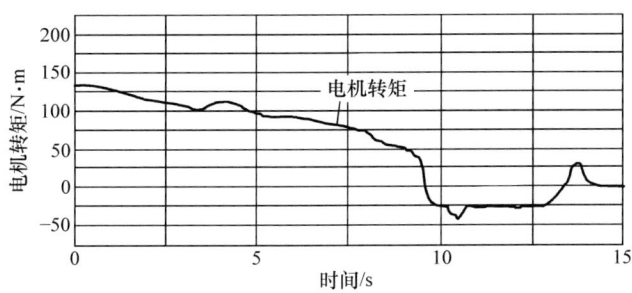

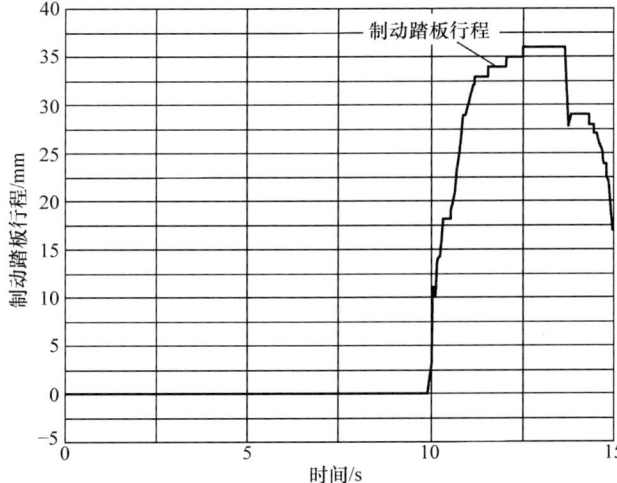

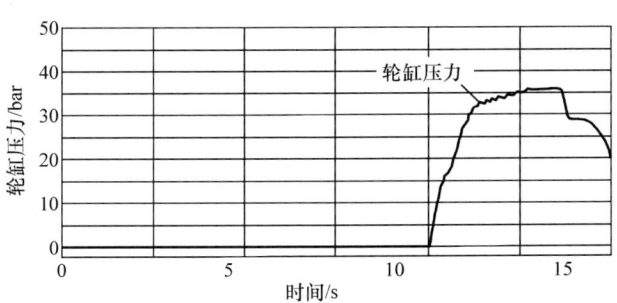

图 2-24 某款纯电动汽车中等强度常规制动试验结果（60km/h）

（2）制动力分配策略测试

图 2-25、图 2-26 所示为某款纯电动汽车需求制动力策略试验结果，图 2-27 为某款纯电动汽车制动力分配策略试验分析结果。

（3）再生制动与制动防抱死协调策略测试

图 2-28 和图 2-29 所示为该款纯电动汽车再生制动（RBS）与 ABS 协调控制试验结果。

由图 2-28 可见，控制过程中 ABS 工作一段时间后退出，RBS 开始工作，电机产生再生制动力，液压制动力的大小由制动踏板开度决定。随着车速下降，电机制动力减小，液压制动力保持不变。

由图 2-29 可见，车速降低到 40km/h 时进行大强度制动并触发 ABS，RBS 退出，ABS 开始工作，控制轮缸压力使滑移率在最佳滑移率附近，电机制动力矩为 0N·m。

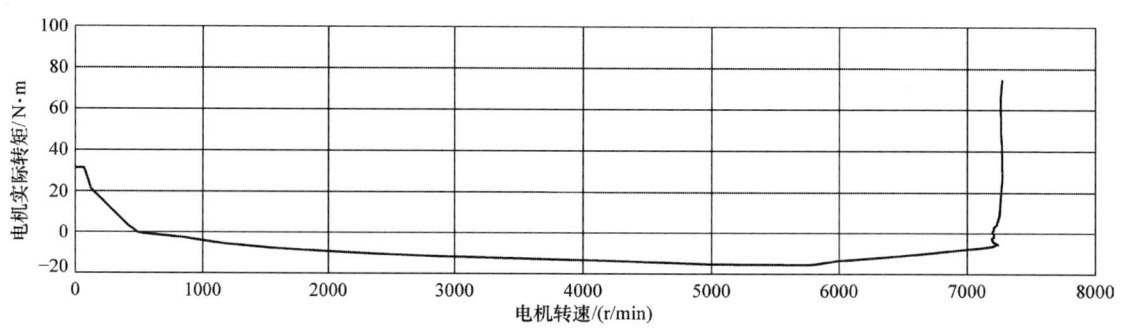

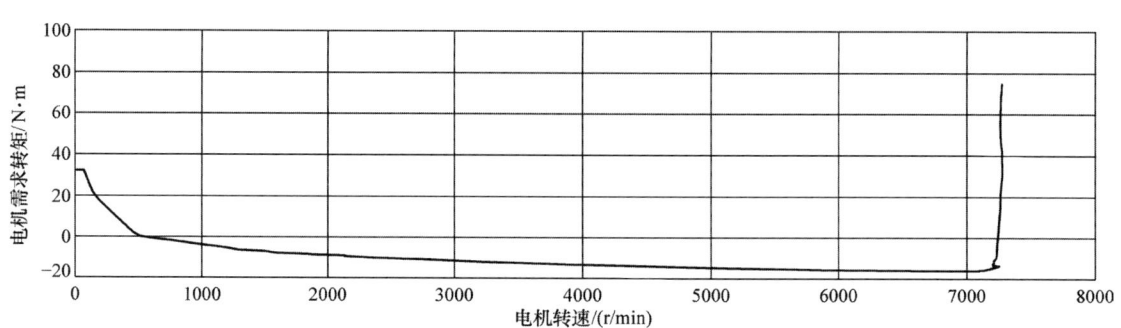

图 2-25　某款纯电动汽车（0~110km/h）车速域滑行再生制动力矩

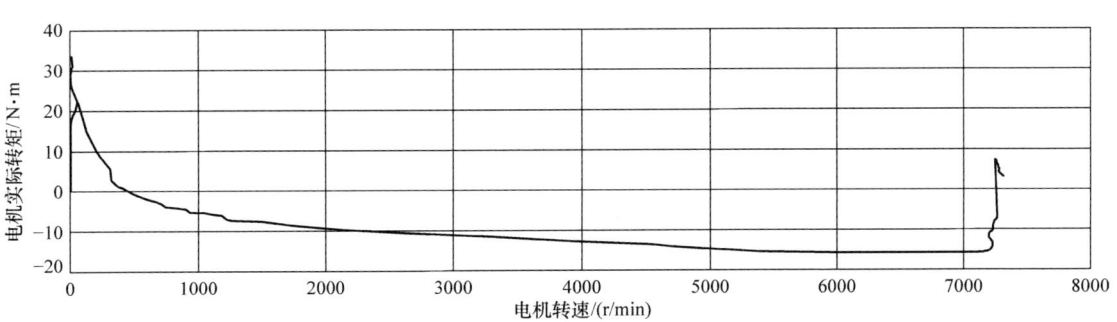

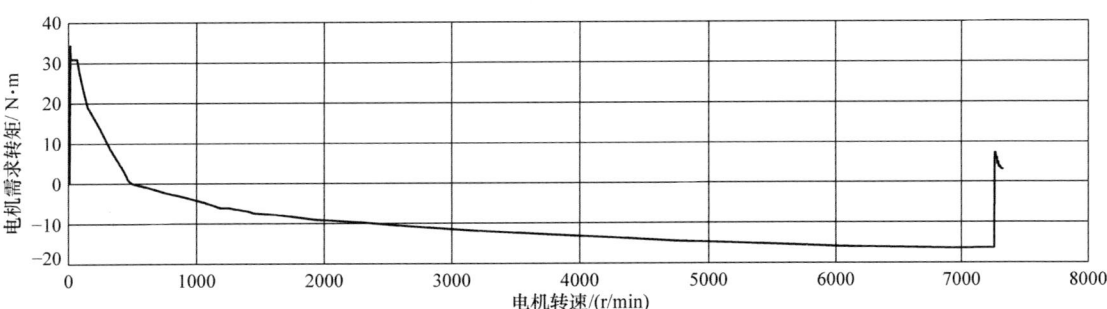

图 2-26 某款纯电动汽车（0~110km/h）车速域 20% 制动踏板开度再生制动力矩

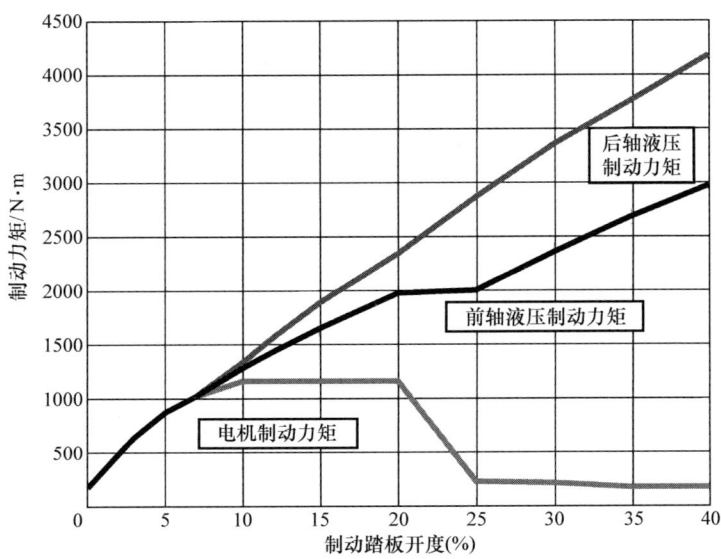

图 2-27 某款纯电动汽车制动力分配策略试验分析结果

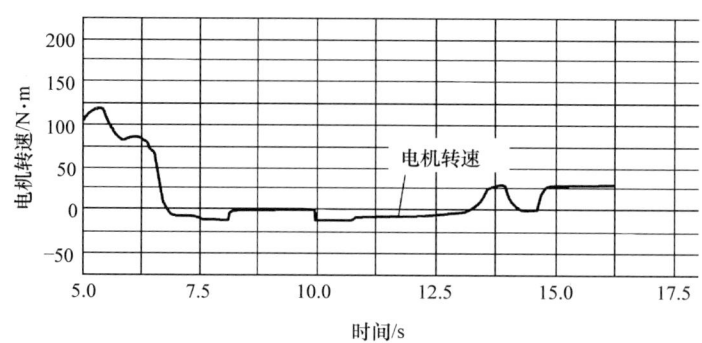

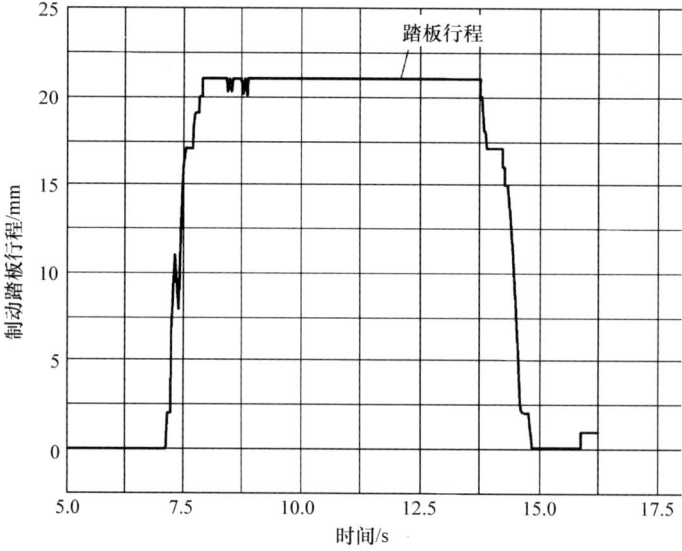

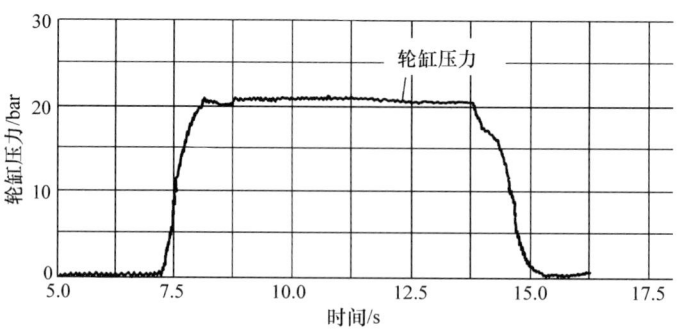

图 2-28 ABS 退出、RBS 进入控制过程

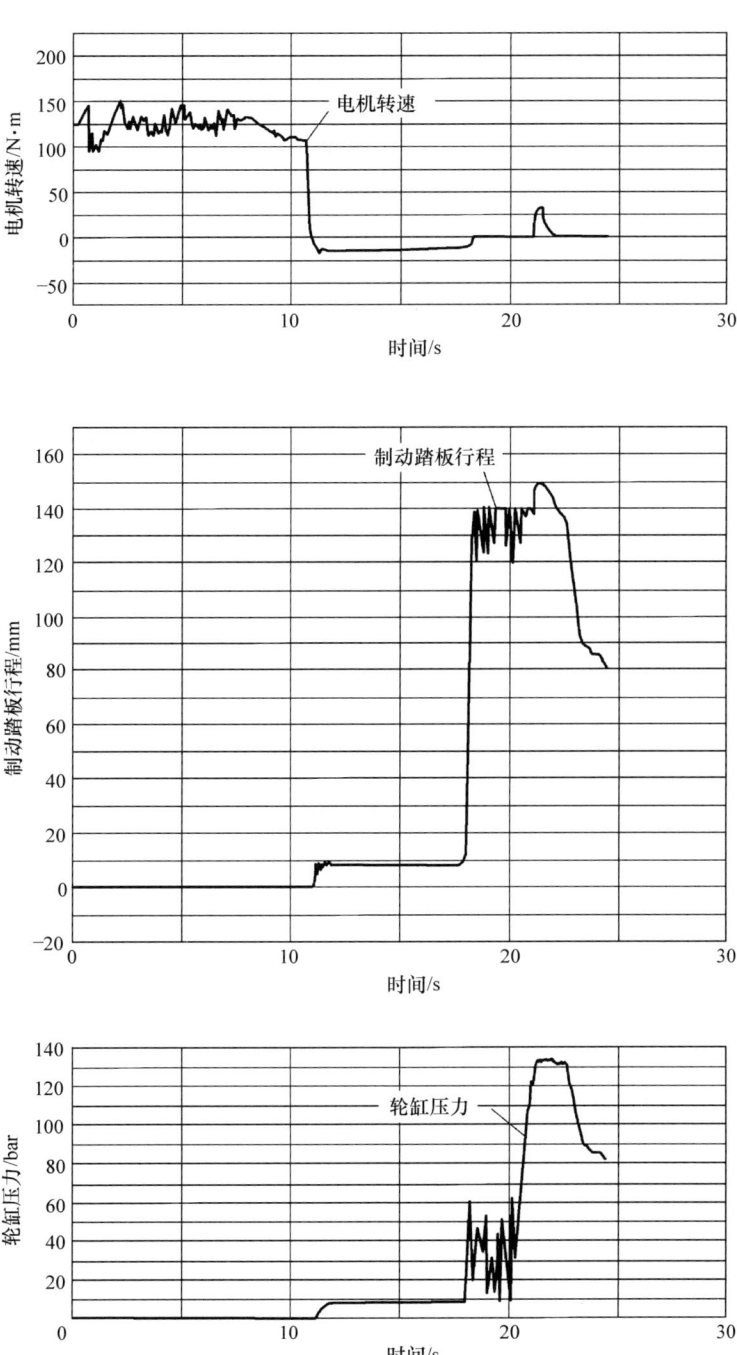

图 2-29 RBS 退出、ABS 进入控制过程

2.4 展望

近二十年来，中国新能源汽车产业取得了长足的发展和进步，目前已进入技术相对成熟的时期，尤其是近五年，不断形成和完善电动汽车及核心部件的技术要求、设计规范、试验方法等标准规范，大大推进了新能源汽车的产业化进程。但随着新能源汽车补贴政策的退出和市场竞争的加剧，为了更好地满足客户个性化、定制化电动汽车产品需求，在满足基于法规的客观测试评价基础上，对于电动汽车主观测试评价提出了越来越高的需求。

综上所述，电动汽车测试评价技术在未来发展上将更加关注面向个性化的主观测评，在测试方面深入开展考虑"人－车－路"环境的测试方法，如考虑驾驶行为、工况适应性的经济性测试；考虑驾驶习惯的制动性能测试。在主观评价方面，目前仍缺失性能测试、功能测试等优化指标体系，为了建立主观评价体系，应依托智能网联和大数据平台建立基于统计学分析的评价指标体系。

参考文献

[1] 余志生. 汽车理论 [M]. 5版. 北京：机械工业出版社，2009.

[2] 刘惟信. 汽车设计 [M]. 北京：清华大学出版社，2001.

[3] 赵立军，白欣. 汽车试验学 [M]. 北京：北京大学出版社，2008.

[4] 全国汽车标准化技术委员会. 纯电动汽车动力性能试验方法：GB/T 18385—2005[S]. 北京：中国标准出版社，2005.

[5] 全国汽车标准化技术委员会. 电动汽车能量消耗率和续驶里程试验方法：GB/T 18386—2017[S]. 北京：中国标准出版社，2017.

[6] 全国汽车标准化技术委员. 乘用车制动系统技术要求及试验方法：GB 21670—2008[S]. 北京：中国标准出版社，2008.

[7] 中华人民共和国工业和信息化部. 电动汽车再生制动系统要求及试验方法：QC/T 1089—2017[S]. 北京：科学技术文献出版社，2017.

[8] 全国无线电干扰标准化技术委员会. 车辆、船和内燃机无线电骚扰特性用于保护车外接收机的限值和测量方法：GB 14023—2011[S]. 北京：中国标准出版社，2012.

[9] 全国汽车标准化技术委员会. 电动车辆的电磁场发射强度的限值和测量方法：GB 18387—2017[S]. 北京：中国标准出版社，2017.

[10] 全国无线电干扰标准化技术委员会. 无线电骚扰和抗扰度测量设备和测量方法规范：GB 6113.104—2016[S]. 北京：中国标准出版社，2016.

[11] 全国无线电干扰标准化技术委员会. 车辆、船和内燃机无线电骚扰特性用于保护车载接收机的限值和测量方法：GB/T 18655—2018[S]. 北京：中国标准出版社，2018.

[12] 全国电磁兼容标准化技术委员会. 电磁兼容试验和测量技术电快速瞬变脉冲群抗扰度试验：GB/T 17626.4—2018[S]. 北京：中国标准出版社，2018.

[13] 全国汽车标准化技术委员会. 电动汽车安全要求：GB/T 18384—2015[S]. 北京：中国标准出版社，2015.

[14] 全国汽车标准化技术委员会. 电动汽车碰撞后安全要求：GB/T 31498—2015[S]. 北京：中国标准出版社，2015.

[15] 全国汽车标准化技术委员会. 电动汽车传导充电互操作性测试规范：GB/T 34657—2017[S]. 北京：中国标准出版社，2017.

[16] 中国电力企业联合会. 电动汽车传导充电系统 第一部分：通用要求：GB/T 18487.1—2015[S]. 北京：中国标准出版社，2015.

[17] 中国国家标准化管理委员会. 电动汽车远程服务与管理系统技术规范：GB/T 32960—2016[S]. 北京：中国标准出版社，2016.

[18] 徐鹤. 车用CAN总线拓扑结构设计与性能分析方法研究[D]. 北京：中国农业大学，2005.

第3章 混合动力汽车测试评价

混合动力汽车（Hybrid Electric Vehicle, HEV）通常有两种或两种以上的动力源，在常见的混合动力汽车中，发动机通常与蓄电池、电机或者发电机连接。根据动力系统的组成及结构，混合动力汽车可以分为串联式、并联式、混联式等，随之产生的"模式选择""功率分配""动态协调控制"等机电耦合系统控制方法成为混合动力汽车关键技术。因此，相比于纯电动车辆，混合动力汽车的测试评价还需重点关注动力系统在不同工作模式时的性能表现，以及机电耦合过程中的动态控制。

本章在第2章的基础上，重点阐述了混合动力电动汽车测试与纯电动汽车测试中不同的部分。混合动力电动汽车整车测试项目见表3-1。

表3-1 混合动力电动汽车整车测试项目

测试项目名称	主要测试内容
动力性测试	动力性客观测试
经济性测试	经济性客观测试
制动性测试	不同SOC条件下汽车制动效能恒定性测试 再生制动系统制动能量回收效能测试
NVH性能测试	档位/模式切换冲击测试
EMC测试	参考纯电动汽车测试
整车电平衡测试	参考2.1.6节
一般安全测试	参考2.1.7节
碰撞后安全测试	参考2.1.8节
E/E架构测试	参考2.2.1节
总线测试	参考2.2.2节
上下电测试	参考2.2.3节

(续)

测试项目名称	主要测试内容
失效安全测试	参考 2.2.4 节
电性能测试	参考 2.2.5 节
充电功能测试	参考 2.2.6 节
远程监控功能测试	参考 2.2.7 节
驱动控制策略测试	驾驶需求识别（加速踏板 MAP+ 意图识别） 模式进退机制 能量分配机制 部件响应测试
制动控制策略测试	制动控制策略测试
热管理策略测试	参考 2.3.3 节
附件管理策略测试	参考 2.3.4 节

3.1 基本性能测试

汽车主要性能包括动力性、经济性和制动性，除此之外，汽车的一般安全性、碰撞安全性以及 NVH 性能也是不可或缺的。针对混合动力汽车，由于引入了电驱动系统和机电耦合装置，车辆的电磁兼容性以及整车电平衡也成为必要的测试评价项目。

本节的基本性能测试重点阐述与混合动力汽车特点关系密切的整车级别性能测试评价，提出混合动力汽车特有的状态变量分析和条件变量控制测试方法，揭示混合动力汽车动力性静态指标与动力性动态历程，全面完整地表征和评价各项基本性能。

3.1.1 动力性测试

动力性是汽车各种性能中最基本、最重要的性能，是指汽车在良好路面上直线行驶时由汽车受到的纵向外力决定的，所能达到的平均行驶速度[1]。根据汽车理论的观点，汽车的动力性主要可由以下 3 个指标评定：

① 汽车的最高车速 v_{max}。
② 汽车的加速时间 t。
③ 汽车能爬上的最大坡度 i_{max}。

然而，在实际的测试评价过程中，尤其是针对混合动力汽车，上述三项指标越来越不能满足动力性测试要求。一方面，由于混合动力系统工作模式对动力性的影响，使得对动力性测试提出了新的约束条件；另一方面，混合动力系统动态响应特性和传统系统的差别，对动力性测试的动态历程分析提出了更为细致的需求。因此，针对混合动力汽车动力性测试评价方法，需要提出更为细致的客观评价指标，构建更为完善的测试评价体系。

在实际测试中，应考虑到一些汽车装置对该项试验的影响，如汽车限速装置的使用，就无法测试出车辆真实的最高车速；另外，在环道测试最高车速时车身侧倾角较大，装备 ESP 或 ESC（电子稳定程序）的汽车易误触发，汽车会采取主动制动，从而带来安全隐患或使试验失败。因此，测试前要关闭该功能或使该项功能失效[2]。

混合动力汽车动力性客观测试评价内容如下。

1. 测试目的

动力性客观测试评价综合参考纯电动汽车、已有的混合动力汽车最高车速测试评价等标准，结合混合动力汽车的特点，提出混合动力汽车动力性客观测试评价试验项目。目的是通过试验测试，量化具体的动力性指标，形成可横向比较的指标体系。

2. 测试设备

动力性客观测试需要利用测速仪、里程测量仪、计时器、温度计、压力计记录速度、距离、时间、温度、大气压力参数。如果使用电动汽车上安装的速度表、里程表测定车速和里程，试验前必须按 GB/T 12548—2016《汽车速度表、里程表检验校正方法》进行误差校正。需要测量的参数、单位和准确度见表3-2。

表3-2 测量的参数、单位和准确度

测量参数	单位	准确度	分辨率
时间	s	±0.1	0.1
长度	m	±0.1%	1
温度	℃	±1	1
大气压力	kPa	±1	1
速度	km/h	±1% 或 ±0.1km/h	0.2
质量	kg	±0.5	1

注：表格来源 GB/T 18385—2016《电动汽车动力性能试验方法》。

3. 依据标准[3,4]

GB/T 19752—2005《混合动力电动汽车动力性能试验方法》。

GB/T 18385—2016《电动汽车动力性能试验方法》。

4. 测试方法及步骤

GB/T 19752—2005 详细介绍了动力性客观测试评价的试验条件、试验准备、试验方法和评价指标等内容，试验项目见表3-3。

表3-3 混合动力电动汽车动力性能客观测试评价试验项目

序号	试验项目	模式
1	混合动力模式下的最高车速	混合动力
2	纯电动模式下的最高车速	纯电动
3	混合动力模式下 0~100km/h 加速性能	混合动力
4	纯电动模式下 0~100km/h 加速性能	纯电动
5	混合动力模式下超车加速性能	混合动力
6	混合动力模式下的爬坡速度	混合动力
7	纯电动模式下的爬坡速度	纯电动
8	混合动力模式下的 30min 最高车速	混合动力
9	混合动力模式下的坡道起步能力	混合动力
10	纯电动模式下的坡道起步能力	纯电动
11	混合动力模式下的最大爬坡度	混合动力
12	滑行距离	混合动力
13	最低稳定车速	混合动力

注：纯电动模式测试项目按照 GB/T 18385—2016《电动汽车动力性能试验方法》实施。

（1）混合动力模式下的最高车速

测试车辆混合动力模式下短时间的极限动力性能，考虑了电机、蓄电池的峰值功率和过载性能对动力性的影响。测试步骤如下：

① 将试验车辆加载到试验质量，增加的载荷应均匀地分布在乘客座椅上及货厢内。

② 在直道或环道上使车辆加速到最高车速并维持该车速行驶 1km 以上，记录车辆持续行驶的时间 t_1。

③ 随即在同样的试验道路上以反方向重复试验，记录车辆持续行驶 1km 的时间 t_2。

（2）纯电动模式下的最高车速

混合动力汽车纯电动模式下的最高车速测试方法参照 2.1.1 节。

（3）混合动力模式下加速性能

混合动力模式下的加速性能测试步骤如下：

① 将试验车辆加载到试验质量并按要求均匀分布载荷。

② 将试验车辆停放在试验道路的起始位置，并起动车辆。

③ 将加速踏板踩到底使车辆加速行驶（如有手动变速系统，则需要适时切换档位），记录从踩下踏板至车速达到 100km/h 所经历的时间（如被测车辆最高车速低于 100km/h，则测试速度为该车最高车速，并在试验记录中注明）。

④ 在同样试验道路上以反方向重复上述试验[3]。

（4）纯电动模式下加速性能

混合动力汽车纯电动模式下的加速性能测试与评价参照 2.1.1 节。

（5）混合动力模式下超车加速性能

混合动力模式下超车加速性能测试步骤如下：

① 将试验车辆加载到试验质量，增加的载荷应均匀地分布在乘客座椅上及货厢内。

② 将试验车辆停放在试验道路的起始位置，并起动车辆。

③ 逐渐加档至变速器最高档或次高档（对无级变速的汽车按照厂家的要求选定档位），使汽车以该档最低稳定车速匀速行驶。

④ 当车速稳定后进入试验路段，将加速踏板快速踩到底，使汽车加速至该档最高车速的 80% 以上（轿车应加速到 100km/h 以上），记录从快速踩下加速踏板到车速达到该档最高车速的 80% 以上的时间。

⑤ 以相反方向行驶再做一次相同的试验[5]。

（6）混合动力模式下的爬坡速度

混合动力模式下的爬坡速度测试步骤如下：

① 将试验车辆加载到最大设计总质量，增加的载荷应均匀地分布在乘客座椅上及货厢内。

② 把车辆放置在底盘测功机上，并对测功机进行必要的调整，使其适合试验车辆最大设计总质量值。

③ 调整测功机使其增加一个相当于 4% 坡度的附加载荷。

④ 将加速踏板踩到底使试验车辆加速或适当变换档位使车辆加速到最高爬坡车速。

⑤ 以 ±1km/h 的速度误差维持该爬坡车速行驶 1km，同时，记录持续行驶 1km 的时

间 t。

⑥ 调整测功机使其增加一个相当于 12% 坡度的附加载荷。

⑦ 重复步骤③~步骤⑤的试验[3]。

（7）纯电动模式下的爬坡车速

混合动力汽车纯电动模式下的爬坡车速测试方法参照 2.1.1 节。

（8）混合动力模式下的 30min 最高车速

混合动力模式下的 30min 最高车速测试步骤如下：

① 将试验车辆加载到试验质量，增加的载荷应均匀地分布在乘客座椅上及货厢内。

② 该试验在环形跑道或在按照 GB/T 18385 中 7.1（30min 最高车速）设定的底盘测功机上进行。

③ 在试验前的预热阶段，将车辆加速至制造厂家估计的 30min 最高车速（误差为 ±5% 行驶 30min。

④ 记录下车辆实际通过的距离 s_1。

（9）混合动力模式下的坡道起步能力

混合动力模式下的坡道起步能力测试步骤如下：

① 将试验车辆加载到最大设计总质量。

② 选定的坡道应有 10m 的测量区，测量区前应提供起步区域。将试验车辆放置在起步区域，选定坡道的倾斜角 α_1 应尽可能接近厂家声明的倾斜角 α_0。计算实际 α_0 的值。

③ 若 $\alpha_1 \neq \alpha_0$，修正质量 ΔM 应均匀地分布在车辆的乘客室和货厢中。

④ 车辆应至少行驶 10m 的距离[3]。

（10）纯电动模式下的坡道起步能力

混合动力汽车纯电动模式下的最大起步坡道测试参照 2.1.1 节。

（11）混合动力模式下的最大爬坡度

混合动力模式下的最大爬坡度测试步骤如下：

① 将试验车辆加载到最大设计总质量，增加的载荷应均匀地分布在乘客座椅上及货厢内。

② 将试验车辆停于接近坡道的平直路段上，坡道测量区长度为 10m。

③ 使用最低档起步，完全踩下加速踏板进行爬坡。

④ 爬坡过程中监测各种仪表的工作情况；爬到坡顶后，停车检查各部位有无异常现象发生，并做详细记录；如果第一次爬不上，可以进行第二次，但是不能超过 2 次。

⑤ 爬不上坡时，测量停车点（后轮接地中心）到坡底的距离，并记录爬不上的原因[3]。

⑥ 如果没有厂方规定的坡道，可增减装载质量或采用较高一档（如二档）进行试验。

（12）滑行距离

混合动力汽车有两种滑行状态，一种是带有能量回馈的滑行，另一种是不带能量回馈的滑行。带能量回馈的滑行将根据车速、动力蓄电池 SOC、发动机和电机的工作状态由主控制器按照预先确定的控制策略控制回收的动能。因此，这种情况下的滑行距离是不确定的，混合动力汽车滑行距离只能是不带能量回馈的滑行距离。测试步骤如下：

① 将车辆加速至（50±1）km/h 的速度稳定后进入滑行区。

② 进入滑行区后迅速将变速器换入空档开始滑行，直至汽车完全停止为止。

③ 使用五轮仪记录滑行速度和滑行距离。

④ 以相反方向行驶再做一次相同的试验。

⑤ 被测车辆的滑行距离是两次测得距离的算术平均值[5]。

（13）最低稳定车速

最低稳定车速测试步骤如下：

① 在长约 50m 的试验路段两端设立标杆作为滑行段。

② 将试验车辆加载到试验质量并按要求合理分布载荷。

③ 将试验车辆停放在试验道路的起始位置，并起动车辆。

④ 将汽车的变速器置于最低档或一档，使汽车保持一个较低的稳定车速行驶通过试验路段。

⑤ 当汽车驶出试验路段时，立即急速踩下加速踏板，混合动力汽车的发动机不应熄火，电机能转动，传动系统不应颤动，能够平稳地加速。

⑥ 否则，应该提高车速，重复试验直至找出符合上述条件的最低稳定车速[5]。

5. 数据处理及评价指标

（1）混合动力模式下的最高车速

最高车速为上述两次试验结果的算术平均值。如果仅能进行单向试验，最高车速由以下公式修正后获得：

$$v_i = v_r \pm v_v f \tag{3-1}$$

$$v_r = 3.6L/t \tag{3-2}$$

式中　v_i——第 i 次最高车速（km/h）；

　　　v_v——风速在试验道路方向上的分量（m/s），如果风的水平分量与车辆行驶方向相反，选"+"，如果风的水平分量与车辆行驶方向相同，选"–"；

　　　v_r——试验中实际测得的最高车速（km/h）；

　　　f——修正因子，$f=0.6$；

　　　t——测量的时间（s）；

　　　L——测量的距离（m）。

试验数据记录表见表 3-4，最高车速 v 即为 v_1 和 v_2 的算术平均值。图 3-1 所示为某款混合动力汽车最高车速测试曲线[3]。

表 3-4　混合动力模式下的最高车速试验记录表

正向持续行驶	时间 t_1/s	距离 /km	车速 v_1/(km/h)	混合动力模式最高车速 v/(km/h)
反向持续行驶	时间 t_2/s	距离 /km	车速 v_2/(km/h)	

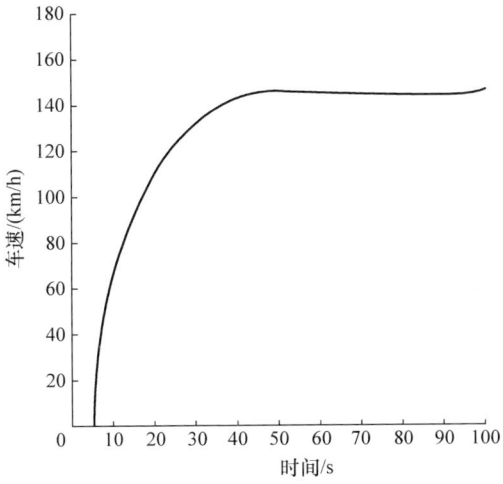

图 3-1 某款混合动力汽车最高车速测试曲线

（2）混合动力模式下加速性能

试验数据记录表见表 3-5。0~100km/h 的加速时间为上述两次试验结果的算术平均值。

表 3-5 0~100km/h 加速性能试验记录表

	时间 t_1/s	0~100km/h 加速时间 t/s
正向加速		
反向加速	时间 t_2/s	

（3）混合动力模式下超车加速性能

试验数据记录表见表 3-6，计算超车加速时间是两次测得时间的算术平均值。

表 3-6 混合动力模式下超车加速性能试验记录表

	时间 t_1/s	超车加速时间 t/s
正向加速		
反向加速	时间 t_2/s	

（4）混合动力模式下的爬坡速度

试验数据记录表见表 3-7，利用下式计算，试验结果为

$$v=3600/t \tag{3-3}$$

式中　　v——实际爬坡最高车速（km/h）；

　　　　t——持续 1km 所测的时间（s）。

表 3-7 混合动力模式下爬坡车速试验记录表

	时间 t_1/s	混合动力模式爬坡车速 v/(km/h)
4% 坡度		
12% 坡度	时间 t_2/s	混合动力模式爬坡车速 v/(km/h)

（5）混合动力模式下的 30min 最高车速

30min 最高车速 v_{30} 可由下式计算得到：

$$v_{30} = \frac{s_1}{500} \tag{3-4}$$

式中　v_{30}——车辆 30min 最高车速（km/h）；

　　　s_1——车辆 30min 驶过的里程（m）。

在试验过程中，如果车速比厂家估计的 30min 最高车速低 5% 以上，应重做试验。重做时可采用相同的或制造厂家修正后的 30min 最高车速估计值。

（6）混合动力模式下的坡道起步能力

修正质量的计算公式为

$$\Delta M = M \frac{\sin\alpha_0 - \sin\alpha_1}{\sin\alpha_1 + R} \tag{3-5}$$

式中　M——试验条件下的最大设计质量（kg）；

　　　R——滚动阻力系数，通常取 0.01。

在已知驱动系统（热机与电机的复合）峰值转矩和轮胎滚动半径的前提下，可通过以下公式近似计算：

$$\begin{aligned}C_r &= C_a T \eta_\tau \\ F_t &= C_r/r = Mg(\sin\alpha_0 + R)\end{aligned} \tag{3-6}$$

式中　C_r——车轮转矩（N·m）；

　　　C_a——驱动系统的转矩（N·m）；

　　　T——总减速比；

　　　η_τ——传动效率；

　　　F_t——地面驱动力（N·m）；

　　　r——轮胎滚动半径（m）；

　　　M——试验条件下的最大设计质量（kg）；

　　　g——重力加速度（m/s²）；

　　　R——滚动阻力系数，通常取 0.01。

求得 α_0 后，求 $\tan\alpha_0 \times 100\%$ 即可获得最大坡道起步能力的坡度。

（7）混合动力模式下的最大爬坡度

按照以下公式计算最低档的最大爬坡度：

$$\alpha_m = \arcsin\left(\frac{M}{M_a}\frac{i_1}{i_a}\sin\alpha_a\right) \tag{3-7}$$

式中　α_m——最大爬坡度对应的坡度角（°）；

　　　M——汽车实际总质量（kg）；

　　　M_a——汽车厂定最大总质量（kg）；

　　　i_1——最低档传动比；

　　　i_a——实际传动比；

　　　α_a——试验时实际坡度角（°）。

求得 α_m 后，计算 $\tan\alpha_m \times 100\%$ 即可求得最大爬坡度。

值得注意的是：测试所得最大爬坡度应小于或等于车辆的接近角，保证车辆在坡度为 α_m 坡道上的通过性[1]。

爬坡的平均车速为

$$v = 36/t \qquad (3-8)$$

式中　v——爬坡的平均车速（km/h）；
　　　t——通过测试路段的时间（s）。

3.1.2　经济性测试

经济性是汽车的主要使用性能，它是指在保证动力性的条件下，汽车以尽量少的能量消耗量经济行驶的能力[1]。混合动力电动汽车的经济性常用以下指标评价：

① 汽车的百公里燃料消耗量 C。
② 汽车的电能消耗量 E。
③ 汽车的纯电动续驶里程 D_e。

针对上述评价指标，提出了混合动力电动汽车经济性客观测试评价方法。

3.1.2.1　轻型混合动力电动汽车能量消耗量试验

1. 测试目的

轻型混合动力电动汽车经济性客观测试评价车型为装用点燃式发动机或压燃式发动机、最大总质量不超过 3.5t 的 M1 类、M2 类和 N1 类混合动力汽车，旨在通过试验测试，量化具体的经济性指标，形成可横向比较的评价体系。

2. 测试设备

所用底盘测功机、排气取样系统、排气分析设备及其测试准确度应符合 GB 18352.5 相关规定；底盘测功机的调整按照 GB 18352.5 附录 C 中附件 CB、CC 及 CD 的规定进行；其他相关参数的单位、准确度及分辨率见表 3-8。

表 3-8　其他相关参数的单位、准确度及分辨力（摘自 GB/T 19753）

参数	单位	准确度	分辨率
时间	s	±0.1	0.1
距离	m	±0.1%	1
温度	℃	±1	1
速度	km/h	±1%	0.2
质量	kg	±0.5%	1
电流	A	±0.5%	0.1
电压	V	±0.5%	1

3. 依据标准[6-8]

GB/T 19753《轻型混合动力电动汽车能量消耗量试验方法》。

GB 18352.5《轻型汽车污染物排放限值及测量方法（中国第五阶段）》。

GB/T 19233《轻型汽车燃料消耗量试验方法》。

4. 测试方法及步骤

测试车辆应满足：试验车辆应按照制造厂的规范进行磨合，并且在试验前的 7 天内建议至少行驶 300km；车辆轮胎压力应调整到制造厂规定的压力值；车辆加载应符合 GB 18352.5 的有关规定。

若进行纯电动续驶里程试验，车辆还应满足：除非试验要求或车辆在白天使用时正常工作需要，车辆上照明、发光设备和其他辅助设备应关闭；除用于牵引用途的储能系统外，其他所有的能量储存系统（电、液、气等）应按制造厂的规定充到最大容量；如果储能装置温度高于环境温度，试验人员应按照制造厂推荐的规程，将储能装置温度保持在正常工作范围内，制造厂的工作人员应在场，并保证储能装置热管理系统正常工作（既没有失效，也没有降低功能）。

（1）可外接充电混合动力电动汽车的纯电动及 OVC 续驶里程的测量方法

在室外进行试验，环境温度应在 5~32℃ 之间，在室内进行试验，环境温度应在 20~30℃ 之间。如果在各步骤之间车辆需要移动，必须保证没有起动车辆，且能量再生系统未起作用。

1）储能装置的初始充电。储能装置的初始充电是车辆接收后对储能装置的第一次充电。如果连续进行几个组合的试验和测量，第一次进行的充电应是"储能装置的初始充电"。

2）储能装置放电。

① 可外接充电、无行驶模式手动选择功能的混合动力电动汽车。储能装置通过车辆行驶进行放电。车辆按下述要求在试验跑道或底盘测功机上行驶，直到满足放电终止条件。

a. 车速稳定在 50km/h±2km/h，直到混合动力电动汽车的发动机起动。

b. 如果不起动发动机，车辆不能达到 50km/h±2km/h 稳定车速，应降低到保证车辆能够稳定行驶的合适车速，并且在规定的时间/距离（检测机构和制造厂之间确定）内发动机不起动。

c. 按照制造厂建议，发动机应在自动起动 10s 内停机。

② 可外接充电、有行驶模式手动选择功能的混合动力电动汽车。如果车辆有纯电动模式选择开关，行驶模式开关置于纯电动位置，车辆以纯电动模式 30min 最高车速的 70%±5% 在试验道路或底盘测功机上稳定运行，对储能装置放电。满足下列条件之一，放电过程停止。

a. 车辆不能以纯电动模式 30min 最高车速的 65% 行驶时。

b. 由标准车载仪器提示驾驶人停车。

c. 行驶 100km 后。

如果车辆没有纯电动模式选择功能，应选择合适的行驶模式通过在试验道路上或底盘测功机上行驶来完成放电,直到满足放电终止条件。

a. 车速稳定在 50km/h±2km/h,直到混合动力电动汽车的发动机起动。

b. 如果不起动发动机车辆不能达到 50km/h±2km/h 稳定车速,应降低到保证车辆能够稳定行驶的合适车速,并且在规定的时间/距离(检测机构和制造厂之间确定)内发动机不起动。

c. 按照制造厂建议,发动机在自动起动后 10s 内停机。

3)储能装置充电。对于可外接充电的混合动力电动汽车,储能装置应该按下述要求进行充电:如果安装了车载充电机,使用车载充电机充电;否则按制造厂推荐的外部充电机,采用制造厂推荐的充电模式进行充电(注意:应为常规使用充电,不包括所有自动或人工进行的特殊充电程序,例如均衡充电或维修充电等;充电环境温度为 20~30℃)。当满足车辆制造厂规定的充满截止条件时,则结束储能装置的外接充电。若仪器一直提示储能装置尚未充满,则最长充电时间为

$$t_{\max}=3E_{\text{nom}}/P_{\text{ele}} \tag{3-9}$$

式中 $t_{\max}$——最长充电时间(h);

E_{nom}——储能装置标称储能量(W·h);

P_{ele}——电网供电功率(W)。

4)进行循环行驶,测量纯电动续驶里程。

① 试验循环和档位操作按照 GB 18352.5 附录 C 中附件 CA 的规定。如果制造厂对档位变换有特殊的规定,GB 18352.5 附录 C 中附件 CA 的规定不适用。可按照 GB 18352.5 附录 C 中 C2.3 的规定,并结合制造厂的产品使用手册和变速器操作说明进行操作。

② 底盘测功机的调整按照 GB 18352.5 附录 C 中附件 CB、附件 CC、附件 CD 的规定进行,直到满足标准要求。建议采用多点设定法进行底盘测功机的模拟道路行驶阻力设定。

③ 在调整好的底盘测功机上进行试验,直到达到试验结束的条件。

④ 试验结束条件

a. 当车速达不到 50km/h±2km/h 目标曲线,或车载仪器提示驾驶人停车,或者当发动机起动时。

b. 车速超过 50km/h 时,当车辆达不到要求的加速度或试验循环规定的车速时,加速踏板应保持完全踏下直到重新达到标准曲线要求。

c. 如果出现试验结束条件之一时,需释放加速踏板,不踩制动踏板,车辆减速到 5km/h,然后再制动停车。

⑤ 试验期间可以有 3 次停车,总时间不超过 15min。

⑥ 结束时,测量的行驶里程 D_e 即为混合动力电动汽车的纯电动续驶里程(km),结果应圆整到整数。

5)进行循环行驶,测量 OVC 续驶里程。

① 同纯电动续驶里程测量的步骤①、步骤②。

② 在调整好的底盘测功机上进行试验,并连续重复一定次数,直到达到试验结束的

条件。

③ 试验结束条件。

a. 当车辆达到储能装置的最低荷电状态时，试验结束。

b. 电量平衡值 Q（A·h）在每一个循环中都要进行测量，使用步骤④规定的程序，并确定储能装置的最低荷电状态。

c. 储能装置的最低荷电状态是在进行 N 次循环后，如果 $N+1$ 次循环的放电量小于最高荷电状态（即蓄电池充满时的储存能力，由制造厂提供，单位为 A·h）的3%时，认为达到蓄电池的最低荷电状态。在制造厂的要求下，可以增加试验循环次数，并应证明每个增加的循环中电量平衡放电值都小于前一个循环。

④ 电量平衡值的测量。

a. 制造厂应使用本方法，来确定修正系数 K_{fuel}，检测机构使用本方法，来测量电量平衡值 Q。

b. 使用电流传感器（卡钳型或封闭式）测量储能装置母线电流，电流传感器的准确度至少为最大测量值的 0.5% 或最大量程的 0.2%，OEM 的诊断测试装置不能用作本试验目的；电流传感器应安装在储能装置的一条直接引线上，为了使用外部设备测量母线电流，制造厂应当在车上提供适当的、安全的、可接近的连接点，如果不可行，制造厂必须帮助测试机构获得按照上述方式要求的将电流传感器连接到储能装置引线上的方法；电流传感器的输出应当以最低 20Hz 的频率采样。测量的电流要随时间积分，得出 Q 的测量值（A·h）；应测量电流传感器附近的温度，并采用与电流采样频率相同的采样频率测量，用来对电流传感器进行温度补偿。

c. 储能装置电流的测量与试验同时开始，在车辆完成循环行驶后，立即结束；对于第一个、第二个循环分别记录 Q 值。

⑤ 在每个循环之间允许 10min 的热浸时间，动力系统在此期间应关闭。

⑥ 结束时，测量的行驶里程 D_{ovc} 即为混合动力电动汽车的 OVC 续驶里程（km），结果应圆整到整数。

（2）可外接充电、无行驶模式手动选择功能的混合动力电动汽车能量消耗试验方法

应分别在以下条件进行：

条件 A：储能装置处于充电终止的最高荷电状态。

条件 B：储能装置处于运行放电结束的最低荷电状态。

1）条件 A。

① 储能装置放电：按照本条"（1）-2）"中的规定对储能装置进行放电。

② 车辆处理：对于装用压燃式发动机的混合动力电动汽车应采用 GB 18352.5 中附录 C 的附件 CA 规定的 2 部循环，连续运行 3 个循环，进行预处理。对于装用点燃式发动机的混合动力电动汽车应采用 GB 18352.5 中附录 C 的附件 CA 规定的 1 个 1 部和 2 个 2 部循环，进行预处理。在试验前，车辆应于 20~30℃ 的温度条件下在室内放置至少 6h，直到发动机润滑油和冷却液温度与室温的差在 ±2℃ 范围内。浸车期间，按照本条"（1）-3）"中的规定，完成对储能装置的完全充电。

③ 试验程序。

a. 车辆正常起动，按照 GB 18352.5 附录 C 的规定开始试验。

b. 取样按照 GB 18352.5 附录 C 的规定进行。

c. 车辆按照 GB 18352.5 附录 C 的规定运行，如果制造厂对档位变换有特殊的规定，GB 18352.5 附录 C 中附件 CA 对这些车的换档点的要求不适用。可按照 GB 18352.5 附录 C 中 C2.3 的规定，并结合制造厂的产品使用手册和变速器操作说明进行操作。

d. 下面两种试验方法可选，由生产企业向检测机构提供混合动力车辆的工作原理，并提出选择的试验方法，见表 3-9，由检测机构认可后实施。

表 3-9 能量消耗试验取样方法

方法 a	车辆起动前或起动的同时开始采样，并在市郊循环的最后一个怠速段结束后停止采样
方法 b	车辆起动前或起动的同时开始采样，并连续重复一定次数。在储能设备达到最低荷电状态时的第一个市郊循环最后的怠速结束后停止取样。最低荷电状态由下面的程序确定： 电量平衡值 Q（A·h）在每一次循环中都要进行测量，使用本条"（1）-5）-④"规定的程序，并确定储能装置的最低荷电状态 储能装置的最低荷电状态是在进行 N 次循环后，如果第 $N+1$ 次循环的放电量小于额定储存值（即蓄电池充满时的储存能力，由制造厂提供）的 3% 时，认为达到储能装置的最低荷电状态。在制造厂的要求下，可以增加试验循环次数，并且它们的结果应计入到结果的计算中，并应证明每个增加的循环中电量平衡放电值都小于前一个循环 在每个循环之间允许 10 min 的热浸时间，动力系统在此期间应关闭

④ 测量结果。

a. 按照 GB/T 19233 的计算方法，利用测得的 CO_2、CO 和 HC 排放量，以碳平衡法计算燃料消耗 C_1（L/100km）。

b. 按照表 3-9 中方法 a 进行试验的结果就是该次试验结果。

c. 按照表 3-9 中方法 b 进行试验的结果是各个试验结果的和，再求平均值。

$$C_1 = \frac{1}{N}\sum_{1}^{N} C_i \tag{3-10}$$

式中 C_1——燃料消耗量结果（L/100km）；

C_i——N 次循环的总结果（L/100km）；

N——试验进行的总循环数，不包括达到最低荷电状态的循环。

d. 试验结束后 30min 内，按照本条"（1）-3）"中的规定对储能装置进行充电。测量并记录从电网获得的电能 e_1（W·h），e_1 即为条件 A 下车辆的电能消耗。

2）条件 B。

① 车辆处理：按照本条"（1）-2）"中的规定对储能装置进行放电。如果制造厂要求，在放电之前可按照条件 A 规定对车辆进行处理。在试验前，车辆应于 20~30℃ 的温度条件下在室内放置至少 6h，直到发动机润滑油和冷却液温度与室温的差不超过 ±2℃。

② 试验程序。

a. 车辆正常起动，按照 GB 18352.5 附录 C 的规定开始试验。

b. 取样按照 GB 18352.5 附录 C 的规定进行。

c. 车辆按照 GB 18352.5 附录 C 的规定运行，如果制造厂对档位变换有特殊的规定，

GB 18352.5 附录 C 中附件 CA 对这些车的换档点的要求不适用。可按照 GB 18352.5 附录 C 中 C2.3 的规定，并结合制造厂的产品使用手册和变速器操作说明进行操作。

d. 按照 GB/T 19233 的计算方法，利用测得的 CO_2、CO 和 HC 排放量，以碳平衡法计算燃料消耗 C_2（L/100km）。

e. 试验结束后 30min 内，按照本条"（1）-3"中的规定对储能装置进行充电。测量并记录从电网获得的电能 e_2（W·h）。

f. 按照本条"（1）-2"中的规定对储能装置进行放电。

g. 按照本条"（1）-3"中的规定对储能装置进行充电。测量并记录从电网获得的电能 e_3（W·h）。

h. 条件 B 下，车辆的电能消耗为 $e_4 = e_2 - e_3$（W·h）。

（3）可外接充电、有行驶模式手动选择功能的混合动力电动汽车试验方法

应分别在以下条件进行：

条件 A：储能装置处于充电终止的最高荷电状态。

条件 B：储能装置处于运行放电结束的最低荷电状态。

1）行驶模式的确定。按表 3-10 确定行驶模式。

表 3-10　行驶模式确定（摘自 GB/T 19753）

荷电状态	行驶模式			
	纯电动 混合动力	发动机 混合动力	纯电动 发动机 混合动力	混合动力模式 n[①] 混合动力模式 m[①]
条件 A	混合动力	混合动力	混合动力	最大电力消耗模式[②]
条件 B	混合动力	发动机	发动机	最大燃料消耗模式[③]

① 例如：运动型、经济型、市区运行、市郊行驶模式。
② 最大电力消耗模式：所有可选择的混合动力手动选择模式中，电能消耗量最高的行驶模式。由制造厂提供信息，并与检测部门达成共识。
③ 最大燃料消耗模式：所有可选择的混合动力手动选择模式中，燃料消耗量最高的行驶模式。由制造厂提供信息，并与检测部门达成共识。

2）条件 A。如果按照本条"（1）"规定的测试方法所测得的车辆纯电动行驶里程大于一个完整的循环，在制造厂与检测机构达成共识后，按 GB 18352.5 附录 C 的规定进行试验时，其电能消耗测量可以以纯电动行驶模式进行，在这种情况下，C_1 的值为 0；如果测得的车辆纯电动行驶里程不大于一个完整的循环，在按 GB 18352.5 附录 C 的规定进行能量消耗量试验时，需根据表 3-10 选择最大电力消耗的混合模式作为行驶模式。

按照本条"（2）-1"规定的步骤①~步骤③，测量条件 A 下的燃料消耗量 C_1（L/100km）和电能消耗量 e_1（W·h）。

3）条件 B。按照本条"（2）-2"规定的步骤①、步骤②，测量条件 B 下的燃料消耗量 C_2（L/100km）和电能消耗量 e_4（W·h）。

（4）不可外接充电的混合动力电动汽车能量消耗试验

如果车辆有行驶模式手动选择功能，试验时应选择车辆的默认行驶模式，制造厂提供相关信息，并由检测部门进行确认。

1）车辆处理。车辆应至少进行两个连续的完整的，按照 GB 18352.5 中附录 C 的附件 CA 规定的运行循环（1 个 1 部和 1 个 2 部），进行预处理。同时按照本条"（4）-2"规定的步骤③~步骤⑤测量 CO_2 排放量和电量平衡值，并计算燃料消耗量和电能平衡值 ΔE_{batt}（MJ）。

在试验前，车辆应于 20~30℃的温度条件下在室内放置至少 6h，直到发动机润滑油和冷却液温度与室温的差在 ±2℃范围内。

2）试验程序

① 车辆按照 GB 18352.5 附录 C 的规定进行试验；

② 如果制造厂对档位变换有特殊的规定，GB 18352.5 附录 C 中附件 CA 对这些车的换档点的要求不适用。可按照 GB 18352.5 附录 C 中 C2.3 的规定，并结合制造厂的产品使用手册和变速器操作说明进行操作；

③ 按照 GB/T 19233—2008 的计算方法，利用测得的 CO_2、CO 和 HC 排放量，以碳平衡法计算燃料消耗量 C（L/100km）。

④ 如果储能装置为化学蓄电池（或电量特性类似的储能系统，如飞轮电池），需测量试验过程中的电量平衡值 [测量方法见本条"（1）-5"中步骤④]，并计算所对应的电能平衡值：

$$\Delta E_{batt} = 0.0036 Q U_{batt} \tag{3-11}$$

式中 ΔE_{batt}——对应的电能平衡值（MJ）；

Q——试验过程中的电量平衡值（A·h）；

U_{batt}——电池的额定电压（V）。

⑤ 如果储能装置为超级电容，需测量试验起始电压和终了电压，并计算试验过程的电能平衡值：

$$\Delta E_{storage} = 0.5 C_F (U_{final}^2 - U_{initial}^2) \tag{3-12}$$

式中 $\Delta E_{storage}$——电能平衡值（W·h）；

C_F——额定电容（F）；

$U_{initial}$——起始电压（V）；

U_{final}——终止电压（V）。

（5）说明

① 如果车辆在完成处理之后、进入试验之前需要移动，必须保证没有起动车辆，且能量再生系统未起作用。

② 本标准规定的能量消耗量试验方法并不局限于 GB 18352.5 附录 C 中附件 CA 规定的行驶工况，如果需要按某一行驶工况进行能量消耗量试验，应探讨本标准规定的测功机设置、车辆处理和试验程序的适应性，如该行驶工况有明确规定（行驶循环、换档处理等），原则上考虑采用。能量消耗量计算和结果处理按本标准规定的方法执行。

（6）轻型混合动力电动汽车经济性能客观测试评价测试矩阵

轻型混合动力电动汽车经济性能客观测试评价测试矩阵见表 3-11。

表 3-11 轻型混合动力电动汽车经济性能客观测试评价测试矩阵

序号	试验项目	模式
1	纯电动续驶里程（可外接充电）	纯电动
2	OVC 续驶里程（可外接充电）	纯电动
3	能量消耗量（可外接充电）	混合动力
4	能量消耗量（不可外接充电）	混合动力

5. 数据处理及评价指标

（1）计算方法

1）可外接充电混合动力电动汽车能量消耗量计算方法。

① 燃料消耗量加权平均值。

a. 按照表 3-9 中方法 a 进行试验的燃料消耗量的加权平均值：

$$C = (D_e C_1 + D_{av} C_2)/(D_e + D_{av}) \tag{3-13}$$

式中 C——燃料消耗量（L/100km）；

C_1——条件 A 试验中所得燃料消耗量（L/100km）；

C_2——条件 B 试验中所得燃料消耗量（L/100km）；

D_e——按照本条"（1）-4"规定的试验规程所测得的纯电动续驶里程（km）；

D_{av}——25km（假设的储能装置两次充电之间的平均行驶里程）。

b. 按照表 3-9 中方法 b 进行试验的燃料消耗量的加权平均值：

$$C = (D_{ovc} C_1 + D_{av} C_2)/(D_{ovc} + D_{av}) \tag{3-14}$$

式中 D_{ovc}——按照本条"（1）-5"规定的试验规程所测得的 OVC 续驶里程。

② 电能消耗量加权平均值。

a. 按照表 3-9 中方法 a 进行试验的电能消耗量加权平均值：

$$E = (D_e E_1 + D_{av} E_4)/(D_e + D_{av}) \tag{3-15}$$

式中 E——电能消耗量（W·h/100km）；

E_1——条件 A 试验中所得电能消耗量，$E_1 = e_1/D_{test1}$（W·h/100km）；

E_4——条件 B 试验中所得电能消耗量，$E_4 = e_4/D_{test2}$（W·h/100km）；

D_{test1}——条件 A 试验中车辆实际行驶的距离（km）；

D_{test2}——条件 B 试验中车辆实际行驶的距离（km）。

b. 按照表 3-9 中方法 b 进行试验的燃料消耗量的加权平均值：

$$E = (D_{ovc} E_1 + D_{av} E_4)/(D_{ovc} + D_{av}) \tag{3-16}$$

2）不可外接充电混合动力电动汽车能量消耗量计算方法。本试验测量所得燃料消耗量 C（L/100km），需要用储能装置的电能平衡值 $\Delta E_{storage}$ 结合制造厂提供的燃料消耗量修正系数 K_{fuel} 进行计算修正。修正后的燃料消耗量 C_0（L/100km）对应于电能平衡点（$\Delta E_{storage}=0$）。

① 燃料消耗量修正系数 K_{fuel} 计算。燃料消耗量修正系数 K_{fuel} 由制造厂在完成 n 次测量后，按下述方法进行确定，检测机构应对厂家所提供的燃料消耗量修正系数 K_{fuel} 的有效

性进行确认。n 次试验中至少包括一次 $Q_i > 0$ 和至少一次 $Q_i < 0$ 的测量。

a. 储能装置为化学蓄电池时，燃料经济性修正系数 K_{fuel} 计算如下：

$$K_{\text{fuel}} = \left(n\sum Q_i C_i - \sum Q_i \sum C_i\right) / \left[n\sum Q_i^2 - \left(\sum Q_i\right)^2\right] \tag{3-17}$$

式中　K_{fuel}——燃料消耗量修正系数 [（L/100km）/A·h]；
　　　C_i——制造厂第 i 次试验测得的燃料消耗量（L/100km）；
　　　Q_i——制造厂第 i 次试验的电量平衡值（A·h）；
　　　n——数据个数，不少于 6 次。

燃料经济性修正系数圆整到 4 位有效数字（如：0.XXXX 或 XX.XX）。

b. 储能装置为超级电容时，燃料经济性修正系数 K_{fuel} 计算如下：

$$K_{\text{fuel}} = \left(n\sum \Delta E_{\text{storage}i} C_i - \sum \Delta E_{\text{storage}i} \sum C_i\right) / \left[n\sum \Delta E_{\text{storage}i}^2 - \left(\sum \Delta E_{\text{storage}i}\right)^2\right] \tag{3-18}$$

式中　$\Delta E_{\text{storage}i}$——制造厂第 i 次试验的电能平衡值（MJ）。

② 燃料消耗量结果的计算。

a. 如果在一个试验循环中，$|\Delta E_{\text{batt}}|$ 或 $|\Delta E_{\text{storage}}|$ 小于消耗燃料能量的 1% 时，试验结果不需要修正。其中，ΔE_{batt}、$\Delta E_{\text{storage}}$ 的计算见"（4）-2"中的步骤④和步骤⑤，消耗燃料能量（NIT）= 燃料消耗（L）× 密度（kg/L）× 低热值（MJ/kg）。此时的燃料消耗量 C_0（L/100km）的计算方法：

$$C_0 = C \tag{3-19}$$

式中　C——试验测得的燃料消耗量（L/100km）。

b. 如果在一个试验循环中，$|\Delta E_{\text{batt}}|$ 或 $|\Delta E_{\text{storage}}|$ 大于消耗燃料能量的 1% 且小于 5% 时：

ⅰ）储能装置为化学蓄电池时，燃料消耗量 C_0（L/100km）计算方法如下：

$$C_0 = C - K_{\text{fuel}} Q \tag{3-20}$$

式中　K_{fuel}——按规定计算的储能装置为化学蓄电池条件下的燃料消耗量修正系数；
　　　Q——试验测得的电量平衡值（A·h）。

ⅱ）储能装置为超级电容时，燃料消耗量 C_0（L/100km）计算方法如下：

$$C_0 = C - K_{\text{fuel}} \Delta E_{\text{storage}} \tag{3-21}$$

式中　K_{fuel}——按规定计算的储能装置为超级电容器条件下的燃料消耗量修正系数；
　　　$\Delta E_{\text{storage}}$——试验测得的电能平衡值（MJ）。

③ 试验结果的有效性。如果在预处理和试验循环中，车辆的储能装置在每一个循环都处于放电状态，且 $|\Delta E_{\text{batt}}|$ 或 $|\Delta E_{\text{storage}}|$ 大于消耗燃料能量的 5% 时，试验无效。生产厂应调整车辆状态，使 $|\Delta E_{\text{batt}}|$ 或 $|\Delta E_{\text{storage}}|$ 小于消耗燃料能量的 5%，方能开始正式试验。

（2）试验数据

轻型混合动力电动汽车的能量消耗试验数据记录见表 3-12~ 表 3-14。

表 3-12　轻型混合动力电动汽车（可外接充电）纯电动和 OVC 续驶里程及车辆实际行驶距离记录表

纯电动续驶里程 D_e/km	OVC 续驶里程 D_{ovc}/km
条件 A 试验中车辆实际行驶距离 D_{test1}/km	条件 B 试验中车辆实际行驶距离 D_{test2}/km

表 3-13　轻型混合动力电动汽车（可外接充电）燃料消耗量试验记录表

条件 A	方法 a	一次燃料消耗量 C_1/（L/100km）		燃料消耗量平均值 C_1/（L/100km）	电能消耗量 e_1/W·h	电能消耗量 E_1/W·h
	方法 b	第 i 个试验循环	每循环电量平衡值 Q_i/A·h	每循环燃料消耗量 C_i/（L/100km）	燃料消耗量平均值 C_i/（L/100km）	
		1				
		…				
		N				
条件 B	电网获得电能 e_2/W·h		电网获得电能 e_3/W·h	燃料消耗量 C_2/（L/100km）	电能消耗量 e_4/W·h	电能消耗量 E_4/W·h

方法 a 对应燃料消耗量加权平均值 C/（L/100km）	方法 b 对应燃料消耗量加权平均值 C/（L/100km）	方法 a 对应电能消耗量加权平均值 E/（W·h/km）	方法 b 对应电能消耗量加权平均值 E/（W·h/km）

表 3-14　轻型混合动力电动汽车（不可外接充电）燃料消耗量试验记录表

化学蓄电池	电量平衡值 Q/A·h	电能平衡值 ΔE_{batt}/MJ	燃料消耗量修正系数 K_{fuel}/[（L/100km）/A·h]	燃料消耗量 C/（L/100km）	修正燃料消耗量 C_0/（L/100km）
超级电容器	起始电压 $U_{initial}$/V	终止电压 U_{final}/V	电能平衡值 $\Delta E_{storage}$/（W·h）		

3.1.2.2　重型混合动力电动汽车能量消耗量试验

1. 测试目的

重型混合动力电动汽车经济性客观测试评价车型为最大总质量超过 3.5t 的混合动力电动汽车，旨在通过试验测试，量化具体的经济性指标，形成可横向比较的评价体系。

2. 测试设备

（1）需要使用和推荐使用的试验设备

1）用于测量车辆速度和距离的试验仪器（如非接触式车速仪），车速的测量准确度为

±0.2km/h，时间的测量准确度为 ±0.1s。燃料消耗量、能量消耗量、车速和时间的测量装置应同步起动。

2）用于实时显示试验循环理论车速和实际车速，指导驾驶人调整车辆行驶速度的辅助显示屏幕。而且实际行驶车速和理论车速应能够被记录下来，记录频率不得低于 1Hz。

3）用于测量油耗的油耗仪，准确度不超过 ±0.5% 测量值；或使用称重法测量燃油消耗量的天平，准确度不得超过 ±0.5% 测量值。

4）测量电流的仪器，准确度不超过 ±0.5% 最大测量值，或 ±0.2%FS；工作频率不得低于 20Hz。

5）测量电压的仪器，准确度不超过 ±0.5% 最大测量值，或 ±0.2%FS；工作频率不得低于 20Hz。

6）其他可以满足电能量消耗量试验功能要求的仪器，经技术监督部门认可，可以用于试验，但准确度不得超过 ±0.5% 测量值。

（2）滑行试验测量参数使用仪器的试验准确度

1）时间：准确度为 ±0.1s。

2）车速：准确度为 ±0.2km/h。

3）风速：仪器准确度为 ±1km/h，试验时平均风速应小于 3m/s，最大风速小于 5m/s，试验道路侧向风速分量应小于 2m/s，风速应在高出路面 0.7m 处测量。

4）环境温度：准确度为 ±1℃。

5）大气压力：准确度为 ±0.3kPa。

6）轮胎压力：准确度为 ±5kPa；

7）汽车质量：准确度为 ±20kg。

3. 依据标准

GB/T 19754《重型混合动力电动汽车能量消耗量试验方法》[9]。

4. 测试方法及步骤

（1）净能量改变量（NEC）的计算方法

1）NEC 计算原理。NEC 是判断采用可外接充电与不可外接充电式混合动力电动汽车试验方法的主要条件，是试验的主要环节。对于不可外接充电式混合动力汽车，为了真实比较混合动力电动汽车（HEV）和传统汽车的燃料消耗量结果，HEV 的数据应进行修正以保证储能装置的 NEC 基本为零，这样，所有的能量是由辅助动力系统（APU）中的发动机提供。

2）NEC 计算。

① NEC 计算原则是应在试验过程中监测储能装置的能量变化。对于每个不同的行驶循环，最少应进行三组测试以确保有足够的数据对 SOC 进行修正。因为不同类型的储能装置储存的能量是不同的，所以不同类型的储能装置将使用不同的公式来定义 NEC。

② 动力蓄电池的 NEC 可由式（3-22）~式（3-24）进行计算：

$$NEC = kQ_{SOC变化}U_{系统} \tag{3-22}$$

$$Q_{SOC变化} = k_1 \left(\eta_{充电} \int I_{充电} dt - \frac{\int I_{放电}}{\eta_{放电}} \right) \quad (3\text{-}23)$$

$$U_{系统} = \int_{试验开始}^{试验结束} U dt / \int_{试验开始}^{试验结束} dt \quad (3\text{-}24)$$

式中　NEC——净能量改变量（kW·h）；

　　　k——单位换算系数，取 10^{-3}；

　　　$Q_{SOC变化}$——试验循环开始和结束时动力蓄电池净电量的变化（A·h）；

　　　$U_{系统}$——从试验循环开始到试验结束时整个过程动力蓄电池的平均电压（V）；

　　　k_1——单位换算系数，取 3600^{-1}；

　　　$\eta_{充电}$——动力蓄电池充电的电量效率；

　　　$I_{充电}$——输入动力蓄电池总线的电流（A）；

　　　t——时间（s）；

　　　$I_{放电}$——输出动力蓄电池总线的电流（A）；

　　　$\eta_{放电}$——动力蓄电池放电的电量效率。

参考的动力蓄电池电量效率等参数的选取见表 3-15。

表 3-15　参考的动力蓄电池电量效率（摘自 GB/T 19754 附录 A）

序号	动力蓄电池类型	充电电量效率（%）	放电电量效率（%）
1	金属氢化物镍蓄电池	96	96
2	锂离子蓄电池	96	96
3	铅酸蓄电池	90	90

③ 超级电容器的 NEC 可由下式进行计算：

$$\text{NEC} = k_2(C/2)[U_{结束}^2 - U_{开始}^2] \quad (3\text{-}25)$$

式中　k_2——为单位换算系数，取 3600000^{-1}；

　　　C——生产厂商标定的超级电容器的额定电容量（F）；

　　　$U_{结束}$——试验循环结束时超级电容总线的电压（V）；

　　　$U_{开始}$——试验循环开始时超级电容总线的电压（V）。

3）NEC 相对变化量的确定。

① 循环总驱动能量。

a. 循环总驱动能量的算法：本手册采用循环总驱动能量而不采用总燃料驱动能量来确定 NEC 的相对变化量，因为针对相同的试验循环，前者是基本不变的；而后者可能随储能装置存储的能量不同，燃料驱动能量和电能量驱动能量形成互补关系，会在多次试验中出现燃料驱动能量发生变化的情况。循环总驱动能量可以选用以下两种方式之一进行计算：方式一是通过底盘测功机采集的数据，计算循环总驱动能量；方式二是通过试验消耗的燃料量，计算总燃料驱动能量，再根据试验过程的 NEC，计算出循环总驱动能量。

b. 底盘测功机试验方法确定循环总驱动能量：车辆在底盘测功机上进行试验时，底盘测功机可以实时测量试验时车辆对轮边实际的驱动力、实际的车速，可以通过下式来计算得到循环总驱动能量（kW·h）：

$$循环总驱动能量 = \int k_3 F v \mathrm{d}t \tag{3-26}$$

式中 k_3——单位换算系数，取 $(3.6^2×10^6)^{-1}$；

　　F——轮边实时测量的车辆驱动力（N），车辆驱动力为正，当车辆驱动力为负值时取 0；

　　v——实时测量的车辆速度（km/h）；

　　t——时间（s）。

c. 燃料驱动能量计算方法确定循环总驱动能量：可通过下式，利用总燃料驱动能量和 NEC 计算轮边的循环总驱动能量：

$$循环总驱动能量 = 总燃料驱动能量 × \eta_{传动1} - NEC\eta_{传动2} \tag{3-27}$$

式中 $\eta_{传动1}$——从总燃料驱动能量计算节点到轮边的传动系统效率；

　　$\eta_{传动2}$——从 NEC 计算节点到轮边的传动系统效率。

② 总燃料驱动能量。总燃料驱动能量（kW·h）是整个试验过程中，APU 中发动机消耗的燃料的能量转化成驱动能量的数值，可以用下式进行计算：

$$总燃料驱动能量 = k_4 \mathrm{NHV}_{燃料} m_{燃料} \eta_{\mathrm{APU}} \tag{3-28}$$

式中 k_4——单位换算系数，取 $(3.6×10^6)^{-1}$；

　　$\mathrm{NHV}_{燃料}$——燃料的低热值[单位燃料具有的能量（J/kg）]；

　　$m_{燃料}$——整个试验循环消耗的总的燃油质量（kg）；

　　η_{APU}——APU 的平均工作效率[如果是并联方案，可以直接使用发动机平均工作效率，如果是串联方案，应当使用发电机组的平均工作效率（发动机平均工作效率乘以发电机平均工作效率）]。

$\mathrm{NHV}_{燃料}$ 和 η_{APU} 取值见表 3-16 和表 3-17。

表 3-16　参考的燃料低热值技术参数表（数据摘自 GB/T 19754 附录 A）

序号	燃料	燃料密度	燃料低热值/（kJ/kg）
1	柴油	0.85kg/L	43000
2	汽油	0.96kg/L	42600
3	天然气	0.90kg/m³	44000

表 3-17　参考的发动机、发电机平均工作效率表（数据摘自 GB/T 19754 附录 A）

序号	燃料	发动机平均工作效率（%）
1	柴油	35
2	汽油	28
3	天然气	30
4	发电机	85

③ NEC 的相对变化量。NEC 的相对变化量定义为换算到轮边的 NEC 与循环总驱动能量的比值，用下式进行计算：

$$\text{NEC 的相对变化量} = \frac{\text{NEC}\eta_{\text{传动}2}}{\text{循环总驱动能量}} \times 100\% \qquad (3\text{-}29)$$

（2）试验循环

① 试验循环要求。对于城市客车，应在65%载荷状态下采用图3-2规定的中国典型城市公交循环（详见GB/T 19754中附录B），或在满载状态下采用GB/T 27840规定的C-WTVC循环进行试验。对于其他商用车辆，应在满载状态下采用GB/T 27840规定的C-WTVC循环，参见该标准的附录F（C-WTVC循环）。同时可以参见GB/T 19754的附录C、附录D和QC/T 759的附录B城市客车用循环数据（快速道路）提供的试验循环；或经汽车制造厂和检测机构协商，也允许对试验循环工况进行改动和调整，以便更好地体现汽车的使用性能（但需要在试验报告中予以详细说明），检测数据可供参考。

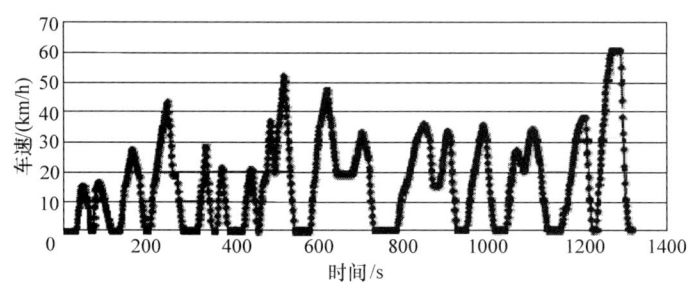

图3-2 中国典型城公交循环（摘自 GB/T 19754）

② 试验循环持续时间。对城市客车，推荐采用2次重复的中国典型城市公交循环作为试验的行驶循环，统计信息详见表3-18。对于其他商用车，推荐直接采用C-WTVC循环，统计信息见GB/T 27840的附录F。

表3-18 城市客车循环（摘自 GB/T 19754）

循环次数	行驶时间	行驶距离	平均车速	最高车速	最大加速度	最大减速度	怠速时间	怠速时间比例
2	2.628s	11.6km	15.9km/h	60km/h	0.914m/s^2	1.543m/s^2	762s	29.0%

（3）试验准备

进行该项试验之前，需要按照表3-19所列项目进行准备。

表3-19 试验准备项目及其状态/要求

序号	准备项目	条件/状态/要求
1	试验条件	道路试验时，环境温度应为5~35℃，在试验开始时，应记录环境温度 底盘测功机试验时，环境温度应在20~30℃之间。试验开始和结束时，温度不能超出此范围 如果进行道路试验，试验条件应当符合GB/T 12534的要求 如果在底盘测功机上进行试验，试验场所应配备动力蓄电池通风和冷却装置、飞轮防护罩、防高压安全装置，以及其他必要的安全防护措施。试验时，可以使用一个定速风机把冷却空气导向汽车，以保证发动机工作温度满足制造厂的要求。这些风扇应当仅在汽车运行时工作，而汽车关机时应停止运转
2	汽车数据的预先采集	试验之前，应按照GB/T 19754中附录E的内容详细地记录汽车参数。任何与基本程序不同的内容，如试验汽车以不同于混合动力汽车工作模式运行，应完整地记录以备后续试验再现此过程

(续)

序号	准备项目	条件/状态/要求
3	车辆条件	（1）车辆性能稳定性：试验之前，汽车应该按照汽车制造厂的规定进行里程磨合，或磨合3000km （2）车辆状态：试验之前应对车辆状态进行检查：试验车辆性能应当符合汽车制造厂规定，能够正常行驶；应根据汽车制造厂规定调整发动机、电机和汽车操纵件；如果汽车的散热风扇为温控型，应使其保持正常的工作状态，乘客舱的空调系统应关闭 （3）试验车辆载荷：除了特殊规定外，M2、M3类城市客车根据选用的试验循环，车辆载荷为装置质量的65%或满载；其他汽车为满载，乘员质量及其装载要求按GB/T 12534的规定 （4）轮胎压力：对于底盘测功机试验，在试验开始之前，轮胎压力应当设定为汽车在底盘测功机上建立道路阻力系数时的压力值，而且不能超过制造厂的规定值范围 （5）换档：驾驶人应当通过加速踏板的适当操作或换挡转速的准确选择以实现行驶循环所规定的车速与时间的对应关系。应当避免车速变化比理论车速平缓，或有过度的加速踏板扰动的情况，以免引起试验的无效性。加速过程应当根据厂家建议进行平稳加速。对于手动变速器，驾驶人应当在最短的时间内完成换档过程。如果汽车不能以指定的速度加速，那么汽车应当在最大加速踏板开度下运行直到车速跟踪上理论车速要求 （6）车速及偏差：车辆加速、等速和用制动器减速时，实际车速与理论车速允许偏差为±3.0km/h。若在不使用制动器的情况下，车辆减速时间比相应工况规定的时间短，则应在下一个工况时间中恢复至理论循环规定的时间。在工况改变过程中，允许车速的偏差大于规定值，但超过车速偏差的时间不应大于1.0s （7）制动能量回收：如果汽车有制动能量回收的功能，汽车在底盘测功机上进行试验时应当采用与实车相同的控制策略。如果汽车配备了防抱死制动系统（ABS），或配备了牵引力控制系统（TCS），并且在单轴驱动的底盘测功机上进行试验，汽车的ABS或TCS有可能会误把未受于转数不转动的转鼓当作故障系统。如果发生此类现象，那么应对ABS或TCS的轮速传感器等进行屏蔽以获取正常的系统工作 （8）汽车试验准备和预处理：汽车预处理至少应当包括燃料箱清空和再充满，或使用一个外部油箱以保证使用的是试验用燃料
4	预置储能装置	（1）车外充电：对于可外接充电式混合动力电动汽车的储能装置，在试验之前应被充电至汽车制造厂要求的荷电状态。对于不可外接充电式混合动力电动汽车，车外充电或使用车载发动机充电仅允许应用于将储能装置预置和调整到厂家规定的SOC值 （2）储能装置的失效：当储能装置损坏，或储能装置能量储存能力低于制造厂规定的数值时，该储能装置应视作失效，应当将失效的储能装置修复、更换和进行平衡，然后再重新对整车进行试验
5	底盘测功机的技术条件	（1）底盘测功机的一般要求：如果在底盘测功机上进行试验，对重型混合动力电动汽车应当使用配备下列设施的试验室来进行试验：底盘测功机应当能够模拟重型汽车正常运行时的瞬态惯性载荷、空气阻力和滚动阻力。此时，在行驶循环中不考虑道路坡度的问题。瞬态的惯性载荷应当使用适当尺寸的飞轮或电控功率吸收装置来进行模拟。空气阻力和滚动阻力可以通过相应的计算机控制系统施加一定的吸收功率来完成。空气阻力和滚动阻力应当通过在底盘测功机上模拟道路滑行曲线获得。道路滑行程序详见GB 18352.3—2005的附件CC相关部分。除非混合动力汽车的驱动系统转动惯量能够被准确地计算获得，否则道路滑行曲线不允许通过数值计算的方法获得。汽车道路滑行的实际质量应当与底盘测功机上准备进行试验的汽车质量一致。汽车应当安装于底盘测功机上，以便能够按照试验循环进行驱动。应当给驾驶人提供显示理论车速和实际车速的助显示屏幕，以保证驾驶人能够根据理论循环操作汽车 （2）底盘测功机的容量：底盘测功机的容量应当能够保证准确再现汽车实际行驶时的惯性力、滚动阻力和空气阻力。需要考虑底盘测功机内部的阻尼，避免底盘测功机的机械作用对汽车的能量消耗量产生副作用 （3）底盘测功机的标定：底盘测功机试验室应该提供底盘测功机生产厂商推荐的标定程序 （4）惯性载荷：汽车从完全停止状态起动的惯性载荷需要被正确模拟（例如：用于加速汽车的能量加上滚动阻力和空气阻力的理论计算值应当与实际道路滑行试验结果一致） （5）道路阻力：滚动阻力和空气阻力是不可回收的，可以通过一个功率吸收装置来模拟，滚动阻力和空气阻力可以通过对滑行数据分析比较来核实 （6）底盘测功机负荷系数的确定：用于模拟道路阻力的底盘测功机负荷系数的确定参照GB 18352.3—2005附件CC的相应规定，按照下面的规定进行确定： ① 装备有制动能量回收系统的汽车，如果制动能量回收系统仅仅通过制动踏板来实现功能，那么在道路和底盘测功机上进行滑行试验时，均不需要进行特殊的操作 ② 装备有制动能量回收系统的汽车，如果至少在部分情况下，当制动踏板没有踩下时，制动能量回收系统开始工作，那么在道路和底盘测功机上进行滑行试验时，需要暂时地使制动能量回收系统处于失效状态，最好通过汽车控制系统软件的临时更改来实现。不建议采用改变汽车的机械状态以解除制动能量回收系统功能的方法（如完全拆除传动轴）。但是，如果改变汽车的机械状态是唯一可行的办法，那么汽车操作时应当采取所有的安全预防措施，并且在道路滑行和底盘测功机滑行时保证汽车的机械更改方式完全一致。在道路和底盘测功机上，采用没有传动轴进行汽车加速的方法应该由汽车制造厂来确定。但是，不允许使用一辆车推动另一辆车/或拖动试验汽车的方法进行滑行试验。如果无法实施汽车的滑行试验，获取车辆的道路阻力，建议采用道路试验法进行试验 ③ 当进行道路滑行试验时，汽车装载质量应当与底盘测功机试验时的设定值完全一致 （7）底盘测功机的设定：底盘测功机的功率吸收应当参照GB 18352.3—2005附件CB的有关规定；底盘测功机的惯量模拟以对"（4）惯性载荷"的规定为依据，既可以采用机械惯量模拟装置，也可以采用电惯量模拟装置，或两者共同作用。应保证底盘测功机系统在所有的速度都提供相应的阻力，而不是仅仅在滑行试验的两个特定的车速范围内满足要求。在进行道路和底盘测功机的滑行试验时，均应当把制动能量回收系统功能屏蔽。道路和底盘测功机滑行试验，汽车的其他部件都应当处于相同的状态（如空调关闭时）

（4）试验程序

1）汽车驱动系统的起动和再起动。本手册不推荐对重型混合动力电动汽车在使用空调的状况下进行能量消耗量的试验。空调及其他汽车正常运行并不应用到的车载附件，在试验时应当被断开或屏蔽。汽车的驱动系统应当按照汽车制造厂提供的用户手册推荐的起动程序进行起动。

2）预运行。试验汽车在进行试验前应进行试验循环的预运行，以使驾驶人熟悉车辆状况及熟练汽车操作。

3）非外接充电型混合动力电动汽车的试验程序。

① 车辆荷电状态的预置：对车辆荷电状态进行预置，使其达到汽车制造厂规定的正常使用的荷电状态。

② 能量消耗量试验的预循环运转：车辆在道路或底盘测功机上，使用一个完整的试验循环进行车辆的预热和预处理，循环结束，关闭点火开关15min，进行车辆预置。

③ 能量消耗量试验运转：车辆在道路或底盘测功机上，按照行驶循环进行试验，每完成一次试验，需要关闭点火开关15min，进行车辆状态的预置。连续进行的试验，不需要进行循环运转；如果在未完成三次试验运转之前，进行了非试验的行驶活动，则下次试验之前，应重新进行预循环的运转，然后再开始正式的试验。

④ 试验循环的次数及其处理：要求进行至少三次试验，并由试验人员按照本条"（5）-8)"规定判断试验结果是否有效、试验次数是否充分，然后决定结束试验。

4）包含纯电动工作模式的外接充电型混合动力电动汽车的试验程序。

① 车辆荷电状态的预置。在进行首次试验前，要求对车辆进行充电，达到汽车制造厂要求的荷电状态的上限。

② 一般规定。

a. 包含纯电动工作模式的外接充电型混合动力电动汽车，指可以以纯电动工作模式完成"中国典型城市公交循环"的车辆。如果车辆的混合动力设计决定的或控制策略中设定的低于某车速下使用纯电机工作，高于某车速使用混合动力工作的情况，不属于该标准中规定的包含纯电动工作模式的外接充电型混合动力电动汽车，该类汽车按照下述"5）不包含纯电动工作模式的外接充电型混合动力电动汽车的试验程序"中规定实施。

b. 纯电动工作模式既可能是以手动切换开关形式作为按钮布置在仪表台上，以加速踏板踩下而动力总成不输出动力作为纯电动工作模式的结束，也可能是靠整车控制器自动过渡，以发动机自动起动作为纯电动工作模式结束的标志。

c. 包含纯电动工作模式的外接充电型混合动力电动汽车的能量消耗试验分为三个阶段，第一阶段为纯电动续驶里程，第二阶段为储能装置能量调整阶段，第三阶段为电能量平衡运行阶段。

③ 车辆的移动：如果进行道路试验，车辆充电完成的停放位置与试验场地不在一起的情况下，要求车辆以纯电动工作模式，尽量用不大于30km/h的车速以匀速的方式移动到试验场地（尽量减少电能量的消耗），从车辆预置地点移动到试验地点的最远距离不得超过3km。然后断电，关闭点火开关15min，进行车辆预置。如果在底盘测功机上实施试验，则可以直接从冷态开始纯电动行驶试验。

④ 纯电动续驶里程试验车速：进行纯电动续驶里程试验的车速应当使用40km/h，与GB/T 18386相一致。

⑤ 纯电动续驶里程段（第一阶段）能量消耗量的确定。

a. 对于使用纯电动模式切换开关的车辆，如果有生产企业规定的结束条件，那么车辆在道路或底盘测功机上，以40km/h±3km/h车速匀速行驶，直到车速达不到36km/h或达到生产企业规定的结束条件中的任何一个条件，应迅速停车，记录纯电动续驶里程数值，然后断电，关闭点火开关15min。纯电动续驶里程试验结束。

b. 对于自动切换纯电动工作模式的车辆，车辆在道路或底盘测功机上，以40km/h车速匀速行驶，直至发动机自动起动，或车速达不到36km/h，应迅速停车，记录纯电动续驶里程数值，然后断电，关闭点火开关15min。纯电动续驶里程试验结束。

⑥ 储能装置能量调整阶段（第二阶段）、电能量平衡运行阶段（第三阶段）能量消耗量的确定。

a. 第二阶段、第三阶段试验，采用标准规定的试验循环进行试验测试，对于城市客车，采用2次重复的中国典型城市公交循环作为试验的行驶循环。

b. 第二阶段的试验应在第一阶段试验完成后连续进行，第二阶段试验车辆应至少连续进行三次试验。如果尚未完成第二阶段的三次试验，车辆就进行了非试验的行驶，则车辆应重新进行上述步骤①～步骤⑤的试验运转。第二阶段的三次试验结束后，立即进行分析，判断第二阶段试验是否结束。判断原则见表3-20。

表3-20 试验阶段的确定（摘自GB/T 19754）

NEC变化量	第一次试验	第二次试验	第三次试验	第四次试验	第五次试验	第六次试验
1	第三阶段					
1	绝对值≤5%	绝对值≤5%	绝对值≤5%			
2	第二阶段	第三阶段				
2	绝对值>5%	绝对值≤5%	绝对值≤5%	绝对值≤5%		
3	第二阶段		第三阶段			
3	绝对值>5%	绝对值>5%	绝对值≤5%	绝对值≤5%	绝对值≤5%	
4	第二阶段			第三阶段		
4	绝对值>5%	绝对值>5%	绝对值>5%	绝对值≤5%	绝对值≤5%	绝对值≤5%

c. 如果进行三次试验，NEC变化量的绝对值均为5%，则该车辆不具有第二阶段，只具有第三阶段，试验结束。

d. 如果第一次试验，NEC的相对变化量大于5%，后两次试验，NEC的相对变化量的绝对值不大于5%，则继续进行第四次试验。如果该次试验NEC的相对变化量的绝对值也不大于5%，则第一次试验属于第二阶段，第二、三、四次试验属于第三阶段，试验结束。

e. 其他符合表3-20描述的情况，按照表中内容决定工作阶段的划分和试验次数。

f. 如果试验结果出现NEC变化量无规律变化的情况，在第六次试验中没有连续的三次试验结果NEC变化量绝对值均不大于5%的情况出现，则六次试验均视为第二阶段，试验结束。

g. 如果需要，检测机关可以根据实际情况增加试验次数，但是上一段描述的NEC变化量无规律变化情况出现时，至少需要进行六次试验。

h. 原则上，最好一次连续完成三阶段的试验；如果不得已，必须进行非试验的车辆行驶，则在第二阶段试验开始后，应至少进行三次试验，才允许试验暂时中断。下一次试验开始前，不允许进行车辆储能装置的充电或能量调整。再次开始试验时，按照本条"（4）-3）-②"中要求进行预循环运转后，再开始进行正式的试验运转。

5) 不包含纯电动工作模式的外接充电型混合动力电动汽车的试验程序。

① 车辆荷电状态的预置：在进行首次试验前，要求对车辆进行充电，达到汽车制造厂要求的荷电状态的上限。

② 车辆的移动：操作同本条"（4）-4）-③"中规定。

③ 能量消耗量试验的预循环运转。操作同本条"（4）-3）-②"中规定。

④ 能量消耗量试验运转。车辆在道路或底盘测功机上，按照本条"（4）-4）-⑥"规定进行试验，确定储能装置调整阶段和储能装置平衡阶段的能量消耗量。

（5）数据记录和结果

1) 记录试验开始与结束时的环境温度、大气压力。

2) 提供并记录燃料密度。

3) 记录储能装置在试验开始和结束时刻的 SOC、动力蓄电池电压和超级电容器电压。

4) 测量和记录汽车在道路或底盘测功机上的实际行驶距离（km）。

5) 采用油耗仪或称重法测量燃料消耗，燃料消耗用体积表示（L）。

6) 测量并计算汽车在整个试验过程中储能装置的 NEC，并记录结果。

对于动力蓄电池，应当对动力蓄电池的充、放电电流和电压，以不低于 20Hz 的频率连续进行测量，按照本条"（1）-2）-②"规定进行计算。

对超级电容器的 NEC，按照本条"（1）-2）-③"规定进行计算。

7) 能量消耗量。汽车的能量消耗量试验结果应表示为：燃料消耗量，即汽车每行驶 100km 消耗燃料量（L/100km）；电能量消耗量，即汽车每行驶 100km 消耗电量（kW·h/100km）；能量消耗量（也称燃料消耗量的校正值，针对不可外接充电型混合动力电动汽车），即汽车每行驶 100km 等效消耗燃料量（L/100km）。

① 非外接充电型混合动力电动汽车。

a. SOC 修正程序：为了计算燃料经济性的 SOC 校正值，每一轮试验循环的燃料经济性应根据 NEC 的相对变化量绘成图表。为了得到 NEC 的变化量为 0 时的燃料消耗量，可以采用线性插值法。但是，对于每个不同的行驶循环，最少应进行三组测试以确保有足够的数据对 SOC 进行修正。要求至少有一轮的 NEC 测试结果为正值，至少有一轮的测试结果为负值，这样 SOC 的计算是基于内插法，而不是外插法。

b. SOC 校正准确度：使用 SOC 修正程序可以有效地把多个试验结果转化成一个单一数据，并可以用数值分析理论的线性相关系数 R^2 来判断采集的数据是否是有效的；规定当 $R^2 \geq 0.8$ 时，认为预测结果和实际数据的线性回归是可以接受的。

c. 试验有效性的判断条件：用 NEC 除以循环总驱动能量作为判断条件 [计算方法见公式（3-30）] 用于确定整个试验循环中储能系统能量改变是否是有效的，是否需要对燃料经济性进行 SOC 的修正。判断原则为：如果计算的 NEC 相对变化量的绝对值小于或等于 1%，则不必对测试的燃料经济性进行 SOC 修正；如果计算的 NEC 相对变化量的绝对值大于 1% 但不大于 5%，则可以按照上述"SOC 修正程序"和"SOC 校正准确度"进行能量消耗量的计算；如果计算的 NEC 相对变化量的结果均小于 −5%，整车持续放电，或试验结果出现 NEC 变化量无规律变化的情况，则直接列出燃料消耗量（L/100km）和电能量消耗量（kW·h/100km）试验结果，如果储能装置能量调整阶段续驶里程通过试验可以计量，则需要列出该续驶里程数（km）；如果计算的 NEC 相对变化量的结果超过 +5%，则认为试验结果无效，整车控制策略不合理，需要调整；对于前 4 种情况均不满足的试验结果，采取直接列出燃料消耗量和电能量消耗量结果的方式处理。

② 包含纯电动工作模式的外接充电型混合动力电动汽车。能量消耗试验分为纯电动续驶里程阶段、储能装置能量调整阶段、电量平衡运行阶段三部分单独处理。

纯电动续驶里程阶段（第一阶段）：

a. 对于底盘测功机试验，没有车辆移动，直接列出续驶里程（km），电能量消耗量为

$$E_{纯电动} = 100 NEC_{续驶里程} / s_{续驶里程} \quad (3-30)$$

式中　$E_{纯电动}$——纯电动续驶里程阶段的电能量消耗量（kW·h/100km）；

　　　$NEC_{续驶里程}$——参照标准计算纯电动续驶里程试验过程的电能量消耗量（kW·h）；

　　　$s_{续驶里程}$——纯电动续驶里程试验阶段实测的续驶里程（km）。

b. 对于车辆有移动的道路试验，计算纯电动续驶里程阶段的电能量消耗量公式同上述底盘测功机试验结果，计算等效纯电动续驶里程结果为

$$s_{等效续驶里程} = s_{移动阶段} + s_{续驶里程} \quad (3-31)$$

$$s_{移动阶段} = s_{续驶里程} NEC_{移动阶段} / NEC_{续驶里程} \quad (3-32)$$

式中　$s_{等效续驶里程}$——包含移动阶段和续驶里程试验阶段的总的纯电动续驶里程（km）；

　　　$s_{移动阶段}$——移动阶段等效的纯电动续驶里程（km）；

　　　$NEC_{移动阶段}$——参照标准计算的移动阶段的电能量消耗量（kW·h）。

储能装置能量调整阶段（第二阶段）：直接列出燃料消耗量（L/100km）和电能量消耗量（kW·h/100km）试验结果。如果储能装置能量调整阶段续驶里程通过试验可以计量，则需要列出该续驶里程数（km）。

电量平衡运行阶段（第三阶段）：按照本条"（5）-7）-①"规定得到燃料消耗量（L/100km）、电能量消耗量（kW·h/100km）和等效燃料消耗量（L/100km）试验结果。

③ 不包含纯电动工作模式的外接充电型混合动力电动汽车。根据本条"（5）-7）-①"规定的储能装置能量调整阶段（第二阶段）和电量平衡运行阶段（第三阶段）求取试验结果。

8) 试验有效性。对于每种试验循环，根据情况求取燃料消耗量和电能量消耗量以及电能量消耗量的平均值作为车辆的能量消耗量试验结果。如果在试验过程中的任何时刻，汽车驱动力无法满足速度要求，或由于汽车的储能装置能量过低，驾驶人不能继续进行驾驶，则该试验过程应当认为无效。储能装置应当被重新充电，试验程序应当重新启动开始。

（6）重型混合动力电动汽车经济性能客观测试评价测试矩阵（表3-21）

表3-21　重型混合动力电动汽车经济性能客观测试评价测试矩阵

序号	试验项目	模式
1	纯电动续驶里程（可外接充电）	纯电动
2	OVC续驶里程（可外接充电）	纯电动
3	能量消耗量（可外接充电）	混合动力
4	能量消耗量（不可外接充电）	混合动力

5. 数据处理及评价指标

（1）计算方法

计算方法与测试步骤相关度较大，不便单独列出，详见本节"4. 测试方法及步骤"。

（2）数据记录

重型混合动力电动汽车的能量消耗试验数据记录见表3-22～表3-25。

表3-22　重型混合动力电动汽车能量消耗试验基本测量值记录表

汽车实际行驶里程/km	燃料密度/(kg/L)	燃料消耗/L

表3-23　重型混合动力电动汽车NEC及其相对变化量记录表

化学蓄电池	试验开始和结束时的净电量变化$Q_{SOC变化}$/（A·h）	试验开始到试验结束蓄电池的平均电压$U_{系统}$/V	净能量改变量NEC/（kW·h）	轮边实时测量的车辆驱动力F/N	实时测量的车辆速度v/（km/h）	循环总驱动能量/（kW·h）	NEC相对变化量
超级电容器	试验循环开始时超级电容器总线电压$U_{开始}$/V	试验循环结束时超级电容器总线电压$U_{结束}$/V					

表3-24　重型混合动力电动汽车（不可外接充电）燃料消耗量试验记录表

NEC相对变化量	汽车实际行驶里程/km	燃料密度/(kg/L)	燃料消耗/L	燃料消耗量/（L/100km）	电能消耗量C/（kW·h/100km）	能量消耗量/（L/100km）	能量消耗量校正值/（L/100km）
≤1%					—	—	—
>1%且≤5%							
<−5%							
>5%				试验结果无效			
其他					—	—	—

第3章 混合动力汽车测试评价

表3-25 重型混合动力电动汽车（可外接充电）燃料消耗量试验记录表

含纯电动模式	纯电动续驶里程 $s_{续驶里程}$/km	纯电动阶段NEC/(kW·h)	纯电动阶段电能消耗量 $E_{续驶里程}$/(kW·h/100km)	移动阶段纯电动续驶里程 $s_{移动阶段}$/km	移动阶段NEC[①]移动阶段/(kW·h)	总等效的纯电动续驶里程 $s_{移动阶段}$/km	储能装置调整阶段的续驶里程/km	燃料消耗量/(L/100km)	电能消耗量 C/(kW·h/100km)	等效燃料消耗量/(L/100km)
是										
否	—	—	—							

① 在有车辆移动的道路试验上才需要测量。

3.1.3 制动性测试

汽车制动性是指汽车在行驶中能强制减速以至停车，或在下坡时保持一定的速度行驶的能力。制动性是汽车基本测试性能中关乎安全驾驶最重要的性能。混合动力汽车制动性测试评价与纯电动汽车和传统燃油车在某些方面并无区别，因此本节在一定程度上会参考传统燃油车和纯电动汽车相关的测试评价方法来研究更为全面的客观评价指标。

1. 测试目的

制动性客观测试评价旨在通过试验测试，量化具体的制动性指标，形成可横向比较的指标体系。

2. 测试设备

测量电流的采样频率不低于50Hz。

能量消耗量、车速和时间的测量装置应同步起动。

为了使用外部设备测量REESS的电流和电压，应在车辆上提供适当、安全、可接近的连接点。

测量仪器、仪表准确度应满足以下要求：

车速、时间、制动踏板力、胎压、制动距离的准确度要求参照GB 21670。

电流测量装置准确度要求2%。

电压测量装置准确度要求1%。

3. 依据标准

QC/T 1089—2017《电动汽车再生制动系统要求及试验方法》[10]。

GB 21670—2008《乘用车制动系统技术要求及试验方法》[11]。

GB 18352—2016《轻型汽车污染物排放限值及测量方法》[12]。

4. 测试方法与步骤

（1）不同SOC条件下汽车制动效能恒定性测试

选取车辆分别处于以下3种状态来进行试验：车辆完成充电或SOC在95%以上、车辆放电完成三分之一等速续驶里程、车辆放电完成三分之二等速续驶里程。

① 车辆空载，本试验规定的制动初速度为车辆最高车速的80%，且不能超过160km/h。试验时，首先确认温度最高的车轴上的行车制动器的平均温度处于65~100℃；

在附着系数良好的水平路面上，将车辆加速到试验规定车速以上 5km/h，在车速下降到试验规定车速时全力进行行车制动。

② 对电传动系与车轮无法脱开的车辆，均在电传动系结合的条件下进行。

③ 车辆从规定初速度制动到 10km/h 过程中，车轮应未发生抱死，并记录制动距离 s。

④ 根据试验结果计算得出汽车的平均减速度 MFDD。

⑤ 开启制动能量回收功能，重复步骤①～步骤③，并根据试验结果计算得出这 3 种情况下的 MFDD，及其标准差 S 和平均值 Mean。

$$S = \sqrt{\sum_{i=1}^{n} \frac{(X_i - \overline{X})^2}{n-1}} \tag{3-33}$$

⑥ 将标准差 S 与 Mean 的比值，定义为不同 SOC 下电动汽车制动试验中的 MFDD 变异系数（CV），即 CV=S/Mean。

（2）再生制动系统制动能量回收效能测试

试验车辆、场地、磨合等按照 GB/T 18386[13] 中规定的要求；本试验分为等速法试验和工况法试验，先进行等速法试验，当该试验结果被认定为有效时，再进行工况法试验。

等速法试验流程分为两步：

① 开启制动能量回收功能，以某一车速（60~80km/h）进行等速法试验，记录试验车辆驶过的距离 D_0。

② 关闭制动能量回收功能，以同样的车速进行等速法试验，记录试验车辆驶过的距离 D_0'。若（$D_0 - D_0'$）/D_0' ≤ 3%，则宣布此次试验结果有效，否则无效。

工况法试验流程分为两步：

① 开启制动能量回收功能，按照 GB/T 18386 的试验方法进行试验，实时测量动力蓄电池的母线电流和电压，并将回馈电流记为 I，总电流记为 I_1，动力蓄电池两端的电压记为 U，在试验循环结束时，记录试验车辆驶过的距离 D_1。

② 关闭制动能量回收功能，重复以上过程。在试验循环结束时，记录试验车辆驶过的距离 D_2。

5. 数据处理及评价指标

（1）回收的制动能量的计算方法

$$E_{制回} = \frac{\int IU \mathrm{d}t}{3600 \times 1000} E \tag{3-34}$$

式中　$E_{制回}$——汽车减速过程中，由再生制动系统回收，最终回馈至可充电储能系统的能量（kW·h）；

　　　I——汽车减速过程中，回馈至可充电储能系统总线的电流（A）；

　　　U——汽车减速过程中，可充电储能系统两端的电压（V）；

　　　E——馈电系数。

（2）最大理论制动能量的计算方法

$$E_{理制} = E_{动减} - \int v(A + Bv + Cv^2)dt \tag{3-35}$$

式中 $E_{理制}$ ——试验循环内汽车减速过程中所需施加的制动能量（kW·h）；

$E_{动减}$ ——试验循环内汽车减速过程中的动能减少量（kW·h）；

v ——试验循环内汽车减速过程中的车速（km/h）；

A、B、C ——车辆滑行系数，由厂家或试验所按照 GB 18352《轻型汽车污染物排放限值及测量方法》附件 CC 中规定的滑行方法进行滑行试验得到。

$$E_{动减} = \frac{1}{2}m\frac{v_1^2 - v_2^2}{3.6^2 \times 3600 \times 1000} \tag{3-36}$$

式中 m ——汽车基准质量（kg）；

v_1、v_2 ——试验循环内汽车减速过程中的车速（km/h）；

v_1 ——前一时刻的车速；

v_2 ——后一时刻的车速，且 $v_1 > v_2$。

（3）制动能量回收率

制动能量回收率是指汽车减速过程中，由再生制动系统回收，最终回馈至可充电储能系统的能量（$E_{制回}$）与汽车减速过程中所需施加的制动能量（$E_{理制}$）之间的比值[10]。

$$\eta_{制回} = \frac{E_{制回}}{E_{理制}} \tag{3-37}$$

（4）续驶里程贡献率

续驶里程贡献率是指相同试验条件下，开启与关闭制动能量回收功能时电动汽车运行里程的差值（$D_1 - D_2$），与关闭制动能量回收功能时的运行里程 D_2 的比值[10]。

$$P_{续驶里程} = \frac{D_1 - D_2}{D_2} \times 100\% \tag{3-38}$$

（5）能量消耗率贡献率

能量消耗率贡献率是指在相同车辆状态、测试工况、环境条件下，关闭与开启制动能量回收功能时能量消耗率的差值（$W_2 - W_1$），与开启制动能量回收功能时的能量消耗率（W_1）的比值[10]。

$$P_{能量消耗} = \frac{W_2 - W_1}{W_1} \times 100\% \tag{3-39}$$

3.1.4 NVH 测试

混合动力电动汽车的 NVH 测试评价与传统燃油车和纯电动汽车存在共性和差别，本节在参考传统燃油车和纯电动汽车 NVH 测试评价方法的基础上，重点描述混合动力电动汽车特有的 NVH 测试部分——档位/模式切换冲击，以构建更为完善的混合动力电动汽车测试评价体系。

3.1.4.1 车内振动噪声测试

1. 测试目的

车辆噪声是环境噪声的重要来源,国家在汽车噪声的限值方面制定了相应的国家标准。除国家法规之外,车内噪声和振动的测试大多出于对驾乘人员舒适性方面的考虑。然而目前对混合动力汽车车内噪声和振动的测试尚无国家或者行业统一标准,各个企业对混合动力汽车车内噪声和振动的测试均按照自身的企业标准执行。本手册推荐按照以下方法进行混合动力汽车车内噪声和振动的测试。

2. 测试设备

车内噪声的测试需要多通道数据采集分析系统,测试分析软件需具备噪声和振动频谱分析、阶次分析、总值分析等功能。

数据采集设备至少拥有 15 个振动噪声采集通道,外加一个车速测试通道(或电机转速测试通道)。至少需要 2 个自由声场传声器及连接电缆,传声器频率响应范围至少为 20~20000Hz,传声器的测试准确度满足 GB/T 3785《声级计的电、声性能及测试方法》中的一级准确度要求,测试的动态范围至少为 20~100dB。

还需准备:三向振动加速传感器 3 个,频率范围为 2~1000Hz,线缆;车速计,速度测试的准确度不低于 0.2km/h,速度测试的范围不低于 10~140km/h。

3. 依据标准

GB/T 18697《汽车车内噪声测量方法》。

4. 测试方法与步骤

(1) 车辆准备工作

调整轮胎的气压到标准值(冷态),调整座椅和靠背的位置至中间位置。除操作人员和测试设备之外,车上不能带任何额外的负载;确保测试过程关闭车窗和天窗,关闭空调通风系统、收音机和音响系统,避免对测试结果产生影响;试驾车辆保证没有异响以及不正常的噪声产生,测试之前排除异常噪声的干扰。进行噪声测试必须拆除车辆的所有伪装。

(2) 测试准备工作

设置测点位置。噪声测点的位置见图 3-3,车内噪声的测点位置分别是驾驶人右耳和后排座椅的中间位置。

图 3-4 所示为转向盘、座椅导轨和变速杆位置振动测点的位置。考虑到某些电动汽车无振动测点而采用旋钮式开关,该测点位置根据实际的情况确定是否布置加速度传感器。

对传声器进行标定,记录传声器和加速度传感器的实际安装位置编号和所对应的通道。

对测试参数进行设置,车内噪声测试带宽设置为 40kHz 以上,频率分辨率 1Hz,输出怠速时车内的声压级和噪声频谱;测试时间设置为 10s,进行三组重复测试。车内振动信号的测试带宽不低于 256Hz,频率分辨率设置为 1Hz,计算每个测点三个方向 2~100Hz 范围内振动幅值。

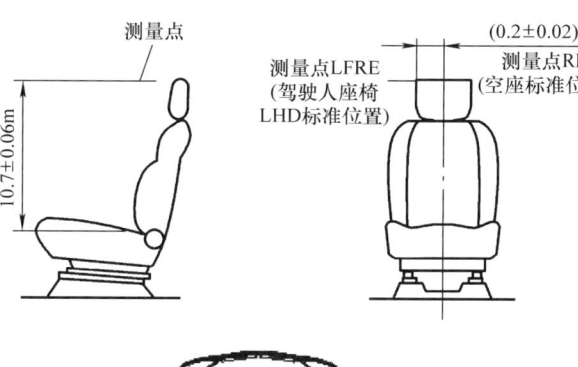
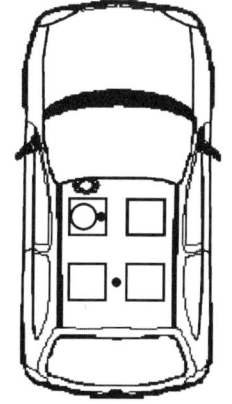

图 3-3 噪声测点的位置

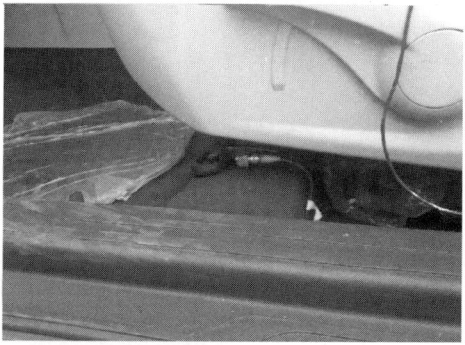

a)　　　　　　　　　　　　b)

c)

图 3-4 振动测点位置

a）转向盘位置　b）座椅导轨位置　c）变速杆位置

测试环境要求，怠速工况下车内噪声的测试要求在半消声室内进行，测试过程的背景噪声要求低于 25dB(A)；匀速噪声和加速车内噪声的测试要求在光滑的沥青路面上进行，要求路面平直光滑，长度不小于 2km；测试过程中的风速 <3m/s；测试外界环境的背景噪声低于 50dB(A)，外界环境在车内产生的背景噪声低于车辆行驶时的车内噪声 10dB 以上。

（3）在各个测试工况下进行测试

1）怠速工况。怠速工况测试步骤可部分参考 GB/T 18697。只关注车辆静止和开空调的工况。将车辆置于上电状态，开启车辆的空调，将出风口调整至吹面模式，风速调整至最低风量和最低温度，测试该工况下的车内噪声和振动。

2）加速工况。将车速控制在 20km/h 以下，然后将加速踏板踩到底，将车辆从 20km/h 加速到 100km/h。测试车内噪声总值和语音清晰度随车速或电机转速之间的变化关系，记录车内噪声频谱随转速变化关系，如图 3-5 所示。

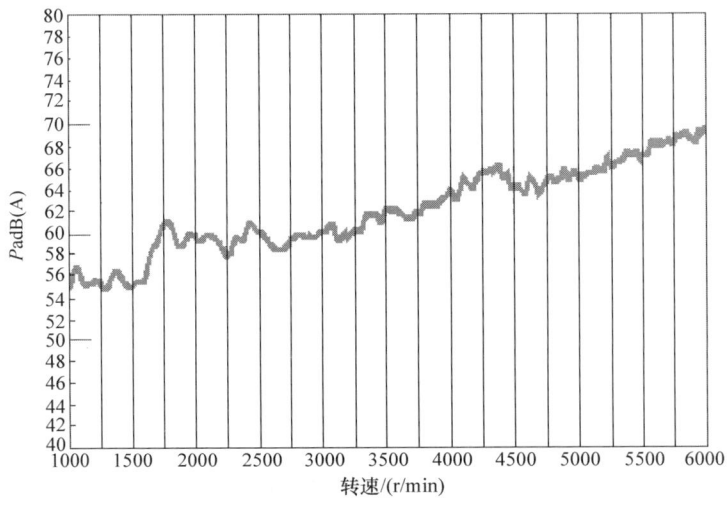

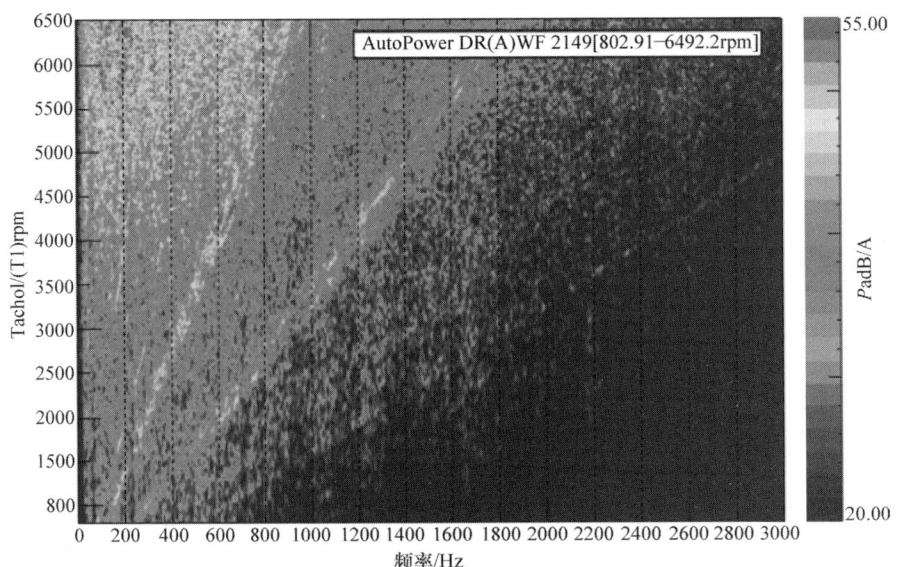

图 3-5　车内噪声随转速变化

如测试车速与车内噪声之间的变化关系，设置测试的触发车速为20km/h，以5km/h车速间隔进行测试过程的数据更新；如测试电机转速与车内噪声之间的变化关系，电机的触发转速设置为与整车速度20km/h时对应的电机转速，以100r/min的转速间隔进行测试过程的数据更新，停止速度定义为整车速度120km/h对应的电机转速，或根据实际情况设定。重复进行3组测试，检查测试数据的重复性和一致性。

3）匀速行驶工况。控制车辆速度分别以40km/h、60km/h、80km/h、100km/h和120km/h匀速行驶，测试匀速行驶过程中车内噪声，测试过程中车辆的行驶速度波动控制在1km/h以内。重复进行3组测试，检查测试数据的重复性和一致性。

4）其他工况。对于电动汽车或者混合动力汽车，由于驱动形式的变化，会出现很多区别于传统燃油汽车的噪声振动现象。在驾评过程中出现NVH的抱怨，则需要相应地增加测试工况，如蠕行工况、制动能量回收工况、电动真空助力泵工作的瞬间、电动空调起动和停止工况、蓄电池包温控水泵工作、动力模式切换的瞬间、起步和停车工况、低速提示音。

对于插电式混合动力汽车，蓄电池的电量和驾驶模式将影响动力系统的运行状态（发动机的起停、工作点、负荷等因素，能量分配等），进而影响到整车的振动噪声表现。

因此，在进行插电式混合动力汽车的振动噪声测试时，应注意动力蓄电池的电量和驾驶模式，建议按照表3-26的测试矩阵进行车辆振动噪声的测试。由于混合动力汽车的驾驶模式较多，一般建议选择常用的驾驶模式，在电量保持阶段和电量消耗阶段分别进行整车的振动噪声测试。同时记录每个测试工况电动总成的功率分配模式，便于后期进行噪声振动问题的分析。

表3-26 插电式混合动力汽车噪声振动测试矩阵

序号	试验项目	模式
1	怠速工况	所有模式下的CS、CD阶段
2	加速工况	所有模式下的CS、CD阶段
3	匀速行驶工况	所有模式下的CS、CD阶段
4	其他工况	所有模式下的CS、CD阶段

3.1.4.2 档位/模式切换冲击

1. 测试目的

混合动力电动汽车具有多个动力源，由此产生各种驱动模式，在行驶过程中，会出现模式切换的现象。模式切换与档位切换类似，会对汽车的NVH性能产生影响，主要体现在切换瞬间的冲击。混合动力电动汽车档位切换过程与传统燃油车类似，相关测试不在此处赘述，仅对混合动力电动汽车模式切换冲击测试进行叙述。

2. 测试设备

数据采集分析系统（带车速测试通道或电机转速测试通道），测试分析软件，转矩传感器及线缆，转速传感器及线缆，振动传感器及线缆，车速计及线缆，速度测试的准确度不低于0.2km/h；速度测试的范围为10~140km/h。

3. 依据标准

无。

4. 测试方法与步骤

① 在被测车辆离合器输入端、输出端和半轴上安装转矩传感器。
② 在被测车辆离合器输入端、输出端安装转速传感器。
③ 传感器标定。
④ 起动车辆，完成热机。
⑤ 进行各模式之间切换测试。
⑥ 记录模式切换过程中离合器输入转矩、离合器输出转矩、半轴上的转矩和离合器两端的转速值。
⑦ 重复步骤⑤和步骤⑥，并记录数据。

5. 数据处理及评价指标

为考察模式切换过程对车辆造成的影响，将动力部件转矩转化到半轴，与半轴转矩进行对比，同时计算该过程的车辆冲击度。

模式切换过程的评价指标主要是冲击度、滑摩功和振动剂量值。

（1）冲击度

冲击度指的是车辆行驶时纵向加速度的变化率。模式切换过程车辆冲击度越小，对驾驶人身体部位的冲击、传动部件机械冲击等的影响也就越小，从而提高了驾驶人驾驶舒适性，延长传动部件的使用寿命。在模式切换过程中认为空气阻力近似为零，坡度阻力和滚动阻力保持不变，则冲击度表达式为

$$j = \frac{\mathrm{d}^2 v}{\mathrm{d}t^2} = \frac{1}{\delta m} \frac{i_1 i_0 \eta_\mathrm{T}}{r_\mathrm{w}} \frac{\mathrm{d}T_\mathrm{c}}{\mathrm{d}t} \tag{3-40}$$

式中　j——车辆冲击度（m/s³）；
　　　v——车辆行驶车速（m/s）；
　　　δ——车辆旋转惯量系数；
　　　r_w——车轮半径（m）；
　　　i_0——主减速比；
　　　i_1——在档传动比；
　　　m——整车质量（kg）；
　　　η_T——车辆传动系统的效率；
　　　T_c——离合器的传递转矩（N·m）。

（2）滑摩功

滑摩功是指离合器在接合和分离过程中主、从动片之间摩擦力所做的功，滑摩功越大，离合器摩擦所产生的热量越多。急剧的温升会影响离合器的控制性能和承载能力，造成离合器片烧蚀或变形损坏，离合器的使用寿命也就越短。滑摩功的计算公式如下：

$$W = \int_{t_0}^{t_f} T_\mathrm{c} \left| \omega_{c1} - \omega_{c2} \right| \mathrm{d}t \tag{3-41}$$

式中　W——滑摩功（J）；
　　　t_0、t_f——滑摩过程的起止时刻（s）；
　　　T_c——离合器的传递转矩（N·m）；
　　　ω_{c1}、ω_{c2}——离合器主、从动盘的转动角速度（rad/s）。

（3）振动剂量值（Vibration Dose Value，VDV）

混合动力汽车模式切换过程往往伴随着发动机的起动或熄火，在这个过程中整车会伴随着发动机的起动或熄火而产生振动，过大的振动将引起驾乘人员的不舒适感。不同于稳定工况，发动机的起动或熄火是非稳态的过程，因此往往引用振动剂量值来描述振动的大小。

$$\mathrm{VDV} = (\int_{t=t_s}^{t=T} a(t)^4 \mathrm{d}t)^{1/4} \tag{3-42}$$

式中　t_s、T——动力模式切换过程的起止时刻（s）；
　　　a——座椅安装点的振动加速度（m/s^2）。

6. 评价方法

参考换档过程冲击度的评价标准，德国对冲击度的要求是 $j \leqslant 10 \mathrm{m/s^3}$；我国对冲击度的推荐值为 $j \leqslant 17.64 \mathrm{m/s^3}$。

3.1.4.3　混合动力汽车整车 NVH 性能的主观评价

在实际工程中，客观测试的结果不能全面反映车辆驾驶过程的舒适性。因此，除客观测试之外，还需要进行整车的主观评价。主观评价的打分标准参照表 3-27。一般主观评价需要从动力总成振动噪声、路噪、风噪、异响、声品质等方面进行评价，工况包括匀速、怠速、加减速等工况。

表 3-27　主观评价打分表

客户的满意度	完全满意	非常满意		基本满意		不满意	很不满意			
评分	10	9	8	7	6	5	4	3	2	1
性能的基本状况	所有客户都感知不到	只有经过专业训练才能感知到	只有敏感的客户才能感知到	所有客户都能感知到但不认为是问题	有一些客户感到烦扰	所有客户感觉到烦扰	所有客户感觉到不满意	所有客户感觉到很大的不满意	所有客户都无法容忍	所有客户都不可接受

对于纯电动汽车和混合动力汽车，应进一步关注以下振动噪声现象：动力模式切换时整车的瞬态振动和噪声、加速工况下电机和减速器的高频噪声、减速时（包含制动能量回收模式）的电机和减速器的噪声、蠕行工况的振动和噪声、驻车充电工况的振动和噪声、电子水泵的振动和噪声、电动真空助力泵的振动和噪声、电动空调引起的振动和噪声、提示音的品质、路噪和风噪，如图 3-6 所示。

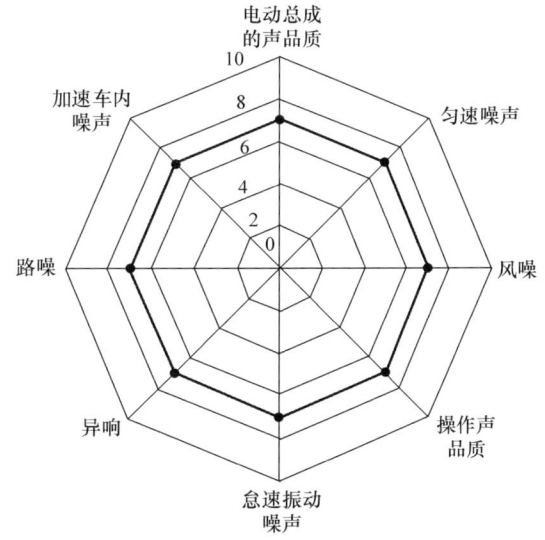

图 3-6　整车主观评价结果

3.1.5 电磁兼容性测试

电磁兼容性是指汽车内部各电器部件之间的自兼容性能,即各电器部件之间不会产生因相互干扰导致的功能失效或缺失的问题,以及整车各主要系统满足相关法规和标准测试的能力。

当前各标准测试方法,对于在汽车上采用的新技术,行业内还没有统一的测试评价方法,评价指标不明确。而新技术在车辆行驶安全、车辆预警中有很多应用,本节对于新技术在车辆上的运用,参考常规测试标准,建立新技术的测试评价体系。

3.1.5.1 整车感性负载时域评价测试

1. 测试目的

感性负载(如电机、电磁阀等)工作时,接通或断开的瞬间有可能在电路中产生较强的瞬态电压。如果该负载直接连接到车辆的低压蓄电池,那么这一瞬态电压就会出现在整车的低压电源系统中,对其他用电器产生安全威胁;即便该负载不直接连接到低压蓄电池,也有可能通过线间耦合等方式对其他用电器产生安全威胁。

ISO 7637 系列测试可用于评估零部件单独工作时产生的瞬态骚扰。但零部件装车后,因其在整车上的布置与线束连接情况不同,车辆实际运行时的分布参数有可能导致感性负载及其所连接辅件的等效电路发生变化,从而使得实车上感性负载工作时产生的实际瞬态电压与零部件测试时不同。

为准确评估感性负载对车载电气系统带来的强瞬态威胁,对车上已知或常见的感性负载,有必要进行整车级感性负载时域评价测试。

本测试评价规定了在整车环境中,进行感性负载时域瞬态骚扰测试的方法,用于评估感性负载在整车上引起的瞬态电压,尽早发现潜在的问题,保障整车用电器的安全。

2. 测试设备

示波器(规格型号:DP07104,参数:2GHz 带宽)。

3. 参考标准

ISO 7637-2—2011《道路车辆 由传导和耦合引起的电骚扰 第 2 部分 沿电源线的电瞬态传导》[14]。

4. 测试方法与步骤

(1) 测试布置

参考 ISO 7637-2 瞬态传导发射布置,将示波器探头布置在感性负载电源处,测量感性负载电源与地之间的电压,如图 3-7 所示。

(2) 测试步骤

① 关闭发动机,整车电源处于 ON 档状态。

② 打开被测感性负载,测试感性设备打开时电源线正极的瞬态波形。

③ 感性设备工作状态稳定时,测试该状态电源线正极的瞬态波形。

④ 关闭感性负载,测试关闭时电源线正极的瞬态波形。

⑤ 重复步骤②~步骤④,测试其他感性负载的瞬态波形,并记录数据。

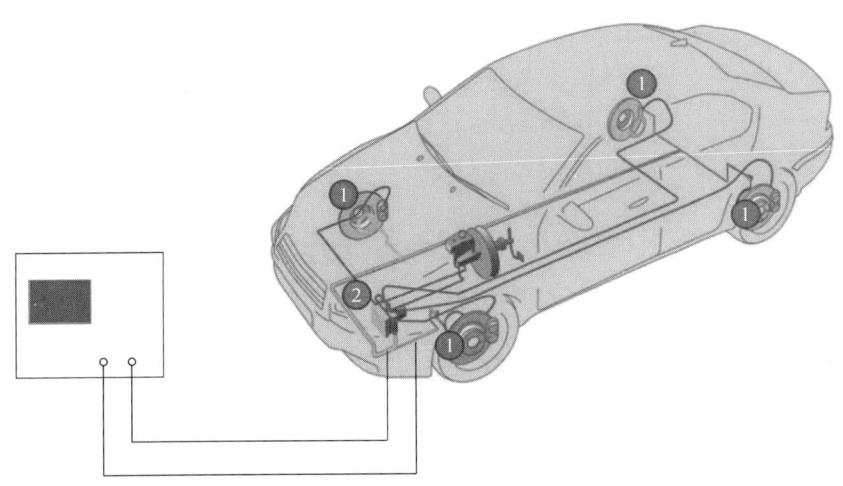

图 3-7　整车感性负载时域测试布置

5. 数据记录

记录瞬态波形的电压幅度及持续时间，评估瞬态波形是否会影响其他用电器的电源电压。

6. 评价方法

可参考 ISO 7637 的瞬态发射要求，并根据车载用电器的瞬态抗扰等级，由整车厂制定评价标准。

3.1.5.2　整车骚扰源频域评价测试

1. 测试目的

整车上有各种电器部件，在正常工作时会在整个频段内产生宽带或窄带的骚扰，通过电器部件本身或者电器部件连接的线束向外发射骚扰。这将通过线缆耦合或者直接空间辐射干扰的形式，影响到同一车辆上其他正常工作的电器部件，导致其他电器部件功能失效，或者产生整车对外骚扰，导致整车不满足法规或企业标准的限值要求。

CISPR 25 或 GB 18655 等标准定义了用于评价电器部件单独工作时所产生电磁干扰的测试方法。虽然在制定标准过程中已经考虑到电器部件是用于汽车上，特别为模拟零部件及线束与金属车身钣金之间的关系而定义了金属接地平板，但事实上通过标准化的零部件测试是无法准确评估零部件装车后的电磁兼容性能的，因为不同车型上零部件的布置、线束连接及负载等情况均有所不同，仍然需要在整车上进行实际测试。

本测试规定了在整车环境中，进行电器部件频域骚扰测试的方法，用于评估骚扰源在整车上引起的电磁骚扰，尽早发现整车其他电器被干扰的风险和引起整车对外辐射发射的骚扰源。

2. 测试设备（表 3-28）

表 3-28　测试设备

测试设备	规格型号	仪器参数
接收机	ESCI	9kHz~3GHz
电流探头	F-51	10kHz~500MHz

3. 参考标准

GB 18655《车辆、船和内燃机无线电骚扰特性用于保护车载接收机的限值和测量方法》。

4. 测试方法与步骤

（1）测试布置

参考 GB 18655 中的传导电流法进行测试，将电流探头夹在电器部件的线束上，测量电器部件线束上的骚扰。

（2）测试步骤

① 根据全车电器部件列表，整理出潜在风险大的电器部件清单。
② 关闭发动机，整车处于 ON 档状态。
③ 将电流探头夹在被测电器部件的线束上。
④ 打开被测电器部件，待电器部件工作状态稳定后，测量电器部件在其线束上产生的骚扰的频谱特性。
⑤ 重复步骤③、步骤④，测试清单上其他电器部件的频谱特性，并记录数据。

5. 数据记录与评价指标

记录骚扰源的频谱特性，与底噪比较，评估骚扰源产生的骚扰是否会影响其他用电器的正常工作，或导致整车对外发射超标。

6. 评价方法

可参考 CISPR 25 的电流法限值要求，并根据其他车载电器部件的抗扰度等级，由整车厂制定评价标准。

3.1.6　整车电平衡测试

整车电平衡测试参考 2.1.6 小节。

3.1.7　一般安全测试

一般安全测试参考 2.1.7 小节。

3.1.8　碰撞后安全测试

碰撞后安全测试参考 2.1.8 小节。

3.2　功能性测试

汽车的主要性能保证了汽车能够正常行驶，但是为了保证汽车功能的完整性，除了对前文所述的汽车基本性能进行测试以外，还需要进行一些功能性测试，如混合动力电动汽车上下电测试、失效安全测试和电性能测试等。

本节重点阐述与混合动力汽车特点关系密切的功能性测试评价，对和纯电动汽车功能性测试的共性部分不再赘述，具体测评方法可参照纯电动汽车测试章节。

3.2.1 E/E 架构测试

E/E 架构测试参考 2.2.1 小节。

3.2.2 总线测试

总线测试参考 2.2.2 小节。

3.2.3 上下电测试

上下电测试参考 2.2.3 小节。

3.2.4 失效安全测试

失效安全测试参考 2.2.4 小节。

3.2.5 电性能测试

电性能测试参考 2.2.5 小节。

3.2.6 充电功能测试

充电功能测试参考 2.2.6 小节。

3.2.7 远程监控功能测试

远程监控功能测试参考 2.2.7 小节。

3.3 策略性测试

策略性测试的目的是解析标杆车能量管理核心控制方法，为自主开发提供关键性支持，根据整车控制策略一般架构和功能划分，主要分为驱动控制策略测试、制动控制策略测试、热管理策略测试和附件管理策略测试。现选择现有的某增程式电动汽车（Extend Range Electron Volt，EREV）和某插电式混合动力汽车（Plug-in Hybrid Electric Vehicle，PHEV）两款产品进行对标试验，对其驱动控制、能量优化管理和制动能量回收策略进行分析研究，为自主设计混合动力轿车驱动控制、能量优化管理策略提供对标数据支持。

3.3.1 驱动控制策略测试

驱动控制策略测试旨在解析与被试车辆的驱动性能相关的控制策略，并对其作出评价。包括的项目有驾驶需求识别（加速踏板MAP+意图识别）、模式进退机制、能量分配机制、部件响应测试等。

3.3.1.1 驾驶需求识别（加速踏板MAP+意图识别）

1. 测试目的

进行0%~100%固定踏板开度及变踏板开度试验，获得加速踏板与需求功率或需求转矩的关系，获得加速踏板特性MAP；进一步开展档位、模式、工况、踏板输入速率状态下的影响的研究。

2. 测试设备

位移传感器、转矩传感器、车速传感器、数据采集模块、总线解析模块等。

3. 依据标准

无。

4. 测试方法与步骤

（1）固定踏板特性测试

分析固定加速踏板影响的试验条件为初始SOC为80%、30%，加速踏板开度快速从0%增加到目标开度（推荐划分值：5%、10%、15%、20%、25%、30%、40%、50%、60%、70%、80%、90%、100%）。

1）初始SOC为80%时踏板开度试验。

① 按试验条件调整好车辆初始状态，按试验条件选择/调整环境温度。

② 对储能装置进行充放电处理，初始SOC为80%。

③ 电动附件全部关闭，在车辆处于静止条件下将加速踏板固定在0%位置处，使车辆开始加速，直到车辆匀速行驶。

④ 车辆维持稳定车速20s后，释放加速踏板并小强度制动，该踏板开度试验结束。

⑤ 记录试验过程速度、驱动总转矩、总需求功率等关键状态变量时间历程。

⑥ 重复步骤②~步骤⑤，进行下一踏板开度条件试验，直到100%踏板开度值。

2）初始SOC为30%时踏板开度试验。重复初始SOC为80%时踏板开度试验步骤①~步骤⑥，但需要将其步骤②的初始SOC改为30%。

3）固定踏板开度特性测试矩阵见表3-29。

（2）变速率踏板特性

分析加速踏板开度变化速率影响的试验条件为初始SOC为30%、80%，加速踏板开度以慢和极慢两种速率从0%增加到目标开度（推荐划分值：5%、10%、15%、20%、25%、30%、40%、50%、60%、70%、80%、90%、100%）。慢踩加速踏板的速率大约为每秒增加5%的开度，极慢踩加速踏板的速率大约为每秒增加2%的开度。

表 3-29 固定踏板开度特性测试矩阵

序号	试验项目	模式
1	不同踏板开度下车速	初始 SOC 为 80%，纯电动或者混合动力模式
2	不同踏板开度下电机转速	
3	不同踏板开度下电机转矩	
4	不同踏板开度下发动机转速	
5	不同踏板开度下发动机转矩	
6	不同踏板开度下半轴转矩	
7	不同踏板开度下车速	初始 SOC 为 30%，混合动力模式
8	不同踏板开度下电机转速	
9	不同踏板开度下电机转矩	
10	不同踏板开度下发动机转速	
11	不同踏板开度下发动机转矩	
12	不同踏板开度下半轴转矩	

1) 慢踩加速踏板试验（初始 SOC 为 30%）。

① 按试验条件调整好车辆初始状态，按试验条件选择/调整环境温度。

② 对储能装置进行充放电处理，初始 SOC 为 30%。

③ 电动附件全部关闭，在车辆处于静止条件下慢踩加速踏板至 0% 开度值，使车辆开始加速，直到车辆匀速行驶。

④ 车辆维持稳定车速 20s 后，释放加速踏板并小强度制动，该踏板开度试验结束。

⑤ 记录试验过程速度、驱动总转矩、总需求功率等关键状态变量时间历程。

⑥ 重复步骤②~步骤⑤，进行下一踏板开度条件试验，直到 100% 踏板开度值。

2) 慢踩加速踏板试验（初始 SOC 为 80%）。重复初始 SOC 为 30% 的慢踩试验步骤①~步骤⑥，但需要将其步骤②的初始 SOC 改为 80%。

3) 极慢踩加速踏板试验（初始 SOC 为 30%）。

① 按试验条件调整好车辆初始状态，按试验条件选择/调整环境温度。

② 对储能装置进行充放电处理，初始 SOC 为 30%。

③ 电动附件全部关闭，在车辆处于静止条件下极慢踩加速踏板至 0% 开度值，使车辆开始加速，直到车辆匀速行驶。

④ 车辆维持稳定车速 20s 后，释放加速踏板并小强度制动，该踏板开度试验结束。

⑤ 记录试验过程速度、驱动总转矩、总需求功率等关键状态变量时间历程。

⑥ 重复步骤②~步骤⑤，进行下一踏板开度条件试验，直到 100% 踏板开度值。

4) 极慢踩加速踏板试验（初始 SOC 为 80%）。重复初始 SOC 为 30% 的极慢踩试验步骤①~步骤⑥，但需要将其步骤②的初始 SOC 改为 80%。

5) 变速率踏板特性测试矩阵见表 3-30。

5. 数据处理及评价指标

（1）固定踏板特性试验评价指标

80% 初始 SOC、固定踏板开度条件下，各评价指标的变化值记录见表 3-31，30% 初始 SOC 条件评价指标项及记录方式同表 3-31，此处不再赘述。

表 3-30　变速率踏板特性测试矩阵

序号	试验项目	模式
1	不同踏板开度下车速	慢踩
2	不同踏板开度下半轴转矩	
3	不同踏板开度下车速	极慢踩
4	不同踏板开度下半轴转矩	

表 3-31　80% 初始 SOC 0%~100% 加速踏板开度统计

加速踏板开度 (%)	车速/(km/h)	电机转速/(r/min)	电机转矩/(N·m)		发动机转速/(r/min)	发动机转矩/(N·m)		半轴转矩/(N·m)	
稳定值	稳定值	稳定值	峰值	稳定值	稳定值	峰值	稳定值	峰值	稳定值
0									
5									
10									
15									
20									
25									
30									
40									
50									
60									
70									
80									
90									
100									

（2）变速率踏板特性试验评价指标记录

30% 初始 SOC、慢/极慢踩加速踏板条件下，各评价指标的变化值记录见表 3-32，80% 初始 SOC、慢/极慢踩加速踏板的评价指标项及记录方式同表 3-32，此处不再赘述。

表 3-32　初始 SOC 为 30% 时，慢踩加速踏板各评价指标变化值记录表

加速踏板开度 (%)	车速/(km/h)	半轴转矩/(N·m)	
稳定值	稳定值	峰值	稳定值
0			
5			
10			
15			
20			
25			
30			
40			
50			

（续）

加速踏板开度（%）	车速/（km/h）	半轴转矩/（N·m）	
稳定值	稳定值	峰值	稳定值
60			
70			
80			
90			
100			

6. 评价方法

以不同初始 SOC 对应的"车速‐半轴转矩‐加速踏板开度"MAP 图，对测试车型加速踏板特性作出评价。

3.3.1.2 模式进退机制

1. 测试目的

模式进退机制测试的主要目的是研究混合动力汽车在模式切换过程中，发动机的起动过程、停机过程、怠速状态，离合器的接合与分离条件、接合与分离过程，以及各动力部件互相协调工作的性能，切换过程的动力性能及纵向冲击情况等，为整车能量管理策略的制定、NVH 性能的提升等提供工作基础。

2. 测试设备

加速度传感器、转矩传感器、车速传感器、数据采集模块、总线解析模块等。

3. 依据标准

无。

4. 测试方法与步骤

（1）测试步骤

① 按厂家指导，确定可能出现的所有工作模式及模式切换类型，例如 EV DRIVE → ENGINE DRIVE、EV DRIVE → HYBRID DRIV、HYBRID DRIVE → ENGINE DRIVE、HYBRID DRIVE → EV DRIVE、ENGINE DRIVE → EV DRIVE、ENGINE DRIVE → HYBRID DRIVE。

② 按试验条件调整好车辆初始状态，选择/调整环境温度，电动附件全部关闭。

③ 对储能装置进行充放电处理，使其达到最大荷电状态。

④ 按目标工况进行循环试验，需保证测试过程可以实现所有工作模式相互之间的切换，推荐采用整合工况（如整合 US06、UDDS、JC08、HWY 四种工况）。

⑤ 循环试验过程中，使用设备同步测量发动机、发电机、电动机、离合器等部件的工作状态参数。

⑥ 达到下述条件之一时，停止试验：

a. SOC 达到最低荷电状态，且燃料消耗低于燃料储存装置容量的 1/5。

b. 监测工作模式的切换情况，且所有的模式切换类别都出现至少一次。

c. 仪表提示停车。

⑦ 截取工况测试片段，每个片段包含一个模式切换类型，对数据记录结果进行分析。

（2）测试矩阵（表3-33）

表3-33 测试矩阵

序号	试验项目	模式
1	发电机拖动发动机持续时间	所有模式切换类型
2	发动机-发电机转速调节阶段持续时间	
3	离合器接合滑磨阶段持续时间	
4	切换过程的纵向冲击度	
5	发动机的起动、停机过程	
6	离合器的接合与分离条件、接合与分离过程	

5. 数据处理及评价指标

试验过程数据采集记录由测试设备完成，为了考察模式切换过程对车辆造成的影响，将动力部件转矩转化到半轴，与半轴转矩进行对比，同时计算该过程的车辆冲击度，对冲击度数值进行筛选记录，记录最大值（绝对值）与均值，见表3-34。

表3-34 各切换模式条件下冲击度计算记录表

模式切换类型	冲击度最大值（绝对值）/（m/s^3）
EV DRIVE → ENGINE DRIVE	
EV DRIVE → HYBRID DRIVE	
HYBRID DRIVE → ENGINE DRIVE	
HYBRID DRIVE → EV DRIVE	
ENGINE DRIVE → EV DRIVE	
ENGINE DRIVE → HYBRID DRIVE	

注：不同车型工作模式类型不同，可根据实际情况对记录表进行调整。

6. 评价方法

整个模式切换过程在半轴转矩波动阶段会产生车辆冲击度，若小于德国的冲击度限制标准 $10m/s^3$，模式切换过程整车不会产生冲击感，故以模式切换过程冲击度的最大值来综合评价模式切换品质。

3.3.1.3 能量分配机制

1. 测试目的

能量分配机制的测试目的主要是通过在已知试验工况的前提下，对混合动力汽车在各驱动模式下的蓄电池充放电能力、电动机工作点、发电机工作点、发动机工作点进行测试，根据测试结果分析各个模式下的能量分配机制。

2. 测试设备

转矩传感器、车速传感器、电流传感器、电压传感器、数据采集模块、总线解析模块等。

3. 依据标准

无。

4. 测试方法与步骤

（1）纯电动模式

纯电动模式仅有蓄电池这个单能量源，不存在多能量源功率分配，只需考虑整车功率需求、蓄电池可放电功率、各部件效率及传动效率等。试验步骤如下：

① 按照试验条件调整好车辆的初始状态。

② 按目标工况进行试验（如整合 US06、UDDS、JC08、HWY 四种工况）。

③ 当 SOC 平衡后再运行一次循环工况，停止试验。

④ 获取不同工作模式下蓄电池的充放电能力、电机工作点。

（2）发动机驱动模式

发动机驱动模式的主要特点是离合器接合，发电机不工作，发动机直接驱动整车。驱动电机处于发电或者助力模式则由整车转矩需求在发动机和驱动电机之间的分配决定。试验步骤与（1）中的步骤①～步骤④相同，故不再赘述。不同之处在于需要获取发动机工作点。

（3）混合驱动模式

混合驱动模式的主要特点是离合器处于分离状态，由发动机拖动发电机发电，给驱动电机提供能量，驱动电机驱动整车。蓄电池处于充电或助力模式主要涉及发动机和蓄电池的功率分配，由整车功率需求在发动机和蓄电池之间的分配决定。试验步骤与（1）中的步骤①～步骤④相同，故不再赘述。不同之处在于需要获取发动机、发电机在 CD 和 CS 阶段的工作点。

（4）测试矩阵（表 3-35）

表 3-35 测试矩阵

序号	试验项目	模式
1	蓄电池充放电能力	所有工作模式
2	电动机工作点	
3	发电机工作点	
4	发动机工作点	

5. 数据处理及评价指标

（1）纯电动模式

① 对试验数据进行数据处理，得到纯电动模式蓄电池充放电能力：蓄电池功率 – 电压关系图、蓄电池电流 – 电压关系图。

② 对试验数据进行数据处理，得到纯电动模式电机工作点：电机转速 – 功率关系图、电机转速 – 转矩关系图。

（2）发动机驱动模式

① 根据（1）中的步骤①、步骤②，得到发动机驱动模式蓄电池充放电能力和电机工作点。

② 对试验数据进行数据处理，得到发动机驱动模式发动机的工作点——不同节气门开度下发动机转速和功率之间的关系。

（3）混合驱动模式

① 根据（1）中的步骤①、步骤②，得到混合驱动模式蓄电池充放电能力和电机工作点。

② 根据（2）中的步骤③，得到混合驱动模式发动机的工作点。

③ 对试验数据进行数据处理，得到混合驱动模式发电机的工作点——发电机转速–功率关系图、发电机转速–转矩关系图。

3.3.1.4 部件响应测试

1. 测试目的

测试整车在车载控制策略下进行基本性能测试时，动力总成各部件在各个测试阶段、各个工作模式下的响应特性及自身状态的变化情况，并将测试结果进行对比分析，对控制策略做出评价。

2. 测试设备

（1）储能装置测试设备仪器

万用表、温度计、秒表、充放电装置、温控箱。

1）测量装置准确度要求如下：

① 电压测量装置：不低于 0.5 级。

② 电流测量装置：不低于 0.5 级。

③ 温度测量装置：±0.5℃。

④ 时间测量装置：±0.1%。

⑤ 尺寸测量装置：±0.1%。

⑥ 质量测量装置：±0.1%。

2）测试过程中，对充放电装置、温控箱等控制仪器的控制准确度要求如下：

① 电压：±1%。

② 电流：±1%。

③ 温度：±2℃。

（2）其他测试设备

参考 3.1.1 节和 3.1.2 节。

3. 依据标准

GB/T 31467.1《电动汽车用锂离子动力蓄电池包和系统 第 1 部分：高功率应用测试规程》[19]。

GB/T 28382《纯电动乘用车技术条件》[20]。

本书 3.1.1 节动力性测试、3.1.2 节经济性测试。

4. 测试方法与步骤

（1）各动力部件常温瞬态功率特性测试

在 3.1.1 节和 3.1.2 节所述的动力性和经济性测试过程中，使用设备同步测量动力总成部件的实时功率。

① 对储能装置测试：按照制造商的要求和试验测试规程，在不影响基本性能测试的基础上，使用测试设备检测储能装置的电流、电压、容量或能量等参量，并由设备自动记录。

② 电动机/发电机测试：对电动机/发电机加装传感器，利用 CAN 总线数据解析出其实时功率，并由设备自动记录。

③ 发动机测试：在半轴布置传感器，解析出半轴处输出功率，整车控制器结合可测部件功率，倒推出发动机功率，并由设备自动记录。

（2）储能装置低温特性测试

1）低温百公里（依据车型选择规定加速方案）加速测试。

① 调整车辆状态，将储能装置充满电，并调至动力模式运行，电动附件全部关闭。

② 车辆在 −20℃±2℃ 的试验环境温度下，浸车 8h，观察车辆是否可以正常上电，若可以，则进行步骤③，否则，调整试验环境温度，重复步骤②。

③ 按照 GB/T 18385 规定的试验方法测量车辆 0~100km/h 的加速性能，试验过程中，按照制造商的要求和试验测试规程，在不影响基本性能测试的基础上，使用测试设备同步测量储能装置的电流、电压、容量或能量等参数，生成储能装置 SOC、功率随时间变化曲线图。

2）低温 NEDC 工况（依据车型选择规定工况）测试。

① 调整车辆状态，将储能装置充满电，并调至合适模式运行，电动附件全部关闭。

② 车辆在 −20℃±2℃ 的试验环境温度下，浸车 8h，观察车辆是否可以正常上电，若可以，则进行步骤③，否则调整试验环境温度，重复步骤②。

③ 按照 GB/T 18385 测量工况法进行 NEDC 工况测试，试验过程中，按照制造商的要求和试验测试规程，在不影响基本性能测试的基础上，使用测试设备同步测量储能装置的电流、电压、容量或能量等参数，生成储能装置 SOC、功率随时间变化曲线图。

（3）测试矩阵（表 3-36）

表 3-36 测试矩阵

序号	试验项目	模式
1	各动力总成各部件功率特性	加速性能测试
2	各动力总成各部件功率特性	混合动力模式下的最高车速测试
3	各动力总成各部件功率特性	纯电动模式下的最高车速测试
4	各动力总成各部件功率特性	混合动力模式下的最大爬坡度测试
5	各动力总成各部件功率特性	能量消耗量测试（条件 A）
6	各动力总成各部件功率特性	能量消耗量测试（条件 B）
7	储能装置功率特性	低温加速测试
8	储能装置功率特性	低温工况测试

5. 数据处理及评价指标

测试过程应生成以下各特性图：

① 24%SOC 条件下，百公里加速试验过程动力总成各部件功率特性图。

② 80%SOC 条件下，百公里加速试验过程动力总成各部件功率特性图。
③ 经济性测试工况循环过程中，各循环工况动力总成各部件功率特性图。
④ 24%SOC 条件下，最大爬坡度试验过程动力总成各部件功率特性图。
⑤ 80%SOC 条件下，最大爬坡度试验过程动力总成各部件功率特性图。
⑥ 高低温条件加速试验储能装置放电功率对比图。
⑦ 高低温条件循环工况储能装置放电功率对比图。

6. 评价方法

针对所记录的特性图，对整车控制策略下部件的响应特性作出客观评价。

3.3.2 制动控制策略测试

制动能量回收技术是新能源汽车重要的节能措施之一，制动控制策略是整车安全性、经济性、舒适性及部件安全可靠性的重要保障。制动控制策略主要根据驾驶人制动踏板及档位操作、整车运行状态来协调驱动电机和液压系统的制动转矩输出关系，针对上述制动控制策略测试需求，制定策略测试方案及分析过程。

1. 测试目的

制动控制策略测试的主要目的是研究混合动力汽车的初始车速、初始 SOC、制动踏板开度、档位、制动踏板速率对制动性能的影响，在保证安全的前提下，以获得更高的制动能量回收率。

2. 测试设备

位移传感器、转矩传感器、力传感器、车速传感器、数据采集模块、总线解析模块等。

3. 依据标准

无。

4. 测试方法与步骤

（1）混合动力汽车制动工况

此时，限制电机制动转矩可避免模式切换过程中因为发动机与车轮解耦对电机造成的冲击，发动机状态统计见表 3-37。

表 3-37　制动时发动机状态统计表

当前档位	制动前车辆工作模式	初始车速/(km/h)	制动踏板开度（%）	滑行初始SOC（%）	发动机转矩

（2）初始车速、初始 SOC、制动踏板开度、档位、制动踏板速率对制动控制策略的影响

1）进行不同初始车速的制动试验，分析初始车速对车辆制动的影响，试验矩阵见表 3-38。

表 3-38　制动试验矩阵（车速）

档位	初始车速/(km/h)	制动踏板开度（%）	初始 SOC（%）	制动前发动机状态	备注
					如有需要，考虑 HV 开关、ECON 开关、电动附件开关

2）为了分析蓄电池初始 SOC 对车辆制动的影响，试验矩阵见表 3-39。

表 3-39　制动试验矩阵（SOC）

档位	初始车速/(km/h)	制动踏板开度（%）	初始 SOC（%）	制动前发动机状态	备注
					如有需要，考虑 HV 开关、ECON 开关、电动附件开关

3）制动踏板开度。

① 定踏板开度。为了分析定制动踏板开度对车辆制动的影响，设置初始车速、初始 SOC，将 HV、ECON 开关关闭，进行 D 位、B 位制动踏板开度的制动对比试验。设计试验矩阵见表 3-40。

表 3-40　制动试验矩阵（定踏板开度）

档位	初始车速/(km/h)	制动踏板开度（%）	初始 SOC（%）	制动前发动机状态	备注
					如有需要，考虑 HV 开关、ECON 开关、电动附件开关

② 变踏板开度。为了分析变制动踏板开度对车辆制动的影响，设置初始车速、初始 SOC，将 HV、ECON 开关关闭。设计试验矩阵见表 3-41。

4）档位。

① 固定档位（D、B）。设置初始车速、初始 SOC，将 ECON、HV 开关关闭，进行不同制动踏板开度下 D 位和 B 位对比试验。设计固定档位试验矩阵见表 3-42。

② 档位切换。设置初始车速、初始 SOC、制动踏板开度，将 ECON、HV 开关关闭，制动过程中选取不同的三个车速点进行档位切换对比试验。设计档位切换试验矩阵见表 3-43。

表3-41 制动试验矩阵（变踏板开度）

档位	初始车速/(km/h)	制动踏板开度（%）	初始SOC（%）	制动前发动机状态	备注
					如有需要，考虑HV开关、ECON开关、电动附件开关

表3-42 制动试验矩阵（固定档位）

档位	初始车速/(km/h)	制动踏板开度（%）	初始SOC（%）	制动前发动机状态	备注
					如有需要，考虑HV开关、ECON开关、电动附件开关

表3-43 制动试验矩阵（档位切换）

档位	初始车速/(km/h)	制动踏板开度（%）	初始SOC（%）	制动前发动机状态	备注
					如有需要，考虑HV开关、ECON开关、电动附件开关

5）制动踏板速率。为了分析制动踏板速率对车辆制动的影响，设置D位、初始SOC，将ECON、HV开关关闭，进行不同初始车速、不同制动踏板开度的快踩和慢踩对比试验。设计试验矩阵见表3-44。

表3-44 制动试验矩阵（制动踏板速率）

档位	初始车速/(km/h)	制动踏板开度（%）	初始SOC（%）	制动前发动机状态	备注
					如有需要，考虑HV开关、ECON开关、电动附件开关

5. 数据处理及评价指标

进一步定量分析能量回收率，计算公式如下：

$$C_{reg} = \frac{EN_{chg}}{EN_k} = \frac{\frac{1}{3.6 \times 10^6}\int_{t_1}^{t_2} U_{chg} I_{chg} dt}{\frac{M(v_1^2 - v_2^2)}{9.3312 \times 10^7} - \frac{2Ma_{滑行}s}{9.3312 \times 10^7}} = \frac{0.014\int_{t_1}^{t_2} U_{chg} I_{chg} dt}{(v_1^2 - v_2^2)(1 - \frac{a_{滑行}}{a})} \quad (3-43)$$

式中 U_{chg}——蓄电池的充电电压（V）；
　　I_{chg}——蓄电池的充电电流（A）；
　　M——车辆的试验质量，$M=1850$kg；
　　s——车辆的制动距离（m），通过公式 $s=(v_1^2-v_2^2)/2a$ 计算；
　　$a_{滑行}$——车辆在 N 位滑行时的减速度（m/s²）；
　　v_1——车辆制动初始车速（km/h）；
　　v_2——车辆制动结束车速（km/h）。

3.3.3 热管理策略测试

热管理策略测试参考 2.3.3 小节。

3.3.4 附件管理策略测试

附件管理策略测试参考 2.3.4 小节。

3.4 实车案例展示

本节以某 PHEV 车型（后文简称该车型）作为实车案例，从基本性能、功能性、策略性三个方面进行了相关测试，具体测试流程参考 3.1~3.3 节。

3.4.1 基本性能测试

1. 动力性

百公里加速性能是评价整车动力性的重要指标之一，为了更全面地评价该车型百公里加速性能，分别将初始 SOC 设置为 24%、30%、35%、99% 进行百公里加速性能对比试验。试验结果如图 3-8 所示，统计结果见表 3-45 所示。

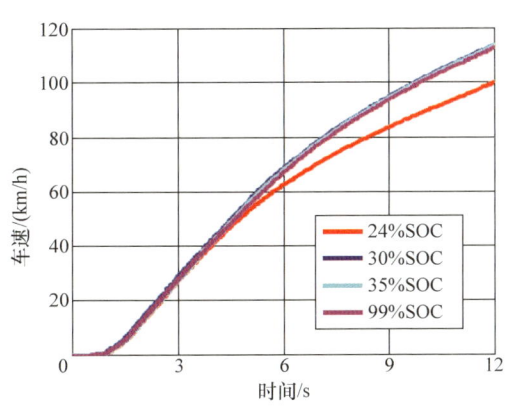

图 3-8 不同 SOC 初始条件百公里加速试验对比

表 3-45 百公里加速时间统计

初始 SOC（%）	加速时间 /s
24	11
30	9
35	9
99	9

根据表 3-45，除了初始 SOC 为 24% 的试验外，其余试验的百公里加速时间均为 9s。根据图 3-8，4.5s 之前，不同初始 SOC 下车速变化曲线重合，4.5s 之后，初始 SOC 为 24% 的试验组车速变化慢于其余三组。

在百公里加速试验中，当踩下加速踏板后，整车以最大加速能力，即以 Hybrid Drive 模式进行加速。此时动力总成各部件功率分配如图 3-9 所示。

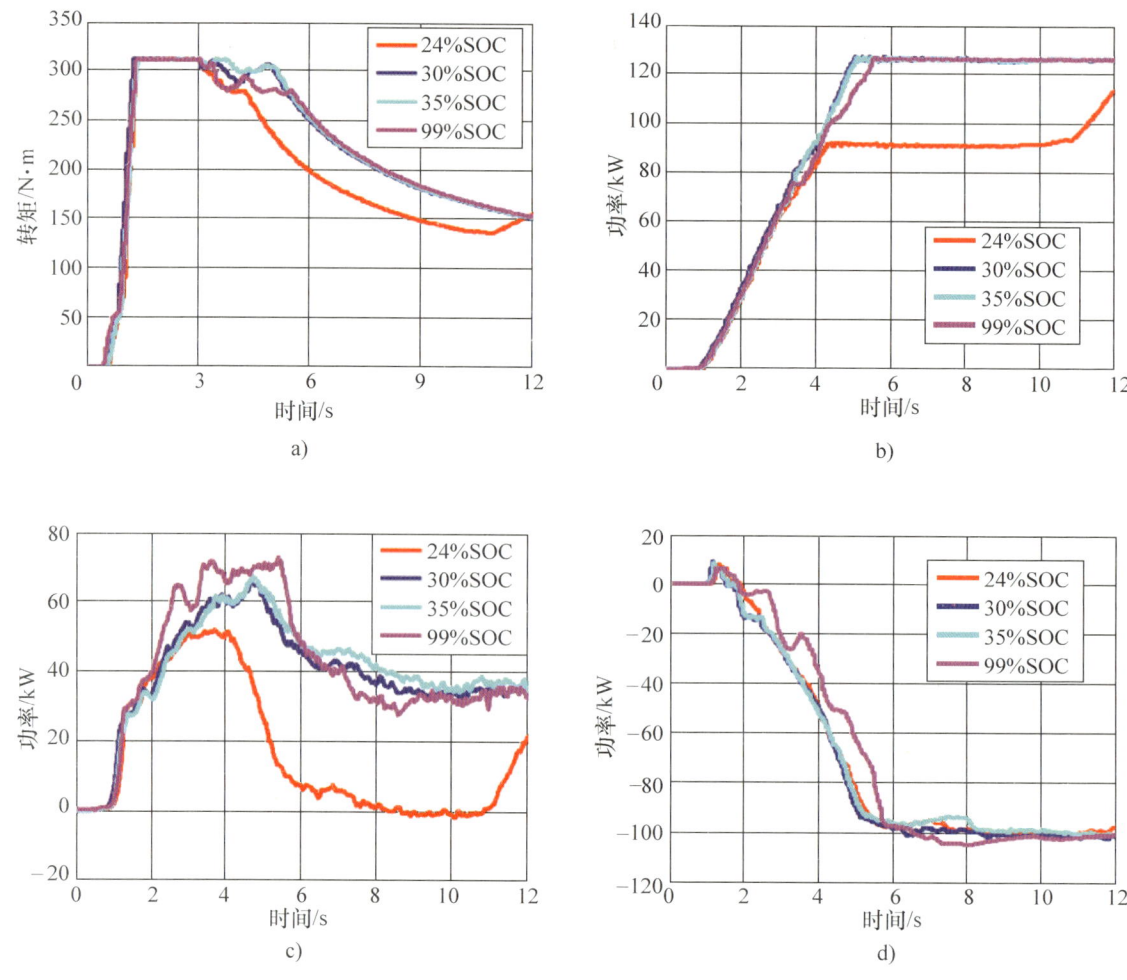

图 3-9　不同初始 SOC 下电机功率、转矩及蓄电池功率对比
a）电机转矩对比　b）电机功率对比　c）蓄电池功率对比　d）发电机功率对比

2. 经济性

分别在两种不同条件下，采用多次 NEDC 循环工况，参考 3.1.2 小节具体操作流程对该车型经济性进行测试。

在条件 A 及条件 B 下，该车型经济性试验数据见表 3-46。

进行 D_{ovc} 以及条件 A 的油耗计算前，需要进行循环工况电量平衡值 $Q(A \cdot h)$ 的验证，以判断循环工况是否达到最低荷电状态。根据标准，当循环工况的电量平衡值 Q 小于最高荷电状态的 3%，即 $22.3A \cdot h \times 3\% \approx 0.67A \cdot h$ 时，认为此时达到最低荷电状态。

表 3-46 该车型经济性试验数据

循环次数		电量平衡值 $Q/(A·h)$	实际行驶里程 D/km	循环油耗 $C/(L/km)$
条件 A	1	4.11	10.9196	0.57
	2	3.81	10.9379	1.06
	3	1.15	10.8516	5
	4	0.97	10.8925	4.8
	5	0.59	10.9491	4.45
条件 B	1	−1.2	10.9023	5.77
	2	−1.1	10.9142	4.4
	3	−0.4	10.9123	4.87

直到第 5 个 NEDC 循环工况结束，电量平衡值才小于 0.67A·h。因此 D_{OVC} 应以 5 个 NEDC 循环的实际行驶里程累加计算：

$$D_{OVC} = \sum_1^5 D_i = 54.5507 \approx 55 (km) \quad (3-44)$$

以条件 A 进行的 5 个 NEDC 循环油耗见表 3-46。根据 GB/T 19753—2013，C_1 计算公式为

$$C_1 = \frac{1}{5}\sum_1^5 C_i = 3.176 (L/100km) \quad (3-45)$$

E_1 计算公式为 $E_1 = e_1/D_{test1}$。其中 e_1 为条件 A 试验结束后对车辆进行充电，从电网获得的电能（W·h），实际充电获得电能为 4000W·h；D_{test1} 为条件 A 的实际行驶距离（km），与 D_{OVC} 计算结果相等，即 $D_{test1}=55km$，则 $E_1=4000W·h/55km=72.727W·h/km$。

同理在条件 B 下，直到第 3 个 NEDC 循环工况结束，电量平衡值才小于 0.67A·h。因此 D_{OVC} 应以 3 个 NEDC 循环的实际行驶里程累加计算：

$$D_{OVC} = \sum_1^3 D_i = 32.7288 \approx 33 (km) \quad (3-46)$$

以条件 B 进行的 3 个 NEDC 循环油耗见表 3-46。根据 GB/T 19753—2013，C_2 计算公式为

$$C_2 = \frac{1}{3}\sum_1^3 C_i = 4.873 (L/100km) \quad (3-47)$$

E_4 计算公式为

$$E_4 = e_4/D_{test2}$$

式中 e_4——条件 B 试验结束后对车辆进行充电，从电网获得的电能 e_2（W·h），按照 GB/T 19753—2013 第 7 节规定对储能装置放电，按照 GB/T 19753—2013 附录 A 的规定对储能装置充电，从电网中获得的电能 e_3（W·h），$e_4=e_2-e_3$，实际充电获得电能为 −504W·h；

D_{test2}——条件 B 的实际行驶距离（km），与 D_{OVC} 计算结果相等，即 $D_{test2}=33km$，则 $E_4=-504W·h/33km=-15.277W·h/km$。

根据计算结果，条件 A 的油耗 C_1，条件 B 的油耗 C_2，OVC 续驶里程 D_{OVC}，条件 A 的电耗 E_1，条件 B 的电耗 E_2 见表 3-47。

表 3-47 各参数计算结果

参数	条件 A 油耗 /(L/100km)	条件 B 油耗 /(L/100km)	条件 A 电耗 /(W·h/100km)	条件 B 电耗 /(W·h/100km)	OVC 续驶里程 /km
数值	3.176	5.013	72.727	−15.277	55

那么，燃料消耗量加权平均值为

$$C = \frac{(D_{OVC}C_1 + D_{av}C_2)}{D_{OVC} + D_{av}} = 3.75(\text{L/100km}) \qquad (3\text{-}48)$$

电能消耗量加权平均值为

$$E = \frac{(D_{OVC}E_1 + D_{av}E_2)}{D_{OVC} + D_{av}} = 45.23(\text{W}\cdot\text{h/km}) \qquad (3\text{-}49)$$

3. 制动性

制动系统工作时分为液压单独制动（包括电控系统失效）、驱动电机单独制动、电液协调制动三种状态，如图 3-10 所示。当驾驶人踩下制动踏板或者车辆滑行时，制动控制器对驾驶人意图进行识别，并对车辆状态进行监测，从而判断制动方式，合理地对制动状态进行选择，以满足驾驶人的制动意图。参考 3.1.3 小节部分具体测试流程，对该车型的制动性进行单次制动试验，试验结果如图 3-11 所示。

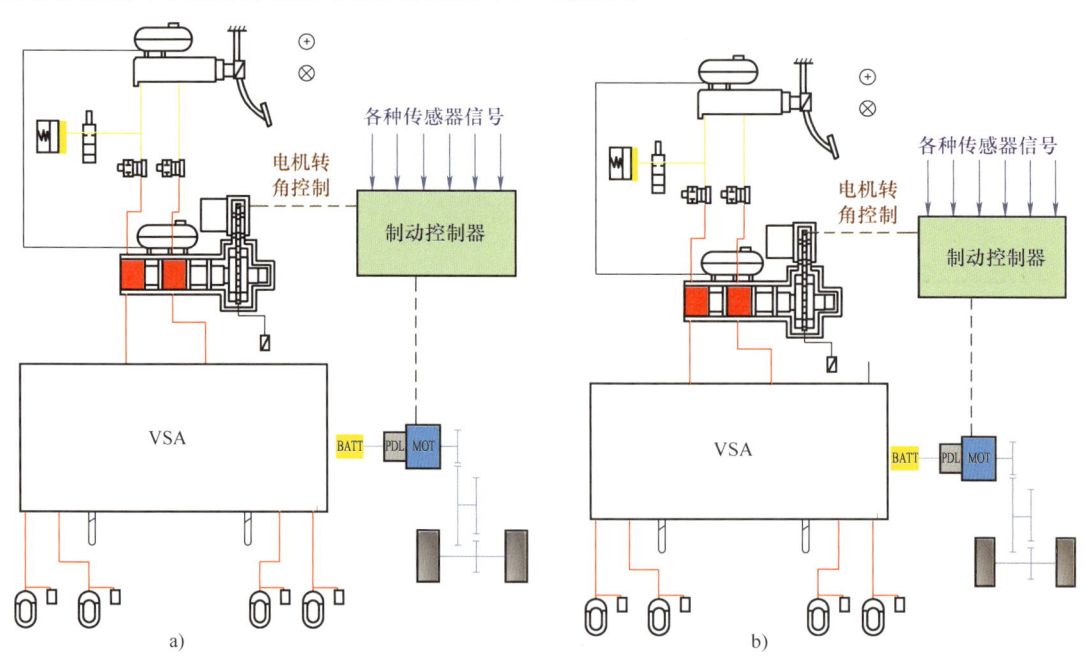

图 3-10 制动系统工作状态
a）液压单独制动 b）容错机制

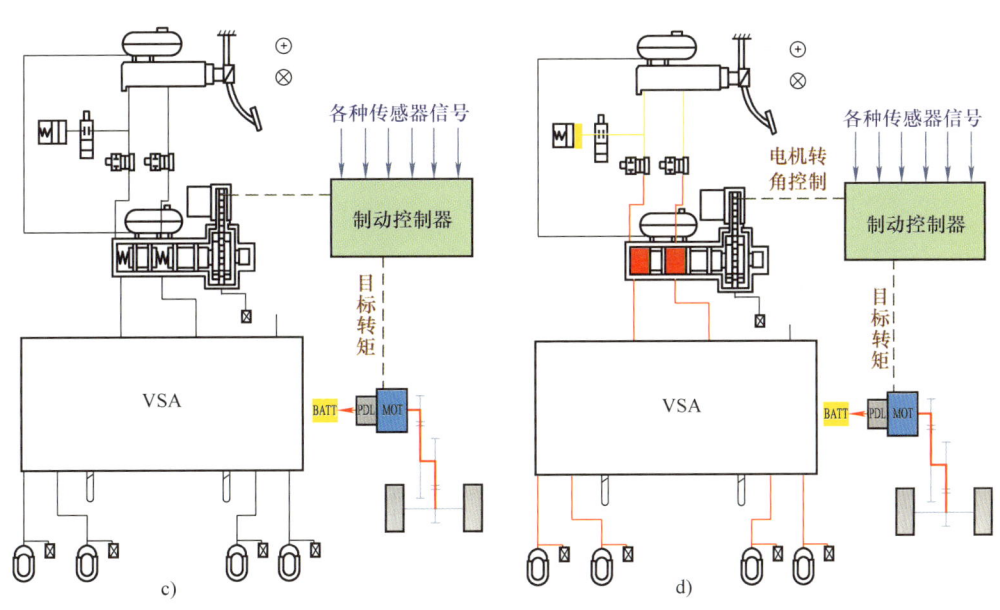

图 3-10 制动系统工作状态（续）
c）驱动电机单独制动　d）电液协调制动

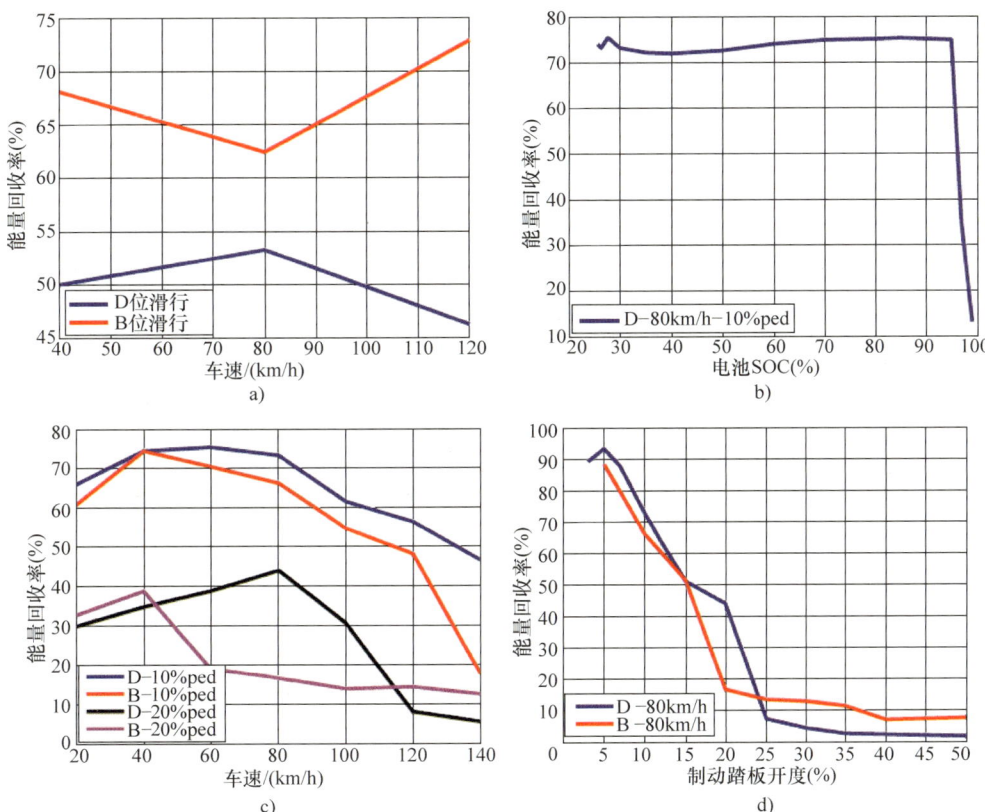

图 3-11 单次制动能量回收率比较

a）滑行初始车速－能量回收率　b）SOC－能量回收率　c）车速－踏板开度－能量回收率　d）踏板开度－能量回收率

3.4.2 功能性测试

1. 上、下电测试

混合动力电动汽车电源管理包括 12V 弱电管理以及强电管理。为确保整车上、下电的安全性和可靠性，混合动力电动汽车必须严格定义各电气部件的上、下电流程，上、下电状态必须经过各控制器及时反馈给整车控制单元，通过 CAN 总线来控制整车安全上、下电。对该车型的上、下电条件进行测试，测试结果见表 3-48。

表 3-48　上、下电条件测试结果

档位	制动踏板	能否上电	车辆状态	POWER 灯	备注
P	是	能	Ready	常亮	在 R/N/D/B 档位上电，起停键间歇性闪烁，此时重新换入 P 位，指示灯仍然闪烁，重新下电后上电恢复正常
R	是	能	Key on	间歇性闪烁	
N	是	能	Ready		
D	是	能	Key on		
B	是	能	Key on		

高压系统上电时存在可以感知的间延迟，按下 POWER 键后，仪表点亮，继电器吸合声音陆续响起，1~2s 后仪表 Ready 灯点亮，上电完成。

车辆在行驶过程中（N/D/B/R 位），需要按两次 POWER 键才能下电，进入 Accessory 模式，但高压未断开（停车后才会断开），转向盘失去助力，仪表 EPS 故障灯点亮。再次按 POWER 键，转向盘恢复助力，但车辆不能进入 Ready 状态。仪表显示如图 3-12 所示。

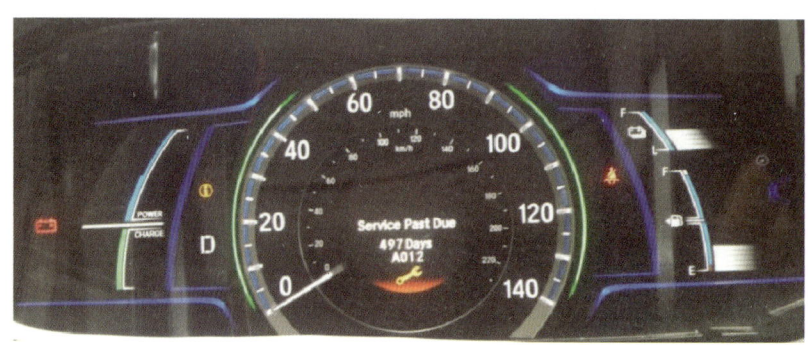

图 3-12　行车中下电后上电仪表显示

车辆在 D 位以 50km/h 车速行驶时，按两次 POWER 键进行下电，进入 Accessory 模式。下电后档位不会发生变化，电机不再输出转矩，车速监测模块输出车速不会随真实车速变化而变化，如图 3-13 所示，车辆下电时没有冲击感觉。

（1）上电时序

上电时序的测试步骤如下：

1）接出 CAN 接口、高压输出接口、蓄电池主正负继电器控制接口、低压继电器控制接口、DC/DC 输出接口，如图 3-14 所示。

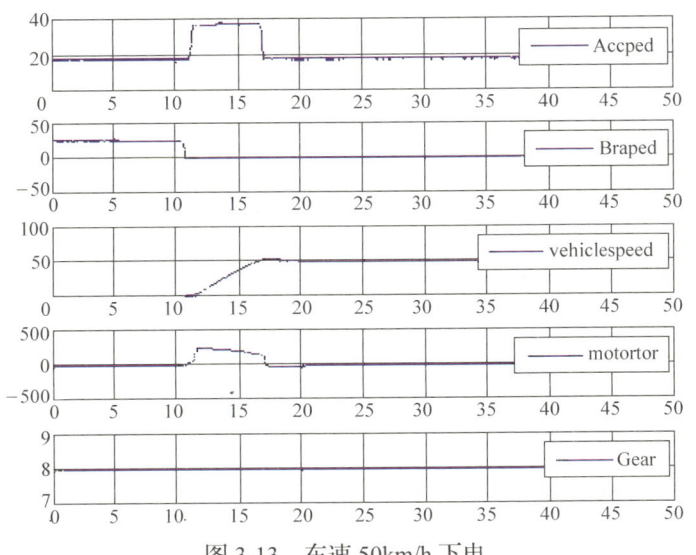

图 3-13　车速 50km/h 下电

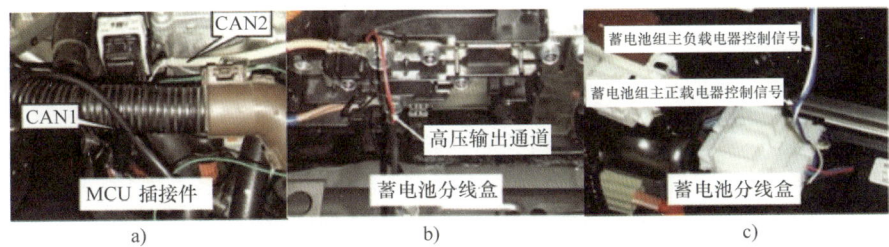

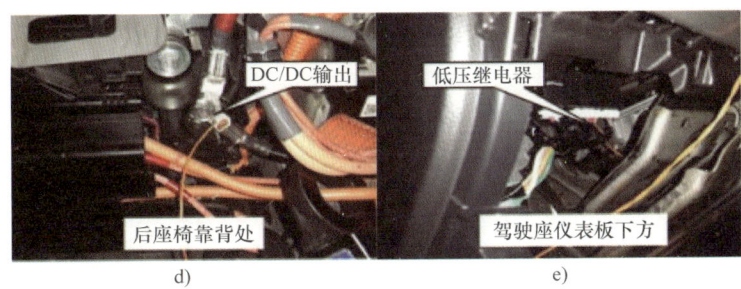

图 3-14　接口及引线图

a）CAN 接口　b）高压输出接口　c）蓄电池继电器接口　d）DC/DC 输出接口　e）低压继电器接口

注：该车型没有 HVIL，该信号未测量。

2）各接口与示波器通道连接，用于检测车辆高压上电过程中的电平变化，同时用 CANalyzer 读取 Ready 标志位以及报文 ID 的变化。

3）P 位，踩下制动踏板，按 POWER 键使车辆上电，记录示波器各通道数值以及 POWER 键标志位的变化，如图 3-15 所示。

结合示波器和 CANalyzer 采集数据分析，可以得到图 3-16 所示的上电时序图。

根据 CANalyzer 同步采集数据分析，CAN1 总线上电后各节点发出第一帧报文的时序如图 3-17 所示。

a)　　　　b)　　　　c)

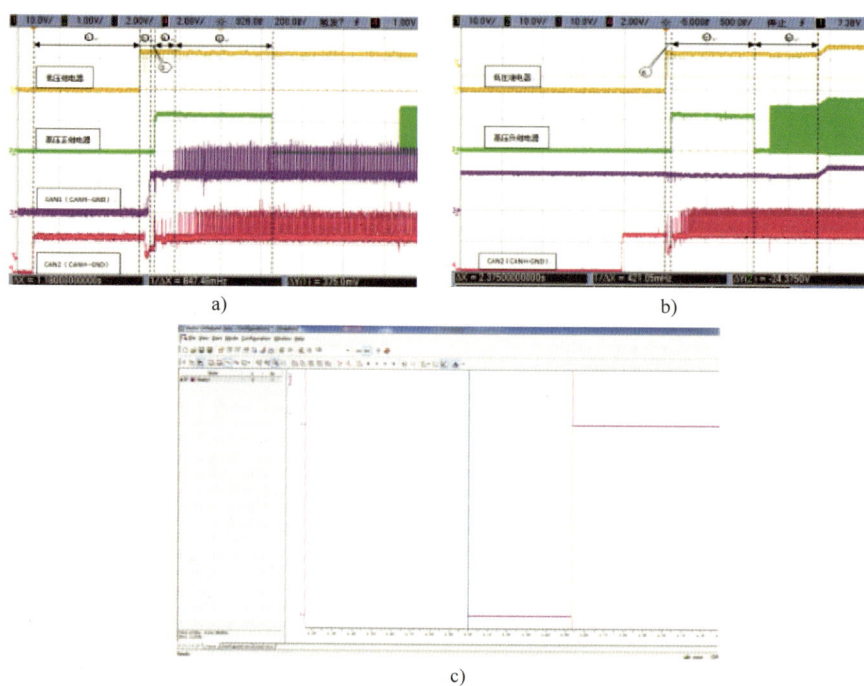

图 3-15　上电时示波器显示结果

a）高低压继电器及 CAN1、CAN2 波形　b）高低压继电器及 CAN2 波形　c）Power 键标志位

图 3-16　上电时序图

Time	C	ID	Name	Dir	DLC	Data
2.471713	1	114	MCU_4	Rx	8	80 00 00 00 00 00 2C 0C
2.471962	1	11D	MCU_5	Rx	8	00 00 00 00 00 00 02 07
2.492399	1	111	MCU_2	Rx	7	80 00 00 00 01 00 2A
2.492634	1	113	MCU_3	Rx	8	00 03 79 76 4E 20 20 2B
2.492880	1	11E	EMS_1	Rx	8	00 00 00 00 00 00 00 17
2.493126	1	11F	EMS_2	Rx	8	00 00 00 00 00 40 00 12
2.522906	1	11E	EMS_1	Rx	8	00 00 00 00 00 00 00 08
2.523152	1	11F	EMS_2	Rx	8	00 00 00 00 00 40 01 02
2.523399	1	122	BMS_1	Rx	8	00 00 00 00 00 00 00 12
2.523639	1	141	MCU_6	Rx	8	10 99 00 00 00 00 02 1C
2.523851	1	162	MCU_7	Rx	6	00 00 00 00 00 2D
2.766681	1	314	MCU_10	Rx	8	3E 3E 00 00 00 00 00 3B
2.766929	1	33B	BCU_2	Rx	8	00 00 00 00 00 00 40 03
2.771809	1	114	MCU_4	Rx	8	00 00 00 00 00 10 24 29

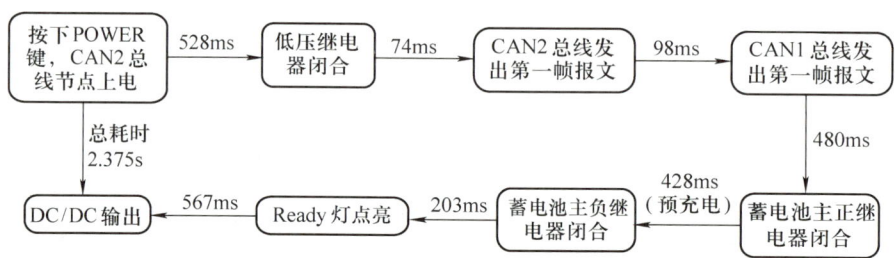

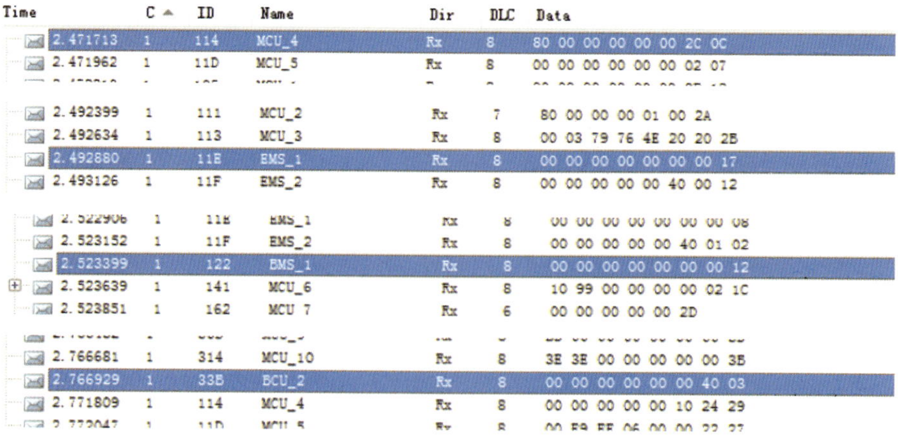

图 3-17　CAN1 各节点上电时序

① 整车低压上电完成后 172ms，MCU 发出第一帧报文，ID：0x114。
② 整车低压上电完成后 193ms，EMS 发出第一帧报文，ID：0x11E。
③ 整车低压上电完成后 224ms，BMS 发出第一帧报文，ID：0x122。
④ 整车低压上电完成后 467ms，BCU 发出第一帧报文，ID：0x33B。

蓄电池主正和主负继电器控制端的电平在拉低后变成脉冲信号，如图 3-18 所示，脉冲信号的频率为 20kHz，幅值为 14.7V。

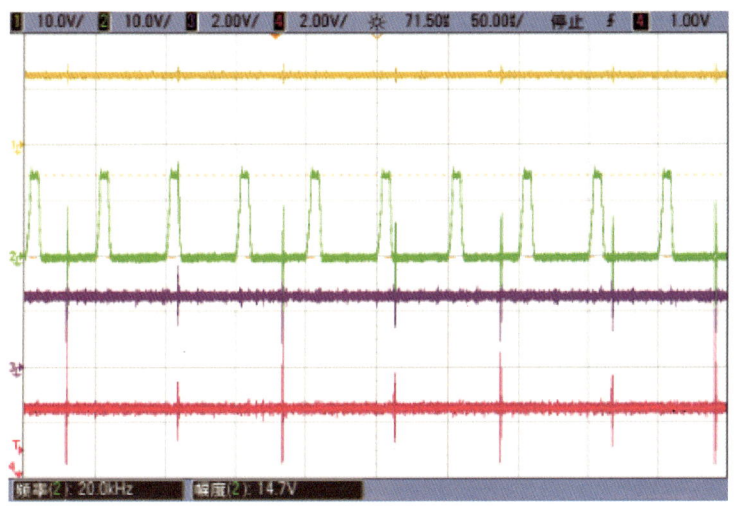

图 3-18　继电器脉冲信号图

CAN1 总线的节点包括 MCU、BMS、EMS、BCU，CAN2 总线的节点包括 MCU、BMS、EMS、BCU、Meter、ABS、EPS、SRS 等。

（2）下电时序

下电时序测试的准备工作与上电时序测试相同，在 Ready 模式下，直接按下 POWER 键对车辆进行下电，下电时序如图 3-19 所示。

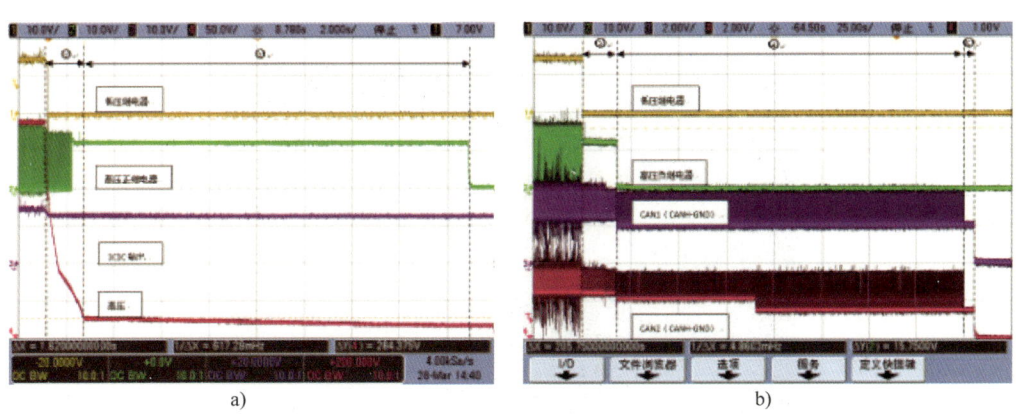

图 3-19　下电时序示波器显示结果
a）高低压继电器、DC/DC 及高压波形　b）CAN1、CAN2 波形

如图 3-19 所示，按下 POWER 键后，低压继电器、DC/DC 输出及高压基本是同时断开，高压输出在 1.62s 内由 290.7V 下降到 26.3V。

整车低压下电后 17.7s，蓄电池主正和主负继电器断开，随后等待 182.8s，CAN1 和 CAN2 总线节点停止发送报文，继续等待 5.3s 后，CAN1 和 CAN2 总线节点下电。

从车辆按下 POWER 键低压继电器断开至两路 CAN 总线上节点完全下电，总计耗时 205.8s。

结合图 3-20 CANalyzer 同步采集数据分析，CAN1 总线下电前各节点停止发送报文的时序：

1) 整车低压下电的同时，BCU 停止发送，最后一帧报文 ID 为 0x184。
2) 整车低压下电完成后 3.12s，Meter 停止发送，最后一帧报文 ID 为 0x1A6。
3) 整车低压下电完成后 11.99s，MCU 停止发送，最后一帧报文 ID 为 0x217。
4) 整车低压下电完成后 17.87s，BMS 停止发送，最后一帧报文 ID 为 0x219。
5) 整车低压上电完成后 200.60s，EMS 停止发送，最后一帧报文 ID 为 0x11F。

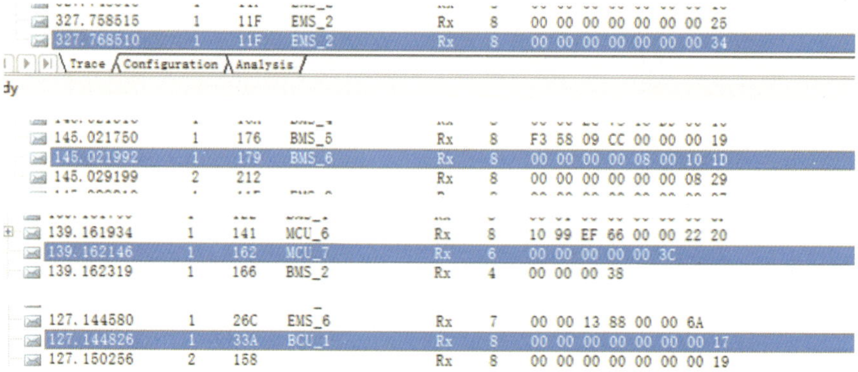

图 3-20　CAN1 各节点下电时序

2. 充电功能

充电机接口低压端有三根线，如图 3-21 所示。

图 3-21　充电机接口

未充电时，对车身地均无电压，充电情况下则如图 3-22 所示。

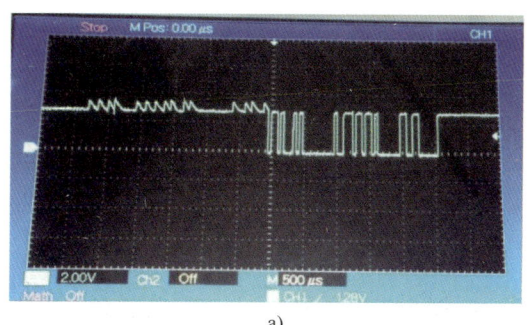
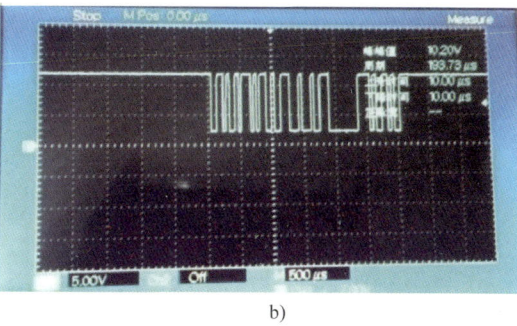

图 3-22　充电机通信线电压变化
a）灰线信号　b）蓝线信号

这三根线连接至 BMS，另外两根为通信线，并无常电接至蓄电池。

停止充电后，高压继电器断开，充电机输出端无高压输出，充电电流迅速下降至 0A，121s 后，充电机和 BMS 之间通信停止，充电机进入休眠，如图 3-23 所示。

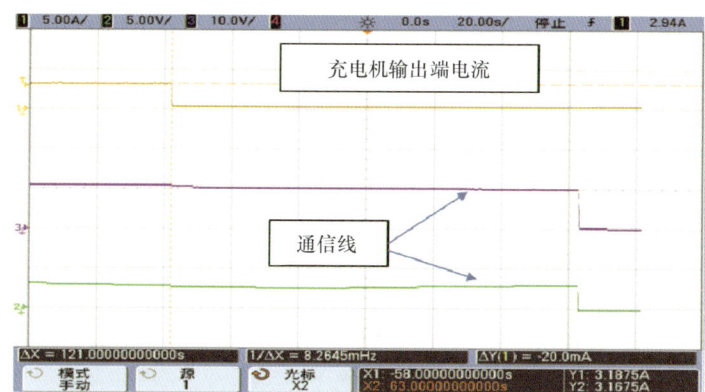

图 3-23　充电停止时序

充电过程中，仪表 /DVD 无任何显示，操作 DVD 各按键无反应。充电过程中，不踩制动踏板，按 1 次 POWER 键，仪表点亮，显示制动 +POWER 起动车辆的提示信息，随后进入 Accessory 模式，DVD 显示屏点亮，如图 3-24 所示，可对 DVD 各按键进行操作。按下 DVD 电源键，收音机屏幕约 25s 后熄灭；再次按下 POWER 健，充电停止，仪表显示"Remove charger connector"，DVD 无变化。

在 Key off 的情况下充电，CAN 总线被唤醒的节点有：

① CAN1：BMS、EMS。

② CAN2：BMS、Meter、EMS。

 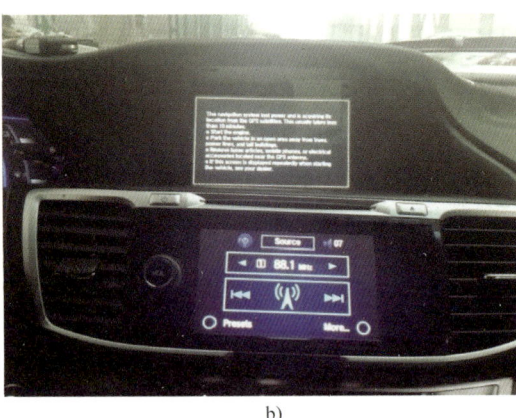

a)　　　　　　　　　　　　　　　　b)

图 3-24　充电中不踩制动踏板按 POWER 键仪表显示

a）充电过程，不踩制动踏板，按一次 POWER 键　b）再次按 POWER 键

3.4.3　策略性测试

1. 驱动控制策略

（1）CD 阶段

车辆驱动模式划分主要是为了确定不同车速和驱动力条件下车辆动力总成的工作状态。

1）固定踏板开度试验数据。CD 阶段固定踏板开度试验可以得到图 3-25 所示的工作点和驱动模式对应情况。

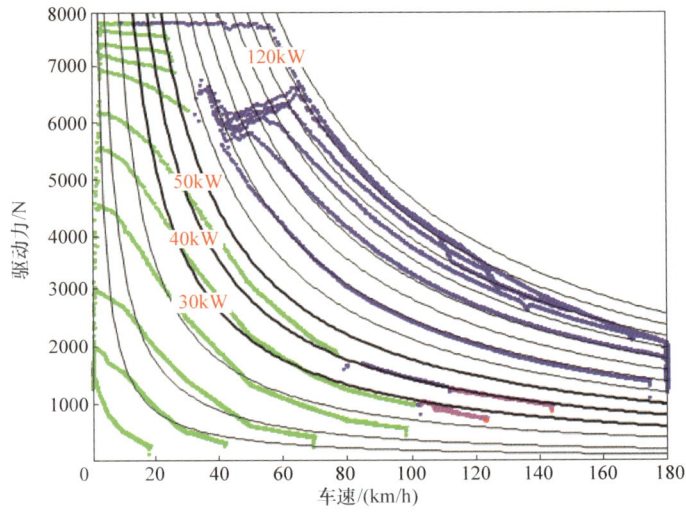

图 3-25　CD 阶段固定踏板开度试验数据模式划分

2）标准工况试验数据。综合 HWY、JC08、UDDS、US06 四种标准工况试验，分别作出 EV Drive 模式、Hybrid Drive 模式、Engine Drive 模式对应的工作区域。

CD 阶段标准工况试验，EV Drive 模式的工作区域如图 3-26 和图 3-27 所示。

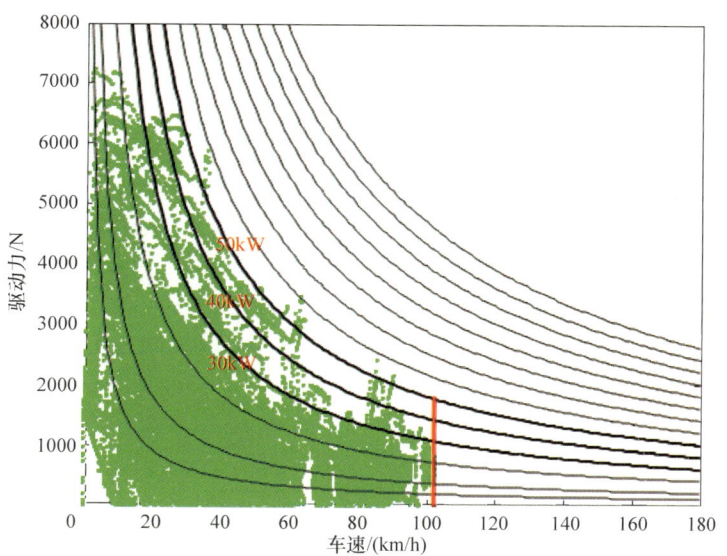

图 3-26　CD 阶段 EV Drive 模式划分

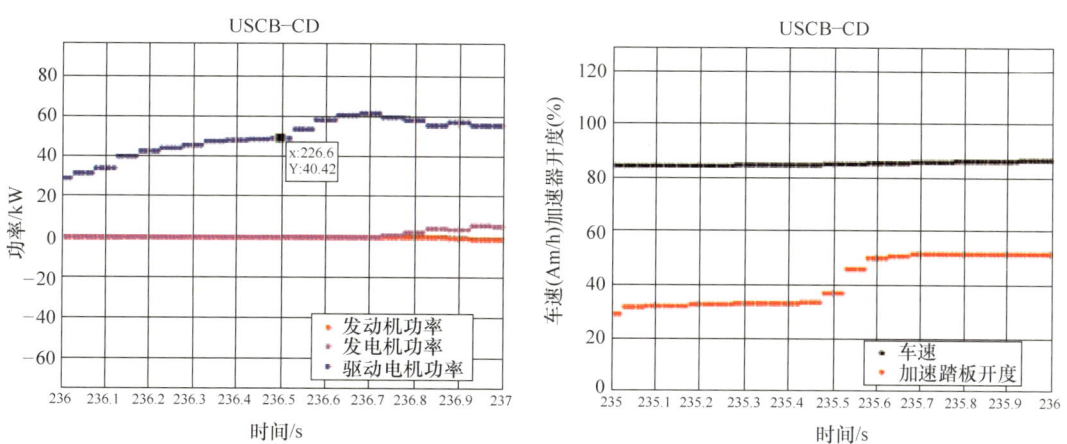

图 3-27　US06 工况 CD 阶段 EV Drive 模式高功率点分析

CD 阶段标准工况试验，Hybrid Drive 模式的工作区域如图 3-28 所示。

CD 阶段标准试验工况，Engine Drive 模式的工作区域如图 3-29 所示。

（2）CS 阶段

1）固定踏板开度试验数据。在 CS 阶段固定踏板开度试验得到工作点和驱动模式对应情况，如图 3-30 所示。

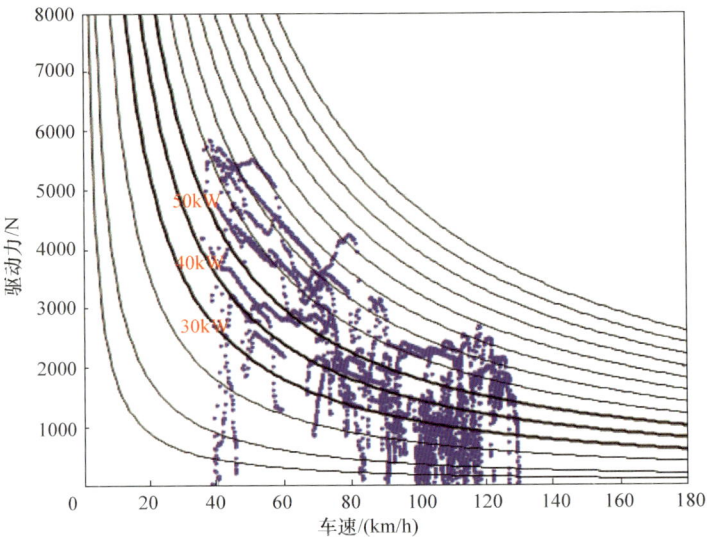

图 3-28 CD 阶段 Hybrid Drive 模式划分

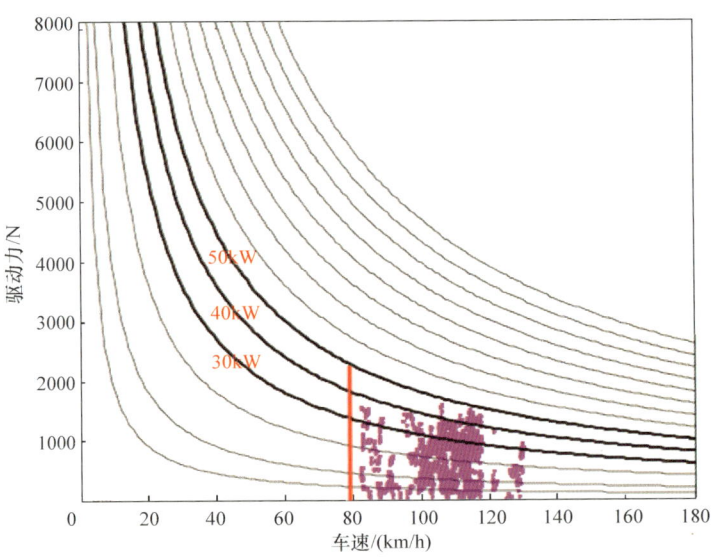

图 3-29 CD 阶段 Engine Drive 模式划分

2）标准工况试验数据。综合 HWY、JC08、UDDS、US06 四种标准试验工况，分别作出 EV Drive 模式、Hybrid Drive 模式、Engine Drive 模式对应的工作区域。

CS 阶段标准工况试验，EV Drive 模式的工作区域如图 3-31 所示。

CS 阶段标准工况试验，Hybrid Drive 模式主要工作点的分布情况如图 3-32 所示。

CS 阶段标准工况试验，Engine Drive 模式的工作区域如图 3-33 所示。

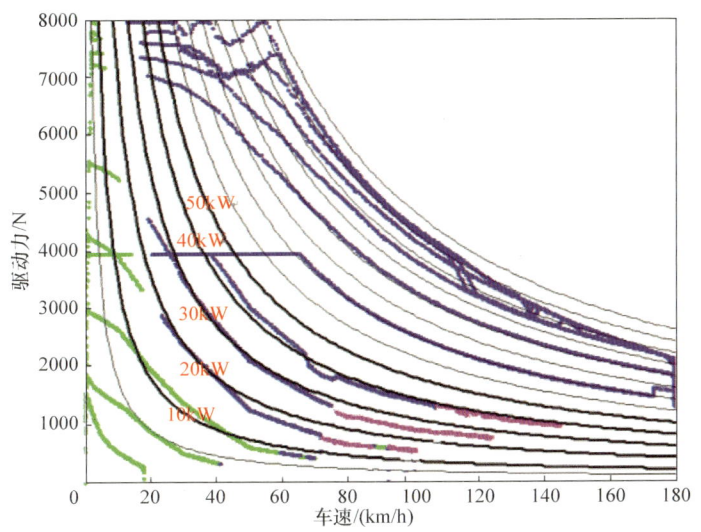

图 3-30　CS 阶段固定踏板开度试验数据模式划分

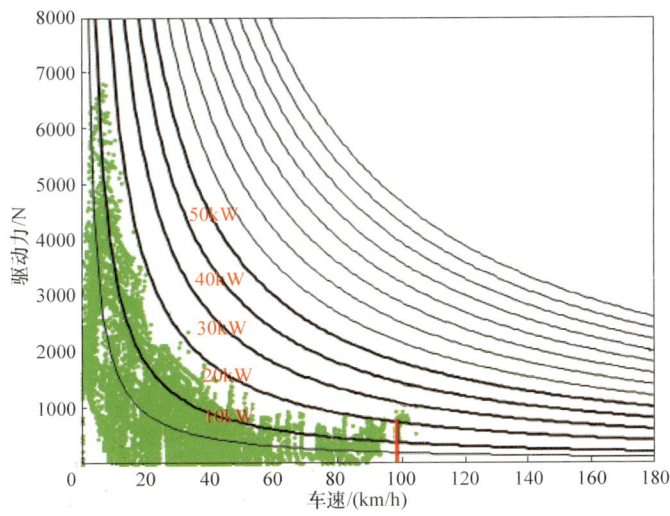

图 3-31　CS 阶段 EV Drive 模式划分

2. 制动控制策略

（1）发动机/发电机工作状态

动力系统有 EV、串联、并联三种工作状态：

1）车辆制动前为 EV 工作状态时，发动机和发电机不参与车辆制动。

2）车辆制动前为串联工作状态时，发动机根据蓄电池 SOC 以及车辆状态等信息，选择停机或者继续工作为蓄电池充电。

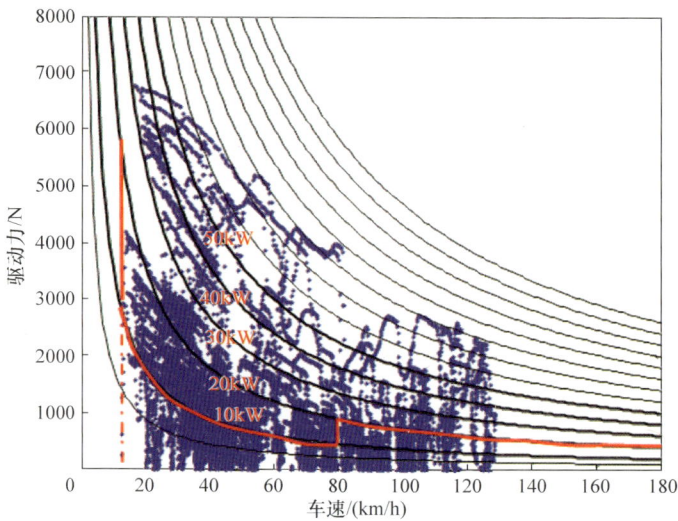

图 3-32　CS 阶段 Hybrid Drive 模式划分

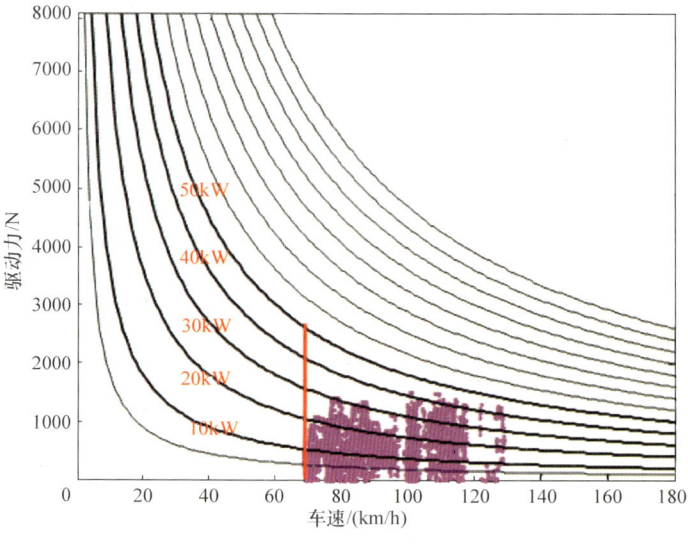

图 3-33　CS 阶段 Engine Drive 模式划分

3）车辆制动前为并联工作状态时，在制动过程中发动机转矩将出现正、负两种情况。

并联工作模式制动时发动机转速随车速下降而降低，当转速下降至 1200r/min 左右时，离合器分离，此时系统由并联转为串联模式（此时发动机延迟熄灭，防止突然有加速需求时动力不足）。当控制器识别出驾驶人继续减速的意图时，发电机产生 $-50\text{N}\cdot\text{m}$ 转矩使发动机降速，发动机和发电机的转速降至 0 后断油停机。此刻车辆由串联模式进入到 EV Drive 模式，发动机停机转速为 1200r/min 左右，如图 3-34 所示。另外，当车辆处于 D 档位且工作在并联模式，进入制动工况后，发动机在转速为 2600r/min 左右时停机，车辆直接从并联模式进入 EV Drive 模式。

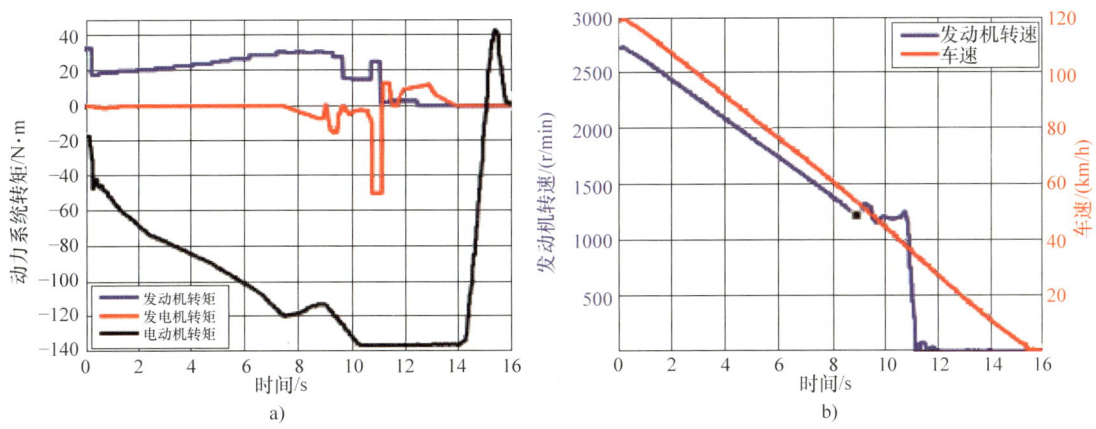

图 3-34 制动时动力系统工作状态
a) 动力系统转矩 b) 发动机转速 – 车速

从图 3-34 中可以看出，当发动机转速达到 1450r/min 左右时，电机制动转矩不再上升，当完成模式切换后，电机制动转矩又上升到最大值。这是由于系统在发动机转速为 1200r/min 时，由并联模式进入串联模式，限制此刻电机制动转矩可避免模式切换过程中因为发动机与车轮解耦对电机造成冲击。制动时发动机状态统计见表 3-49。

表 3-49 制动时发动机状态统计表

当前档位	制动前车辆工作模式	初始车速 /(km/h)	制动踏板开度（%）	滑行初始 SOC(%)	发动机转矩
D	EV	80	3/5/7/10/12/15/20/25/30/35/40/45/50	30	0
B	EV	80	5/10/15/20/25/40/45/50	30	0
D	EV	80	10	27.6/30-95	0
D	EV	100	10	30	0
D	EV	80	10	99	0
B	并联	80	30/35	30	正转矩，1200r/min 左右时停机
N	并联	120	10	30	正转矩，2600r/min 左右时停机
D	并联	140	10	30	负转矩，1200r/min 左右停机
D	并联	140	10	23.9	负转矩，1200r/min 左右停机
D	并联	80	10	26.3/25.6	正转矩，1200r/min 左右停机
D/B	并联	120	5/10/20	30	正转矩，1200r/min 左右停机

（2）影响因素

1）初始车速。进行不同初始车速的制动试验，分析初始车速对车辆制动的影响，试验矩阵见表 3-50。

车辆以 D 位、10% 的制动踏板开度进行不同车速制动测试，结果如图 3-35 所示。

同样，车辆以 B 位、10% 的制动踏板开度进行不同车速制动测试，结果如图 3-36 所示。

表 3-50 制动试验矩阵（车速）

档位	初始车速 /(km/h)	制动踏板开度（%）	HV 开关、ECON 开关、电动附件开关	初始 SOC（%）	制动前发动机状态
D	20	10	关	30	不工作
	40				不工作
	60				不工作
	80				不工作
	100				不工作
	120				工作
	140				工作
D	20	20			不工作
	40				不工作
	60				不工作
	80				不工作
	100				不工作
	120				工作
	140				工作
B	20	10			不工作
	40				不工作
	60				不工作
	80				不工作
	100				不工作
	120				工作
	140				工作
B	20	20			不工作
	40				不工作
	60				不工作
	80				不工作
	100				不工作
	120				工作
	140				工作

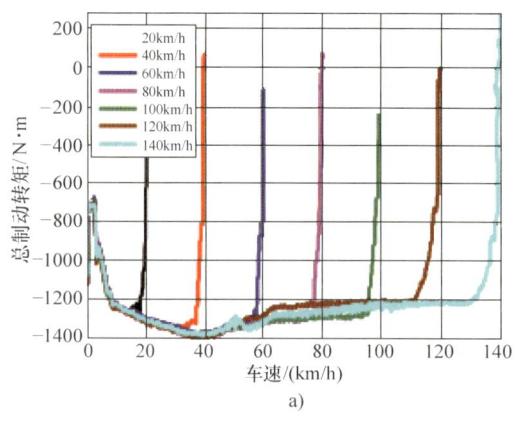
a)

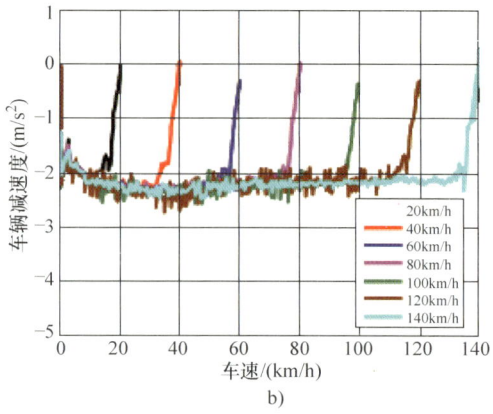
b)

图 3-35 D 位 -SOC30%-Brakeped10%-不同车速制动
a）总制动转矩－车速 b）车辆减速度－车速

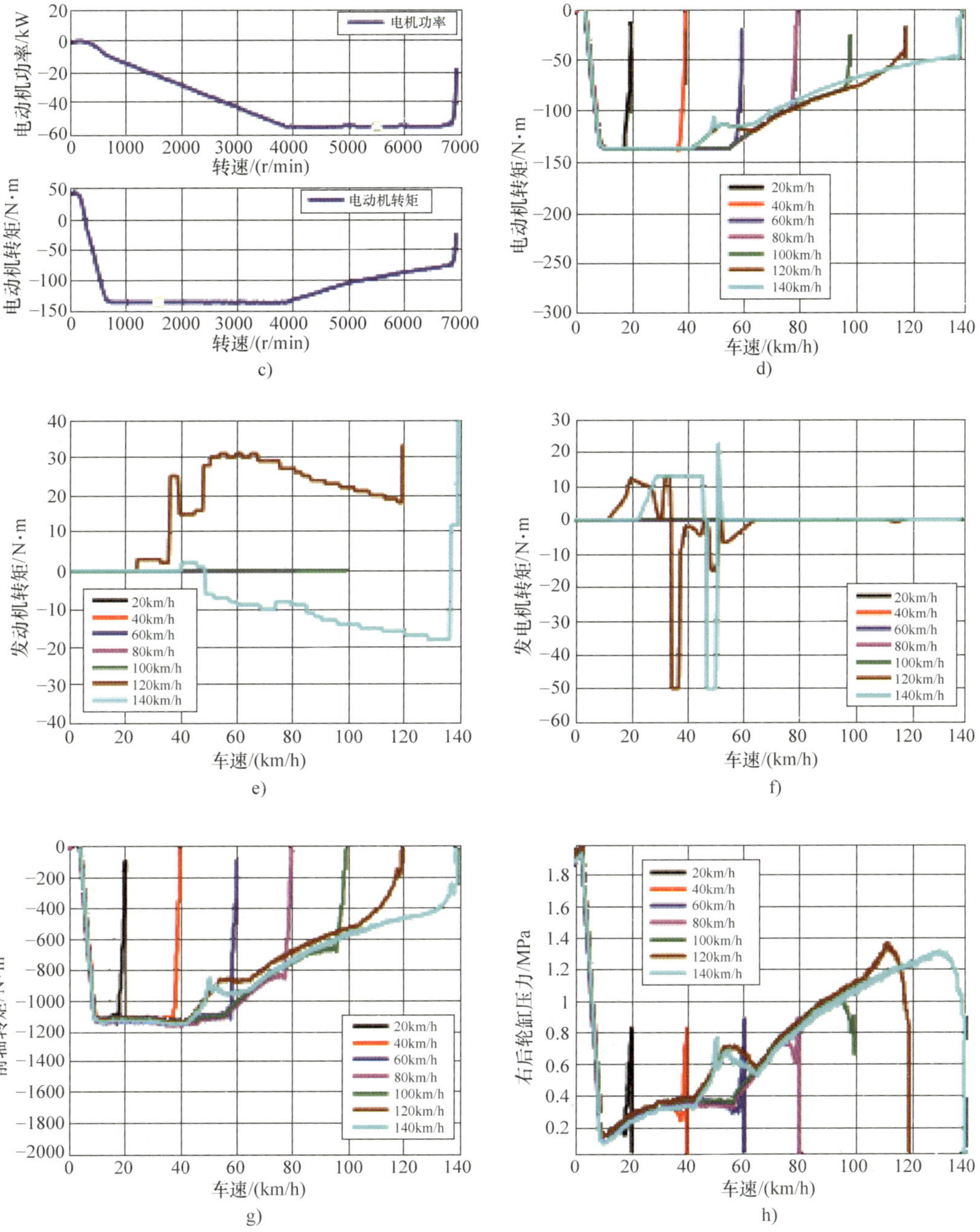

图 3-35 D 位 -SOC30%-Brakeped10%-不同车速制动（续）
c）电动机外特性　d）电动机转矩－车速　e）发动机转矩－车速
f）发电机转矩－车速　g）前轴转矩－车速　h）右后轮缸压力－车速

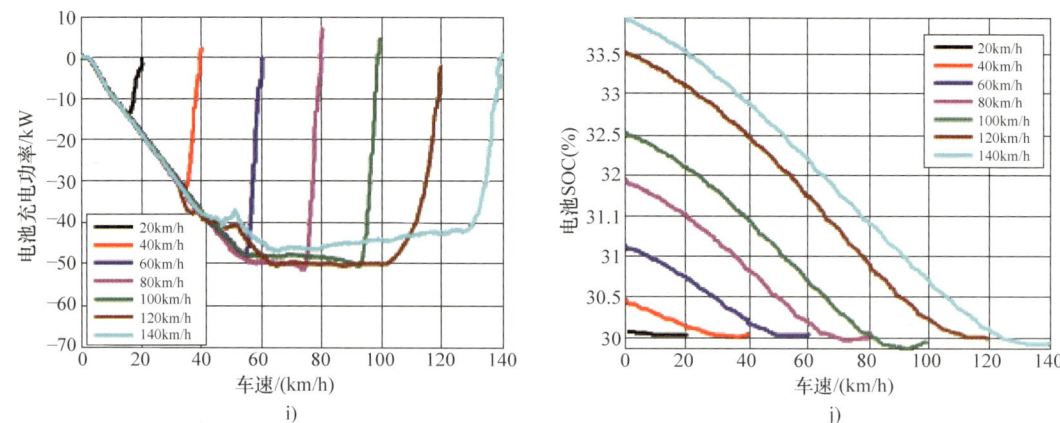

图 3-35 D 位 -SOC30%-Brakeped10%- 不同车速制动（续）
i）电池充电功率 - 车速 j）电池 SOC - 车速

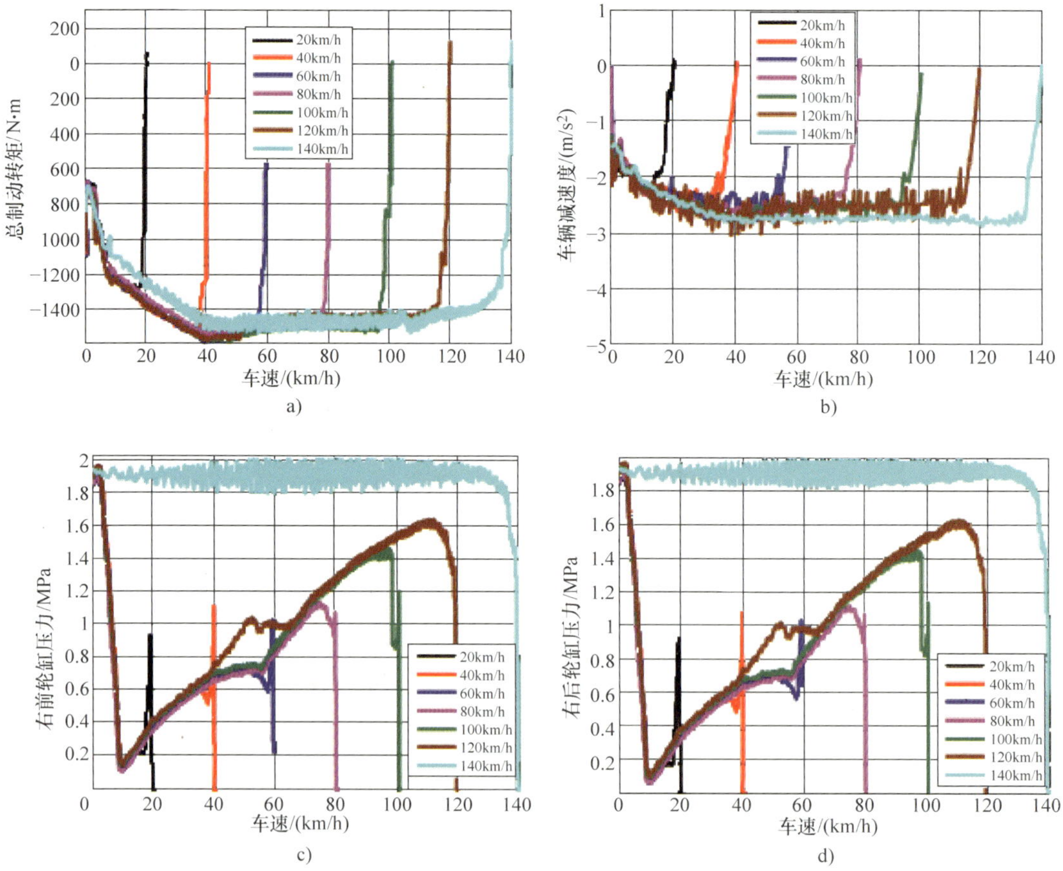

图 3-36 B 位 -SOC30%-Brakeped10%- 不同车速制动
a）总制动转矩 - 车速 b）车辆减速度 - 车速 c）右前轮缸压力 - 车速 d）右后轮缸压力 - 车速

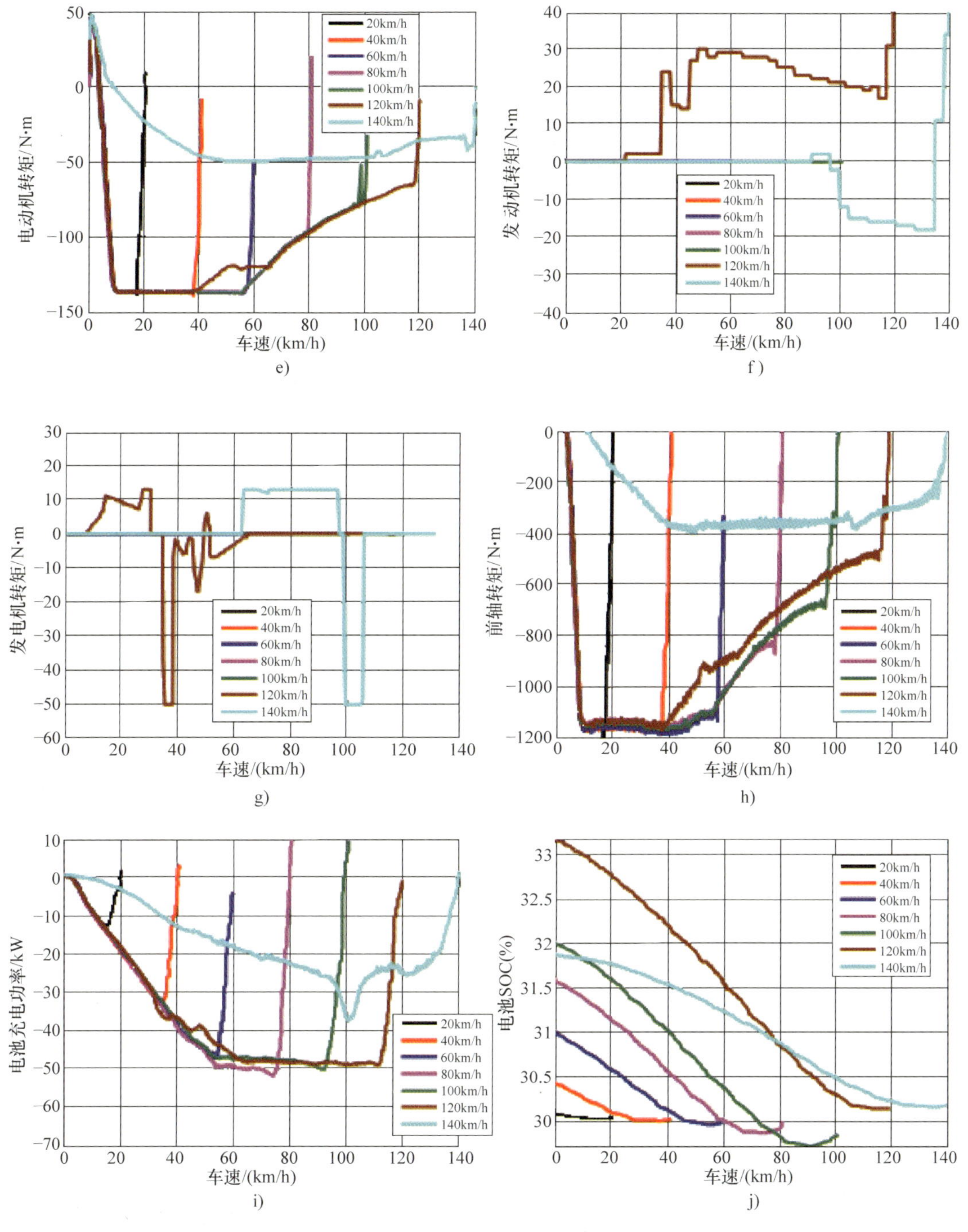

图 3-36 B 位 -SOC30%-Brakeped10%- 不同车速制动（续）
e）电动机转矩－车速 f）发动机转矩－车速 g）发电机转矩－车速
h）前轴转矩－车速 i）电池充电功率－车速 j）电池 SOC－车速

2）初始 SOC。为了分析蓄电池初始 SOC 对车辆制动的影响，设计试验矩阵见表 3-51。

表 3-51 制动试验矩阵（SOC）

档位	初始车速/(km/h)	制动踏板开度（%）	HV开关、ECON开关、电动附件开关	初始SOC（%）	制动前发动机状态
D	80	10	关	25.6	工作
				26.3	工作
				27.6	工作
				30	不工作
				35	不工作
				40	不工作
				50	不工作
				60	不工作
				70	不工作
				80	不工作
				85	不工作
				90	不工作
				95	不工作
				97	不工作
				99	不工作
D	40	10	关	24	工作
				30	不工作
D	40	10	关	23.9	工作
				30	工作

对车辆在 D 位，初始车速为 80km/h，制动踏板开度为 10%，HV 开关、ECON 开关关闭，初始 SOC 在 30%~95% 的制动试验进行分析，各参数变化曲线如图 3-37 所示。

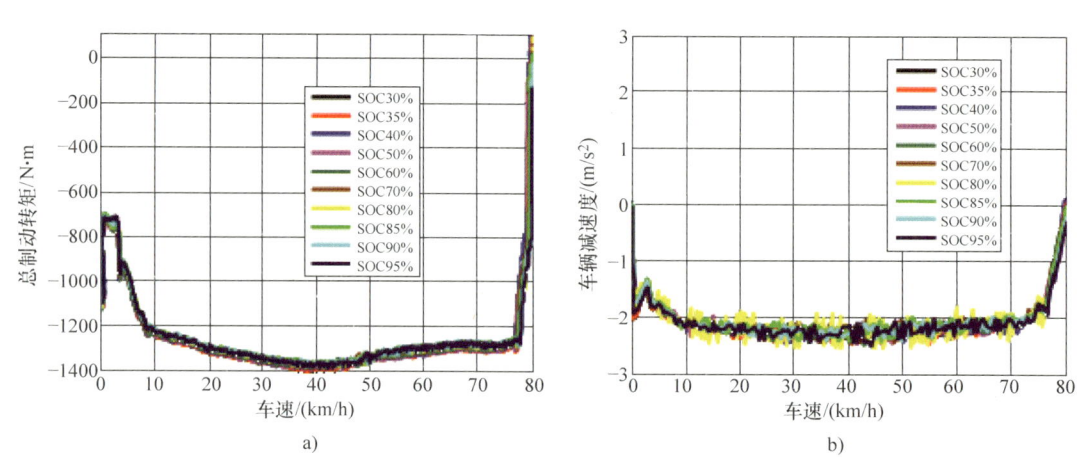

图 3-37　D 位 -80km/h-Brakeped10%- 不同 SOC 制动（一）
a）总制动转矩－车速　b）车辆减速度－车速

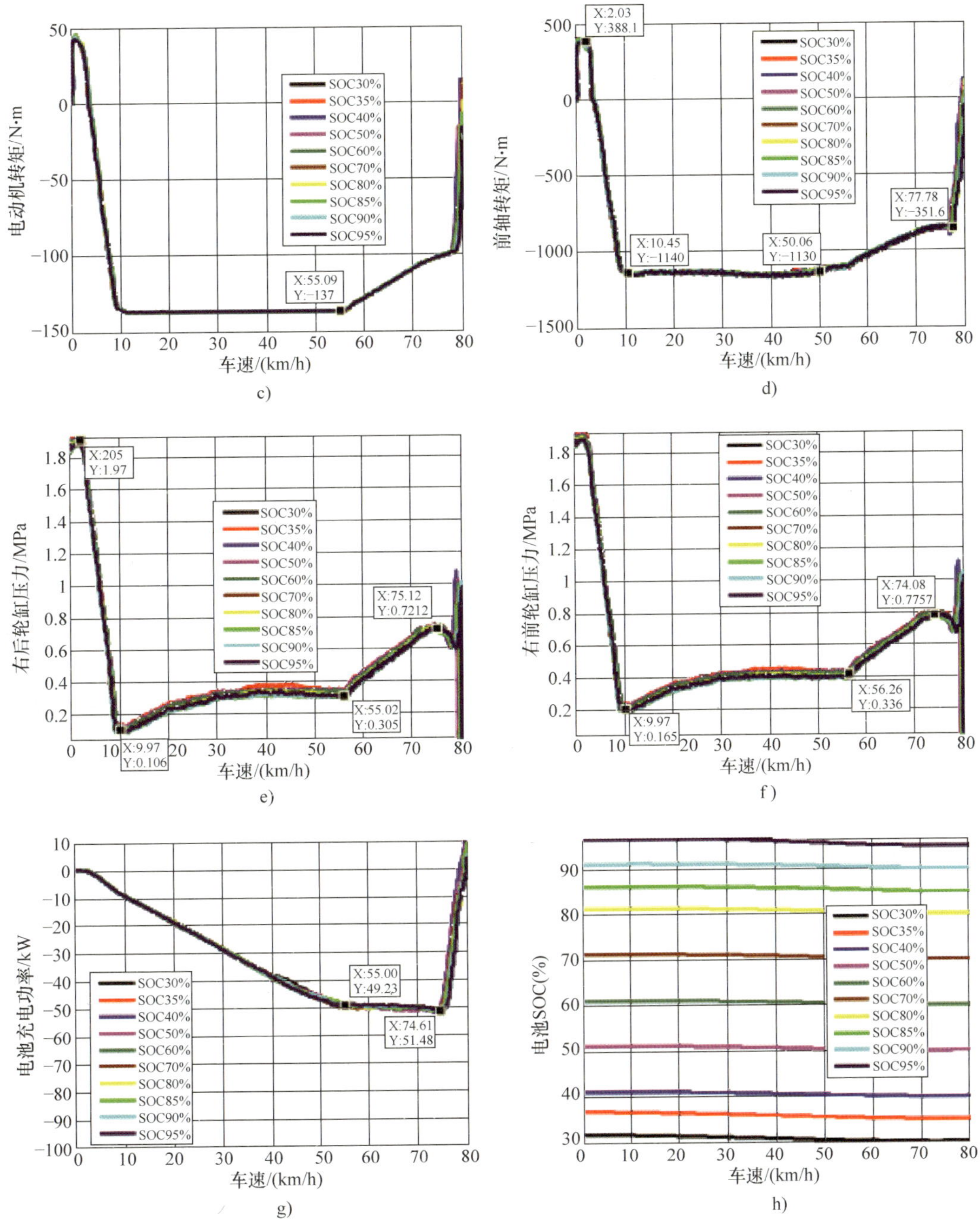

图 3-37 D 位 -80km/h-Brakeped10%-不同 SOC 制动（一）（续）
c）电动机转矩 - 车速　d）前轴转矩 - 车速　e）右后轮缸压力 - 车速
f）右前轮缸压力 - 车速　g）电池充电功率 - 车速　h）电池 SOC- 车速

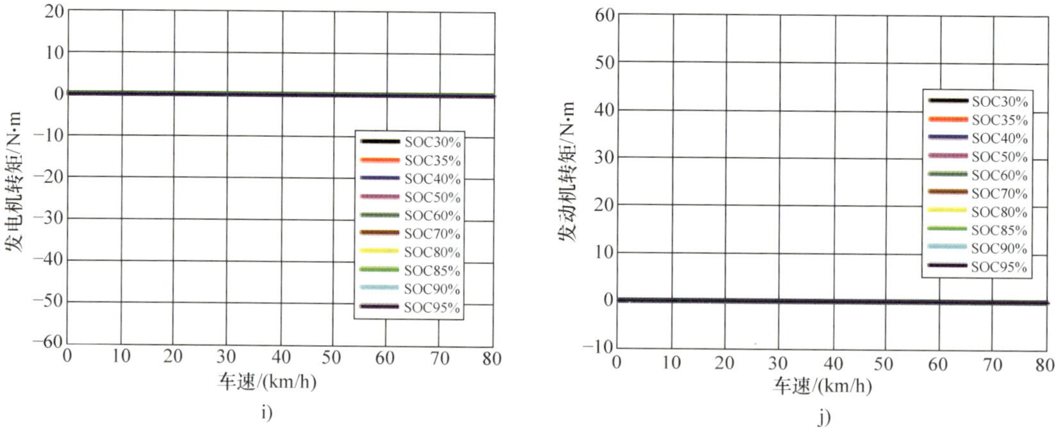

图 3-37 D 位 -80km/h-Brakeped10%- 不同 SOC 制动（一）（续）
i）发电机转矩 - 车速　j）发动机转矩 - 车速

选取 60% SOC 与低 SOC 25.6%、26.3%、27.6% 和高 SOC 97%、99% 进行比较，分析高低 SOC 对车辆制动的影响，各参数变化曲线如图 3-38 所示。

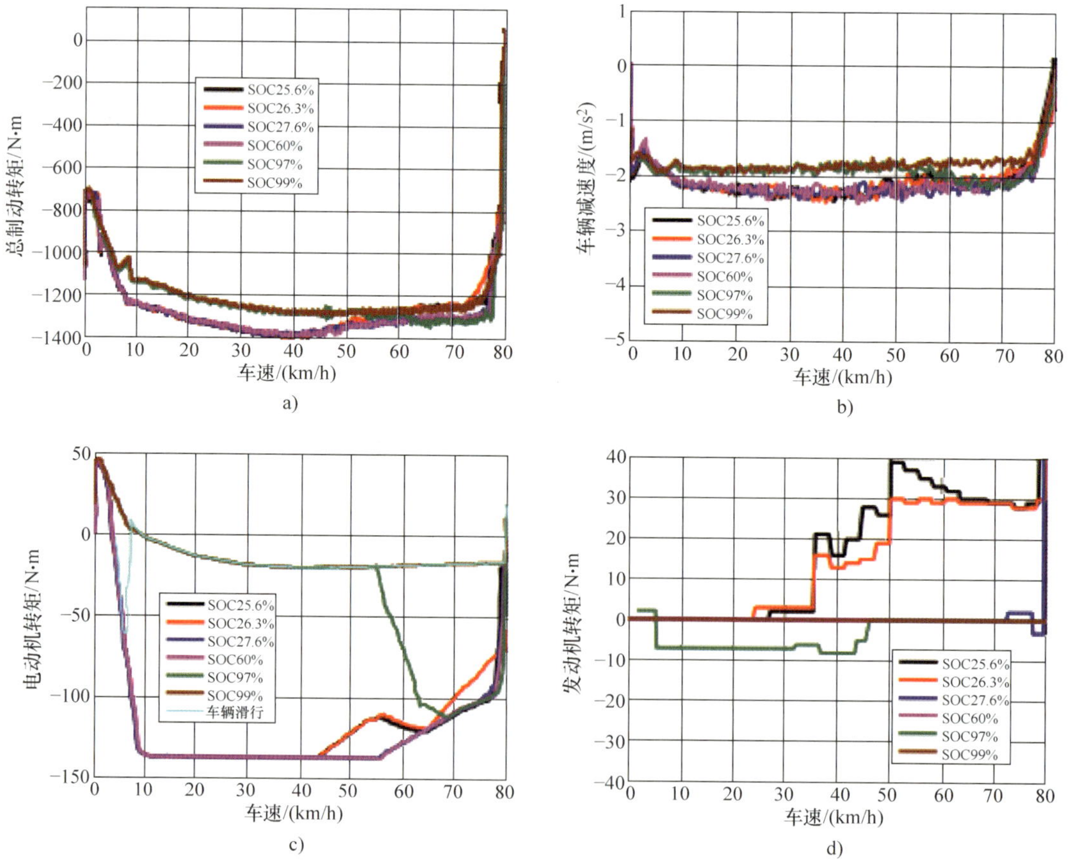

图 3-38　D 位 -80km/h-Brakeped10%- 不同 SOC 制动（二）
a）总制动转矩 - 车速　b）车辆减速度 - 车速　c）电动机转矩 - 车速　d）发动机转矩 - 车速

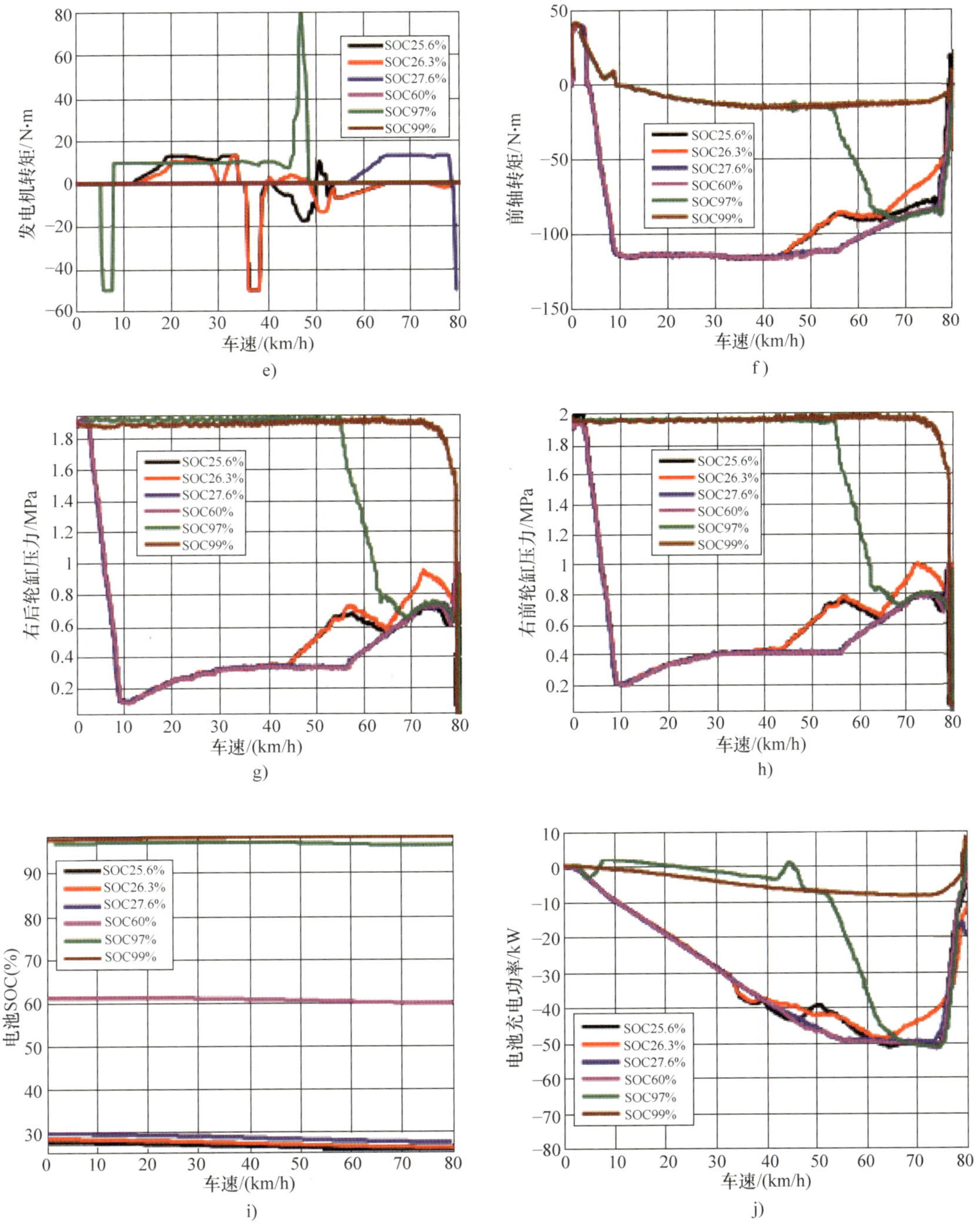

图 3-38　D 位 -80km/h-Brakeped10%- 不同 SOC 制动（二）（续）
e）发电机转矩 - 车速　f）前轴转矩 - 车速　g）右后轮缸压力 - 车速
h）右前轮缸压力 - 车速　i）电池 SOC- 车速　j）电池充电功率 - 车速

对 D 位、初始车速 40km/h、制动踏板开度为 10%、初始 SOC 为 24% 和 30% 与初始车速 140km/h、制动踏板开度为 10%、初始 SOC 为 23.9% 和 30% 进行测试数据对比，探寻初始 SOC 与初始车速对车辆制动产生的影响，数据对比如图 3-39 所示。

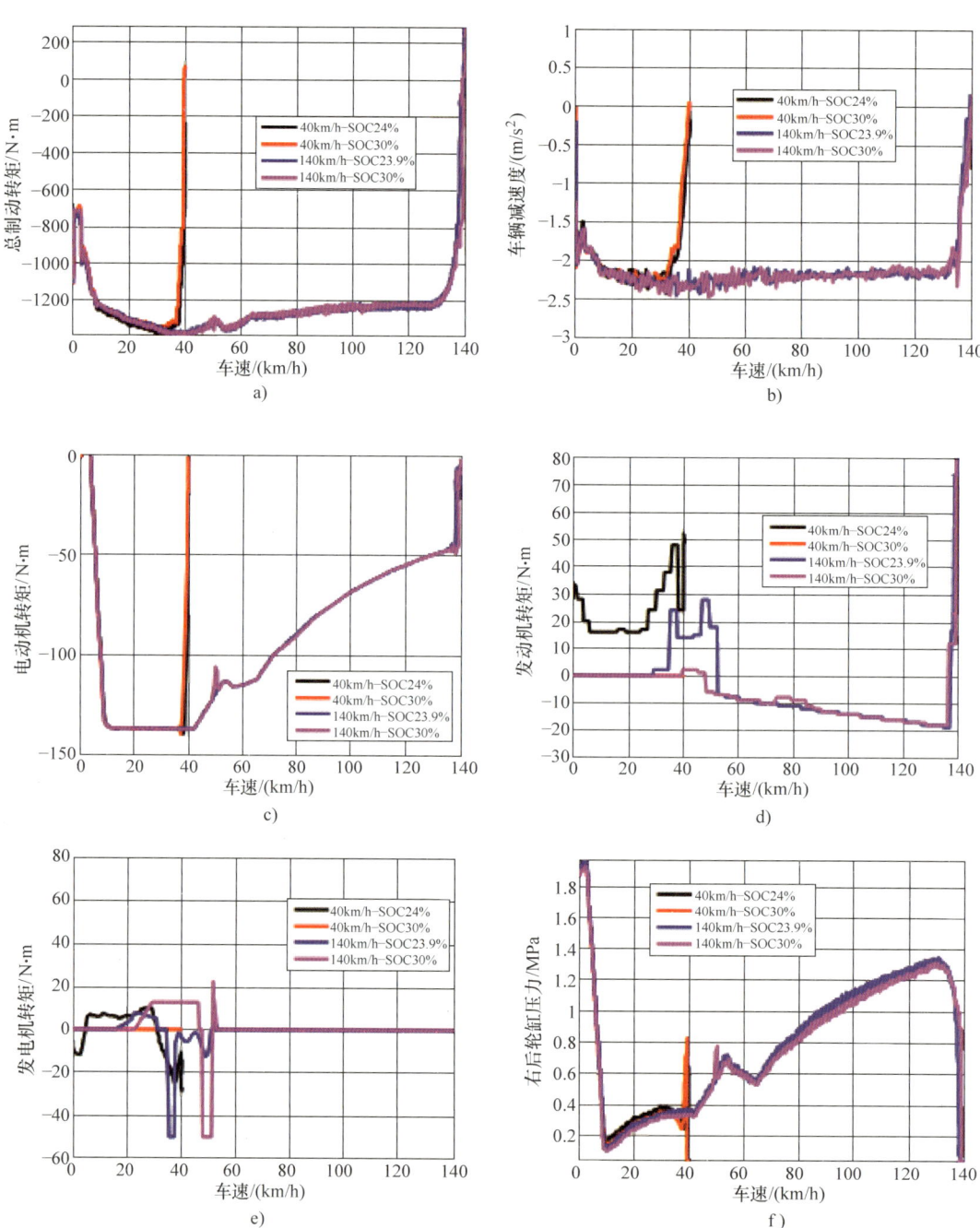

图 3-39 D 位 -40/140km/h-Brakeped10%-SOC24/30% 制动
a）总制动转矩 - 车速 b）车辆减速度 - 车速 c）电动机转矩 - 车速 d）发动机转矩 - 车速
e）发电机转矩 - 车速 f）右后轮缸压力 - 车速

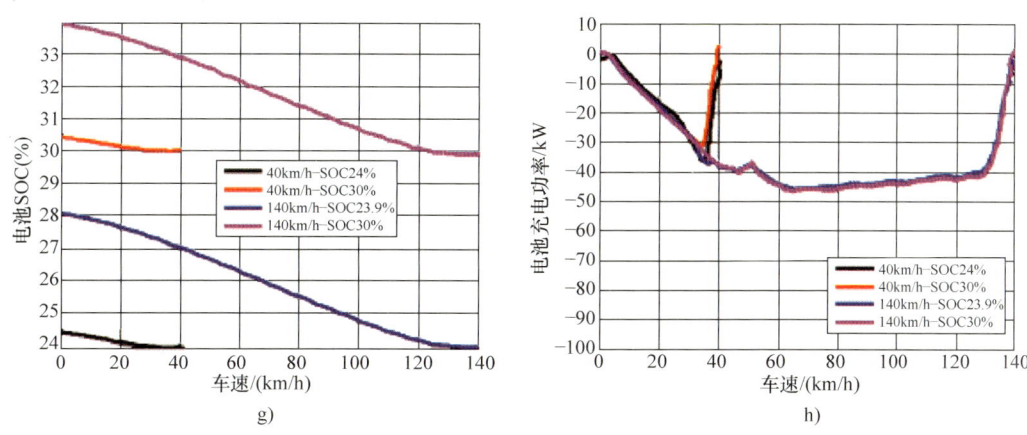

图 3-39 D 位 -40/140km/h-Brakeped10%-SOC24/30% 制动（续）

g）电池 SOC- 车速　h）电池充电功率 - 车速

3）制动踏板开度。

① 定踏板开度。为了分析定制动踏板开度对车辆制动的影响，设置初始车速为 80km/h，初始 SOC 为 30%，HV 开关、ECON 开关关闭等场景条件，进行 D 位、B 位制动踏板开度为 0%~50% 的制动对比试验，设计试验矩阵见表 3-52。

表 3-52　制动试验矩阵（定踏板开度）

档位	初始车速 /(km/h)	制动踏板开度（%）	HV 开关、ECON 开关、电动附件开关	初始 SOC（%）	制动前发动机状态
D	80	0	关	30	不工作
		3			不工作
		5			不工作
		7			不工作
		10			不工作
		12			不工作
		5			不工作
		20			不工作
		25			不工作
		30			不工作
		35			不工作
		40			不工作
		45			不工作
		50			不工作

（续）

档位	初始车速/(km/h)	制动踏板开度(%)	HV开关、ECON开关、电动附件开关	初始SOC(%)	制动前发动机状态
B	80	0	关	30	不工作
		5			不工作
		10			不工作
		15			不工作
		20			不工作
		25			不工作
		30			工作
		35			工作
		40			不工作
		45			工作
		50			不工作

D位，踏板开度为0~30%，试验中各变量的变化趋势如图3-40所示。

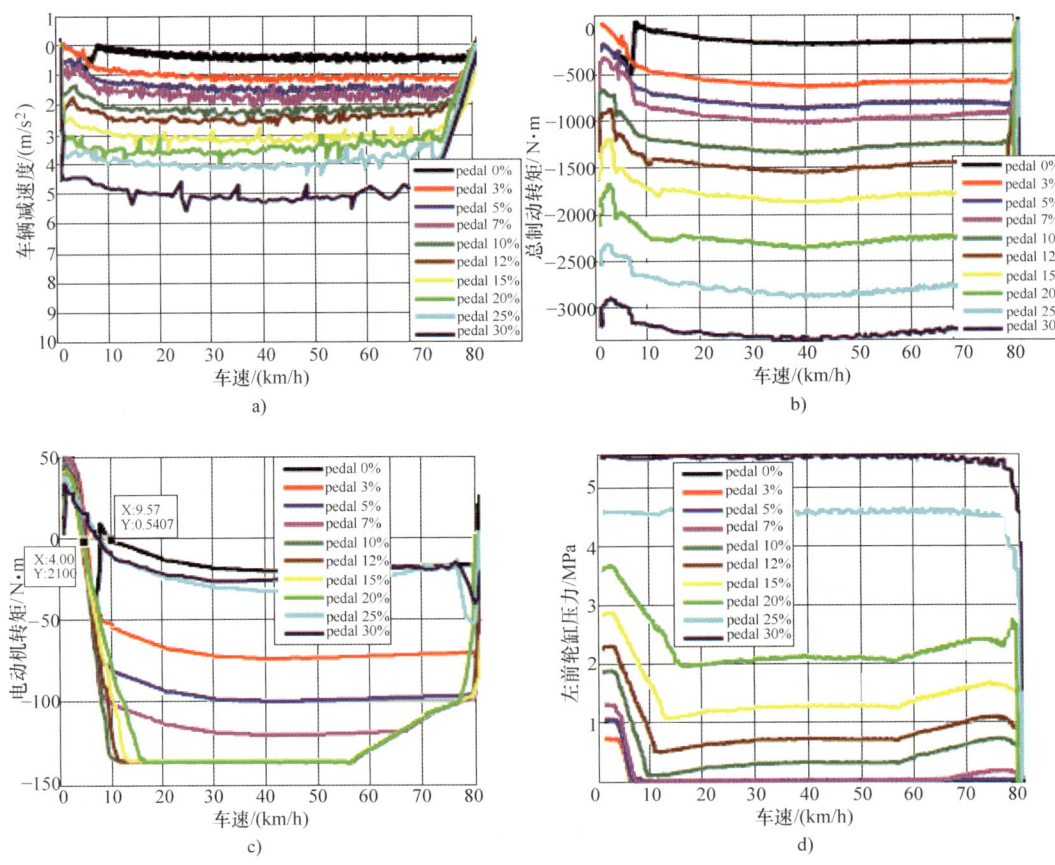

图3-40　D位-80km/h-SOC30%-不同Brakeped制动（一）
a）车辆减速度－车速　b）总制动转矩－车速　c）电动机转矩－车速　d）左前轮缸压力－车速

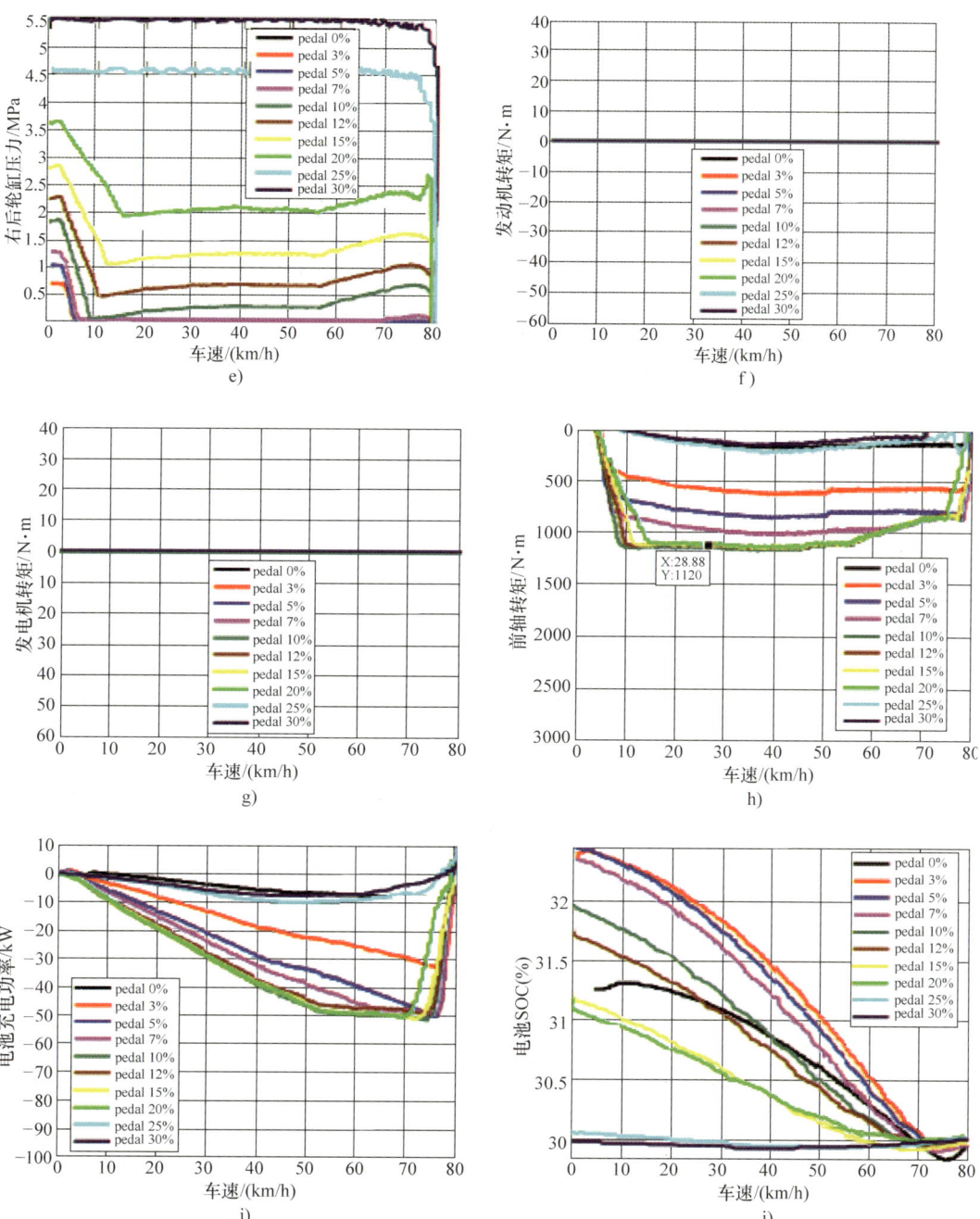

图 3-40 D 位 -80km/h-SOC30%-不同 Brakeped 制动（一）（续）
e）右后轮缸压力 - 车速　f）发动机转矩 - 车速　g）发电机转矩 - 车速　h）前轴转矩 - 车速
i）电池充电功率 - 车速　j）电池 SOC- 车速

D 位，制动踏板开度为 30%~50%，发动机不工作，试验中各变量的变化趋势如图 3-41 所示。

B位，初始车速为80km/h，初始SOC为30%，HV开关、ECON等开关关闭的条件下，进行制动踏板开度为0%-5%-50%的制动试验，试验中制动踏板开度变化导致的各变量的变化趋势与D位下的试验结果基本相同。

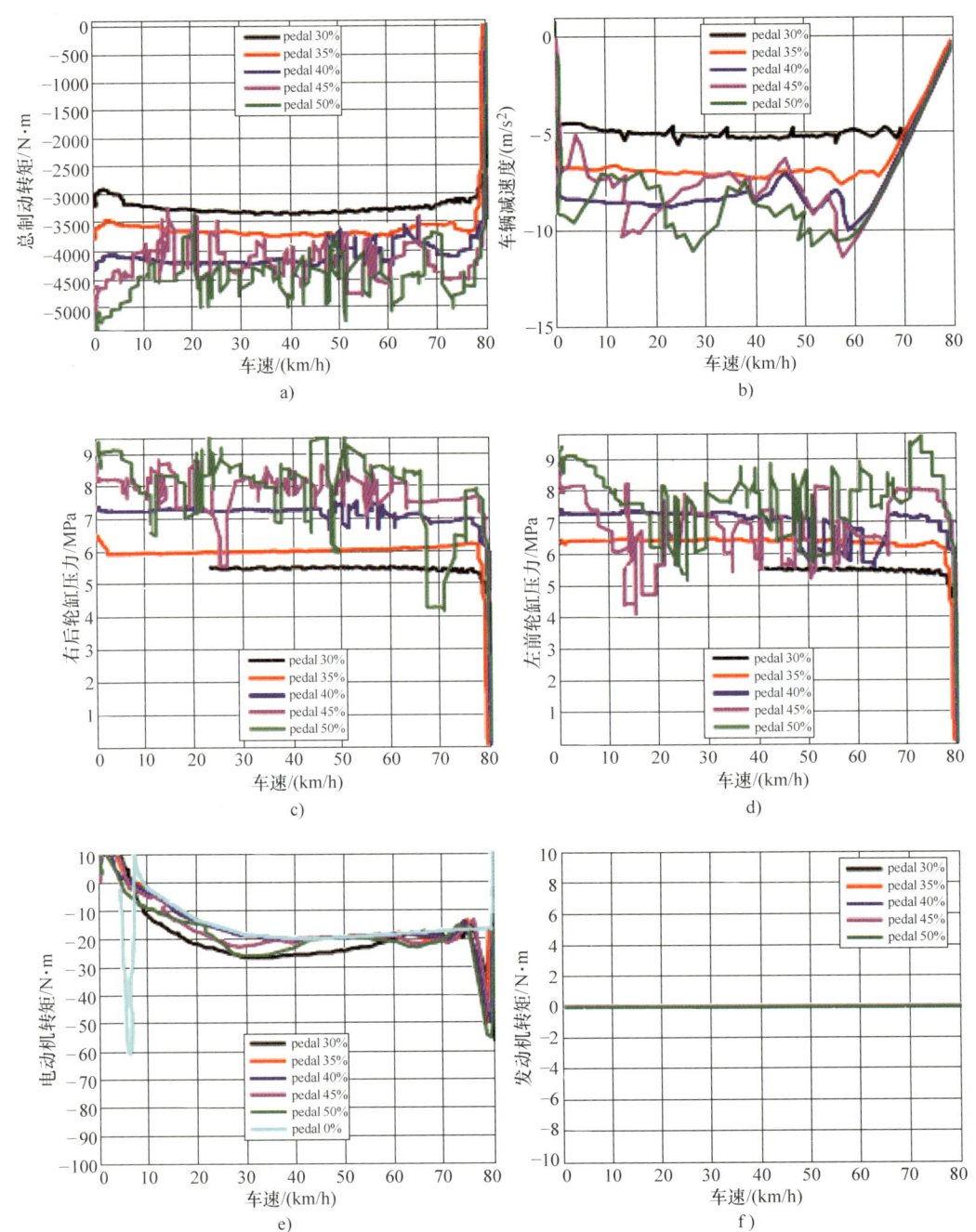

图3-41 D位-80km/h-SOC30%-不同Brakeped制动（二）

a）总制动转矩-车速 b）车辆减速度-车速 c）右后轮缸压力-车速 d）左前轮缸压力-车速
e）电动机转矩-车速 f）发动机转矩-车速

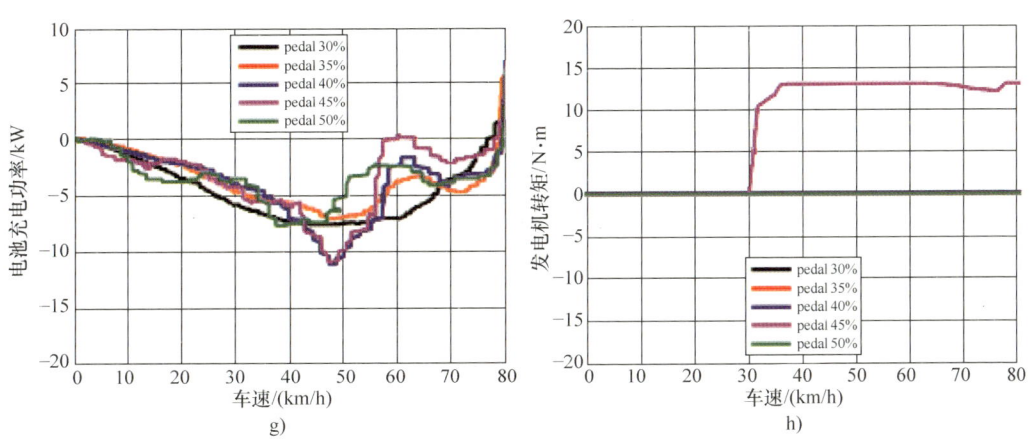

图 3-41 D 位 -80km/h-SOC30%- 不同 Brakeped 制动（二）（续）

g）电池充电功率－车速　h）发电机转矩－车速

车辆在 B 位下制动时，当制动踏板开度达到 20% 时，开始对电机的制动力矩进行限制，与 B 位下车辆滑行时的电机制动转矩相似，最大电机制动转矩在 -50N·m 左右，如图 3-42 所示；当踏板开度达到 40% 时，在试验场的高附路面上制动时，会触发 ABS。

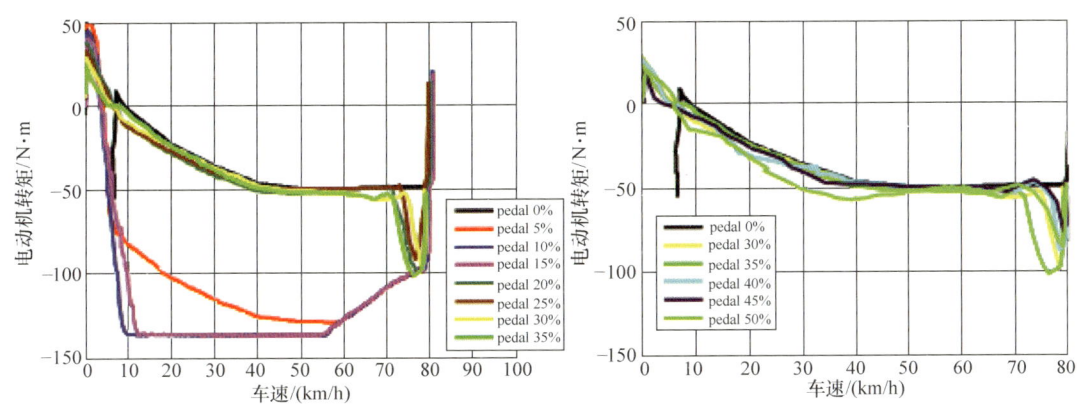

图 3-42　B 位 -80km/h-SOC30%- 不同 Brakeped 制动

② 变踏板开度。为了分析变制动踏板开度对车辆制动的影响，设置初始车速为 120km/h，初始 SOC 为 30%，HV 开关、ECON 开关关闭等场景条件，各车速点－制动踏板开度关系见表 3-53。

表 3-53　制动试验矩阵（变踏板开度）

档位	初始车速 /(km/h)	制动踏板开度（%）	HV 开关、ECON 开关、电动附件开关	初始 SOC（%）	制动前发动机状态
D	120→80	20→5	关	30	工作
	120→60	20→5			工作
	120→30	20→5			工作
	120→80	5→20			工作
	120→60	5→20			工作
	120→30	5→20			工作

（续）

档位	初始车速/(km/h)	制动踏板开度(%)	HV 开关、ECON 开关、电动附件开关	初始 SOC(%)	制动前发动机状态
D	120→80	0→10	关	30	工作
	120→60	0→10			工作
	120→30	0→10			工作
	120→80	10→0			工作
	120→60	10→0			工作
	120→30	10→0			工作
B	120→80	0→10	关	30	工作
	120→60	0→10			工作
	120→30	0→10			工作
	120→80	10→0			工作
	120→60	10→0			工作
	120→30	10→0			工作
D	100→60	10→ABS	关	30	工作
	100→60	20→ABS			工作
	100→50	ABS→0			不工作
	100→40	ABS→0			工作

车速降至 80km/h 车速点时，踏板开度由 5% 切换到 20%，各参数变化曲线如图 3-43 所示。

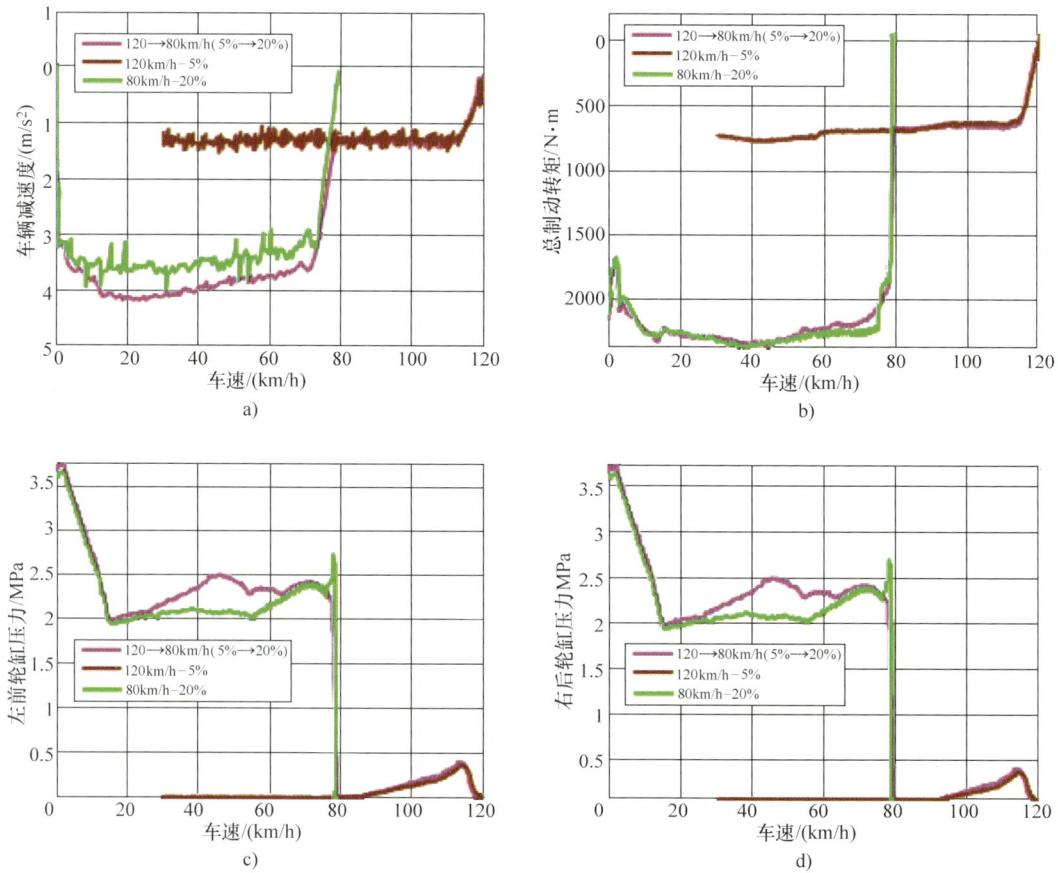

图 3-43 D 位 -120km/h → 80km/h-Brakeped5% → 20%-SOC30%
a）车辆减速度 - 车速　b）总制动转矩 - 车速　c）左前轮缸压力 - 车速　d）右后轮缸压力 - 车速

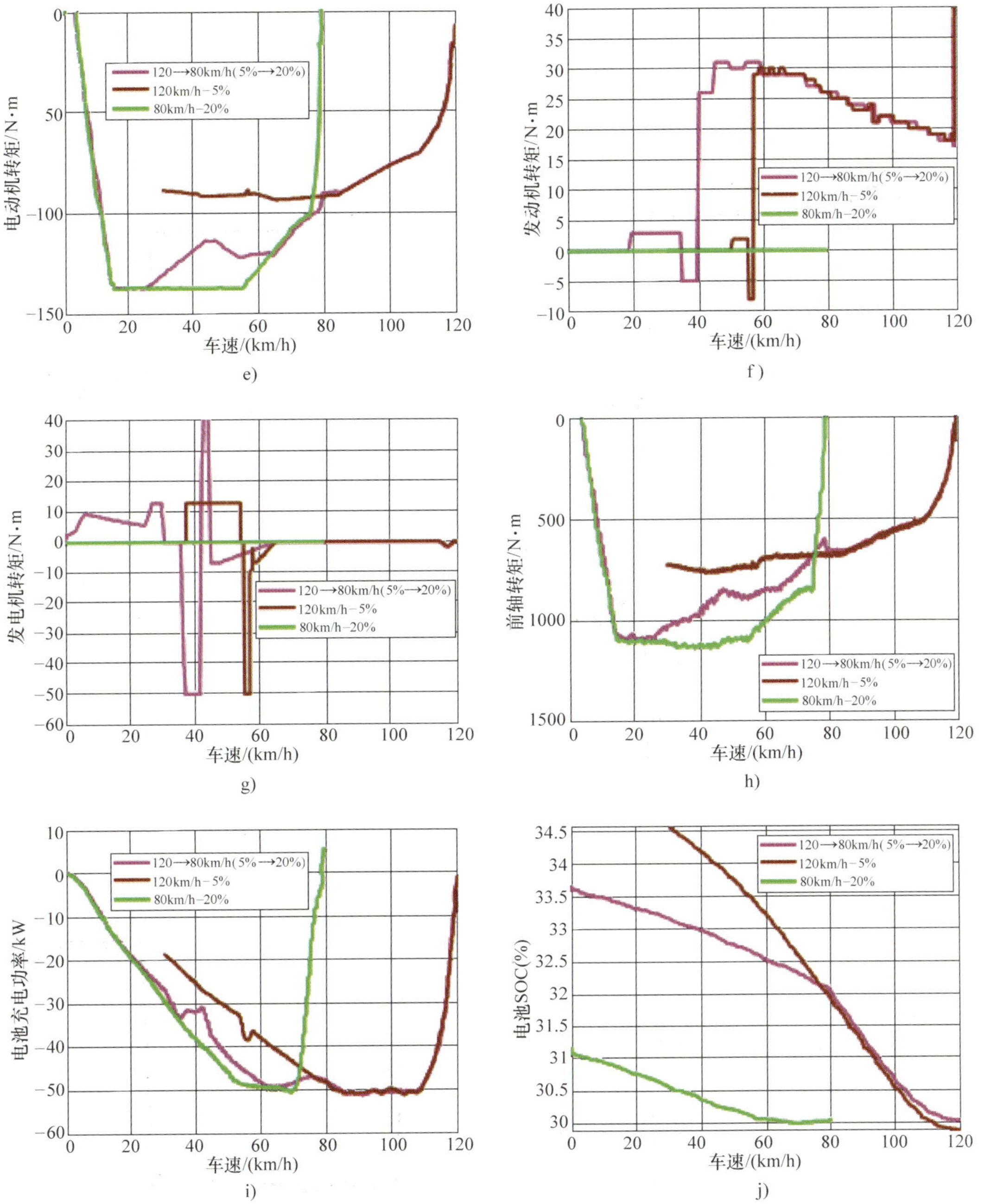

图 3-43 D 位 -120km/h → 80km/h-Brakeped5% → 20%-SOC30%（续）
e）电动机转矩－车速　f）发动机转矩－车速　g）发电机转矩－车速　h）前轴转矩－车速
i）电池充电功率－车速　j）电池 SOC－车速

选取 60km/h 和 30km/h 车速点进行踏板开度切换（从 20% 切换到 5%），各参数变化趋势与 80km/h 切换类似，此处不再赘述。

车速降至 80km/h 车速点时，踏板开度由 20% 切换到 5%，各参数变化曲线如图 3-44 所示。

选取 60km/h 和 30km/h 车速点进行踏板开度切换（从 20% 切换到 5%），各参数变化趋势与 80km/h 切换类似，此处不再赘述。

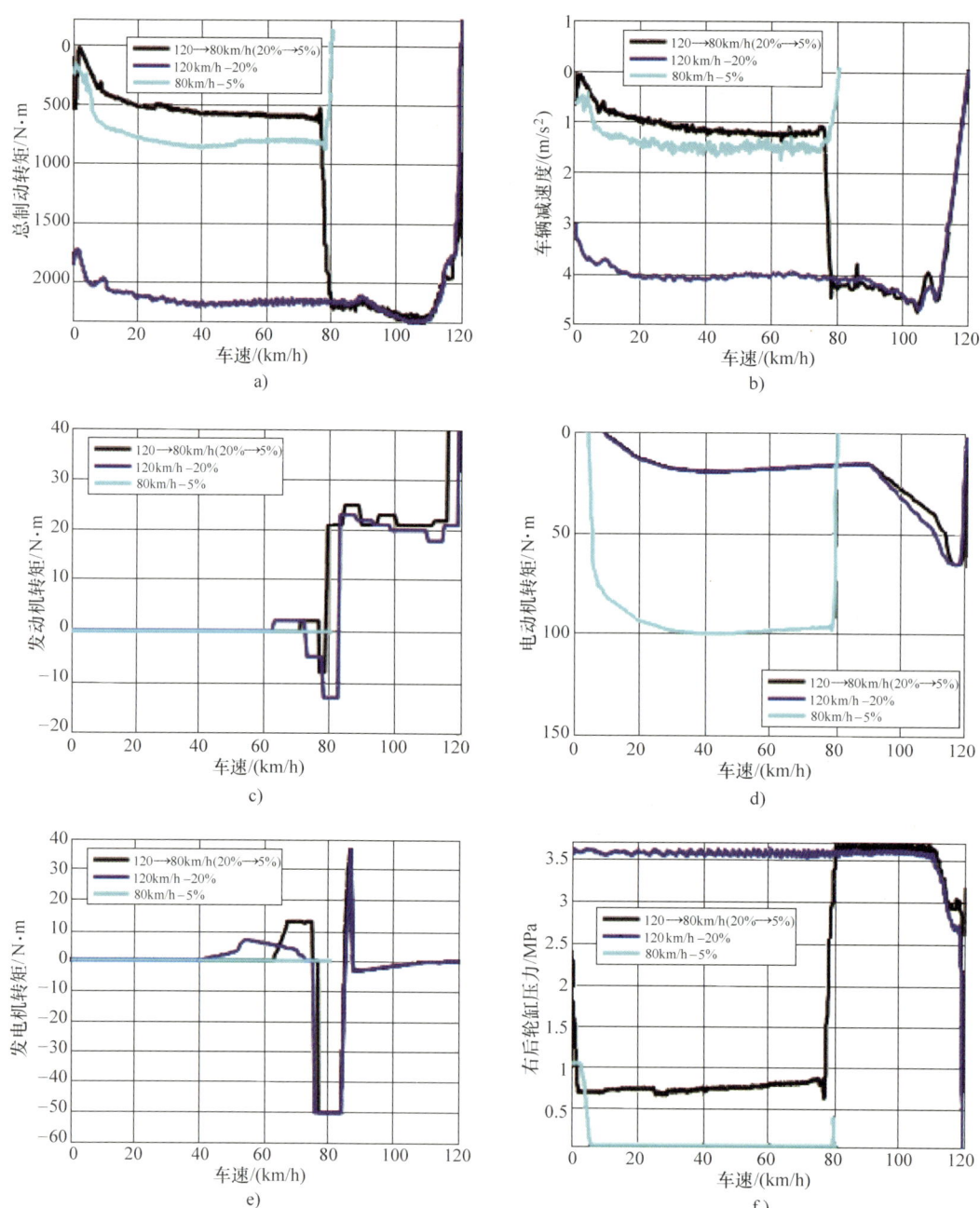

图 3-44 D 位 -120km/h → 80km/h-Brakeped20% → 5%-SOC30%
a）总制动转矩 - 车速 b）车辆减速度 - 车速 c）发动机转矩 - 车速 d）电动机转矩 - 车速
e）发电机转矩 - 车速 f）右后轮缸压力 - 车速

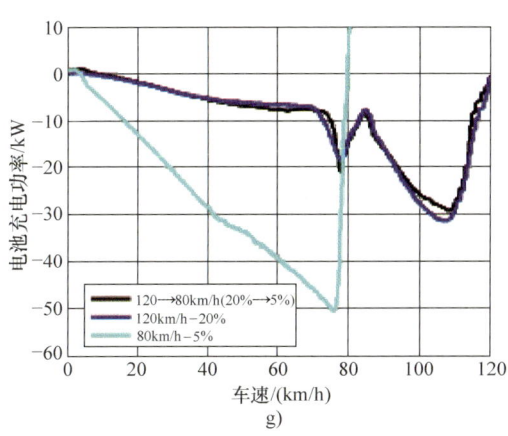
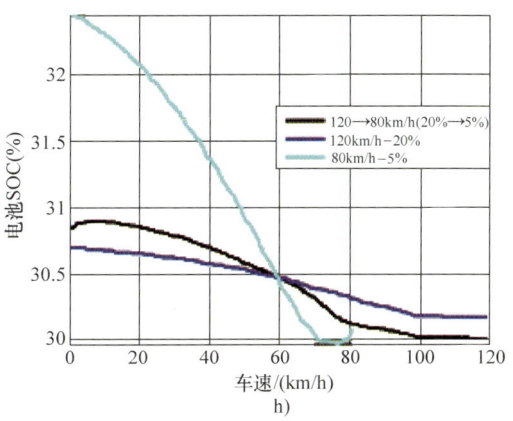

图 3-44　D 位 -120km/h → 80km/h-Brakeped20% → 5%-SOC30%（续）
g）电池充电功率－车速　h）电池 SOC－车速

车辆以 Brakeped=0% 和 Brakeped=10% 初始开度进行制动，分别于 30km/h、60km/h、80km/h 各车速点切换至 Brakeped=10% 和 Brakeped=0%，制动控制会切换到对应车速、对应踏板开度下的控制策略，此处不再赘述。当车辆在常规制动或滑行与触发 ABS 相互切换时，系统会迅速切换到目标工作模式。当触发 ABS 时，电机制动力维持在定值，由液压系统进行增压、保压、减压，防止车轮抱死。试验结果如图 3-45 所示。

4）档位。

① 固定档位（D、B）。初始车速 80km/h，初始 SOC30%，ECON 开关、HV 开关关闭，进行不同制动踏板开度下 D 位和 B 位对比试验。设计固定档位试验矩阵见表 3-54。

a. 小制动踏板开度（Brakeped=5%）。小制动踏板开度下，分别对 B 位、D 位下的制动策略性能进行测试，测试结果如图 3-46 所示。

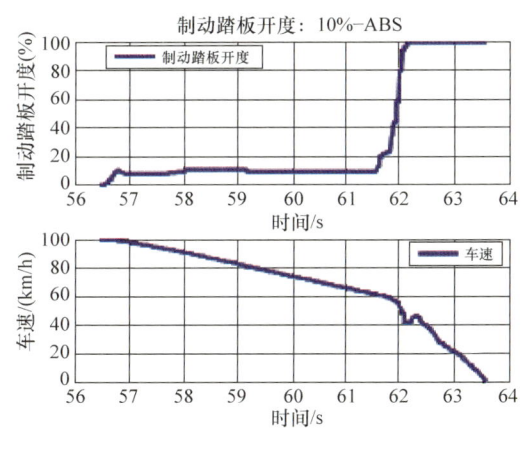
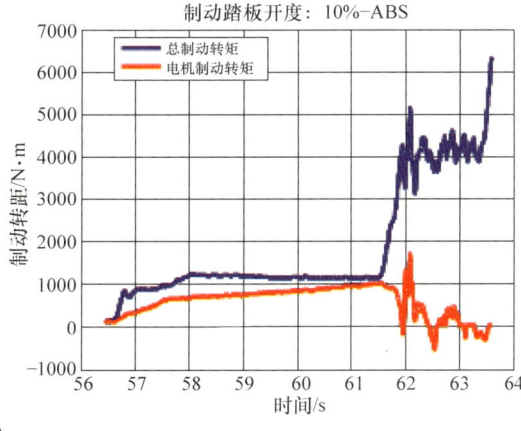

a)

图 3-45　ABS 与常规制动切换
a）初始制动踏板开度 10% 电液协调

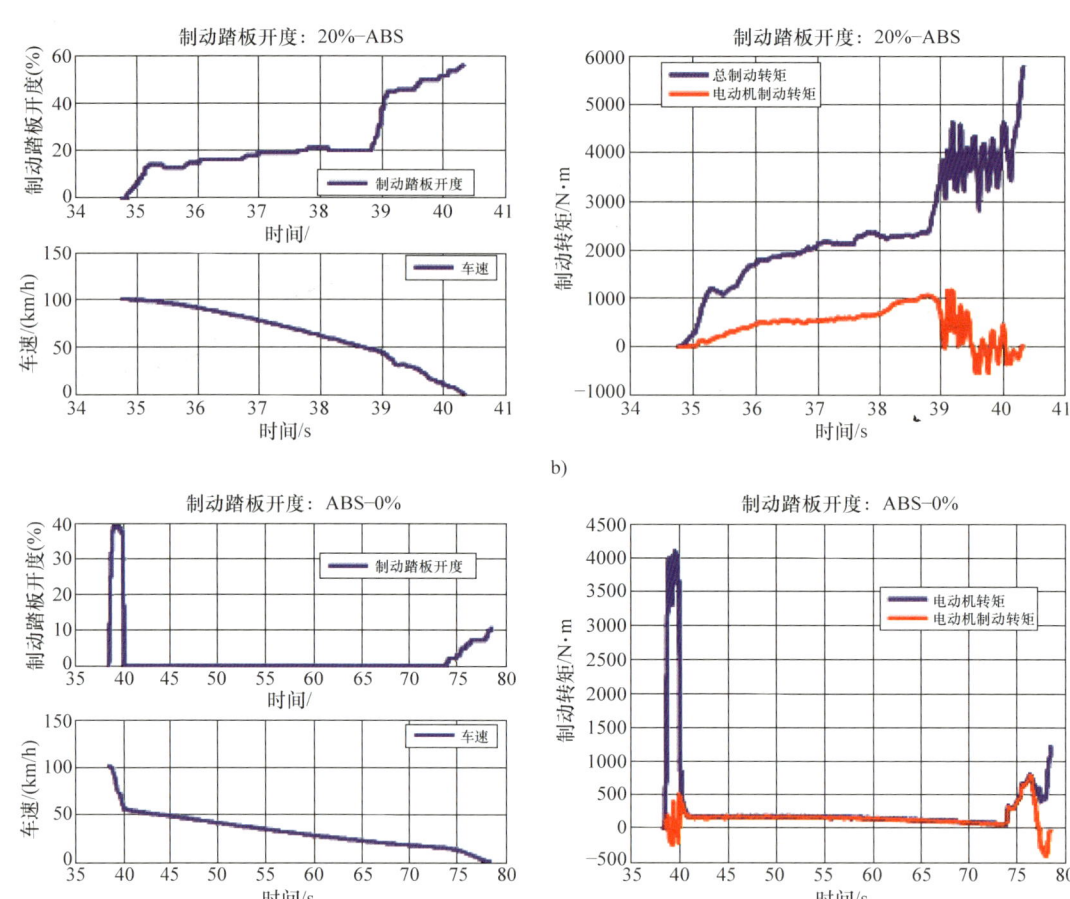

图 3-45 ABS 与常规制动切换（续）

b）初始制动踏板开度 20% 电液协调　c）滑行 -ABS- 滑行电液协调

表 3-54 制动试验矩阵（固定档位）

档位	初始车速 /(km/h)	制动踏板开度（%）	HV 开关、ECON 开关、电动附件开关	初始 SOC（%）	制动前发动机状态
D	80	5	关	30	不工作
B					不工作
D	80	10	关	30	不工作
B					不工作
D	80	15	关	30	不工作
B					不工作
D	80	20	关	30	不工作
B					不工作
D	80	25	关	30	不工作
B					不工作

（续）

档位	初始车速/(km/h)	制动踏板开度（%）	HV 开关、ECON 开关、电动附件开关	初始 SOC（%）	制动前发动机状态
D	80	30	关	30	不工作
B					工作
D	80	35	关	30	不工作
B					工作
D	80	40	关	30	不工作
B					不工作
D	80	45	关	30	不工作
B					工作
D	80	50	关	30	不工作
B					不工作

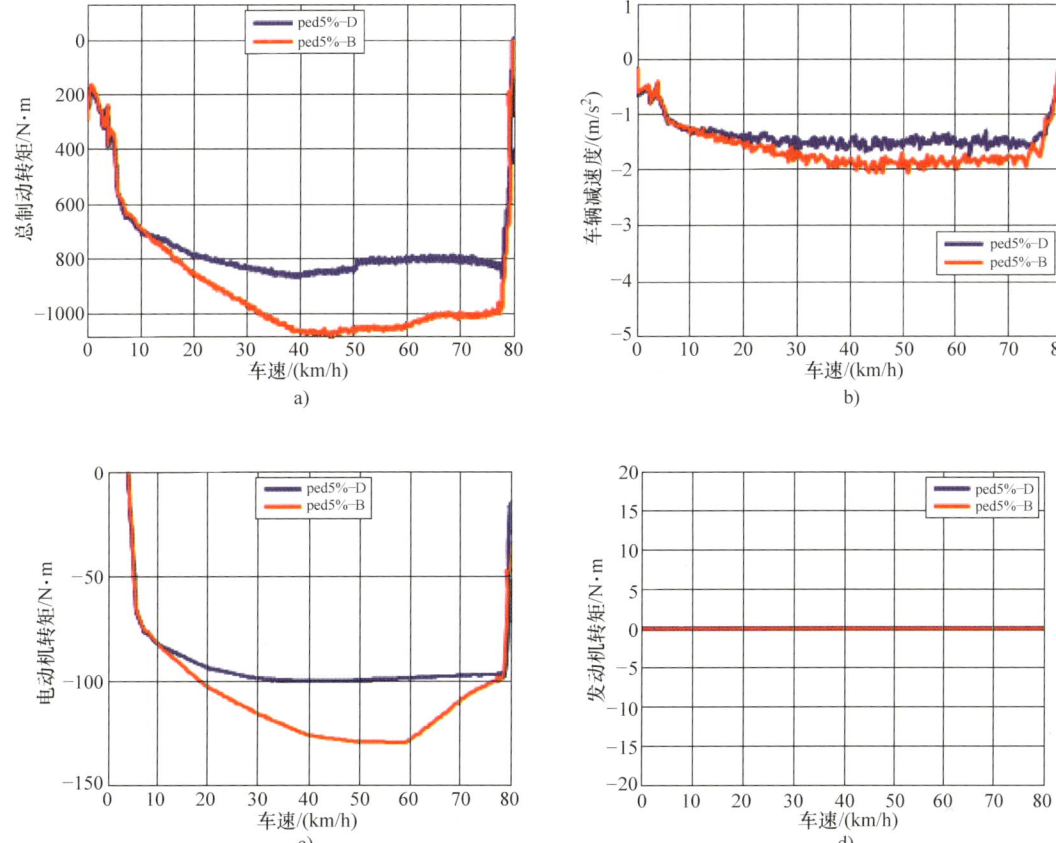

图 3-46　SOC30%-80km/h-Brakeped5%-D/B 位制动
a）总制动转矩－车速　b）车辆减速度－车速　c）电动机转矩－车速　d）发动机转矩－车速

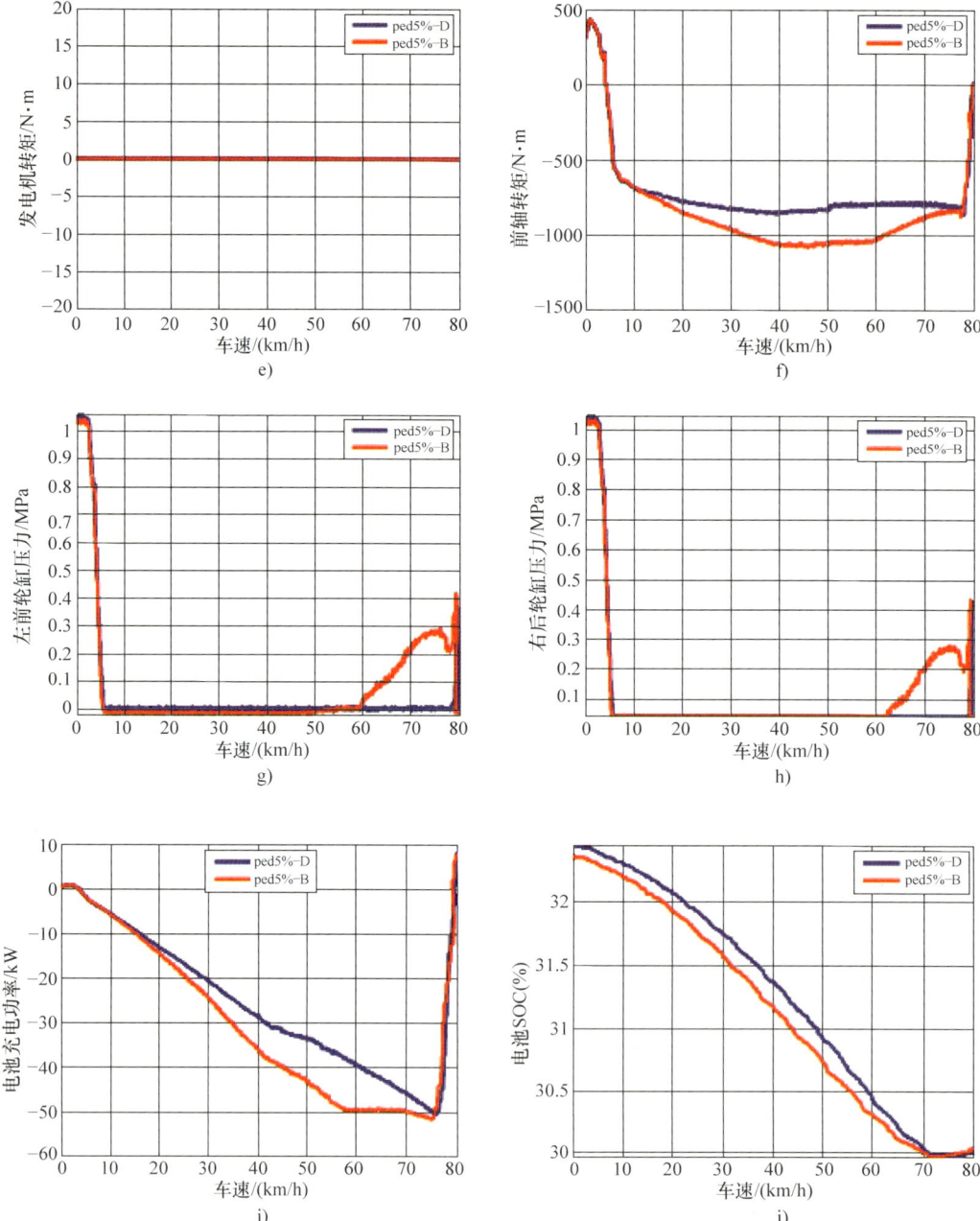

图 3-46 SOC30%-80km/h-Brakeped5%-D/B 位制动（续）
e）发电机转矩－车速　f）前轴转矩－车速　g）左前轮缸压力－车速
h）右后轮缸压力－车速　i）电池充电功率－车速　j）电池 SOC－车速

b. 较小制动踏板开度（Brakeped=10%）。较小制动踏板开度下，分别对 B 位、D 位下的制动策略性能进行测试，测试结果如图 3-47 所示。

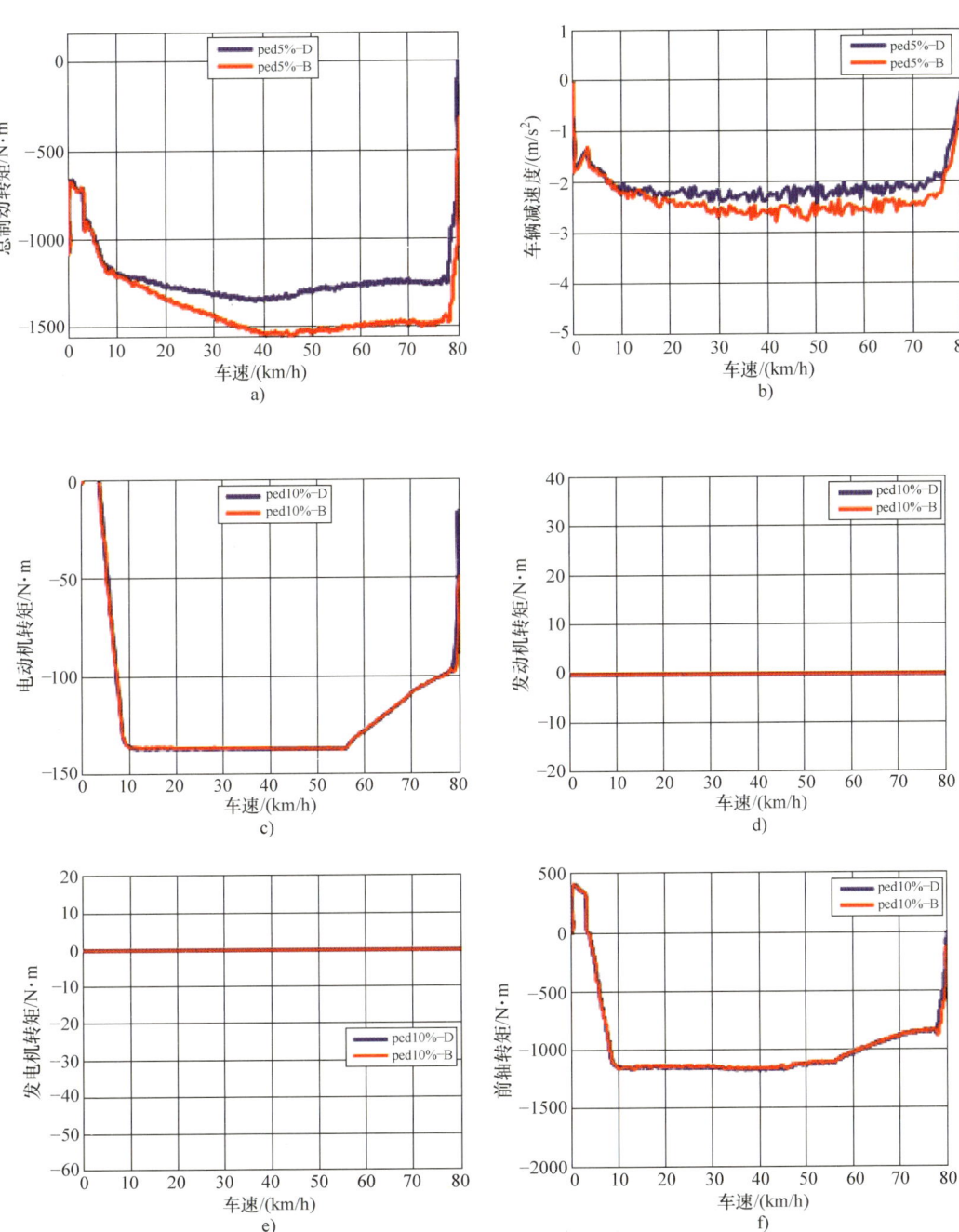

图 3-47 SOC30%-80km/h-Brakeped10%-D/B 位制动

a）总制动转矩 - 车速　b）车辆减速度 - 车速　c）电动机转矩 - 车速　d）发动机转矩 - 车速
e）发电机转矩 - 车速　f）前轴转矩 - 车速

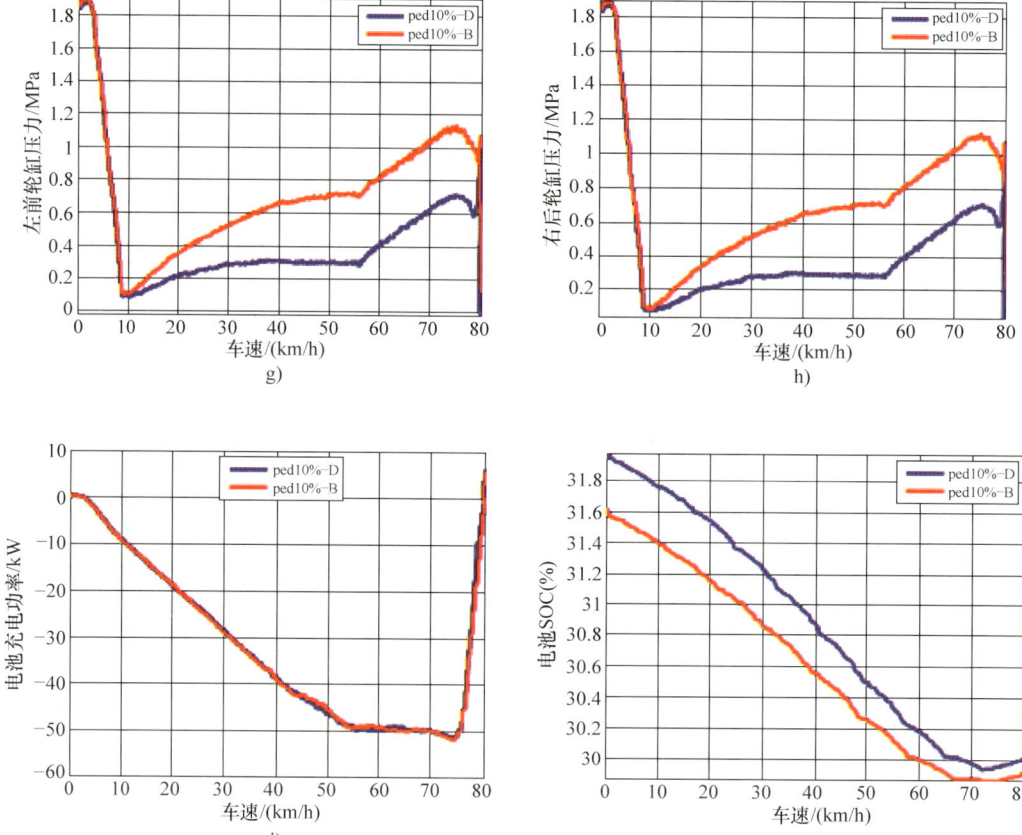

图 3-47　SOC30%-80km/h-Brakeped10%-D/B 位制动（续）
g）左前轮缸压力－车速　h）右后轮缸压力－车速　i）电池充电功率－车速　j）电池 SOC－车速

c. 中小制动踏板开度（Brakeped=20%）。中小制动踏板开度下，分别对 B 位、D 位下的制动策略性能进行测试，测试结果如图 3-48 所示。

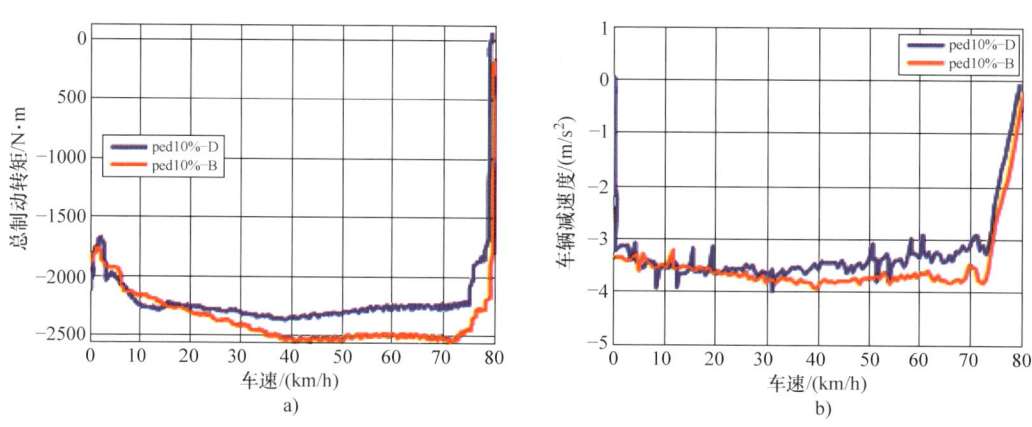

图 3-48　SOC30%-80km/h-Brakeped20%-D/B 位制动
a）总制动转矩－车速　b）车辆减速度－车速

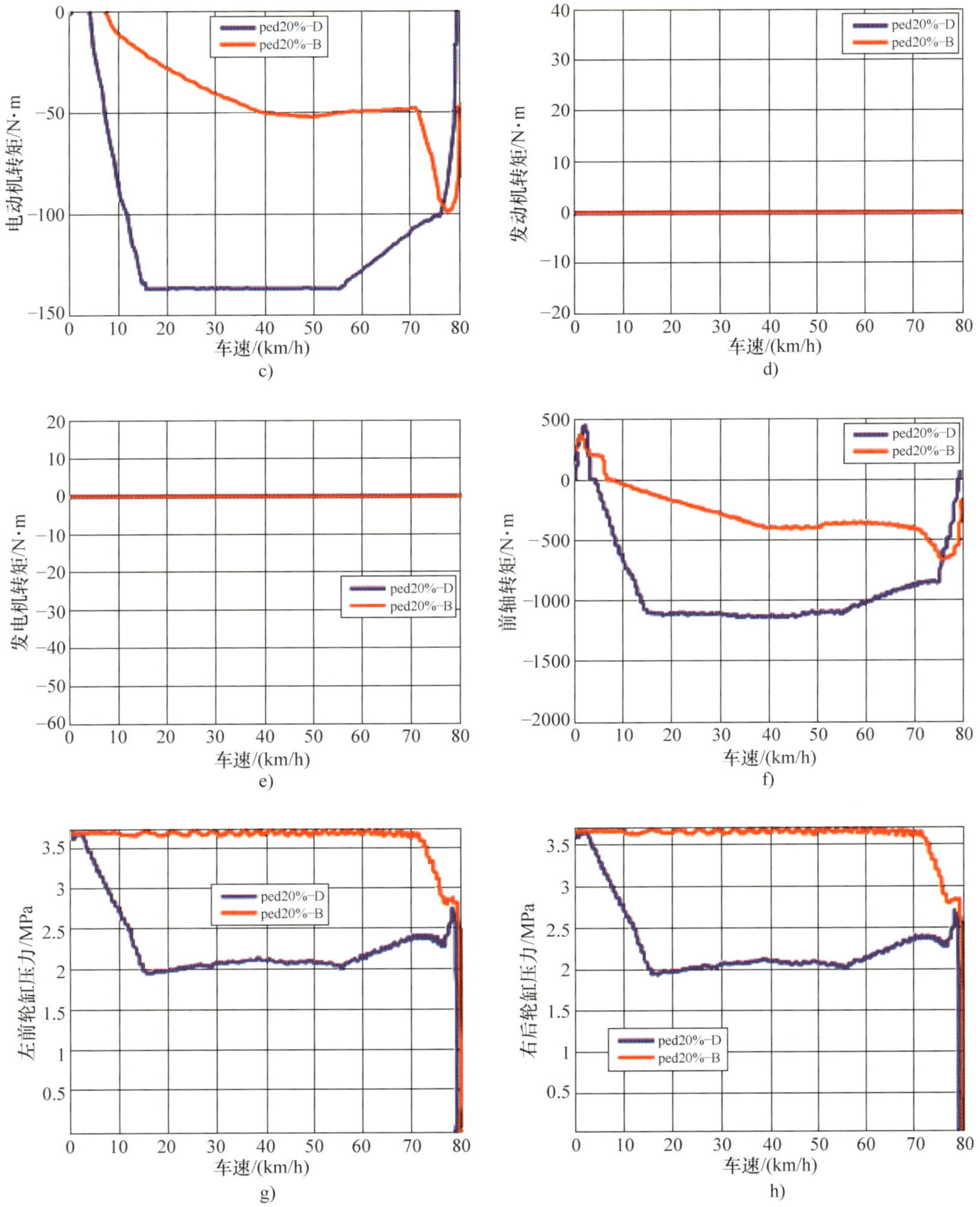

图 3-48 SOC30%-80km/h-Brakeped20%-D/B 位制动（续）
c）电动机转矩 - 车速　d）发动机转矩 - 车速　e）发电机转矩 - 车速　f）前轴转矩 - 车速
g）左前轮缸压力 - 车速　h）右后轮缸压力 - 车速

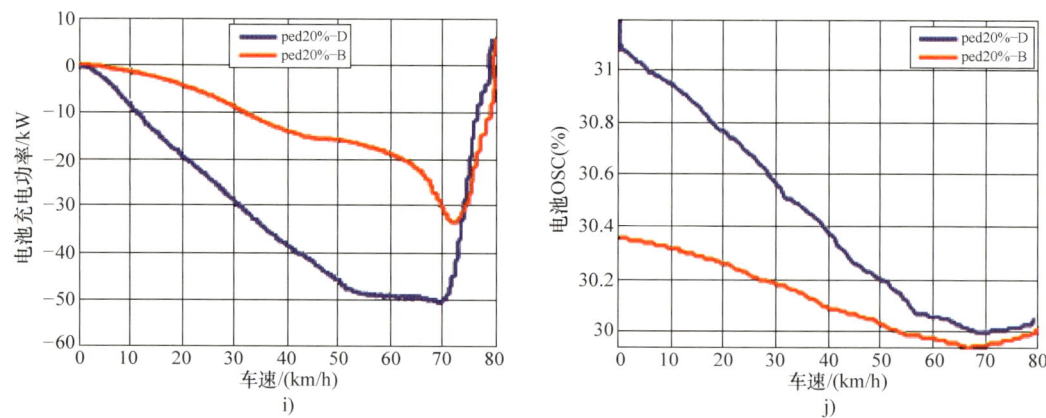

图 3-48 SOC30%-80km/h-Brakeped20%-D/B 位制动（续）

i）电池充电功率－车速　j）电池 SOC－车速

d. 中制动踏板开度（Brakeped=25%）。中制动踏板开度下，分别对 B 位、D 位下的制动策略性能进行测试，测试结果如图 3-49 所示。

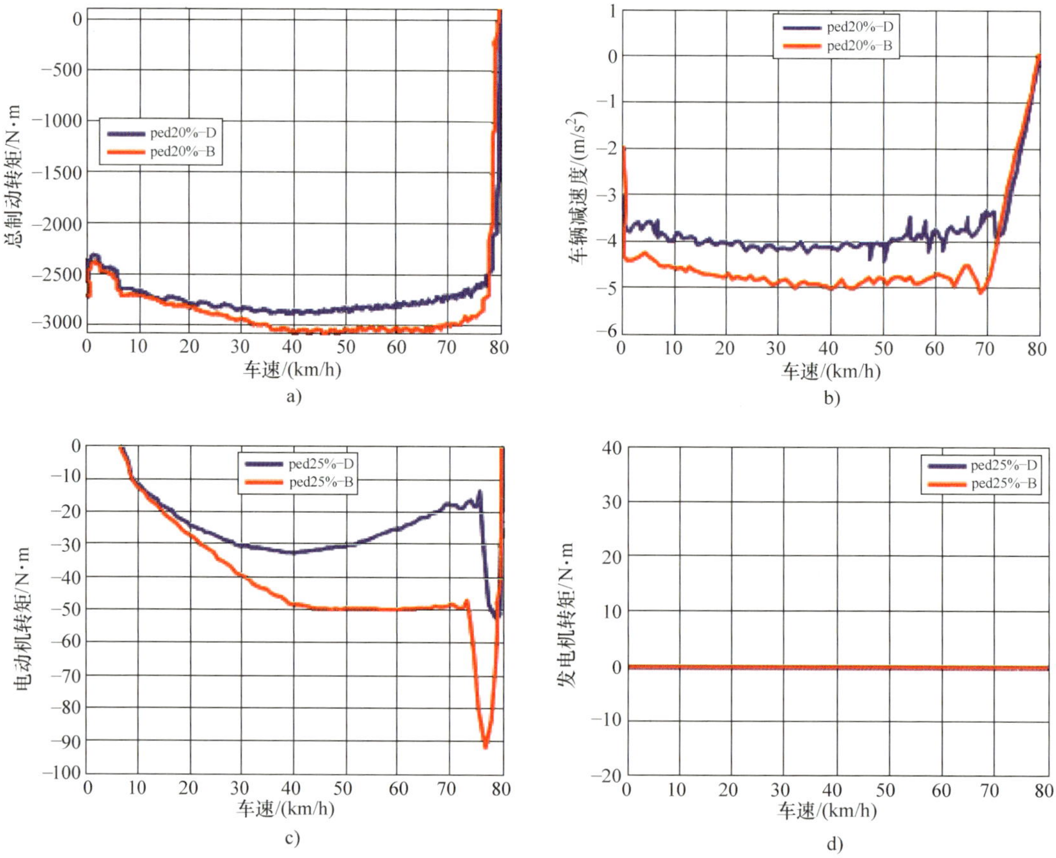

图 3-49 SOC30%-80km/h-Brakeped25%-D/B 位制动

a）总制动转矩－车速　b）车辆减速度－车速　c）电动机转矩－车速　d）发电机转矩－车速

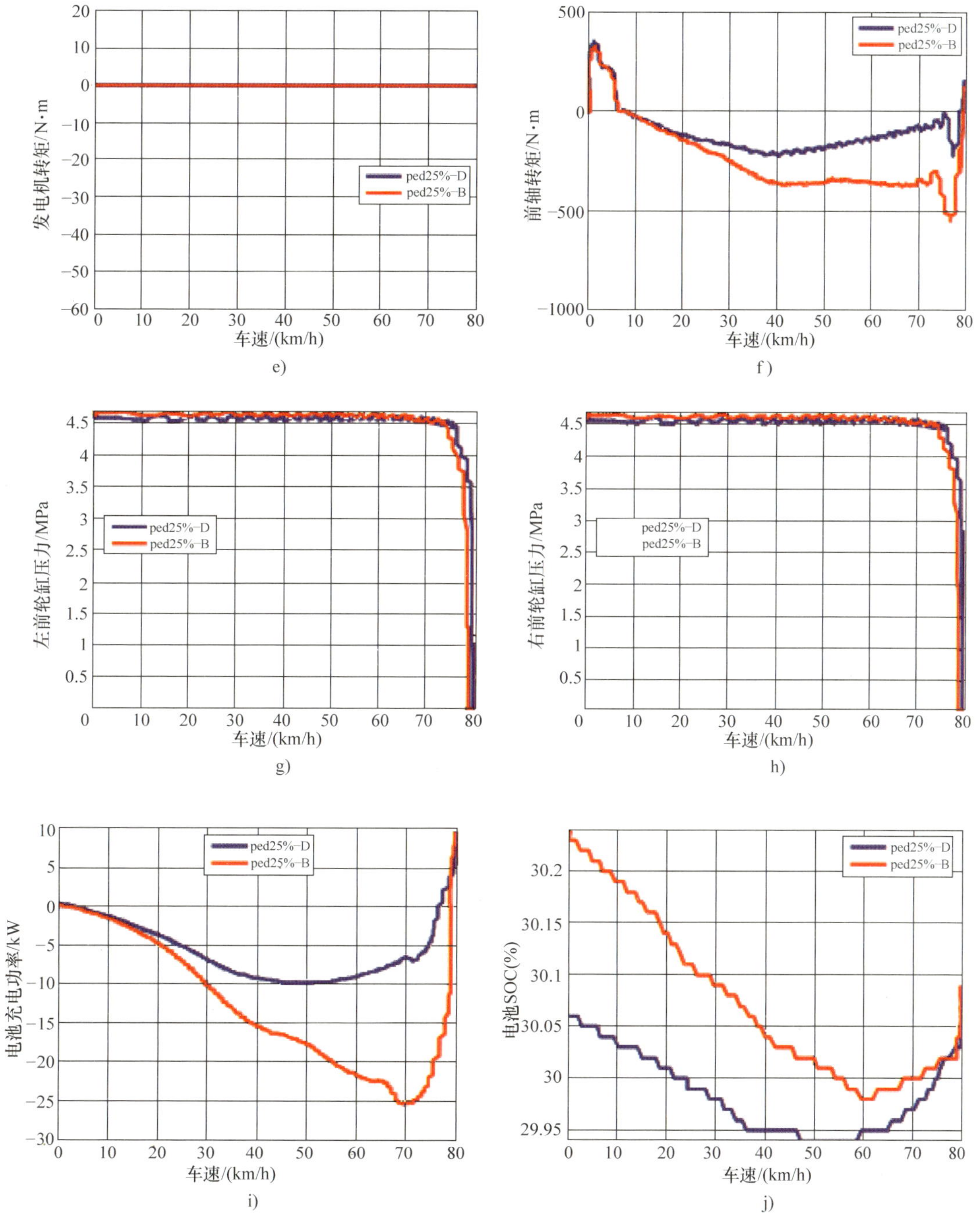

图 3-49 SOC30%-80km/h-Brakeped25%-D/B 位制动（续）

e）发电机转矩－车速　f）前轴转矩－车速　g）左前轮缸压力－车速
h）右后轮缸压力－车速　i）电池充电功率－车速　j）电池SOC－车速

e. 大制动踏板开度（Brakeped=40%）。大制动踏板开度下，分别对 B 位、D 位下的制动策略性能进行测试，测试结果如图 3-50 所示。

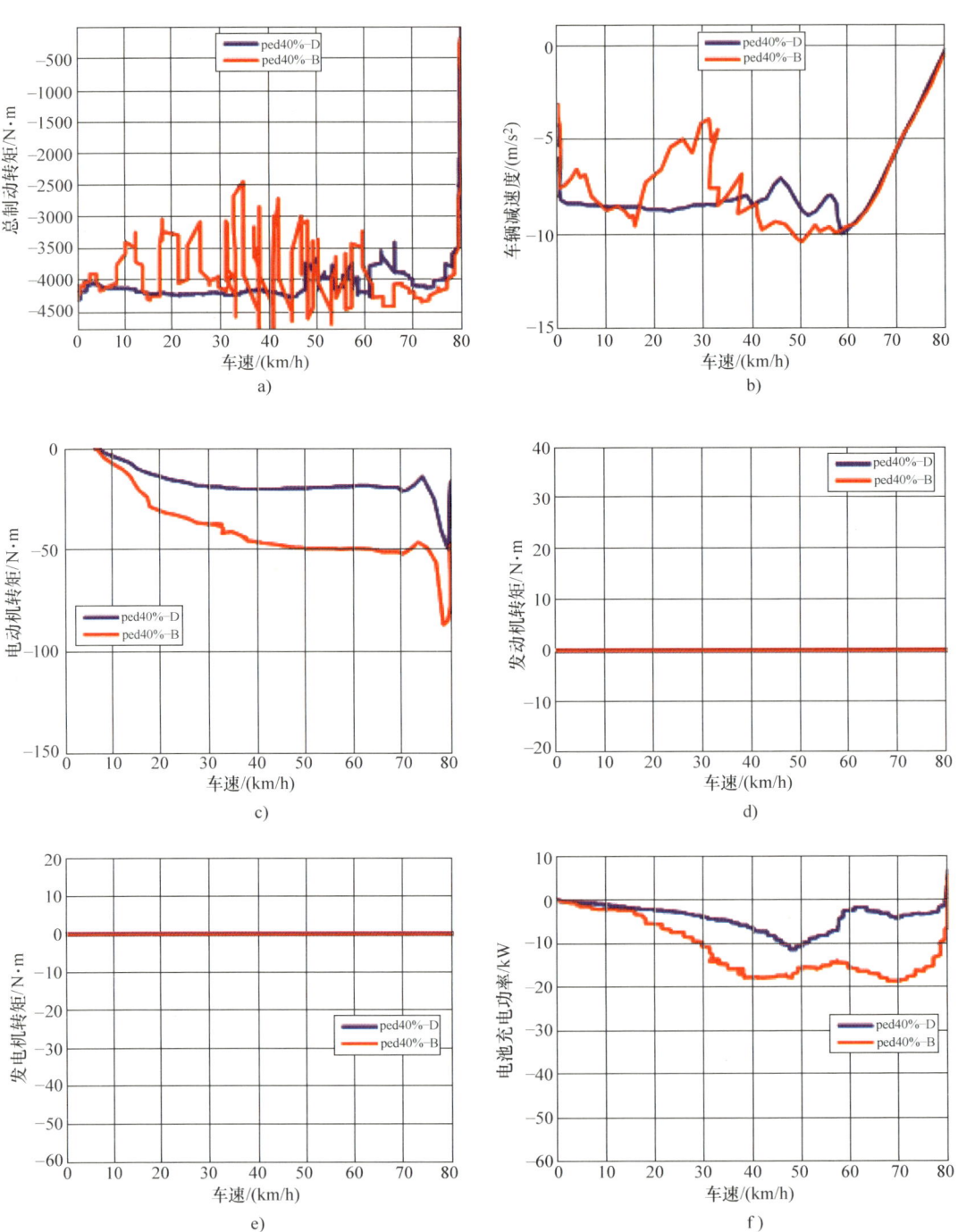

图 3-50　SOC30%-80km/h-Brakeped40%-D/B 位制动

a）总制动转矩－车速　b）车辆减速度－车速　c）电动机转矩－车速　d）发动机转矩－车速
e）发电机转矩－车速　f）电池充电功率－车速

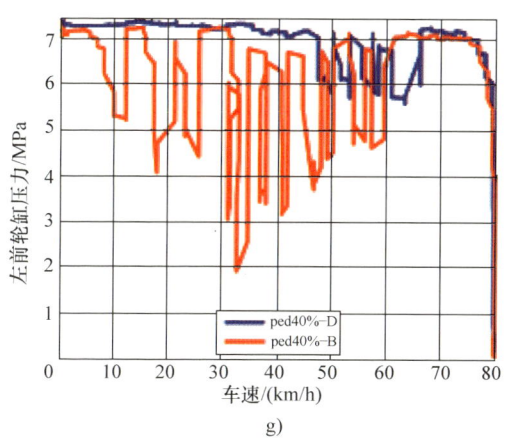
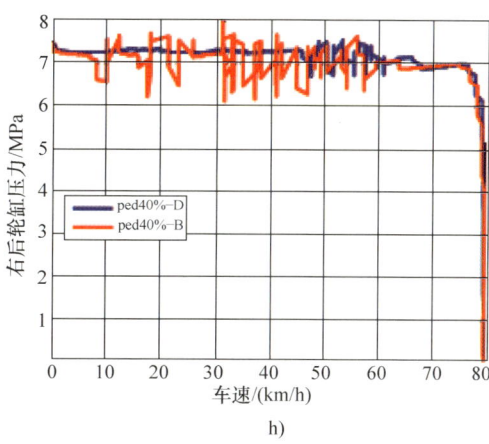

g)

h)

图 3-50　SOC30%-80km/h-Brakeped40%-D/B 位制动（续）

g）左前轮缸压力 - 车速　h）右后轮缸压力 - 车速

② 档位切换（D⇆B⇆N）。初始车速 120km/h，初始 SOC30%，ECON 开关、HV 开关关闭，制动过程中选取 80km/h、60km/h、30km/h 三个车速点进行 Brakeped=10% 的 D、N、B 位切换对比试验。

设计档位切换试验矩阵见表 3-55。

表 3-55　制动试验矩阵（档位切换）

档位	初始车速/(km/h)	制动踏板开度（%）	HV 开关、ECON 开关、电动附件开关	初始 SOC（%）	制动前发动机状态
D→B	120→80				工作
	120→60				工作
	120→30				工作
D→N	120→80				工作
	120→60				工作
	120→30				工作
B→D	120→80				工作
	120→60				工作
	120→30	10	关	30	工作
B→N	120→80				工作
	120→60				工作
	120→30				工作
N→D	120→80				工作
	120→60				工作
	120→30				工作
N→B	120→80				工作
	120→60				工作
	120→30				工作

a. 80km/h 车速点，D→N 和 D→B。D 位切换到 N 位，电机制动力矩从 -100N·m 变为 0，轮缸压力由 0.8MPa 迅速变为 1.8MPa。

轮缸压力增速较快，电机制动力退出较慢，导致总的制动力矩迅速变大后减小，制动减速度出现波动。D 位切换到 B 位，电机制动力矩不变（已经是最大制动转矩），轮缸压力由 0.8MPa 变为 1.2MPa。此场景设置与车辆直接在 B 位、N 位以 80km/h 初始车速进行制动控制相同，皆存在电液协调控制。

根据总制动转矩与车辆减速度，同一制动踏板开度、同一档位下车辆制动时，对应的总制动转矩和车辆减速度基本相同。在制动过程中，当发生档位切换时，总制动转矩和车辆减速度会迅速切换至该档位对应的总制动转矩和减速度，如图 3-51 所示。

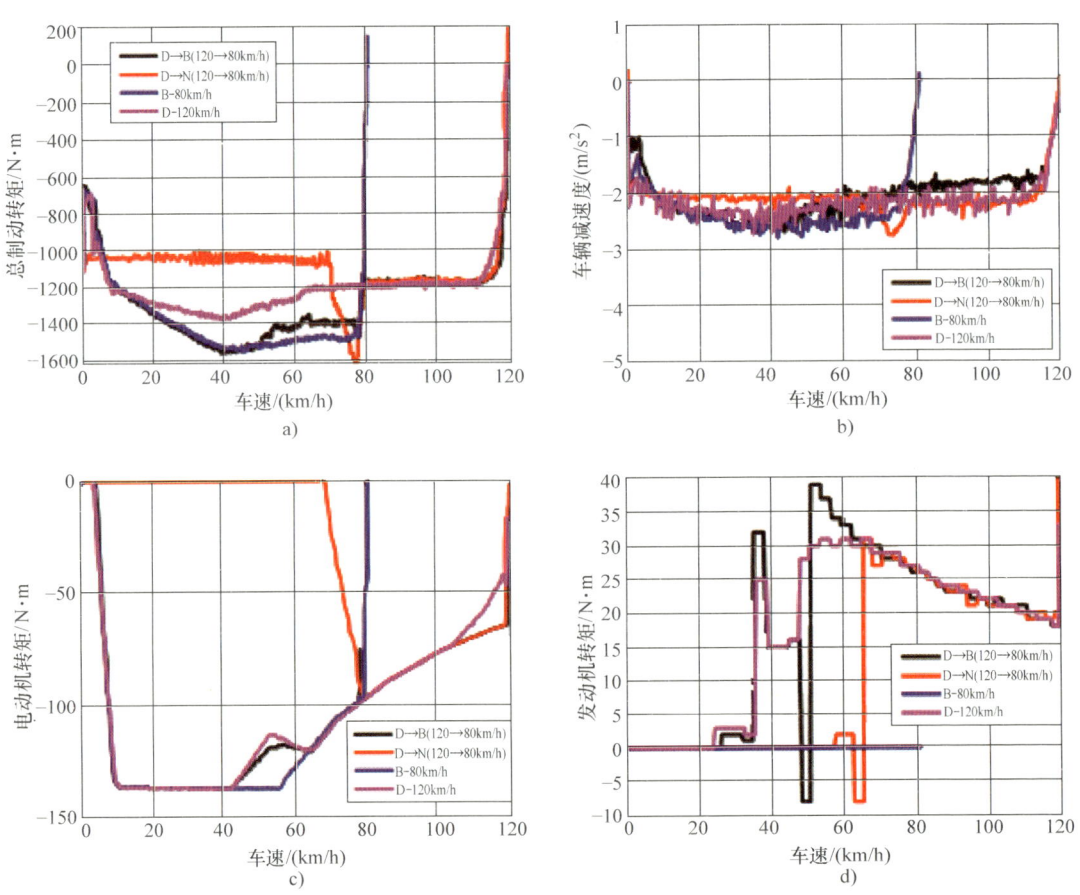

图 3-51　D 位→ B/N 位 -120km/h → 80km/h-SOC30%-Brakeped10%
a）总制动转矩 - 车速　b）车辆减速度 - 车速　c）电动机转矩 - 车速　d）发动机转矩 - 车速

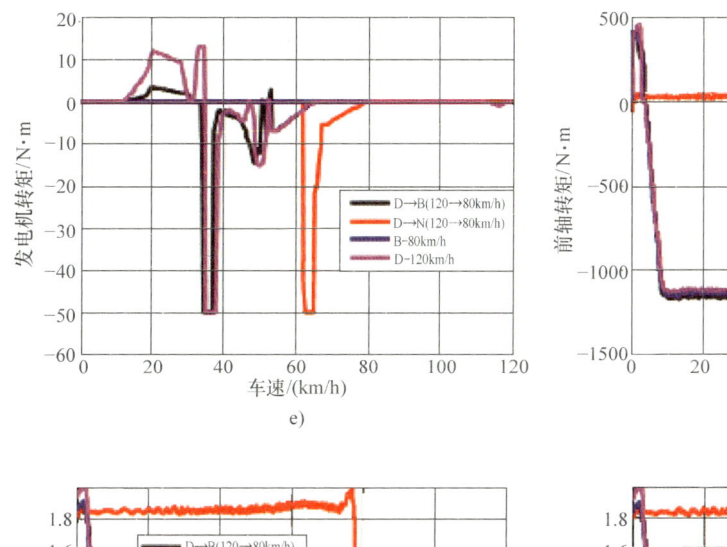
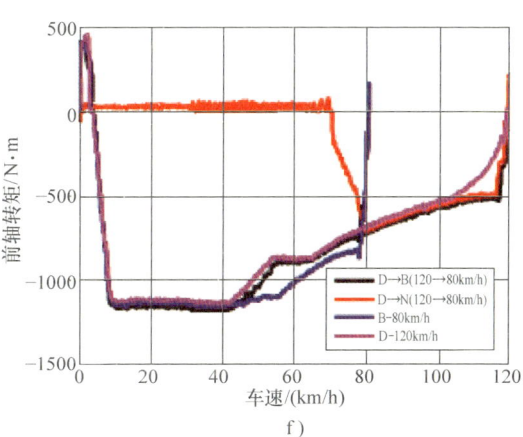
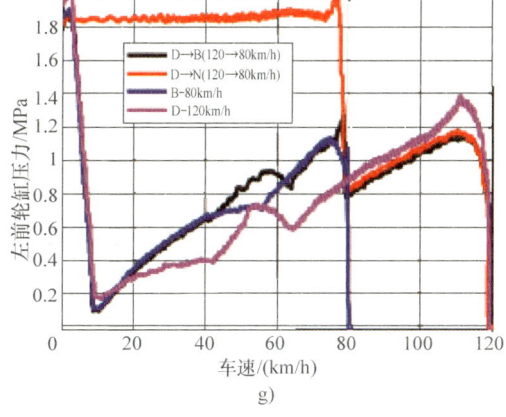
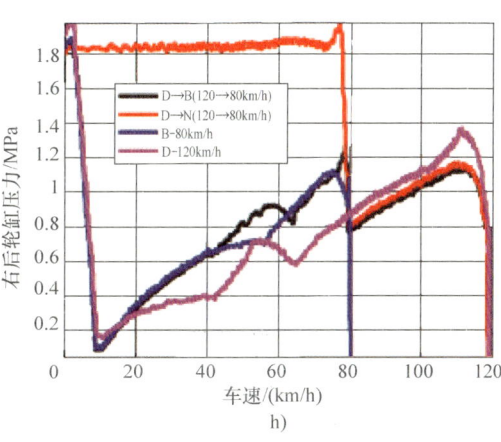
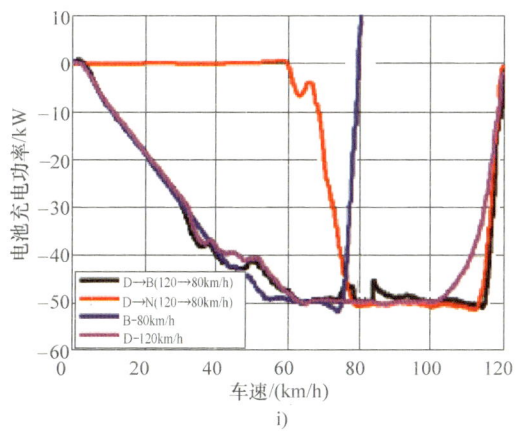
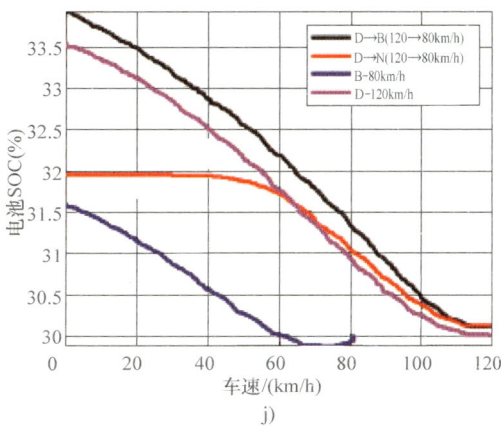

图 3-51 D 位→ B/N 位 -120km/h → 80km/h-SOC30%-Brakeped10%（续）

e）发电机转矩 - 车速　f）前轴转矩 - 车速　g）左前轮缸压力 - 车速
h）右后轮缸压力 - 车速　i）电池充电功率 - 车速　j）电池 SOC - 车速

车辆在 80km/h 车速点进行 B→D 和 B→N 位切换，与上述情况类似，即档位切换后车辆会迅速切换到目标档位下的控制策略。

b. 80km/h 车速点，N→D 和 N→B。N 位切换到 D 位，电机制动转矩从 0 变为 −20N·m，N 位切换到 B 位，电机制动转矩从 0 变为 −50N·m。但 N 位切换到 D 位与 N 位切换到 B 位轮缸压力不会改变，此时无电液协调控制。由于 80km/h 车速点由 D 位、B 位直接制动车辆存在电液协调，故此场景设置与车辆直接在 B 位或 D 位以 80km/h 初始车速进行制动控制不同。

根据总制动转矩与车辆减速度，同一制动踏板开度、同一档位下车辆制动时，对应的总制动转矩和车辆减速度基本相同。在制动过程中，当发生档位切换时，总制动转矩和车辆减速度迅速切换至该档位对应的总制动转矩和减速度，如图 3-52 所示。

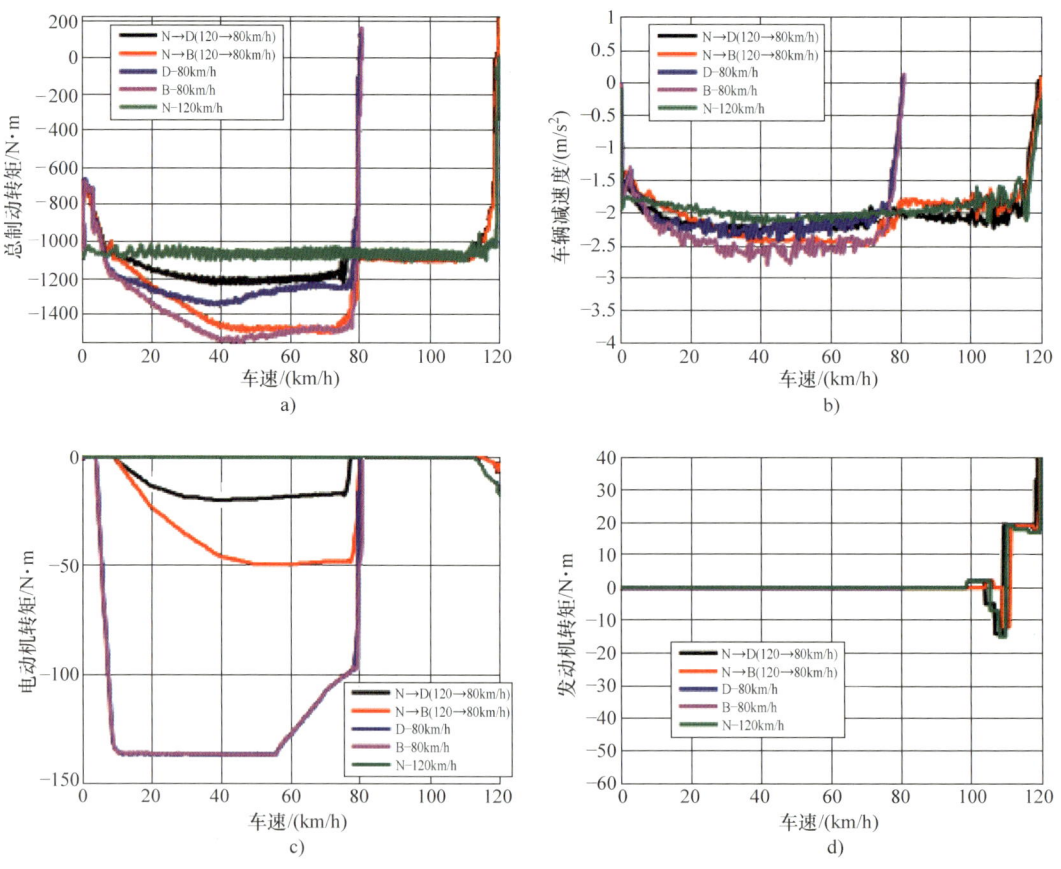

图 3-52　N 位→B/D 位 -120km/h→80km/h-SOC30%-Brakeped10%
a）总制动转矩 - 车速　b）车辆减速度 - 车速　c）电动机转矩 - 车速　d）发动机转矩 - 车速

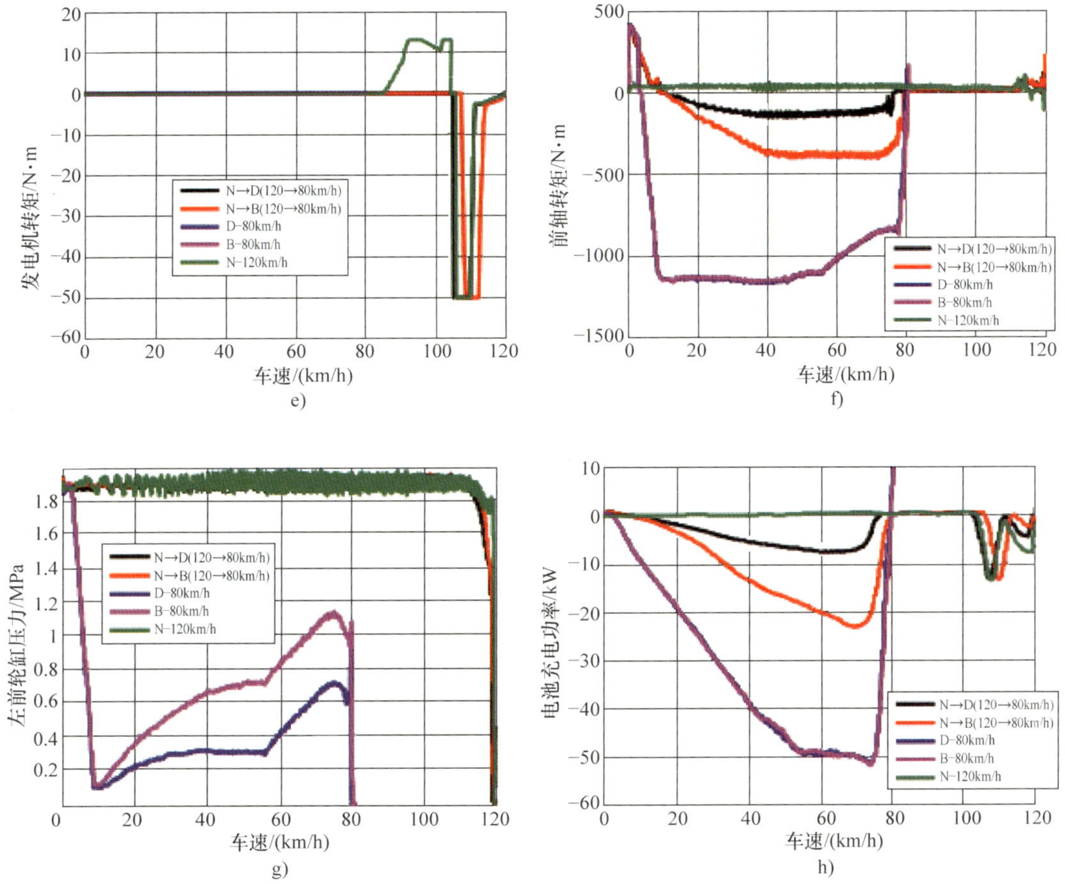

图 3-52 N 位→B/D 位 -120km/h→80km/h-SOC30%-Brakeped10%（续）

e）发电机转矩-车速 f）前轴转矩-车速 g）左前轮缸压力-车速 h）电池充电功率-车速

档位切换点的车速为 60km/h 和 30km/h 时，各参数的变化趋势也符合上述规律，此处不再赘述。

车辆制动过程档位切换总结如图 3-53 所示。

5）制动踏板速率。为了分析制动踏板速率对车辆制动的影响，设置 D 位，SOC30%，ECON 开关、HV 开关关闭等初始场景，进行不同初始车速、不同制动踏板开度的快踩和慢踩对比试验。设计试验矩阵见表 3-56。

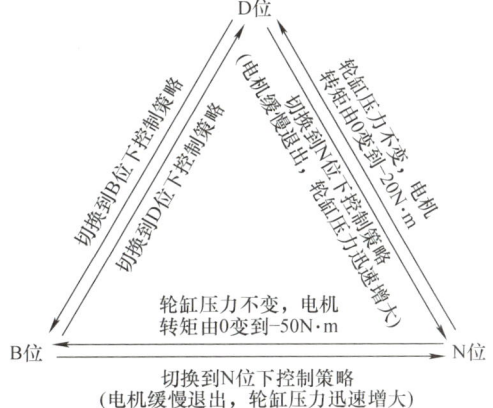

图 3-53 档位切换控制策略（10% 踏板开度）

表 3-56　制动试验矩阵（制动踏板速率）

档位	初始车速 /(km/h)	制动踏板开度	HV 开关、ECON 开关、电动附件开关	初始 SOC (%)	制动前发动机状态
D	100	40% 快踩	关	30	不工作
		40% 慢踩			不工作
	120	10% 快踩	关	30	工作
		10% 慢踩			工作
	120	20% 快踩	关	30	工作
		20% 慢踩			工作
	80	10% 快踩	关	30	不工作
		10% 慢踩			不工作
	80	20% 快踩	关	30	不工作
		20% 慢踩			不工作

① 初始车速为 120km/h，Brakeped=10%，进行制动踏板快踩和慢踩两组试验，各参数变化曲线如图 3-54 所示。

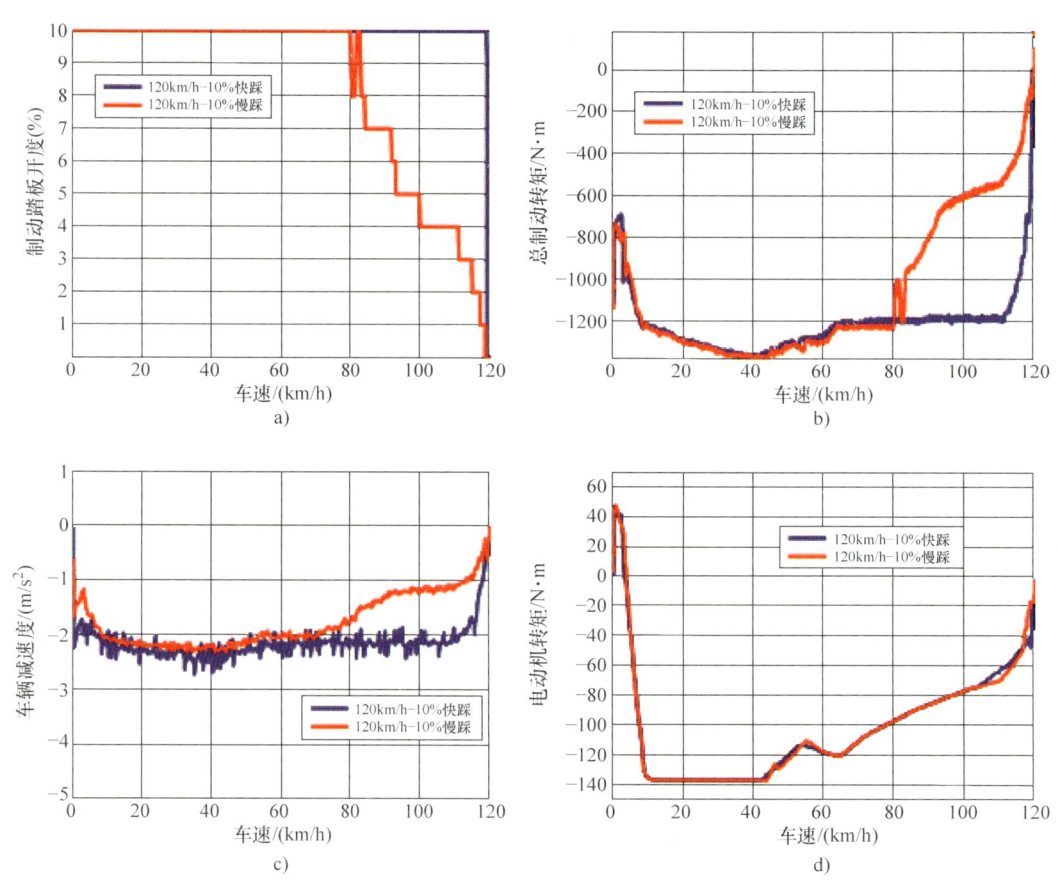

图 3-54　D 位 -120km/h-SOC30%-Brakeped10% 快慢踩
a）制动踏板开度 – 车速　b）总制动转矩 – 车速　c）车辆减速度 – 车速　d）电动机转矩 – 车速

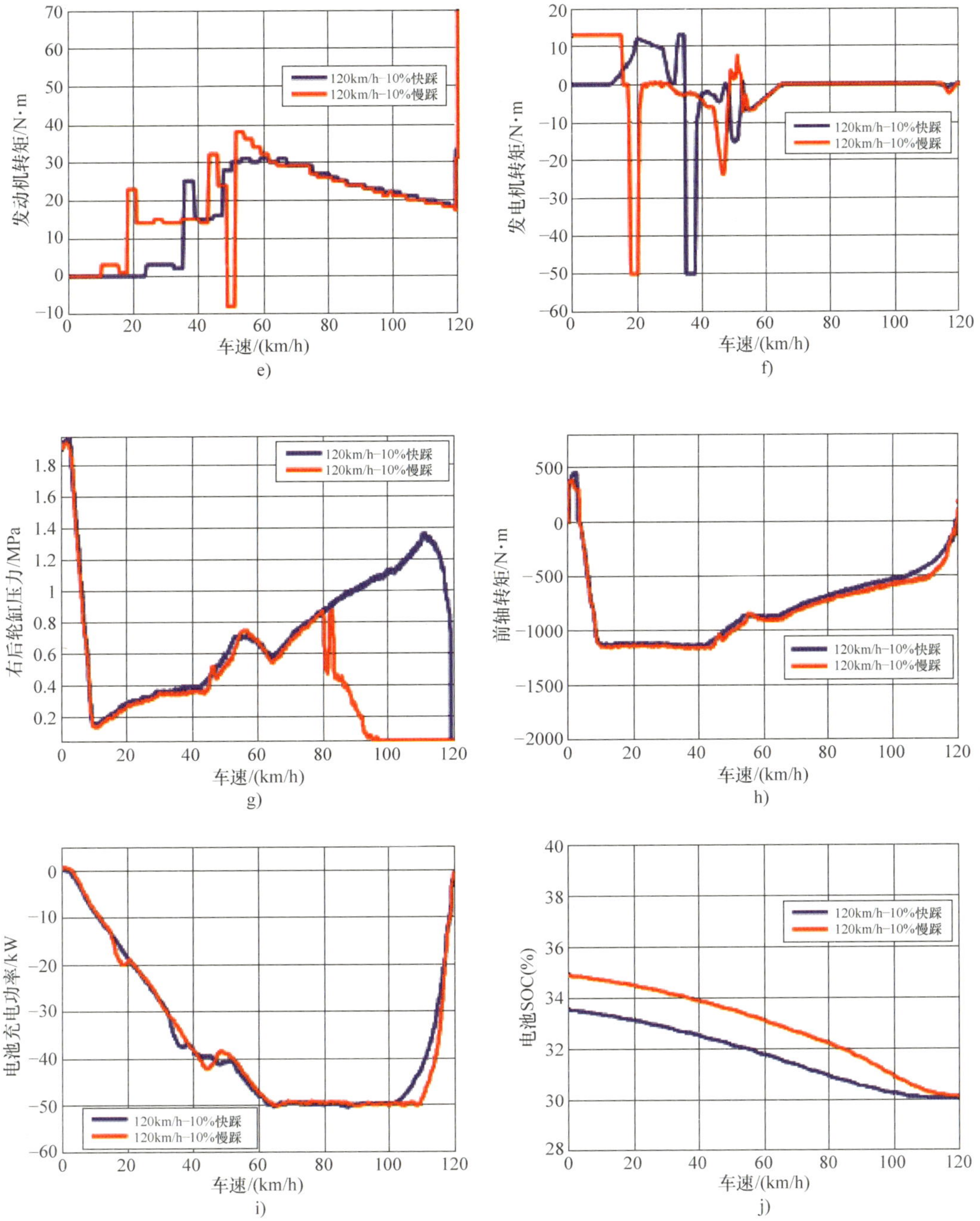

图 3-54 D 位 -120km/h-SOC30%-Brakeped10% 快慢踩（续）
e）发动机转矩－车速　f）发电机转矩－车速　g）右后轮缸压力－车速
h）前轴转矩－车速　i）电池充电功率－车速　j）电池 SOC－车速

② 初始车速为 80km/h，Brakeped=10%，进行制动踏板快踩和慢踩两组试验，各参数变化曲线如图 3-55 所示。

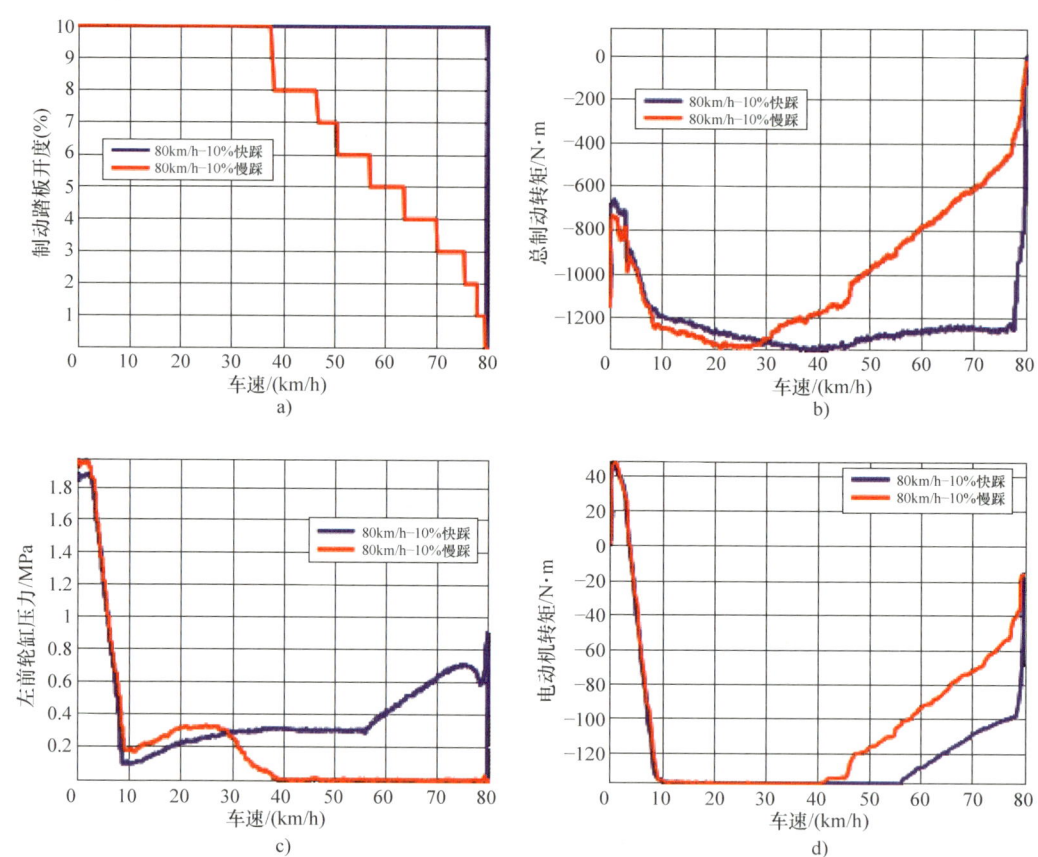

图 3-55　D 位 -80km/h-SOC30%-Brakeped10% 快慢踩

a）制动踏板开度－车速　b）总制动转矩－车速　c）左前轮缸压力－车速　d）电动机转矩－车速

3.5　展望

随着混合动力汽车技术的发展，相关技术标准体系将会不断健全，测试内容也会不断丰富。混合动力汽车由于涉及模式切换，其工作过程中的 NVH 特性与传统燃油汽车存在一定的区别，针对混合动力汽车的 NVH 测试方法还有待于进一步完善。另外，混合动力汽车的测试项目仍有大部分与纯电动汽车测试相同，随着混动技术的发展以及混动相关标准的完善，未来将会有更多混合动力汽车独有的测试项目，在本手册修订时将会进行补充。此外，由于混合动力汽车存在多动力源，因此能量管理策略的优劣对于协调各个动力源功率输出，充分发挥动力性和燃油经济性以及提升整车舒适性具有重要影响。策略性测试是混合动力汽车的一个重要测试部分，但目前相关的测试标准还比较欠缺，建议未来出台相关的策略性测试标准。

参考文献

[1] 余志生.汽车理论[M].5版.北京:机械工业出版社,2009.

[2] 苏青瑞.汽车最高车速试验方法探讨[J].质量与标准化,2014(2):59-61.

[3] 全国汽车标准化技术委员会.混合动力电动汽车动力性能试验方法:GB/T 19752—2005[S].北京:中国标准出版社,2005.

[4] 全国汽车标准化技术委员会.电动汽车动力性能试验方法:GB/T 18385—2016[S].北京:中国标准出版社,2016.

[5] 周荣,梁沛端,杨敬群.混合动力汽车动力性评价体系的研究[M]//陈全世,信继孚,孙力.中国电动车辆研究与开发.北京:北京理工大学出版社,2005:368-377.

[6] 全国汽车标准化技术委员会.轻型混合动力电动汽车能量消耗量试验方法:GB/T 19753—2013[S].北京:中国标准出版社,2013.

[7] 国家环境保护总局科技标准司.轻型汽车污染物排放限值及测量方法(中国第五阶段):GB 18352.5—2013[S].北京:中国标准出版社,2013.

[8] 全国汽车标准化技术委员会.轻型汽车燃料消耗量试验方法:GB/T 19233—2008[S].北京:中国标准出版社,2008.

[9] 全国汽车标准化技术委员会.重型混合动力电动汽车能量消耗量试验方法:GB/T 19754[S].北京:中国标准出版社,2015.

[10] 全国汽车标准化技术委员会.电动汽车再生制动系统要求及试验方法:QC/T 1089—2017[S].北京:出版者不详,2017.

[11] 全国汽车标准化技术委员会.乘用车制动系统技术要求及试验方法:GB 21670—2008[S].北京:中国标准出版社,2008.

[12] 全国汽车标准化技术委员会.电动汽车能量消耗率和续驶里程试验方法:GB/T 18386—2017[S].北京:中国标准出版社,2017.

[13] 全国汽车标准化技术委员会.汽车加速性能试验方法:GB/T 12543—2009[S].北京:中国标准出版社,2009.

[14] 全国汽车标准化技术委员会.电动汽车安全要求 第3部分:人员触电防护:GB/T 18384.3—2015[S].北京:中国标准出版社,2015.

[15] 全国低压电器标准化技术委员会.低压系统内设备的绝缘配合:GB/T 16935—2008[S].北京:中国标准出版社,2008.

[16] 全国汽车标准化技术委员会.道路车辆 由传导和耦合引起的电骚扰 第2部分:沿电源线的电瞬态传导:GB/T 21437.2—2012[S].北京:中国标准出版社,2012.

[17] 全国汽车标准化技术委员会.汽车电气设备基本技术条件:QC/T 413—2002[S].北京:出版者不详,2002.

[18] 全国汽车标准化技术委员会.汽车低压电线束技术条件:QC/T 29106—2004[S].北京:出版者不详,2004.

[19] 全国汽车标准化技术委员会.电动汽车用锂离子动力蓄电池包和系统 第1部分:高功率应用测试规程:GB/T 31467.1—2015[S].北京:中国标准出版社,2015.

[20] 全国汽车标准化技术委员会.纯电动乘用车技术条件:GB/T 28382—2012[S].北京:中国标准出版社,2012.

第4章 燃料电池汽车测试评价

燃料电池电动汽车具有零排放、续驶里程长、燃料加注快等优点,是新能源汽车发展的重要方向之一。另外,燃料电池电动汽车对改善能源结构,发展低碳交通,具有非常重要的意义。我国经过多年研究,已经取得了不小的进步。随着车用燃料电池技术发展方向逐渐明确、各产业链技术的进一步成熟,燃料电池电动汽车逐步从基础材料、电堆系统和整车动力系统向示范运营方向发展。

燃料电池电动汽车作为一个新兴汽车产业方向,其测试评价体系对引领和规范其产业的发展具有重要意义,与相关政策配套,能加快推进产业的发展和确保行业健康、有序的发展。比如,燃料电池电动汽车需要政府特定的行政和监管手段来规范其健康发展并进一步规范市场,助力我国燃料电池电动汽车驶上快车道。然而,燃料电池电动汽车的测试评价体系还在发展之中,本章重点结合国内外标准和发表的研究成果来阐述燃料电池电动汽车整车测试评价项目,相关内容见表4-1。

表4-1 燃料电池电动汽车整车测试项目

测试项目名称	主要测试
动力性测试	燃料电池电动汽车动力性客观测试 燃料电池电动汽车动力性主观测试
续驶里程及燃料经济性测试	续驶里程测试 氢气消耗量测试 能量消耗量测试
振动噪声测试	进气系统振动噪声测试 汽车车内噪声测试 市区行驶条件下车辆噪声测试

(续)

测试项目名称	主要测试
冷却系统控制策略分析测试	起动暖机过程控制策略测试 行驶控制策略测试 后冷却控制策略测试
整车热管理系统性能测试	热平衡性能测试 空调系统降温性能测试 空调系统采暖性能测试 空调除霜除雾性能测试
整车安全要求及测试	车载氢安全测试 压缩氢存储条件及性能测试 车载氢系统的氢兼容性测试
环境适应性及测试	低温环境性能测试 高湿测试 海拔测试 强化腐蚀测试

4.1 燃料电池电动汽车动力性测试

动力性是指汽车在良好路面上直线行驶时由汽车受到的纵向外力决定的、所能达到的平均行驶速度[1]。动力性是汽车各种性能中最基本、最重要的性能。汽车的动力性主要由三方面指标评定：

① 汽车的最高车速 v_{max}。
② 汽车的加速时间 t。
③ 汽车能爬上的最大坡度 i_{max}。

当前燃料电池电动汽车动力性测试仅有最高车速测试标准，总体评价体系不够完善。而燃料电池电动汽车动力性与油电混合动力汽车、纯电动汽车存在共性和差别，因此本节参考油电混合动力汽车、纯电动汽车的测试评价方法研究更为全面的客观评价指标，同时结合主观评价指标，来构建更为完善的燃料电池电动汽车测试评价体系。

4.1.1 燃料电池电动汽车动力性客观测试评价

1. 测试目的

结合燃料电池电动汽车的特性，对燃料电池电动汽车动力性能进行测试，使用量化指标，客观评价燃料电池电动汽车的动力性能。

2. 测试设备

动力性客观测试需要转鼓试验台、车速表、CAN 分析仪、温度计等设备记录速度、驱动总转矩、温度等数据。被测参数的基本准确度要求见表 4-2。

表 4-2　测量参数及其单位、准确度

参数	单位	准确度	分辨力
时间	s	±0.1	0.1
长度	m	±0.1%	1
大气温度	℃	±1	1
大气压力	kPa	±1	1
速度	km/h	±1% 或 ±0.1 取大者	0.2
质量	kg	±0.5%	1

3. 参考标准

GB/T 12534—1990《汽车道路试验方法通则》[2]。
GB/T 26991—2011《燃料电池电动汽车　最高车速试验方法》[3]。
GB/T 18385—2005《电动汽车　动力性能　试验方法》[4]。
GB/T 19752—2005《混合动力电动汽车　动力性能　试验方法》[5]。
GB/T 12539—2018《汽车爬陡坡试验方法》[6]。
GB/T 12543—2009《汽车加速性能试验方法》[7]。

4. 测试方法与步骤

燃料电池电动汽车动力性能客观测试评价测试矩阵见表 4-3。

表 4-3　燃料电池电动汽车动力性能客观测试评价测试矩阵

序号	测试项目	模式
（1）	混合动力模式下的最高车速	混合动力
（2）	纯电动 RESS 模式下的最高车速	纯电动 RESS
（3）	0~100km/h 加速性能	混合动力
（4）	0~50km/h 加速性能	纯电动 RESS
（5）	混合动力模式下的爬坡车速	混合动力
（6）	纯电动 RESS 模式下的爬坡车速	纯电动 RESS
（7）	混合动力模式下的超车加速性能	混合动力
（8）	混合动力模式下的 30min 最高车速	混合动力
（9）	混合动力模式下的坡道起步能力	混合动力
（10）	纯电动 RESS 模式下的坡道起步能力	纯电动 RESS
（11）	混合动力模式下的最大爬坡度	混合动力
（12）	滑行距离	—

注：1. 可再充电能储存系统（Renewable Energy Storage System，RESS）由可用来储存能量的部件或系统构成，且该部件或系统可再充电，如动力蓄电池、超级电容器。
2. 纯电动 RESS 模式测试项目按照 GB/T 18385—2005《电动汽车　动力性能　试验方法》实施。

（1）混合动力模式下的最高车速测试

燃料电池电动汽车混合动力模式下的最高车速测试参考已有标准 GB/T 26991—2011《燃料电池电动汽车　最高车速试验方法》[3]。测试车辆工作在混合动力模式下。

① 将测试车辆加载到测试质量并按要求均匀分布载荷。

② 在直道和环道上使车辆加速到最高车速并维持该车速行驶 1km 以上，记录车辆持续行驶的时间 t_1。

③ 在同样测试道路上以反方向重复测试，其中，环形跑道只以正向进行测试，记录车辆持续行驶 1km 的时间 t_2。

（2）纯电动 RESS 模式下的最高车速测试

测试车辆工作在纯电动 RESS 模式下：

① 将测试车辆加载到测试质量并按要求均匀分布载荷。

② 在直道和环道上使车辆加速到最高车速并维持该车速行驶 1km 以上，记录车辆持续行驶的时间 t_1。

③ 在同样测试道路上以反方向重复测试，其中，环形跑道只以正向进行测试，记录车辆持续行驶 1km 的时间 t_2。

（3）混合动力模式下 0~100km/h 加速性能测试

测试车辆工作在混合动力模式下：

① 将测试车辆加载到测试质量并按要求均匀分布载荷。

② 将测试车辆停放在测试道路的起始位置，并起动车辆，将加速踏板踩到底使车辆加速行驶，记录从踩下踏板至车速达到 100km/h 所经历的时间。

③ 在同样测试道路上以反方向重复上述测试。

（4）纯电动模式下 0~50km/h 加速性能

测试车辆工作在纯电动 RESS 模式下：

① 将测试车辆加载到测试质量并按要求合理分布载荷。

② 将测试车辆停放在测试道路的起始位置，并起动车辆，将加速踏板快速踩到底，使车辆加速到（50±1）km/h，记录从踩下加速踏板到车速达到（50±1）km/h 所经历的时间。

③ 以相反方向行驶再做一次相同的测试。

（5）混合动力模式下的爬坡车速测试

测试车辆工作在混合动力模式下：

① 将测试车辆加载到最大设计总质量并按要求均匀分布载荷。

② 将测试车辆置于测功机上，调整测功机使其增加一个相当于 4% 坡度的附加载荷，将加速踏板踩到底，使测试车辆加速到最高爬坡车速，以 ±1km/h 的速度偏差维持该爬坡车速行驶 1km，同时，记录持续行驶 1km 所经历的时间 t。

③ 调整测功机使其增加一个相当于 12% 坡度的附加载荷，重复测试。

（6）纯电动 RESS 模式下的爬坡车速测试

测试车辆工作在纯电动 RESS 模式下：

① 将测试车辆加载到最大设计总质量并按要求合理分布载荷。

② 将测试车辆置于测功机上，调整测功机使其增加一个相当于 4% 坡度的附加载荷，将加速踏板踩到底，使测试车辆加速或使用适当档位使车辆加速，确定测试车辆能够达到并能持续行驶 1km 的最高稳定车速（速度偏差为 ±1km/h），同时记录持续行驶 1km 的时间 t。

③ 调整测功机使其增加一个相当于 12% 坡度的附加载荷，重复测试。

（7）混合动力模式下的超车加速性能测试

测试车辆工作在混合动力模式下：

① 将测试车辆加载到测试质量并按要求合理分布载荷。

② 将测试车辆停放在测试道路的起始位置，并起动车辆，使汽车以最低车速行驶，将加速踏板快速踩到底，使汽车加速至最高车速的 80% 以上（轿车应加速到 100km/h 以上），记录从快速踩下加速踏板到车速达到最高车速 80% 以上（轿车应加速到 100km/h 以上）的时间。

③ 以相反方向行驶再做一次相同的测试。

（8）混合动力模式下的 30min 最高车速测试

测试车辆工作在混合动力模式下：

① 将测试车辆加载到测试质量并按要求均匀分布载荷。

② 在环形跑道或转鼓试验台上进行，将车辆加速至制造厂商估计的 30min 最高车速（误差为 ±5%）行驶 30min，记录车辆实际通过的距离 s_1、30min 最高车速 v_{30}。

（9）混合动力模式下的坡道起步能力测试

测试车辆工作在混合动力模式下：

① 将测试车辆加载到最大设计总质量，选定的坡道应有 10m 的测量区，坡道的倾斜角 α_1 应尽可能接近厂家声明的倾斜角 α_0，若 $\alpha_1 \neq \alpha_0$，修正质量 ΔM 应均匀分布在车辆的乘客室和货箱中，测量区前应提供起步区域。

② 将测试车辆放置在起步区域，燃料电池发动机暖机后起动车辆进行测试，以每分钟至少行驶 10m 的速度通过测量区。

其中，修正质量的计算公式为

$$\Delta M = M \frac{\sin \alpha_0 - \sin \alpha_1}{\sin \alpha_1 + R} \tag{4-1}$$

式中　M——测试条件下的最大设计质量（kg）；

　　　R——滚动阻力系数，通常取 0.01。

在已知驱动系统（热机与电机的复合）的峰值转矩和轮胎滚动半径的前提下，α_0 可通过以下公式近似计算：

$$C_r = C_a T \eta_\tau \tag{4-2}$$

$$F_r = \frac{C_r}{r} = Mg(\sin \alpha_0 + R) \tag{4-3}$$

式中　C_r——车轮转矩（N·m）；

　　　C_a——驱动系统的转矩（N·m）；

　　　T——总减速比；

　　　η_τ——传动效率；

　　　F_r——地面驱动力（N·m）；

　　　r——轮胎动负荷半径（m）；

M——测试条件下的最大设计质量（kg）；

g——重力加速度（m/s²）；

R——滚动阻力系数，通常取 0.01。

（10）纯电动 RESS 模式下的坡道起步能力测试

测试车辆工作在纯电动 RESS 模式下：

① 将测试车辆加载到最大设计总质量，选定的坡道应有 10m 的测量区，坡道的倾斜角 α_1 应尽可能接近厂家声明的倾斜角 α_0，若 $\alpha_1 \neq \alpha_0$，修正质量 ΔM 应均匀分布在车辆的乘客室和货箱中，测量区前应提供起步区域。

② 将测试车辆放置在起步区域，燃料电池发动机暖机后起动车辆进行测试，以每分钟至少行驶 10m 的速度通过测量区。

其中，修正质量的计算公式同式（4-1）。

（11）混合动力模式下的最大爬坡度测试

测试车辆工作在混合动力模式下：

① 将测试车辆加载到最大设计总质量，增加的载荷应均匀分布在乘客座椅上及货厢内。

② 将测试车辆停于接近坡道的平直路段上，起步后快踩加速踏板，以完全踩下加速踏板爬坡，爬坡过程中监测各种仪表的工作情况，爬到坡顶后，停车检查各部位有无异常现象发生，并做详细记录。

③ 如果第一次爬不上，可以进行第二次，但是不能超过 2 次；爬不上坡时，测量停车点（后轮接地中心）到坡底的距离，并记录爬不上的原因。

如果没有厂方规定的坡道，可增减装载质量进行测试，再按照以下公式计算最大爬坡度：

$$\alpha_m = \arcsin(\frac{M}{M_a}\sin\alpha_a) \tag{4-4}$$

式中　α_m——最大爬坡度对应的坡度角（°）；

M——汽车实际总质量（kg）；

M_a——汽车厂定最大总质量（kg）；

α_a——测试时实际坡度角（°）。

求得 α_m 后，计算 $\tan\alpha_m \times 100\%$ 即可求得最大爬坡度。

值得注意的是：测试所得最大爬坡度应小于等于车辆的接近角，以保证车辆在坡度为 α_m 坡道上的通过性[8]。

（12）滑行距离测试

燃料电池电动汽车有两种滑行状态：一种是带能量回馈的滑行；另一种是不带能量回馈的滑行。带能量回馈的滑行将根据车速、RESS 充电状态和电机的工作状态由主控制器按照预先确定的控制策略来回收动能，因此这种情况下的滑行距离是不确定的。燃料电池电动汽车滑行距离只能是不带能量回馈的滑行距离。

测试步骤为：

① 将车辆加速至（50±1）km/h 的速度，稳定后进入滑行区。

② 进入滑行区后迅速进入空档状态开始滑行，直至汽车完全停止，使用五轮仪记录滑行速度和滑行距离。

③ 以相反方向再做一次相同的测试，被测车辆的滑行距离是两次测得距离的算术平均值。

5. 数据处理及评价指标

（1）混合动力模式下的最高车速测试（表 4-4）

表 4-4 混合动力模式下的最高车速测试记录表

直道	正向持续行驶	时间 t_1/s	距离 /km	车速 v_1/（km/h）	混合动力模式最高车速 v/（km/h）
	反向持续行驶	时间 t_2/s	距离 /km	车速 v_2/（km/h）	
环形跑道	正向持续行驶	时间 t_3/s	距离 /km	车速 v_3/（km/h）	

其中，直道最高车速 v 为 v_1 和 v_2 的算术平均值。

（2）纯电动 RESS 模式下的最高车速测试（表 4-5）

表 4-5 纯电动 RESS 模式下的最高车速测试记录表

直道	正向持续行驶	时间 t_1/s	距离 /km	车速 v_1/（km/h）	纯电动 RESS 模式最高车速 v/（km/h）
	反向持续行驶	时间 t_2/s	距离 /km	车速 v_2/（km/h）	
环形跑道	正向持续行驶	时间 t_3/s	距离 /km	车速 v_3/（km/h）	

其中，直道最高车速 v 为 v_1 和 v_2 的算术平均值。

（3）混合动力模式下 0~100km/h 加速性能测试（表 4-6）

表 4-6 0~100km/h 加速性能测试记录表

正向加速	时间 t_1/s	混合动力模式 0~100km/h 加速时间 t/s
反向加速	时间 t_2/s	

其中，0~100km/h 的加速时间为正向反向两次测试结果的算术平均值。

（4）纯电动模式下 0~50km/h 加速性能（表 4-7）

表 4-7 纯电动 RESS 模式下 0~50km/h 加速性能测试记录表

正向加速	时间 t_1/s	纯电动模式下 0~50km/h 加速时间 t/s
反向加速	时间 t_2/s	

其中，0~50km/h 的加速时间为正向反向两次测试结果的算术平均值。

(5)混合动力模式下的爬坡车速测试(表4-8)

表4-8 混合动力模式下爬坡车速测试记录表

4%坡度	时间 t_1/s	混合动力模式爬坡车速 v/(km/h)
12%坡度	时间 t_2/s	混合动力模式爬坡车速 v/(km/h)

计算公式为

$$v = 3600/t \qquad (4-5)$$

式中 v——实际爬坡最高车速(km/h);
$\quad\quad t$——持续1km所测的时间(s)。

(6)纯电动RESS模式下的爬坡车速测试(表4-9)

表4-9 纯电动RESS模式下爬坡车速测试记录表

4%坡度	时间 t_1/s	纯电动RESS模式爬坡车速 v/(km/h)
12%坡度	时间 t_2/s	纯电动RESS模式爬坡车速 v/(km/h)

计算公式同式(4-5)。

(7)混合动力模式下的超车加速性能测试(表4-10)

表4-10 混合动力模式下超车加速性能测试记录表

正向加速	时间 t_1/s	混合动力模式超车加速时间 t/s
反向加速	时间 t_2/s	

其中,超车加速时间是正向反向两次测试测得时间的算术平均值。

(8)混合动力模式下的30min最高车速测试(表4-11)

表4-11 混合动力模式下爬坡车速测试记录表

距离 s_1/km	混合动力模式30min最高车速 v_{30}/(km/h)

计算公式为

$$v_{30} = s_1/0.5 \qquad (4-6)$$

式中 v_{30}——车辆30min最高车速(km/h);
$\quad\quad s_1$——车辆30min驶过的里程(m)。

(9)混合动力模式下的坡道起步能力测试(表4-12)

表 4-12　混合动力模式坡道起步测试记录表

倾斜角 α_1/(°)	混合动力模式坡道起步测试结果

（10）纯电动 RESS 模式下的坡道起步能力测试（表 4-13）

表 4-13　纯电动 RESS 模式下坡道起步测试记录表

倾斜角 α_1/(°)	纯电动 RESS 模式坡道起步测试结果

（11）混合动力模式下的最大爬坡度测试（表 4-14）

表 4-14　混合动力模式下的最大爬坡度测试记录表

最大爬坡度 α_m	车辆接近角 α/(°)	平均爬坡速度/(km/h)

（12）滑行距离测试（表 4-15）

表 4-15　滑行距离测试记录表

	距离/m	滑行距离/m
正向滑行		
反向滑行		

其中，滑行距离是两次滑行测得距离的算术平均值。

4.1.2　燃料电池电动汽车动力性主观测试评价

动力性客观测试评价充分考虑了燃料电池电动汽车动力系统工作模式、电驱动系统、燃料电池系统工作特性等因素对于动力性的影响，可建立具有针对性的评价指标体系。但在实际的测试评价过程中，为了全面表征动力性，对系统设计匹配和控制优化起到更好的指导作用，建议考虑动力性主观测试评价和主观评价客观化的需求。

1. 测试目的

动力性主观测试旨在建立更为全面的动力性表征和评价体系，在实施过程中，一方面由主观评价工程师对测试车辆的测试项目进行打分；另一方面为实现主观评价的客观化，记录关键状态变量时间历程，分析并量化性能表现边界，用于指导实车标定。

2. 测试设备

动力性客观测试需要转鼓试验台、车速表、CAN 分析仪、温度计等设备记录速度、驱动总转矩、温度等数据。被测参数的基本准确度要求见表 4-16。

表 4-16 测量参数及其单位、准确度

参数	单位	准确度	分辨力
时间	s	±0.1	0.1
环境温度	℃	±1	1
速度	km/h	±1% 或 ±0.1 取大者	0.2
驱动总转矩	N·m	±5	1

3. 参考标准

GB/T 12534—1990《汽车道路试验方法通则》[2]。

GB/T 26991—2011《燃料电池电动汽车 最高车速试验方法》[3]。

GB/T 18385—2005《电动汽车 动力性能 试验方法》[4]。

GB/T 19752—2005《混合动力电动汽车 动力性能 试验方法》[5]。

GB/T 12539—2018《汽车爬陡坡试验方法》[6]。

GB/T 12543—2009《汽车加速性能试验方法》[7]。

4. 测试方法与步骤

（1）起步加速能力

新能源汽车在起步工况时，常设计有快速起步控制策略，即在起步时补偿一定的起步需求转矩，以提高起步动力性。

① 在常温、RESS 电量充足的状态下，车辆由静止开始，快踩加速踏板至不同开度，使车辆加速至 30km/h 以上。

② 对于起步加速性能进行打分，并记录起步过程速度、驱动总转矩等关键状态变量时间历程。

（2）中段加速能力

① 在常温、RESS 电量充足的状态下，使车辆从 30km/h 加速至 80km/h 并稳定 10s 以上。

② 快踩加速踏板至不同开度，使车辆从 80km/h 加速至 120km/h 并稳定 10s 以上。

③ 对于 30~80km/h、80~120km/h 中段加速性能进行打分，并记录加速过程速度、驱动总转矩等关键状态变量时间历程。

（3）蠕行性能

蠕行是燃料电池电动汽车模拟传统自动档汽车怠速行驶工况的一种功能，蠕行性能重点测试蠕行稳定车速、需求转矩、车速和转矩控制效果等。

① 在常温、RESS 电量充足的状态下，车辆由静止开始，快速松开制动踏板，使车辆蠕行至最高稳定车速。

② 对于蠕行过程进行打分，并记录蠕行过程速度、驱动总转矩等关键状态变量时间历程。

（4）爬坡加速性能

① 在常温、RESS 电量充足的状态下，车辆由静止开始，以一定加速踏板开度爬 4% 和 12% 坡道。

② 对爬坡加速性能进行打分，并记录爬坡过程速度、驱动总转矩等关键状态变量时间历程。

（5）加速踏板部分负荷特性

一般情况下，加速踏板开度与需求功率呈凸函数关系的，在中低负荷时对应较大需求功率，起步加速性好；加速踏板开度与需求功率呈凹函数关系的，在中低负荷时对应较小需求功率，起步加速性差。

① 在常温、RESS 电量充足的状态下，车辆由静止状态开始，快踩加速踏板至不同开度，使车辆加速至该踏板开度最高稳定车速并维持 10s 以上。

② 车辆加速至最高车速并稳定 10s 以上，控制加速踏板至不同开度，使车速再次达到稳定车速并维持 10s 以上。

③ 对于加速踏板部分负荷特性进行打分，并记录测试过程速度、驱动总转矩、总需求功率等关键状态变量时间历程。

（6）温度适应性

考虑到燃料电池电动汽车动力系统温度对车辆动力性能的影响，分析评价车辆动力性对温度的适应性。

① 在 RESS 电量充足的状态下，设置高温（40℃）、低温（0℃、-25℃）测试环境。

② 将车辆静止于测试环境温度 24h 以上，重复上述（1）~（5）的测试过程。

（7）SOC 适应性

考虑到燃料电池电动汽车动力系统中 RESS 电量（如 SOC）对车辆动力性能的影响，分析评价车辆动力性对 RESS 电量（如 SOC）的适应性。

① 在常温条件下，设置 RESS 电量高（如电池电量高，SOC ≥ 95%）和 RESS 电量低（如电池电量低，SOC ≤ 5%）状态。

② 重复上述（1）~（5）的测试过程。

（8）工作模式、驾驶模式适应性

目前，新能源汽车常设置经济模式、动力模式等驾驶模式开关，以及纯电动、混合动力等工作模式强制切换开关。考虑到工作模式、驾驶模式对于车辆动力性能的影响，应针对具有此类功能的车辆，分析评价车辆动力性对工作模式、驾驶模式的适应性。

① 在常温、RESS 电量充足的状态下，设置各种工作模式、驾驶模式。

② 重复上述（1）~（5）测试过程。

5. 数据处理及评价方法

由主观评价工程师对测试车辆测试项目进行打分，推荐的动力性主观测试评价打分表见表 4-17。

表4-17 燃料电池电动汽车动力性能主观测试评价打分表

序号	测试项目	评分（5分制）				
		1	2	3	4	5
1	起步加速能力					
2	中段加速能力					
3	蠕行性能					
4	爬坡加速性能					
5	加速踏板部分负荷特性					
6	温度适应性					
7	SOC适应性					
8	工作模式、驾驶模式适应性					

4.2 燃料电池电动汽车续驶里程及燃料经济性测试

经济性是在保证动力性的条件下燃料电池电动汽车以尽量少的燃料消耗量行驶的能力。经济性测试评价旨在通过试验测试，量化具体的经济性指标，形成可横向比较的指标体系。根据汽车理论的观点[1]，汽车的燃料经济性常用一定运行工况下汽车行驶百公里的燃料消耗量或一定燃料量能使汽车行驶的里程来衡量。然而，在实际的测试评价过程中，尤其是针对燃料电池电动车辆，上述指标越来越不能满足经济性测试要求。因此，根据GB/T 18386—2017《电动汽车 能量消耗率和续驶里程 试验方法》[9]、GB/T 19753—2013《轻型混合动力电动汽车能量消耗量试验方法》[10]、GB/T 19754—2015《重型混合动力电动汽车 能量消耗量 试验方法》[11]和GB/T 35178—2017《燃料电池电动汽车 氢气消耗量 测量方法》[12]中介绍的试验条件、试验准备、试验方法和评价指标等内容，对燃料电池电动汽车经济性测试评价来研究更为细致的评价指标和测试方法，构建更为完善的测试评价体系。燃料电池电动汽车经济性测试项目见表4-18。

表4-18 燃料电池电动汽车经济性测试项目

序号	测试项目
1	续驶里程测试
2	氢气消耗量测试
3	能量消耗量测试

4.2.1 续驶里程测试

续驶里程指燃料电池电动汽车在氢气燃料完全充满车载储氢系统，并且能量存储系统（储能电池和/或储能电容）达满荷电状态的前提下，以一定的标准行驶工况，能连续行驶的最大距离，单位为千米（km）。燃料电池电动汽车质量和车辆条件可参考GB/T 18386—2017《电动汽车 能量消耗率和续驶里程 试验方法》[9]的规定。试验环境温度为20~30℃。本节主要参考GB/T 18386—2017《电动汽车 能量消耗率和续驶里程 试验方法》[9]

提出的燃料电池电动汽车续驶里程测试方法。

1. 测试目的

完成对续驶里程的测试,有助于整车评价。

2. 测试设备

测试设备主要包括转鼓试验台,电压、电流传感器,氢气流量计,氢气浓度检测仪等设备。相关测量参数的单位、准确度见表4-19。

表4-19 试验用仪表准确度要求

名称	单位	准确度	备注
电压表	V	≤0.5% FS	FS:满量程
电流表	A	≤0.5% FS	FS:满量程
温度计	K	±1	—
湿度计	—	±3%	—
氢气流量计	g/s	≤1%	按照相对误差计
氢气浓度检测仪	—	$±2000×10^{-6}$	—

3. 参考标准

GB/T 18386—2017《电动汽车 能量消耗率和续驶里程 试验方法》[9]。

GB/T 35178—2017《燃料电池电动汽车 氢气消耗量 测量方法》[12]。

4. 测试方法与步骤

(1)测试准备

测试前,测试车辆应按照规定的加氢规程充满氢气并记录氢气质量,按照充电规程充满电并记录充电电量。

(2)测试截止条件

1)当车辆仪器给出驾驶人停车指示时。

2)车辆速度或速度偏差不能满足要求时。

3)当车载氢瓶的压力低于2MPa(包括2MPa)时。

(3)测试方法

1)等速法。

① 适用于M1、N1、最大设计总质量不超过3500kg的M2类车的等速法。试验条件应符合GB/T 18386—2017《电动汽车 能量消耗率和续驶里程 试验方法》[9]的规定。在道路上进行(60±2)km/h的等速试验,试验过程中允许停车两次,每次停车时间不允许超过2min,当车辆的行驶速度达到标准规定的结束试验循环标准要求时,停止试验。

记录试验期间试验车辆的停车次数和停车时间。试验循环工况结束,车辆停止时,记录试验车辆驶过的距离 D(km),测量值四舍五入到整数,该距离即为等速法测量的续驶里程。记录时间精确到分钟。

② 适用于除M1、N1、最大设计总质量不超过3500kg的M2类以外车型的等速法。试验条件在符合GB/T 18386—2017《电动汽车 能量消耗率和续驶里程 试验方法》[9]的规定下,车辆在道路上进行(40±2)km/h的等速试验,试验过程中允许停车两次,每次停车时间不允许超过2min,当车辆的行驶速度达到标准规定的结束试验循环标准要求

时，停止试验。

记录试验期间试验车辆的停车次数和停车时间。试验循环工况结束，车辆停止时，记录试验车辆驶过的距离 D（km），测量值四舍五入到整数，该距离即为等速法测量的续驶里程。记录时间精确到分钟。

2）工况法。

① 适用于 M1、N1、最大设计总质量不超过 3500kg 的 M2 类车的工况法。在转鼓试验台上采用 GB/T 18386—2017《电动汽车 能量消耗率和续驶里程 试验方法》[9] 中规定的 NEDC 循环工况进行试验；直到达到规定的结束试验循环标准要求时，停止试验。

除非有其他规定，每 6 个工况试验循环，允许停车（10±1）min，停车期间，车辆处于熄火状态，关闭试验台风扇，释放制动踏板。

在工况试验循环结束时，记录试验车辆驶过的距离 D（km），测量值四舍五入到整数，该距离即为工况法测量的续驶里程；记录时间精确到分钟。

② 适用于除 M1、N1、最大设计总质量不超过 3500kg 的 M2 类车型以外的工况法。对于城市客车，在转鼓试验台上采用 GB/T 18386—2017《电动汽车 能量消耗率和续驶里程 试验方法》[9] 中规定的中国典型城市公交循环工况或 C-WTVC 循环工况进行试验；对于其他车辆，在转鼓试验台上采用 GB/T 18386—2017《电动汽车 能量消耗率和续驶里程 试验方法》[9] 中规定的 C-WTVC 循环工况进行试验，直到达到标准规定的结束试验循环标准要求时，停止试验。在测试过程中应实时测量并记录燃料电池发动机输出电压和电流值、动力蓄电池（和/或超级电容）的电压和电流值。

除非有其他的规定，每 6 个工况试验循环，允许停车（10±1）min，停车期间，车辆处于熄火状态，关闭试验台风扇，释放制动踏板。

在中国典型城市公交循环工况结束，车辆停止时，记录燃料电池电动汽车驶过的试验阶段距离 D_1（km）。在 C-WTVC 循环工况结束，车辆停止时，分别记录试验车辆驶过的市区部分距离 D_2（km）、公路部分距离 D_3（km）、高速部分距离 D_4（km），记录时间精确到分钟。

5. 数据处理及评价指标

（1）可外接充电车型（表 4-20）

表 4-20 测试数据记录及处理

参数	表达式
续驶里程	D
燃料电池堆输出总能量	$E_{FC} = \int_0^T P_{FC} dt$
动力蓄电池输出总能量	$E_{BAT} = \int_0^T P_{BAT} dt$
燃料电池和动力蓄电池输出总能量	$E_D = E_{FC} + E_{BAT}$
燃料电池输出能量比例	$\eta_{FC} = \dfrac{E_{FC}}{E_D} \times 100\%$

（续）

参数	表达式
动力蓄电池输出能量比例	$\eta_{BAT} = \dfrac{E_{BAT}}{E_D} \times 100\%$
燃料电池堆提供能量行驶里程	$D_{FC} = D\eta_{FC}$
动力蓄电池提供能量行驶里程	$D_{BAT} = D\eta_{BAT}$
氢气消耗率	$C_{H_2} = 100 \times \dfrac{m_{H_2}}{D_{FC}}$
电能消耗率	$C_E = 100 \times \dfrac{E}{1000 D_{BAT}}$

（2）不可外接充电车型

本方法计算整个测试过程中动力蓄电池的净能量变化量占所耗氢气总能量的百分比，若小于5%则不考虑动力蓄电池对续驶里程的影响，大于5%则需要再次测试，测试数据见表4-21。

表4-21 测试数据记录及处理

参数	表达式
续驶里程	D
动力蓄电池的净能量变化率/kJ	$E_{BAT} = \left\| \int_0^T P_{BAT} dt \right\|$
动力蓄电池净能量变化量占总能量的百分比	$\eta_{EBAT/EH2} = E_{BAT}/E_{H_2} \times 100\%$
消耗氢气的能量/kJ	$E_{H_2} = m_{H_2} LHV_{H_2}$
氢气消耗率/（kg/100km）	$C_{H_2} = 100 \times \dfrac{m_{H_2}}{D}$

6. 评价方法

燃料电池电动汽车的续驶里程测试数据主要包括车辆行驶里程数、氢气消耗量和动力蓄电池能量消耗量，车辆分为可外接充电车型和不可外接充电车型，可以根据表4-20和表4-21所记录的测试数据，进行车辆续驶里程评价。

4.2.2 氢气消耗量测试

依据GB/T 35178—2017《燃料电池电动汽车 氢气消耗量 测量方法》[12]，氢气消耗量试验方法有压力温度法、质量分析法和流量法。本节主要结合GB/T 35178—2017《燃料电池电动汽车 氢气消耗量 测量方法》分析燃料电池电动汽车氢气消耗量。

测试用储氢罐安装在车辆外部，氢气消耗量测量过程中通过旁路管路连接燃料电池的储气罐；主要试验设备和仪器包括转鼓试验台，轮胎压力量具，压力温度法用的压力计、温度计，质量分析法用的试验储氢罐和称重装置，流量法用的流量计。转鼓试验台设置应符合 GB/T 18352.5—2013《轻型汽车污染物排放限值及测量方法》[13] 的有关规定。试验设备和仪器应按照制造厂商的要求进行检测、维护和校准。

1. 测试条件

试验车辆需按制造厂商的规范进行磨合，且磨合里程不小于 1000km，并且在测试前的 7 天内建议至少行驶 300km，试验过程中使用外部供氢，切断车载燃料供应管路。

轻型试验车辆载荷应按照 GB/T 18352.5—2013《轻型汽车污染物排放限值及测量方法》[13] 的相关规定加载。按照制造商规定的程序起动车辆，按照 GB/T 18352.5—2013《轻型汽车污染物排放限值及测量方法》[13] 附件 CA 规定的循环工况（包括市区运转工况和市郊运转循环）进行试验，试验过程中车辆速度偏差应符合 GB/T 18352.5—2013《轻型汽车污染物排放限值及测量方法》[13] 的规定。

重型试验车辆载荷应按照 GB/T 19754—2015《重型混合动力电动汽车能量消耗量试验方法》[11] 的相关规定加载。按照制造商规定的程序起动车辆，按照 GB/T 19754—2015《重型混合动力电动汽车能量消耗量试验方法》[11] 附件 B 规定的中国典型城市公交循环工况进行测试，测试过程中车辆速度偏差应符合标准的规定。

2. 测试目的

燃料电池电动车辆不同于混合动力车辆（内燃机 – 动力蓄电池），其燃料经济性的评价需要对压缩氢气消耗量进行测试。

3. 测试设备

主要试验设备包括转鼓试验台、轮胎压力量具，压力温度法用的压力计、温度计，质量分析法用的试验用储氢罐和称重装置，流量法用的流量计。相关测量参数的单位及准确度见表 4-22。

表 4-22 相关测量参数的单位、准确度

参数	单位	准确度
温度	K	±1
气体压力	MPa	±1%
质量	g	±0.5%
体积流量	L/s	±1%
质量流量	g/s	±1%

4. 参考标准

GB/T 35178—2017《燃料电池电动汽车　氢气消耗量　测量方法》[12]。

GB/T 18352.5—2013《轻型汽车污染物排放限值及测量方法》[13]。

GB/T 19754—2015《重型混合动力电动汽车能量消耗量试验方法》[11]。

5. 测试方法与步骤

（1）压力温度法

压力温度法是指通过测量试验前后高压储氢罐中气体压力和温度来计算氢气消耗量的

方法。应使用已知内容积，能够进行温度和压力检测的储氢罐。

试验用储氢罐安装在车辆外部，作为燃料电池电动汽车的燃料供应源。试验用储氢罐通过燃料电池系统中燃料管内安装的旁路管路与燃料电池相连。旁路管路应安装可靠，防止因振动引起泄漏、释放或进入空气。充注燃料压力应调整到制造商推荐值范围内。

1）试验用储氢罐应满足的要求。

① 附件的内容积（减压阀、管路等）已知。

② 可测量内部气体压力。

③ 在高压充注过程中容积的变化小。

④ 已经标定过。

2）测试程序。

① 按照测试条件规定的试验程序进行试验。

② 在测试开始前，先测量试验用储氢罐的气体压力和气体温度。

③ 在测试完成时，应进行试验用储氢罐的气体压力和气体温度的测量。

当由于试验前后气体温差过大带来可预知的试验误差时，应充分浸车，直到罐内气体温度和环境温度一致，可通过浸车后气体温度和压力确定燃料消耗量。

当有试验用储氢罐与独立的燃料供应管一起使用时，所有管路的气体压力相等，使得管路切换时不能有气体输入和输出。

（2）质量分析法

质量分析法是指通过测量试验前后高压储氢罐质量来计算氢气消耗量的方法。试验用储氢罐应适用于测量质量。

试验用储氢罐安装在车辆外部，作为燃料电池电动汽车的燃料供应源。试验用储氢罐通过燃料电池系统中燃料管内安装的旁路管路与燃料电池相连。旁路管路应安装可靠，防止因振动引起泄漏、释放或进入空气。充注燃料压力应调整到制造商推荐值范围内。在试验前和试验后分别用称重设备测量试验用储氢罐的质量时，应提供适当的措施减轻振动、对流、环境温度等因素的影响，例如衰减板、前风窗玻璃等。储氢罐质量应尽可能轻。

测试按照下面的程序进行：

1）在试验前，用称重装置测量测试用储氢瓶质量。

2）把测试用储氢罐和管路连接起来，连接时，管内的压力应设置为罐中的气体压力。

3）压力相等，无气体的输入输出。

4）按照测试条件中规定的试验程序进行试验。

5）在开始测试时，切换阀体，由测试用储氢罐提供燃料。

6）测试结束后，把测试用储氢罐从管路移开，用称重设备测量测试用储氢罐的质量。

注：当管路连接到试验用储氢罐上称重的时候，应采取适当的措施，消除连接管上力（压力）的影响。

（3）流量法

流量法是指通过安装在车外燃料供应源到车辆的氢气供应管路上的流量计，测量消耗掉的氢气体积或者质量的方法。

测试按照以下程序进行：

1）以厂家推荐的压力从车辆外部供应燃料。
2）燃料从车辆外部通过燃料电池系统中燃料管内安装的旁路管路供应。
3）在车外供应源到燃料电池之间的供应管路上安装流量计。流量计可以是体积流量计或者质量流量计。
4）流量计和旁路管路应安装可靠，防止因振动引起泄漏、释放或进入空气。
5）按照测试条件规定的试验程序进行试验。
6）用流量计测量车外供应源被消耗的氢气的体积或质量。

6. 数据处理及评价指标

（1）压力温度法

把试验前后测得的气体压力和温度代入下式，计算出氢气消耗量：

$$\omega = m \frac{V}{R}\left(\frac{P_1}{Z_1 \times T_1} - \frac{P_2}{Z_2 \times T_2}\right) \tag{4-7}$$

式中 ω——燃料消耗量（g）；

m——氢分子摩尔质量，为2.016g/mol；

V——储氢罐中高压部分和附件的总容积（减压阀、管路等）（L）；

R——共用气体常量，R=0.0083145MPa·L/(mol·K)；

P_1——检测开始时罐体内的气体压力（MPa）；

P_2——检测结束时罐体内的气体压力（MPa）；

T_1——检测开始时罐体内的气体温度（K）；

T_2——检测结束时罐体内的气体温度（K）；

Z_1——在 P_1、T_1 下的氢气压缩因子，按照下文1）的方法求解；

Z_2——在 P_2、T_2 下的氢气压缩因子，按照下文1）的方法求解。

当由于试验前后气体温差过大带来可预知的试验误差时，应把车辆充分浸车，直到罐内气体温度和环境温度一致，可通过浸车后气体温度和压力确定燃料消耗量。

当试验用储氢罐与独立的燃料供应管一起使用时，所有管路的气体压力相等，使得管路切换时不能有气体输入和输出。

氢气压缩因子求解方法如下。

① 压缩范围：压力0.1。

② 0.1~100MPa、温度220~500K。

③ 氢气压缩因子 Z 按下式计算：

$$Z = \sum_{i=1}^{6}\sum_{j=1}^{4} v_{ij} P^{i-1}(100/T)^{j-1} \tag{4-8}$$

式中 P——压力（MPa）；

T——温度（K）；

i——常数，1~6；

j——常数，1~4；

v_{ij}——常数。

对于一组确定的温度 T 和压力 P，可以求出一个对应的压缩因子。系数 v_{ij} 见表4-23。

表 4-23　系数 v_{ij}

系数 v_{ij}		j			
		1	2	3	4
i	1	1.00018	−0.0022546	0.01053	−0.013205
	2	−0.00067291	0.028051	−0.024126	−0.0058863
	3	0.000010817	−0.00012653	0.00019788	0.00085677
	4	−1.4368E−07	1.2171E−09	7.7563E−08	−1.7418E−05
	5	1.2441E−09	−8.965E−09	−1.6711E−08	1.4697E−07
	6	−4.4709E−12	3.0271E−11	6.3329E−11	−4.6974E−10

（2）质量分析法

把试验前后测得的试验用储氢罐质量代入下式，计算出氢气消耗量：

$$\omega = g_1 - g_2 \tag{4-9}$$

式中　ω——燃料消耗量（g）；

　　　g_1——测试开始时试验用储氢罐质量（g）；

　　　g_2——测试结束后试验用储氢罐质量（g）。

（3）流量法

1）使用体积流量计来计算氢气消耗量，把测得的流量值代入下式，计算氢气消耗量（体积）：

$$\omega = \frac{m}{22.414} \int_0^t Q_b \, dt \tag{4-10}$$

式中　ω——氢气消耗量（g）；

　　　m——氢分子摩尔质量，为 2.016g/mol；

　　　Q_b——试验中的气体体积流量（L/s）。

2）使用质量流量计来计算氢气消耗量，把测得的质量流量值代入下式，计算氢气消耗量（质量）：

$$\omega = \int_0^t Q_m \, dt \tag{4-11}$$

式中　ω——氢气消耗量（g）；

　　　Q_m——试验中的气体质量流量（g/s）。

4.2.3　增程式燃料电池电动汽车能量消耗量测试

增程式燃料电池电动汽车的能量消耗量测试结果分为动力蓄电池提供电能续驶里程阶段、储能装置能量调整阶段、电量平衡工作阶段三部分，每部分应单独处理。燃料电池电动汽车的能量消耗量测试结果应当表示为：氢气消耗量，汽车每行驶 100km 消耗氢气多少千克（单位：kg/100km）；电能消耗量，汽车每行驶 100km 消耗电能多少千瓦时（单位：kW·h/100km）。

1. 测试目的

增程式燃料电池电动汽车能量消耗量客观测试评价综合参考 GB/T 19754—2015《重

型混合动力电动汽车能量消耗量试验方法》[11]，结合增程式燃料电池电动汽车的特性，提出增程式燃料电池电动汽车能量消耗量客观测试评价试验项目。

2. 测试设备

需要使用的和推荐使用的试验设备如下：

① 用于测量车辆速度和距离的试验仪器（如非接触式车速仪），车速的测量准确度为 ±0.2km/h，时间的测量准确度应为 ±0.1s。氢气消耗量、能量消耗量、车速和时间的测量装置应同步起动。

② 风速：仪器准确度为 ±1km/h；试验时平均风速应小于 3m/s，最大风速小于 5m/s；此外，试验道路的侧向风速分量应小于 2m/s，风速应在高出路面 0.7m 处测量。

③ 用于实时显示试验循环理论车速和实际车速，指导驾驶人调整车辆行驶速度的驾驶辅助显示屏幕。而且实际行驶车速和理论车速应当能够被记录下来，记录频率不得低于 1Hz。

④ 用于称重法测量氢气消耗量的天平，准确度不得低于 ±0.5% 测量值。

⑤ 测量电流的仪器，准确度不超过 ±0.5% 最大测量值，或 ±0.2%FS；工作频率不得低于 20Hz。

⑥ 测量电压的仪器，准确度不超过 ±0.5% 最大测量值，或 ±0.2%FS；工作频率不得低于 20Hz。

⑦ 其他可以满足电能量消耗量试验功能要求的仪器，经技术监督部门认可，可以用于试验，但准确度不得超过 ±0.5% 测量值。

⑧ 所用转鼓试验台测试准确度应符合 GB 18352.3—2013《轻型汽车污染物排放限值及测量方法》[13] 相关规定；转鼓试验台的调整按照 GB 18352.3—2013《轻型汽车污染物排放限值及测量方法》[13] 附录 C 中附件 CB、CC 及 CD 的规定进行，直到满足标准要求。

⑨ 试验车辆应按照制造厂商的规范进行磨合，并且在试验前 7 天内建议至少行驶 300km；车辆轮胎压力应调整到制造厂商规定的压力值；车辆加载应符合 GB 18352.3—2013《轻型汽车污染物排放限值及测量方法》[13] 的有关规定。

相关测试参数的标准单位及准确度详见表 4-24。

表 4-24 相关参数的单位及准确度

参数	单位	准确度
时间	s	±0.1
距离	m	1
温度	ºC	±1
大气压力	kPa	±0.3
胎压	kPa	±5
车速	km/h	±0.2
风速	km/h	±1
质量	kg	1
电流	A	0.1
电压	V	1

3. 参考标准

GB/T 19754—2015《重型混合动力电动汽车能量消耗量试验方法》[11]。

GB/T 12534—1990《汽车道路试验方法通则》[2]。

GB/T 27840—2011《重型商用车辆燃料消耗量测量方法》[14]。

QC/T 759—2006《汽车试验用城市运转循环》[15]。

GB 18352.3—2005《轻型汽车污染物排放限值及测量方法》[16]。

GB/T 18386—2017《电动汽车 能量消耗率和续驶里程 试验方法》[9]。

4. 测试方法与步骤

（1）试验循环

1）试验循环要求。对于城市客车，应在65%载荷状态下采用中国典型城市公交循环工况，或在满载状态下采用C-WTVC循环工况进行试验。对于其他商用车辆，应在满载状态下采用C-WTVC循环。同时可以参见GB/T 27840—2011《重型商用车辆燃料消耗量测量方法》[14]的附录C、附录D和QC/T 759—2006《汽车试验用城市运转循环》[15]的附录B城市客车用循环数据（快速道路）提供的试验循环；或者汽车制造厂商和检测机构协商，也允许对试验循环工况进行改动和调整，以更好地体现汽车的使用性能（但需要在试验报告中予以详细说明），检测数据可供参考。对于其他乘用车辆，应在满载状态下采用GB/T 18386—2017《电动汽车 能量消耗率和续驶里程 试验方法》[9]中规定的NEDC循环工况进行试验。

2）试验循环时间。对于城市客车，推荐采用2次重复的中国典型城市公交循环作为试验的行驶循环，统计信息详见表4-25。对于其他商用车辆，推荐采用C-WTVC循环。对于其他乘用车辆，应在满载状态下采用NEDC循环工况测试，直到达到标准[9]规定的结束试验循环标准要求时，停止试验。

表4-25 城市客车循环

循环次数	行驶时间	行驶距离	平均车速	最高车速	最大加速度	最大减速度	怠速时间	怠速时间比例
2	2628s	11.6km	15.9km/h	60km/h	0.914m/s^2	1.543m/s^2	762s	29.0%

（2）试验准备

1）试验条件。道路试验时，环境温度应为5~35℃。在试验开始和结束时，应记录环境温度。转鼓试验台试验时，环境温度应为20~30℃，试验开始和结束时，温度不能超出此范围。如果进行道路试验，试验条件应当符合GB/T 12534—1990《汽车道路试验方法通则》[2]。如果在转鼓试验台上进行试验，试验场所应配备动力蓄电池通风和冷却装置、飞轮防护罩、防高压安全装置，以及其他必要的安全防护设施。试验时，可以使用一个定转速风机把冷却空气导向汽车。这些风机应当仅在汽车运行时工作，而汽车熄火时应当停止运转。

2）汽车数据的预先记录。试验之前，应当按照GB/T 19754—2015《重型混合动力电动汽车能量消耗量试验方法》[11]附录E的内容详细地记录汽车参数；任何与基本程序不同的内容，应完整地记录以备后续试验再现此试验过程。

3）车辆条件。

① 试验之前，汽车应按照汽车制造厂商的规定进行磨合，或磨合 3000km。

② 试验前应对车辆状态进行检查：试验汽车性能应当符合汽车制造厂商规定，能够正常行驶；应根据汽车制造厂商规定调整燃料电池、电机和汽车操纵件；如果汽车的冷却风扇为温控型，应使其保持正常的工作状态。

③ 除了特殊规定外，M2、M3 类城市客车根据选用的试验循环，车辆载荷为装载质量的 65% 或满载；其他汽车为满载，成员质量及其装载要求按 GB/T 12534—1990《汽车道路试验方法通则》[2] 的规定。

④ 车辆预处理至少应当包括车载储氢罐排空和再充满，或使用一个外部储氢罐以保证使用的燃料符合测试标准。

⑤ 此外，轮胎压力、换档、车速及偏差、制动能量回收、转鼓试验台的容量、转鼓试验台的标定、惯性载荷、道路阻力和转鼓试验台的设定要符合 GB/T 19754—2015《重型混合动力电动汽车能量消耗量试验方法》[11] 的规定。

（3）试验步骤

① 汽车驱动系统的起动和再起动。不推荐对燃料电池电动汽车在使用空调的状况下进行能量消耗量的试验。空调及其他汽车正常运行并不应用的车载附件，在试验时应当被断开或屏蔽。

汽车的驱动系统应当按照汽车制造厂商提供的用户手册推荐的起动程序进行起动。

② 预运行。试验汽车在进行试验前应进行试验循环的预运行，以使驾驶人熟悉车辆状况及熟练车辆操作。

③ 车辆荷电状态的预置。对于非外接充电型燃料电池混合动力电动汽车，检测部门要求检查车辆处于汽车制造厂商规定的正常使用的荷电状态，否则进行储能装置的能量调整，以达到正常使用的荷电状态。

④ 能量消耗量试验的预循环运转。车辆在道路或转鼓试验台上，使用一个完整的试验循环进行车辆的预热和预处理，循环结束，车辆熄火 15min，进行车辆预置。

⑤ 能量消耗量试验运转。车辆在道路或转鼓试验台上，按照行驶循环进行试验，每完成一次试验，需要进行车辆热状态的预置。连续进行的试验，不需要进行预循环运转；如果在未完成三次试验运转之前，进行了非试验的行驶活动，则下次试验之前，应重新进行预循环的运转，然后再开始正式的试验。

⑥ 试验循环的次数及其处理。要求进行至少三次试验，由试验人员根据规定，判断试验结果是否有效、试验次数是否充分，然后决定结束试验；对于可外接充电式燃料电池电动汽车，在进行首次试验前，要求对车辆进行充电，以达到汽车制造厂商要求的荷电状态的上限。

燃料电池电动汽车的能量消耗试验分为三个阶段，第一阶段为动力蓄电池提供电能阶段，第二阶段为储能装置能量调整阶段，第三阶段为电能量平衡阶段。

⑦ 车辆的移动。如果进行道路试验，车辆充电完成的停放位置与试验场地不在一起的情况下，要求车辆以动力蓄电池提供电能工作模式，尽量用不大于 30km/h 的车速以匀速的方式移动到试验场地（尽量减少电能量的消耗），从车辆预置地点移动到试验地点的

最远距离不得超过 3km。如果在转鼓试验台上实施试验，则可以直接从冷态开始动力蓄电池提供电能阶段行驶试验。进行动力蓄电池提供电能续驶里程试验的试验车速应当是 40km/h，与 GB/T 18386—2017《电动汽车 能量消耗率和续驶里程 试验方法》[9] 相一致。

⑧ 由动力蓄电池提供电能续驶里程阶段（第一阶段）能量消耗量的确定。对于使用动力蓄电池提供电能模式切换开关的车辆，如果有生产企业规定的结束条件，那么车辆在道路或转鼓试验台上，以（40±3）km/h 车速匀速行驶，直至车速达不到 36km/h 或达到生产企业规定的结束条件中的任何一个条件，应迅速停车，记录动力蓄电池提供电能续驶里程数值，然后断电。动力蓄电池提供电能续驶里程段试验结束。

对于自动切换动力蓄电池提供电能工作模式的车辆，车辆在道路或转鼓试验台上，以（40±3）km/h 车速匀速行驶，直至发动机自动起动，或车速达不到 36km/h，应迅速停车，记录动力蓄电池提供电能续驶里程数值，动力蓄电池提供电能续驶里程段试验结束。

⑨ 储能装置能量调整阶段（第二阶段）、电量平衡运行阶段（第三阶段）能量消耗量的确定。第二阶段、第三阶段试验，采用标准规定的试验循环进行试验测试。对于城市客车，采用 2 次重复的中国典型城市公交循环作为试验的行驶循环。第二阶段的试验应在动力蓄电池提供电能续驶里程试验（第一阶段）完成后连续进行，第二阶段试验车辆应至少连续进行三次试验。如果尚未完成第二阶段的三次试验，车辆就进行了非试验的行驶，则车辆应重新进行试验运转。第二阶段的三次试验结束后，立即进行分析，判断第二阶段试验是否结束。判断原则见表 4-26。

表 4-26 试验阶段的确定

NEC 变化量	第一次试验	第二次试验	第三次试验	第四次试验	第五次试验	第六次试验
1	第三阶段					
1	绝对值≤5%	绝对值≤5%	绝对值≤5%			
2	第二阶段	第三阶段				
2	绝对值>5%	绝对值≤5%	绝对值≤5%	绝对值≤5%		
3	第二阶段		第三阶段			
3	绝对值>5%	绝对值>5%	绝对值≤5%	绝对值≤5%	绝对值≤5%	
4	第二阶段			第三阶段		
4	绝对值>5%	绝对值>5%	绝对值>5%	绝对值≤5%	绝对值≤5%	绝对值≤5%

如果进行三次试验，NEC 变化量的绝对值均不大于 5%，则该车辆不具有储能装置能量调整阶段（即第二阶段），只具有电量平衡工作阶段（第三阶段），试验结束。如果第一次试验，NEC 的相对变化量大于 5%，后两次试验，NEC 的相对变化量的绝对值均不大于 5%，则继续进行第四次试验，如果该次试验 NEC 的相对变化量的绝对值也不大于 5%，则第一次试验属于储能装置电量调整阶段（第二阶段），第二、三、四次试验属于电量平衡工作阶段（第三阶段），试验结束。其他符合表 4-26 描述的情况，按照表 4-26 内容决

定工作阶段的划分和试验次数。

如果试验结果出现 NEC 无规律变化的情况，在六次试验中没有连续的三次试验结果 NEC 变化量绝对值均不大于 5% 的情况出现，则六次试验均视为第二阶段（储能装置能量调整阶段），试验结束。

如果需要，检测机关可以根据情况适当增加试验次数，但是当上一段描述的 NEC 变化量无规律变化情况出现时，至少需要进行六次试验。原则上，最好一次连续完成三阶段的试验；如果不得以，应进行非试验的车辆行驶，在第二阶段试验开始后，应至少进行三次试验，才允许试验暂时中断。下一次试验开始前，不允许进行车辆储能装置的充电或能量调整。

5. 数据处理及评价指标

（1）动力蓄电池提供电能续驶里程阶段（第一阶段）

对于转鼓试验台试验，没有车辆的移动，直接列出续驶里程（km），并根据下式计算每百公里电能量消耗量（kW·h/100km）。

$$E = \frac{NEC_1}{S_1} \times 100 \tag{4-12}$$

式中 E——动力蓄电池提供电能续驶里程阶段的每百公里电能量消耗量（kW·h/100km）；

NEC_1——动力蓄电池提供电能续驶里程试验过程的电能量消耗量（kW·h）；

S_1——动力蓄电池提供电能续驶里程试验阶段实测移动阶段续驶里程（km）。

对于有车辆移动的道路试验，根据上式可以计算动力蓄电池提供电能续驶里程阶段的每百公里电能量消耗量（单位：kW·h/100km）；根据下式可以计算等效动力蓄电池续驶里程（单位：km）。

$$S_3 = S_2 + S_1 \tag{4-13}$$

$$S_2 = \frac{NEC_2}{NEC_1} S_1 \tag{4-14}$$

式中 S_3——包含移动阶段和续驶里程试验阶段由动力蓄电池提供电能的等效续驶里程（km）；

S_2——移动阶段等效的动力蓄电池提供电能的续驶里程（km）；

NEC_2——移动阶段的电能量消耗量（kW·h）。

（2）储能装置能量调整阶段（第二阶段）

储能装置能量调整阶段，直接列出氢气消耗量（单位：kg/100km）和电能量消耗量（单位：kW·h/100km）试验结果。如果储能装置能量调整阶段续驶里程通过试验可以计量，则需要列出该续驶里程数（单位：km）。

（3）电量平衡工作阶段（第三阶段）

电量平衡工作阶段，得到氢气消耗量（单位：kg/100km）、电能量消耗量（单位：kW·h/100km）和等效氢气消耗量（单位：kg/100km）试验结果。

评价指标列表展示。增程式燃料电池电动汽车能量消耗量试验记录表见表 4-27。

表 4-27 增程式燃料电池电动汽车能量消耗量记录表

第一阶段	转鼓试验台试验	NEC_1/kW·h		S_1/km		E/(kW·h/100km)	
	道路试验	E/(kW·h/100km)		S_1/km		S_2/km	S_3/km
		NEC_1/kW·h				NEC_2/kW·h	
第二阶段		氢气消耗量(kg/100km)		电能量消耗量(kW·h/100km)		续驶里程/km	
第三阶段		氢气消耗量(kg/100km)		电能量消耗量(kW·h/100km)		等效氢气消耗量(kg/100km)	

注:NEC(Net Energy Change)为储能装置净能量改变量。NEC 是判断采用可外接充电与不可外接充电式燃料电池电动汽车试验方法的主要判别条件,是试验的主要环节。

1. 动力蓄电池的 NEC 计算公式。

动力蓄电池的 NEC 可由下列公式计算:

$$NEC = k[QSOC_1]V_1 \tag{4-15}$$

$$QSOC_1 = k_1\left(\eta_1 \int I_1 dt - \frac{\int I_2}{\eta_2}\right) \tag{4-16}$$

$$V_1 = \int_{t_1}^{t_2} U dt \bigg/ \int_{t_1}^{t_2} dt \tag{4-17}$$

式中 NEC——净能量改变量(kW·h);
  k——单位换算系数,10^{-3}(kW/W);
  $QSOC_1$——试验循环开始和结束时动力蓄电池净电量的变化(A·h);
  V_1——从试验循环开始到试验结束时整个过程的动力蓄电池的平均电压(V);
  k_1——单位换算系数,3600^{-1}(h/s);
  η_1——动力蓄电池充电的电量效率;
  I_1——输入动力蓄电池总线的电流(A);
  t——时间(s);
  I_2——输出动力蓄电池总线的电流(A);
  η_2——动力蓄电池放电的电量效率;
  t_1——试验开始时间;
  t_2——试验结束时间。

2. 超级电容器的 NEC 计算公式。

超级电容器的 NEC 计算公式如下:

$$NEC = k_2(C/2)[U_{end}^2 - U_{start}^2] \tag{4-18}$$

式中 k_2——单位换算系数,3600000^{-1}[(kW·h)/(W·s)];
  C——生产厂商标定的超级电容器的额定电容量(F);
  U_{end}——试验循环结束时超级电容总线的电压(V);
  U_{start}——试验循环开始时超级电容总线的电压(V)。

3. 燃料电池的 NEC 计算可参照 4.2.2 中氢气消耗量测试进行计算。

6. 评价方法

增程式燃料电池电动汽车的能量消耗量试验数据分为动力蓄电池提供电能续驶里程阶段、储能装置能量调整阶段、电量平衡型工作阶段三部分，每部分应单独处理。以表 4-27 的结果作为增程式燃料电池电动汽车的能量消耗量试验量化表征结果。

4.2.4 全功率燃料电池电动汽车能量消耗量测试

全功率燃料电池电动汽车能量消耗测试应分别在以下两种条件下进行：条件 A，储能装置处于充电终止的最高荷电状态；条件 B，储能装置处于运行放电结束的最低荷电状态。全功率燃料电池电动汽车能量消耗试验的其他准备条件与增程式燃料电池电动汽车基本相同。燃料电池电动汽车的能量消耗量试验结果应当表示为：氢气消耗量，汽车每行驶 100km 消耗氢气多少千克（单位：kg/100km）；电能消耗量，汽车每行驶 100km 消耗电能多少千瓦时（单位：kW·h/100km）。

1. 测试目的

全功率燃料电池电动汽车能量消耗量客观测试评价综合参考 GB/T 19753—2013《轻型混合动力电动汽车能量消耗量试验方法》[10]，结合全功率燃料电池电动汽车的特性，提出全功率燃料电池电动汽车能量消耗量客观测试评价试验项目。

2. 测试设备

全功率燃料电池电动汽车能量消耗量试验所需测试设备与 4.2.3 测试设备相同。

3. 参考标准

GB/T 19753—2013《轻型混合动力电动汽车能量消耗量试验方法》[10]。

GB/T 12534—1990《汽车道路试验方法通则》[2]。

GB/T 27840—2011《重型商用车辆燃料消耗量测量方法》[14]。

QC/T 759—2006《汽车试验用城市运转循环》[15]。

GB 18352.3—2005《轻型汽车污染物排放限值及测量方法（中国Ⅲ、Ⅳ阶段）》[16]。

4. 测试方法与步骤

（1）车辆处理

在试验前，车辆应于 20~30℃ 的温度条件下在室内保温，浸车期间，按照规定，完成对储能装置的完全充电。在试验前，车辆应于 20~30℃ 的温度条件下在室内放置至少 6h，直到冷却液温度与室温的差在 ±2℃ 范围内。

（2）试验程序

① 车辆正常起动，按照 GB 18352.3—2005《轻型汽车污染物排放限值及测量方法（中国Ⅲ、Ⅳ阶段）》[16]附录 C 的规定开始试验。

② 取样按照 GB 18352.3—2005《轻型汽车污染物排放限值及测量方法（中国Ⅲ、Ⅳ阶段）》[16]附录 C 的规定进行。

③ 车辆按照 GB 18352.3—2005《轻型汽车污染物排放限值及测量方法（中国Ⅲ、

IV 阶段）》[16]附录 C 的规定运行，如果制造厂商对档位变换有特殊的文件规定，GB 18352.3—2005《轻型汽车污染物排放限值及测量方法（中国 III、IV 阶段）》[16]附录 C 中附件 CA 对这些车的换档点的要求不予使用。可按照 GB 18352.3—2005《轻型汽车污染物排放限值及测量方法（中国 III、IV 阶段）》[16]附录 C 中 C.2.3 的规定，结合制造厂商的产品使用手册和变速器操作说明进行操作。

④ 测试方法如下：车辆起动前或起动的同时开始取样，并在市郊循环的最后一个怠速段结束后停止取样。

（3）测量结果

① 利用测得的水排放量，以 H 平衡法分别计算条件 A 和条件 B 下的氢气消耗量（kg/100km）。

② 试验结束后 30min 内，按照 GB/T 19753—2013《轻型混合动力电动汽车能量消耗量试验方法》[10]中附录 A 的规定对储能装置进行充电。测量并记录从电网获得的电能（W·h），即为条件 A 下车辆的电能消耗。

5. 数据处理及评价指标

1）氢气消耗的加权平均值：

$$C = \frac{D_{ovc}c_1 + D_{av}c_2}{D_e + D_{av}} \quad (4\text{-}19)$$

式中　C——氢气消耗量（kg/100km）；

c_1——条件 A 试验中所得氢气消耗量（kg/100km）；

c_2——条件 B 试验中所得氢气消耗量（kg/100km）；

D_e——按照 GB/T 19753—2013《轻型混合动力电动汽车能量消耗量试验方法》[10]中附录 B 规定的试验规程，所得的未使用燃料电池所测得的续驶里程（km）；

D_{av}——25km（假设的储能装置两次充电之间的平均行驶里程）。

2）电能消耗量加权平均值：

$$E = \frac{D_{test1}E_1 + D_{test2}E_2}{D_e + D_{av}} \quad (4\text{-}20)$$

式中　E——电能消耗量（kg/100km）；

E_1——条件 A 试验中所得电能消耗量（W·h/km）；

E_2——条件 B 试验中所得电能消耗量（W·h/km）；

D_{test1}——条件 A 试验中车辆实际行驶距离（km）；

D_{test2}——条件 B 试验中车辆实际行驶距离（km）。

详细评价指标列表展示。全功率燃料电池电动汽车能量消耗量试验记录表见表 4-28。

表 4-28 全功率燃料电池电动汽车能量消耗量记录表

指标	条件 A	条件 B
c_1/(kg/100km)		—
c_2/(kg/100km)	—	
D_{test1}/km		
D_{test2}/km		
E_1/(W·h/km)		—
E_2/(W·h/km)	—	
D_e/km		
D_{av}/km		
C/(kg/100km)		
E/(kg/100km)		

6. 评价方法

完成工况测试后，根据条件 A 和条件 B 下所测得的氢气消耗量、电能消耗量和实际行驶距离，计算氢气消耗和电能消耗的加权平均值作为全功率燃料电池电动汽车能量消耗量测试结果。

4.3 燃料电池电动汽车振动噪声测试

燃料供给系统中的空气压缩机和氢气供给泵作为向燃料电池提供燃料的装置，其在工作过程中会产生振动噪声，另外空气滤清器在大进气量时，也会产生啸叫声。此时驱动电机、变速器总成、冷却水泵、空调压缩机和动力转向泵等作为运动件也会对车内声品质产生影响。另外，燃料电池电动汽车的风机布置位置较为灵活，因此燃料电池电动汽车中振动和噪声源也发生了根本的改变。为了确定燃料电池电动汽车振动噪声的主要振动噪声源及其频率特性，需要对燃料电池电动汽车进行振动噪声测试。

4.3.1 电堆辅助系统振动噪声测试方法

本节主要介绍电堆辅助系统振动噪声的两种测试方法（即独立运行法和非独立运行法）。电堆辅助系统主要包括空气滤清器、空压机、氢气循环泵、加热棒、水泵和散热器等，在燃料电池运行的时候，系统辅助设备也会产生工作振动噪声。相对于其余辅助设备，空压机的振动噪声最大，因此主要对其进行噪声测试。

1. 电堆辅助系统独立运行法

独立运行法指燃料电池电动汽车的某一个辅助系统单独工作，而其他辅助系统不工作时，对声压和加速度信号进行采集的噪声测试过程。独立运行法主要采集车内前排中间位置人耳高度处、车内后排中间位置人耳高度处、车前方及车左侧的声压以及车内后排左侧座椅底板处的振动加速度信号。车内、外参考测量点的布置如图4-1所示。

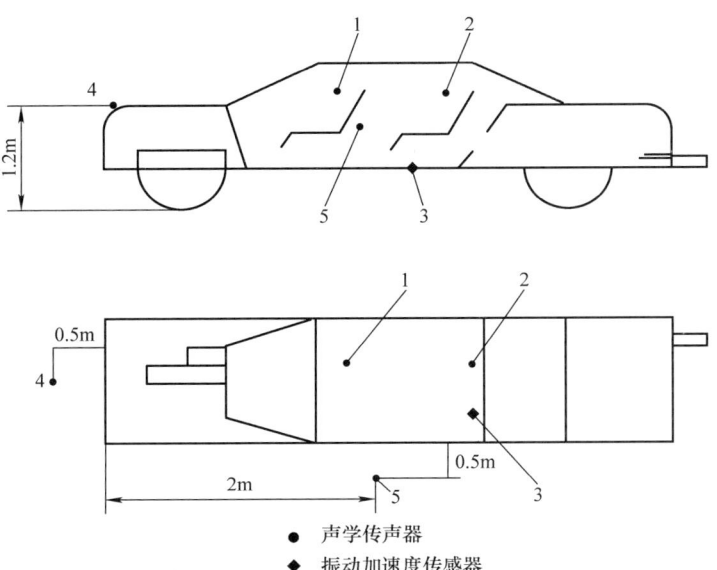

- ● 声学传声器
- ◆ 振动加速度传感器

图4-1 车内、车外参考测量点布置示意图[17]（图片来源：燃料电池轿车车内噪声传递路径分析研究）

2. 电堆辅助系统非独立运行法

非独立运行法指电堆辅助系统同时工作时，对声压和加速度信号进行采集的噪声测试方法。根据主观评价试验诊断结论，在风机、氢泵上布置了振动加速度传感器（布置在汽车后舱），如图4-2所示。怠速工况的主要部件还有电堆冷却水泵、电机冷却水泵和动力控制单元，它们布置于汽车前舱，安装了加速度传感器，如图4-2所示。同时，为了确定辐射噪声的主要车身板件，分别在前后舱地板及车身顶篷和后围板上安装了加速度传感器，如图4-2所示。

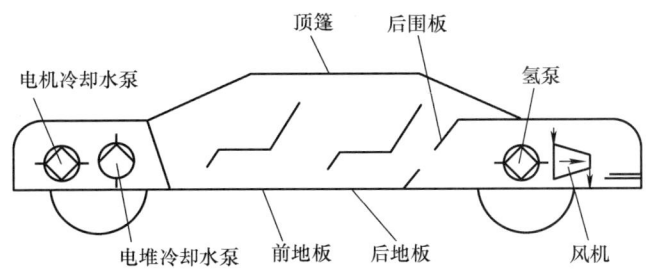

图4-2 车身板件及前舱发声部件测点布置示意图[18]（图片来源：燃料电池轿车车内噪声传递路径分析研究）

4.3.2 进气系统振动噪声测试

测试过程中空气压缩机需要冷却散热，冷却系统由水泵、散热器等部件组成，其噪声测试的架构简图如图4-3所示。这些构件在运行时均发出噪声，对进气噪声的测试产生一定影响，需采用隔离噪声材料将其封装起来。当测试条件允许时，可将其与测试实验室分割，使其运行时产生的噪声不干涉进气噪声的测量。此外，在测试过程中，产生的尾气应通过连接在排放管尾段的消声器，以排除排气噪声对进气噪声的影响。

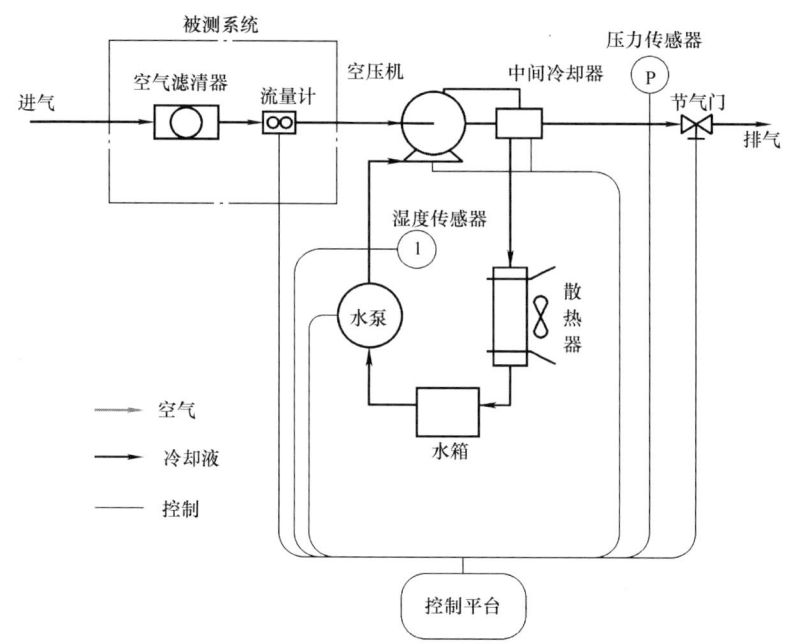

图 4-3　进气噪声测试架构[19]（图片来源：燃料电池轿车空气进气噪声测试方法）

1. 测试目的

燃料电池系统的噪声主要集中在空气系统、氢气系统、驱动电机总成以及冷却水泵等，尤其是空气系统中空气压缩机产生的高频噪声。测试燃料电池电动汽车进气系统噪声，完成结果的对比分析，为进气系统的优化工作提供了有效的数据参数。

2. 测试设备

声级计、振动加速度传感器、双通道数据采集装置和滤波器等，见表 4-29。

表 4-29　相关测试仪器的准确度要求

测试仪器	要求
声级计	应符合 GB/T 3785 规定的 1 型的要求
双通道数据采集装置	—
振动加速度传感器	准确度≥ 3%
滤波器	—

3. 参考标准

GB/T 3785.1—2010《电声学　声级计　第 1 部分：规范》[19]。

GB/T 15173—2010《电声学　声校准器》[20]。

GB/T 29529—2013《泵的噪声测量与评价方法》[21]。

GB/T 18697—2002《声学　汽车车内噪声测量方法》[22]。

4. 测试方法与步骤

进气噪声测试可以在实车中进行，也可在台架上进行。通常先进行台架试验以验证和优化零部件设计，再通过实车试验以验证和改进零部件布置方案。台架测试时零部件的布置必须与实车时的安装保持一致，并利用隔声材料尽可能隔离其他附件发出的噪声。

（1）稳态工况测试方案

由于空压机常用转速范围为1000~3800r/min，因此根据文献[23]选取8个测量点：每隔400r/min测一次：1000r/min、1400r/min、1800r/min、2200r/min、2600r/min、3000r/min、3400r/min、3800r/min。主要的传感器布置位置和采集的参数信号见表4-30。

表4-30 空压机及空气滤清器的近场噪声及振动加速度信号的采集

位置	传感器	采集参数
车内前排中间位置	声学传声器	声压
车内后排中间位置	声学传声器	声压
车前方	声学传声器	声压
车左侧	声学传声器	声压
车内后排左侧座椅底板处	振动加速度传感器	加速度

（2）测试空压机转速在1000~3800r/min范围内瞬态变化的振动噪声特性

影响噪声测试准确度的主要因素是背景噪声和其他干扰噪声[17]，由于试验主要识别燃料电池电动汽车的振动噪声源，而不考虑路面噪声和高速行驶工况产生的风噪，因此试验应在消声室内进行。在实测的信号中，可以直接获取一些信息，但这往往是有限的，因此有必要对测得的信号进行一定的加工处理，达到去伪存真和提取更多有用信息的目的[23-25]。

瞬态测试过程中，空压机分别在5s、10s和20s的时间内从1000r/min升至3800r/min，分别记录空压机在1000r/min、1400r/min、1800r/min、2200r/min、2600r/min、3000r/min、3400r/min、3800r/min各转速时的瞬态噪声或振动加速度的值。通过式（4-21）明确风机转速与转频之间的关系。

$$\omega/60n = f \qquad (4-21)$$

式中 ω——风机转速；

n——风机叶片数；

f——风机转频（Hz）。

对空压机噪声的研究表明[26]，空压机噪声主要为空气动力学噪声，包括旋转噪声和涡流噪声。

5. 数据处理及评价指标

根据测试结果，分别记录不同转速下车辆各个位置的噪声或者振动加速度的数值，数据记录见表4-31。

表4-31 噪声/振动加速度数据记录

位置	噪声/振动参数	
	稳态	瞬态
车内前排中间位置		
车内后排中间位置		
车前方		
车左侧		
车内后排左侧座椅底板处		

4.3.3 汽车车内噪声测试

1. 测试目的

汽车噪声是评价车辆舒适性的重要指标之一，系统地分析不同工况下车内噪声等级及分布情况，对提出相应的降噪措施具有重要的现实意义。

2. 测试设备

声级计、磁带机或电平记录仪、滤波器、双通道数据采集装置和速度传感器等。测试设备具体准确度及规格需求见表4-32。

表4-32 相关测试仪器的准确度要求

测试仪器	要求
声级计	应符合 GB/T 3785 规定的 1 型的要求
磁带机或电平记录仪	电声性能应符合 GB/T 3785 有关条款中 1 型的要求
滤波器	—
双通道数据采集装置	—
噪声测试装备	至少能覆盖 45~11200Hz
汽车速度传感器	准确度≥3%

3. 参考标准

GB/T 3785.1—2010《电声学 声级计 第1部分：规范》[19]。

GB/T 15173—2010《电声学 声校准器》[20]。

GB/T 18697—2002《声学 汽车车内噪声测量方法》[22]。

4. 测试方法及步骤

参照 GB/T 18697—2002《声学 汽车车内噪声测量方法》[22]中相应测试步骤进行测试。

5. 数据处理及评价指标（表4-33）

表4-33 测试数据记录

试验工况	车速/(km/h)	测点的声压级/dB（A）			
		1	2	3	4
匀速行驶	车速				
加速行驶	初始速度				
	最终速度				
定置试验	怠速工况				
	加速过程				
	稳定高转速时				

4.3.4 市区行驶条件下车辆噪声测试

1. 测试目的
对燃料电池车辆在市区行驶工况下外部产生的噪声进行测试评价。

2. 测试设备
主要包括量具、声级计、GPS、数据采集仪、车速测量等设备。

3. 参考标准
GB/T 3785.1—2010《电声学 声级计 第 1 部分：规范》[19]。

GB/T 15173—2010《电声学 声校准器》[20]。

GB/T 12534—1990《汽车道路试验方法通则》[2]。

GB/T 17250—1998《声学 市区行驶条件下轿车噪声的测量》[27]。

GB 1495—2002《汽车加速行驶车外噪声限值及测量方法》[28]。

4. 测试方法及步骤
测试在良好天气中进行，声级计安装高度最大风速小于 2m/s，测试场地为汽车试验场噪声道（尺寸如图 4-4 所示），背景噪声满足至少比被测噪声低 10dB 的要求。

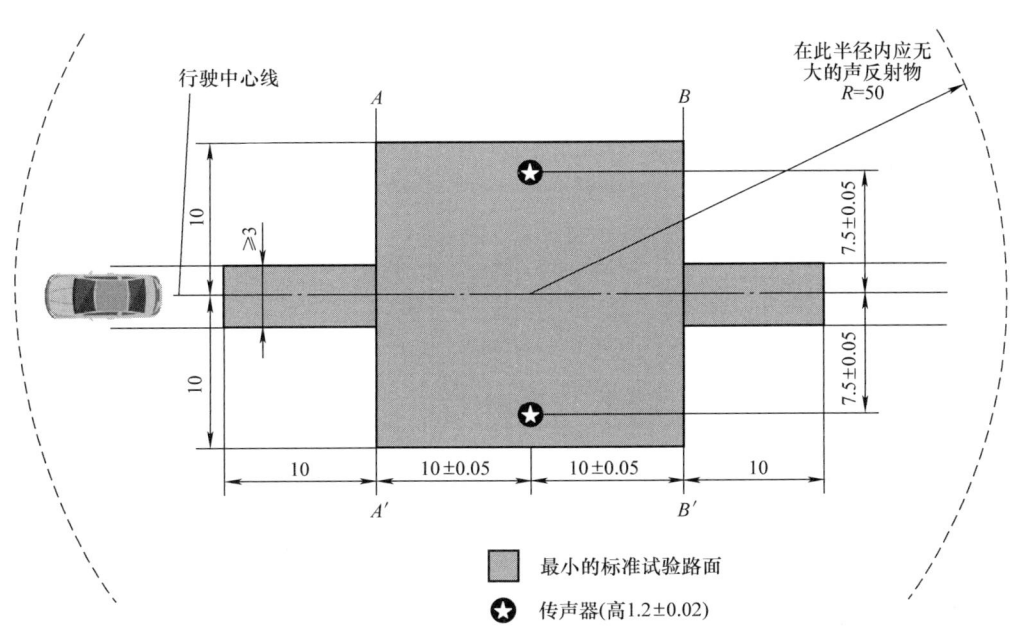

图 4-4 测试场地和测量区及传声器的布置

注：单位为 m。

1）将声级计安装于图 4-4 中规定位置，安装离地高度为 1.2m。

2）匀速行驶：燃料电池车辆沿行驶中心线行驶，保持车辆车速进入 AA' 前分别为（30±1）km/h、（40±1）km/h、（50±1）km/h，保持车速不变，车辆匀速行驶至 BB'，每个车速分别进行 4 次，记录两侧声级计每次的最大噪声级。

3）加速行驶：燃料电池车辆沿行驶中心线行驶，保持车辆车速进入 AA' 前分别为（30±1）、（40±1）、（50±1）km/h，车辆到达 AA' 后将加速踏板踩到底至 BB' 松开加速踏板，每个车速分别进行 4 次，记录两侧声级计每次的最大噪声级。

4）如果观察到与一般声级不相符的声级峰值，则说明此次测量无效。

5）如果在汽车产生较高声级的一侧进行两次连续测量的差值不超过 2dB，应确定测量结果有效。

6）各接近速度条件下每侧四次测量结果进行算数平均，取两侧平均值中较大值作为中间结果；取各自速度下中间结果中较大值作为最大噪声级。

5. 数据处理及评价指标

将测量结果整理至表 4-34 中。

表 4-34 数据统计表

车速 /(km/h)	模式	第一次		第二次		第三次		第四次		中间结果 /dB（A）	最大噪声级 /dB（A）
		AB 侧	$A'B'$ 侧	AB 侧	$A'B'$ 侧	AB 侧	$A'B'$ 侧	AB 侧	$A'B'$ 侧		
30	匀速										
	加速										
40	匀速										
	加速										
50	匀速										
	加速										

4.4 燃料电池电动汽车冷却系统控制策略分析测试

目前关于新能源汽车冷却系统控制策略测试尚未形成统一标准，针对不同车型，测试方法也不尽相同。本节对燃料电池电动汽车冷却系统控制策略分析测试方法进行了探讨，提出一种测试方案供参考。典型的燃料电池电动汽车冷却系统控制过程可以分为三个阶段：起动暖机阶段、行驶阶段和后冷却阶段，如图 4-5 所示。起动暖机阶段是指燃料电池起动后，电堆内冷却液温度从较低值上升到正常温度范围的阶段。行驶阶段是指燃料电池电动汽车正常行驶时，通过水泵、散热器及其配套风扇对燃料电池及驱动电机进行冷却的阶段。后冷却阶段是指燃料电池及电机停机后，为防止由于热容和热惯性导致冷却液温度迅速上升而保持水泵和风扇持续运行的阶段。

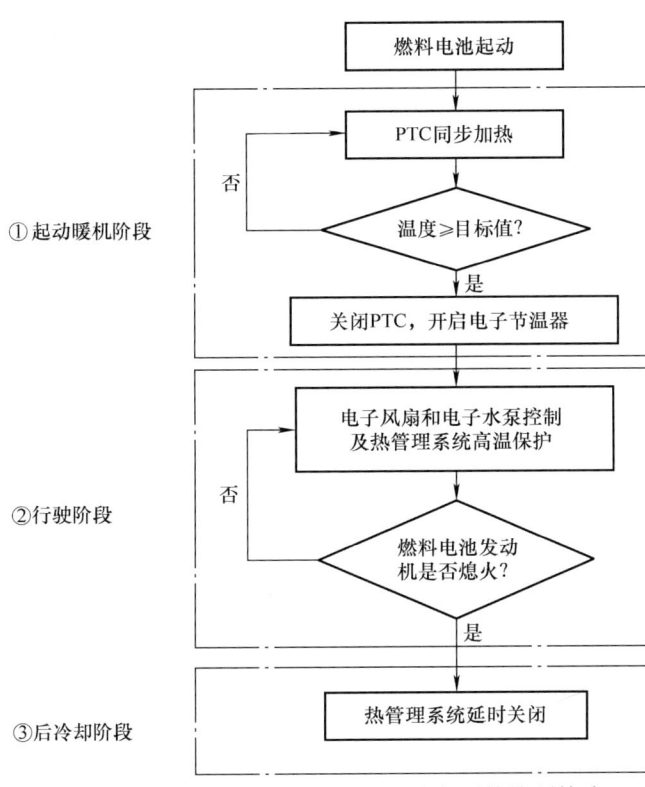

图 4-5　典型的燃料电池电动汽车冷却系统控制策略

4.4.1　起动暖机过程控制策略测试

1. 测试目的

结合燃料电池电动汽车的特性，对燃料电池电动汽车冷却系统起动暖机过程控制策略进行测试，评价当前控制策略下燃料电池电动汽车的暖机效果。

2. 测试设备

燃料电池电动汽车冷却系统起动暖机过程控制策略测试需要温度、水流量、CAN 总线分析仪和数据采集仪等记录仪器记录燃料电池发动机进出水温度、燃料电池发动机冷却液流量、燃料电池发动机电流和电压、PTC 加热功率和冷却水泵转速等数据。表 4-35 给出测试所需设备及基本要求。

注： 燃料电池发动机是指用于汽车驱动的车载燃料电池发电系统。

表 4-35　起动暖机过程控制策略测试设备及基本要求

设备	参数	准确度
环境舱	温度	±2℃
	湿度	±2%
温度传感器	温度	±0.5℃
流量传感器	流量	±1%FS
数据采集仪	—	±1%FS
CAN 总线分析仪	—	—

3. 参考标准

GB/T 24554—2009《燃料电池发动机性能试验方法》[29]。

4. 测试环境

环境温度 20℃。

5. 测试方法与步骤

试验准备阶段：

1）根据测试需求，在燃料电池电动汽车相应位置安装测试用传感器。

2）对动力蓄电池进行充电至 SOC 达到 100%。

3）将燃料电池电动汽车放置在规定的温度和湿度条件下保温足够长的时间，以保证燃料电池电动汽车内部温度与环境温度相同，静置时间至少为 12h。

4）起动暖机过程控制策略测试按照以下步骤进行。

① 按照燃料电池电动汽车制造厂规定的起动操作步骤起动燃料电池电动汽车。

② 燃料电池电动汽车起动后，在怠速状态下持续稳定运行，至燃料电池发动机温度达到正常工作温度为止。

6. 数据处理及评价指标

把通过数据采集系统收集到的数据和通过 CAN 总线分析仪读出的数据输入到计算机，并绘制相应的二维曲线，见表 4-36。

表 4-36　起动暖机过程控制策略测试数据处理

内容	曲线
燃料电池发动机进出水温度	时间 - 温度
燃料电池发动机冷却液流量	时间 - 流量
燃料电池发动机冷却水泵转速	时间 - 转速
PTC 电压	时间 - 电压
PTC 电流	时间 - 电流
PTC 功率	时间 - 功率

根据试验结果，解析燃料电池电动汽车起动暖机阶段 PTC 加热功率及电子水泵转速控制策略，并记录燃料电池起动暖机时间，评价当前控制策略的合理性。

4.4.2　行驶控制策略测试

1. 测试目的

结合燃料电池电动汽车的特性，对燃料电池电动汽车冷却系统行驶控制策略进行测试，评价高温环境下燃料电池电动汽车冷却系统性能及行驶控制策略的合理性。

2. 测试设备

燃料电池电动汽车行驶控制策略测试需要温度、水流量、CAN 总线分析仪等记录仪器记录燃料电池发动机进出水温度、燃料电池发动机冷却液流量、驱动电机进出水温度、驱动电机冷却液流量、驱动电机本体温度、电机控制器进出水温度、电机控制器本体温度、动力蓄电池进出水温度、动力蓄电池冷却液流量、各循环水泵转速以及电子风扇转速等。表4-37给出测试所需设备及其基本要求。

表4-37 行驶控制策略测试设备及基本要求

设备	参数	准确度
环境舱	温度	±2℃
	湿度	±2%
转鼓试验台	车速	±2km/h
温度传感器	温度	±0.5℃
流量传感器	流量	±1%FS
数据采集仪	—	±1%FS
CAN总线分析仪	—	—

3. 参考标准

GB/T 12542—2009《汽车热平衡能力道路试验方法》[30]。

4. 测试环境

温度40℃,湿度50%。

5. 测试方法与步骤

试验准备阶段:

1)根据测试需求,在燃料电池电动汽车相应位置安装测试用传感器。

2)将燃料电池电动汽车放置在规定的温度和湿度条件下保温足够长的时间,以保证燃料电池电动汽车内部温度与环境温度相同,静置时间至少12h。

3)起动暖机过程控制策略测试按照以下步骤进行:

① 采用模拟加载的方式,以满载情况确定车辆行驶阻力。

② 样车完成预跑后停车,然后原地怠速,按表4-38燃料电池电动汽车冷却系统行驶控制策略测试评价矩阵进行测试。

表4-38 行驶控制策略测试工况设置

序号	测试工况
1	连续爬坡加减速(6%~8%)
2	加速爬坡(6%~8%)
3	最高车速匀速行驶
4	急加速过程:加速至最高车速或120km/h后减速停车10s,之后继续进行加速,共进行10次加速
5	急减速过程:以最高车速或120km/h行驶时,急减速后停车10s,加速至目标车速,之后继续急减速,共进行10次减速

6. 数据处理及评价指标

把通过数据采集系统收集到的数据和通过CAN总线分析仪读出的数据输入到计算机,并绘制相应的二维曲线,见表4-39。

表 4-39　行驶控制策略测试数据处理

测试内容	曲线
燃料电池发动机进出水温度	时间 - 温度
驱动电机进出水温度	时间 - 温度
驱动电机本体温度	时间 - 温度
电机控制器进出水温度	时间 - 温度
电机控制器本体温度	时间 - 温度
动力蓄电池进出水温度	时间 - 温度
燃料电池发动机冷却液流量	时间 - 流量
驱动电机冷却液流量	时间 - 流量
动力蓄电池液流量	时间 - 流量
燃料电池发动机冷却循环水泵转速	时间 - 转速
驱动电机冷却循环水泵转速	时间 - 转速
动力蓄电池冷却循环水泵转速	时间 - 转速
电子风扇转速	时间 - 转速

根据测试结果，解析燃料电池电动汽车冷却系统行驶阶段水泵和电子风扇控制策略，并根据试验过程中各冷却系统所达到的最高温度评价当前冷却系统性能及控制策略的合理性。

4.4.3　后冷却控制策略测试

1. 测试目的
测试燃料电池电动汽车停车后冷却系统温度变化情况，用以评估燃料电池电动汽车冷却系统后冷却控制策略的有效性。

2. 测试设备
燃料电池电动汽车冷却系统后冷却控制策略测试需要温度、水流量、CAN 总线分析仪等记录仪器记录停机后燃料电池发动机进出水温度、燃料电池发动机水流量、驱动电机进出水温度和驱动电机水流量。其测试所需设备及基本要求与表 4-35 中起动暖机过程控制策略测试设备及基本要求相同。

3. 测试环境
温度 40℃，环境湿度 50%。

4. 测试方法与步骤

① 根据测试需求，在燃料电池电动汽车相应位置安装测试用传感器。

② 将燃料电池电动汽车放置在转鼓试验台上怠速起动 30min，而后加速至 20km/h，保持 10min，然后加速至 40km/h，至热平衡状态后保持 1min，然后熄火。

③ 记录燃料电池电动汽车熄火后，水泵转速、电子风扇转速、驱动电机进出水口温度和燃料电池进出水口温度变化情况。

5. 数据处理及评价指标

把通过数据采集系统收集到的数据和通过 CAN 总线分析仪读出的数据输入到计算机，对数据进行处理，见表 4-40。

表 4-40 后冷却控制策略测试数据处理

系统	停机后最大温升 /℃	达到最大温升所用时间 /s	降至 40℃ 所需时间 /s
燃料电池发动机冷却系统			
驱动电机冷却系统			

根据试验结果，解析燃料电池电动汽车冷却系统后冷却控制策略，并根据停机后冷却系统的温度变化情况评价当前控制策略的合理性及有效性。

4.5 燃料电池电动汽车整车热管理系统性能测试

传统内燃机的散热，15% 通过发动机机体散出，40% 通过排气管以尾气形式散出，只有 8% 通过散热器散出[31]。对于燃料电池电动汽车，燃料电池发动机系统产热量的 62% 都需要通过散热器散出[31]，因此燃料电池散热系统设计面临较大挑战。此外，为提高燃料电池热管理性能和燃料经济性，在进行燃料电池电动汽车热管理系统设计时，还需综合考虑空调系统、燃料电池发动机冷却系统、动力蓄电池冷却系统和电机及动力模块冷却系统等子系统之间的协调工作。

一种燃料电池电动汽车热管理系统框架图如图 4-6 所示，该系统由冷却系统和空调系统组成[32-35]。其中燃料电池电动汽车冷却系统包含燃料电池发动机冷却系统、动力蓄电池冷却系统和电机及动力控制模块冷却系统。燃料电池电动汽车空调系统包含空调采暖系统和空调降温系统。

目前，我国燃料电池电动汽车的设计处于起步阶段，在燃料电池电动汽车热管理方面研究尚需加强，还需积累相关测试数据，有关燃料电池电动汽车整车热管理性能测试部分尚未形成统一的标准。本节结合传统汽车和纯电动汽车整车热管理性能测试方法，对燃料电池电动汽车整车热管理系统性能测试进行了探讨并梳理了一套可供参考的测试方法。燃料电池电动汽车整车热管理系统性能测试主要分为燃料电池电动汽车热平衡性能测试、燃料电池电动汽车空调系统降温性能测试、燃料电池电动汽车空调系统采暖性能测试和燃料电池电动汽车整车空调除霜除雾性能测试。通过上述性能测试，可对燃料电池电动汽车整车热管理系统性能进行评价，为燃料电池电动汽车开发制定与性能分解提供依据。

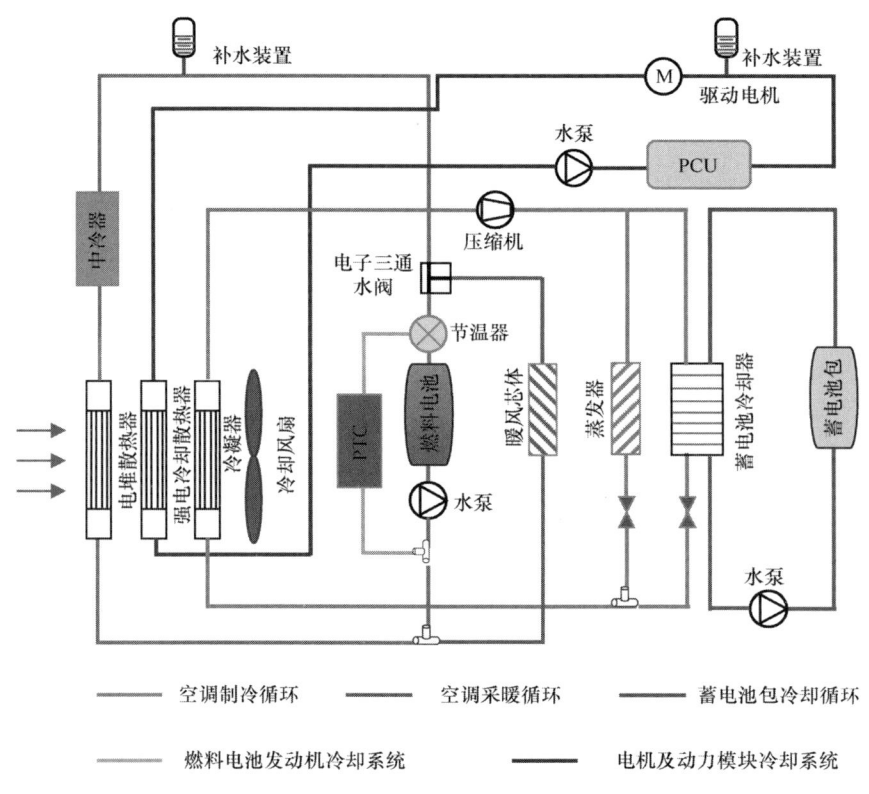

图 4-6　燃料电池电动汽车热管理系统框架图

4.5.1　燃料电池电动汽车热平衡性能测试

1. 测试目的

测试与评价燃料电池电动汽车的主要总成温度变化对车辆正常运行的影响,为整车热管理系统及控制策略开发提供依据。

2. 测试设备

测试过程需要转鼓试验台、环境舱、温度传感器、流量传感器、风速仪和数据采集仪等设备,表 4-41 给出所需设备及其基本要求。

表 4-41　热平衡性能测试所需设备

设备	参数	基本要求
转鼓试验台	车速	±2km/h
环境舱	温度	±2℃
环境舱	湿度	±2%
温度传感器	温度	±0.5℃
流量传感器	流量	±1%FS
风速仪	风速	±1%FS
数据采集仪	—	±1%FS

3. 参考标准

GB/T 12542—2009《汽车热平衡能力道路试验方法》[30]。

4. 测试点及传感器布置

见本章附录。

5. 测试方法与步骤

试验人员安装好试验仪器，确认车辆状态良好。驾驶人进入车辆，将空调开至内循环、制冷、最大风量、吹面模式，并按表4-42工况进行行驶，同时记录试验数据。

表4-42 热平衡性能测试工况

试验工况	环境温度	环境湿度	光照强度	坡度	载荷	空调状态	车速
高速	40℃	50%	1000 W/m²	0	满载	AC开	120km/h 行驶 30min
爬坡	38℃	50%	1000 W/m²	9%	满载	AC开	60km/h 行驶 30min
高速爬坡	38℃	50%	1000 W/m²	3%	满载	AC开	110km/h 行驶 30min
城市工况	45℃	50%	1000 W/m²	0	满载	AC开	10次 NEDC 循环

6. 数据处理及评价指标

燃料电池电动汽车热平衡性能测试需对燃料电池发动机系统、驱动及传动系统、空调系统温度及工作状态进行测试与分析。把通过数据采集系统收集到的数据和通过CAN总线分析仪读出的数据输入到计算机，当5min内测温点温度变化在±1℃时，即判断温度达到平衡，记录平衡温度，并填写表4-43，对热平衡性能进行分析。

表4-43 热平衡性能分析

行驶工况	测温点	最高温度	平衡温度	平衡时间
	燃料电池发动机冷却液进出口温度			
	燃料电池发动机散热器冷却液进出口温度			
	驱动电机冷却液进出口温度			
	驱动电机散热器冷却液进出口温度			
	动力蓄电池冷却液进出口温度			

4.5.2 燃料电池电动汽车空调系统降温性能测试

1. 测试目的

测试与评价燃料电池电动汽车空调系统降温性能，为燃料电池电动汽车空调降温系统及控制策略开发的制定与性能分解提供依据。

2. 测试设备

测试过程需要转鼓试验台、环境舱、温度传感器、流量传感器、风速仪和数据采集仪等设备，表4-41给出所需设备及其基本准确度要求。

3. 参考标准

QCT 658—2000《汽车空调整车降温性能试验方法》[36]。

4. 测试环境

温度：40℃；湿度：50%；光照强度：1000W/m^2。

5. 测试点及传感器布置

见本章附录。

6. 测试方法及步骤

试验人员安装好试验仪器，完成预热升温阶段后，驾驶人起动样车全部空调制冷装置，并调到最大冷却位置，同时试验人员开始记录各测温点温度。挂 D 位按照表 4-44 要求的试验工况开始试验。

表 4-44 空调系统降温性能测试工况

试验工况	试验车速	环境温度	风档模式	温度模式	其他模式	试验时间
低速	40km/h	40℃	最高档	全冷	内循环、吹面	40min
高速	100km/h	40℃	最高档	全冷	内循环、吹面	20min
怠速	0km/h	40℃	最高档	全冷	内循环、吹面	20min

7. 数据处理及评价指标

燃料电池电动汽车空调系统降温性能测试需对车内环境温度、车内空调出风口温度、空调系统组件工作状态和燃料电池发动机工作状态进行测试与分析。把通过数据采集系统收集到的数据和通过 CAN 总线分析仪读出的数据输入到计算机，对数据进行处理并填写表 4-45，以评价燃料电池电动汽车空调系统降温性能。

表 4-45 降温性能分析

序号	试验工况	运行时间	空调出风口平均温度	车内平均温度	车内平均温度变化速率
1	40km/h	10min			
		20min			
		40min			
2	100km/h	60min			
3	0km/h	80min			

4.5.3 燃料电池电动汽车空调系统采暖性能测试

1. 测试目的

测试与评价燃料电池电动汽车空调系统采暖性能，为燃料电池电动汽车空调采暖系统及控制策略开发的制定与性能分解提供依据。

2. 测试设备

测试过程需要转鼓试验台、环境舱、温度传感器、流量传感器、风速仪和数据采集仪等设备，表 4-41 给出所需设备及其基本准确度要求。

3. 参考标准

GBT 12782—2007《汽车采暖性能要求和试验方法》[37]。

4. 测试点及传感器布置

见本章附录。

5. 测试环境

环境温度：$(-20\pm2)\ ^\circ C$。

环境相对湿度：0%。

光照强度：$0W/m^2$。

6. 测试方法及步骤

试验人员安装好试验仪器，确认车辆处于良好状态，降下车窗玻璃，车门全开。放置在环境舱内 3h 后驾驶人进入车内，关闭车门、车窗及通风孔。测试开始后，车辆挂 D 位以 40km/h 的稳定车速行驶，驾驶人开启全部采暖装置，同时试验人员开始记录各测温点温度，按表 4-46 要求的试验工况开始试验。同时试验人员开始记录各测温点温度。

表 4-46 空调系统内采暖性能测试工况

序号	行驶工况	档位	车速	档位模式	温度模式	其他模式	试验时间
1	低速	D 位	40km/h	前 5min 最低档，后 5min 最高档	全暖	外循环、吹脚	40min
2	怠速	N 位	0km/h	中间档	全暖	外循环、吹脚	15min
3	高速	D 位	100km/h	中间档	全暖	外循环、吹脚	20min

7. 数据处理及评价指标

燃料电池电动汽车空调系统采暖性能测试需对车内环境温度、车内空调出/回风口温度、空调采暖系统组件工作状态和燃料电池发动机工作状态进行测试与分析，并根据试验结果填写表 4-47，以评价燃料电池电动汽车空调系统采暖性能。

表 4-47 采暖性能分析

序号	试验工况	运行时间	头部平均温度（最后 1min）	脚部平均温度（最后 1min）	车内平均温度（最后 1min）
1	40km/h	10min			
		40min			
2	0km/h	55min			
3	100km/h	75min			

4.5.4 燃料电池电动汽车空调除霜除雾性能测试

1. 测试目的

测试与评价燃料电池电动汽车的除霜除雾性能，为燃料电池电动汽车空调系统开发制定与性能分解提供依据。

2. 测试设备

测试过程需要环境舱、喷枪和相机等试验设备，表 4-48 给出所需设备的基本要求。

表 4-48 除霜除雾性能测试所需设备及基本要求

设备	参数	基本要求
环境舱	温度	±2℃
	湿度	±2%
喷枪	容积	大于 1.7L
相机	像素	300 万

3. 参考标准

GB 11555—2009《汽车风窗玻璃除霜和除雾系统的性能和试验方法》[38]。

GB/T 24552—2009《电动汽车风窗玻璃除霜除雾系统的性能要求及试验方法》[39]。

4. 除霜测试条件

环境温度为（−18±3）℃。

5. 除霜测试方法及步骤

测试前，使用含有甲醇的酒精或类似的去污剂彻底清除风窗玻璃表面油污，然后用清洗剂擦拭，待干后再用棉布擦干净。按 GB 11555—2009《汽车风窗玻璃除霜和除雾系统的性能和试验方法》[38] 画出 A 区、A′区和 B 区，并按 GB 11555—2009《汽车风窗玻璃除霜和除雾系统的性能和试验方法》[39] 对车辆进行低温处理 10h 后用规定喷枪喷射形成冰层，停放 30min 后驾驶人进入车辆，接通总电源开启除霜装置，开始试验。试验开始后，试验人员每隔 5min 在车窗内表面上描绘一次除霜面积的轨迹图或拍摄照片。

6. 除雾测试条件

环境温度为 −3℃±1℃。

7. 除雾测试方法及步骤

将试验车开进试验室指定位置，降温至车上所用冷却液、润滑油以及车内温度都稳定在环境温度时为止。将装有至少 1.7L 水的蒸汽发生器加热至沸点，待稳定后按 GB/T 24552—2009《电动汽车风窗玻璃除霜除雾系统的性能要求及试验方法》[39] 要求，将蒸汽发生器放置在指定位置，蒸汽发生器工作 5min 后驾驶人进入车辆，开启除雾装置，调至最大位置，开始试验。试验开始后，试验人员每隔 1min 在车窗内表面上描绘一次除雾面积的轨迹图或拍摄照片。

8. 数据处理及评价指标

（1）除霜标准要求

检测开始后 20min 时，除霜面积占 A 区比例≥80%。

检测开始后 25min 时，除霜面积占 A′区比例≥80%。

检测开始后 40min 时，除霜面积占 B 区比例≥95%。

（2）除雾标准要求

检测开始后 10min 时，除雾面积占 A 区比例≥90%。

检测开始后 10min 时，除雾面积占 B 区比例≥80%。

4.6 燃料电池电动汽车的整车安全要求及测试

燃料电池电动汽车的安全性主要涉及储氢安全、电气安全、结构安全及碰撞安全四个方面。由于燃料电池电动汽车与纯电动汽车在结构方面有较大的差别，燃料电池电动汽车在安全性要求方面不仅要满足电动汽车的安全要求，还须考虑其特殊的安全性。燃料电池客车动力系统结构图如图4-7所示。

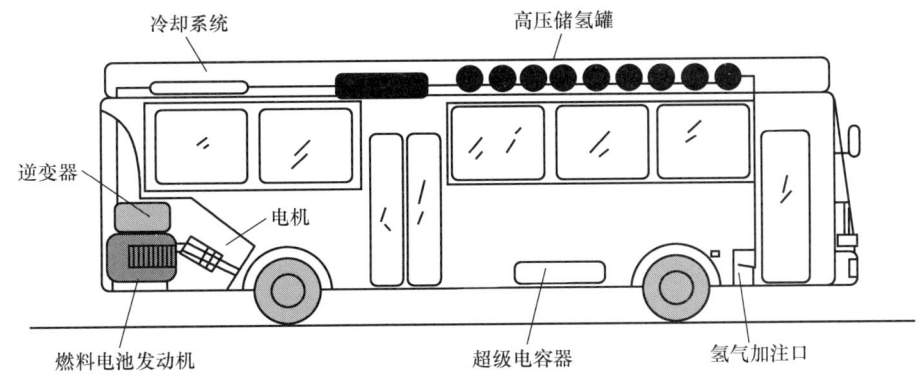

图4-7 燃料电池客车动力系统结构图[40]（图片来源：氢电混合燃料电池汽车动力系统技术）

4.6.1 车载氢系统安全要求

GB/T 24549—2009《燃料电池电动汽车 安全要求》[41]对气态燃料电池电动汽车的燃料系统安全、燃料电池系统、电气系统和功能、应急保护要求以及运行维护要求都做了明确的规定，对氢气系统提出了相关的安全要求。

GB/T 24549—2009《燃料电池电动汽车 安全要求》[41]主要规定了四个方面的安全要求，即部件安装和保护、燃料加注、氢气储存和供应以及氢气释放/泄漏。

（1）部件安装和防护

本部分规定了安装元器件时需要注意的事项和保护措施。例如，燃料系统的零部件应该牢固、快速地固定，以避免车辆振动造成的损坏和泄漏。燃料系统的所有零部件应采取一定的措施保护，除压力释放装置和排气管外，不得放在车辆边缘。可能释放或泄漏氢气的部件应远离可能产生火花或高温的部件。

（2）燃料加注

燃料加注是燃料系统的重要组成部分。当添加燃料时，燃料系统应具有切断燃料电池系统燃料供应的功能。加注口应有防尘盖，防止尘土、液体和污染物等进入。应在盖子附近标出最大加注压力。加注口的位置应位于车辆侧面。燃料加注口应提供静电消除措施。燃料加注口应能承受来自任何方向的670N的压力而不影响气密性。

（3）氢气储存和供应

储氢主要涉及储氢罐及其内部部件，而氢气供给主要涉及加氢气过程中的安全措施。目前车载储氢主要有四种形式（表4-49），储氢罐应符合国家有关标准。储氢系统中应包含温度传感器，以显示储气罐内的气体温度。燃料电池系统应具有过压保护装置、紧急关闭装置和超压报警装置。燃料电池系统应具有低压保护装置，当储氢罐内部压力低于所要求压力时，其防护装置应能够及时切断燃料的供应。当发生氢气泄漏时，燃料系统应该能够及时切断氢气总开关。

表 4-49　车载氢气主要储存方式

储氢方式	单位质量储氢密度（%）	优点	缺点	应用
高压气态储氢	1.0~5.7	技术成熟、储存能耗低、成本低、充放速度快、易调控充放气速度、动态响应好、低温下易携带	储存体积密度和质量密度低	目前发展最成熟、最常用的储氢技术，也是车用储氢主要采用的技术
车载液态储氢	>5.1	储存体积密度和质量密度高	液化成本高、能耗高、储氢瓶体积大、液氢蒸发带来安全隐患、经济性差	主要应用于航空航天领域
车载固态储氢	1.0~4.5	储氢体积密度高	储氢质量密度低、低温下供氢难	未来主要发展方向
有机物液体储氢	5.0~7.5	质量储存密度高、体积密度高、安全性较高	氢气纯度较低、技术突破难、成本高	可利用传统石油设施进行运输和加注
物理吸附储氢技术	1.0~12.0	对氢气具有良好、可逆的热力学吸附、脱附性能	质量储存密度低、体积密度低、需要低温环境	实际应用较少

（4）氢气释放/泄漏

燃料电池电动车辆中的氢气有可能泄漏，应该加以控制和监测。一般的起动、行车、停车、关闭等操作应避免氢气引起的危害。氢气密度应在离排气口 100mm 处的气流中心线处测试。氢气浓度不应高于车辆周围低可燃极限（Low Flammability Limit，LFL）的 75%，也不应高于车内 LFL 的 50%。

当发生故障或事故时，燃料系统应通风放气。放气气流应远离人、电和火源。气体释放装置应该放在车辆的顶部。气体不应对人体构成危险，并且气流应远离电子部件和点火部件，避免流向汽车的电气端子、电气开关或点火源等部件。压力释放装置（PRD）应遵循以下要求：

1）不应将气体排放到乘客舱和行李舱。
2）气体不应释放到车轮周围区域。
3）气体不应释放到电器部件、电气开关和点火源处。
4）气体不应该释放到其他氢气容器。
5）释放装置连接的管道和端口的制造材料应使用熔点超过 538℃ 的金属材料。

4.6.2　燃料电池电堆/系统安全要求

燃料电池电堆/系统的安全要求是燃料电池电动汽车安全要求的重点，主要涉及燃料电池堆的氢气泄漏、检测及安全措施。

燃料电池系统应有应急保护装置，以防止由于阀门和管道的故障而导致燃料的泄漏。

当发生氢气的泄漏时,传感器应能立刻检测到泄漏并及时提醒驾驶人,并采取相应的安全措施,例如:关闭气源和电源。

在任何情况下,燃料电池系统周围的氢气密度不应超过 LFL 的 75%。在任何可能发生泄漏的地方应安装氢气检测装置。在车舱室内应充足地布置探测器,放置在氢气易于聚集的位置,通常放置在局部最高点和通风条件差的位置。

车辆应有和氢气浓度探测器联动的安全装置。当氢气密度达到 LFL 的 50% 时,应通过声音或应急显示警告驾驶人。当密度达到 LFL 的 75% 时,氢源和动力源应能自动切断。燃料电池系统的导体壳应与电气平台连接,以确保当发生氢气泄漏时氢气不会被静电引燃。

4.6.3 电气系统的安全要求

燃料电池电动汽车的电气系统安全要求与纯电动汽车、混合动力汽车的电气系统安全要求相似。电路的电压级依据最大工作电压的不同,分为两级,见表 4-50。

表 4-50 电路电压的分级

电压级别	直流系统 U/V	交流系统 U_{rms} (15~150Hz)/V
A	$0<U\leqslant 60$	$0<U_{rms}\leqslant 25$
B	$60<U\leqslant 1000$	$25<U_{rms}\leqslant 660$

1. 标识

接近 B 级电压源(如燃料电池电堆、电池、超级电容)需要标识"B 级电压"警告标志,如图 4-8 所示。B 级电压电缆线皮由橙色套管组成。

2. 触电防护要求

主要包括避免与动力电路系统中带电部件直接接触的相关要求、避免与动力系统中外露可导电部件间接接触的相关要求和绝缘电阻的要求。

避免与动力电路系统中带电部件直接接触的相关要求对 A 级电压电气系统不做要求。对于 B 级电压电气系统要求如下:

1)不允许在车辆中露出电线、接线端子、连接单元或其他 B 级电压装置。

图 4-8 B 级电压警告标志 [图片来源:燃料电池电动汽车 安全要求(GB/T 24549—2009)[41]]

2)动力电路系统的带电部件,应通过绝缘或使用盖、防护栏、金属网板等防止直接接触。防护装置应牢固可靠,并耐机械冲击。在不使用工具或无意识的情况下,它们不能被打开、分离或移开。

3)在客舱或行李舱中,在任何情况下,带电部件应至少采用 IPXXD 防护等级的防护罩进行绝缘。

4）车辆其他区域的活动部件只需要具有 IPXXD 级别的防护罩。

5）前舱中的带电部件应设计为无意中不能触及。

6）打开机盖后，与系统连接的部件应具有 IPXXB 级别的保护。IPXXB 和 IPXXD 防护等级分别指通过铰接试指、测试线与危险部件的接触，具体规定见 GB/T 4208—2017《外壳防护等级（IP 代码）》[42]。

3. 避免与动力系统中外露可导电部件间接接触的相关要求

1）A 级电压电气系统不做要求。

2）B 级电压电气系统要求如下：

① 所有电气设备的设计和安装都应避免绝缘失效。

② 应采取绝缘措施以防止间接接触，裸露的导电部分均应连接以均衡电位。

4. 绝缘电阻的要求

如果通过绝缘电阻来实现保护，则电气系统的所有带电部分都应该用绝缘材料封闭。绝缘材料只能通过有意的损坏才能去除，并符合相关标准。应在不同的电气系统和电气平台之间提供绝缘，绝缘电阻的要求应符合 GB/T 18384.3—2015《电动汽车 安全要求 第3部分：人员触电防护》[43] 中 6.2.2 的规定。

4.6.4 功能安全要求

功能安全是指在车辆运行时的安全要求，如驾驶、停车等。

1. 主开关的安全要求

主开关应能切断电源或燃料供应，方便驾驶人打开或关闭燃料电池系统、电力系统。对于燃料电池电动汽车动力通电要求，至少需要两个不同的动作来打开电源才能进行正常驾驶，只需一个动作就可以从驾驶状态中关闭电源。车辆应提供连续或间断的指示，向驾驶人提示车辆处于驾驶状态。如果燃料电池系统自动或手动切断，只能通过正常的电源开启系统重新起动。

2. 行驶的安全要求

如果燃料电池系统功率明显下降，应向驾驶人提供清晰的提示信息，即动力降低指示要求。如果通过改变电机的旋转方向来实现倒车，驾驶和倒车开关应通过驾驶人的两次独立动作来完成。如果可以通过一次动作完成，应该有一个安全装置使开关仅能在汽车不能移动时才能转换。

3. 驻车安全要求

当驾驶人离开车辆时，而燃料电池系统仍处于行驶模式时，应提供警告以提醒驾驶人。如果驾驶人将开关置于关闭模式，车辆不应该移动。添加燃料时车辆不应该移动。

4.6.5 紧急情况下的安全要求

1）任何故障都不应导致车辆意外的加速或倒退。

2）车辆起动过程中发出警告信号时，应立即关闭电源和燃料供给。

3）如果车辆已经起动但未移动,有警告信号发出,车辆应向驾驶人发出提示警报。如果故障在规定的时间内未解决,车辆应自动切断电源和燃料供给。

4）如果车辆在行驶的过程中出现警告信号,车辆应立即向驾驶人发出警告。有些故障应立即切断高压或驱动电源,并切断燃料供给。

5）如果传感器检测到碰撞,车辆应自动关闭电源和燃料供给。

4.6.6 车载氢安全测试

氢气在标准状态下的密度很低,目前车载储氢方式通常采用压缩氢气,随之产生的氢安全成为燃料电池电动汽车的关键问题。因此,需要重点关注储氢容器和管路的布置问题、氢气泄漏带来的安全问题以及加氢口的设计问题。

1. 测试目的

为实现全面表征、测试以及评价燃料电池电动汽车的氢安全问题,主要从燃料电池电动汽车储氢容器和管路、氢气泄漏量、加氢口和氢气的排放四个方面来测试燃料电池电动汽车车载氢系统安全。

2. 测试设备

需要计时器测试试验持续时间;需要长度测量计测试加氢口尺寸等;需要压力测量计测量氢气压力变化等;需要气体流量计测量氢气流量;需要氢气泄漏探测器等设备。各仪器相互配合使用,要求见表4-51。

表4-51 测试用仪表要求

序号	参数	要求
1	时间	仪表准确度不低于60s
2	距离	仪表准确度1%
3	压力	准确度不低于1.5级,测量量程为测量值的1.5~3倍
4	流量	准确度不低于1.5级,测量量程为测量值的1.5~3倍

3. 参考标准

GB/T 29126—2012《燃料电池电动汽车 车载氢系统 试验方法》[44]。

GB/T 26779—2011《燃料电池电动汽车 加氢口》[45]。

GB/T 26990—2011《燃料电池电动汽车 车载氢系统 技术条件》[46]。

GB/T 15385—2011《气瓶水压爆破试验方法》[47]。

GB/T 33437—2016《全地形车静态振动试验》[48]。

GB/T 37337—2019《汽车侧面柱碰撞的乘员保护》[49]。

GB 11551—2014《汽车正面碰撞的乘员保护》[50]。

4. 测试方法与步骤

在以下环境下进行测试：使用压缩氢气为燃料，环境温度不超过 15 ℃，工作压力不超过 35MPa 的燃料电池电动汽车，在进行氢系统的测试时，大气压力应不低于 91kPa，温度在 5~35 ℃ 之间，相对湿度应该小于 95%，测试场地干燥，在测试场地距离地面 1.2m 高处测量风速，平均风速应小于 3m/s，阵风小于 5m/s。试验用仪表应符合表 4-51 要求。目前暂无 70MPa 燃料电池电动汽车的车载氢安全相关标准，测试方案将在后续版本中给出。

（1）储氢系统氢安全测试

1）检测车载储氢容器是否避开热源及电器、蓄电池等可能产生电弧的地方。检查高压管路及部件是否可靠接地。

2）检查储氢容器是否置于乘客舱、行李舱或其他通风不良的地方。若是，检查是否采取隔离装置。

3）检测车载储氢容器的安装位置与测试车辆边缘的距离是否小于 10mm。

4）检测储氢容器在上、下、前、后、左、右六个方向上承受的冲击力是否能达到 $8g$，检测储氢容器与固定座的相对位移是否超过 13mm。

5）进行燃料电池电动汽车正碰与侧碰测试。正碰撞测试按照 GB 11551—2014《汽车正面碰撞的乘员保护》[50] 的相关规定进行，侧面碰撞测试按照 GB/T 37337—2019《汽车侧面柱碰撞的乘员保护》[49] 的相关规定进行。碰撞测试完成后，检测储氢容器气密性。然后将管路泄压，打开气瓶阀门，检查气瓶内部气体是否可以正常释放，检测瓶内温度是否能正常输出。

6）取 2.35 倍工作压力进行水压爆破测试。水压爆破测试按照 GB/T 15385—2011《气瓶水压爆破试验方法》[47] 的相关规定进行。将测试后的储氢容器从车上拆下，检测储氢容器在 150% 工作压力下的气密性，确保无泄漏后加压至 2.35 倍工作压力并保持 30s，用压力表检测储氢容器是否存在压降。

7）在垂直方向上以 $8g$ 加速度，在水平方向上以 $2g$ 加速度对燃料电池电动汽车进行振动测试。振动测试按照 GB/T 33437—2016《全地形车静态振动试验》[48] 的相关规定进行。检测储氢容器在 150% 工作压力下的气密性。

（2）车内氢安全测试

1）检测车内氢气传感器工作状态。

2）检测氢泄漏探测器工作状态。

3）检测氢气泄漏警告装置工作状态。

（3）零部件和管路氢安全测试

1）检测储氢容器的进口管路上是否安装了手动关断阀或其他装置。

2）检测刚性管路的布置是否存在与相邻部件的碰撞或摩擦。

3）检测支撑和固定管路的金属零件是否直接与管路接触。

4）检测高压管路及部件可能产生静电的地方是否可靠接地。

5）进行燃料电池电动汽车正碰与侧碰测试。正碰撞测试按照 GB 11551—2014《汽车正面碰撞的乘员保护》[50] 的相关规定进行，侧面碰撞测试按照 GB/T 37337—2019《汽车侧面柱碰撞的乘员保护》[49]的相关规定进行，检测碰撞后的所有管路及零部件的功能。检测主关断阀的工作情况。

6）取2.35倍工作压力进行水压爆破测试。水压爆破试验按照GB/T 15385—2011《气瓶水压爆破试验方法》[47]的相关规定进行。检测水压爆破测试后的管路气密性。

7）在垂直方向上以8g加速度，在水平方向上以2g加速度对燃料电池电动汽车进行振动测试。振动测试按照GB/T 33437—2016《全地形车静态振动试验》[48]的相关规定进行。检测供氢管路在150%工作压力下的管路气密性。

（4）加氢系统氢安全测试

1）检查加氢口的形状及尺寸是否符合GB/T 26779—2011《燃料电池电动汽车　加氢口》[45]的要求，并测量加氢口的安装位置和高度。

2）加氢口的单向阀处于关闭状态时，加氢口出口端通以惰性气体（氦气10%，氮气90%），分别在0.5MPa、43.75MPa两种压力状态下进行测试，每个测量点持续时间不应少于3min，用检漏液检查气密性，如果1min之内无连续气泡产生则该测试结束，测试结果合格。

3）加氢口的单向阀处于关闭状态时，从加氢口的出口端充入35MPa的压缩空气或氮气，将其放入恒温箱内，温度从室温逐渐升至（60±2）℃，保温8h；然后取出在空气中冷却至室温，再将其放入低温箱内，逐渐降温至（40±2）℃，保温8h，最后取出待升至室温后，按2）所述方法进行气密性测试，满足气密性要求则为合格。

4）加氢口与氢气接触的非金属零件应在（23±2）℃的正戊烷或正己烷中浸泡72h后，再于常温下放置48h后，测量其体积变化率和质量变化率。其体积膨胀率应不大于25%，体积收缩率应不大于10%，质量变化率应不大于10%。

5）加氢口与氢气接触的非金属零件，在温度为（70±2）℃、压力为2.1MPa的氧气中放置96h，目测其变化状态，若满足要求，则不应出现变形、变质、斑点及裂纹等现象。

6）将加氢口的出口端密封，并通以52.5MPa的水压，持续时间不应少于1min，测试后不应出现任何裂纹或永久变形。

7）将试件可靠地固定在振动测试台上，从5~60Hz每个频率点都需要振动8min，振幅见表4-52。

表4-52　振动频段和振幅

频段	振幅
5~20Hz	≥1.5mm
20~40Hz	≥1.2mm
40~60Hz	≥1mm

测试时，横向纵向各振动一次，如果加氢口不是放射性对称，应在相互垂直的两个方向进行振动。

8）在加氢口和加氢枪连接后，在任意方向施加670N的压力，满足气密性要求且无连接件产生松动为合格。

9）在加氢口的入口端接通高压气源，测试压力从0MPa升至43.75MPa，使单向阀处于开启状态。然后，入口端泄压为 0MPa，使单向阀承受 43.75MPa 的压力并处于关闭状态，保持时间不少于 2s；再将出口端泄压为 0MPa，使单向阀周期性开启、闭合。单向阀开启、关闭一次为一个循环，单向阀开启、闭合频率不高于 15 次 /min。耐久测试总循环次数为 30000 次。测试结束后立即进行气密性测试，满足气密性要求且无异常磨损产生则为合格。

10）如果加氢口周围有暴露的电气端子、电气开关和点火源，则分别测量加氢口位置与其之间的距离，检查是否符合 GB/T 26990—2011《燃料电池电动汽车 车载氢系统技术条件》[46] 的规定。

11）加氢口喷嘴耐久测试总循环次数应超过 1000000 次。

12）加氢口喷嘴分别在常温、高温和低温下进行泄漏测试，常温（40~65℃）时测试压力为 0.5MPa 和 150% 的正常工作压力，高温测试在 85℃ 和 1MPa 下进行，低温测试在 40℃ 和 0.5MPa 的条件下进行。将整个连接设备浸入水中，观察从加压到断开时是否有泄漏（应至少观察 1min），若无泄漏或者泄漏率小于 20cm³/h 则合格。

13）加氢口喷嘴的插座和保护帽应固定在测试设备中，以每 5~60Hz 的整数频率振动 8min，振动幅度应在 5~20Hz 时为 1.5mm，20~40Hz 时为 1.2mm 以及 40~60Hz 时为 1mm，并且测试应在轴向和径向各进行一次。

（5）测试矩阵

燃料电池电动汽车车载氢安全测试评价测试矩阵见表 4-53。

表 4-53 燃料电池电动汽车车载氢安全测试评价测试矩阵

序号	测试项目	测试类别
1	储氢系统碰撞测试	储氢系统氢安全测试
2	储氢系统水压爆破测试	
3	储氢系统振动测试	
4	车内氢安全测试	车内氢安全测试
5	零部件和管路氢系统碰撞测试	零部件和管路氢安全测试
6	零部件和管路氢系统水压爆破测试	
7	零部件和管路氢系统振动测试	
8	加氢口水压测试	加氢系统氢安全测试
9	加氢口振动测试	
10	加氢口单向阀耐久性测试	
11	加氢口喷嘴耐久性测试	
12	加氢口喷嘴泄漏测试	
13	加氢口喷嘴振动测试	

5. 数据处理及评价指标

燃料电池电动汽车车载氢安全测试无需数据处理。

评价指标见表 4-54。

表 4-54 燃料电池电动汽车车载氢安全测试记录表及评价指标

测试类别	检测内容	数据记录	评价指标
储氢系统氢安全测试	车载储氢容器的安装位置与测试车辆边缘的距离 l_1/mm		≤10mm
	储氢容器与固定座的相对位移 l_2/mm		≤13mm
车内氢安全测试	无		无
零部件和管路氢安全测试	无		无
加氢系统氢安全测试	加氢口与氢气接触的非金属零件在热处理之后的体积膨胀率（%）		≤25%
	加氢口与氢气接触的非金属零件在热处理之后的体积收缩率（%）		≤10%
	加氢口与氢气接触的非金属零件在热处理之后的质量变化率（%）		≤10%
	加氢口入口端耐久测试总循环次数 n_1/次		≥30000 次
	加氢口喷嘴耐久性测试总循环次数 n_2/次		≥1000000 次
	加氢口喷嘴泄漏率		≤20cm^3/h
	加氢口喷嘴在 5~20Hz 振动幅度 A_1/mm		≤1.5mm
	加氢口喷嘴在 20~40Hz 振动幅度 A_2/mm		≤1.2mm
	加氢口喷嘴在 40~60Hz 振动幅度 A_3/mm		≤1.0mm

6. 评价方法

燃料电池电动汽车车载氢安全测试评价方法根据表 4-54 中的评价指标进行，满足评价指标要求的定为合格，不满足评价指标要求的定为不合格。

4.6.7 压缩氢存储条件及性能测试

1. 测试目的

出于安全性、经济性等方面的考虑，车载氢系统必须能在一定的寿命期限内正常工作，因此需要对储氢装置进行压力、泄漏、爆破等测试以验证其耐久性。

2. 测试设备

压力表、氢气传感器、压力传感器、倾角传感器、热电偶、高压气瓶、计时器等设备。

3. 参考标准

SAE J2579—2013《燃料电池和其他氢型车辆中燃料系统标准》[51]。

4. 测试方法与步骤

（1）压力测试

平稳、持续地对容器加压直至达到测试要求的压力值，并保持至少 30s。

（2）泄漏测试

关闭所有的排气阀门，检测任一时间段内氢气质量或压力的衰减情况。

（3）爆破测试

容器要以小于正常工作压力（NWP）⊖每分钟的加压速率加压（若容器的正常工作压力为 70MPa，则加压速率要小于 1.17MPa/s），并且在容器内压力达到 50% 正常工作压力后，加压速率不得小于 0.3NWP/min（若容器正常工作压力为 70MPa，则加压速率要大于等于 0.35MPa/s）。

（4）液压压力循环测试

使用非腐蚀性流体来填充密闭容器，测试开始前要将容器置于规定温度条件下一段时间，使其温度达到规定值。测试时，压力循环值应在 2MPa 至规定的最大压力之间，以不超过每分钟 10 次的循环速率循环测试。

（5）氢气压力循环测试

测试开始前要将密闭容器置于指定的温度、燃料水平和相对湿度中 24h 或以上，并在测试过程中保持这些参数值不变。在充入气体时，除非另有说明，充入氢气速率应根据 SAE J2601[53] 中的快速填充方案进行。排气速率则应按照制造商规定的最大载重车辆运行的氢气消耗率进行。在每个压力循环测试中，最大压力应不低于规定的最大压力，且最小压力应不超过 2MPa。

（6）整体渗透和泄漏测试

首先用氢气将密闭容器充满（气体温度为 15℃ 时，压力达到正常工作压力；气体温度为 55℃ 时，压力为 1.15 倍正常工作压力）。测试时，用氢气将容器加压至 1.15 倍正常工作压力，并将其放置在温度大于等于 55℃ 的外壳中（对氢气具有高度敏感性，可检测到氢气泄漏量或渗透量），间隔 12h 测试 3 次或以上，直到渗透和泄漏率达到稳定状态为止（读数误差在 ±10% 以内）。

（7）局部渗透和泄漏测试

测试时测试人员根据形成气泡的大小和速率来估计气体泄漏量，即当使用标准泄漏测试流体时，一般的气泡直径大约为 1.5mm，对于 0.005mg/s（3.6cm³/min）的泄漏率，每分钟所产生的气泡数大约为 2030 个。对于更大的气泡，可按其体积比例来计算，如直径约 6mm 的气泡，允许的泄漏率为每分钟约 32 个。若上一测试中密闭容器的总泄漏量小于局部泄漏量的允许值，则可不进行局部泄漏测试。

（8）冲击破坏测试

所有的冲击破坏测试可以在一个容器上完成，也可以分多容器完成。在环境温度下进行此测试，且测试地面应为光滑的混凝土或类似地面。当容器水平坠落时，其下平面与地面之间的距离至少为 1.8m；当容器垂直坠落时，其势能不能低于 488J，但容器下端距地面不应高于 1.8m；当容器以 45° 角坠落时，阀门向下且距地面至少 0.6m，容器重心距地面 1.8m。在测试过程中，不应阻止容器落地后的弹跳行为。图 4-9 所示为坠落测试示意图。若所有的坠落测试都使用同一个容器完成，则测试后还要对其重复一次步骤（1）、步骤（3）和步骤（5）的测试；若使用多个容器完成，则还要对这些容器进行液压压力循环

⊖ 正常工作压力（NWP）：压缩氢容器在充满氢气并处于 13℃ 均匀气体的环境下，制造商规定的容器压力。

测试，液压压力循环测试参照步骤（4）。

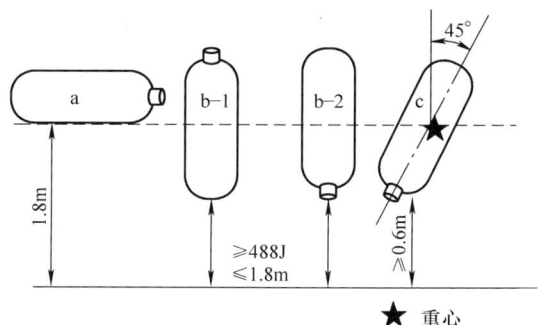

图 4-9　坠落测试示意图[51]（图片来源：SAE J2579 MAR2013 Standard for Fuel Systems in Fuel Cell and Other Hydrogen Vehicles [51]）

5. 数据处理及评价指标

（1）压力测试

泄压后，容器不应出现破裂、永久变形或大的泄漏，而且各部件，尤其是切断燃料的零部件能正常工作。

（2）泄漏测试

任意时间段内氢气质量或压力的衰减小于规定值。

（3）爆破测试

测得的容器爆破压力应大于制造商规定值。

（4）液压压力循环测试

测试后密闭容器不应表现出明显的泄漏或破裂现象。

（5）氢气压力循环测试

在每个压力循环测试中，最大压力应不低于规定的最大压力，且最小压力应不超过 2MPa。

（6）整体渗透和泄漏测试

达到稳定状态的泄漏或渗透率应不超过规定值。一般最大氢气泄漏率（$A \times 150$NmL/min）可按以下公式计算：

$$A = (V_{width}+1)(V_{height}+0.5)(V_{length}+1)/30.4 \quad (4-22)$$

式中　V_{width}、V_{height}、V_{length}——车辆的宽度（m）、高度（m）、长度（m）。

（7）局部泄漏测试

根据一定时间内气泡数量和大小计算泄漏率，其值应小于制造商规定的局部泄漏率。

（8）冲击破坏测试

若容器在低于 5500 次循环就发生泄漏，则此容器是不满足要求的；若所有容器均不发生泄漏，则对进行了 45°坠落试验的容器再进行耐久性测试；若有容器在 22000 次循环前发生泄漏，则对首先发生泄漏的容器进行耐久性测试。

4.6.8 车载氢系统的氢兼容性测试

氢脆和氢腐蚀通常发生在高温、高压环境中。此外，还会发生在高温热处理、电镀、腐蚀反应等情况下。氢脆主要发生在以下两种情况：一是当氢原子扩散到金属中并使金属结构过饱和时，对其施加应力，溶解的氢就会降低金属的抗断裂性能力；二是当应力和氢暴露同时发生时引起的环境氢脆。可以从以下几方面来避免车载氢系统零部件发生氢脆或氢腐蚀现象：通过控制化学成分（使用碳化物稳定剂或降低磷、硫等杂质元素）、微观结构（使用奥氏体不锈钢）和力学性能（限制其硬度或最小化残余应力）来选择对氢脆敏感性较低的材料；减小施加的压力且避免在疲劳状况下暴露在氢气中；当对部件进行电镀时，控制施加的电流密度；用非阴极碱性溶液和抑制酸溶液清洗金属或使用磨蚀性清洁剂处理硬度在40HRC以上的材料，必要时可采取过程控制检查来降低制造过程中发生氢脆的可能性。

1. 测试目的

在整个车载氢系统中对所有与氢接触的材料进行氢兼容测试，防止发生氢脆和氢气腐蚀现象，从而提高整个系统的寿命、性能等。

2. 测试设备

主要测试设备包括恒温箱、拉伸测试机、疲劳寿命测试仪和疲劳裂纹扩展测试机，见表4-55。

表4-55 除霜除雾性能测试所需设备及基本要求

设备	参数	准确度要求
恒温箱	温度	±2℃
拉伸测试机	力控制速率	<0.05%
疲劳寿命测试仪	行程准确度	±0.2mm
疲劳裂纹扩展测试机	试验力示值准确度	±0.5%

3. 参考标准

SAE J2579—2013《燃料电池和其他氢型车辆中燃料系统标准》[51]。

4. 测试方法与步骤

（1）拉伸测试

在进行拉伸测试时，要准备4根直径介于3~6mm的平滑圆柱试样，在两种环境下进行测试，一是在正常工作压力下的氢气环境中进行，二是在控制气体（空气、氮气或氩气）中进行，其测试压力可根据测试机构来选择。若测试材料为奥氏体不锈钢，则测试温度为（50±5）℃，对于Al、Mg以及Cu一类的金属合金，其测试温度为（20±5）℃。机械测试开始时，施加的应力变化速率不应超过$1 \times 10^{-4} s^{-1}$。

（2）疲劳寿命测试

用于进行疲劳寿命测试的圆柱形样本要开一个弹性应力集中系数$K_t \geqslant 2$的周向凹口，同样在上述两种环境下进行测试。测试时使用正弦波或三角波对样品施加机械负载，将6个样本在1Hz的循环频率和载荷比率$R=0.1$的氢气环境下循环测试$5 \times 10^3 \sim 20 \times 10^3$次。然后再分别用4个样本在相同的应力条件下以0.1Hz和0.01Hz的频率进行测试。

（3）疲劳裂纹扩展测试

除了要对系统材料进行以上两种测试之外，还要对其进行疲劳裂纹扩展速率（紧凑拉伸）测试、焊接结构合格测试和高压容器氢相容性测试。疲劳裂纹扩展速率测试要分别在正常工作压力下的氢气环境中和大气压下的空气环境中进行。通过正弦波对其加载，两种环境下的裂纹扩展速率力强度因子范围曲线都应在 $10^6 \sim 10^8$ m 每循环范围内。

（4）氢兼容性测试

进行氢兼容性测试时，首先要测量容器的外部尺寸（如长度、直径和壁厚）和初始爆破压力，且用作测试的四个容器的参数值误差范围要在 ±10% 以内。用于测试的氢气的纯度应满足氧气含量小于 1μmol/mol，并且在设定的时间间隔内对其进行检测，以保证氢气质量始终符合测试要求。试验时，将容器内的气体压力在 2MPa 和 1.25 倍正常工作压力之间循环，且加压时间不得少于 5min，每个周期中峰值压力的持续时间也不应低于 2min。其中一个容器应在（50±5）℃的环境温度和（35±5）℃的氢气温度下进行，还有一个在（20±5）℃的环境温度和氢气温度下进行。当测试发生泄漏或进行了 2 倍耐久性测试周期数时，应停止测试。

5. 数据处理及评价指标

（1）拉伸测试

分别计算测试后氢气环境相对减少面积（RA_{H2}）和空气环境相对减少面积（RA_{air}），然后计算其比值（$RRA=RA_{H2}/RA_{air}$），当 $RRA \geqslant 0.7$ 时，进行进一步测试。

（2）计算出每个频率下的平均失效周期。

若失效周期最短出现在频率为 0.1Hz 或 0.01Hz 时，则需要在相同的应力水平下进一步测试。拉伸测试和疲劳寿命测试都要计算其断裂概率在 $P=50\%$ 和 $P=1\%$ 时的失效周期 $N_{p=50\%}$ 和 $N_{p=1\%}$，计算公式如下：

$$\lg N_{p=j\%} = \lg \overline{N} - X_{j\%}\sqrt{\frac{\sum_i^n (\lg N_i - \lg \overline{N})^2}{4}} \tag{4-23}$$

式中　N——循环失效的次数；

N_i——每个测试样本的循环失效次数，$i=1, 2, 3, 4, 5, 6$；

$\overline{N}$——每个应力条件下测试的次数，N；

j——取值为 1，50。

当 $N_{p=50\%}$ 时，$X_{50\%}=0$，当 $N_{p=1\%}$ 时，$X_{1\%}=2.33$；应使用 95% 的置信度来评估。

两种气体环境下的 $S\text{-}N$ 曲线斜率 B 应该通过 $N_{p=50\%}$ 时的多项式拟合来计算：

$$S=AN^B \tag{4-24}$$

$$S_{H2}=AN^{B_{H2}} \tag{4-25}$$

$$S_{control}=AN^{B_{control}} \tag{4-26}$$

式中　B——$S\text{-}N$ 曲线的斜率；

B_{H2}——氢气 $S\text{-}N$ 曲线的斜率；

$B_{control}$——控制气体（空气、氩气或氦气）$S\text{-}N$ 曲线的斜率。

$$A=(V_{width}+1)(V_{height}+0.5)(V_{length}+1)/30.4 \tag{4-27}$$

式中　V_{width}、V_{height}、V_{length}——车辆的宽度（m）、高度（m）、长度（m）。

（3）疲劳裂纹扩展测试

当氢气环境下的扩展速率与空气条件下的扩展速率比值的最大值小于 5.0，或其平均值小于 2.0 且比值均在 $10^{-8}\sim10^{-6}$ m 每循环范围内时满足要求。

（4）氢兼容性测试

若在耐久性测试周期数压力循环下测试没有发生泄漏或者在 2 倍耐久性测试周期数压力循环下没有发生断裂，则容器是满足要求的。当具有相似结构和内部表面光洁度的测试容器满足下列相似性标准时，也被认为是满足本测试要求的：

1）直径在测试容器直径的 20% 以内的圆柱体。
2）圆柱形壁厚的变化和金属衬里厚度与直径的变化成比例。
3）初始爆破压力 BP_0 在测试容器的初始爆破压力的 ±20% 内。
4）圆筒壁厚度和金属衬里厚度的变化与初始爆破压力的变化成比例。

4.6.9 氢气排放测试

1. 测试目的

燃料电池发动机作为燃料电池电动汽车的核心部件，其在运行过程中不可避免地要排放氢气，而氢气是易燃易爆气体，涉及安全性，因此需要进行氢气排放测试。

2. 测试设备

测试设备主要包括电压表、电流表、温度计、湿度计、氢气流量计、氢气浓度检测仪等，见表 4-56。

表 4-56 试验用仪表准确度要求

名称	单位	准确度	备注
电压表	V	≤ 0.5%FS	FS：满量程
电流表	A	≤ 0.5%FS	FS：满量程
温度计	K	±1	—
湿度计	—	±3%	—
氢气流量计	g/s	≤ 1%	按照相对误差计
氢气浓度检测仪	—	±0.2%	—

3. 参考标准

GB 18352.5—2013《轻型汽车污染物排放限值及测量方法（中国第五阶段）》[13]。

4. 测试条件

1）试验在转鼓试验台上进行，转鼓试验台及其准确度符合相关规定。
2）车辆已根据生产厂家要求完成了传动系统以及轮胎的磨合，车辆轮胎压力符合制造厂商规定，除必需的设备和车辆日常操纵部件外，关闭车上的用电辅助装置。

5. 测试方法及数据处理

（1）怠速热机状态下氢气排放

① 试验开始前起动燃料电池系统，让其运行在一定功率，使燃料电池系统温度处于正常工作范围，然后关闭燃料电池系统。

② 将氢气浓度检测仪安装于距离排气口外 100mm 处中心位置并开始记录，起动燃料

电池系统使其保持在怠速状态 2~3min，关闭燃料电池系统，使其完成一次完整的吹扫过程后再经 1min 停止氢气浓度数据记录。

③ 记录全过程中氢气排放体积与时间的历程曲线，采样频率为 5Hz，如图 4-10 所示。

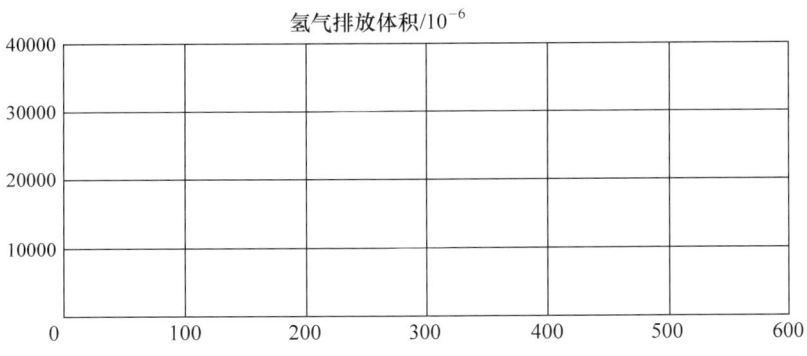

图 4-10　氢气排放体积与时间的历程曲线

（2）循环工况下热机状态氢气排放

① 试验开始前试验车辆置于带有负荷和当量惯量的转鼓试验台上，并按照一定的速度运行，使燃料电池系统处于热机状态温度，然后停车关闭燃料电池系统。

② 转鼓试验台当量惯量系数按 GB/T 19754—2015《重型混合动力电动汽车能量消耗量试验方法》[11]中规定的试验车辆装载质量的 65% 加载并完成转鼓试验台上的滑行测试，以便求得车辆内阻以及转鼓试验台输出阻力曲线，完成以上操作后遵照上述标准中规定的中国典型城市公交循环工况进行试验，从整车起动开始采样，循环结束后立刻关闭燃料电池系统，燃料电池系统完全停机后采样结束。

③ 记录循环工况中燃料电池系统的电压、电流、氢气流量等时间历程曲线，氢气质量流量计的准确度应满足表 4-56 要求。

④ 按照 GB/T 37154—2018《燃料电池电动汽车　整车氢气排放测试方法》[53]附录 A 计算氢气排放量，试验共进行三次，数据记录见表 4-57，试验最终结果取三次的平均值，采样频率为 5Hz，每次试验前需保持动力蓄电池 SOC 状态一致。

表 4-57　氢气排放量统计表

试验循环	燃料电池系统氢气消耗量 /g	燃料电池系统理论氢气消耗量 /g	燃料电池系统氢气排放量 /g	平均值 /g
1				
2				
3				

4.7　燃料电池电动汽车的环境适应性测试

燃料电池电动汽车通过燃料电池电化学反应提供电能，驱动车辆运行。燃料电池电动汽车应当具备与内燃机车同样的动力、耐久、环境适应性能。燃料电池电动汽车在户外使用时，也会受到温度、湿度、光照、气压、风沙等环境因素的影响，这些因素会影响车辆的性能，严重时甚至会使汽车功能失效和缩短其使用寿命。通过环境适应性测试，可以发现车辆设计中存在的缺陷，并采取必要的纠正或防护措施，从而进一步提高汽车的环境适应能力。

4.7.1 低温环境性能测试

燃料电池系统（FCS）中的电堆及其相关部件，在起动过程中应尽快脱离低温状态，否则燃料电池中所含水和生成的水易于结冰，从而影响甚至阻碍燃料电池中持续的电化学反应，导致起动失败。

目前，燃料电池电动汽车起动方式有：

① FCS 通过自身发热起动和升温。通过其 U-I 特性可知，电功率越高，产热越多，越有利于快速升温。

② FCS 通过自身发热起动和升温。其与操作条件相关的 U-I 特性，使燃料电池运行在传质极化区（此时电功率不太高），给定特殊的操作条件，在较低的电功率输出条件下，能产生足够热量，使燃料电池快速升温。

③ 通过动力蓄电池（BATT）电能发热使燃料电池升温，在此条件下 FCS 起动和升温，直至达到适宜运行状态。

④ 通过车辆外接电源或热能将燃料电池升温，在此条件下 FCS 起动和升温，直至达到适宜运行状态。

对于不同的燃料电池电动汽车起动方式，低温环境适应性能测试方式也不尽相同。本节针对燃料电池电动汽车常用的起动方式，提出了一种可供参考的低温环境适应性能测试方法。

1. 测试目的

低温环境性能测试综合参考乘用车低温性能试验方法、修订中的燃料电池发动机性能试验方法等标准，结合燃料电池电动汽车的特性，提出燃料电池电动汽车低温环境性能测试评价试验项目：低温冷起动测试与低温运行测试，用于评价燃料电池电动汽车的低温环境性能。

2. 测试设备

低温环境性能测试需要可以记录燃料电池电压、电流、环境温度、湿度、氢气流量、冷却液流量等的设备，见表 4-58。

表 4-58 测试用仪表准确度要求

名称	规定准确度	备注
电压传感器	≤ 0.5%FS	—
电流传感器	≤ 0.5%FS	—
温度计	±1℃	—
湿度计	±3%	—
氢气流量计	≤ 1%	按照相对误差计
冷却液流量计	≤ 1%FS	—
称重衡器	≤ 0.5%FS	—
手持氢浓度仪	≤ 1%FS	—

3. 参考标准

GB/T 19752—2005《混合动力电动汽车 动力性能 试验方法》[5]。

GB/T 12535—2007《汽车起动性能试验方法》[54]。

4. 测试方法与步骤

（1）冷起动测试

冷起动测试试验参考 GB/T 12535—2007《汽车起动性能试验方法》[54] 的规定。样车空载，在不同的环境温度下，按汽车的使用说明书或有关技术资料的规定，选用相应牌号的冷却液，并记录。汽车在不同环境温度下起动，可按汽车制造商规定，装上专用起动附件，如辅助起动装置和保温装置。各线路连接可靠，蓄电池工作良好。

测试步骤如下：

① 按测试类别要求，选定测试环境温度（表4-59）和试验地点。

② 将试验车放置在实验室内（大型车辆可在符合表4-59规定的室外试验），在测试温度下冷却燃料电池发动机至其冷却液温度与环境温度一致为止。

表 4-59 测试环境温度

试验类别	环境温度 /℃
一般起动	−10±2
低温起动	−35±2

③ 测试前测量并记录：测试地点环境条件、冷却液和燃料电池发动机的温度、动力蓄电池 SOC。

④ 按照制造厂规定的起动操作步骤起动燃料电池发动机。

⑤ 试验时应测量和记录：动力蓄电池的电压和电流、动力蓄电池 SOC、燃料电池发动机冷却液出口温度。

（2）汽车低温起步测试

① 燃料电池发动机起动和暖机后，用 D 位起步。

② 用 D 位起步行驶一定距离（300~500m）后，汽车能平稳加速并且燃料电池发动机性能稳定，即认为汽车起步试验成功。

③ 记录从准备起动燃料电池发动机（预热燃料电池发动机）开始，经起动试验和暖机至汽车起步的总时间。

④ 汽车起步试验的环境温度应尽量与燃料电池发动机起动性能试验的环境温度相同或相近。如汽车起步试验的环境温度与燃料电池发动机起动性能试验的环境温度相差较大，应测定汽车起步行驶时间和室外的实际温度，并记录在起动性能试验记录表中。

（3）道路行驶测试

1）试验道路总里程。动态行驶试验总里程为 3000km。各种道路（坏路、山路和冰雪路）的里程分配为各 500km。

2）试验车速。试验车速根据道路情况确定，以确保行车安全为前提条件。

3）试验道路种类。

坏路：路基坚实，路面凸凹不平的道路（有明显的搓板波、分布均匀的鱼鳞坑）。

山路：平均坡度不大于 4%。

冰雪路面：路面至少应有冰渣或雪（雪路要求积雪厚度达到 60mm 以上），冰雪混合路；单侧冰路与水泥或沥青路面；单侧雪路与水泥或沥青路面；完全冰路或雪路面，道路里程平均分配。

4）道路行驶试验主要检查项目。车辆的低温使用性能：

① 车辆操纵稳定性的主观评价。

② 制动性能测试主观评价。

零部件的工作状态评价：

① 内外饰件及电器件、橡塑件。检查在动态过程中是否产生异响、松动和损坏等现象。

② 各联接处密封情况。在每次行驶试验前后，应检查散热器、水泵、暖风装置等所有联接处，不得有渗、漏水（油）现象。

③ 车辆正常行驶中，检查暖风机工作（暖风调节到最大档），前风窗玻璃的除霜除雾测试应依照 4.5.4 的要求进行。

5. 数据处理及评价指标（表 4-60）

表 4-60　起动性能测试记录表

汽车型号_____VIN_____燃料电池发动机型号_____

燃料电池发动机编号_____整车整备质量_____kg

辅助起动装置名称、形式_____蓄电池型号_____

润滑油牌号_____

里程表读数_____km 环境温度_____℃

大气压力_____kPa 湿度_____%RH 风速_____m/s

风向_____测试日期_____测试地点_____驾驶人_____

编号	测定时间	起动前				起动时				起动后				汽车起步	
		燃料电池发动机各处温度 /℃				电机起动转速/(r/min)	动力蓄电池		辅助起动装置操作	暖机				从开始起动到起步经历的总时间/s	汽车起步情况
		氢气	空气	冷却液	燃料电池发动机		蓄电池电压/V	电压/V		电机空载转速/(r/min)	运转时间/s	冷却液/℃			
								电流/A							

6. 评价方法

依据 4.7.1 的测试方法，燃料电池电动汽车特有的燃料电池系统能否在规定的低温下实现正常起动、运转以及燃料电池电动汽车能否正常起动、行驶可作为燃料电池电动汽车的评价指标，具体可根据表 4-60 中燃料电池发动机各处温度、动力蓄电池 SOC 以及起动时间等测试记录项目对燃料电池电动汽车的低温环境性能进行评价。

4.7.2 高湿测试

湿度即空气的干湿程度，其对汽车零部件的影响非常大。因为汽车是由上万个零部件组成的集合，绝大部分的电子零部件都要求在干燥条件下作业和存放。湿度如果超出零件的承受范围，就会导致产品故障。并且就汽车的金属零件而言，潮湿环境会加速腐蚀，降低其使用寿命。本节主要依据 GJB 150.9A—2009《军用装备实验室环境试验方法　第 9 部分：湿热试验》[55] 的介绍，分析湿度对测试车辆的影响。

1. 测试目的

空气中的微量成分水蒸气对于测试车辆的性能，尤其是耐久性方面，会产生影响。所以通过环境舱设备可以分析测试前后空气中的水蒸气含量（空气湿度）对测试车辆性能的影响。

2. 测试设备

主要测试设备包括环境舱 [温度（50±2）℃；湿度 95%±3%]、温湿度传感器、数据采集装置和转鼓试验台等，见表 4-61。

表 4-61　测试设备及准确度要求

测试仪器	要求
环境舱	温度（50±2）℃；湿度 95%±3%
数据采集装置	—
温度传感器	准确度≥ 3%
湿度传感器	准确度≥ 3%

3. 参考标准

GJB 150.9A—2009《军用装备实验室环境试验方法　第 9 部分：湿热试验》[55]。

4. 测试方法与步骤

（1）测试开始前准备

测试开始前，确定测试车辆的技术状态、温度、湿度、持续时间和试验周期数等。

（2）初始检测

测试前测试车辆要在标准大气条件下进行检测，以取得基线数据。检测应按以下步骤进行：

1）将测试车辆放置在环境舱内，按规定的技术状态选择测试车辆。

2）全面目视检查测试车辆。

3）记录检查结果。

4）根据自身要求进行工作检测，并记录结果。

（3）测试程序

测试步骤如下：

1）完成初始检测后，环境舱内的温度调节为（23±2）℃、相对湿度为50%±5%，并保持24h。

2）调节环境舱内的温度为30℃、相对湿度为95%。

3）测试循环。进行车辆起动时间测试并且记录车辆的起动时间，起动成功后按照NEDC工况进行加载，每个车辆起动加上工况测试为一个完整的循环周期，测试最少进行10个周期，一般10个周期足以体现湿热环境对大多数车辆及设备的潜在影响。另外，为了使湿热测试结果更能真实地反映车辆耐湿热环境的能力，可以根据自身需求，适当延长测试持续时间。

4）对测试车辆进行性能检测，推荐在第5或第10个循环周期的末尾的时间段内进行，完成检测所需的时间为验证测试车辆性能所需的最短时间。对测试车辆进行性能检测也可按自身需求进行。记录检测结果，如果测试车辆出现故障，则终止温湿度循环，则进行步骤5）。若测试车辆能正常工作，继续测试。如果在测试车辆工作性能检测时需要打开环境舱门或者需要从环境舱内取出测试车辆，并且测试车辆工作性能检测不能在30min内完成时，为了防止不真实的干燥，将测试车辆在温度为30℃和相对湿度为95%条件下保持1h，然后继续进行检测，直到检测完毕。如果测试车辆工作性能检测在环境舱内进行，而且检测时间超过4h，则不能进行后续循环，应延长时间直到检测完毕。一旦检测完毕，继续进行后续循环。

5）调节温湿度条件使其达到标准大气条件，进行性能检测以便与试验前检测结果对比。

6）全面目视检查条件，并记录测试车辆在湿度条件下暴露引起的变化情况。

5. 数据处理及评价指标

1）检查测试车辆的性能是否下降。

2）记录测试过程中车辆的起动时间，工况循环的实时功率输出以及燃料电池发动机的工作温度，见表4-62。

3）进行施加的湿度环境与测试车辆的响应、功能或使用性能之间的相关性分析。在相关性分析中，可能涉及测试车辆的理论模型、失效机理、综合环境的叠加效应和长持续时间环境测试中的累积损伤效应。

表4-62 数据记录表

循环数	起动时间	燃料电池输出功率	动力蓄电池输出功率	燃料电池工作温度
1				
2				
3				
4				
…				

6. 评价方法

检查测试车辆的整车性能。

4.7.3 海拔测试

1. 测试目的

海拔测试是验证燃料电池电动汽车在高原环境下的适应性。在高原地区空气中的氧气比较稀薄,氢燃料电池中的反应物就会减少,大大影响燃料电池的性能[56]。可以对燃料电池系统在高海拔工况下的工作情况以及车辆性能进行测试和分析,对燃料电池进气系统进行优化标定。

2. 测试设备

行车记录仪、温度计、海拔计、诊断仪、压力传感器、整车通信设备和数据采集装置等设备。

3. 参考标准

GB/T 12534—1990《汽车道路试验方法通则》[2]。

QJ/ZX 03.05.022—2014《整车环境适应性试验规范》[57]。

GJB 150.2A—2009《军用装备实验室环境试验方法 第2部分:低气压(高度)试验》[58]。

QC/T 34—1992《汽车的故障模式及分类》[59]。

4. 测试准备

(1)测试环境、地区及其他要求

高原环境,温度0~20℃,海拔≥2000m。

试验地区:一般指云、贵、川、青海、西藏等地区,重点关注云、贵地区车辆适应性。

(2)测试路线推荐

贵阳→昆明→唐古拉山→格尔木。

里程数:5000km。

5. 测试方法与步骤

(1)高原环境冷起动测试[60]。

① 样车在试验前,须静置6h以上。

② 样车须在海拔分别为2800m、3500m、4000m、4500m的地方进行测试。

③ 燃料电池发动机需经过足够长时间停机,测试冷却液温度与环境温度达到平衡后的冷起动性能。将试验车辆停机一夜后,清晨进行冷起动,记录环境温度和起动冷却液温度以及起动时间,见表4-63。观察燃料电池发动机能否正常起动,起动后功率输出是否正常。

表4-63 高原环境冷起动测试数据

海拔/m	环境温度/℃	起动时间/s			输出功率
		第一次(冷起动)	第二次(重复起动)	第三次(重复起动)	
2800					
3500					
4000					
4500					

(2)高原环境驾驶性能测试

① 车辆正常起动,达到高原环境下的正常功率性能。

② 沿既定的驾驶路线行驶,行车过程中记录车辆燃料电池系统性能参数,见表4-64。

表4-64 高原测试数据记录表

海拔/m	空气进气压力	电堆工作温度	电堆输出电压	电堆输出电流
2800				
3500				
4000				
4500				

③ 车辆行驶过程中重点关注问题项目见表4-65。

表4-65 重点关注项目

序号	关注项目	典型故障
1	电气元件	功能是否出现异常
2	车辆制动性能	是否出现制动性能下降
3	车辆动力性能	是否出现动力下降

④ 记录样车的缺陷以及所发生的故障及故障里程,见表4-66。

⑤ 每天每班次均检查车辆故障,并做记录。

表4-66 行车故障记录表

序号	故障部位	零部件名称	故障模式	故障现象	故障等级	车辆编号		备注
						1	2	
						故障里程		
1								
2								
…								

4.7.4 强化腐蚀测试

强化腐蚀试验是指在试验场及试验场道路上进行的具有盐雾喷射、可靠性试验道路行驶、高温高湿停放等内容的汽车道路试验。循环盐雾试验则是一种综合盐雾试验,它通过中性盐雾试验加恒定湿热条件,通过潮湿环境的渗透,使盐雾腐蚀不但发生在表面,也发生在产品内部。循环盐雾腐蚀试验能检验样品的真实腐蚀状态,也是盐雾试验中最为严格的一种,主要用于结构复杂和腐蚀严重的零部件,如排气管、车架、刮水器臂等。

在盐雾条件下,空气中存在较多的氯离子,极大地影响质子交换膜燃料电池的性能。具体原因为:①氯离子会对铂催化剂活性位点造成污染;②铂上氧化膜的生长具有非常高的阳极电位,与氧、氯的演化相关。较高的电势可加速铂的溶解,铂浓度由于保护氧化膜的形成而降低。综上两个原因,氯离子的存在会降低催化剂的活性,从而导致质子交换膜燃料电池的输出功率下降[61]。

汽车金属零部件的腐蚀破坏已成为降低汽车寿命的重要原因之一。汽车常见腐蚀部位及典型零件见表 4-67[62]。

表 4-67 汽车常见腐蚀部位及典型零件

常见腐蚀部位	典型零件
车身	行李舱盖、车门边缘等
底盘	车架、排气管、制动管等
燃料电池发动机系统	燃料电池、氢气循环泵、空气压缩机等
车身外饰	镀铬格栅、车身饰条
车身内饰	车内镀铬装饰件、座椅骨架等
紧固件	螺栓、螺柱、各种管夹等

1. 测试目的

循环盐雾试验是检验金属零部件耐蚀性的重要手段，目的是用于鉴定各种电镀层的质量和保护性能。

2. 测试设备

（1）测试场地、设施

主要测试设备包括盐雾间、高温高湿室、干燥室、盐水路、盐水搓板路、泥浆路和碎石路等。测试场地及明细见表 4-68。

表 4-68 测试场地及明细

测试设施名称	技术条件
高温高湿室	温度（50±2）℃；湿度 95%±3%
盐雾间	盐水质量分数 5%±0.5% NaCl
盐水路	盐水质量分数 5%±0.5% NaCl；盐水深度 40mm±10mm；长 30m
盐水搓板路	盐水质量分数 2%±0.2%NaCl；长 90m
泥浆路	75% 沙、25% 黏土和 25mm 石粒；长 30m；深 70mm
碎石路	长 300m
干燥室	（25±2）℃、湿度小于 40%

（2）测试仪器设备

试验仪器应符合 GB/T 12534—1990《汽车道路试验方法通则》[2]中 3.5 的规定，其测量范围及准确度应满足表 4-69 要求。

表 4-69 测试仪器、设备明细

仪器名称	测量范围	准确度
漆膜厚度仪	0~1250μm	±0.1μm
超声波测厚仪	0.008~3000 in①	0.0001in
划痕工具	2~2000μm	—
毫米比例尺	0~300mm	0.5mm
万用表	0~100Ω	—

（续）

仪器名称	测量范围	准确度
盐度计	0~10%	0.1%
减速度计	0~10 m/s²	0.1m/s²
分析天平	0~210g	0.1 mg
恒温干燥箱	10~300℃	1℃
喷砂机	0.6~0.7MPa	Sa2.5-3
工业内窥镜	—	—
数码照相机	300 万像素	—

① 1in=0.0254m。

3. 参考标准

QC/T 732—2005《乘用车强化腐蚀试验方法》[63]。

GB/T 12534—1990《汽车道路试验方法通则》[2]。

4. 测试方法与步骤

（1）装载质量

装载质量按厂定最大装载质量的 60%。汽车载荷应均匀分布，其比例应符合 GB/T 12534—1990《汽车道路试验方法通则》[2]中 3.1.3 表 1 的规定。

（2）测试场强化腐蚀综合道路

试验场强化腐蚀综合道路一般应包括碎石路、沙土路、盐水路、盐水搓板路、泥浆路、波形路、丙种石块路、乙种搓板路，共分为 4 个车道，具体布置如图 4-11 所示。

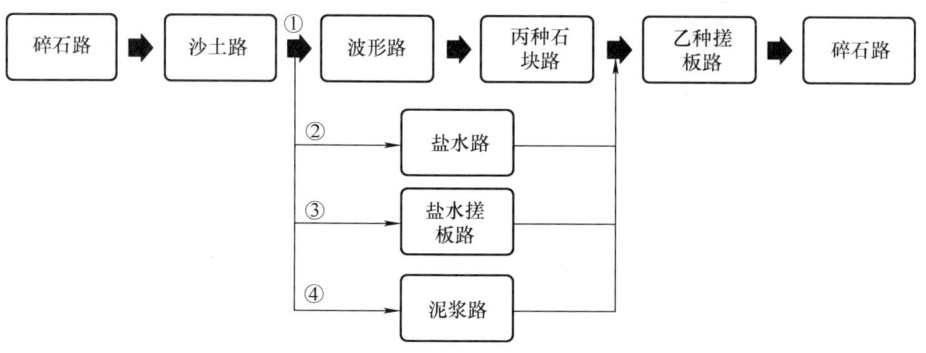

图 4-11 强化腐蚀综合道路[64]

（3）气象

选择无雨天气及环境温度在 0~40℃条件下试验。

（4）测试方法

1）磨合行驶：汽车的磨合行驶应符合 GB/T 12534—1990《汽车道路试验方法通则》[2]中 4.2 的规定。

2）试验前准备：应符合 QC/T 732—2005《乘用车强化腐蚀试验方法》[63]中 6.2 的要求。

3）强化腐蚀测试循环。

① 试验车辆以 80km/h 车速在高速跑道上行驶 24km。每 6km 以 5m/s² 的减速度进行

一次制动停车，共进行 4 次。

② 试验车辆经碎石路行驶到 20% 坡道上驻车，停留 3~5min 后开至坡顶平面上停车，打开各车门再关上，然后在下坡中驻坡 3~5min 后，开回坡底平面上停车，再次开关各车门一次。

③ 试验车辆以 80km/h 车速在高速跑道上行驶 24km。

④ 试验车辆驶入干燥室，打开所有的车门、窗、发动机舱盖和行李舱盖，让试验车辆自然停放 60min。并开启一次电器功能件，如各车灯、仪表、收音机、空调和玻璃升降器等。

⑤ 试验车辆驶入盐雾间，切断电源，关上所有的车门、窗，关掉燃料电池发动机并喷射盐雾 2min，保持 20min。

⑥ 试验车辆在强化腐蚀综合路上行驶 7 圈，约 14km，其中以 70km/h 车速通过碎石路。

⑦ 第一圈行驶②号道（以 15km/h 车速通过盐水路），第二圈行驶③号道（以 50km/h 车速通过盐水搓板路），第七圈行驶④号道（以 15km/h 车速通过泥浆路一次，此工况只在测试进行到第 3、7、13、17、23、27、33、37、43、47……测试循环时进行，至试验结束），其余行驶①号道。

⑧ 试验车辆进入可靠性试验道路（按汽车试验场可靠性试验道路行驶规范）行驶 5km。

⑨ 试验车辆以 70km/h 车速在平坦的水泥路段上行驶并以 $4.5 m/s^2$ 减速度进行制动，将车速降至 8km/h。

⑩ 试验车辆驶入高温高湿室，切断电源，关闭所有的车门、窗、发动机舱盖和行李舱盖，使汽车在温度为 50℃±2℃、相对湿度为 95%±3% 的环境中停放 5.5h。

⑪ 试验车辆驶出高温高湿室，以 80km/h 车速在高速跑道上行驶 30km。每 6km 以 $5m/s^2$ 的减速度进行一次制动停车，共进行 5 次。

⑫ 试验车辆以 50km/h 车速在平坦的水泥路段上进行一次紧急制动停车。

⑬ 将试验车辆驶入干燥室，打开所有的车门、窗、发动机舱盖和行李舱盖，让汽车自然停放 3.5h。

⑭ 试验车辆在强化腐蚀综合路①号道上行驶 7 圈约 14km，其中以 70km/h 车速通过碎石路。

⑮ 偶数循环清洗试验车辆外表面（不要冲洗底部）。

⑯ 将试验车辆驶入高温高湿室，切断电源，关闭所有的车门、窗、发动机舱盖和行李舱盖，使汽车在温度为 50℃±2℃、相对湿度为 95%±3% 的环境中停放 10.5h。

⑰ 试验车辆完成①~⑯各项试验为一个试验循环结束（约 24h 完成一个循环）。

⑱ 按照各项测试步骤重复，直至⑲终止试验条件发生。

⑲ 终止试验条件：

试验车辆已达到企业对样车腐蚀试验的要求（推荐 60 和 100 循环试验）。

试验车辆出现主要总成或重点考核总成损坏，功能衰退严重，不能保证测试安全。

强化腐蚀零部件损坏频繁，一星期内无法完成一个试验循环。

（5）检查项目

① 每个试验循环完成后按常规检查试验车辆各部位及功能件腐蚀情况。

② 强化腐蚀试验结束后，为检查车身、各总成及零部件的腐蚀情况及其他异常现象，应对其进行全部或部分拆检。

5. 数据处理及评价指标

每循环整理与统计的数据包括试验循环数、行驶里程、行驶时间、高温时间、盐雾时间、各类故障次数、故障形式、故障维修等。腐蚀试验定期检查记录见表4-70。

表4-70 腐蚀测试定期检查记录表

车辆试验号			腐蚀等级描述				
序号	腐蚀部位	首次发生腐蚀循环数	15循环	30循环	60循环	100循环	备注
1							
2							
3							
4							
5							

6. 评价方法

按照QC/T 732—2005《乘用车强化腐蚀试验方法》[63]附录C对腐蚀等级进行评定。

4.8 燃料电池电动汽车测试案例

4.8.1 燃料电池电动汽车动力性测试案例

国内早期某一车型具体的动力性测试内容及其测试结果如下。

1. 循环工况测试

乘用车城区循环工况（又称中国城市工况，1个循环共7.661km，1195s），如图4-12所示。

2. 测试目的

在车辆交给整车单位前，需要进行转鼓验收测试，通过若干动力性能相关测试，基于整车检验动力系统基本性能指标。

3. 测试设备

转鼓：德国SCHENCK公司、美国野马公司。

氢气流量计：美国EMRSSION，型号CMF010M，分辨力0.1mg。

4. 参考标准

GB/T 12534—1990《汽车道路试验方法通则》[2]。

GB/T 26991—2011《燃料电池电动汽车 最高车速试验方法》[3]。

GB/T 18385—2005《电动汽车 动力性能 试验方法》[4]。

GB/T 19752—2005《混合动力电动汽车 动力性能 试验方法》[5]。

GB/T 12539—2018《汽车爬陡坡试验方法》[6]。
GB/T 12543—2009《汽车加速性能试验方法》[7]。

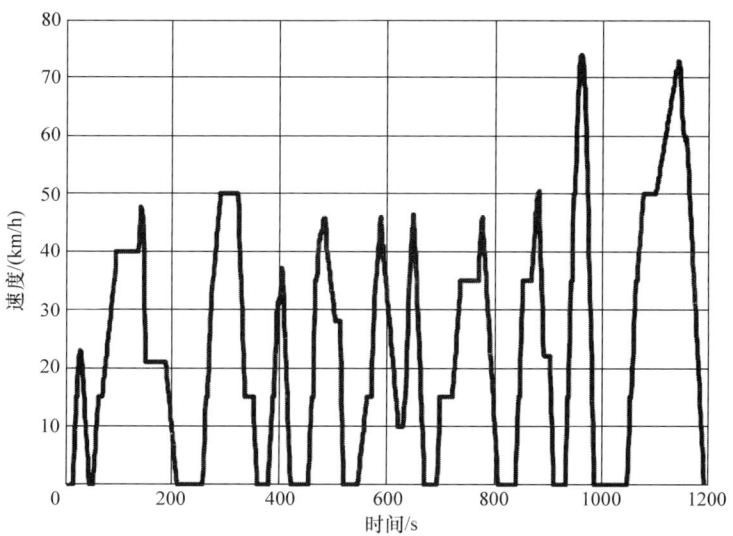

图 4-12 中国城市工况曲线

5. 测试条件

1）试验车辆（图 4-13）车况良好，各系统工作正常。
2）试验车辆应依据每项试验的技术要求加载。
3）车辆轮胎气压符合车辆制造厂商规定。
4）关闭车上的照明和信号装置以及附加装置。
5）室内试验温度为 5~10℃，大气压力为 94~104kPa，相对湿度小于 95%。
6）转鼓参数按照滑行试验结果进行设定，模拟道路行驶阻力。

图 4-13 试验车辆

6. 测试方法及数据处理

（1）最大爬坡度测试

1）设定转鼓坡度参数，转鼓就绪。

2）燃料电池发动机处于怠速状态。

3）驾驶人踩加速踏板，稳定在较低车速匀速爬坡行驶1min。

4）停车，燃料电池发动机处于怠速状态；记录爬坡结果，见表4-71。

表4-71 爬坡试验

转鼓设定坡度（%）	
爬坡结果	

（2）加速时间测试

1）燃料电池发动机处于怠速状态。

2）驾驶人快速将加速踏板踩到底，加速到100km/h以上的车速。

3）缓慢将车速降下来。

4）停车，燃料电池发动机处于怠速状态。

5）通过转鼓试验台的记录仪，记录0~100km/h的加速时间。

6）以上步骤再重复进行两次，总共3次取平均值作为最后的结果，见表4-72。

表4-72 0~100km/h 加速性能试验

序号	1	2	3	平均值
加速时间/s				

（3）最高车速测试

1）燃料电池发动机处于怠速状态。

2）驾驶人逐渐将加速踏板踩到底，加速到最高车速。

3）以最高车速匀速行驶约1km。

4）减速停车，燃料电池发动机处于怠速状态。

5）通过转鼓试验台的记录仪，记录最高车速。

6）以上步骤再重复进行两次，总共3次取平均值作为最后的结果，见表4-73。

表4-73 最高车速试验

序号	1	2	3	平均值
最高车速/（km/h）				

7. 测试结果

该车型的动力性试验结果见表4-74。

表4-74 动力性测试结果

试验项目		技术要求	试验结果
动力性	最高车速/（km/h）	≥150	152.6
	起步换档加速到100km/h时间/s	≤14	16.46
	爬坡性能 最大爬坡度（%）	≥20	20

4.8.2 百公里氢气消耗量和续驶里程测试案例

国内早期某一车型具体的经济性测试内容及其测试结果如下。

1. 循环工况测试
乘用车城区循环工况（又称中国城市工况，1 个循环共 7.661km，1195s），如图 4-12 所示。

2. 测试目的
对车辆百公里氢气消耗量及续驶里程进行测试，检验整车性能。

3. 测试设备
转鼓：德国 SCHENCK 公司、美国野马公司。

氢气流量计：美国 EMRSSION，型号 CMF010M，分辨力 0.1mg。

4. 参考标准
GB/T 18386—2017《电动汽车　能量消耗率和续驶里程　试验方法》[9]。

GB/T 35178—2017《燃料电池电动汽车　氢气消耗量　测量方法》[12]。

GB/T 12534—1990《汽车道路试验方法通则》[2]。

5. 测试方法及步骤
1）燃料电池发动机冷态起动，在怠速状态下运行 1min。
2）记录氢气供应系统的氢气消耗量初始值、动力蓄电池初始 SOC 值。
3）驾驶人操纵汽车按照测试循环工况行驶，直至完成一次工况行驶。
4）停车，燃料电池发动机处于怠速状态。
5）记录氢气消耗量结束值、动力蓄电池 SOC 值、行驶里程。
6）两个工况分别连续进行三次，分别计算每次的百公里氢气消耗量。
7）根据每个工况的三次记录取算术平均值，得到该工况的燃料消耗率。
8）根据燃料消耗率和车辆氢气储量折算续驶里程，见表 4-75。

表 4-75　经济性试验

次序	测试温度 /℃	动力蓄电池 SOC 值（%）		氢气流量读数 /kg		行驶距离 /km	燃料消耗率 /（kg/100km）
		起始		起始			
1		终了		终了			
		起始		起始			
2		终了		终了			
		起始		起始			
3		终了		终了			
平均燃料消耗率 /（kg/100km）							
加满氢可用氢气质量 /kg							
换算续驶里程 /km							

6. 测试结果
该车型的动力性试验结果见表 4-76。

表4-76 经济性测试结果

试验项目	技术要求	试验结果
燃料消耗量	≤ 1.2kg/100km	1.164kg/100km
续驶里程	≥ 250km	276km

4.8.3 燃料电池电动汽车低温冷起动性能测试案例

国内早期某车型动力系统冷起动测试案例介绍如下。该系统在 −10℃ 低温、55% 湿度环境下保存 12h 后开始测试，测试环境及参数如图 4-14 和图 4-15 所示。

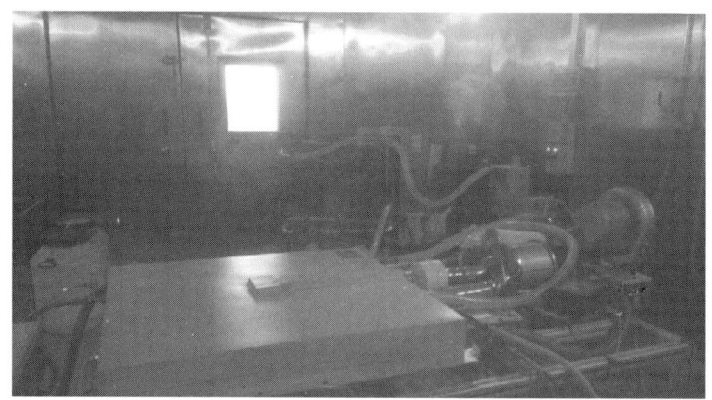

图 4-14　试验台架

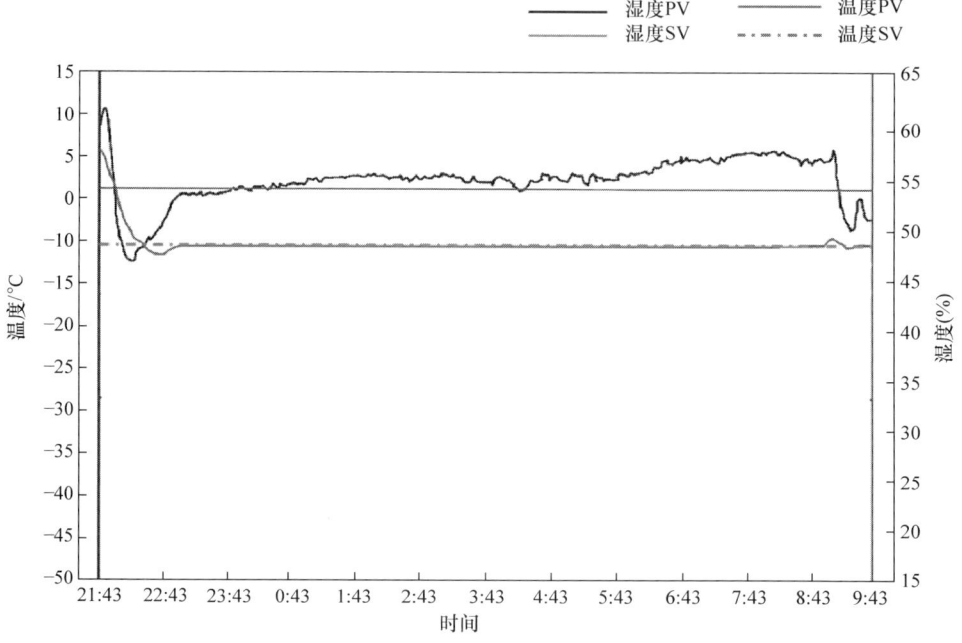

图 4-15　测试前环境舱内参数记录

注：PV 为过程值；SV 为设定值。

1. 测试目的

低温环境性能测试综合参考乘用车低温性能试验方法、修订中的燃料电池发动机性能试验方法等标准，结合燃料电池电动汽车的特性，提出燃料电池电动汽车低温环境性能测试评价试验项目：低温冷起动测试与低温运行测试，用于评价燃料电池电动汽车的低温环境性能。

2. 测试设备

低温环境性能测试需要可以记录燃料电池电压、电流、环境温度、湿度、氢气流量、冷却液流量等的设备，见表4-77。

表4-77 测试用仪表准确度要求

名称	规定准确度
电压传感器	≤0.5%FS
电流传感器	≤0.5%FS
温度计	±1℃
湿度计	±3%
氢气流量计	≤1%
冷却液流量计	≤1%FS
称重衡器	≤0.5%FS

3. 参考标准

GB/T 18385—2005《电动汽车 动力性能 试验方法》[4]。

GB/T 12535—2007《汽车起动性能试验方法》[54]。

GB/T 19752—2005《混合动力电动汽车 动力性能 试验方法》[5]。

4. 测试方法与步骤

（1）低温加热启动

① 打开钥匙开关开始车辆起动：动力蓄电池SOC起始值为85%，起始温度为-7.04℃，燃料电池电堆起始温度-7.04℃。

② 燃料电池电堆低温加热：加热功率4kW，持续时间15min，期间动力蓄电池SOC从85%下降至47.9%，温度上升至4.96℃，满足动力蓄电池充放电条件需求。燃料电池堆温度上升至0℃，满足正常起动要求。

（2）起动加载

冷起动成功模拟加载过程，加载过程持续20min，电机转速从0升至2500r/min，电机功率升至18.5kW，燃料电池堆持续输出功率，电堆温度从0℃上升至52.96℃，整个过程动力系统工作正常。

（3）吹扫关机

① 按下冷起动关机按钮，启动关机程序，整个过程持续20min。关机程序开始后首先动力蓄电池充电10min，SOC充至90%，整车发出关机命令，燃料电池堆状态改变，开始吹扫关机过程。

② 燃料电池堆开始吹扫关机过程，持续10min，状态改变，燃料电池堆关机成功。

③ 整车接收到燃料电池堆关机成功信号后，启动整车关机程序，关闭高压电系统及

控制电系统，等待下次开机起动命令。

5. 测试结果

通过低温冷起动试验，验证该燃料电池轿车动力系统平台各主要零部件性能指标能够满足燃料电池轿车 –10℃ 低温起动的性能要求，低温冷起动控制策略能够有效协调控制各零部件需求并可靠完成整个冷起动过程。

6. 评价方法

燃料电池电动汽车低温环境性能测试的评价指标有两个，分别是燃料电池系统（FCS）和燃料电池电动汽车（FCV）。

（1）燃料电池系统（FCS）

FCS 低温起动过程可通过其是否可响应以工况定义的功率需求及其变化，来判断 FCS 是否起动完成。在起动过程中，FCS 的能量消耗包含耗氢和耗电两项，前者用于发电，后者包含附件运转和加热耗能。当明确了过程起始和终了，那么过程的能耗就可以测量得到了。其他还有起动过程的噪声等，也可以作为判断优劣的依据。具体做法，FCS 在低温放置（冷浸）一定时长后（在指定的低温环境温度，一般 >12h），发送指令起动，同时给定需求功率（一定/可变），可输出功率能够达到该需求，且随着功率需求变化，相应的功率输出可以随之变化（能随需求响应输出）；需要测量起动时长（起动过程，发出起动指令和功率需求后，达到目的功率输出所用的时长）和能量消耗（含电能和氢耗）及噪声等主观判断。起动过程的测试工况，需要针对车辆使用需求来制定。

图 4-16 所示为某型号 FCS 在低温起动过程的功率和温度变化情况，图中，横轴为时间 t，p_{set} 为起动过程中的功率需求，p_{act} 为实际输出功率，T 为电堆温度。

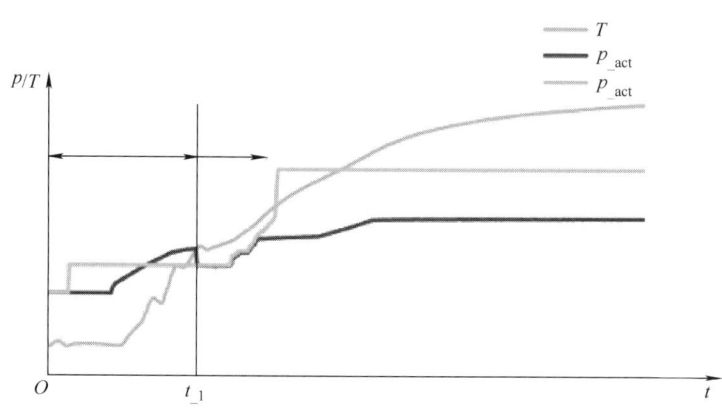

图 4-16　FCS 的低温起动过程

从图 4-16 中可以看到，在整个过程中，电堆温度 T 是在逐步上升的，在 $0 \sim t_1$ 时段内，FCS 的实际输出功率未遵守功率需求定义，输出功率从 0 逐渐上升（生成热量实现升温）；在 t_1 时刻后实际输出功率实现了与功率需求相等，即响应了功率需求。按照上文定义，则 $0 \sim t_1$ 时段内，即为 FCS 的低温起动过程。

低温放置前的停机处理过程（及其在冷浸过程中可能存在的唤醒处理过程），对其进行判断，可以通过测量其时长和能量消耗等来评估。停机处理过程时长是指对 FCS 发出停机指令后,直至系统各部件运行停止且反馈停止信号的时长,在测量该时长内系统的能量消耗(氢和电),以及噪声等作为优劣的判据。如果在停机过程完成后到下次起动前的冷浸中,系统有能量消耗(即唤醒),包含低压耗电、高压耗电,甚至发电耗氢,均应做时长和能耗测量记录。

(2)燃料电池电动汽车(FCV)

车辆在设定低温环境下停放一定时长;车辆上电后,在不同行驶方式(城市道路、乡村道路、怠速、高速、急加速工况等)车辆均能实现可变化和连续的动力输出,能够支持车辆的运行,驾驶人无明显加速顿挫感。

图4-17所示为某燃料电池电动汽车怠速低温FCS起动过程,图例与图4-16相同。

从图4-17中可以看到,车辆对FCS的功率需求始终维持在低功率(维持车辆怠速的功率需求),FCS的实际输出功率在$0 \sim t_1$时段内,是不遵守功率需求设定的,均大于功率设定(需要通过较高的功率输出,实现升温),整个过程电堆温度均在上升;在t_1时刻后,实际输出功率降至与功率需求相等并且可维持。则$0 \sim t_1$时段为FCS在燃料电池电动汽车怠速状态下的低温起动过程。

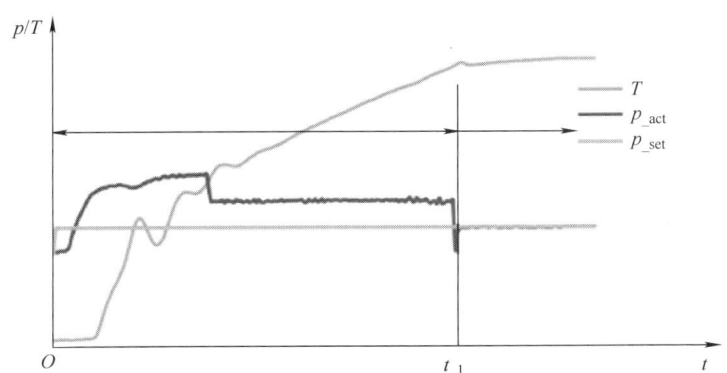

图4-17 燃料电池电动汽车怠速的低温起动

图4-18所示为某燃料电池电动汽车在低温起动后运行的过程,图例与图4-16相同。

从图4-18中可以看到,车辆对FCS开始有一段恒定的功率需求(车辆驻车起动),然后随车辆运行在随机变化;FCS的实际输出功率,在$0 \sim t_1$时段内,不遵守功率需求定义(通过较高功率实现升温),在t_1时刻后,实现随车辆需求功率而变化。则$0 \sim t_1$时段为FCS在燃料电池电动汽车怠速状态下的低温起动过程。

需要指出的是,在t_1时刻后,FCS实际输出功率变化过程虽然实现了与功率需求同步,但功率变化幅值并不能完全等于功率需求,且随着运行时间的延长和温度上升逐渐增大。这说明在低温起动完成后,FCS还存在在运行过程中输出能力逐步实现完全跟随功率需求变化的情况。从完成起动后的实际功率输出与功率需求的配合程度,可以作为低温起动效果的判据。

车辆停驶(拔钥匙锁车)的FCS停机过程(即车辆在冷浸过程中可能存在的唤醒处理过程),需要测量其时长和能量消耗,及噪声等级和驾驶感受。具体的判断,可以根据上文所述,根据技术发展状态制定。其作用是把FCV/FCPT的低温适应可否实现和实现的便捷性和经济性向用户客观展现。

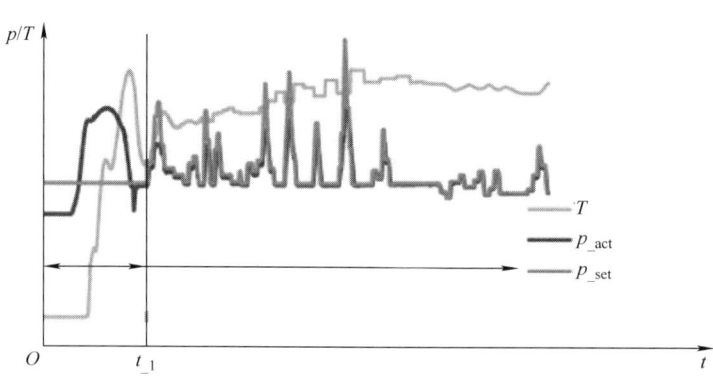

图 4-18　燃料电池电动汽车辆运行的低温起动

4.8.4　燃料电池电动汽车噪声测试案例

1. 测试目的

国内某款燃料电池城市客车车外加速噪声。

对燃料电池车辆在市区行驶工况下外部产生噪声进行测试评价。

2. 测试设备

主要包括量具、声级计、GPS 车速测量等设备。

3. 参考标准

GB/T 3785.1—2010《电声学　声级计　第 1 部分：规范》[19]。

GB/T 15173—2010《电声学　声校准器》[20]。

GB/T 12534—1990《汽车道路试验方法通则》[2]。

GB 1495—2002《汽车加速行驶车外噪声限值及测量方法》[28]。

4. 测试条件

1）声级计：测试用声级计满足 GB/T 3785.1—2010《电声学　声级计　第 1 部分：规范》[19] 要求；测试前后声级计按 GB/T 15173—2010《电声学　声校准器》[20] 进行校准；声级计采用"A"频率计权。

2）车速测量：采用准确度 ±0.5% 的 GPS 车速测量设备。

3）试验车辆须满足 GB/T 12534—1990《汽车道路试验方法通则》[2] 中试验车辆准备。

4）气象：测试在良好天气中进行，声级计安装高度最大风速小于 2m/s。

5）场地：测试场地为定远汽车试验场噪声道（尺寸如图 4-19 所示），背景噪声至少比被测噪声低 10dB。

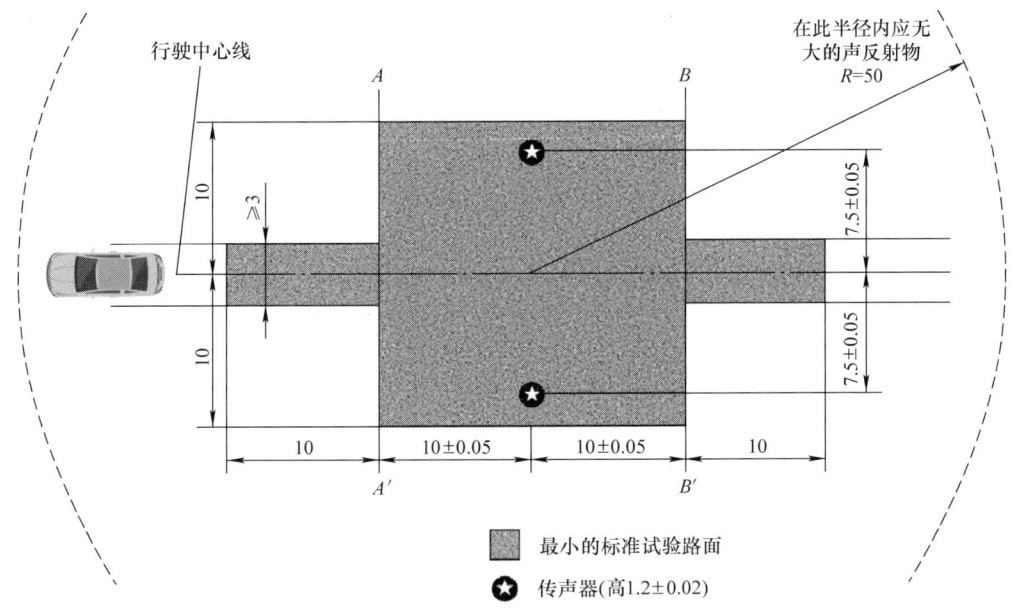

图 4-19 测试场地和测量区及传声器的布置

注：尺寸单位为 m。

5. 测试方法及数据处理

1）将声级计安装于图 4-19 中规定位置，安装离地高度为 1.2m。

2）燃料电池城市客车沿行驶中心线行驶，保持车辆车速进入 AA' 前分别为（30±1）km/h、（40±1）km/h、（50±1）km/h，车辆到达 AA' 后将加速踏板踩到底至 BB' 松开加速踏板，每个车速分别进行 4 次，记录两侧声级计每次的最大噪声级，每次测得的读数值减去 1dB（A）作为测量结果，填入表 4-78 中。

3）各接近车速条件下每侧四次测量结果进行算数平均，取两侧平均值中较大值作为中间结果；取各自速度下中间结果中较大值作为最大噪声级。

表 4-78 数据统计表

接近车速 /(km/h)	第一次		第二次		第三次		第四次		中间结果 /dB（A）	最大噪声级 /dB（A）
	AB 侧	A′B′ 侧	AB 侧	A′B′ 侧	AB 侧	A′B′ 侧	AB 侧	A′B′ 侧		
30	61.1	62.1	61.8	61.5	62.0	61.3	62.2	61.5	61.7	62.2
40	67.3	68.2	67.8	67.1	68.0	67.4	67.2	67.3	67.5	68.2
50	71.8	71.6	72.5	72.5	71.8	71.9	72.1	72.2	72.0	72.5

4.8.5 燃料电池电动汽车氢气排放测试案例

国内某款燃料电池厢式货车氢气排放测试，如图 4-20 所示。

图 4-20 国内某款燃料电池厢式货车氢气排放测试

1. 测试目的

燃料电池发动机作为燃料电池电动汽车的核心部件,其在运行过程中不可避免地要排放氢气,而氢气是易燃易爆气体,涉及安全性,因此需要进行氢气排放测试。

2. 测试设备

测试设备主要包括电压表、电流表、温度计、湿度计、氢气流量计、氢气浓度检测仪等,见表 4-79。

表 4-79 试验用仪表准确度要求

名称	单位	准确度	备注
电压表	V	≤0.5%FS	FS:满量程
电流表	A	≤0.5%FS	FS:满量程
温度计	K	±1	—
湿度计	—	±3%	—
氢气流量计	g/s	≤1%	按照相对误差计
氢气浓度检测仪	—	±0.2%	—

3. 参考标准

GB 18352.5—2013《轻型汽车污染物排放限值及测量方法(中国第五阶段)》[13]。

4. 测试条件

1)试验在转鼓试验台上进行,转鼓试验台及其准确度符合相关规定。

2)车辆已根据生产厂家要求完成了传动系统以及轮胎的磨合,车辆轮胎压力符合制造厂商规定,除必需的设备和车辆日常操纵部件外,关闭车上的用电辅助装置。

5. 测试方法及数据处理

(1)怠速热机状态下氢气排放

① 试验开始前起动燃料电池系统,让其运行在一定功率,使燃料电池系统温度处于

正常工作范围，然后关闭燃料电池系统。

② 将氢气浓度检测仪安装于距离排气口外 100mm 处中心位置并开始记录，起动燃料电池系统使其保持在怠速状态 2~3min，关闭燃料电池系统，使其完成一次完整的吹扫过程后再经 1min 停止氢气浓度数据记录。

③ 记录全过程中氢气排放体积与时间的历程曲线，采样频率为 5Hz，如图 4-21 所示：

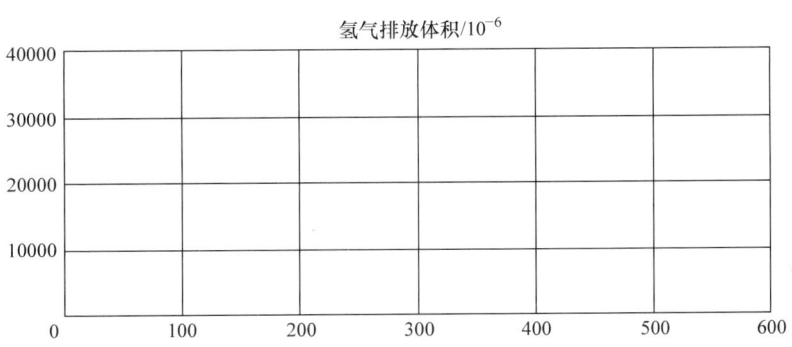

图 4-21 氢气排放体积与时间的历程曲线

（2）循环工况下热机状态氢气排放

① 试验开始前试验车辆置于带有负荷和当量惯量的转鼓试验台上，并按照一定的速度运行，使燃料电池系统处于热机状态温度，然后停车关闭燃料电池系统。

② 转鼓试验台当量惯量系数按 GB/T 19754—2015《重型混合动力电动汽车能量消耗量试验方法》[11] 中规定的试验车辆装载质量的 65% 加载并完成转鼓试验台上的滑行测试，以便求得车辆内阻以及转鼓试验台输出阻力曲线，完成以上操作后遵照上述标准中规定的中国典型城市公交循环工况进行试验，从整车起动开始采样，循环结束后立刻关闭燃料电池系统，燃料电池系统完全停机后采样结束。

③ 记录循环工况中燃料电池系统的电压、电流、氢气流量等时间历程曲线，氢气质量流量计的准确度应满足表 4-79 要求。

④ 按照 GB/T 37154—2018《燃料电池电动汽车 整车氢气排放测试方法》[53] 附录 A 计算氢气排放量，试验共进行三次，数据记录见表 4-80，试验最终结果取三次的平均值，采样频率为 5Hz，每次试验前需保持动力蓄电池 SOC 状态一致。

表 4-80 氢气排放量统计表

试验循环	燃料电池系统氢气消耗量 /g	燃料电池系统理论氢气消耗量 /g	燃料电池系统氢气排放量 /g	平均值 /g
1				
2				
3				

4.9 展望

氢能源正成为全球能源技术革命的重要发展方向和各国未来能源战略的重要组成部分[64]，燃料电池电动汽车的发展对于改善国内能源结构，推动交通领域低碳转型以及提升重点产业国际竞争力和科技创新力具有特殊的战略意义[65-67]。然而，当前国内关于燃料电池整车测试系统的法规不够完善，面对快速发展的燃料电池电动汽车行业，如何科学全面地对燃料电池电动汽车进行整车测评及评价是一个亟待解决的问题。本章立足国内燃料电池电动汽车行业现状和综合国内外相关标准，提出燃料电池电动汽车动力性、续驶里程及燃料经济性、振动噪声、冷却系统控制策略、整车安全要求、环境适应性、整车热管理系统性能等方面的测试内容、方法以及评价指标，有助于加快燃料电池电动汽车基本性能的研发进程，填补国内燃料电池整车测试方面的技术空缺，有利于加快提升燃料电池整车系统可靠性和工程化水平，促进国内燃料电池电动汽车市场化进程，产生良好的社会效益，并且推动燃料电池电动汽车产业化发展。但由于近年来，国内外燃料电池电动汽车产业发展较快，实践中新标准也正在修订和制定，因此本章主要对当前测试技术进行总结和探讨，对于新方法和标准（如燃料电池电动汽车的燃料电池堆性能试验方法、低温冷起动试验方法、定型试验规程、能量消耗量及续驶里程测试方法、高温环境适应性测试方法、动力性能试验方法和燃料电池电动汽车安全要求等），需查阅最新的标准和相关技术资料。

附录 燃料电池电动汽车热管理性能测试测试点及传感器布置清单

序号	降温性能测试	采暖性能测试	除霜性能测试	热平衡性能测试
1	环境温度	环境温度	环境温度	环境温度
2	车速	车速	—	车速
3	驱动力	驱动力	—	驱动力
4	压缩机转速、电压、电流	PTC电压、电流	PTC电压、电流	压缩机转速、电压、电流
5	冷却风扇转速、电压、电流	冷却风扇转速、电压、电流	冷却风扇转速、电压、电流	冷却风扇转速、电压、电流
6	车内中心温度	车内中心温度	车内中心温度	车内中心温度
7	鼓风机电压	鼓风机电压	鼓风机电压	鼓风机电压
8	车顶表面温度	—	—	车顶表面温度
9	空调系统高压	—	—	空调系统高压
10	空调系统低压	—	—	空调系统低压
11	冷凝器前空气温度（9个）	暖风出水温度	暖风出水温度	冷凝器前空气温度（9个）
12	冷凝器后空气温度	暖风进水温度	暖风进水温度	冷凝器后空气温度
13	压缩机进口表面温度	—	—	压缩机进口表面温度
14	压缩机出口表面温度	—	—	压缩机出口表面温度

（续）

序号	降温性能测试	采暖性能测试	除霜性能测试	热平衡性能测试
15	冷凝器进口表面温度	—	—	冷凝器进口表面温度
16	冷凝器出口表面温度	—	—	冷凝器出口表面温度
17	膨胀阀进口表面温度	—	—	膨胀阀进口表面温度
18	膨胀阀出口表面温度	—	—	膨胀阀出口表面温度
19	驾驶人吹面吹风口	驾驶人脚部出风口	前除霜中间出风口（3~4个）	驾驶人侧吹面吹风口
20	中左吹面吹风口	前排乘客脚部出风口	驾驶人侧除霜出风口	中左吹面出风口
21	中左吹面吹风口	后排左脚部出风口	副驾侧除霜出风口	中右吹面出风口
22	前排乘客侧吹面吹风口	后排右脚部出风口	—	前排乘客侧吹面出风口
23	后排出风口	—	—	后排出风口
24	空调回风口	外循环进风口	空调回风口	空调回风口
25	驾驶人座椅头部温度	驾驶人座椅头部温度	驾驶人座椅头部温度	驾驶人座椅头部温度
26	前排乘客座椅头部温度	前排乘客座椅头部温度	前排乘客座椅头部温度	前排乘客座椅头部温度
27	后排左乘客头部温度	后排左乘客头部温度	后排左乘客头部温度	后排左乘客头部温度
28	后排右乘客头部温度	后排右乘客头部温度	后排右乘客头部温度	后排右乘客头部温度
29	后排中间乘客头部温度	后排中间乘客头部温度	后排中间乘客头部温度	后排中间乘客头部温度
30	驾驶人脚部温度	驾驶人脚部温度	驾驶人脚部温度	驾驶人脚部温度
31	前排乘客脚部温度	前排乘客脚部温度	前排乘客脚部温度	前排乘客脚部温度
32	后排左乘客脚部温度	后排左乘客脚部温度	后排左乘客脚部温度	后排左乘客脚部温度
33	后排右乘客脚部温度	后排右乘客脚部温度	后排右乘客脚部温度	后排右乘客脚部温度
34	燃料电池进水温度	燃料电池进水温度	燃料电池进水温度	燃料电池进水温度
35	燃料电池出水温度	燃料电池出水温度	燃料电池出水温度	燃料电池出水温度
36	燃料电池电压、电流	燃料电池电压、电流	燃料电池电压、电流	燃料电池电压、电流
37	—	—	—	燃料电池表面温度（6个）
38	—	—	—	燃料电池冷却水流量
39	—	—	—	DC/DC 进水温度
40	—	—	—	DC/DC 出水温度
41	—	—	—	驱动电机进水温度
42	—	—	—	驱动电机出水温度
43	—	—	—	驱动电机冷却液流量
44	—	—	—	驱动电机表面温度
45	—	—	—	驱动电机电压、电流
46	—	—	—	前舱低压线束
47	—	—	—	机舱高压线束
48	—	—	—	散热器前后温度
49	—	—	—	散热器进水温度
50	—	—	—	散热器出水温度
51	—	—	—	散热器进水流量
52	—	—	—	制动管温度
53	—	—	—	蓄电池表面温度
54	—	—	—	电器盒表面温度

参考文献

[1] 余志生. 汽车理论 [M]. 5版. 北京：机械工业出版社，2009.

[2] 国家技术监督局. 汽车道路试验方法通则：GB/T 12534—1990 [S]. 北京：中国标准出版社，1990.

[3] 中华人民共和国国家质量监督检验检疫总局. 燃料电池电动汽车 最高车速试验方法：GB/T 26991—2011[S]. 北京：中国标准出版社，2011.

[4] 中华人民共和国国家质量监督检验检疫总局. 电动汽车动力性能试验方法：GB/T 18385—2005 [S]. 北京：中国标准出版社，2005.

[5] 中华人民共和国国家质量监督检验检疫总局. 混合动力电动汽车动力性能试验方法：GB/T 19752—2005[S]. 北京：中国标准出版社，2005.

[6] 国家技术监督局. 汽车爬陡坡试验方法：GB/T 12539—2018[S]. 北京：中国标准出版社，2018.

[7] 国家技术监督局. 汽车加速性能试验方法：GB/T 12543—2009[S]. 北京：中国标准出版社，2009.

[8] 胡永章. 轮式单桥驱动场（厂）内机动车爬坡能力测试的研究 [J]. 机电技术，2009，32(3)：83-85.

[9] 中华人民共和国国家质量监督检验检疫总局. 电动汽车 能量消耗率和续驶里程 试验方法：GB/T 18386—2017[S]. 北京：中国标准出版社，2017.

[10] 中华人民共和国国家质量监督检验检疫总局. 轻型混合动力电动汽车能量消耗量试验方法：GB/T 19753—2013[S]. 北京：中国标准出版社，2013.

[11] 中华人民共和国国家质量监督检验检疫总局. 重型混合动力电动汽车能量消耗量试验方法：GB/T 19754—2015[S]. 北京：中国标准出版社，2015.

[12] 中华人民共和国国家质量监督检验检疫总局. 燃料电池电动汽车氢气消耗量测量方法：GB/T 35178—2017[S]. 北京：中国标准出版社，2017.

[13] 中华人民共和国国家质量监督检验检疫总局. 轻型汽车污染物排放限值及测量方法（中国第五阶段）：GB 18352.5—2013[S]. 北京：中国标准出版社，2013.

[14] 中华人民共和国国家质量监督检验检疫总局. 重型商用车辆燃料消耗量测量方法：GB/T 27840—2011[S]. 北京：中国标准出版社，2011.

[15] 国家发展和改革委员会. 汽车试验用城市运转循环：QC/T 759—2006[S]. 北京：中国标准出版社，2006.

[16] 国家质检总局 (SBTS). 轻型汽车污染物排放限值及测量方法（中国Ⅲ、Ⅳ）：GB 18352.3—2005[S]. 北京：中国标准出版社，2005.

[17] 郭荣，万钢，左曙光. 燃料电池轿车车内噪声传递路径分析研究 [J]. 汽车工程，2007，29(8)：635-641.

[18] 梁晓燕，李亚超，吴兵，等. 燃料电池车空气进气噪声测试方法 [J]. 上海汽车，2015 (4)：7-10.

[19] 中华人民共和国国家质量监督检验检疫总局. 电声学 声级计 第1部分：规范：GB/T 3785.1—2010[S]. 北京：中国标准出版社，2010.

[20] 中华人民共和国国家质量监督检验检疫总局. 电声学 声校准器：GB/T 15173—2010[S]. 北京：中国标准出版社，2010.

[21] 中华人民共和国国家质量监督检验检疫总局. 泵的噪声测量与评价方法：GB/T 29529—2013[S]. 北京：中国标准出版社，2013.

[22] 中华人民共和国国家质量监督检验检疫总局.声学 汽车车内噪声测量方法：GB/T 18697—2002[S].北京：中国标准出版社，2002.

[23] 龚平.SQ6450轻型汽车噪声源的诊断[J].噪声与振动控制，2000 (5): 47-48.

[24] 左言言，曾发林，郭建新，等.轻型客车车内噪声的试验研究[J].汽车工程，2000，22(3): 204-206.

[25] 汤海娟.强通风状态下消声室的设计[D].合肥：合肥工业大学，2008.

[26] 智乃刚，萧滨诗.风机噪声控制技术[M].北京：机械工业出版社，1985.

[27] 国家技术监督局.声学 市区行驶条件下轿车噪声的测量：GB/T 17250—1998[S].北京：中国标准出版社，1998.

[28] 国家环境保护总局.汽车加速行驶车外噪声限值及测量方法：GB 1495—2002[S].北京：中国标准出版社，2002.

[29] 中华人民共和国国家质量监督检验检疫总局.燃料电池发动机性能试验方法：GB/T 24554—2009 [S].北京：中国标准出版社，2009.

[30] 中华人民共和国国家质量监督检验检疫总局.汽车热平衡能力道路试验方法：GB/T 12542—2009 [S].北京：中国标准出版社，2009.

[31] 樊春艳，任美林.燃料电池轿车动力系统热管理设计与仿真验证[J].湖北汽车工业学院学报，2015 (3): 23-26.

[32] 徐佳祥，赵扬.关于燃料电池汽车整车热管理系统的探讨[J].工程技术：引文版，2016 (12): 29.

[33] 常国峰，曾辉杰，许思传.燃料电池汽车热管理系统的研究[J].汽车工程，2015 (8): 959-963.

[34] 马洪涛，赵鹏程，李亚超，等.燃料电池汽车空调系统制冷性能设计研究[J].上海汽车，2013，(6): 21-24.

[35] 张克润.燃料电池汽车空调系统研究[J].山东工业技术，2014 (19): 51.

[36] 全国汽车标准化技术委员会.汽车空调整车降温性能试验方法：QC/T 658—2000 [S].北京：中国标准出版社，2000.

[37] 中华人民共和国国家质量监督检验检疫总局.汽车采暖性能要求和试验方法：GB/T 12782—2007 [S].北京：中国标准出版社，2007.

[38] 中华人民共和国国家质量监督检验检疫总局.汽车风霜玻璃除霜和除雾系统的性能和试验方法：GB 11555—2009 [S].北京：中国标准出版社.

[39] 中华人民共和国国家质量监督检验检疫总局.电动汽车风窗玻璃除霜除雾系统的性能要求及试验方法：GB/T 24552—2009 [S].北京：中国标准出版社，2009.

[40] 马紫峰，章冬云.氢电混合燃料电池汽车动力系统技术[J].电源技术，2008，32(6): 357-360.

[41] 中华人民共和国国家质量监督检验检疫总局.燃料电池电动汽车安全要求：GB/T 24549—2009 [S].北京：中国标准出版社，2009.

[42] 中华人民共和国国家质量监督检验检疫总局.外壳防护等级 (IP 代码)：GB/T 4208—2017 [S].北京：中国标准出版社，2017.

[43] 中华人民共和国国家质量监督检验检疫总局.电动汽车安全要求第3部分：人员触电防护：GB/T 18384.3—2015 [S].北京：中国标准出版社，2015.

[44] 中华人民共和国国家质量监督检验检疫总局.燃料电池电动汽车 车载氢系统试验方法：GB/T 29126—2012 [S].北京：中国标准出版社，2012.

[45] 中华人民共和国国家质量监督检验检疫总局. 燃料电池电动汽车 加氢口：GB/T 26779—2011 [S]. 北京：中国标准出版社，2011.

[46] 中华人民共和国国家质量监督检验检疫总局. 燃料电池电动汽车 车载氢系统 技术条件：GB/T 26990—2011[S]. 北京：北京标准出版社，2011.

[47] 中华人民共和国国家质量监督检验检疫总局. 气瓶水压爆破试验方法：GB/T 15385—2011 [S]. 北京：中国标准出版社，2012.

[48] 中华人民共和国国家质量监督检验检疫总局. 全地形车静态振动试验方法：GB/T 33437—2016 [S]. 北京：中国标准出版社，2016.

[49] 国家市场监督管理总局. 汽车侧面柱碰撞的乘员保护：GB/T 37337—2019[S]. 北京：中国标准出版社，2019.

[50] 中华人民共和国国家质量监督检验检疫总局. 汽车正面碰撞的乘员保护：GB 11551—2014 [S]. 中国：中国标准出版社，2014.

[51] Engineers Society of Automotive. Standard for Fuel Systems in Fuel Cell and Other Hydrogen Vehicles：J2579 MAR 2013 [S].America：SAE，2013.

[52] Engineers Society of Automotive Fueling Protocols for Light Duty Gaseous Hydrogen Surface Vehicles[S]: J2601 America: SAE，2016.

[53] 国家市场监督管理总局. 燃料电池电动汽车 整车氢气排放测试方法：GB/T 37154—2018 [S]. 北京：中国标准出版社，2018.

[54] 中华人民共和国国家质量监督检验检疫总局. 汽车起动性能试验方法：GB/T 12535—2007 [S]. 北京：中国标准出版社，2007.

[55] 中国人民解放军总装备部. 军用装备实验室环境试验方法第9部分：湿热试验：GJB 150.9A—2009 [S]. 北京：中国标准出版社，2009.

[56] 陈骏. 车用燃料电池系统高海拔运行研究 [J]. 上海汽车，2017 (2): 3-5.

[57] 河北中兴汽车制造有限公司. 整车环境适应性试验规范：QJ/ZX 03.05.022—2014 [S]. 北京：中国计划出版社，2014.

[58] 中国人民解放军总装备部. 军用装备实验室环境试验方法 第二部分：低气压（高度）试验：GJB 150.9A—2009[S]. 北京：中国标准出版社，2009.

[59] 中国汽车工业总公司. 汽车的故障模式及分类：QC/T 34—1992 [S]. 北京：中国标准出版社，1992.

[60] 任志伟. 整车三高标定试验 [J]. 汽车工程师，2016 (5): 55-58.

[61] MENCH. M M, KUMBER, E C, VEZIROGLU T N. Polymer Electrolyte Fuel Cell Degradation [M]. America：Academic Press，2012.

[62] 田永，韦俊. 汽车金属零件循环盐雾试验标准概述 [J]. 电镀与涂饰，2012，31(8): 43-47.

[63] 国家发展和改革委员会. 乘用车强化腐蚀试验方法：QC/T 732—2005[S]. 北京：中国计划出版社，2005.

[64] 马硕. 氢能源与燃料电池汽车的发展应用 [J]. 时代汽车，2017 (12): 23-24.

[65] 曹建国，廖然，杨利花. 燃料电池电动汽车发展现状与前景 [J]. 新材料产业，2015 (4): 58-63.

[66] 程振彪. 我国应更加重视燃料电池汽车发展（连载一）[J]. 汽车科技，2017 (1): 2-9.

[67] 刘宗巍，史天泽，郝瀚，等. 中国燃料电池汽车发展问题研究 [J]. 汽车技术，2018 (1): 1-9.

第5章 电机系统测试评价

电机系统测试主要在电机台架上进行,主要进行电机系统的一般性参数测试、温升测试、输入输出特性测试、安全性测试、环境适应性参数测试、可靠性测试以及电磁兼容测试[1]。

电机系统测试项目见表 5-1[2]。一般性参数测试中的外观、外形和安装尺寸、质量、驱动电机控制器壳体机械强度、液冷系统冷却回路密封性能等项目的测试方法比较简单,可以参阅 GB/T 18488.2—2015《电动汽车用驱动电机系统 第 2 部分:试验方法》[3],这里不再赘述。

表 5-1 电机系统测试项目

测试分类	测试项目名称及主要测试内容		对应章节
一般性参数	外观		—
	外形和安装尺寸		—
	质量		—
	驱动电机控制器壳体机械强度		—
	液冷系统冷却回路密封性能		—
	驱动电机定子绕组冷态直流电阻		5.2.1
	绝缘电阻	驱动电机定子绕组对机壳的绝缘电阻	5.2.2
		驱动电机定子绕组对温度传感器的绝缘电阻	
		驱动电机控制器绝缘电阻	
	耐电压	驱动电机绕组的匝间冲击耐电压	5.2.3
		驱动电机绕组对机壳的工频耐电压	
		驱动电机绕组对温度传感器的工频耐电压	
		驱动电机控制器工频耐电压	
	超速		5.2.4

（续）

测试分类	测试项目名称及主要测试内容			对应章节
温升	温升			5.3.1
输入输出特性	工作电压范围			5.3.2
	转速-转矩特性			5.3.3（1）
	持续转矩			5.3.3（2）
	持续功率			5.3.3（3）
	峰值转矩			5.3.3（4）
	峰值功率			5.3.3（5）
	堵转转矩			5.3.3（6）
	最高工作转速			5.3.3（7）
	驱动电机系统效率	驱动电机系统高效工作区		5.3.3（8）
		驱动电机系统最高效率		5.3.3（9）
	控制准确度	转速控制准确度		5.3.3（10）1）
		转矩控制准确度		5.3.3（10）2）
	响应时间	转速响应时间		5.3.3（11）1）
		转矩响应时间		5.3.3（11）2）
	驱动电机控制器工作电流	驱动电机控制器持续工作电流		5.3.3（12）1）
		驱动电机控制器短时工作电流		5.3.3（12）2）
		驱动电机控制器最大工作电流		5.3.3（12）3）
	馈电特性			5.3.3（13）
安全性	安全接地检查			5.4.1（1）
	驱动电机控制器的保护功能			5.4.1（2）
	驱动电机控制器支撑电容放电时间			5.4.1（3）
环境适应性参数	低温			5.4.2（1）
	高温			5.4.2（2）
	湿热			5.4.2（3）
	耐振动			5.4.2（4）
	防水、防尘			5.4.2（5）
	盐雾			5.4.2（6）
可靠性	可靠性			5.5
电磁兼容	电磁兼容			5.6

5.1 整体试验准备

（1）试验环境条件

如无特殊规定，电机系统在测试评价过程中的环境条件如下[4]。

① 温度：18~28℃。

② 相对湿度：45%~75%RH。

③ 气压：86~106kPa。

④ 海拔：不超过1000m；若超过1000m，应遵照 GB 755—2008 的有关规定。

（2）仪器准确度

仪器的准确度或误差应不低于表 5-2 所示的要求，并满足实际测量参数的准确度要求，尤其对于电气参数测量的仪器仪表，应能够满足相应的直流参数和交流参数测量的准确度和波形要求。

表 5-2 试验仪器准确度

项号	试验仪器	准确度或误差
1	电气测量仪器	0.5 级（兆欧表除外）
2	分流器或电流传感器	0.2 级
3	转速测量仪	±2r/min
4	转矩测量仪	0.5 级
5	温度计	±1℃
6	微欧计	0.2 级
7	兆欧表	±5% rd g

若用分流器测量电流，测量线的电阻应按所用测量仪器选配。

测量时，各仪器的读数应同时读取。

（3）试验电源

试验过程中，试验电源由动力直流电源提供，或者由动力直流电源和其他储能（耗能）设备联合提供；试验电源的工作直流电压不大于 250V 时，其稳压误差应不大于 ±2.5V；试验电源的工作直流电压大于 250V 时，其稳压误差应不超过被试驱动电机系统直流工作电压的 ±1%。

试验电源应能够满足被试驱动电机系统的功率要求，并能够工作在相应的工作电压状态。

（4）布线

试验中布线的规格应与车辆中的实际布线一致，布线长度宜与车辆中的实际布线相同。

如果试验中的布线对测量结果产生实质性影响，则应调整相应的外线路阻抗，使之与车辆中布线的阻抗尽可能相等。

（5）冷却装置

驱动电机和驱动电机控制器的冷却条件宜模拟其在车辆中的实际使用条件，驱动电机和驱动电机控制器冷却装置的型号，冷却液的种类、流量和温度应记录于试验报告中。

（6）信号屏蔽

为确保驱动电机系统能够正常试验，必要时，制造商应对关联信号进行模拟或者通过其他方法进行屏蔽。

5.2 电机系统一般性参数测试

电机系统一般性参数测试主要包括电机系统的外观、外形和安装尺寸、质量、控制器壳体机械强度、液冷系统冷却回路密封性能、电机定子绕组冷态直流电阻、绝缘电阻、耐电压、超速等测试[5]。此处将介绍电机定子绕组冷态直流电阻、绝缘电阻、耐电压、超速等参数的测试。

5.2.1 电机定子绕组冷态直流电阻测试

1. 测试目的

测试驱动电机定子绕组冷态直流电阻。

2. 测试设备

温度计、微欧计，设备准确度见表 5-2。

3. 依据标准

GB/T 18488.1—2015《电动汽车用驱动电机系统　第 1 部分：技术条件》[6]。

GB/T 18488.2—2015《电动汽车用驱动电机系统　第 2 部分：试验方法》。

4. 测试方法与步骤

驱动电机定子绕组冷态直流电阻宜在实际冷状态下测量，并记录测量时的环境温度。

（1）环境温度的测量

将驱动电机在温度均匀的空间中放置一段时间，使驱动电机定转子温度和环境温度一致，记录温度数值。判断温度一致的标准满足下列条件之一即可。

① 用温度计（或埋置检温计）测量电机绕组、铁心和环境温度，所测温度与环境温度之差应不超过 2K，必要时，温度计应有与外界隔热的措施，且放置温度计的时间不少于 15min。测量绕组温度时应根据电机的大小，在不同部位测量绕组端部和绕组槽部的温度（如有困难，可测量铁心齿和铁心轭部表面温度），取其平均值作为绕组的实际冷状态下的温度。

② 驱动电机处于不工作状态且在环境温度稳定的空间中放置时间超过 12h。

（2）绕组直流电阻的测量

使用微欧计测量绕组直流电阻，测量时，通过绕组的试验电流应不超过其额定电流的 10%，通电时间不超过 1min。

测量时，电机转子静止不动。

绕组各相各支路的始末端均引出时，应分别测量各相各支路的直流电阻。

如果各相绕组在电机内部连接，那么应在每个出线端间测量电阻。

5. 数据处理及评价指标

（1）数据处理

对于三相电机，各相电阻值按下式计算[7]。

对于星形联结的绕组，如图 5-1a 所示，

$$R_U = R_{med} - R_{VW} \tag{5-1}$$

$$R_V = R_{med} - R_{WU} \tag{5-2}$$

$$R_W = R_{med} - R_{UV} \tag{5-3}$$

对于三角形联结的绕组，如图 5-1b 所示。

$$R_U = \frac{R_{VW} R_{WU}}{R_{med} - R_{UV}} + R_{UV} - R_{med} \tag{5-4}$$

$$R_\text{V} = \frac{R_\text{WU} R_\text{UV}}{R_\text{med} - R_\text{VW}} + R_\text{VW} - R_\text{med} \qquad (5\text{-}5)$$

$$R_\text{W} = \frac{R_\text{UV} R_\text{VW}}{R_\text{med} - R_\text{WU}} + R_\text{WU} - R_\text{med} \qquad (5\text{-}6)$$

式中 $R_\text{emd}=(R_\text{UV}+R_\text{VW}+R_\text{WU})/2$；

R_UV、R_VW、R_WU——分别为出线端 U 与 V、V 与 W、W 与 U 间测得的电阻值（mΩ）；

R_U、R_V 和 R_W——分别为各相的相电阻（mΩ）。

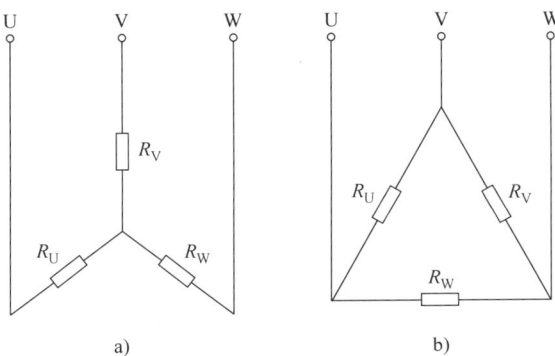

图 5-1 绕组形式
a）星形联结 b）三角形联结

对于其他相数的电机，需另行推导公式进行计算。

（2）评价指标

驱动电机定子绕组冷态直流电阻值应符合产品技术文件规定。

产品技术文件可以为产品规格书、制造商和用户之间协商确定的技术协议或其他说明书。

5.2.2 电机系统绝缘电阻测试

1. 测试目的

主要测试电机系统冷态和热态下的绝缘电阻，主要包括电机定子绕组对机壳的绝缘电阻、定子绕组对温度传感器的绝缘电阻以及电机控制器的绝缘电阻（包括电机控制器动力端子与外壳、信号端子与外壳、动力端子与信号端子之间的绝缘电阻）。

2. 测试设备

兆欧表。

3. 依据标准

GB/T 18488.1—2015《电动汽车用驱动电机系统 第 1 部分：技术条件》。

GB/T 18488.2—2015《电动汽车用驱动电机系统 第 2 部分：试验方法》。

4. 测试方法与步骤

绝缘电阻试验应分别在被试样品实际冷状态或热状态下（如温升试验、高低温试验或湿热试验后）进行。

常规测试时，如无其他规定，绝缘电阻仅在实际冷状态下测量，并记录被试样品周围环境介质的温度。

若需要在热状态下或冷却回路通有冷却液的情况下测量绝缘电阻，则周围介质温度指的是试验时被试样品所在空间的温度或冷却液的温度。

（1）兆欧表的选用

应根据被测绕组（或测量点）的最高工作电压选择兆欧表。

当最高工作电压不超过 250V 时，应选用 500V 兆欧表；当最高工作电压超过 250V，但是不高于 1000V 时，应选用 1000V 兆欧表。

测量时，应在兆欧表指针或显示数值达到稳定后再读取数值。

（2）驱动电机定子绕组对机壳的绝缘电阻

如果各绕组的始末端单独引出，则应分别测量各绕组对机壳的绝缘电阻，不参加试验的其他绕组和埋置的检温元件等应与铁心或机壳进行电气连接，机壳应接地。

当中性点连在一起而不易分开时，则测量所有连在一起的绕组对机壳的绝缘电阻。

测量结束后，每个回路应对接地的机壳进行电气连接使其放电。

（3）驱动电机定子绕组对温度传感器的绝缘电阻

如果驱动电机埋置有温度传感器，则应分别测量定子绕组与温度传感器之间的绝缘电阻。

如果各绕组的始末端单独引出，则应分别测量各绕组对温度传感器的绝缘电阻，不参加试验的其他绕组和埋置的其他检温元件等应与铁心或机壳进行电气连接，机壳应接地。

当绕组的中性点连在一起而不易分开时，则测量所有连在一起的绕组对温度传感器的绝缘电阻。

测量结束后，每个回路应对接地的机壳进行电气连接使其放电。

（4）驱动电机控制器绝缘电阻

试验前，控制器与外部供电电源以及负载应分开，不能承受兆欧表高压冲击的电器元件（如半导体整流器、半导体管及电容器等）宜在测量前将其从电路中拆除或短接。

试验时，分别测量控制器动力端子与外壳、控制器信号端子与外壳、控制器动力端子与控制器信号端子之间的绝缘电阻，不参加试验的部分应连接接地。

测量结束后，每个回路应对接地的部分进行电气连接使其放电。

5. 数据处理及评价指标

（1）数据处理

根据测试结果，进行记录即可。

（2）评价指标

驱动电机定子绕组对机壳、定子绕组对温度传感器的冷态绝缘电阻值应大于 20MΩ。

驱动电机定子绕组对机壳、定子绕组对温度传感器的热态绝缘电阻值应不低于下式计算的值：

$$R = \frac{U_{d\max}}{1000 + \dfrac{P}{100}} \tag{5-7}$$

式中 U_{dmax}——最高工作电压（V）；
　　　R——驱动电机定子绕组对机壳的热态绝缘电阻（MΩ）；
　　　P——驱动电机的持续功率（kW）。

按照上式计算的绝缘电阻低于 0.38MΩ 时，则按 0.38MΩ 考核确定。

驱动电机控制器动力端子与外壳、信号端子与外壳、动力端子与信号端子之间的冷态及热态绝缘电阻均应不小于 1MΩ。

5.2.3 电机系统耐电压测试

1. 测试目的

主要测试驱动电机绕组的匝间冲击耐电压、驱动电机绕组对机壳的工频耐电压、驱动电机绕组对温度传感器的工频耐电压、驱动电机控制器的工频耐电压。

2. 测试设备

匝间冲击电压试验仪、工频耐压仪。

3. 依据标准

GB/T 18488.1—2015《电动汽车用驱动电机系统　第1部分：技术条件》。

GB/T 18488.2—2015《电动汽车用驱动电机系统　第2部分：试验方法》。

GB/T 22719.1—2008《交流低压电机散嵌绕组匝间绝缘　第1部分：试验方法》[8]。

4. 测试方法与步骤

（1）驱动电机绕组的匝间冲击耐电压

1）驱动电机电枢绕组匝间冲击耐电压试验（有刷直流驱动电机电枢绕组除外）。驱动电机的电枢绕组匝间冲击试验电压峰值应不低于公式（5-8）的计算值（有刷直流电机的电枢除外），并按四舍五入原则修约到百位数（百伏）。

$$U_T = 1.7 U_G \quad (5-8)$$

式中 U_T——电机电枢绕组的匝间冲击试验电压峰值（V）；
　　　U_G——电机电枢绕组对机壳工频耐电压试验值（有效值）（V），按照表 5-3 的规定选取。

驱动电机绕组匝间耐压试验中，冲击试验电压的波前时间可为 0.2μs（容差 $^{+0.3}_{-0.1}$ μs）和 1.2μs（容差 $^{+0.3}_{-0.1}$），优先推荐 0.2μs。

表 5-3 驱动电机绕组对机壳工频耐电压限值

项号	驱动电机或部件	试验电压（有效值）
1	持续功率小于 1kW 且最高工作电压小于 100V 的驱动电机的电枢绕组	500V+2 倍最高工作电压
2	持续功率不低于 1kW 或最高工作电压不低于 100V 的驱动电机的电枢绕组	1000V+2 倍最高工作电压，最低为 1500V
3	驱动电机的励磁绕组	1000V+2 倍最高励磁电压，最低为 1500V

① 当绕组线端都引出时，再选一相绕组（例如 U 相）作为参照，另一相绕组（例如

V相）作为被试绕组，如图5-2所示。在U相和V相上交替或者同时施加以上规定的峰值和波前时间的冲击电压，比较两衰减振荡试验波形之间的差异量。再依次转换成V相和W相（或者U相和W相）重复试验一次，每次试验后非被试绕组应予以放电。

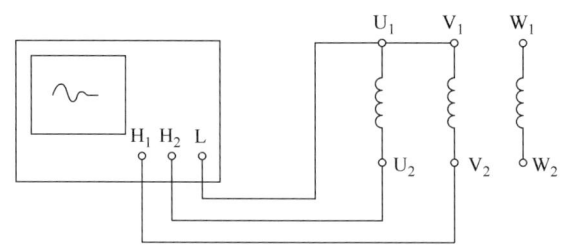

图5-2　绕组端部均引出时的接线图示例
H_1、H_2—仪器高电位端子　L—仪器低电位端子

② 对于星形联结绕组，任选一个两相绕组（例如U和W）作为参照，另一个两相绕组（例如V和W）作为被试绕组，如图5-3所示。在UW和VW上交替施加以上规定的峰值和波前时间的冲击电压，比较两衰减振荡试验波形之间的差异量。再依次将L端转换接至U端或者V端，重复试验一次。

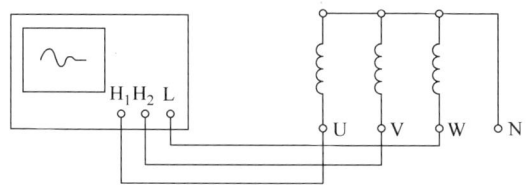

图5-3　星形联结时的接线图示例
H_1、H_2—仪器高电位端子　L—仪器低电位端子

对于三角形联结绕组，任选一个（两相绕组串联与第三相绕组并联）绕组（例如UW）作为参照，另一个（两相绕组串联与第三相绕组并联）绕组（例如VW）作为被试绕组，如图5-4所示。在UW和VW上交替施加以上规定的峰值和波前时间的冲击电压，比较两衰减振荡试验波形之间的差异量。再依次将L端转换接至U端或者V端，重复试验一次。

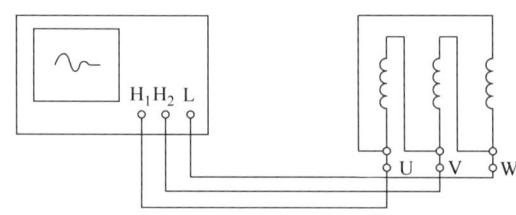

图5-4　三角形联结时的接线图示例
H_1、H_2—仪器高电位端子　L—仪器低电位端子

2）驱动电机励磁绕组的匝间冲击耐电压试验。对于驱动电机的励磁绕组，其匝间冲击试验电压峰值一般不低于式（5-8）的规定，当总匝数为6匝及以下时，其冲击试验电

压峰值为 250× 被试绕组的总匝数，单位为 V，最低应为 1000V。

驱动电机绕组匝间耐压试验中，冲击试验电压的波前时间可为 0.2μs（容差 $^{+0.3}_{-0.1}$ μs）和 1.2μs（容差 $^{+0.3}_{-0.1}$ μs），优先推荐 0.2μs。

在励磁绕组引出线间施加以上规定的峰值和波前时间的冲击电压，比较两衰减振荡试验波形之间的差异量。与被试绕组相关的未参与试验的线圈或绕组的引出线端应短接，并连同铁心接地。

3) 有刷直流驱动电机电枢绕组匝间冲击耐电压试验。对于最高工作电压为 660V 及以下的有刷直流驱动电机，电枢的换向器片间冲击电压峰值应不低于 350V；最高工作电压为 660V 以上的有刷直流驱动电机，电枢的片间冲击电压峰值应不低于 500V。

驱动电机绕组匝间耐压试验中，冲击试验电压的波前时间可为 0.2μs（容差 $^{+0.3}_{-0.1}$ μs）和 1.2μs（容差 $^{+0.3}_{-0.1}$ μs），优先推荐 0.2μs。

采用跨距法或片间法进行试验。试验时，将以上规定的峰值和波前时间的冲击试验电压直接施加于换向器片间，电枢轴应接地。

① 跨距法。选取跨距内换向片的数目应根据绕组类型和试验设备具体确定，一般推荐 5~7 片。为了使每一片间都经受一个相同条件的电压试验，推荐逐片进行试验（可根据均压线的连接方式减少试验次数）。

② 片间法。依次对换向器上一对相邻换向片进行试验。试验时，若未试线圈中产生高的感应电压，则应在被试换向片两侧的换向片上设置接地装置，并良好接地。

（2）驱动电机绕组对机壳的工频耐电压

试验应在工频耐压仪上进行，试验前应做好必要的安全防护措施，并测量绕组的绝缘电阻。除非另有规定，试验应在驱动电机静止状态下进行。

试验用工频耐压仪的变压器应有足够的容量，如果被试驱动电机绕组的电容较大时，则其额定容量 S_N（kVA）应大于式（5-9）的计算值：

$$S_N = 2\pi f C U U_{NT} \times 10^{-3} \tag{5-9}$$

式中 U_{NT}——试验变压器的高压侧额定电压（V）；

f——电源频率（Hz）；

C——被试驱动电机绕组的电容（F）；

U——试验电压值（V）。

试验时，电压应施加于绕组和机壳之间，试验电压的频率为工频，电压波形应尽可能接近正弦波形。此时，不参加试验的其他绕组和埋置的检温元件等均应与铁心或机壳连接，机壳应接地。当电枢绕组各相或各支路始末端单独引出时，应分别进行试验。如果三相绕组的中性点不易分开，三相绕组应同时施加电压。

按照表 5-3 规定的全值试验电压加载于驱动电机绕组和机壳之间。加载过程中，施加的电压应从不超过试验电压全值的一半开始，然后以不超过全值 5% 的速度均匀地或分段地增加至全值，电压自半值增加至全值的时间应不少于 10s，全值试验电压应持续 1min。

当对批量生产的 5kW（或 kVA）及以下电机进行常规试验时，1min 试验可用约 5s 的试验代替，试验电压值应符合表 5-3 的要求。也可用 1s 试验来代替，但试验电压值应为表 5-3 要求的 120%。试验完毕，待电压下降到全值的三分之一以下时，方可断开电源，并对被试绕组进行放电。

试验过程中，如果发现电压或漏电流急剧增加、绝缘冒烟或发出响声等异常现象时，应立即降低电压，断开电源，将被试绕组放电后再对绕组进行检查。

记录试验过程中漏电流的大小。

（3）驱动电机绕组对温度传感器的工频耐电压

若驱动电机的温度传感器埋置于定子绕组中，则应进行驱动电机绕组对温度传感器的工频耐电压试验。

试验时，将1500V耐电压全值施加于驱动电机绕组与温度传感器之间（试验方法参考驱动电机绕组对机壳的工频耐电压试验部分），驱动电机绕组和其他元件等均应与铁心或机壳连接，机壳应接地。

对于驱动电机绕组中埋置多个温度传感器的情况，则应对每个温度传感器进行耐电压试验。

记录试验过程中漏电流的大小。

（4）驱动电机控制器的工频耐电压

试验过程中，驱动电机控制器的各个动力端子应短接，各个信号端子应短接。按照表5-4的要求设置驱动电机控制器动力端子与外壳、控制器动力端子与控制器信号端子之间的电压，控制器信号端子与外壳之间设置500V的工频耐电压（试验方法参考驱动电机绕组对机壳的工频耐电压试验部分）。

表5-4 驱动电机控制器动力端子与外壳间、动力端子与信号端子间工频耐电压限值

最高工作电压 U_{dmax}	试验电压（均方根值）
$U_{dmax} \leqslant 60V$	500V
$60V < U_{dmax} \leqslant 125V$	1000V
$125V < U_{dmax} \leqslant 250V$	1500V
$250V < U_{dmax} \leqslant 500V$	2000V
$U_{dmax} > 500V$	$1000V+2U_{dmax}$

对于控制器信号地与外壳短接的情况，不进行控制器信号端子与外壳的耐电压测试。

在驱动电机控制器动力端子与外壳，以及控制器信号端子与外壳的耐电压试验过程中，不参加试验的其他端子或部件应与外壳连接，外壳接地。

在驱动电机控制器动力端子与控制器信号端子之间的耐电压试验过程中，动力端子和不参加试验的其他元件应与外壳连接，外壳接地。

对有些因电磁场感应等情况而导致高电压进入低压电路的部件（如脉冲变压器、互感器等），可在试验前予以隔离或者拔除。

记录试验过程中漏电流的大小。

5. 数据处理及评价指标

（1）数据处理

在驱动电机绕组的匝间冲击耐电压测试过程中，记录施加电压峰值及波前时间等参数，记录参考绕组和被试绕组的放电波形，包括时间（周期）、幅值和面积等参数，并观

察是否有放电火花和放电声音产生。

在进行工频耐压测试过程中，记录施加电压和漏电流情况，并观察是否有放电火花和放电声音产生。

（2）评价指标

驱动电机绕组的匝间冲击耐电压测试过程中，测得的参考绕组与被试绕组放电波形应为两条无显著差异的正常衰减振荡波形。匝间绝缘被击穿时，会伴有放电火花和放电声音，试验波形显示放电毛刺和跳动。存在绕组嵌错线或者嵌错槽等故障时，或者绕组存在相间或绝缘故障时，衰减振荡波形也将发生变化。

进行工频耐压测试过程中，驱动电机绕组对机壳的工频耐压试验应满足表5-3的电压限值要求，无击穿现象，在规定试验时间内的漏电流应满足产品技术文件的规定。驱动电机绕组对温度传感器之间应能承受1500V的工频耐电压试验，无击穿现象，漏电流应不高于5mA。驱动电机控制器动力端子与外壳、动力端子与信号端子之间应能耐受表5-4所规定的试验电压，驱动电机控制器信号端子与外壳之间，应能耐受500V的工频耐电压试验；驱动电机控制器动力端子与外壳、动力端子与信号端子、信号端子与外壳间的工频耐电压试验持续时间为1min，无击穿现象，漏电流限值应符合产品技术文件规定。

5.2.4 电机超速测试

1. 测试目的

测试电机机械结构（轴承、转子等）的强度。

2. 测试设备

温度计、转速转矩仪、电力测功机。

3. 依据标准

GB/T 18488.1—2015《电动汽车用驱动电机系统 第1部分：技术条件》。
GB/T 18488.2—2015《电动汽车用驱动电机系统 第2部分：试验方法》。

4. 测试方法与步骤

宜在驱动电机运转一段时间，驱动电机轴承润滑均匀后开始超速试验。

超速试验前应仔细检查驱动电机的装配质量，特别是转动部分的装配质量，应采取相应的防护措施，防止转速升高时有杂物或零件飞出。

超速试验时，考虑到试验过程的安全性，对被试驱动电机的控制，以及对振动、转速和轴承温度等参数的测量采用远距离测量方法，例如对传感器信号线进行延长以满足安全测量的长度要求，或者对被测信号在试验现场调理为数字信号并进行远距离传送。

超速试验可根据具体情况选用被试驱动电机空载自转或原动机（测功机）拖动法。

如果采用被试驱动电机空载自转的方法，试验时，被试驱动电机在驱动电机控制器的控制下，平稳旋转至1.2倍最高工作转速，并在此转速点空载运行不低于2min。

如果采用原动机（测功机）拖动法，被试驱动电机不通电，在原动机（测功机）拖动下平稳旋转至1.2倍最高工作转速，并在此转速点空载运行不低于2min。

升速过程中，当驱动电机达到额定转速时，应观察电机运转情况，确认无异常现象后,再以适当的速度提高转速,直至规定的转速。

超速试验后应仔细检查驱动电机的转动部分是否有损坏或产生有害的变形,是否出现紧固件松动以及其他不允许的现象。

5. 数据处理及评价指标

(1) 数据处理

记录试验过程中的超速转速及其运行的时间,必要时,记录试验过程中的电压、电流及振动信号。

(2) 评价指标

试验过程中是否达到要求的 1.2 倍最高工作转速,持续时间不少于 2min。

超速试验过程中,驱动电机无有害变形及异响发生,电机轴承及相应的润滑工作正常,无损坏。

如果采用被试驱动电机空载自转的方法,试验期间,电机控制器输出的电压、电流或者功率无明显的变化。

5.3 基于台架的电机系统性能参数测试

基于电力测功机、电涡流测功机等多种测功设备建立的试验台架是车用电机系统的重要性能试验设备,完整的试验台架一般包括测功机、电池模拟器(直流电源)、电功率分析仪、转速转矩仪、冷却系统、数据采集系统、台架控制及通信系统、联轴器,以及其他机械和电气的连接设备。有效利用试验台架进行电机系统的性能试验,能够准确地完成相应的参数测量,充分了解车用电机系统的工作能力,加快车用电机系统以及整车的开发速度[9,10]。

5.3.1 电机温升测试

1. 测试目的

测试不同工作条件下驱动电机的平均工作温升。

2. 测试设备

测功机、转速转矩仪、电池模拟器、电功率分析仪、数据采集及显示仪表、测温计、微欧计、被测电机及控制器系统等。

3. 依据标准

GB/T 18488.1—2015《电动汽车用驱动电机系统 第 1 部分:技术条件》。

GB/T 18488.2—2015《电动汽车用驱动电机系统 第 2 部分:试验方法》。

GB 755-2008《旋转电机 定额和性能》[11]。

4. 测试方法与步骤

(1) 驱动电机绕组电阻的测量

电机绕组的温升宜用电阻法测量,此方法依据试验期间驱动电机绕组的直流电阻随着温度的变化而相应变化的增量来确定绕组的温升。

试验前,按照测量驱动电机定子绕组冷态直流电阻方法,测量驱动电机某一绕组的实际冷态直流电阻或试验开始时的绕组直流电阻，如果各相绕组在电机内部连接，那么可以测量某两个出线端之间的直流电阻，并记录绕组温度。

试验时，使驱动电机系统在一定的工作状态下运行，电机断能后立即停机，尽量降低停机过程对驱动电机绕组温度变化的影响。在断能时刻开始记录时间，并记录冷却介质温度。尽快测量驱动电机绕组的电阻随时间的变化情况，绕组电阻的测量点与试验前的绕组电阻测量点相同。第一个记录时间点应不超过断能时刻30s，从第一个记录点开始，最长每隔30s记录一次数据，直至绕组电阻变化平缓为止，记录时间总长度宜不低于5min。

（2）冷却介质温度的测定

对采用周围环境空气或气体冷却的驱动电机（开启式电机或无冷却器的封闭式电机），环境空气或气体的温度应采用不少于4个测温计测量，测温计应分布在驱动电机周围不同的地点，测点距离驱动电机1~2m，测点高度位于驱动电机高度二分之一位置，并防止一切辐射和气流的影响。多个测温计读数的平均值作为当前温度。

采用强迫通风或具有闭路循环风冷系统的驱动电机，应在驱动电机进风口处测量冷却介质温度。

采用液体冷却的驱动电机，应取冷却液进口处作为绕组冷却介质的温度。

试验结束时的冷却介质温度，应取断能时刻的冷却介质温度。

5. 数据处理及评价指标

（1）数据处理

试验过程中测量电机输出的转速、转矩和功率，确保在要求的工作条件下运行。测量冷却系统在相应时刻的温度（包括电机开始工作时刻、工作结束断能时刻），测量电机在开始工作和断能后的电阻及变化趋势等数据。根据测量数据，进行温升的计算。

1）驱动电机绕组温升计算。对于驱动电机绕组是铜绕组的情况，电机断能瞬间的温升由式（5-10）计算获得：

$$\Delta\theta = \frac{R_0 - R_C}{R_C}(235 + \theta_C) + \theta_C - \theta_0 \qquad (5\text{-}10)$$

式中　$\Delta\theta$——驱动电机绕组温升（K）；

　　　R_0——驱动电机断能时刻的绕组电阻（mΩ）；

　　　R_C——驱动电机开始试验前的实际冷态直流电阻（mΩ）；

　　　θ_0——驱动电机断能时刻冷却介质的温度（℃）；

　　　θ_C——对应实际冷态电阻测定时刻的绕组温度（℃）。

对于驱动电机绕组是铜以外的其他材料，应采用该材料在0℃时的电阻温度系数的倒数来代替式（5-10）中的数值235，对于铝质绕组，除另有规定外，应采用225。

2）驱动电机断能时刻绕组电阻R_0的外推计算方法。利用测量得到的驱动电机断能后绕组电阻随时间的变化数据，绘制电阻与时间关系曲线，推荐采用半对数坐标，电阻标在对数坐标上，并在坐标图中将此曲线外推至驱动电机断能时刻，所获得的电阻即为驱动电机断能时刻的电阻。

如果驱动电机停止转动后测得的电阻连续上升，则应以测得电阻的最高值作为断能时刻的电阻。

通过外推法获得驱动电机断能时刻的电阻值，利用式（5-10）获得驱动电机断能时刻的绕组温升。

如果驱动电机断能后第一次测量得到绕组电阻读数的时间超过断能时刻 30s，则本计算方法只有在制造商与用户取得协议后才能采用。

（2）评价指标

考虑到绕组的平均温升和工作温度，按照电机规定的绝缘等级评判其是否合格，评价的依据为 GB 755—2008 中 8.10 的相关规定，必要时进行数值的修正。

例如，对于某一水夹套冷却电机，热分级为 180（H），工作功率在 600W~5000kW 之间（电动汽车驱动电机一般在 200kW 以下），采用电阻法测量绕组温升。根据 GB 755—2008 中表 7 的规定，其温升为不超过 125K，此为空气间接冷却绕组的温升限值。对该数据进行修正，考虑 GB 755—2008 中表 9 中第 2 项的规定，如果冷却液温度在 5~25℃ 之间，则需要再增加 15K，另外还可增加冷却液温度低于 25℃ 的部分数值；如果冷却液温度超过 25℃，则需要增加 15K 并减去最高冷却液温度超过 25℃ 的部分数值。

另外，工作海拔对电机绕组的温升也有一定的影响，可以参考 GB 755—2008 中 8.10 的相关规定。

5.3.2 工作电压范围测试

1. 测试目的

测试确保电机系统有效功率输出的直流母线电压工作范围。

2. 测试设备

测功机、转速转矩仪、电池模拟器、电功率分析仪、数据采集及显示仪表、被测电机及控制器系统等。

3. 依据标准

GB/T 18488.1—2015《电动汽车用驱动电机系统　第 1 部分：技术条件》。

GB/T 18488.2—2015《电动汽车用驱动电机系统　第 2 部分：试验方法》。

4. 测试方法与步骤

台架试验时，将驱动电机系统的直流母线电压分别设定在最高工作电压处和最低工作电压处，最高工作电压和最低工作电压的数值，可以根据产品技术文件确定，也可以根据车载电源可供输出的高电压值和低电压值确定，在不同工作电压下，测试在不同工作转速下的最大工作转矩。

在驱动电机系统转速范围内的测量点数应不少于 10 个，绘制转速 - 转矩特性曲线。

5. 数据处理及评价指标

（1）数据处理

试验时，记录在最高工作电压和最低工作电压运行时每个转速点对应的稳定的转矩数值，并根据数据记录绘制转速 - 转矩特性曲线。

（2）评价指标

检查转矩输出（或者转速-转矩特性曲线）是否符合产品技术文件的规定。

5.3.3 电机系统输入输出特性测试

1. 测试目的

测试电机系统输入输出的机械特性和电气特性，以及相应的控制特性。

2. 测试设备

测功机、转速转矩仪、电池模拟器、电功率分析仪、数据采集及显示仪表、测温计、被测电机及控制器等。

3. 依据标准

GB/T 18488.1—2015《电动汽车用驱动电机系统　第1部分：技术条件》。

GB/T 18488.2—2015《电动汽车用驱动电机系统　第2部分：试验方法》。

4. 测试方法与步骤

台架试验时，将驱动电机系统的直流母线电压设定在最高工作电压和最低工作电压之间，在不同工作电压下，测试在不同工作转速下的工作转矩，记录稳定的转速和转矩数值。

（1）转速-转矩特性

1）测试点的选取。转速测试点的选取：在驱动电机系统工作转速范围内一般取不少于10个转速点，最低转速点宜不大于最高工作转速的10%，相邻转速点之间的间隔不大于最高工作转速的10%。测试点选择时应包含必要的特征点，如额定工作转速点、最高工作转速点、持续功率对应的最低工作转速点、其他特殊定义的工作转速点等。

转矩测试点的选取：在驱动电机系统电动或馈电状态下，在每个转速点上一般取不少于10个转矩点；对于高速工作状态，在每个转速点上选取的转矩点数可以适当减少，但不宜低于5个。测试点选择时应包含必要的特征点，如持续转矩数值处的点、峰值转矩（或最大转矩）数值处的点、持续功率曲线上的点、峰值功率（或最大功率）曲线上的点、其他特殊定义的工作转矩点等。

2）测试步骤。非特殊说明，宜使用测功机或具备测功机功能的设备作为负载，被试驱动电机系统应处于热工作状态，驱动电机控制器的直流母线工作电压为额定电压。

试验时，可以根据试验目的设置试验条件，驱动电机系统可以在实际冷状态或者热状态条件下试验，驱动电机控制器的直流母线电压可以设置在最高工作电压、最低工作电压、额定工作电压或其他工作电压处，试验的转速和转矩可以是一个工作点，也可以是一条特性曲线或者全部工作区，必要时，需要在试验报告中记录相应的试验条件。

试验时，驱动电机控制器输入输出功率可以通过测量驱动电机控制器输入或输出的电压和电流计算获得，测量时，电压和电流的测量点应在驱动电机控制器靠近接线端子处。控制器输入功率和输出功率也可以使用电功率分析仪直接测量获得。

试验过程中，为保证测量的准确度，驱动电机的工作转矩和转速宜直接在驱动电机轴端测量，此时，驱动电机轴端和转矩转速测量设备之间应是刚性连接；如果可以忽略联轴装置的传动效率和中间的风磨损耗，也可以在驱动电机轴端与转矩转速测量设备之间放置联轴环节，此时，转速转矩测量设备的读数即为驱动电机轴端的输出值。

试验过程中，应防止被试驱动电机系统过热而影响测量的准确性，必要时，转速 - 转矩特性曲线可以分段测量。

一般情况下，驱动电机控制器和驱动电机之间的电力传输线缆不会对测量结果产生明显影响，如果线缆的长度或阻抗严重影响被试系统的工作特性，则需要调整线缆，或者对测量结果予以修正，以避开或减少影响。

（2）持续转矩

持续转矩为电机驱动系统规定的最大、长期工作的转矩。除非特殊说明，试验过程中，驱动电机控制器直流母线电压设定为额定电压，驱动电机系统可以工作于电动或馈电状态。

试验时，使驱动电机系统工作于规定的转矩和转速条件下，一般情况下试验的转速和转矩由电机设计所决定，也可以由被测方根据实际的使用情况提出相关的测点。测试过程中，驱动电机系统应保持长时间正常工作。

持续转矩可以是一个工作区域的外包络线，在不同的工作转速处对应着相应的持续转矩。

（3）持续功率

按照测试获得的持续转矩和相应的工作转速即可计算获得驱动电机在相应工作点的持续功率。

（4）峰值转矩

可以在驱动电机系统实际冷态下进行峰值转矩试验。除非特殊说明，试验过程中，驱动电机控制器直流母线电压设定为额定电压，驱动电机系统可以工作于电动或馈电状态。

试验时，使驱动电机系统工作于规定数值的峰值转矩、转速和持续时间等条件下，驱动电机系统应能够正常工作。

峰值转矩试验持续时间可以按照用户或制造商的要求进行，建议制造商提供驱动电机系统能够持续 1min 或 30s 工作时的峰值转矩作为参考，并进行试验测量。

如果需要多次从事峰值转矩的测量，宜将驱动电机恢复到实际冷态后，再进行第二次试验测量。如果用户或制造商同意，可以在不降低试验强度的情况下，允许驱动电机没有恢复到冷态时就开始第二次试验测量。如果这样调整后，试验测量得到的温升值和温度值较大，或者超过了相关的限值要求，则不应做这样的调整，以确保试验结果的准确性。

峰值转矩也可以是一个工作区域的外包络线，在不同的工作转速处对应着相应的峰值转矩。

作为峰值转矩的一种特殊情况，可以试验驱动电机系统在每个转速工作点的最大转矩，试验过程中，在最大转矩处的试验持续时间可以很短，一般情况下远低于 30s。根据试验数据，绘制驱动电机系统转速 - 最大转矩曲线。

（5）峰值功率

按照测试获得的峰值转矩和相应的工作转速即可计算获得驱动电机在相应工作点的峰值功率。

（6）堵转转矩

除非特殊说明，试验过程中，驱动电机控制器直流母线电压设定为额定电压。

试验时，应将驱动电机转子堵住，驱动电机系统工作于实际冷状态下，通过驱动电机控制器为驱动电机施加所需的堵转转矩，记录堵转转矩和堵转时间。

改变驱动电机定子和转子的相对位置，沿圆周方向等分取 5 个堵转点，分别重复以上试验，每次重复试验前，宜将驱动电机恢复到实际冷状态。每次堵转试验的堵转时间应相同。

（7）最高工作转速

试验过程中，驱动电机控制器直流母线电压设定为额定电压，驱动电机系统宜处于热工作状态。

试验时，匀速调节试验台架，使驱动电机的转速升至最高工作转速，并施加不低于产品技术文件规定的负载，驱动电机系统工作稳定后，在此状态下的持续工作时间不少于 3min。

（8）高效工作区

在驱动电机系统转速转矩的工作范围内，按照"转速 - 转矩特性"部分说明的方法选择试验测试点，测试点应分布均匀，并且数量不宜低于 100 个。

试验时，被试驱动电机系统应达到热工作状态，驱动电机控制器的直流母线工作电压为额定电压，驱动电机系统可以工作于电动或馈电状态，在不同的转速和不同的转矩点进行试验。

（9）最高效率

可以按照以下两种方式之一选择测试点：按照制造商或产品技术文件提供的最高效率工作点进行测试，或者结合高效工作区试验进行，选择所有测试点中效率最高值即视为最高效率。

试验时，被试驱动电机系统应达到热工作状态，驱动电机控制器的直流母线工作电压为额定电压，驱动电机系统可以工作于电动或馈电状态，在相应测试点进行试验。

（10）控制准确度

1）转速控制准确度。试验时，驱动电机控制器直流母线电压设定为额定电压，驱动电机系统处于空载、热态、电动工作状态。

对具有转速控制功能的驱动电机系统，在 10%~90% 最高工作转速范围内，均匀取 10 个不同的转速点作为目标值。按照某一转速目标值设定驱动电机控制器或上位机软件，驱动电机由静止状态直接旋转加速，并至转速稳定状态，此过程中不应对驱动电机控制器或上位机软件做任何调整。

对于无转速控制功能的驱动电机系统，不用做该项试验。

2）转矩控制准确度。试验时，驱动电机控制器直流母线电压设定为额定电压，驱动电机系统处于热态、电动工作状态。

对具有转矩控制功能的驱动电机系统，在设定转速条件下的 10%~90% 峰值转矩范围内，均匀取 10 个不同的转矩点作为目标值。按照某一转矩目标值设定驱动电机控制器或上位机软件，驱动电机输出由零转矩直接工作至转矩和转速稳定状态，此过程中不应对驱动电机控制器或上位机软件做任何调整

加载过程中，驱动电机的工作转速会发生变化，其设定转速可以由测功机设定并控制。

对于无转矩控制功能的驱动电机系统，不进行该项试验。

（11）响应时间

1）转速响应时间。试验时，驱动电机控制器直流母线电压设定为额定电压，驱动电机系统处于空载、热态、电动工作状态。

对具有转速控制功能的驱动电机系统，按照转速期望值设定驱动电机控制器或上位机软件，驱动电机由静止状态直接旋转加速，此过程中不应对驱动电机控制器或上位机软件做任何调整。

试验时，应改变驱动电机定子和转子的相对起始位置，沿圆周方向等分取5个点，在同一转速期望值条件下分别重复以上试验，取5次测量结果中记录时间的最大值作为驱动电机系统对该转速期望值的转速响应时间。

对于无转速控制功能的驱动电机系统，不用做该项试验。

2）转矩响应时间。试验时，驱动电机控制器直流母线电压设定为额定电压，驱动电机系统处于堵转、热态、电动工作状态。

对具有转矩控制功能的驱动电机系统，在堵转状态下，按照转矩期望值设定驱动电机控制器或上位机软件，对电机进行转矩控制，使驱动电机输出转矩从零快速增大，此过程中不应对驱动电机控制器或上位机软件做任何调整。

试验时，应改变驱动电机定子和转子的相对起始位置，沿圆周方向等分取5个点，在同一转矩期望值条件下分别重复以上试验，取5次测量结果中记录时间的最大值作为该驱动电机系统对该转矩期望值的转矩响应时间。

对于无转矩控制功能的驱动电机系统，不用做该项试验。

（12）驱动电机控制器工作电流

驱动电机控制器与对应的驱动电机连接后一并进行台架试验，组成的驱动电机系统可以工作于电动或馈电状态。

试验时，按照制造商或者产品技术文件的规定设置台架试验条件，如驱动电机控制器直流母线电压、驱动电机工作转速和转矩、试验持续时间等。

1）驱动电机控制器持续工作电流。在一定的台架试验条件下，驱动电机系统如果能够长时间持续稳定工作，此时测量得到的电流为驱动电机控制器持续工作电流。

2）驱动电机控制器短时工作电流。按照制造商或者产品技术文件的规定，通过改变台架试验条件（例如改变电机的工作功率或者转矩）增大驱动电机控制器的工作电流，使驱动电机系统能够在较短的时间内正常稳定工作，此时测量得到的电流为驱动电机控制器在对应工作时间内的短时工作电流，驱动电机控制器短时工作电流的持续时间宜不低于30s。

3）驱动电机控制器最大工作电流。按照制造商或者产品技术文件的规定，改变台架试验条件（例如改变电机的工作功率或者转矩）进一步增大驱动电机控制器的工作电流，试验持续时间可以很短，一般情况下远小于30s，此时测量得到的电流为驱动电机控制器最大工作电流。

（13）馈电特性

馈电特性相对于电机系统的电动特性，电动状态是将电能转换为机械能，以机械功率的形式输出；而馈电状态是将机械能转换为电能，以电功率的形式输出，因此，电动状态和馈电状态是电机系统的两种不同的工作状态。电动状态对应的主要测试内容同样适用于馈电状态，例如，电机在不同的电动状态（驱动状态）下可以测量工作温升，在不同的馈电状态（制动状态）下也可以测量工作温升；电机系统在电动状态下具有效率特性，在馈电状态下也具有效率特性；电机系统在电动状态下具有持续转矩特性，在馈电状态下也有持续转矩特性等。很多情况下，对于同样的测量，电机系统在电动状态和馈电状态下的测量结果是不一致的，因此有必要根据需要分别予以测试和分析。在测量方法上，馈电状态下特性参数的测量方法与电动状态下特性参数的测量方法一致，因此在测量点选择和试验方法方面，5.3.2 部分以及 5.3.3 中测试方法与步骤（1）~（12）部分介绍的内容同样适用于馈电特性试验过程。

试验时，被试驱动电机系统由原动机（测功机）拖动，处于馈电状态，根据试验目的和测量参数的不同，驱动电机控制器工作于设定的直流母线电压条件下，驱动电机在相应的工作转速和转矩负载下进行馈电试验。

5. 数据处理及评价指标

（1）数据处理

试验过程中需要测量的数据包括电机控制器直流母线电压和电流、交流侧的电压和电流、电机轴端的转速和转矩、电压电流或者转速转矩变化的时间和稳定性等，在此基础上，对机械功率、电功率、效率等参数进行计算。试验过程中要记录相应的冷却条件（例如冷却液的温度、流量等）。对于试验结果，必要时，还要考虑风磨耗、测量误差等因素，对相应的参数进行修正。

对于不同的试验内容，数据处理的侧重点也不一样。

1）转速 - 转矩特性。按照试验要求测量工作转速和转矩，并绘制横坐标为转速、纵坐标为转矩的工作特性曲线，形成相应的转速 - 转矩特性曲线。

2）持续转矩。记录工作过程中的电机轴端工作转速和转矩，同时记录相应的直流母线电压电流和交流电压电流，记录工作持续时间和相应的冷却条件。

在不同工作转速处测试持续转矩，并绘制转速 - 持续转矩曲线。

对于不同的工作点，在较长的工作时间之后（例如 2h 之后），按照公式（5-10）计算电机绕组工作温升。

3）持续功率。按照公式（5-11）计算获得持续功率，并可以绘制转速 - 持续功率工作特性曲线。

$$P_{\mathrm{m}} = \frac{Tn}{9550} \tag{5-11}$$

式中　P_{m}——驱动电机轴端的持续功率（kW）；

　　　T——驱动电机轴端持续转矩（N·m）；

　　　n——驱动电机轴端转速（r/min）。

4）峰值转矩。记录工作过程中的电机轴端工作转速和转矩，同时记录相应的直流母线电压电流和交流电压电流，记录工作持续时间和相应的冷却条件。

在不同工作转速处测试峰值转矩，并绘制转速 - 峰值转矩曲线。

对于不同的工作点，在规定的工作持续时间后，按照式（5-10）计算电机绕组工作温升。

5）峰值功率。考虑峰值转矩（或者最大转矩），按照式（5-11）可以计算获得峰值功率（或者最大功率），并绘制转速-峰值功率工作特性曲线（或者转速-最大功率工作特性曲线）。

6）堵转转矩。记录5次堵转试验中堵转数值和堵转时间，取5次测量结果中堵转转矩的最小值作为该驱动电机系统的堵转转矩。

7）最高工作转速。驱动电机工作稳定后，记录工作负载、工作转速和时间，每30s记录一次驱动电机的输出转速和转矩，3min内转速波动的最低值作为最高工作转速。

8）高效工作区。根据需要记录驱动电机轴端的转速、转矩，以及驱动电机控制器直流母线电压和电流、交流电压和电流等参数，按照式（5-12）~式（5-15）计算各个试验点的效率。

① 驱动电机控制器效率：驱动电机控制器效率分为驱动电机系统电动状态时控制器的效率和驱动电机系统馈电状态时控制器的效率，其值应根据驱动电机控制器输出功率和输入功率的比值计算确定。驱动电机控制器效率按照式（5-12）计算：

$$\eta_c = \frac{P_{co}}{P_{ci}} \times 100\% \tag{5-12}$$

式中 η_c——驱动电机控制器效率（%）；
P_{co}——驱动电机控制器输出功率（kW）；
P_{ci}——驱动电机控制器输入功率（kW）。

② 驱动电机效率：驱动电机效率分为驱动电机系统电动状态时的效率和驱动电机系统馈电状态时的效率，其值应根据驱动电机输出功率和输入功率的比值确定。驱动电机效率按照式（5-13）计算：

$$\eta_m = \frac{P_{mo}}{P_{mi}} \times 100\% \tag{5-13}$$

式中 η_m——驱动电机效率（%）；
P_{mo}——驱动电机输出功率（kW）；
P_{mi}——驱动电机输入功率（kW）。

③ 驱动电机系统效率：驱动电机系统处于电动工作状态时，输入功率为驱动电机控制器直流母线输入的电功率，输出功率为驱动电机轴端的机械功率。驱动电机系统电动工作状态下的效率按照式（5-14）求取：

$$\eta = \frac{Tn}{9.55UI} \times 100\% \tag{5-14}$$

驱动电机系统处于馈电工作状态时，输入功率为驱动电机轴端的机械功率，输出功率为驱动电机控制器直流母线输出的电功率。驱动电机系统馈电工作状态下的效率按照式（5-15）求取：

$$\eta = \frac{9.55UI}{Tn} \times 100\% \tag{5-15}$$

式中 η ——驱动电机系统的效率（%）；

n ——驱动电机转速（r/min）；

T ——驱动电机轴端转矩（N·m）；

U ——驱动电机控制器直流母线电压平均值（V）；

I ——驱动电机控制器直流母线电流平均值（A）。

在驱动电机系统转速转矩的工作范围内，均匀选择不低于 100 个测试工作点，统计符合高效区条件的测试点数量，其值和总的试验测试点数量的比值，即为高效工作区的比例。

也可以通过对试验和计算的数据进行拟合等方式获得驱动电机、驱动电机控制器或驱动电机系统的高效工作区。

将被测系统工作点的效率绘制在转速 - 转矩特性曲线上，并拟合形成等效率曲线，即可获得相应的效率分布 MAP 图。

9）最高效率。测量电机系统相应工作点的直流母线电压电流、交流电压电流、电机轴端转速和转矩，并按照式（5-12）~式（5-15）计算相关效率。

10）控制准确度。

① 转速控制准确度。在选择的电机不同工作转速处，记录设定转速和驱动电机系统工作稳定后的实际转速，并计算实际转速与目标转速的差值，或者实际转速与目标转速的偏差占目标转速值的百分数，此值即为这一转速目标值对应的转速控制准确度。

在所有测试转速处，转速控制准确度中的误差最大者就是该驱动电机系统的转速控制准确度。

② 转矩控制准确度。在一定的工作转速条件下，在选择的电机不同工作转矩处，记录设定转矩和驱动电机系统工作稳定后的实际转矩值，并计算实际转矩值与目标转矩的差值，或者实际转矩与目标转矩的偏差占目标转矩值的百分数，此值即为在特定转速条件下，这一转矩目标值对应的转矩控制准确度。

对每一个转矩目标值均进行以上试验，选取转矩控制准确度中的误差最大值，即为特定转速条件下驱动电机的转矩控制准确度。

11）响应时间。

① 转速响应时间。记录驱动电机控制器从接收到转速期望指令信息开始至电机转速第一次达到规定容差范围的期望值所经过的时间，取 5 次测量结果中记录时间的最大值作为驱动电机对该转速期望值的转速响应时间。

② 转矩响应时间。记录驱动电机控制器从接收到转矩期望指令信息开始至电机输出转矩第一次达到规定容差范围的期望值所经过的时间，取 5 次测量结果中记录时间的最大值作为该驱动电机系统对该转矩期望值的转矩响应时间。

12）驱动电机控制器工作电流。试验时，测量驱动电机控制器工作电流的均方根值。

记录驱动电机系统的持续工作时间以及对应的工作电流，并根据工作持续时间判断控制器的持续工作电流、短时工作电流或者最大工作电流。

必要时，按照公式（5-10）计算电机绕组工作温升。

13）馈电特性。记录馈电状态时驱动电机控制器的直流母线电压，直流母线电流，驱动电机各相的交流电压、交流电流，以及驱动电机轴端的转速和转矩等参数，同时计算获得功率、馈电效率等数值，绘制相关曲线。

必要时，可以考虑试验期间的功率损耗（例如风磨损耗、测量误差等），对试验结果进行修正。

（2）评价指标

1）转速-转矩特性。满足产品技术文件的规定。

2）持续转矩。满足产品技术文件的规定，并且不超过驱动电机规定的温升限值（热分级限值）。

3）持续功率。满足产品技术文件的规定。

4）峰值转矩。满足产品技术文件的规定，并且不超过驱动电机规定的温升限值（热分级限值）。

峰值转矩测试过程中，在规定的转矩、转速和持续时间条件下，电机绕组的工作温升应尽可能从低值接近或者达到电机规定的热分级限值，否则，不能作为峰值转矩的测试数据。

5）峰值功率。满足产品技术文件的规定。

6）堵转转矩。满足产品技术文件的规定。

7）最高工作转速。工作正常无异响，其指标满足产品技术文件的规定。

8）高效工作区。定义系统效率大于80%的区域作为驱动电机系统的高效区，统计符合条件的测试点数量，其值和总的试验测试点数量的比值，即为高效工作区的比例。

用户和制造商也可以协商确定该高效区的阈值，驱动电机或者驱动电机控制器的高效区也可以相应协商确定。

9）最高效率。满足产品技术文件的规定。

10）控制准确度。转速控制准确度和转矩控制准确度均应满足产品技术文件的规定。

11）响应时间。转速响应时间和转矩相应时间均应满足产品技术文件的规定。

12）驱动电机控制器工作电流。驱动电机系统应能够在规定的工作时间和工作电流条件下正常稳定工作，并且不超过驱动电机的绝缘等级和规定的温升限值。

13）馈电特性。馈电是电机系统的一种状态，涉及的指标与状态几乎和电动状态相同，与此对应，馈电状态下的各项指标均应满足产品技术文件的规定，或者相应的绝缘等级和温升限值要求。

以上参数主要用于评价车用电机系统的输入输出特性，反映了产品的工作能力，没有严格的评价指标来确定产品性能的好坏。单就电机系统本身来说，一般要求在一定的绕组温升条件下，转矩、功率、效率、工作电流等参数越大越好，响应时间越短越好，控制准确度越高越好。但是实际上，不同类型电动汽车上驱动电机的应用要求是不同的，涉及是否满足特定应用的技术要求时，需要用户和供应商予以协商，按照实际的使用要求和使用场合，提出相应的参数规格要求以及相应的技术文件。例如，在强调动力性的应用场合，一般在峰值特性（峰值转矩和峰值功率）、堵转特性、响应时间（转矩响应时间或者转速响应时间）等参数指标方面有较高的要求；在强调经济性的应用场合，一般在效率特性（高效区、最高效率）等方面会有较高的要求；对于高速驱动的应用场合，电机系统的最高工作转速、高速区的效率特性和转矩特性将会成为技术要求的重点。

在考虑电机系统以上参数的同时，其车载安装空间、体积、重量和成本也是非常重要的考虑因素。

5.4 电机系统安全性和环境适应性测试

5.4.1 安全性测试

电机系统安全性测试主要包括安全接地检查、控制器保护功能测试、控制器支撑电容放电时间等内容。

1. 测试目的

测试电机系统的安全特性，确保系统应用安全。

2. 测试设备

测功机、电功率分析仪、电压表、温度计、微欧计、秒表（建议准确度不低于0.1s）。

3. 依据标准

GB/T 18488.1—2015《电动汽车用驱动电机系统 第1部分：技术条件》。

GB/T 18488.2—2015《电动汽车用驱动电机系统 第2部分：试验方法》。

GB/T 13422—2013《半导体电力变流器 电气试验方法》[12]。

GB/T 3859.1—2013《半导体变流器 通用要求和电网换相变流器 第1-1部分：基本要求规范》[13]。

4. 测试方法与步骤

（1）安全接地检查

根据GB/T 13422—2013中5.1.3的要求，采用直接测量法测量。

测量前，应将被测件与供电电源和负载断开，并清理规定的测量点处的污秽（如果有）。

测量时，仪表端子分别连接至接地端子和机壳（或应接地的导电金属件）。

量具推荐采用微欧计。

（2）控制器保护功能

主要检查电机控制器的短路、过电流、过电压、欠电压、过热等保护功能。

需要检查过电流保护装置的整定值及其保护动作情况；检查快速熔断器和快速开关的正确动作；检查过电压和欠电压保护装置的性能；检查冷却设备流速、流量、压力以及传感器超温等保护器件动作的可靠性；检查安全接地装置和开关的正确设置及各种保护间的协调动作。

由于保护装置及其组合的种类繁多，不可能对这些装置的检查制定通用规则，因此，需要针对具体的电机控制器的设计结构及控制逻辑设计检查方案。检查过程中，应尽可能在不超过元器件额定值的应力下进行。

设计试验方案时，可以参考 GB/T 3859.1—2013 里的规定。

（3）驱动电机控制器支撑电容放电时间

1）被动放电时间。试验时，直流母线电压应设定为最高工作电压，电压稳定后，立即切断直流供电电源，同时利用电气测量仪表测取驱动电机控制器支撑电容两端的开路电压。试验期间，驱动电机控制器不参与任何工作。记录支撑电容开路电压从切断时刻直至下降到 60V 经过的时间，此数值即为驱动电机控制器支撑电容的被动放电时间。

2）主动放电时间。对于具有主动放电功能的驱动电机控制器，试验时，直流母线电压应设定为最高工作电压，电压稳定后，立即切断直流电源，并且驱动电机控制器参与放电过程，利用电气测量仪表测取驱动电机控制器支撑电容两端的开路电压，记录支撑电容开路电压从切断时刻直至下降到 60V 经过的时间，此数值即作为驱动电机控制器支撑电容的主动放电时间。

5. 数据处理及评价指标

（1）数据处理

记录试验过程中数据。

安全接地检查试验过程中需要测量电阻的大小。

控制器保护功能试验过程中需要根据试验方案记录工作电压、电流、温度等数据。

驱动电机控制器支撑电容放电时间试验过程中需要记录支撑电容电压及放电时间。

（2）评价指标

一般情况下，驱动电机及驱动电机控制器中能触及的可导电部分与外壳接地点处的电阻不应大于 0.1Ω，接地点应有明显的接地标志。若无特定的接地点，应在有代表性的位置设置接地标志。

驱动电机控制器在短路、过电流、过电压、欠电压和过热的情况下能够提供安全保护功能，包括促使系统停机或降功率运行。系统重新回到正常工作条件下后，其工作性能应该能够满足产品技术文件的规定。

当对驱动电机控制器有被动放电要求时，驱动电机控制器支撑电容放电时间应不大于 5min；当对驱动电机控制器有主动放电要求时，驱动电机控制器支撑电容放电时间应不超过 3s。

5.4.2 环境适应性测试

环境适应性测试主要包括低温试验、高温试验、湿热试验、耐振动试验、防水防尘试验、盐雾试验等。

1. 测试目的

考核车用电机及其控制器耐受环境应力的能力。

2. 设备

测功机、高低温箱、振动试验台、防水防尘试验箱、盐雾箱、兆欧表。

3. 依据标准

GB/T 18488.1—2015《电动汽车用驱动电机系统 第1部分：技术条件》。

GB/T 18488.2—2015《电动汽车用驱动电机系统 第2部分：试验方法》。

GB/T 2423.1—2008《电工电子产品环境试验 第2部分：试验方法 试验A：低温》[14]。

GB/T 2423.2—2008《电工电子产品环境试验 第2部分：试验方法 试验B：高温》[15]。

GB/T 2423.10—2008《电工电子产品环境试验 第2部分：试验方法 试验Fc：振动（正弦）》[16]。

GB/T 2423.17—2008《电工电子产品环境试验 第2部分：试验方法 试验Ka：盐雾》[17]。

GB/T 28046.3—2011《道路车辆 电气及电子设备的环境条件和试验 第3部分：机械负荷》[18]。

GB/T 4942.1—2006《旋转电机整体结构的防护等级（IP代码）分级》[19]。

GB/T 4208—2017《外壳防护等级（IP代码）》[20]。

4. 测试方法与步骤

（1）低温试验

进行低温贮存试验时，将驱动电机和电机控制器正确连接，按照GB/T 2423.1—2008的规定，放入低温箱内，使箱内温度降至−40℃，并保持2h，试验过程中，驱动电机系统处于非通电状态，对于液冷式驱动电机及驱动电机控制器，不通入冷却液。低温贮存2h后，在低温箱内复测绝缘电阻，复测绝缘电阻期间，低温箱内的温度应保持在−40℃。

低温贮存2h后，低温箱内的温度继续保持在−40℃，在低温箱内为驱动电机系统通电，检查能否正常空载起动。对于液冷式驱动电机及驱动电机控制器，若要求在起动过程中通入冷却液，冷却液的成分、温度及流量按照产品技术文件规定。

试验结束，按照GB/T 2423.1—2008的规定恢复常态后，将驱动电机控制器直流母线工作电压设定为额定电压，驱动电机工作于持续转矩、持续功率条件下，检查系统能否正常工作。

（2）高温试验

进行高温贮存试验时，将驱动电机和电机控制器放入高温箱内，按照GB/T 2423.2—2008的规定，使箱内温度升至85℃，并保持2h，试验过程中，驱动电机系统处于非通电状态，对于液冷式驱动电机及驱动电机控制器，不通入冷却液。高温贮存2h后，检查驱动电机轴承内的油脂是否有外溢，在高温箱内复测绝缘电阻，复测绝缘电阻期间，高温箱内的温度应保持在85℃。

高温贮存2h，按照GB/T 2423.2—2008的规定恢复常态后，将驱动电机控制器直流母线工作电压设定为额定电压，驱动电机工作于持续转矩、持续功率条件下，检查系统能否正常工作。

进行高温工作试验时，将驱动电机和电机控制器正确连接，按照GB/T 2423.2—2008的规定，放入高温箱内，按照GB/T 18488.1—2015中5.6.2.2的要求设置高温箱内的试验环境温度为55℃，驱动电机控制器直流母线工作电压设定为额定电压，驱动电机在持续转矩、持续功率条件下连续工作2h。对于液冷式驱动电机及驱动电机控制器，应在试验过程中通入冷却液，冷却液的成分、温度及流量按照产品技术文件规定。高温工作 2h 后，在高温箱内复测绝缘电阻，复测绝缘电阻期间，高温箱内的温度应继续保持不变。

高温工作试验完成后，被试样品应按照 GB/T 2423.2—2008 的规定恢复常态。

对于高温箱内试验环境温度特殊要求的情况，建议按照表 5-5 规定温度限值，并按照用户与制造商确定的试验要求追加试验。

表 5-5 高温工作温度限值

产品的安装部位	上限工作温度 /℃
装在发动机上的产品	120；105；90
装在发动机舱盖下或受日光照射的产品	85；70
装在其他部位的产品	65；55

（3）湿热试验

将驱动电机和电机控制器放入温度为（40±2）℃、相对湿度为 90%~95% 的试验环境条件下，保持 48h，试验过程中，驱动电机系统处于非通电状态，对于液冷式驱动电机及驱动电机控制器，不通入冷却液。48h 后，复测绝缘电阻，复测绝缘电阻期间，试验环境条件应继续保持不变。

试验结束恢复常态后，将驱动电机控制器直流母线工作电压设定为额定电压，驱动电机工作于持续转矩、持续功率条件下，检查系统能否正常工作。

（4）耐振动试验

试验时，将被试样品固定在振动试验台上并处于正常安装位置，在不工作状态下进行试验，同时应将与产品连接的软管、插接器或其他附件安装并固定好。振动试验的检测点一般定为试验夹具与试验台的结合处。

扫频振动试验时，按照表 5-6 设置严酷度等级，在 X、Y、Z 三个方向上按照 GB/T 2423.10—2008 的规定进行试验。

表 5-6 扫频振动试验严酷度等级

产品安装部位	频率 /Hz	振幅 /mm	加速度 /（m/s^2）	扫频速率 /（oct/min）	每一方向试验时间 /h
发动机上	10~50	2.5		1	8
	50~200	0.16			
	200~500		250		
其他部位	10~25	1.2		1	8
	25~500		30		

注：1. 表中振幅和加速度适用于"Z"方向，对于"X"和"Y"方向，其振幅和加速度可以除以 2。
2. 振动检验时的"Z"方向规定为：安装在发动机上的产品为与发动机缸孔轴线方向平行的方向；安装在其他部位的产品则为与汽车的垂直方向平行的方向。

随机振动试验时，根据安装的部位按照 GB/T 28046.3—2011 的规定设置严酷度等级，并在 X、Y、Z 三个方向上实施试验。

（5）防水防尘试验

按照 GB/T 4942.1—2006 和 GB/T 4208—2017 中所规定的方法进行试验。

1）防水测试。防水试验时，电机或者控制器完全浸入水中做试验，并满足以下条件。
- 水面应高出被试件顶点至少 150mm。
- 被试件底部应低于水面至少 1m。
- 试验时间应至少为 30min。
- 水与被试件的温差应不大于 5K。

如果电机内部可以充气，也可以采用气压法检测：使得被试件内部气压比外部高 10kPa，试验持续时间为 1min，查看是否有空气漏出。

2）防尘测试。试验装置如图 5-5 所示。在一适当密封的试验箱内盛有呈悬浮状态的滑石粉，滑石粉应能通过筛丝间名义宽度为 75μm、筛丝名义直径为 50μm 的金属方孔筛。滑石粉的用量按每立方米试验箱内体积为 2kg 计算，使用次数应不超过 20 次。

试验时，被试件支承于试验箱内，用真空泵抽气使被试件壳内气压低于环境气压，利用压差将箱内空气抽入被试件，如有可能，抽气量至少为 80 倍壳内空气体积，抽气速度应不超过每小时 60 倍壳内空气体积。在任何情况下，压力计上的压差应不超过 2kPa。

如抽气速度达到每小时 40~60 倍壳内空气体积，则试验进行至 2h 为止。

如抽气速度低于每小时 40 倍壳内空气体积且压差已达 2kPa，则试验应持续到抽满 80 倍壳内空气体积或试满 8 h 为止。

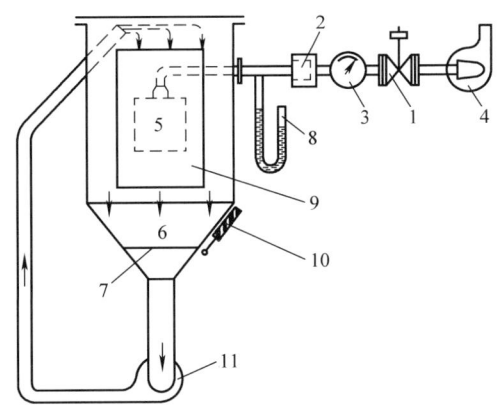

图 5-5　防尘试验设备

1—阀门　2—滤尘器　3—空气流量计　4—真空泵　5—被试电机
6—滑石粉　7—筛网　8—压力计　9—监察窗　10—振动器　11—循环泵

（6）盐雾试验

按照 GB/T 2423.17—2008 的规定进行盐雾试验。

试验所用的盐应当是高品质的氯化钠，干燥时，碘化钠的含量不超过 0.1%，杂质的总含量不超过 0.3%。盐溶液的质量分数应当为（5±1）%，配置时采用蒸馏水或者去离子水。试验温度为（35±2）℃，溶液的 pH 应在 6.5~7.2 之间。

驱动电机及驱动电机控制器在盐雾箱内应处于正常安装状态，试样之间不应有接触，也不能与其他金属部件接触，因此试样应安放好以消除部件之间的影响。

试验周期不低于 48h。

试验结束后，驱动电机及驱动电机控制器恢复 1~2h 后，将驱动电机控制器直流母线工作电压设定为额定电压，驱动电机工作于持续转矩、持续功率条件下，检查系统能否正常工作，但不考核驱动电机及驱动电机控制器的外观。

5. 数据处理及评价指标

（1）数据处理

低温试验时，记录低温贮存后的绝缘电阻，记录起动过程及相应的冷却液的成分、温度及流量。低温试验恢复常态后，将驱动电机控制器直流母线工作电压设定为额定电压，驱动电机工作于持续转矩、持续功率条件下，检查系统能否正常工作。

高温试验时，检查高温贮存试验后绝缘电阻以及电机轴承油脂外溢情况，在高温贮存试验后恢复常态，将驱动电机控制器直流母线工作电压设定为额定电压，驱动电机工作于持续转矩、持续功率条件下，检查系统能否正常工作。记录驱动电机和电机控制器高温工作期间的电压电流和转速转矩变化情况，记录冷却液的成分、温度及流量。高温工作后复测绝缘电阻。

湿热试验后，复测绝缘电阻。试验结束恢复常态后，将驱动电机控制器直流母线工作电压设定为额定电压，驱动电机工作于持续转矩、持续功率条件下，检查系统能否正常工作。

耐振动试验时，记录测点处在振动方向上的振动频率、振幅、加速度和扫频频率，振动试验完成后，检查零部件的损坏情况，紧固件是否松脱。恢复常态后，将驱动电机控制器直流母线工作电压设定为额定电压，驱动电机工作于持续转矩、持续功率条件下，检查系统能否正常工作。

防水防尘试验时，检查进水以及粉尘进入情况。恢复常态后，将驱动电机控制器直流母线工作电压设定为额定电压，驱动电机工作于持续转矩、持续功率条件下，检查系统能否正常工作。

盐雾试验结束后，驱动电机及驱动电机控制器恢复 1~2h 后，将驱动电机控制器直流母线工作电压设定为额定电压，驱动电机工作于持续转矩、持续功率条件下，检查系统能否正常工作。

（2）评价指标

低温试验：若无特殊规定，驱动电机及驱动电机控制器应能承受 -40℃、持续时间 2h 的低温贮存试验，低温贮存后应能够正常起动。低温贮存持续 2h 后，复测绝缘电阻应符合 5.2.2 节中的评价指标要求。恢复常态后，驱动电机及驱动电机控制器应能在额定电压、持续转矩、持续功率下正常运行。

高温试验：若无特殊规定，驱动电机及驱动电机控制器应能承受 85℃、持续 2h 的高温贮存试验。高温贮存期间，驱动电机轴承内的油脂不允许有外溢。高温贮存持续 2h 后，箱内复测绝缘电阻应符合 5.2.2 节中的评价指标要求。恢复常态后，驱动电机及驱动电机控制器应能在额定电压、持续转矩、持续功率下正常运行。高温工作试验期间，驱动电机及驱动电机控制器应能在额定电压、持续转矩、持续功率、55℃的工作环境下，持续工作 2h。试验后，复测绝缘电阻，应符合 5.2.2 节中的评价指标要求。

湿热试验：若无特殊规定，驱动电机及驱动电机控制器应能承受（40±2）℃、相对湿度为 90%~95%、48h 的恒定湿热试验。试验后，驱动电机及驱动电机控制器应无明显的外表质量变坏及影响正常工作的锈蚀现象，复测驱动电机和电机控制器的绝缘电阻，应符合 5.2.2 节中的评价指标要求。恢复常态后，驱动电机及驱动电机控制器应能在额定电压、持续转矩、持续功率下正常运行。

耐振动试验：在要求的严酷等级下，驱动电机及驱动电机控制器应能经受振动试验要求，经振动试验后，零部件应无损坏，紧固件应无松脱现象；应能在额定电压、持续转矩、持续功率下正常工作。

防水防尘试验：试验后，驱动电机及驱动电机控制器没有明显水滴和粉尘进入，恢复常态后，驱动电机及驱动电机控制器应能在额定电压、持续转矩、持续功率下正常运行。

盐雾试验：试验后，驱动电机及驱动电机控制器恢复 1~2h 后，驱动电机及驱动电机控制器应能在额定电压、持续转矩、持续功率下正常运行。

5.5 电机系统可靠性测试

1. 测试目的

测试电机系统的工作可靠性。

2. 测试设备

测功机、转速转矩仪、电池模拟器、电功率分析仪、数采及显示仪表、测温计、被测电机及控制器系统等。

3. 依据标准

GB/T 29307—2012《电动汽车用驱动电机系统可靠性试验方法》[21]。

QC/T 893—2011《电动汽车用驱动电机系统故障分类及判断》[22]。

GB/T 18488.1—2015《电动汽车用驱动电机系统　第 1 部分：技术条件》。

GB/T 18488.2—2015《电动汽车用驱动电机系统　第 2 部分：试验方法》。

4. 测试方法与步骤

当没有特殊说明时，试验条件应满足 GB/T 18488.2—2015 的要求，被测装置应是完整的车用驱动电机系统，符合制造厂技术条件的规定；驱动电机系统外观检查应符合产品标准的有关规定。

控制器和电机之间连接线应和实际车辆一致，同时安装好监测系统。为确保系统能正常工作，应对必要的关联信号进行模拟或者通过其他方法进行屏蔽。供电电源、试验台架及监测系统的工作状态应正常。

按照 GB/T 18488.1 和 GB/T 18488.2 的要求进行初试和复试。

可靠性试验的转矩负荷循环按照图 5-6 和表 5-7 进行，总计运行时间为 402h，按照下列顺序连续试验。

1）被测驱动电机系统工作于额定工作电压，试验转速 n_s 保持为 1.1 倍的额定转速 n_N，即 $n_s = 1.1 n_N$，此负荷下循环 320h。

2）被测驱动电机系统工作于最高工作电压，试验转速 $n_s=1.1n_N$，此负荷下循环 40h。

3)被测驱动电机系统工作于最低工作电压,试验转速$n_s = \dfrac{\text{最低工作电压}}{\text{额定工作电压}} \times n_N$,此负荷下循环40h。

4)被测驱动电机系统电动工作于额定工作电压、最高工作转速和额定功率状态,持续运行2h。

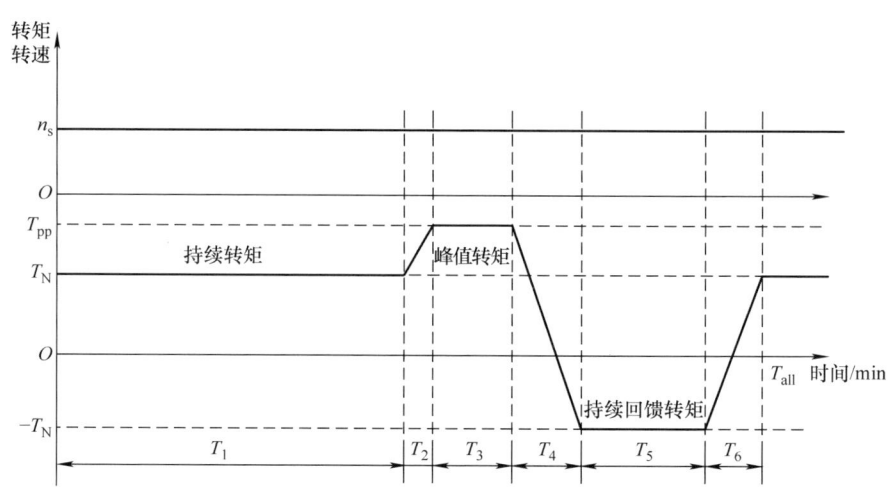

图5-6 电动汽车用驱动电机系统可靠性测试循环示意图

T_N—持续转矩(N·m) T_{pp}—峰值转矩,其中,被测驱动电机系统工作于额定工作电压或者最高工作电压状态时,$T_{pp} = \dfrac{\text{峰值功率}}{n_s}$;被测驱动电机系统工作于最低工作电压状态时,$T_{pp} = \dfrac{\text{峰值功率}}{n_N}$

表5-7 电动汽车用驱动电机系统可靠性测试循环参数表

序号	负载转矩	运行时间/min		
		纯电动商用车	纯电动乘用车	混合动力汽车
1	持续转矩 T_N(T_1)	23.5	22	6.5
2	T_N过渡到T_{pp}(T_2)	0.5	0.5	0.5
3	峰值转矩 T_{pp}(T_3)	1	0.5	0.5
4	T_{pp}过渡到$-T_N$(T_4)	1	1	0.5
5	持续回馈转矩$-T_N$(T_5)	3	5	6.5
6	$-T_N$过渡到T_N(T_6)	1	1	0.5
	单个循环累计时间	30	30	15

试验过程中应随时进行检查及维护,并记录检查结果和维护情况。

① 采用故障诊断器、仪表和计算机等随时监测运行数据,超过限值范围时,发出警报或紧急停车,根据故障严重程度,进行处理。若属于被测驱动电机系统故障,则算为故障停车。记录故障停车时间、原因及处理情况。监听被测驱动电机系统的运行异响,必要时采取措施。

② 每1h检查记录被测电机的转矩和转速、电机控制器的直流母线电压和电流、电机

表面温度,以及冷却液的温度和流量,必要时,进一步检查电机控制器功率元件的工作温度。如果电机安装有热敏温度传感器,则一并检查电机绕组的工作温度,并画在以运行持续时间(h)为横坐标的监督曲线上。

③ 每连续工作 24h 允许停机 1 次,巡视试验设备,并检查紧固件、机械连接件及管路,尤其是软管,检查连接电缆及接口,原则上只检查台架本身。检查冷却液液面高度,冷却系统是否存在渗漏等状况,必要时,补充冷却液。停机检查时间最多不超过 0.5h。

④ 出现停机故障,应记录每次停机的原因及操作内容,进行故障分析,排除故障,并记录。被中断的负荷循环不计入驱动电机系统可靠性工作时间,如果停机时间超过 1h,则重新开始循环后的 1h 不计入驱动电机系统的可靠性工作时间。

5. 数据处理及评价指标

(1) 数据处理

试验过程中检测尽可能多的数据,出现故障时,按照 QC/T 893—2011 判断故障,并记录,必要时提供照片,进行精密分析。表 5-8~ 表 5-10 为提供的记录表格样表,供参考。

表 5-8 可靠性试验检查记录表

序号	时间	母线电压	母线电流	转矩	转速	气压	环境温度	冷却介质温度①	冷却介质流量①	电机温度②	控制器温度②	轴承温度②	绝缘性能
1													
2													
3													

① 应记录具体冷却介质;如果试验过程中外加风机冷却,则记录冷却风量。
② 应记录相应的测量部位。

表 5-9 可靠性试验故障记录表

顺序号	故障时间	循环序号	故障等级	故障类型	故障模式	故障描述	故障原因	排除措施	维修时间	维修费用
1										
2										

表 5-10 可靠性试验维护记录表

序号	时间	循环序号	维护内容	维护原因	维护耗时
1					
2					

基于试验数据记录,可靠性试验故障用平均首次故障时间、故障停车次数及故障平均间隔时间来评定。

平均首次故障时间：

$$\text{MTTFF} = \frac{T'}{n'} \tag{5-16}$$

$$T' = \sum_{j=1}^{n} T'_j + (n-n')T_e \tag{5-17}$$

式中　MTTFF ——平均首次故障时间的点估计值（h）；
　　　n' ——发生故障驱动电机系统的数量；
　　　T' ——无故障工作总时间（h）；
　　　T'_j ——第 j 台电机系统首次故障时间（h），不计轻微故障；
　　　n ——试验的系统总数；
　　　T_e ——定时截尾时间，402h。

故障平均间隔时间：

$$\text{MTBF} = \frac{T}{r} \tag{5-18}$$

$$T = \sum_{j=1}^{k} T_j + (n-k)T_e \tag{5-19}$$

式中　MTBF ——故障平均间隔时间的点估计值（h）；
　　　r —— T 时间内发生的故障总数，不含轻微故障；
　　　k ——中止试验系统数；
　　　T ——工作总时间（h）；
　　　T_j ——第 j 个电机系统中止试验时间（h），不计轻微故障。

单侧区间估计下限值按下式计算：

$$\text{MTBF} = \frac{2T}{\chi^2[2(r+1),\alpha]} \tag{5-20}$$

式中　　MTBF ——故障平均间隔时间置信下限值（h）；
　　$\chi^2[2(r+1),\alpha]$ ——自由度为 2（$r+1$），置信水平为 α 的 χ^2 分布值；建议 α 为 0.1。

（2）评价指标

被测驱动电机系统实际运行时间应不低于 402h。

平均首次故障时间、故障停车次数及故障平均间隔时间满足产品技术文件的规定。

比较初试及复试性能曲线及参数，其性能参数应满足 GB/T 18488 的要求。

5.6　电机系统电磁兼容测试

按照 GB/T 36282—2018 规定进行试验[23]。

1. 测试目的

测试电机系统的电磁辐射发射和抗扰度性能。

2. 测试设备

测功机、转速转矩仪、电池模拟器、电功率分析仪、数采及显示仪表、暗室、频谱分析仪、扫描接收机、被测电机及控制器系统等。

3. 依据标准

GB/T 36282—2018《电动汽车用驱动电机电磁兼容性要求和试验方法》[24]。

GB/T 18655—2010《车辆、船和内燃机 无线电骚扰特性 用于保护车载接收机的限值和测量方法》[25]。

GB/T 33014.2—2016《道路车辆 电气/电子部件对窄带辐射电磁能的抗扰性试验方法 第 2 部分：电波暗室法》[26]。

GB/T 33014.4—2016《道路车辆 电气/电子部件对窄带辐射电磁能的抗扰性试验方法 第 4 部分：电流注入（BCI）法》[27]。

GB/T 19951—2005《道路车辆 静电放电产生的电骚扰试验方法》[28]。

GB/T 21437.2—2008《道路车辆 由传导和耦合引起的电骚扰 第 2 部分：沿电源线的电瞬态传导》[29]。

4. 测试方法与步骤

（1）电磁辐射发射试验

电磁辐射发射试验包括宽带电磁辐射发射试验和窄带电磁辐射发射试验，分别用于测试被试电机系统的宽带电磁辐射发射和以被测电机系统微处理器为核心的窄带电磁辐射发射。

宽带电磁辐射发射试验过程中，被试电机系统应处于正常工作状态，且转速为额定转速的 50%，转矩为持续转矩的 50%，机械输出负载达到持续功率的 25%。如果转速和转矩达不到相应的指标，建议持续功率满足 25% 的要求。当无法满足该功率要求时，应在试验报告中注明。

窄带电磁辐射发射试验过程中，应为被试电机系统提供正常的高压电和低压电，被试电机处于待机状态，无输出功率。

试验时，按照图 5-7 布置试验室。屏蔽配置应按照车辆的实际情况布置。通常所有屏蔽的高压部件应经低阻抗正常接地（例如 AN、电缆、插接器等状态）。被试电机系统和负载应接地。被测电机系统的壳体直接或通过指定阻抗连接到接地平面上。室外的高压电源应经由馈通滤波连接。低压负载模拟器按照 GB/T 18655—2010 中 6.4.2.5 的规定进行布置和接地连接，或者按照车上的实际接地状况接地。

除非另外指定，与接地平面前端平行的低压线束和高压线束的长度应为（1500±75）mm。低压线束和高压线束的长度（包括插接器）应为 1700^{+300}_{0} mm。高压线束应与低压线束距离 100^{+100}_{0} mm。所有线束应放置在无导电性、低相对介电常数（$\varepsilon_r \leqslant 1.4$）材料上，距接地平面上方（50±5）mm 的位置。高压正极电源线和高压负极电源线可以是单根的同轴屏蔽线缆，或共用同一个屏蔽层，推荐使用车辆原装线缆，电机三相线同样适用于本规定。

为避免环境噪声的影响，应在试验之前或之后进行环境测试，环境噪声应比限值低 6dB。

试验应该分别在天线垂直极化和水平极化下测量。可以使用频谱分析仪或扫描接收机进行测量。

在进行宽带电磁辐射发射试验时,为了加快试验进度,也可以使用峰值检波器进行扫描,但是当峰值测量结果不满足合格要求,或超过表 5-17 和图 5-10 的限值时,应使用准峰值检波器进行最终测试。

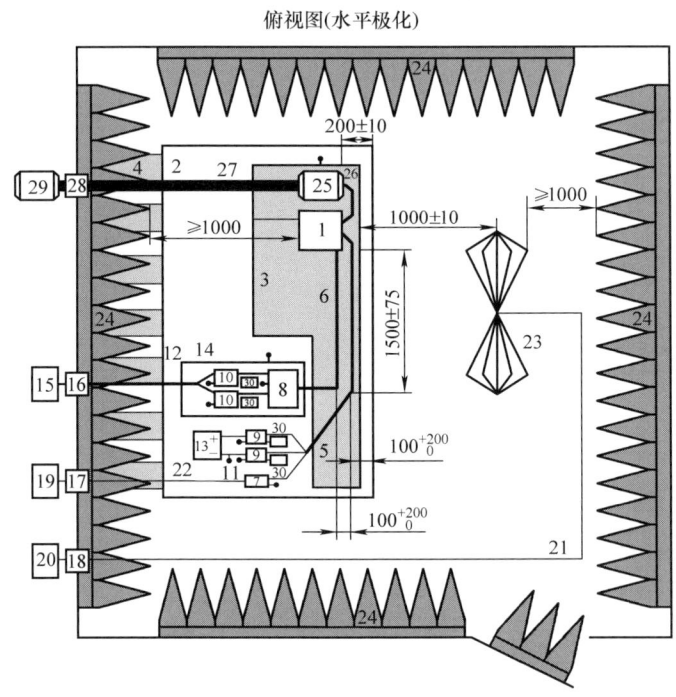

图 5-7 使用双锥天线进行的辐射发射试验布置示例

1—EUT 2—接地平面(与暗室屏蔽体搭接)
3—低相对介电常数材料支撑($\varepsilon_r \leq 1.4$)厚度 50mm(电机可以使用非导电支撑)
4—接地带 5—LV 线束 6—HV 线束(HV^+,HV^-) 7—LV 负载模拟器 8—阻抗匹配网络(可选)
9—LV AN 10—HV AN 11—LV 电源线 12—HV 电源线 13—LV 电源 12V/24V/48V(位置可以选择)
14—附加屏蔽盒 15—HV 电源(置于 ALSE 内的应屏蔽) 16—电源线滤波器 17—光纤馈通
18—壁板连接器 19—激励和监测系统 20—测量设备 21—优质同轴电缆(50Ω),例如双层屏蔽
22—光纤 23—双锥天线 24—RF 吸波材料 25—电机 26—电机三相电源线
27—机械连接(例如非导体连接) 28—过滤的机械轴承 29—制动或驱动电机 30—50Ω 负载

(2)抗扰度试验

抗扰度试验包括电磁辐射抗扰度试验、电源线瞬态传导抗扰度试验和静电放电抗扰度试验。

1)电磁辐射抗扰度。在 20~2000MHz 频率范围内测试,采用电波暗室法(ALSE)和大电流注入法(BCI)进行试验,试验等级和功能状态满足表 5-11 的要求。

表 5-11 电磁辐射抗扰度要求

频率 f/MHz	试验方法	试验等级	功能状态
20~200	大电流注入法	60mA	B
200~2000	电波暗室法	30V/m	B

试验过程中，频率步长（对数或线性）不得大于表 5-12 规定的值。每个测试频点的驻留时间不得小于 2s。一般情况下，测试信号的调试应满足：

① 调幅（AM）：适用频率范围 20~800MHz，调制频率为 1kHz，调制深度为 80%。
② 脉冲调制（PM）：适用频率范围 800~2000MHz，脉宽 577μs，周期为 4600μs。

表 5-12 频率步长

频率 /MHz	线性步长 /MHz	对数步长（%）
20~200	5	5
200~400	10	5
400~1000	20	2
1000~2000	40	2

按照 GB/T 33014.4 采用"替代法"，使用电流注入探头将电流直接感应到低压线束上进行试验，电流注入探头应分别放置在与被测系统插接器距离 150mm、450mm 和 750mm 处。应按 GB/T 33014.2 使用"替代法"建立试验场强，在天线垂直极化情况下进行试验，测试频率低于 1000MHz 时，测试天线应正对线束中间，测试频率大于或等于 1000MHz 时，测试天线应正对被试电机系统的控制器。

大电流注入法按照图 5-8 布置试验室，电波暗室法按照图 5-9 布置试验室，200MHz~1GHz 频率范围可以使用双锥天线进行试验。屏蔽配置应按照车辆的实际情况布置。通常所有屏蔽的高压部件应低阻抗正常接地（例如 AN、电缆、插接器等状态）。被试电机和负载应接地。被测电机系统的壳体直接或通过指定阻抗连接到接地平面上（应在试验报告中注明）。室外的高压电源应经由馈通滤波连接。

除非另外指定，与接地平面前端平行的低压线束和高压线束的长度应为（1500±75）mm。低压线束和高压线束的长度（包括插接器）应为 1700^{+300}_{0} mm。高压线束应与低压线束距离 100^{+100}_{0} mm，车辆原装线缆可以选择使用。所有线束应放置在无导电性、低相对介电常数（$\varepsilon_r \leqslant 1.4$）材料上，距接地平面上方（50±5）mm 的位置。

试验过程中，被试电机系统应处于正常工作状态，且转速为额定转速的 50%，转矩为持续转矩的 50%，机械输出负载达到持续功率的 25%。如果转速和转矩达不到相应的指标，建议持续功率满足 25% 的要求。当无法满足该功率要求时，应在试验报告中注明。

俯视图

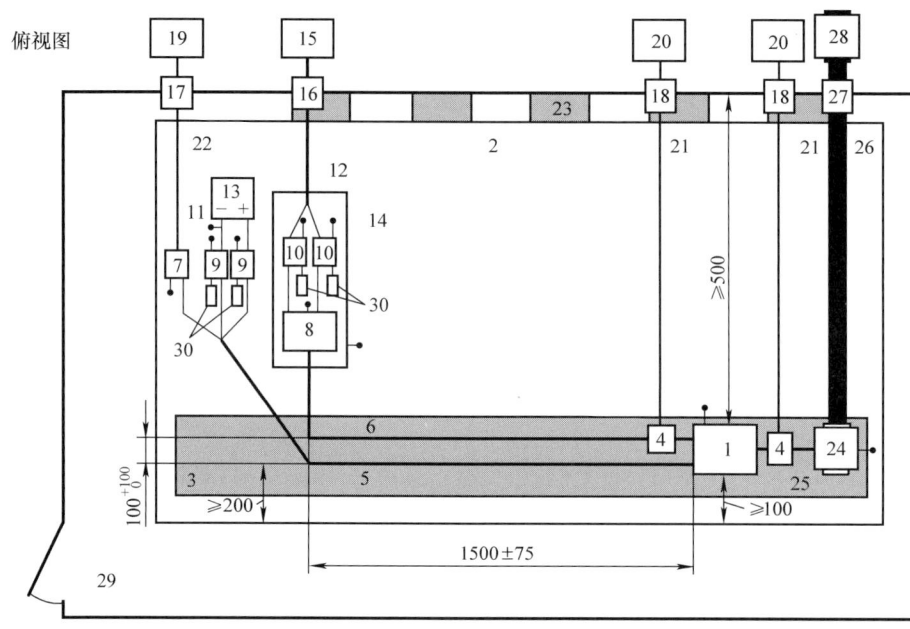

侧视图

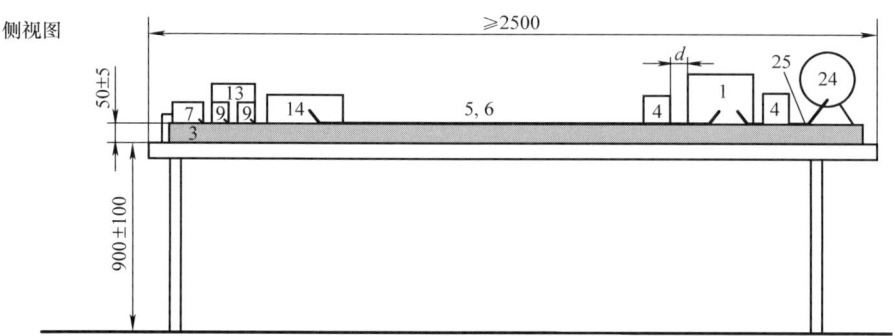

图 5-8　大电流注入法进行辐射抗扰度试验布置示例

1—EUT　2—接地平面　3—低相对介电常数材料支撑（$\varepsilon_r \leqslant 1.4$）厚度 50mm
4—电流探头　5—LV 线束　6—HV 线束　7—LV 负载模拟器　8—阻抗匹配网络（可选）
9—LV AN　10—HV AN　11—LV 电源线　12—HV 电源线　13—LV 电源
14—附加屏蔽盒　15—HV 电源（置于 ALSE 内的应屏蔽）　16—电源线滤波器　17—光纤馈通
18—壁板连接器　19—激励和监测系统　20—电磁抗扰测试设备
21—优质同轴电缆（50Ω），例如双层屏蔽　22—光纤　23—接地带　24—电机
25—电机三相电源线　26—机械连接　27—过滤的机械轴承
28—制动或驱动电机　29—屏蔽室　30—50Ω 负载
注：d=150mm、450mm、750mm。

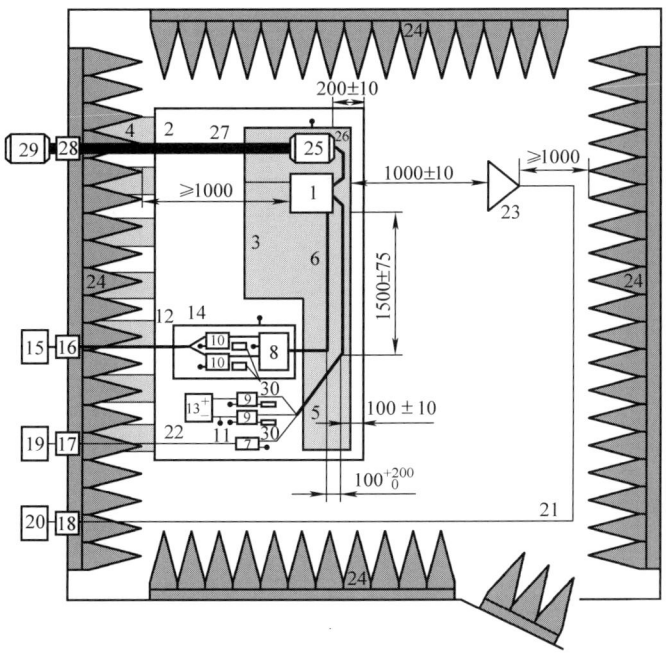

图 5-9 频率在 1GHz 以上时使用喇叭天线的辐射抗扰度试验布置示例

1—EUT 2—接地平面 3—低相对介电常数材料支撑（$\varepsilon_r \leq 1.4$）厚度 50mm
4—接地带 5—LV 线束 6—HV 线束 7—LV 负载模拟器 8—阻抗匹配网络（可选）
9—LV AN 10—HV AN 11—LV 电源线 12—HV 电源线 13—LV 电源
14—附加屏蔽盒 15—HV 电源（置于 ALSE 内的应屏蔽） 16—电源线滤波器 17—光纤馈通
18—壁板连接器 19—激励和监测系统 20—电磁抗扰测试设备
21—优质同轴电缆（50Ω），例如双层屏蔽 22—光纤 23—喇叭天线 24—RF 吸波材料
25—电机 26—电机三相电源线 27—机械连接
28—过滤的机械轴承 29—制动或驱动电机 30—50Ω 负载

2）电源线瞬态传导抗扰度试验。仅限于 12V 或者 24V 的低压模块，试验等级和功能状态满足表 5-13 的要求。表 5-13 中的试验等级按照表 5-14 和表 5-15 设计。

表 5-13 电源线瞬态传导抗扰度要求

试验脉冲	试验等级	功能状态
1	Ⅲ	C
2a	Ⅲ	B
2b	Ⅲ	C
3a/3b	Ⅲ	A
4	Ⅲ	B

注：脉冲 4 仅适用于使用 12V 或 24V 电源起动发动机的混合动力汽车用驱动电机。

表 5-14　12V 系统的抗扰试验等级

试验脉冲①	试验等级Ⅲ，U②N	最少脉冲数或试验时间③	短脉冲循环时间或脉冲重复时间	
			最小	最大
1	−75	500 个脉冲	0.5s	5s
2a	+37	500 个脉冲	0.2s	5s
2b	+10	10 个脉冲	0.5s	5s
3a	−112	1h	90ms	100ms
3b	+75	1h	90ms	100ms
4	−6	1 个脉冲	—④	—④

① 试验脉冲，如 GB/T 21437—2008 中 5.6 所述。
② 幅度为 GB/T 21437—2008 中 5.6 每一试验脉冲所确定的 U 值。
③ 耐久性试验的脉冲数量或试验时间。
④ 由于试验脉冲最少为 1 个，因此未给出脉冲循环时间。当施加多个脉冲时，脉冲之间应允许 1min 的最小延迟时间。

表 5-15　24V 系统的抗扰试验等级

试验脉冲①	试验等级Ⅲ，U②N	最少脉冲数或试验时间③	短脉冲循环时间或脉冲重复时间	
			最小	最大
1	−450	500 个脉冲	0.5s	5s
2a	+37	500 个脉冲	0.2s	5s
2b	+20	10 个脉冲	0.5s	5s
3a	−150	1h	90ms	100ms
3b	+150	1h	90ms	100ms
4	−12	1 个脉冲	—④	—④

① 试验脉冲，如 GB/T 21437—2008 中 5.6 所述。
② 幅度为 GB/T 21437—2008 中 5.6 每一试验脉冲所确定的 U 值。
③ 耐久性试验的脉冲数量或试验时间。
④ 由于试验脉冲最少为 1 个，因此未给出脉冲循环时间。当施加多个脉冲时，脉冲之间应允许 1min 的最小延迟时间。

试验时，应在低压线束以及其他可能连接到低压电源线束的其他线束上施加试验脉冲 1、2a、2b、3a、3b 和 4，被试系统高压和低压正常供电，但是应处于待机状态。

3）进行静电放电抗扰度试验时，在被试电机系统不通电和仅低压供电两种情况下分别进行直接接触放电和空气放电试验，应满足表 5-16 的要求。

表 5-16　静电放电抗扰度要求

工作状态	放电类型	试验等级	功能状态
不通电	直接接触放电	±8 kV	C
	空气放电	±15 kV	C
仅低压供电	直接接触放电	±8 kV	A
	空气放电	±15 kV	A

试验应依次在被测电机不通电和仅低压供电情况下测试。

在被测电机系统不通电状态时，模拟在装配过程中或维修时人体对被测系统的直接放电，对被测系统搬运时容易触及的（但不限于）凹形连接管脚、壳体、按钮、开关、显示屏、壳体上的螺母和开口施加放电。必要时，使用截面积为 0.5~2mm²、长度不大于

25mm 的绝缘实心金属丝引出凹形连接引脚。如果一个插接器内有多个密集引脚，难以逐个施加放电时，也要像凹形管脚一样，使用横截面积为 0.5~2mm²、长度不大于 25mm 的绝缘实心金属丝引出。

在仅低压供电状态下，不对被测电机的插接器引脚及针座进行测试。对于车内乘员容易触及的表面、按键、开关、缝隙等位置进行试验。

各放电试验点在每种电压等级下承受至少 3 次正电压放电和 3 次负电压放电，放电间隔最少 5s。在每种电压等级下，EUT 的放电试验点先承受一种极性的放电试验，再承受反极性的放电试验。

5. 数据处理及评价指标

（1）数据处理

试验过程中，检测相应的试验等级、试验场强、试验时间、脉冲数量等参数的加载是否合理，检测电机系统在工作过程中的转速、转矩和功率值。

（2）评价指标

1）被测电机系统的宽带电磁辐射发射限值应控制在表 5-17 和图 5-10 范围内，窄带电磁辐射发射限值应控制在表 5-18 和图 5-11 范围内。

表 5-17　宽带电磁辐射发射限值

频率 f/MHz	30~75	75~400	400~1000
场强/（dBμV/m）	62−25.13lg（f/30）	52+15.13lg（f/75）	63

注：在 30~75 MHz 频率范围内，限值随频率的对数呈线性减小；在 75~400MHz 频率范围内，限值随频率的对数呈线性增加。

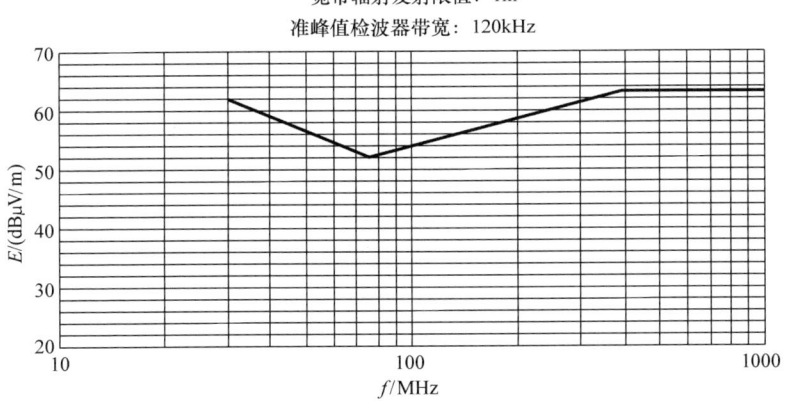

图 5-10　宽带电磁辐射发射限值

表 5-18　窄带电磁辐射发射限值

频率 f/MHz	30~75	75~400	400~1000
场强/（dBμV/m）	52−25.13lg（f/30）	42+15.13lg（f/75）	53

注：在 30~75MHz 频率范围内，限值随频率的对数呈线性减小；在 75~400MHz 频率范围内，限值随频率的对数呈线性增加。

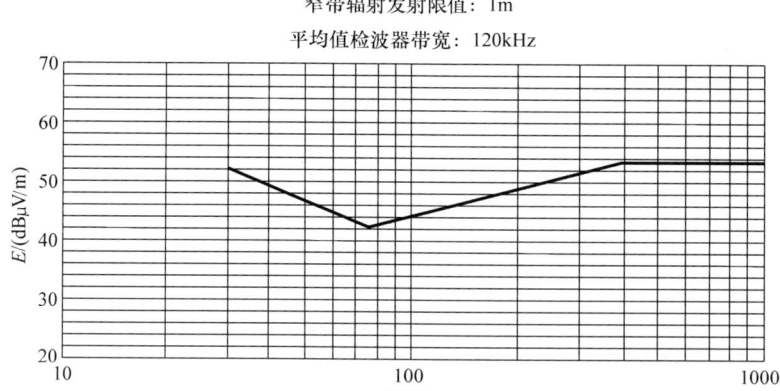

图 5-11 窄带电磁辐射发射限值

2）进行抗扰度试验时，应满足表 5-11、表 5-13、表 5-16 中 A、B、C 功能状态的要求。

A 类：被试系统在施加骚扰期间和之后，能执行其预先设计的所有功能。

B 类：被试系统在施加骚扰期间，能执行其预先设计的所有功能；其中，除存储功能之外，可以有一项或多项指标超出规定的偏差。在停止施加骚扰之后，自动恢复到正常工作范围内。

C 类：被试系统在施加骚扰期间，不执行其预先设计的一项或多项功能，但在停止施加骚扰之后能自动恢复到正常操作状态。

除此之外，在进行电磁辐射抗扰度试验时，所引起的被试电机系统的转速和转矩波动不能大于测试值的 ±10%。

5.7 测试示例

按照 GB/T 18488.1—2015《电动汽车用驱动电机系统 第 1 部分：技术条件》和 GB/T 18488.2—2015《电动汽车用驱动电机系统 第 2 部分：试验方法》对某车载电机系统进行测试，被测电机系统基本参数见表 5-19。

表 5-19 测试电机基本参数

	电机类型	永磁同步电机	冷却方式	液冷
电机	持续功率	50kW	峰值功率	100kW
	持续转矩	95.5N·m	峰值转矩	191N·m
	额定转速	5000r/min	最高工作转速	10000r/min
	额定电压	AC380V	额定电流	AC100A
	重量	200kg	外形尺寸	400mm×400mm×600mm
	绝缘等级	H	防护等级	IP67
	绕组联结方式	Y	工作制	S1
	堵转转矩	200N·m	冷态直流电阻	30mΩ

（续）

电机控制器	冷却方式	液冷	额定电压	DC400~600V
	防护等级	IP67	额定电流	DC85A
	最高工作电压	DC650V	最低工作电压	DC350V
	持续工作电流	≥AC100A	短时工作电流	≥AC250A
	最大工作电流	≥AC300A	转速/转矩控制	转矩控制
	主动/被动放电	主动放电	转速/转矩响应时间	≤300ms
	转速/转矩控制准确度	≤3N·m	控制器信号地是否与外壳短接	是
	重量	25kg	外形尺寸	400mm×300mm×150mm
系统	电动状态最高效率	≥92%	馈电状态最高效率	≥90%
	电动状态高效区百分比	≥80%	馈电状态高效区百分比	≥80%

注：驱动电机绕组对机壳的工频耐电压，逆变器动力端子与外壳之间应能耐受2560V的工频耐电压试验，漏电流要求小于5mA。

测得的性能应符合被测驱动电机系统的技术条件要求。

1. 测试目的

主要测试电机外观、外形和安装尺寸、质量、驱动电机控制器壳体机械强度、液冷系统冷却回路密封性能、驱动电机定子绕组冷态直流电阻、绝缘电阻、耐电压、超速、温升、输入输出特性、安全性、环境适应性等性能。

2. 测试设备

测功机、转速转矩仪、电池模拟器、电功率分析仪、兆欧表、微欧计、工频耐压仪、匝间冲击电压试验仪、振动试验台、温度箱、盐雾箱、数采及显示仪表、测温计、被测电机及控制器系统等。

3. 依据标准

GB/T 18488.1—2015《电动汽车用驱动电机系统 第1部分：技术条件》。
GB/T 18488.2—2015《电动汽车用驱动电机系统 第2部分：试验方法》。

4. 测试方法与步骤

按照5.2~5.4部分阐述的试验步骤分别进行测试。

5. 数据处理及评价指标

（1）数据处理（表5-20）

表5-20 数据处理

编号	检验项目	标准要求	检验结果	符合性
1	外观	电机及控制器表面不应有锈蚀、碰伤、划痕，涂覆层不应有剥落，紧固件连接应牢固，引出线或接线端完整无损，颜色和标志应正确，铭牌的字迹和内容应清晰无误，且不应脱落	电机及控制器表面无锈蚀、碰伤、划痕，涂覆层无剥落，紧固件连接牢固，引出线和接线端完整无损，颜色和标志正确，铭牌字迹和内容清晰无误，无脱落	符合
2	外形和安装尺寸	电机：400mm×400mm×600mm 控制器：400mm×300mm×150mm （此部分为技术文件要求）	电机：400mm×400mm×600mm 控制器：400mm（长度方向，不含冷却接口）×300mm×150mm	符合

（续）

编号	检验项目		标准要求	检验结果	符合性
3	质量		电机：200kg 控制器：25kg （此部分为技术文件要求）	电机：200kg 控制器：25kg （以上均不含线束）	符合
4	驱动电机控制器壳体机械强度		驱动电机控制器壳体应能承受不低于10kPa的压强，不发生明显的塑性变形	压强不低于15kPa，无明显塑性变形	符合
5	液冷系统冷却回路密封性能		对于液冷的驱动电机及驱动电机控制器，应能承受不低于200kPa的压力，无渗透	承受不低于200kPa的压力，无渗透	符合
6	驱动电机定子绕组冷态直流电阻		电阻值应不超过30mΩ （此部分为技术文件要求）	R_u=28.23mΩ R_v=28.04mΩ R_w=28.19mΩ	符合
7	绝缘电阻	驱动电机定子绕组对机壳的绝缘电阻	冷态绝缘电阻值应大于20MΩ	2000MΩ	符合
			热态绝缘电阻值应不低于0.78MΩ	10MΩ	符合
		驱动电机定子绕组对温度传感器的绝缘电阻	冷态绝缘电阻值应大于20MΩ	2000MΩ	符合
			热态绝缘电阻值应不低于0.78MΩ	2000MΩ	符合
		驱动电机控制器绝缘电阻	动力端子与外壳之间的冷态绝缘电阻应不小于1MΩ	5MΩ	符合
			动力端子与外壳之间的热态绝缘电阻应不小于1MΩ	5MΩ	符合
			信号端子与外壳之间的冷态绝缘电阻应不小于1MΩ	3MΩ	符合
			信号端子与外壳之间的热态绝缘电阻应不小于1MΩ	2MΩ	符合
			动力端子与信号端之间的冷态绝缘电阻应不小于1MΩ	6MΩ	符合
			动力端子与信号端之间的热态绝缘电阻应不小于1MΩ	6MΩ	符合
8	耐电压	驱动电机绕组的匝间冲击耐电压	被试绕组与参考绕组放电波形应为两条无显著差异的正常衰减振荡波形	无显著差异	符合
		驱动电机绕组对机壳的工频耐电压	应能耐受2560V耐压限值的工频正弦耐电压试验，无击穿现象，漏电流限值不超过5mA （此部分为技术文件要求）	三相绕组对机壳漏电流分别为0.90mA、0.90mA、0.90mA（测试端不含线束），无击穿现象	符合
		驱动电机绕组对温度传感器的工频耐电压	应能承受1500V的工频耐电压试验，无击穿现象，漏电流应小于等于5mA	三相绕组对温度传感器漏电流分别为0.90mA、0.90mA、0.90mA（测试端不含线束），无击穿现象	符合
		驱动电机控制器工频耐电压	动力端子与外壳之间应能耐受2560V的工频耐电压试验，漏电流限值不超过5mA （此部分为技术文件要求）	漏电流2.12mA（测试端不含线束），无击穿现象	符合
			动力端子与信号端子之间应能耐受2560V的工频耐电压试验。若控制器信号地与外壳短接，不需进行此项测试	不测试	—
			信号端子与外壳之间应能耐受500V的工频耐电压试验。若控制器信号地与外壳短接，不需进行此项测试	不测试	—

(续)

编号	检验项目		标准要求		检验结果	符合性
9	超速		驱动电机在热态下应能承受 1.2 倍最高工作转速试验,持续时间为 2min,其机械部分应不发生有害变形		12000r/min 持续工作 2min,无有害变形	符合
10	温升		在规定的工作制下,驱动电机的温升应符合 GB 755—2008 中 8.10 规定的温升限值,即温升不超过 125K		持续工作点连续工作 1h,绕组温升 102K	符合
11	输入输出特性	工作电压范围	驱动电机系统在工作电压范围内,转矩输出应符合产品技术文件规定(350~650V,其中正常工作电压范围为 400~600V,其余电压范围下限功率工作)(此部分为技术文件要求)		电机系统在 350~650V 范围内能够全功率或者限功率正常工作 如图 5-12 和图 5-13 所示(示例)	符合
		转矩 - 转速特性	驱动电机的转矩 - 转速特性应符合产品技术文件的规定(持续转矩 95.5N·m,持续功率 50kW,峰值转矩 191N·m,峰值功率 100kW,最高工作转速 10000r/min)(此部分为技术文件要求)		如图 5-14 和图 5-15(示例)	符合
		持续转矩	应大于等于 95.5N·m(此部分为技术文件要求)		> 95.5N·m	符合
		持续功率	应大于等于 50kW(此部分为技术文件要求)		≥ 50kW	符合
		峰值转矩	应大于等于 191N·m(此部分为技术文件要求)		≥ 191N·m	符合
		峰值功率	应大于等于 100kW(此部分为技术文件要求)		> 100kW	符合
		堵转转矩	应大于等于 200N·m(此部分为技术文件要求)		> 200N·m	符合
		最高工作转速	在额定电压下,驱动电机带载运行应能达到 10000r/min(此部分为技术文件要求)		10000r/min 带载 40N·m 持续工作 3min	符合
		驱动电机系统效率	驱动电机系统最高效率	在额定电压下,驱动电机系统在电动状态下的最高效率应大于等于 92%(此部分为技术文件要求)	92.2%	符合
				在馈电状态下的最高效率大于等于 90%	90.7%	符合
			驱动电机系统高效工作区	驱动电机系统的高效工作区(效率 ≥80%)占总工作区的百分比	电动状态下应大于等于 80%(此部分为技术文件要求)	80.0% 如图 5-16 所示(示例)	符合
					馈电状态下应大于等于 80%(此部分为技术文件要求)	80.5% 如图 5-17 所示(示例)	符合
		控制准确度	转速控制准确度	应符合产品技术文件规定	不测试	—
			转矩控制准确度	应小于等于 300N·m(此部分为技术文件要求)	2.8N·m@120N·m,2000r/min	符合
		响应时间	转速响应时间	应符合产品技术文件规定	不测试	—
			转矩响应时间	应小于等于 300ms(此部分为技术文件要求)	298ms	符合

（续）

编号	检验项目			标准要求	检验结果	符合性
11	输入输出特性	驱动电机控制器工作电流	驱动电机控制器持续工作电流	应大于等于 AC100A（此部分为技术文件要求）	AC100A	符合
			驱动电机控制器短时工作电流	冷态工作条件下，控制器短时工作电流应大于等于 AC250A，其持续时间宜不低于 30s（此部分为技术文件要求）	AC250A	符合
			驱动电机控制器最大工作电流	应大于等于 AC300A（此部分为技术文件要求）	AC300A	符合
		馈电特性		电机通过控制器应能向电源馈电，馈电电压范围、馈电电流的大小和馈电效率应符合产品技术文件规定（电机系统在转速转矩工作范围内具有馈电能力）（此部分为技术文件要求）	电机系统的馈电效率、馈电范围如图 5-17~图 5-19（示例）	符合
12	安全性	安全接地检查		电机及控制器中能触及的可导电部分与外壳接地点处的电阻大于 0.1Ω。接地点应有明显的接地标志。若无特定的接地点，应在有代表性的位置设置接地标志	有明显接地标志，接地电阻为 0.09Ω	符合
		驱动电机控制器的保护功能		控制器应具有短路、过电流、过电压、欠电压和过热的保护功能	具有短路、过电流、过电压、欠电压和过热的保护功能	符合
		驱动电机控制器支撑电容放电时间		当对控制器有被动放电要求时，控制器支撑电容放电时间应不大于 5min	不测试	—
				当对控制器有主动放电要求时，控制器支撑电容放电时间应不超过 3s	主动放电时间为 1700ms	符合
13	环境适应性	低温	低温贮存	电机及控制器应能承受 -40℃、持续 2h 的低温贮存试验。试验后，箱内复测绝缘电阻应符合 GB/T 18488.1—2015 中 5.2.7 的规定。恢复常态后，电机及控制器应能在额定电压、持续转矩、持续功率下正常运行	复测绝缘：电机绕组与机壳、电机绕组与传感器之间的绝缘电阻均为 2000MΩ；控制器动力线与外壳、控制器信号线与外壳、控制器动力线与信号线之间绝缘电阻均为 6MΩ 恢复常态后，电机及控制器正常运行 如图 5-20 所示（示例）	符合
			低温工作	电机及控制器在 -40℃的低温下保持 2h 后应能正常起动。试验后，箱内复测绝缘电阻应符合 GB/T 18488.1—2015 中 5.2.7 的规定	低温下可以正常起动，各项绝缘电阻无降低 恢复常态后可以正常工作 如图 5-20 所示（示例）	符合
		高温	高温贮存	电机及控制器应能承受 85℃、持续 2h 的高温贮存试验。电机轴承内的油脂不允许有外溢。试验后，箱内复测绝缘电阻应符合 GB/T 18488.1—2015 中 5.2.7 的规定。恢复常态后，驱动电机及驱动电机控制器应能在额定电压、持续转矩、持续功率下正常运行	复测绝缘：电机绕组与机壳之间的绝缘电阻为 100MΩ，电机绕组与传感器之间的绝缘电阻为 2000MΩ；控制器动力线与外壳之间的绝缘电阻为 5MΩ、控制器信号线与外壳之间的绝缘电阻为 3MΩ、控制器动力线与信号线之间绝缘电阻均为 6MΩ 无油脂外溢 恢复常态后，电机及控制器正常运行 如图 5-20 所示（示例）	符合

（续）

编号	检验项目		标准要求	检验结果	符合性
13	环境适应性	高温 高温工作	电机及控制器应能在额定电压、持续转矩、持续功率、55℃的工作环境下，持续工作2h。试验后，箱内复测绝缘电阻应符合GB/T 18488.1—2015中5.2.7的规定	电机系统持续2h工作正常 复测绝缘电阻：电机绕组与机壳之间的绝缘电阻为10MΩ，电机绕组与传感器之间的绝缘电阻为2000MΩ；控制器动力线与外壳之间的绝缘电阻为5MΩ、控制器信号线与外壳之间的绝缘电阻为2MΩ、控制器动力线与信号线之间的绝缘电阻均为6MΩ 如图5-20所示（示例）	符合
		湿热	电机及控制器应能承受（40±2）℃，相对湿度为90%~95%，48h的恒定湿热试验，电机及控制器应无明显的外表质量变坏及影响正常工作的锈蚀现象。试验后，箱内复测驱动电机的绝缘电阻，应符合GB/T 18488.1—2015中5.2.7.1、5.2.7.2的规定；箱内复测控制器中各动力线与地（外壳）之间的绝缘电阻，应符合GB/T 18488.1—2015中5.2.7.3的规定。恢复常态后，电机及控制器应能在额定电压、持续转矩、持续功率下正常运行	无明显的外表质量变坏及影响正常工作的锈蚀现象 复测绝缘电阻：电机绕组与机壳之间的绝缘电阻大于1000MΩ，电机绕组与传感器之间的绝缘电阻为2000MΩ；控制器动力线与外壳之间的绝缘电阻为6MΩ、控制器信号线与外壳之间的绝缘电阻为2MΩ、控制器动力线与信号线之间的绝缘电阻均为6MΩ 恢复常态后，电机及控制器运行正常 如图5-20所示（示例）	符合
		耐振动 扫频振动	电机及控制器应能经受X、Y、Z三个方向规定扫频振动试验。试验后，零部件应无损坏，紧固件应无松脱现象；应能在额定电压、持续转矩、持续功率下正常工作	试验后，零部件无损坏，紧固件无松脱现象 在额定电压、持续转矩、持续功率下正常工作 如图5-21所示（示例）	符合
		随机振动	电机及控制器应能经受X、Y、Z三个方向规定随机振动试验。试验严酷度等级及试验持续时间应参照GB/T 28046.3—2011的规定，试验后，零部件应无损坏，紧固件应无松脱现象；应能在额定电压、持续转矩、持续功率下正常工作	试验后，零部件无损坏，紧固件无松脱现象 在额定电压、持续转矩、持续功率下正常工作 如图5-21所示（示例）	符合
		防水防尘	电机应符合IP67的要求	IP67 如图5-22所示（示例）	符合
			控制器应符合IP67的要求	IP67 如图5-22所示（示例）	符合
		盐雾	电机及控制器应能经受48h的盐雾试验。试验后，电机及控制器恢复1~2h后，应能正常工作	试验后，电机及控制器工作正常 如图5-23所示（示例）	符合
14	可靠性		满足GB/T 29307—2012的规定	不测试	—

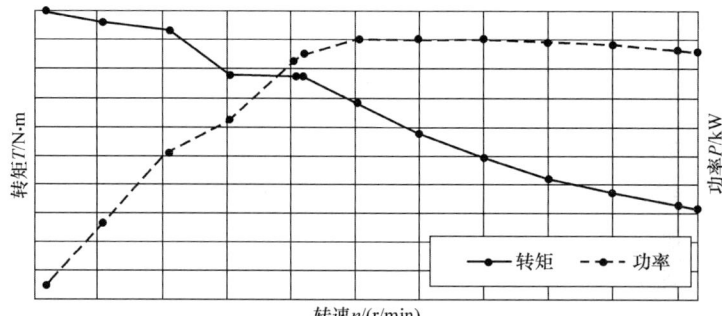

图 5-12　650V 母线工作电压下峰值特性曲线

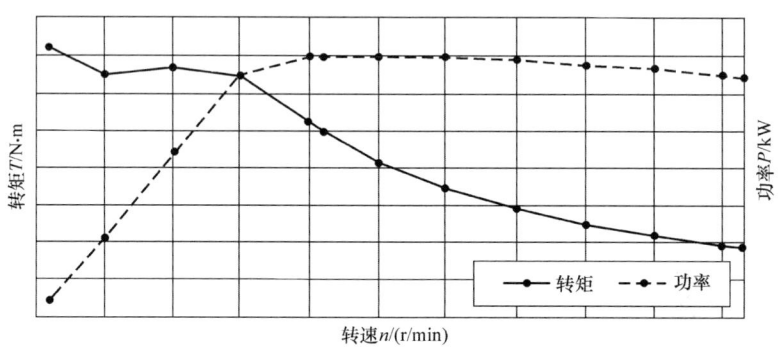

图 5-13　350V 母线工作电压下峰值特性曲线

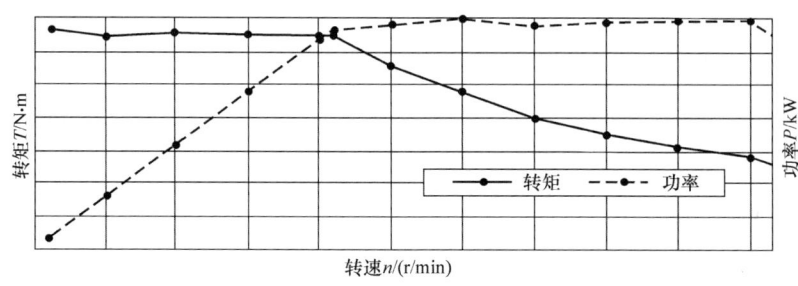

图 5-14　500V 母线工作电压下额定电动特性曲线

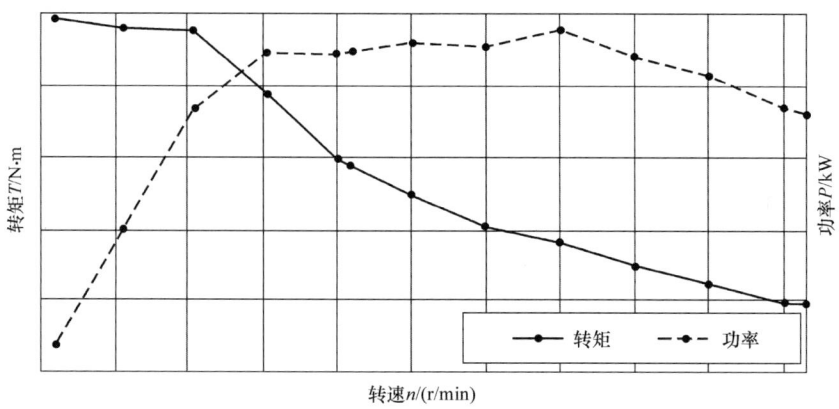

图 5-15　500V 母线工作电压下峰值电动特性曲线

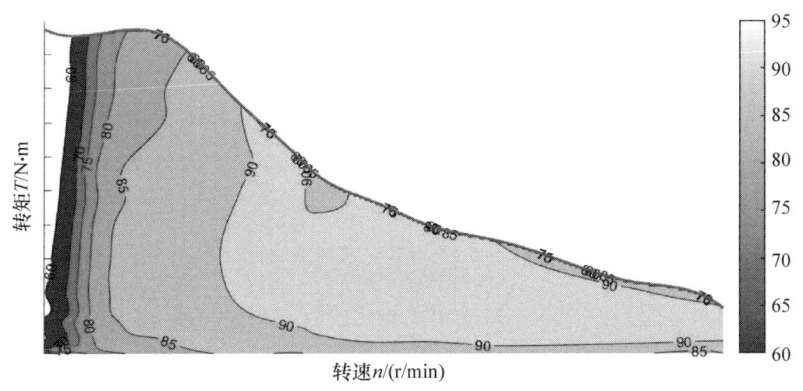

图 5-16　500V 母线工作电压下电动状态驱动电机系统效率 MAP 图

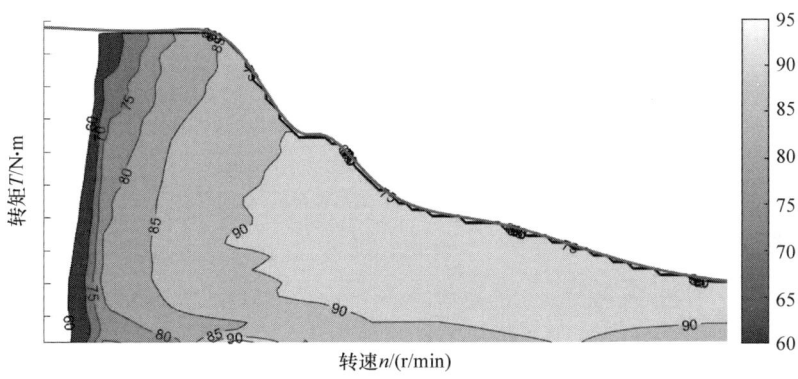

图 5-17　500V 母线工作电压下馈电状态驱动电机系统效率 MAP 图

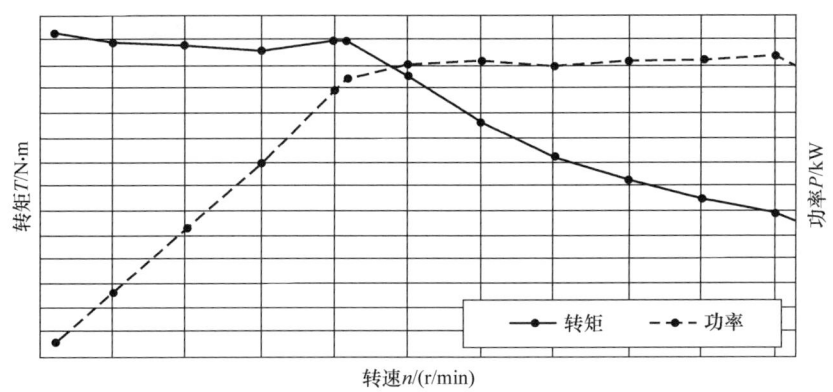

图 5-18　500V 母线工作电压下额定馈电特性曲线

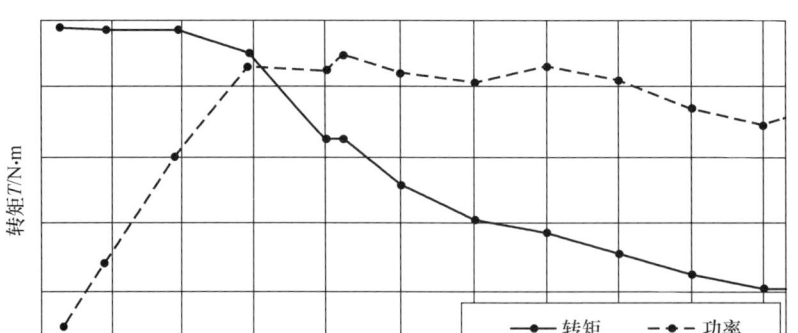

图 5-19　500V 母线工作电压下峰值馈电特性曲线

图 5-20　高低温及湿热试验照片

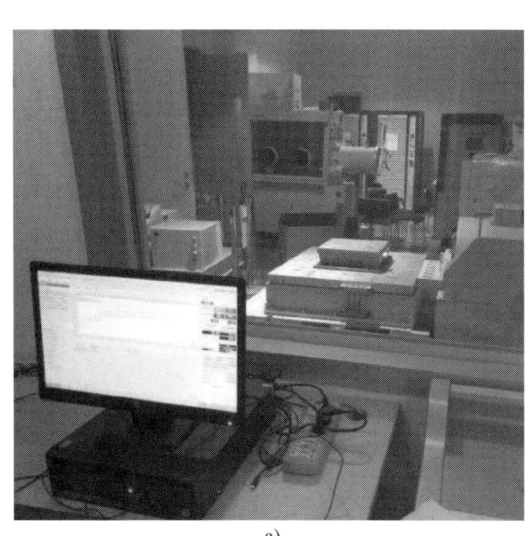 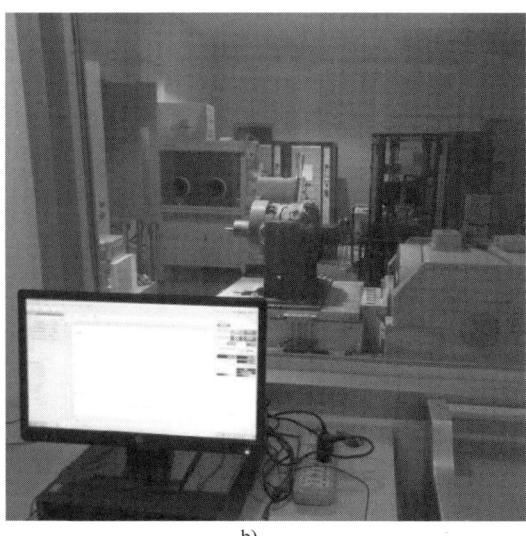

　　　　　a)　　　　　　　　　　　　　　　　　b)

图 5-21　振动试验照片

a）控制器振动试验　　b）电机振动试验

图 5-22 防护等级试验照片

a）防尘试验　b）控制器浸水试验　c）电机浸水试验

图 5-23 盐雾试验照片

（2）评价指标

经过试验，该样品所检验项目的检验结果符合 GB/T 18488.1—2015《电动汽车用驱动电机系统　第 1 部分：技术条件》、GB/T 18488.2—2015《电动汽车用驱动电机系统　第 2 部分：试验方法》的要求。

5.8　展望

现阶段，在车用电机测试领域，电力测功机向着高速化方向发展，超过 20000r/min 的高速电力测功机受到重视；面向车用驱动电机系统生产的自动线下性能检测设备受到重视，成为车用电机生产企业缩短产品终端检测时间、提高生产效率、降低检测成本、提高产品质量的重要保证；电机系统可靠性国家标准进入修订阶段，NVH 特性测试、电磁兼容特性测试仍旧是行业关注的重点；电机测试技术的网络化管理和云端平台成为建设现代化检测平台的方向之一；基于电机控制器硬件在环的功率级电机模拟器逐步成熟，并在行业获得应用。

在未来几年，基于高性能交流电力测功机系统的电机测试平台的数字化控制、自动化测试和网络化集成将更加普遍，利用互联网技术的测试台架也将出现，互联网技术、自动测试技术和数据挖掘技术相结合，将推动测试设备对电机功能的深度开发和充分利用；计算机仿真软件、试验台架和被试电机相结合的程度越来越高，分别依托于电机测试台架、电机控制策略开发和电机控制器的硬件在环仿真和试验测试技术将更为成熟，并成为技术发展的主要方向之一。同时，由于碳化硅新技术在电力电子行业的应用和普及，适用于高温、高频、高效控制条件下的电机及控制器的高准确度测试技术将获得发展。

参考文献

[1] 王建. 汽车现代测试技术 [M]. 北京：国防工业出版社，2013.

[2] 宋强. 电动汽车电机系统原理与测试技术 [M]. 北京，机械工业出版社，2016.

[3] 中国国家标准化管理委员会. 电动汽车用驱动电机系统 第 2 部分：试验方法：GB/T 18488.2—2015 [S]. 北京：中国标准出版社，2015.

[4] 李成华. 现代测试技术 [M]. 北京：中国农业大学出版社，2012.

[5] 孙善辉. 电动汽车电机驱动特性评价试验台架的设计与开发 [D]. 天津：天津大学，2005.

[6] 中国国家标准化管理委员会. 电动汽车用驱动电机系统 第 1 部分：技术条件：GB/T 18488.1—2015 [S]. 北京：中国标准出版社，2015.

[7] 罗淋. 车辆电传动系统建模及动态负载模拟技术研究 [D]. 北京：北京理工大学，2014.

[8] 中国国家标准化管理委员会. 交流低压电机散嵌绕组匝间绝缘 第 1 部分：试验方法：GB/T 22719.1—2008 [S]. 北京：中国标准出版社，2008.

[9] 李洁. 微机控制电机综合测试系统 [D]. 杭州：浙江大学，2002.

[10] 易浩波. 智能电机测试与控制系统的研究与开发 [D]. 长沙：湖南大学，2003.

[11] 中国国家标准化管理委员会. 旋转电机 定额和性能：GB 755—2008 [S]. 北京：中国标准出版社，2008.

[12] 中国国家标准化管理委员会. 半导体电力变流器电气试验方法：GB/T 13422—2013 [S]. 北京：中国标准出版社，2013.

[13] 中国国家标准化管理委员会. 半导体变流器通用要求和电网换相变流器 第 1-1 部分：基本要求规范：GB/T 3859.1—2013 [S]. 北京：中国标准出版社，2013.

[14] 中国国家标准化管理委员会. 电工电子产品环境试验 第 2 部分：试验方法 试验 A：低温：GB/T 2423.1—2008 [S]. 北京：中国标准出版社，2008.

[15] 中国国家标准化管理委员会. 电工电子产品环境试验 第 2 部分：试验方法 试验 B：高温：GB/T 2423.2—2008 [S]. 北京：中国标准出版社，2008.

[16] 中国国家标准化管理委员会. 电工电子产品环境试验 第 2 部分：试验方法 试验 Fc：振动（正弦）：GB/T 2423.10—2008 [S]. 北京：中国标准出版社，2008.

[17] 中国国家标准化管理委员会. 电工电子产品环境试验 第2部分：试验方法 试验Ka：盐雾：GB/T 2423.17—2008 [S]. 北京：中国标准出版社，2008.

[18] 中国国家标准化管理委员会. 道路车辆 电气及电子设备的环境条件和试验 第3部分：机械负荷：GB/T 28046.3—2011 [S]. 北京：中国标准出版社，2011.

[19] 中国国家标准化管理委员会. 旋转电机整体结构的防护等级（IP代码）分级：GB/T 4942.1—2006 [S]. 北京：中国标准出版社，2006.

[20] 中国国家标准化管理委员会. 外壳防护等级（IP代码）：GB/T 4208—2017 [S]. 北京：中国标准出版社，2017.

[21] 中国国家标准化管理委员会. 电动汽车用驱动电机系统可靠性试验方法：GB/T 29307—2012 [S]. 北京：中国标准出版社，2013.

[22] 中国国家标准化管理委员会. 电动汽车用驱动电机系统故障分类及判断：QC/T 893—2011 [S]. 北京：中国标准出版社，2011.

[23] 中国国家标准化管理委员会. 电动汽车用驱动电机电磁兼容性要求和试验方法：GB/T 36282—2018 [S]. 北京：中国标准出版社，2018.

[24] 中国国家标准化管理委员会. 电动汽车用驱动电机电磁兼容性要求和试验方法：GB/T 36282—2018 [S]. 北京：中国标准出版社，2018.

[25] 中国国家标准化管理委员会. 车辆、船和内燃机 无线电骚扰特性 用于保护车载接收机的限值和测量方法：GB/T 18655—2018 [S]. 北京：中国标准出版社，2018.

[26] 中国国家标准化管理委员会. 道路车辆 电气/电子部件对窄带辐射电磁能的抗扰性试验方法 第2部分：电波暗室法：GB/T 33014.2—2016 [S]. 北京：中国标准出版社，2016.

[27] 中国国家标准化管理委员会. 道路车辆 电气/电子部件对窄带辐射电磁能的抗扰性试验方法 第4部分：电流注入（BCI）法：GB/T 33014.4—2016 [S]. 北京：中国标准出版社，2016.

[28] 中国国家标准化管理委员会. 道路车辆 静电放电产生的电骚扰试验方法：GB/T 19951—2005 [S]. 北京：中国标准出版社，2005.

[29] 中国国家标准化管理委员会. 道路车辆由传导和耦合引起的电骚扰 第2部分：沿电源线的电瞬态传导：GB/T 21437.2—2008 [S]. 北京：中国标准出版社，2008.

第6章 动力蓄电池测试评价

6.1 单体蓄电池试验

单体蓄电池是指能够直接将化学能转化为电能的基本单元装置,包括电极、隔膜、电解质、外壳和端子,并被设计成可充电。单体蓄电池和蓄电池模块的试验标准主要有GB/T 31484—2015《电动汽车用动力蓄电池循环寿命要求及试验方法》[1]、GB/T 31485—2015《电动汽车用动力蓄电池安全要求及试验方法》[2]、GB/T 31486—2015《电动汽车用动力蓄电池电性能要求及试验方法》[3]等。

单体蓄电池和蓄电池模块试验项目汇总见表6-1。在验证研发试验中,蓄电池模块的试验项目相对较少,基本都参考国标的试验项目,故在后面的文章中不展开说明。

表6-1 单体蓄电池和蓄电池模块试验项目汇总

序号	电池层级	试验项目	试验标准	试验方法章条号	备注
1	单体蓄电池	基本信息检查和基本参数测量	本手册	6.1.3	—
2	单体蓄电池	放电容量、放电能量和能量密度	本手册	6.1.4.1	—
3	单体蓄电池	室温倍率充放电性能	本手册	6.1.4.2	—
4	单体蓄电池	荷电保持与容量恢复能力试验	本手册	6.1.4.3	—
5	单体蓄电池	HPPC测试	本手册	6.1.4.4	—
6	单体蓄电池	脉冲功率测试	本手册	6.1.4.5	—
7	单体蓄电池	标准循环寿命测试	本手册	6.1.4.6	—
8	单体蓄电池	日历寿命测试	本手册	6.1.4.7	—
9	单体蓄电池	过放电试验	本手册	6.1.5.1	—

（续）

序号	电池层级	试验项目	试验标准	试验方法章条号	备注
10	单体蓄电池	过充电试验	本手册	6.1.5.2	—
11	单体蓄电池	短路试验	本手册	6.1.5.3	—
12	单体蓄电池	挤压试验	本手册	6.1.5.4	—
13	单体蓄电池	机械冲击试验	本手册	6.1.5.5	—
14	单体蓄电池	振动试验	本手册	6.1.5.6	—
15	单体蓄电池	温度循环试验	本手册	6.1.5.7	—
16	单体蓄电池	加热试验	本手册	6.1.5.8	—
17	单体蓄电池	绝热温升试验	本手册	6.1.5.9	—
18	单体蓄电池	重物冲击试验	本手册	6.1.5.10	—
19	单体蓄电池	热失控试验	本手册	6.1.5.11	—
20	单体蓄电池	跌落	GB/T 31485—2015	6.2.5	—
21	单体蓄电池	针刺	GB/T 31485—2015	6.2.8	—
22	单体蓄电池	海水浸泡	GB/T 31485—2015	6.2.9	—
23	单体蓄电池	低气压	GB/T 31485—2015	6.2.11	—
24	蓄电池模块	室温放电容量	GB/T 31486—2015	6.3.5	—
25	蓄电池模块	室温倍率放电性能	GB/T 31486—2015	6.3.6	—
26	蓄电池模块	室温倍率充电性能	GB/T 31486—2015	6.3.7	—
27	蓄电池模块	低温放电容量	GB/T 31486—2015	6.3.8	—
28	蓄电池模块	高温放电容量	GB/T 31486—2015	6.3.9	—
29	蓄电池模块	荷电保持及容量恢复能力	GB/T 31486—2015	6.3.10	—
30	蓄电池模块	耐振动	GB/T 31486—2015	6.3.11	—
31	蓄电池模块	储存	GB/T 31486—2015	6.3.12	—
32	蓄电池模块	过放电	GB/T 31485—2015	6.3.2	—
33	蓄电池模块	过充电	GB/T 31485—2015	6.3.3	—
34	蓄电池模块	短路	GB/T 31485—2015	6.3.4	—
35	蓄电池模块	跌落	GB/T 31485—2015	6.3.5	—
36	蓄电池模块	加热	GB/T 31485—2015	6.3.6	—
37	蓄电池模块	挤压	GB/T 31485—2015	6.3.7	—
38	蓄电池模块	针刺	GB/T 31485—2015	6.3.8	—
39	蓄电池模块	海水浸泡	GB/T 31485—2015	6.3.9	—
40	蓄电池模块	温度循环	GB/T 31485—2015	6.3.10	—
41	蓄电池模块	低气压	GB/T 31485—2015	6.3.11	—
42	蓄电池模块	标准循环寿命	GB/T 31484—2015	6.4	—
43	蓄电池模块	工况循环寿命	GB/T 31484—2015	6.5	—

6.1.1 单体蓄电池测试平台

单体蓄电池试验测试平台如图 6-1 所示。单体蓄电池和测试平台设备相连，测试平台保证测试参数（电压、电流、温度）和条件与测试规程的要求一致，并保证单体蓄电池工作在合理的限值之内，这些限值由测试平台控制执行。

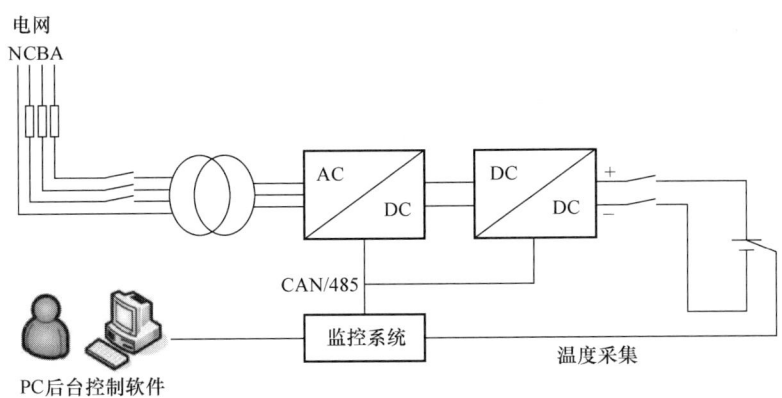

图 6-1 单体蓄电池试验测试平台

6.1.2 通用测试程序

6.1.2.1 预处理循环

正式开始测试前，单体蓄电池需要先进行预处理循环，以确保测试对象的性能处于激活和稳定状态。预处理循环在室温下进行，其步骤如下。

1）按 6.1.2.2 步骤②对单体蓄电池进行标准充电。
2）按照企业推荐的不小于 $1/3I_1$ 的电流放电至企业规定的放电截止条件。
3）静置 30min（或企业推荐的不大于 60min 的时间）。
4）重复步骤 1）~3）5 次。

如果单体蓄电池连续两次的放电容量变化不高于额定容量的 3%，则认为单体蓄电池完成了预处理，预处理循环可以中止。

注：
① 室温（RT）：本章节所提到的室温，是指 25℃ ±2℃。
② I_1：1h 率放电电流（A），其数值等于 1h 率额定容量值。

6.1.2.2 标准循环

标准循环在室温下进行，按照先后顺序包括一个标准放电过程和一个标准充电过程，其步骤如下。

① 标准放电：按表 6-2 中的放电条件或按照企业推荐的放电机制放电至企业规定的放电截止条件，静置 30min（或企业推荐的不大于 60min 的时间）。
② 标准充电：使用 $1I_1$ 或按照企业推荐的不小于 $1/3I_1$ 电流的充电机制充电至企业规定的充电截止条件，静置 30min（或企业推荐的不大于 60min 的时间）。

如果标准循环和一个新的测试之间时间间隔大于 24h，则需要重新进行一次标准充电。

本部分所提到的"标准循环"的环境温度是室温（RT），而单独提到的"标准放电"

和"标准充电"的环境温度按具体条款的规定执行。

表 6-2 放电条件

温度	放电电流 /A	
	能量型电池（BEV）	功率型电池（HEV）
−20℃	$1/3I_1$	$1I_1$
0℃		
25℃		
45℃		

6.1.2.3 SOC 调整方法

调整 SOC 至试验目标值 $n\%$ 的方法是：

1）按照 6.1.2.2 步骤②将单体蓄电池充满电。

2）静置 1h。

3）按表 6-2 中的放电条件，BEV 单体蓄电池以 $1/3I_1$ 恒流放电 $3×(100−n)/100h$，HEV 单体蓄电池以 $1I_1$ 恒流放电 $(100−n)/100h$。

6.1.2.4 环境适应方法

当测试的目标环境温度改变时，在进行测试前受试装置需要完成环境适应过程。

1）在低温下静置不少于 24h；在高温下静置不少于 5h；或单体蓄电池达到热稳定且单体蓄电池温度与目标环境温度差值不超过 1℃（环境适应过程最短时间宜不少于 1h）。

2）单体蓄电池达到热稳定的条件：在时间间隔 1h 间，温度变化小于 1℃时，可以认为达到热稳定。

6.1.3 基本信息检查和基本参数测量

基本信息检查包括试验样品的外观、极性、标识等相关信息的检查确认；基本参数测量包括试验样品的外形尺寸、质量等相关参数的测量，以及样品温度传感器安装位置的确认。

1. 测试目的

基本信息的检查确认可以有效保证后续试验的正常进行，基本参数的测量可以为后续的单体蓄电池能量密度、功率密度等的计算提供依据。

2. 测试设备

万用表、电子天平、游标卡尺、直尺、温度传感器等。

3. 测试方法与步骤

1）目测单体蓄电池的外观、标识等是否与企业提供的产品技术条件相符。

2）用电压表检测单体蓄电池的极性。

3）用衡器测量单体蓄电池的质量，单位为 kg，其测量结果至少应保留 3 位有效数字或按照企业规定的有效位数。

4)采用量具测量单体蓄电池的外形尺寸,并根据外形尺寸计算出试验样品的体积,单位为 L。

① 电池尺寸测量三个重要的因素:最大尺寸的长度、厚度或直径和高度。

② 最大尺寸的表示方法:如图 6-2~图 6-4 所示。

③ 电池的尺寸测量结果至少保留 3 位有效数字或按照企业规定的有效位数。

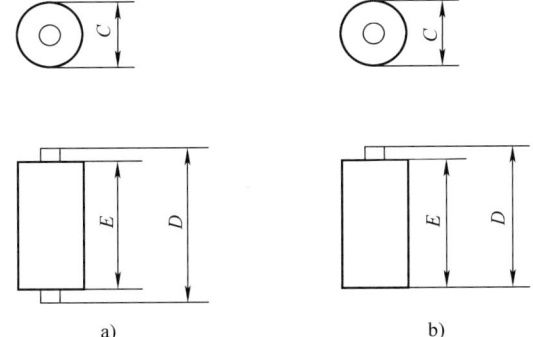

图 6-2 柱状电池最大尺寸的表示方法
a)圆柱形电池(一) b)圆柱形电池(二)

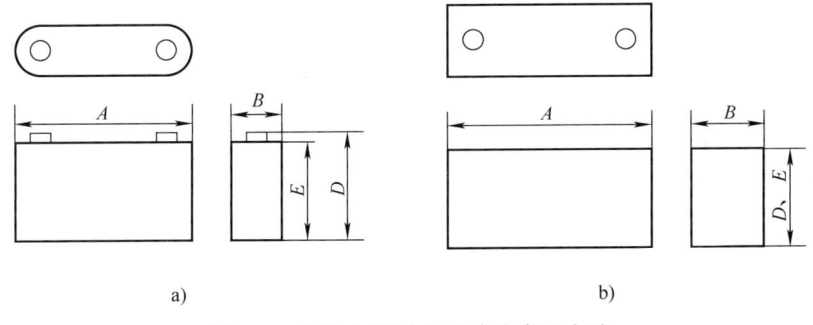

图 6-3 方形电池最大尺寸的表示方法
a)方形电池(一) b)方形电池(二)

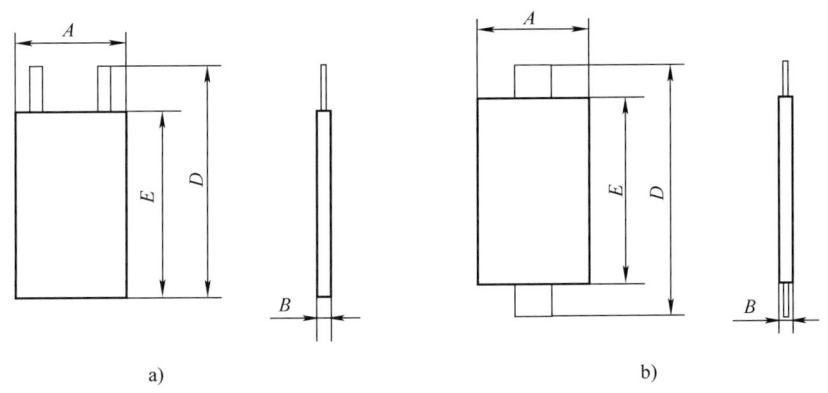

图 6-4 软包电池最大尺寸的表示方法
a)软包电池(一) b)软包电池(二)

A—为总宽度 B—为总厚度 C—为直径 D—为总长度(包括极耳) E—为总长度(不包括极耳)

5）温度传感器。

① 测量位置：温度测量位置应放在最可能反映电池温度处，如图 6-5 所示。

② 测量方法：如果没有特别说明，在测试前要将单体蓄电池放在测试温度环境下静置 12h；当提前达到热稳定时，静置时间可以相应减少，即在时间间隔 1h 内，温度变化小于 1℃时，可以认为达到了热稳定。

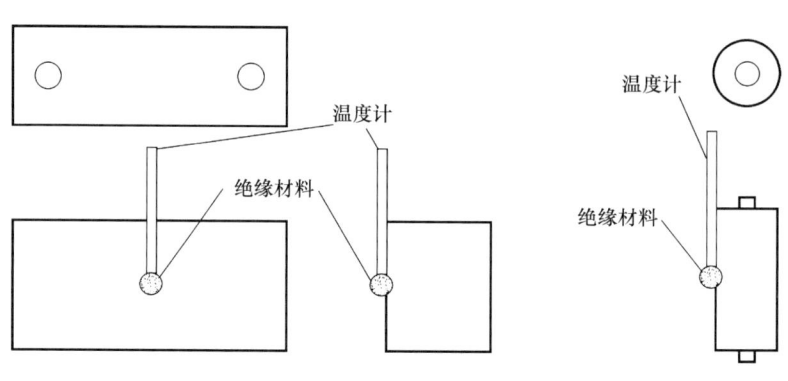

图 6-5　温度传感器安装位置

6.1.4　电性能试验

6.1.4.1　放电容量、放电能量和能量密度

1. 测试目的

测量单体蓄电池在不同温度下的容量、能量和室温能量密度；同等条件下，能量密度高的单体蓄电池能显著延长汽车的续驶里程。

2. 测试设备

单体蓄电池充放电设备、高低温交变湿热试验箱、恒温试验箱等。

3. 测试方法与步骤

某一目标温度下的放电容量、放电能量和能量密度试验步骤见表 6-3。

单体蓄电池推荐测试室温（RT）、高温 45℃、低温 0℃ 和 -20℃ 下的放电容量和放电能量。

功率型单体蓄电池推荐测试 $1I_1$ 的放电容量和放电能量；能量型单体蓄电池推荐测试 $1/3I_1$、$1/5I_1$ 的放电容量和放电能量。电池的容量用 A·h 表示，结果应保留小数点后 2 位有效数字或企业规定的有效位数；电池的能量用 W·h 表示，结果应保留小数点后 2 位有效数字或企业规定的有效位数。

其他温度、倍率条件下的放电容量和放电能量则根据需要参照本试验步骤进行测试。

表 6-3　放电容量、放电能量和能量密度试验步骤

序号	单体蓄电池状态	试验方法章条号	环境温度	备注
1	环境适应	6.1.2.4	RT	—
2	标准放电	6.1.2.2 步骤①	RT	—
3	标准充电	6.1.2.2 步骤②	RT	—
4	环境适应	6.1.2.4	目标温度	—
5	标准放电	6.1.2.2 步骤①	目标温度	记录放电容量、放电能量（根据需要可以取多次循环试验结果的平均值）

4. 数据处理及评价指标

① 质量比能量密度。单体蓄电池的质量根据 6.1.3 节 3 中步骤 3）进行测量。

质量比能量密度按照式（6-1）进行计算，并保留小数点后 2 位有效数字或企业规定的有效位数。

$$\rho_{ed} = \frac{W_{ed}}{m} \tag{6-1}$$

式中　ρ_{ed}——单体蓄电池的质量比能量密度（W·h/kg）；
　　　W_{ed}——单体蓄电池的能量（W·h），由记录的试验结果得到；
　　　m——单体蓄电池的质量（kg）。

② 体积比能量密度。单体蓄电池的体积根据 6.1.3 节 3 中步骤 4）进行测量。

体积比能量密度按照式（6-2）进行计算，并保留小数点后 2 位有效数字或企业规定的有效位数。

$$\rho_{evlmd} = \frac{W_{ed}}{V} \tag{6-2}$$

式中　ρ_{evlmd}——单体蓄电池的体积比能量密度（W·h/L）；
　　　W_{ed}——单体蓄电池的能量（W·h），由记录的试验结果得到；
　　　V——单体蓄电池的体积（L）。

③ 记录放电容量、放电能量和能量密度。
④ 记录其他温度、倍率条件下的放电容量、放电能量和能量密度。

6.1.4.2　室温倍率充放电性能

1. 测试目的

测量单体蓄电池在室温下的倍率充放电性能，模拟动力蓄电池在汽车上大电流充放电的工作状态，并评估是否满足设计要求。

2. 测试设备

单体蓄电池充放电设备、高低温交变湿热试验箱、恒温试验箱等。

3. 测试方法与步骤

功率型单体蓄电池和能量型单体蓄电池室温倍率充放电性能试验步骤见表 6-4。
试验全程记录所有单体蓄电池的电压和温度传感器的温度。
其他倍率条件下的充放电性能则根据需要参照本试验步骤进行测试。

表 6-4 室温倍率充放电性能试验步骤

序号	单体蓄电池状态	试验方法章条号	环境温度	备注
1	环境适应	6.1.2.4	RT	—
2	标准放电	6.1.2.2 步骤①	RT	—
3	标准充电	6.1.2.2 步骤②	RT	—
4	$8I_1$ 放电（功率型）/$3I_1$ 放电（能量型）至截止条件，或企业规定的最大放电倍率恒流放电（最大电流不超过 400A）至截止条件	—	RT	记录放电容量
5	环境适应	6.1.2.4	RT	—
6	$2I_1$ 或企业规定的最大充电倍率恒流充电（最大电流不超过 400A）至截止条件	—	RT	—
7	静置 1h	—	RT	—
8	$1I_1$（功率型），$1/3I_1$（能量型）恒流放电至截止条件	—	RT	记录放电容量

4. 数据处理及评价指标

记录单体蓄电池的倍率放电容量。

6.1.4.3 荷电保持与容量恢复能力试验

1. 测试目的

测量单体蓄电池荷电保持与容量恢复性能，模拟汽车在长时间存放后运行的工作状态，以确定动力蓄电池的维护保养时间和方式，并评估自放电率是否满足设计要求。

2. 测试设备

单体蓄电池充放电设备、高低温交变湿热试验箱、恒温试验箱等。

3. 测试方法与步骤

单体蓄电池荷电保持与容量恢复能力试验步骤见表 6-5 和表 6-6。

单体蓄电池推荐测试室温（RT）和高温 55℃的荷电保持与容量恢复能力。

试验全程记录单体蓄电池的电压和温度传感器的温度。

其他温度条件下的荷电保持与容量恢复能力则根据需要参照本试验步骤进行测试。

表 6-5 室温荷电保持与容量恢复能力试验步骤

序号	单体蓄电池状态	试验方法章条号	环境温度	备注
1	环境适应	6.1.2.4	RT	—
2	标准放电	6.1.2.2 步骤①	RT	—
3	标准充电	6.1.2.2 步骤②	RT	—
4	标准放电	6.1.2.2 步骤①	RT	重复步骤 3、步骤 4 五次，取连续三次有效数据
5	标准充电	6.1.2.2 步骤②	RT	—
6	存储（28 天）	—	RT	—
7	标准放电	6.1.2.2 步骤①	RT	记录放电容量
8	标准充电	6.1.2.2 步骤②	RT	—
9	标准放电	6.1.2.2 步骤①	RT	记录恢复容量

表 6-6　高温荷电保持与容量恢复能力试验步骤

序号	单体蓄电池状态	试验方法章条号	环境温度	备注
1	环境适应	6.1.2.4	RT	—
2	标准放电	6.1.2.2 步骤①	RT	—
3	标准充电	6.1.2.2 步骤②	RT	—
4	标准放电	6.1.2.2 步骤①	RT	重复步骤3、步骤4 五次，取连续三次有效数据
5	标准充电	6.1.2.2 步骤②	RT	—
6	存储（7天）	—	55℃	—
7	静置 5h	—	RT	—
8	标准放电	6.1.2.2 步骤①	RT	记录放电容量
9	标准充电	6.1.2.2 步骤②	RT	—
10	标准放电	6.1.2.2 步骤①	RT	记录恢复容量

4. 数据处理及评价指标

记录单体蓄电池的荷电保持容量和恢复容量。

6.1.4.4　HPPC 测试

1. 测试目的

测试单体蓄电池不同 SOC 状态下的充放电可用电流及功率，并评估是否满足设计要求。

2. 测试设备

单体蓄电池充放电设备、高低温交变湿热试验箱、恒温试验箱等。

3. 测试方法与步骤

某一目标温度下的 HPPC 测试试验步骤见表 6-7。

单体蓄电池推荐进行室温（RT）、高温 40℃、低温 0℃和 T_{min} 下的 HPPC 测试。

单体蓄电池推荐 SOC 分别为 90% 至 10%（梯度 -10%）共计 9 个点的 HPPC 测试。

试验全程记录单体蓄电池的电压、电流和温度传感器的温度。

表 6-7　HPPC 测试试验步骤

序号	单体蓄电池状态	试验方法章条号	环境温度	备注
1	环境适应	6.1.2.4	RT	—
2	标准充电	6.1.2.2 步骤②	RT	—
3	调整 SOC 至目标值	6.1.2.3	RT	第 1 次 SOC 为 90%，以后每循环 1 次，SOC 降低 10%，直至 SOC 为 10%
4	环境适应	6.1.2.4	RT	记录环境适应结束时的 OCV

（续）

序号	单体蓄电池状态	试验方法章条号	环境温度	备注
5	HPPC 测试	—	目标温度	① 恒流放电 恒定电流：按表 6-8 持续时间：10s 记录放电结束时的电压 V_{10dd} ② 静置 10min（如果 10min 之后电池温度与环境温度之间的差值仍旧超过 2℃，则该间隔时间可以延长） ③ 恒流充电 恒定电流：按表 6-8 持续时间：10s 记录充电结束时的电压 V_{10cd} ④ 按图 6-6 测试顺序进行测试，直到脉冲持续时间不能满足测试要求
6	环境适应	6.1.2.4	RT	—
7	程序跳转	—	RT	跳转到步骤 3，直至完成该目标温度下所有的 HPPC 测试
8	标准放电	6.1.2.2 步骤①	RT	—

表 6-8　HPPC 测试试验电流

类型	充电和放电电流			
功率型	$1/3I_1$	$1I_1$	$5I_1$	$10I_1$
能量型	$1/3I_1$	$1I_1$	$2I_1$	$5I_1$

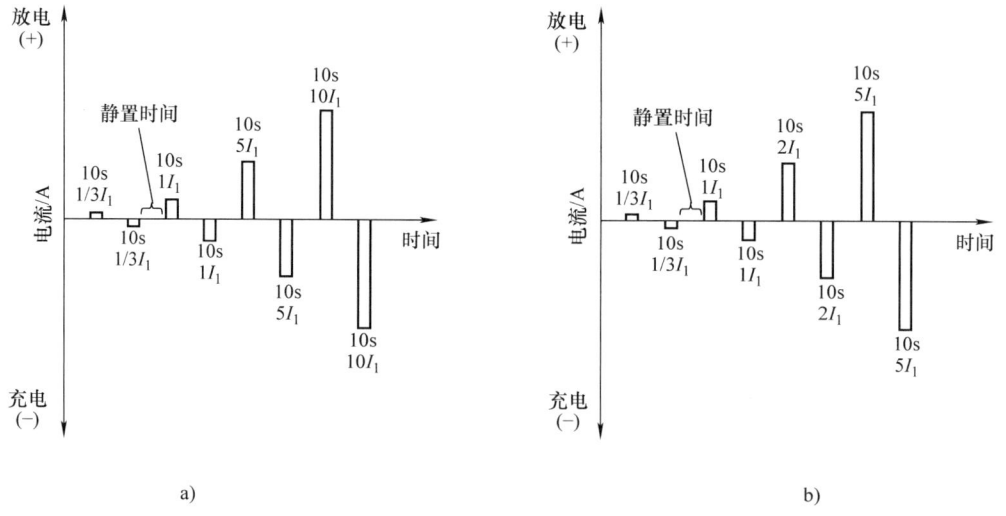

图 6-6　电流 - 电压特性测试的测试顺序

a）HEV 应用中电流 - 电压特性测试的测试顺序　b）BEV 应用中电流 - 电压特性测试的测试顺序

4. 数据处理及评价指标

① 单体蓄电池脉冲内阻的计算方法（以满足脉冲持续时间的脉冲电流较大值对应的脉冲 10s 时刻为基准）：

$$R_d = (V_{10dd} - V_{0dd})/I_d \tag{6-3}$$

$$R_c = (V_{10cd} - V_{0cd})/I_c \qquad (6-4)$$

式中 R_d——某 SOC 状态、某温度下的放电内阻；

R_c——某 SOC 状态、某温度下的充电内阻；

V_{0dd}——某 SOC 状态、某温度下恒流放电开始的静态电压值；

V_{0cd}——某 SOC 状态、某温度下恒流充电开始的静态电压值；

V_{10dd}——某 SOC 状态、某温度下恒流放电结束时的静态电压值；

V_{10cd}——某 SOC 状态、某温度下恒流充电结束时的静态电压值。

② 根据开路电压（OCV）和脉冲内阻（DCR）数据，可以计算出不同 SOC 状态下的充放电可用电流及功率。

$$I'_{dmax}(SOC, T, t) = (OCV - V_{min})/R_d \qquad (6-5)$$

$$I'_{cmax}(SOC, T, t) = (V_{max} - OCV)/R_c \qquad (6-6)$$

$$P'_{dmax}(SOC, T, t) = V_{min}(OCV - V_{min})/R_d \qquad (6-7)$$

$$P'_{cmax}(SOC, T, t) = V_{max}(V_{max} - OCV)/R_c \qquad (6-8)$$

式中 V_{min}——放电最低截止电压；

V_{max}——充电最高截止电压；

$I'_{dmax}(SOC, T, t)$——某 SOC 状态、环境温度 T、脉冲持续时间 t 下的最大允许放电电流；

$I'_{cmax}(SOC, T, t)$——某 SOC 状态、环境温度 T、脉冲持续时间 t 下的最大允许充电电流；

$P'_{dmax}(SOC, T, t)$——某 SOC 状态、环境温度 T、脉冲持续时间 t 下的最大允许放电功率；

$P'_{cmax}(SOC, T, t)$——某 SOC 状态、环境温度 T、脉冲持续时间 t 下的最大允许充电功率；

③ 记录单体蓄电池在不同温度、不同 SOC 状态下的脉冲充放电电流、电压及持续时间，记录充放电内阻（DCR）。

6.1.4.5 脉冲功率测试

1. 测试目的

验证单体蓄电池在室温不同 SOC 状态下的脉冲充放电功率，模拟汽车用电状况，并评估是否满足设计要求。

2. 测试设备

单体蓄电池充放电设备、高低温交变湿热试验箱、恒温试验箱等。

3. 测试方法与步骤

单体蓄电池脉冲功率试验步骤见表 6-9。

单体蓄电池推荐 SOC 分别为 20%、50% 和 80% 共计 3 个点的脉冲功率测试。

试验全程记录单体蓄电池的电压和温度传感器的温度。

表 6-9 脉冲功率试验步骤

序号	单体蓄电池状态	试验方法章条号	环境温度	备注
1	环境适应	6.1.2.4	RT	—
2	标准放电	6.1.2.2 步骤①	RT	—
3	调整 SOC 至目标值	6.1.2.3	RT	SOC 目标值分别为 20%、50% 和 80%，或者企业规定的其他 SOC 目标值
4	环境适应	6.1.2.4	RT	记录环境适应结束时的 OCV

（续）

序号	单体蓄电池状态	试验方法章条号	环境温度	备注
5	脉冲充电功率测试	—	RT	恒功率充电： ①恒定功率：P'_{cmax}（SOC, T, t） ②持续时间：10s ③记录充电结束时的电压 V_{10cd}
6	环境适应	6.1.2.4	RT	—
7	程序跳转	—	RT	跳转到步骤3，直至完成所有的脉冲充电功率测试
8	标准放电	6.1.2.2 步骤①	RT	—
9	调整SOC至目标值	6.1.2.3	RT	SOC目标值分别为20%、50%和80%，或者企业规定的其他SOC目标值
10	环境适应	6.1.2.4	RT	记录环境适应结束时的OCV
11	脉冲放电功率测试	—	RT	恒功率放电： ①恒定功率：P'_{dmax}（SOC, T, t） ②持续时间：10s ③记录放电结束时的电压 V_{10dd}
12	环境适应	6.1.2.4	RT	—
13	程序跳转	—	RT	跳转到步骤9，直至完成所有的脉冲放电功率测试
14	标准放电	6.1.2.2 步骤①	RT	—

4. 数据处理及评价指标

① 记录单体蓄电池室温下不同SOC状态下的脉冲放电、充电功率。

② 单体蓄电池的脉冲功率测试应能持续规定的时间，且不应出现单体电压保护的情况。

6.1.4.6 标准循环寿命测试

1. 测试目的

验证单体蓄电池的标准循环使用寿命，并评估是否满足设计要求。

2. 测试设备

单体蓄电池充放电设备、高低温交变湿热试验箱、恒温试验箱等。

3. 测试方法与步骤

某一目标温度下的标准循环寿命试验步骤见表6-10。

单体蓄电池推荐测试室温（RT）、高温45℃、低温0℃和-20℃下的标准循环寿命。

单体蓄电池标准循环寿命充电电流推荐使用 $1/2I_1$、I_1 或 $2I_1$，放电电流推荐使用 $1I_1$，或者其他的充放电电流组合。

其他温度、倍率条件下的标准循环寿命则根据需要参照本试验步骤进行测试。

表 6-10 标准循环寿命试验步骤

序号	单体蓄电池状态	试验方法章条号	环境温度	备注
1	环境适应	6.1.2.4	RT	—
2	标准放电	6.1.2.2 步骤①	RT	放电电流推荐为 I_1
3	标准充电	6.1.2.2 步骤②	RT	充电电流推荐为 $1/2I_1$、$1I_1$ 或 $2I_1$
4	标准循环 3 次	6.1.2.2	RT	放电电流推荐为 I_1,充电电流推荐为 $1/2I_1$、$1I_1$ 或 $2I_1$,记录放电容量(取 3 次循环容量平均值)
5	环境适应	6.1.2.4	目标温度	—
6	标准充电	6.1.2.2 步骤②	目标温度	充电电流推荐为 $1/2I_1$、$1I_1$ 或 $2I_1$
7	标准放电	6.1.2.2 步骤①	目标温度	放电电流推荐为 I_1
8	程序循环	—	目标温度	跳转到步骤 6,将步骤 6、步骤 7 连续循环 500 次或企业推荐的循环次数,计量放电容量和放电能量

4. 数据处理及评价指标

① 记录单体蓄电池的初始放电容量。

② 记录单体蓄电池循环试验后的放电容量。

6.1.4.7 日历寿命测试

1. 测试目的

评估单体蓄电池在较短时间内产生的快速衰退,并评估是否满足设计要求。

2. 测试设备

单体蓄电池充放电设备、高低温交变湿热试验箱、恒温试验箱等。

3. 测试方法与步骤

根据 Freedom CAR 利用动力蓄电池在高温下性能衰退加快、寿命缩短的原理设计了一种加速寿命测试方法,即在短时间内(1~2 年)从实验室测得缩短了的电池寿命,再通过数学建模,推算出电池的实际寿命。基本试验方法是将动力蓄电池在不同 SOC 状态和不同温度下开路搁置,每天补充充电并定期测试电池容量和内阻。

推荐的日历寿命测试矩阵见表 6-11。

单体蓄电池日历寿命试验步骤见表 6-12。

其他温度条件下的日历寿命则根据需要参照本试验步骤进行测试。

表 6-11 日历寿命测试矩阵

序号	温度 /℃	SOC(%)
1	45~50	60
2	45~50	80
3	50~55	60
4	50~55	80
5	55~60	60
6	55~60	80

表 6-12　日历寿命试验步骤

序号	单体蓄电池状态	试验方法章条号	环境温度	备注
1	环境适应	6.1.2.4	RT	—
2	标准循环	6.1.2.2	RT	—
3	标准放电	6.1.2.2 步骤①	RT	放电电流为 $1/3I_1$，记录放电容量
4	内阻测试	—	RT	单体蓄电池以 $1/3I_1$ 恒流恒压充电至容量的目标 SOC（开路电压控制），然后进行 HPPC 测试，以 $6I_1$ 恒流放电 10s，搁置 40s，然后以 $4.5I_1$ 恒流充电 10s
5	环境适应	6.1.2.4	目标温度	—
6	调整 SOC 至目标值	6.1.2.3	目标温度	目标 SOC 为 60% 或 80%
7	日历寿命测试规程	—	目标温度	间隔 24h 进行一次试验：以 $3I_1$ 恒流放电 9s，搁置 60s，$3I_1$ 恒流充电 2s，搁置 2s，$0.45I_1$ 恒流充电 47s；持续进行 2 周试验
8	环境适应	6.1.2.4	RT	—
9	标准循环	6.1.2.2	RT	—
10	标准放电	6.1.2.2 步骤①	RT	放电电流为 $1/3I_1$，记录放电容量
11	内阻测试	—	RT	单体蓄电池以 $1/3I_1$ 恒流恒压充电至容量的目标 SOC（开路电压控制），然后进行 HPPC 测试，以 $6I_1$ 恒流放电 10s，搁置 40s，然后以 $4.5I_1$ 恒流充电 10s
12	程序跳转	—	—	跳转到步骤 5，直到当放电容量小于初始容量的 80%，或者当电池内阻增加了 30% 时，结束试验

4. 数据处理及评价指标

① 记录初始静态容量、内阻。

② 记录每两周的静态容量、内阻。

③ 根据单体蓄电池循环数据，给出电池性能衰退的规律。

6.1.4.8　室温容量测试实例

1. 测试前准备

1 只单体蓄电池。单体蓄电池样品信息见表 6-13。

表 6-13　单体蓄电池样品信息

样品形式	项目	样品情况
单体蓄电池	电池型号	—
	额定容量	4.4A·h
	额定电压	3.6V
	充电终止电压	4.2V
	放电终止电压	2.5V
	充电保护电压	4.3V
	放电保护电压	2.0V

2. 测试设备

单体蓄电池充放电设备、高低温交变湿热试验箱、恒温试验箱等。

3. 测试方法与步骤

室温环境下,按照如下步骤测试。

① 单体蓄电池以 4.4A 恒流放电,直到放电终止电压 2.5V,静置 30min。

② 以 2.2A 恒流充电至 4.2V,然后恒压充电至电流减小到 0.22A 时停止,静置 30min。

③ 单体蓄电池以 4.4A 恒流放电,直到放电终止电压 2.5V,静置 30min。

④ 计量放电容量(以 A·h 计)。

⑤ 设置程序重复步骤②~④ 5 次,当试验过程中连续 3 次试验结果的极差小于额定容量的 3% 时,可以提前结束试验,取这 3 次试验结果的平均值。

4. 数据处理及评价指标

试验设备导出单体蓄电池试验数据见表 6-14,单体蓄电池试验数据处理结果见表 6-15,单体蓄电池试验曲线和放电容量曲线分别如图 6-7 和图 6-8 所示,根据极差与额定容量的比值 0.5% 满足小于 3% 的要求,可知该试验结果数据有效。

表 6-14 试验设备导出单体蓄电池试验数据

试验次数	放电电流 /A	终止电压 /V	充电容量 / A·h	放电容量 / A·h	充电能量 / W·h	放电能量 / W·h
1	-4.40	2.50	4.692	4.419	18.273	15.123
2	-4.40	2.50	4.691	4.421	18.274	15.127
3	-4.40	2.50	4.692	4.420	18.268	15.120

表 6-15 单体蓄电池试验数据处理结果

样品编号	第1组有效数据 放电容量 /A·h	第2组有效数据 放电容量 /A·h	第3组有效数据 放电容量 /A·h	放电容量 平均值 /A·h	极差/额定容量 (%)	结果判定
001	4.419	4.421	4.420	4.420	0.05	0.5% < 3%

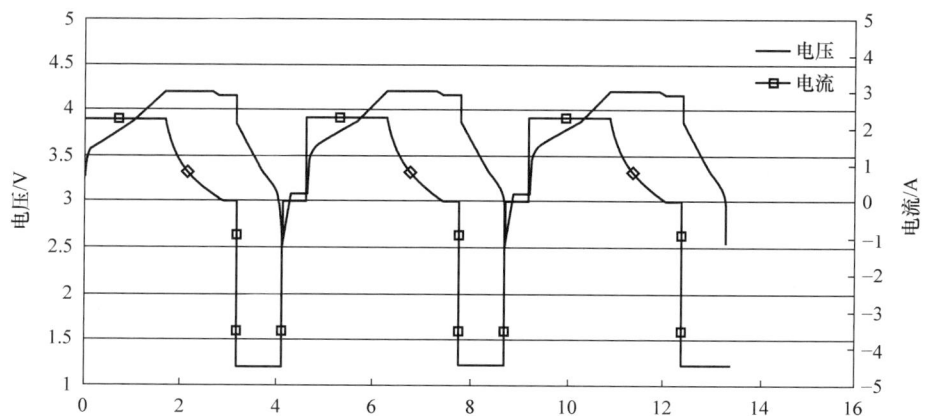

图 6-7 单体蓄电池试验曲线

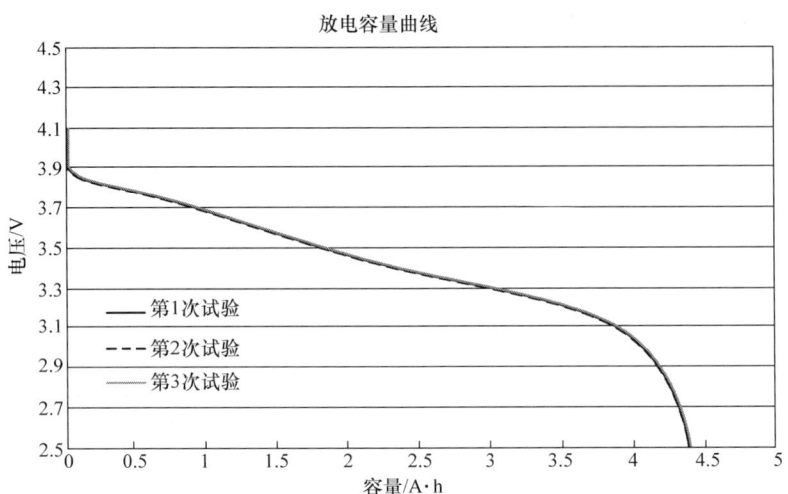

图 6-8　单体蓄电池放电容量曲线

6.1.5　安全性试验

6.1.5.1　过放电试验

1. 测试目的

验证单体蓄电池电滥用性能，模拟电池发生过放电时可能出现的安全风险，从而评估样品是否满足设计需求。

2. 测试设备

单体蓄电池充放电设备、恒温试验箱、万用表等。

3. 测试方法与步骤

① 室温下单体蓄电池按 6.1.2.1 预处理后再充满电。

② 以 $1/3I_1$（能量型）或 I_1（功率型）恒流放电到单体蓄电池的放电终止电压，然后再以 I_1 电流强制放电 90min。

4. 数据处理及评价指标

观察样品在试验过程中及试验后 1h 观察期间是否有起火或爆炸现象。

6.1.5.2　过充电试验

1. 测试目的

验证单体蓄电池电滥用性能，模拟电池发生过充电时可能出现的安全风险，从而评估样品是否满足设计需求。

2. 测试设备

单体蓄电池充放电设备、恒温试验箱、万用表等。

3. 测试方法与步骤

① 室温下单体蓄电池按 6.1.2.1 预处理后再充满电。

② 以 I_1 恒流充电，直到单体蓄电池的电压达到其最高工作电压的 1.1 倍，或者单体蓄电池的充电量达到 115% SOC。

4. 数据处理及评价指标

观察样品在试验过程中及试验后 1h 观察期间是否有起火或爆炸现象。

6.1.5.3 短路试验

1. 测试目的

验证单体蓄电池电滥用性能，模拟电池发生外短路时可能出现的安全风险，从而评估样品是否满足设计需求。

2. 测试设备

单体蓄电池充放电设备、恒温试验箱、动力蓄电池短路试验台、万用表等。

3. 测试方法与步骤

① 室温下单体蓄电池按 6.1.2.1 预处理后再充满电。

② 将单体蓄电池正、负极经外部短路 10min，外部线路电阻应小于 5mΩ。

4. 数据处理及评价指标

观察样品在试验过程中及试验后 1h 观察期间是否有起火或爆炸现象。

6.1.5.4 挤压试验

1. 测试目的

验证单体蓄电池机械滥用性能，模拟电池发生挤压时可能出现的安全风险，从而评估样品是否满足设计需求。

2. 测试设备

单体蓄电池充放电设备、恒温试验箱、动力蓄电池挤压试验台、万用表等。

3. 测试方法与步骤

① 室温下单体蓄电池按 6.1.2.1 预处理后再充满电。

② 挤压方向：垂直于单体蓄电池极板方向施压，或与单体蓄电池在整车布局上最容易受到挤压的方向相同。

a. 挤压板形式：半径 75mm 的半圆柱体，半圆柱体的长度（L）大于被挤压单体蓄电池的尺寸。

b. 挤压速度：不大于 2mm/s。

c. 挤压程度：电压达到 0V 或变形量达到 15%，或者挤压力达到 100kN 或 1000 倍测试对象重量后停止挤压。

③ 保持 10min。

4. 数据处理及评价指标

观察样品在试验过程中及试验后 1h 观察期间是否有起火或爆炸现象。

6.1.5.5 机械冲击试验

1. 测试目的

验证单体蓄电池机械滥用性能，模拟电池发生机械冲击时可能出现的安全风险和电性能衰减，从而评估样品是否满足设计需求。

2. 测试设备

单体蓄电池充放电设备、恒温试验箱、机械冲击试验台、万用表等。

3. 测试方法与步骤

① 室温下单体蓄电池按 6.1.2.1 预处理后再充满电。

② 室温下按 6.1.2.3 调整单体蓄电池 SOC 到 100%（能量型）或 80%（功率型）。

③ 按表 6-16 机械冲击试验参数进行 ±x、±y、±z 共 6 个方向的机械冲击试验。

表 6-16 机械冲击试验参数

脉冲波形	半正弦波
峰值加速度	500m/s^2
持续时间	6ms
冲击次数	每个方向 10 次

④ 机械冲击试验后按 6.1.2.2 步骤 1）测试单体蓄电池容量，记录放电容量。

4. 数据处理及评价指标

记录试验前后的单体蓄电池放电容量，观察外观是否有明显变化。

6.1.5.6 振动试验

1. 测试目的

验证单体蓄电池机械滥用性能，模拟电池发生振动时可能出现的安全风险和电性能衰减，从而评估样品是否满足设计需求。

2. 测试设备

单体蓄电池充放电设备、恒温试验箱、振动试验台、万用表等。

3. 测试方法与步骤

① 室温下单体蓄电池按 6.1.2.1 预处理后再充满电。

② 室温下按 6.1.2.3 调整单体蓄电池 SOC 到 100%（能量型）或 80%（功率型）。

③ 按表 6-17 振动试验参数进行 x、y 和 z 方向的随机振动试验，每个方向试验时间 8h。

表 6-17 振动试验参数

频率/Hz	功率谱密度（PSD）/[(m/s^2)^2/Hz]
10	20
55	6.5
180	0.25
300	0.25
360	0.14
1000	0.14
2000	0.14

④ 振动试验后按 6.1.2.2 步骤 1）测试单体蓄电池容量，记录放电容量。

4. 数据处理及评价指标

记录试验前后的单体蓄电池放电容量，观察外观是否有明显变化。

6.1.5.7 温度循环试验

1. 测试目的

验证单体蓄电池热滥用性能，模拟电池发生持续的温度变化时可能出现的安全风险和电性能衰减，从而评估样品是否满足设计需求。

2. 测试设备

单体蓄电池充放电设备、恒温试验箱、高低温交变湿热试验箱、万用表等。

3. 测试方法与步骤

① 室温下单体蓄电池按 6.1.2.1 预处理后再充满电。

② 室温下按 6.1.2.3 调整单体蓄电池 SOC 到 80%。

③ 按表 6-18 温度循环参数进行温度循环试验。

④ 循环次数为 30 次。

⑤ 温度循环试验后按 6.1.2.2 步骤 1）测试单体蓄电池容量，记录放电容量。

表 6-18 温度循环参数

累计时间 /min	温度 /℃
0	25
60	-40
150	-40
210	25
300	85
410	85
480	25

4. 数据处理及评价指标

记录试验前后的单体蓄电池放电容量，观察外观是否有明显变化。

6.1.5.8 加热试验

1. 测试目的

验证单体蓄电池热滥用性能，模拟电池发生温度急剧上升时可能出现的安全风险，从而评估样品是否满足设计需求。

2. 测试设备

单体蓄电池充放电设备、恒温试验箱、快速温度变化试验箱、万用表等。

3. 测试方法与步骤

① 室温下单体蓄电池按 6.1.2.1 预处理后再充满电。

② 将样品放入一自然对流或强制对流烘箱中，烘箱温度按 5℃/min 速度由室温升温至 150℃±2℃，并保持 10min。

4. 数据处理及评价指标

观察样品在试验过程中及试验后 1h 观察期间是否有起火或爆炸现象。

6.1.5.9 绝热温升试验

1. 测试目的

验证单体蓄电池热滥用性能，模拟单体蓄电池在动力电池系统中无散热装置散热时可能出现的安全风险，从而评估样品是否满足设计需求。

2. 测试设备

单体蓄电池充放电设备、恒温试验箱、绝热量热仪、万用表等。

3. 测试方法与步骤

① 在室温下搁置 5h；以 P'_{rdn} 恒功率放电至单体蓄电池的放电终止电压，静置 30min；以 P_{rcn} 恒功率充电至单体蓄电池的充电终止电压，静置 30min。

② 将绝热量热仪起始温度设定为 40℃，终止温度设定为 130℃，起动装置，待温度达到 40℃时保持温度恒定，将单体蓄电池放入绝热量热仪中搁置 5h。

③ 绝热量热仪以（0.5±0.02）℃/min 的速率升温，每上升 10℃ 便保持该温度 20min，绝热量热仪的温度控制准确度为 ±0.2℃；实时监测单体蓄电池表面中心点的温度，温度数据采样周期不应大于 10ms，温度传感器的准确度为 ±0.05℃。

注：

① n 表示电池的额定充电小时率，其数值等于电池的额定充电能量/额定充电功率，并应从下列数值中选取：8、4、2、1、0.5、0.25。

② n' 表示电池的额定放电小时率，其数值等于电池的额定放电能量/额定放电功率，并应从下列数值中选取：8、4、2、1、0.5、0.25。

③ P_{rcn} 表示 n 小时率额定充电功率，单位为 W。

④ P'_{rdn} 表示 n' 小时率额定放电功率，单位为 W。

4. 数据处理及评价指标

单体蓄电池绝热温升试验数据记录格式见表 6-19，据此可以绘出温升速率曲线。

表 6-19　绝热温升试验数据记录格式

温度箱温度 /℃	单体蓄电池温升速率 /（℃/min）		
	样品温度 /℃	升温时间 /min	温升速率 /（℃/min）
40		—	—
50			
60			
70			
80			
90			
100			
110			
120			
130			

6.1.5.10 重物冲击试验

1. 测试目的

验证单体蓄电池承受外界重物冲击性能,从而评估样品是否满足设计需求。

2. 测试设备

单体蓄电池充放电设备、恒温试验箱、重物冲击试验台、万用表等。

3. 测试方法与步骤

① 室温下单体蓄电池按 6.1.2.1 预处理后再充满电。

② 测试样品放在平面上,将一直径为 15.8mm 的钢棒放在样品中心,让重量 9.1kg 的重物从 610mm 高度落到试样上。

③ 圆柱形或方形电池受到冲击时,其长轴应平行于平面并且与放在试样中心的直径为 15.8mm 钢棒的曲面垂直。方形电池应沿长轴方向转 90°,以使宽侧和窄侧均承受冲击。每个样品蓄电池只承受一个方向的冲击,每个测试都采用独立试样。

④ 纽扣电池平面平行于平面,直径为 15.8mm 钢棒的曲面位于其中心。

4. 数据处理及评价指标

观察样品在试验过程中及试验后 1h 观察期间是否有起火或爆炸现象。

6.1.5.11 热失控试验

1. 测试目的

验证蓄电池管理系统可以监控的最小蓄电池单元热失控性能,对电动汽车车载可充电储能系统的核心化学危险源进行安全性评价,从而评估样品是否满足设计需求。

2. 测试设备

单体蓄电池充放电设备、恒温试验箱、加热装置、温度采集系统、万用表等。

3. 测试方法与步骤

1)使用平面状或者棒状加热装置,并且其表面应覆盖陶瓷、金属或绝缘层,加热装置功率选择要求见表 6-20。完成测试对象与加热装置的装配,加热装置与单体蓄电池应直接接触,加热装置的尺寸规格应不大于测试对象的被加热面;安装温度监测器,监测点温度传感器布置在远离热传导的一侧,即安装在加热装置的对侧(图 6-9)。温度数据的采样间隔应小于 1s,准确度要求为 ±2℃,温度传感器尖端的直径应小于 1mm。

表 6-20 加热装置功率选择要求

测试对象电能 E/W·h	加热装置最大功率 /W
$E<100$	30~300
$100 \leqslant E<400$	300~1000
$400 \leqslant E<800$	300~2000
$E \geqslant 800$	>600

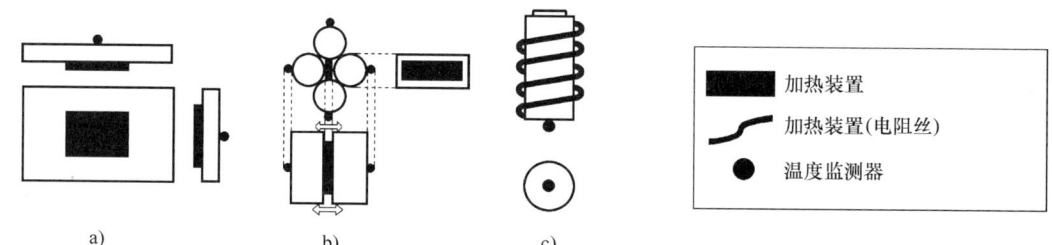

图 6-9 加热触发时温度传感器的布置位置示意图
a）硬壳及软包电池 b）圆柱形电池Ⅰ c）圆柱形电池Ⅱ

2）室温下单体蓄电池按 6.1.2.1 预处理后再充电到 100% SOC，然后对测试对象用 $1I_1$ 电流继续充电 12 min。立刻起动加热装置，并以其最大功率对测试对象进行持续加热，当发生热失控或者监测点温度达到 300℃时，停止触发，关闭加热装置。

3）判定是否发生热失控的条件
① 测试对象产生电压降，且下降值超过初始电压的 25%。
② 监测点温度达到电池企业规定的最高工作温度。
③ 监测点的温升速率 $dT/dt \geq 1℃/s$，且持续 3s 以上。
当①和③或者②和③发生时，判定发生热失控。

4. 数据处理及评价指标

观察样品在加热过程中及加热结束后 1h 内是否有起火或爆炸现象。

6.2 蓄电池包/系统试验

动力蓄电池包通常包括动力蓄电池模块、蓄电池管理模块（不包含 BCU）、蓄电池箱以及相应附件，是一种具有从外部获得电能并可对外输出电能的单元。动力蓄电池系统则由一个或一个以上的动力蓄电池包及相应附件（管理系统、高压电路、低压电路、热管理设备以及机械总成等）构成的能量存储装置。

动力蓄电池包/系统相关的试验标准主要有 GB/T 31467.1—2015《电动汽车用锂离子动力蓄电池包和系统 第 1 部分：高功率应用测试规程》[4]、GB/T 31467.2—2015《电动汽车用锂离子动力蓄电池包和系统 第 2 部分：高能量应用测试规程》[5]、GB/T 31467.3—2015《电动汽车用锂离子动力蓄电池包和系统 第 3 部分：安全性要求与测试方法》[6]，以及 QC/T 897—2011《电动汽车用电池管理系统技术条件》[7]等。

动力蓄电池包/系统试验项目汇总见表 6-21。

表 6-21 动力蓄电池包/系统试验项目汇总

序号	电池层级	试验项目	试验标准	试验方法章条号
1	蓄电池包/系统	基本信息检查和基本参数测量	本手册	6.2.3
2	蓄电池包/系统	放电容量和放电能量	本手册	6.2.4.1
3	蓄电池包/系统	库伦效率和能量效率	本手册	6.2.4.2
4	蓄电池包/系统	快速充放电效率测试	本手册	6.2.4.3
5	蓄电池包/系统	室温倍率放电性能	本手册	6.2.4.4

（续）

序号	电池层级	试验项目	试验标准	试验方法章条号
6	蓄电池包/系统	室温倍率充电性能	本手册	6.2.4.5
7	蓄电池包/系统	恒定功率放电测试	本手册	6.2.4.6
8	蓄电池包/系统	自放电及容量和功率测试	本手册	6.2.4.7
9	蓄电池包/系统	开路电压（OCV）测试	本手册	6.2.4.8
10	蓄电池包/系统	HPPC 测试	本手册	6.2.4.9
11	蓄电池包/系统	脉冲功率测试	本手册	6.2.4.10
12	蓄电池包/系统	功率密度测试	本手册	6.2.4.11
13	蓄电池包/系统	能量密度测试	本手册	6.2.4.12
14	蓄电池包/系统	快充倍率测试	本手册	6.2.4.13
15	蓄电池包/系统	EOL 功率测试	本手册	6.2.4.14
16	蓄电池包/系统	标准循环寿命测试	本手册	6.2.4.15
17	蓄电池包/系统	工况循环寿命测试	本手册	6.2.4.16
18	蓄电池系统	动态短时放电功率测试	本手册	6.2.5.1
19	蓄电池系统	动态短时回馈功率测试	本手册	6.2.5.2
20	蓄电池系统	模拟电池正向衰减	本手册	6.2.5.3
21	蓄电池系统	模拟电池反向衰减	本手册	6.2.5.4
22	蓄电池系统	SOC 累积误差	本手册	6.2.5.5
23	蓄电池系统	SOC 误差修正速度	本手册	6.2.5.6
24	蓄电池系统	SOP 估算准确度	本手册	6.2.5.7
25	蓄电池系统	SOE 估算准确度	本手册	6.2.5.8
26	蓄电池系统	过温保护	本手册	6.2.6.1
27	蓄电池系统	过流保护	本手册	6.2.6.2
28	蓄电池系统	外部短路保护	本手册	6.2.6.3
29	蓄电池系统	过充电保护	本手册	6.2.6.4
30	蓄电池系统	过放电保护	本手册	6.2.6.5
31	蓄电池包/系统	高温工作测试流程	本手册	6.2.7.1
32	蓄电池包/系统	低温工作测试流程	本手册	6.2.7.2
33	蓄电池包/系统	隔热试验测试流程	本手册	6.2.7.3
34	蓄电池包/系统	系统加热时间及温升测试	本手册	6.2.7.4
35	蓄电池包/系统	结露测试	本手册	6.2.7.5
36	蓄电池包/系统	化学液体暴露试验	本手册	6.2.7.6
37	蓄电池包/系统	IP67 防护等级测试	本手册	6.2.7.7
38	蓄电池包/系统	盐雾试验	本手册	6.2.7.8
39	蓄电池包/系统	气密性试验	本手册	6.2.7.9
40	蓄电池包/系统	振动	本手册	6.2.8.1
41	蓄电池包/系统	模拟碰撞	本手册	6.2.8.2
42	蓄电池包/系统	挤压	本手册	6.2.8.3
43	蓄电池包/系统	翻转	本手册	6.2.8.4
44	蓄电池包/系统	跌落	本手册	6.2.8.5
45	蓄电池包/系统	底部球击	本手册	6.2.8.6
46	蓄电池包/系统	砂石冲击	本手册	6.2.8.7
47	蓄电池包/系统	外部火烧	本手册	6.2.8.8
48	蓄电池包/系统	热失控扩展	本手册	6.2.8.9
49	蓄电池包/系统	浸水安全	本手册	6.2.8.10

（续）

序号	电池层级	试验项目	试验标准	试验方法章条号
50	功率型蓄电池包/系统	功率和内阻	GB/T 31467.1—2015	7.2
51	功率型蓄电池包/系统	无负载容量损失	GB/T 31467.1—2015	7.3
52	功率型蓄电池包/系统	存储中容量损失	GB/T 31467.1—2015	7.4
53	功率型蓄电池包/系统	高低温起动功率	GB/T 31467.1—2015	7.5
54	能量型蓄电池包/系统	功率和内阻	GB/T 31467.2—2015	7.2
55	能量型蓄电池包/系统	无负载容量损失	GB/T 31467.2—2015	7.3
56	能量型蓄电池包/系统	存储中容量损失	GB/T 31467.2—2015	7.4
57	蓄电池包/系统	机械冲击	GB/T 31467.3—2015	7.2
58	蓄电池包/系统	温度冲击	GB/T 31467.3—2015	7.7
59	蓄电池包/系统	湿热循环	GB/T 31467.3—2015	7.8
60	蓄电池包/系统	高海拔	GB/T 31467.3—2015	7.12
61	BMS	绝缘电阻	QC/T 897—2011	5.2
62	BMS	绝缘耐压性能	QC/T 897—2011	5.3
63	BMS	状态参数测量准确度	QC/T 897—2011	5.4
64	BMS	SOC估算精度	QC/T 897—2011	5.5
65	BMS	电池故障诊断	QC/T 897—2011	5.6
66	BMS	过电压运行	QC/T 897—2011	5.7
67	BMS	欠电压运行	QC/T 897—2011	5.8
68	BMS	高温运行	QC/T 897—2011	5.9
69	BMS	低温运行	QC/T 897—2011	5.10
70	BMS	耐高温性能	QC/T 897—2011	5.11
71	BMS	耐低温性能	QC/T 897—2011	5.12
72	BMS	耐温度变化性能	QC/T 897—2011	5.13
73	BMS	耐盐雾性能	QC/T 897—2011	5.14
74	BMS	耐湿热性能	QC/T 897—2011	5.15
75	BMS	耐振动性能	QC/T 897—2011	5.16
76	BMS	耐电源极性反接性能	QC/T 897—2011	5.17
77	BMS	电磁辐射抗扰性	QC/T 897—2011	5.18

6.2.1 试验测试平台

6.2.1.1 蓄电池包试验测试平台

蓄电池包试验测试平台如图6-10所示。蓄电池包的高压、低压及冷却装置等要与测试平台设备相连，开启蓄电池包的被动保护功能。根据蓄电池包生产企业的要求和试验测试规程的需要，由测试平台检测和控制蓄电池包的工作状态和工作参数，并保证蓄电池包的主动保护开启，必要时可以通过断开蓄电池包的主接触器来实现。冷却装置根据生产企业的要求工作。

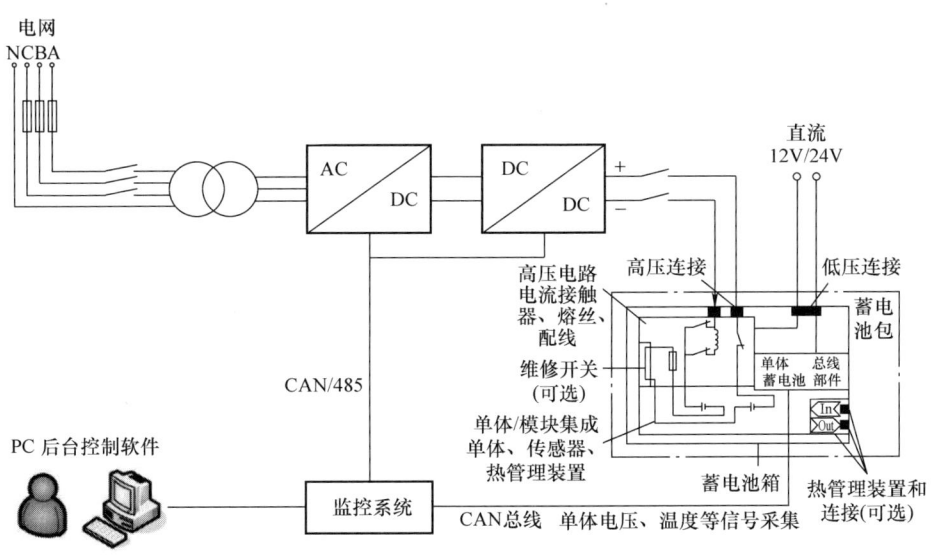

图 6-10 蓄电池包试验测试平台

6.2.1.2 蓄电池系统试验测试平台

蓄电池系统试验测试平台如图 6-11 所示。蓄电池系统的高压、低压、冷却装置及蓄电池控制单元（BCU）等要与测试平台设备相连，开启蓄电池系统的主动和被动保护。测试平台必须保证测试参数和条件与测试规程的要求一致，并保证蓄电池系统工作在合理的限值之内，这些限值由 BCU 通过总线传输至测试平台。BCU 控制冷却装置的工作。必要时 BCU 的程序可以由蓄电池系统生产企业根据测试规程进行更改。主动保护的同时也需要由测试平台设备保证，必要时可以通过断开蓄电池系统的主接触器来实现。

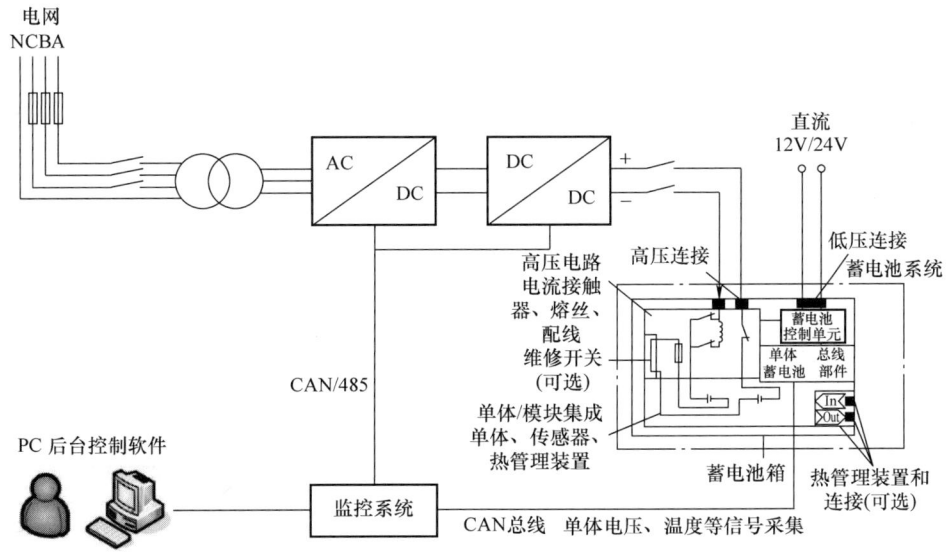

图 6-11 蓄电池系统试验测试平台

6.2.2 通用测试程序

6.2.2.1 预处理循环

正式开始测试前,蓄电池包/系统需要先进行预处理循环。预处理循环在室温下进行,其步骤如下:

① 使用 I_1 或按照企业推荐的充电机制充电至企业规定的充电截止条件。
② 静置 30min(或企业推荐的不大于 60min 的时间)。
③ 使用 I_1 或按照企业推荐的放电机制放电至企业规定的放电截止条件。
④ 静置 30min(或企业推荐的不大于 60min 的时间)。
⑤ 重复步骤①~④ 5 次。

如果蓄电池包/系统连续两次的放电容量变化不高于额定容量的 3%,则认为蓄电池包/系统完成了预处理,预处理循环可以中止。

6.2.2.2 标准循环

标准循环在室温下进行,按照先后顺序包括一个标准放电过程和一个标准充电过程,其步骤如下:

① 标准放电:使用 I_1 或按照企业推荐的放电机制放电至企业规定的放电截止条件,静置 30min(或企业推荐的不大于 60min 的时间)。
② 标准充电:使用 I_1 充电至企业规定的充电截止条件或按照企业推荐的充电机制充电,静置 30min(或企业推荐的不大于 60min 的时间)。

如果标准循环和一个新的测试之间时间间隔长于 24h,则需要重新进行一次标准充电。

本部分所提到的"标准循环"的环境温度是室温(RT),而单独提到的"标准放电"和"标准充电"的环境温度按具体条款的规定执行。

6.2.2.3 SOC 调整方法

调整 SOC 至试验目标值 $n\%$ 的方法是:按 6.2.2.2 节步骤②将蓄电池包/系统充满电,静置 1h,以 I_1 恒流放电 $(100-n)/100$h。每次 SOC 调整后,新的测试开始前受试装置需要静置 1h。

6.2.2.4 环境适应方法

当测试的目标环境温度改变时,在进行测试前受试装置需要完成环境适应过程。

① 在低温下静置不少于 24h;在高温下静置不少于 16h;或蓄电池包/系统内单体蓄电池温度与目标环境温度差值不超过 2℃(环境适应过程最短时间宜不少于 1h)。受试装置如果包含蓄电池控制单元,则环境适应过程中需要将其关闭。
② 对于集成有环境温度控制功能的动力蓄电池,除非生产企业给出合理的调节动力蓄电池环境温度的方法,否则在进行高低温试验时,只需动力蓄电池达到热稳定即可,即

在时间间隔1h间,温度变化小于1℃时,可以认为达到热稳定;对于这种试验,目标温度与实际温度存在差异的情况,需要在试验报告中明确说明并解释原因。

6.2.2.5 蓄电池包/系统典型充放电工况

根据应用条件的不同,蓄电池包/系统的两种典型充放电工况分别为美国FUDS工况和美国DST工况。

在实际使用过程中,可以根据蓄电池包/系统所应用的整车类型、动力蓄电池倍率充放电能力以及测试环境温度的不同,选用下面合适的充放电工况进行测试。

(1) 美国FUDS工况

美国Federal Urban Driving Schedule（FUDS）充放电工况如图6-12所示,其时间与充放电倍率关系见表6-22。

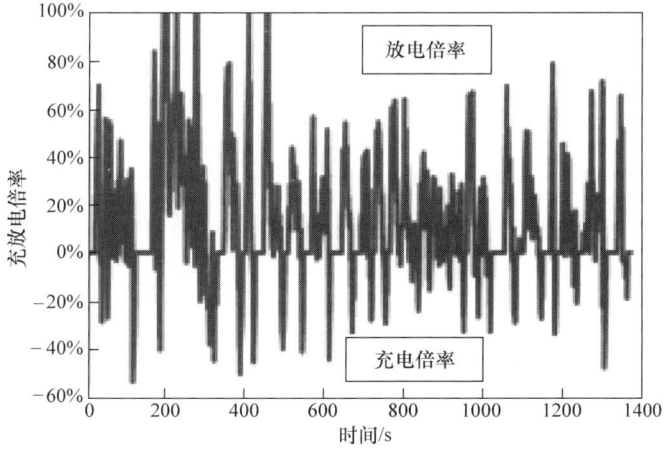

图6-12 FUDS充放电工况

表6-22 FUDS充放电工况

时间/s	充放电倍率（%）	时间/s	充放电倍率（%）	时间/s	充放电倍率（%）	时间/s	充放电倍率（%）
1	0	15	0	29	69.62	43	16.19
2	0	16	0	30	32.91	44	30.12
3	0	17	0	31	26.58	45	50.38
4	0	18	0	32	11.51	46	56.82
5	0	19	0	33	-2.15	47	51.39
6	0	20	0	34	-4.43	48	13.54
7	0	21	24.05	35	-4.43	49	1.39
8	0	22	23.67	36	-3.16	50	4.81
9	0	23	38.35	37	-4.17	51	-14.43
10	0	24	46.83	38	-28.73	52	-26.83
11	0	25	52.91	39	-17.97	53	-18.35
12	0	26	58.48	40	4.55	54	-10.37
13	0	27	16.94	41	11.51	55	4.93
14	0	28	23.29	42	11.77	56	4.44

（续）

时间/s	充放电倍率（%）	时间/s	充放电倍率（%）	时间/s	充放电倍率（%）	时间/s	充放电倍率（%）
57	54.55	99	22.15	141	0	183	−36.18
58	52.15	100	30.38	142	0	184	−16.31
59	52.65	101	26.96	143	0	185	−40.37
60	38.22	102	19.36	144	0	186	−17.46
61	21.51	103	17.34	145	0	187	−2.65
62	18.48	104	8.6	146	0	188	26.57
63	13.29	105	−3.54	147	0	189	16.96
64	−18.98	106	−6.31	148	0	190	39.24
65	6.57	107	16.45	149	0	191	66.96
66	14.93	108	22.53	150	0	192	77.21
67	13.16	109	30.88	151	0	193	100
68	6.69	110	31.51	152	0	194	100
69	6.57	111	34.68	153	0	195	100
70	9.36	112	28.86	154	0	196	100
71	26.44	113	20.88	155	0	197	63.29
72	26.94	114	4.81	156	0	198	100
73	13.79	115	−3.54	157	0	199	76.44
74	−0.63	116	−53.54	158	0	200	100
75	−3.29	117	−48.98	159	0	201	96.82
76	13.29	118	−46.94	160	0	202	100
77	22.4	119	−38.98	161	0	203	73.03
78	30	120	−31.13	162	0	204	68.73
79	10.25	121	−22.91	163	0	205	64.81
80	−0.5	122	0	164	26.32	206	26.32
81	23.16	123	0	165	36.2	207	16.07
82	29.24	124	0	166	46.94	208	21.89
83	36.57	125	0	167	57.08	209	16.69
84	46.7	126	0	168	71.64	210	26.69
85	34.81	127	0	169	83.67	211	26.69
86	29.74	128	0	170	73.16	212	26.69
87	22.53	129	0	171	70.63	213	26.69
88	22.78	130	0	172	56.94	214	37.08
89	23.16	131	0	173	30.5	215	37.34
90	12.78	132	0	174	−6.83	216	54.55
91	4.05	133	0	175	−4.68	217	61.26
92	8.22	134	0	176	−1.89	218	62.53
93	8.22	135	0	177	18.6	219	51.89
94	16.83	136	0	178	16.44	220	58.73
95	27.08	137	0	179	16.57	221	66.82
96	−1.898	138	0	180	22.78	222	54.81
97	−3.54	139	0	181	53.79	223	61.77
98	−1.89	140	0	182	−6.96	224	76.44

（续）

时间/s	充放电倍率（%）	时间/s	充放电倍率（%）	时间/s	充放电倍率（%）	时间/s	充放电倍率（%）
225	100	267	9.11	309	−22.15	351	61.51
226	98.98	268	26.7	310	−38.1	352	70.63
227	69.36	269	21.77	311	−29.24	353	69.62
228	57.08	270	21.39	312	−36.56	354	76.96
229	43.92	271	38.35	313	−26.06	355	42.27
230	31.01	272	27.84	314	−21.51	356	54.43
231	18.73	273	100	315	−14.05	357	52.53
232	36.83	274	−6.31	316	−11.77	358	59.24
233	49.87	275	100	317	8.35	359	78.73
234	57.59	276	34.93	318	−3.54	360	40.63
235	64.93	277	67.97	319	−13.29	361	42.02
236	51.77	278	100	320	−22.53	362	32.78
237	66.32	279	71.26	321	−39.49	363	40
238	52.91	280	51.51	322	−44.68	364	44.05
239	60.88	281	66.07	323	−14.93	365	49.62
240	47.21	282	39.36	324	−9.49	366	19.87
241	40.63	283	27.34	325	−4.05	367	26.96
242	28.6	284	−0.25	326	−13.16	368	10.75
243	40.25	285	−4.3	327	−12.02	369	1.26
244	40.25	286	−11.89	328	−21.39	370	22.53
245	40.25	287	−19.87	329	−9.62	371	47.34
246	40.25	288	−16.58	330	0	372	37.08
247	40.25	289	32.15	331	0	373	16.45
248	33.54	290	32.15	332	0	374	16.45
249	21.01	291	8.1	333	0	375	16.45
250	20.63	292	−16.83	334	0	376	16.45
251	−3.92	293	26.69	335	0	377	16.45
252	6.44	294	36.82	336	0	378	19.49
253	11.64	295	26.69	337	0	379	28.73
254	24.43	296	6.456	338	0	380	19.87
255	17.46	297	24.93	339	0	381	12.02
256	28.98	298	29.11	340	0	382	−1.26
257	56.06	299	29.11	341	0	383	−13.03
258	42.15	300	6.94	342	0	384	−16.18
259	42.27	301	−0.37	343	0	385	−6.69
260	36.94	302	−0.5	344	0	386	−38.22
261	17.59	303	−13.03	345	0	387	−41.64
262	10.5	304	−20.12	346	0	388	−50.37
263	10.38	305	−20	347	8.35	389	−36.83
264	9.87	306	−22.91	348	26.58	390	−34.05
265	2.65	307	−22.65	349	41.77	391	−30.75
266	51.89	308	−19.62	350	50.63	392	−26.58

(续)

时间/s	充放电倍率（%）	时间/s	充放电倍率（%）	时间/s	充放电倍率（%）	时间/s	充放电倍率（%）
393	−16.56	435	0	477	16.82	519	39.74
394	0	436	0	478	16.82	520	43.67
395	0	437	0	479	16.82	521	40.88
396	0	438	0	480	16.82	522	34.93
397	0	439	0	481	6.2	523	33.79
398	0	440	0	482	20.38	524	30.12
399	0	441	0	483	20.5	525	33.41
400	0	442	0	484	27.72	526	36.2
401	0	443	0	485	1.51	527	31.51
402	0	444	0	486	6.2	528	29.49
403	20.88	445	0	487	16.57	529	21.77
404	26.7	446	0	488	16.57	530	13.29
405	42.65	447	0	489	6.07	531	9.62
406	58.1	448	26.32	490	6.94	532	9.62
407	68.48	449	36.2	491	10.5	533	9.62
408	80.63	450	46.94	492	−16.06	534	9.62
409	100	451	57.08	493	−26.56	535	9.62
410	89.11	452	71.64	494	−32.91	536	29.49
411	29.49	453	83.67	495	−34.68	537	16.94
412	71.01	454	100	496	−37.21	538	16.07
413	61.39	455	100	497	−40	539	−18.98
414	46.7	456	56.19	498	−33.29	540	−18.98
415	16.58	457	54.55	499	−33.29	541	2.02
416	7.97	458	100	500	−26.83	542	9.62
417	−0.25	459	71.13	501	−17.08	543	9.62
418	−1.89	460	36.2	502	0	544	−4.55
419	−3.54	461	62.15	503	0	545	−16.56
420	−9.36	462	27.21	504	0	546	−41.26
421	−44.3	463	36.45	505	0	547	−33.29
422	−46.31	464	37.21	506	0	548	−26.83
423	−38.35	465	11.64	507	0	549	0
424	−30.5	466	19.49	508	0	550	0
425	−22.4	467	19.62	509	0	551	0
426	0	468	6.83	510	0	552	0
427	0	469	1.77	511	10	553	0
428	0	470	28.22	512	18.86	554	0
429	0	471	16.45	513	16.7	555	0
430	0	472	−1.39	514	9.11	556	0
431	0	473	11.26	515	28.6	557	0
432	0	474	11.13	516	17.84	558	0
433	0	475	6.32	517	16.58	559	0
434	0	476	16.82	518	26.82	560	0

（续）

时间/s	充放电倍率（%）	时间/s	充放电倍率（%）	时间/s	充放电倍率（%）	时间/s	充放电倍率（%）
561	0	603	11.51	645	0	687	0
562	0	604	8.1	646	16.2	688	0
563	0	605	8.1	647	20.5	689	0
564	0	606	13.41	648	42.91	690	0
565	0	607	37.46	649	34.81	691	0
566	0	608	51.26	650	41.13	692	0
567	0	609	38.22	651	30.12	693	0
568	0	610	27.08	652	29.24	694	11.51
569	26.32	611	26.2	653	50.12	695	16.69
570	36.2	612	−10	654	54.05	696	9.74
571	46.94	613	−44.3	655	41.39	697	17.46
572	56.45	614	−40.63	656	39.36	698	36.06
573	33.29	615	−32.78	657	38.73	699	34.17
574	32.65	616	−24.43	658	43.92	700	40
575	27.59	617	0	659	33.79	701	26.57
576	6.44	618	0	660	19.11	702	40.75
577	6.44	619	0	661	23.03	703	12.78
578	16.82	620	0	662	14.07	704	0.25
579	10.38	621	0	663	14.3	705	6.19
580	6.44	622	0	664	10.38	706	42.15
581	0.38	623	0	665	16.45	707	29.74
582	−2.65	624	0	666	14.43	708	28.73
583	2.91	625	0	667	10.5	709	42.4
584	−0.75	626	0	668	−3.29	710	36.31
585	16.69	627	0	669	−3.29	711	8.1
586	8.1	628	0	670	−26.44	712	−2.15
587	2.91	629	0	671	−28.1	713	26.57
588	−1.64	630	0	672	−33.54	714	26.32
589	2.78	631	0	673	−19.74	715	14.05
590	6.19	632	0	674	−16.69	716	−10.25
591	7.72	633	0	675	−19.24	717	−9.11
592	16.69	634	0	676	0	718	−11.39
593	18.22	635	0	677	0	719	−27.84
594	26.2	636	0	678	0	720	−27.46
595	22.4	637	0	679	0	721	−20.5
596	31.39	638	0	680	0	722	0
597	27.46	639	0	681	0	723	0
598	9.87	640	0	682	0	724	0
599	10	641	0	683	0	725	0
600	19.36	642	0	684	0	726	0
601	18.86	643	0	685	0	727	0
602	19.24	644	0	686	0	728	1.13

(续)

时间/s	充放电倍率(%)	时间/s	充放电倍率(%)	时间/s	充放电倍率(%)	时间/s	充放电倍率(%)
729	21.77	771	60.5	813	10.12	855	16.2
730	26.7	772	40.38	814	0.88	856	29.24
731	41.64	773	26.07	815	−3.54	857	20.5
732	51.01	774	32.65	816	10	858	34.05
733	30.12	775	36.69	817	−3.54	859	16.17
734	43.67	776	39.62	818	−3.54	860	16.69
735	47.34	777	41.39	819	9.24	861	16.69
736	43.16	778	63.29	820	0.12	862	7.46
737	54.43	779	57.59	821	8.98	863	−11.13
738	52.4	780	42.15	822	−11.77	864	−6.18
739	50	781	27.46	823	−6.31	865	−3.54
740	40.63	782	20.63	824	7.97	866	−16.44
741	42.4	783	30.75	825	12.15	867	−8.22
742	29.74	784	11.51	826	12.15	868	−3.29
743	26.96	785	11.51	827	12.15	869	18.35
744	20.25	786	7.34	828	−0.25	870	18.73
745	24.17	787	−0.37	829	7.72	871	22.53
746	21.01	788	3.03	830	11.89	872	16.82
747	11.26	789	11.01	831	3.41	873	26.7
748	−0.37	790	11.01	832	−1.89	874	31.39
749	6.96	791	6.96	833	−6.83	875	28.86
750	2.91	792	−6.18	834	−3.54	876	20.12
751	−3.54	793	6.7	835	−6.7	877	30
752	−6.58	794	10.5	836	−20.12	878	30.88
753	−16.96	795	10.5	837	−24.05	879	17.84
754	−26.96	796	10.5	838	−22.02	880	7.46
755	−26.31	797	10.5	839	−16.58	881	7.46
756	−29.36	798	10.5	840	−13.16	882	7.34
757	−24.68	799	14.55	841	6.07	883	−2.02
758	−13.16	800	23.92	842	28.73	884	−2.02
759	−16.83	801	28.1	843	27.34	885	69.62
760	0	802	63.79	844	19.87	886	10.886
761	0	803	48.48	845	22.53	887	−2.025
762	0	804	49.49	846	26.44	888	−2.025
763	0	805	51.39	847	26.2	889	−6.06
764	1.26	806	14.55	848	31.89	890	22.78
765	0	807	36.2	849	39.74	891	26.83
766	0	808	30.12	850	41.51	892	20.12
767	24.05	809	26.32	851	29.11	893	16.83
768	26.7	810	10.38	852	10	894	2.91
769	44.55	811	6.57	853	16.82	895	16.83
770	60	812	14.81	854	16.94	896	10.88

(续)

时间/s	充放电倍率(%)	时间/s	充放电倍率(%)	时间/s	充放电倍率(%)	时间/s	充放电倍率(%)
897	10.88	939	26.31	981	−0.5	1023	0
898	−0.37	940	9.62	982	−2.02	1024	0
899	−0.5	941	−1.89	983	−0.5	1025	0
900	−3.54	942	9.36	984	−3.29	1026	0
901	−0.5	943	−3.29	985	−0.5	1027	0
902	6.58	944	21.39	986	−3.29	1028	0
903	10.5	945	28.73	987	−14.55	1029	0
904	10.5	946	26.94	988	−26.58	1030	0
905	2.53	947	−3.29	989	−3.29	1031	0
906	6.32	948	−12.27	990	7.08	1032	0
907	10.38	949	−26.58	991	16.82	1033	0
908	−0.5	950	−22.4	992	26.83	1034	0
909	−0.5	951	−33.03	993	22.91	1035	0
910	9.87	952	−26.32	994	1.39	1036	0
911	19.49	953	−18.35	995	8.22	1037	0
912	6.2	954	0	996	13.67	1038	0
913	−0.63	955	0	997	−0.75	1039	0
914	−9.62	956	0	998	8.22	1040	0
915	−12.02	957	0	999	8.22	1041	0
916	−14.93	958	0	1000	31.13	1042	0
917	−4.43	959	0	1001	24.05	1043	0
918	7.21	960	16.2	1002	28.1	1044	0
919	9.87	961	24.3	1003	16.06	1045	0
920	32.65	962	51.39	1004	18.73	1046	0
921	31.01	963	56.31	1005	22.53	1047	0
922	27.34	964	66.82	1006	13.79	1048	0
923	14.55	965	52.15	1007	6.07	1049	0
924	14.68	966	31.13	1008	−3.29	1050	0
925	26.19	967	39.24	1009	−9.36	1051	0
926	16.31	968	33.92	1010	−1.89	1052	0
927	13.41	969	30.63	1011	−3.16	1053	10
928	13.54	970	36.2	1012	−0.75	1054	22.65
929	16.69	971	52.78	1013	−1.89	1055	40.12
930	−0.63	972	66.83	1014	−3.41	1056	49.24
931	2.02	973	47.97	1015	−2.02	1057	60.12
932	9.62	974	29.62	1016	−11.39	1058	69.36
933	9.62	975	20.75	1017	−33.03	1059	38.35
934	−0.63	976	16.19	1018	−28.73	1060	41.64
935	1.89	977	11.26	1019	−20.75	1061	51.89
936	1.89	978	11.26	1020	0	1062	41.01
937	9.11	979	−9.24	1021	0	1063	37.97
938	14.81	980	2.78	1022	0	1064	33.03

（续）

时间/s	充放电倍率（%）	时间/s	充放电倍率（%）	时间/s	充放电倍率（%）	时间/s	充放电倍率（%）
1065	34.3	1107	50.63	1149	−19.11	1191	0
1066	39.11	1108	24.81	1150	0	1192	0
1067	19.24	1109	13.67	1151	0	1193	0
1068	28.73	1110	34.68	1152	0	1194	0
1069	27.34	1111	49.74	1153	0	1195	0
1070	24.17	1112	50.38	1154	0	1196	0
1071	−0.37	1113	32.78	1155	0	1197	2.02
1072	−3.54	1114	13.03	1156	0	1198	10.88
1073	−3.54	1115	10	1157	0	1199	16.58
1074	10.25	1116	10.12	1158	0	1200	24.43
1075	−6.96	1117	16.69	1159	0	1201	46.44
1076	−24.68	1118	29.62	1160	0	1202	37.97
1077	−26.94	1119	22.91	1161	0	1203	20.5
1078	−10.5	1120	31.51	1162	0	1204	6.45
1079	−8.73	1121	29.49	1163	0	1205	−1.26
1080	−29.11	1122	26.31	1164	0	1206	8.35
1081	−27.46	1123	6.82	1165	0	1207	9.87
1082	−18.73	1124	6.69	1166	0	1208	3.92
1083	−6.2	1125	16.19	1167	0	1209	20.63
1084	−1.64	1126	22.4	1168	0	1210	33.54
1085	0	1127	22.78	1169	16.96	1211	36.83
1086	0	1128	16.07	1170	26.7	1212	40.88
1087	0	1129	23.41	1171	40.38	1213	33.03
1088	0	1130	16.69	1172	56.82	1214	38.86
1089	1.51	1131	19.36	1173	66.32	1215	20
1090	6.57	1132	14.05	1174	78.48	1216	16.82
1091	6.69	1133	10.25	1175	68.48	1217	6.96
1092	0	1134	10.25	1176	60.63	1218	−0.75
1093	16.51	1135	6.32	1177	23.41	1219	−0.75
1094	0	1136	6.32	1178	−3.16	1220	16.2
1095	0	1137	10.12	1179	−3.16	1221	16.82
1096	0	1138	−0.5	1180	−30.88	1222	12.91
1097	0	1139	6.45	1181	−33.67	1223	4.05
1098	0	1140	−1.89	1182	−27.21	1224	1.01
1099	0	1141	−3.29	1183	−17.97	1225	1.01
1100	0	1142	−9.62	1184	0	1226	7.08
1101	1.13	1143	−12.02	1185	0	1227	4.05
1102	4.55	1144	−26.31	1186	0	1228	−13.67
1103	8.6	1145	−16.2	1187	0	1229	−4.17
1104	16.58	1146	−27.21	1188	0	1230	−0.88
1105	37.84	1147	−12.4	1189	0	1231	17.34
1106	43.29	1148	−16.07	1190	0	1232	11.89

(续)

时间/s	充放电倍率（%）	时间/s	充放电倍率（%）	时间/s	充放电倍率（%）	时间/s	充放电倍率（%）
1233	12.02	1270	56.19	1307	−37.84	1344	23.92
1234	−3.03	1271	67.21	1308	−30	1345	66.31
1235	−20.88	1272	63.16	1309	−21.77	1346	17.72
1236	−17.72	1273	43.92	1310	0	1347	36.31
1237	−18.22	1274	27.72	1311	0	1348	27.84
1238	0	1275	18.98	1312	0	1349	7.08
1239	0	1276	30.38	1313	0	1350	51.89
1240	0	1277	26.7	1314	0	1351	−3.16
1241	0	1278	24.17	1315	0	1352	−2.15
1242	0	1279	21.39	1316	0	1353	−2.02
1243	0	1280	9.24	1317	0	1354	−3.16
1244	0	1281	−3.29	1318	0	1355	−4.3
1245	0	1282	−3.16	1319	0	1356	−3.16
1246	0	1283	8.73	1320	0	1357	−1.89
1247	0	1284	8.73	1321	0	1358	−10.37
1248	0	1285	8.73	1322	0	1359	−8.73
1249	0	1286	8.73	1323	0	1360	−7.84
1250	0	1287	8.73	1324	0	1361	−7.34
1251	0	1288	24.05	1325	0	1362	−10.88
1252	8.34	1289	12.65	1326	0	1363	−18.86
1253	1.26	1290	21.39	1327	0	1364	0
1254	1.26	1291	14.93	1328	0	1365	0
1255	1.26	1292	18.6	1329	0	1366	0
1256	1.26	1293	22.4	1330	0	1367	0
1257	6.69	1294	16.69	1331	0	1368	0
1258	11.89	1295	13.79	1332	0	1369	0
1259	8.98	1296	19.49	1333	0	1370	0
1260	8.98	1297	16.2	1334	0	1371	0
1261	11.39	1298	34.81	1335	0	1372	0
1262	23.79	1299	71.26	1336	0		
1263	28.86	1300	−22.4	1337	0		
1264	10.5	1301	68.35	1338	12.27		
1265	0	1302	16.69	1339	26.58		
1266	0	1303	7.46	1340	44.55		
1267	0	1304	−12.91	1341	46.7		
1268	16.58	1305	−47.84	1342	41.39		
1269	34.68	1306	−44.43	1343	37.59		

注：以充放电工况中最大放电电流为基准。

（2）美国DST工况

美国Dynamic Stress Test（DST）充放电工况如图6-13所示，其时间与充放电倍率关系见表6-23。

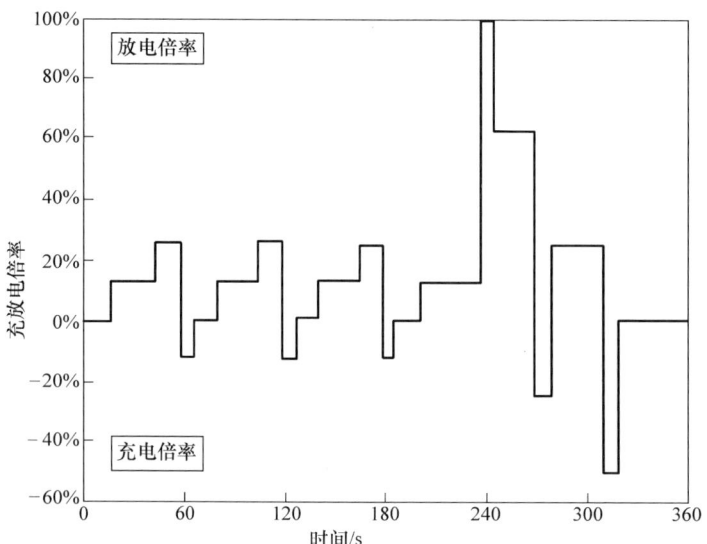

图 6-13　DST 充放电工况

表 6-23　DST 充放电工况

步骤	时间 /s	步骤时间 /s	充放电倍率（%）
1	16	16	0
2	44	28	12.5
3	56	12	25
4	64	8	−12.5
5	80	16	0
6	104	24	12.5
7	116	12	25
8	124	8	−12.5
9	140	16	0
10	164	24	12.5
11	176	12	25
12	184	8	−12.5
13	200	16	0
14	236	36	12.5
15	244	8	100
16	268	24	62.5
17	276	8	−25
18	308	32	25
19	316	8	−50
20	360	44	0

注：以充放电工况中最大放电电流为基准。

6.2.3 基本信息检查和基本参数测量

基本信息检查包括试验样品的外观、极性、接插件端口、铭牌、标识等相关信息的检查确认；基本参数测量包括试验样品的外形尺寸、安装尺寸、质量等相关参数的测量。

1. 测试目的

基本信息的检查确认可以有效保证后续试验的正常进行，基本参数的测量可以为后续的蓄电池包/系统能量密度、功率密度的计算等提供依据。

2. 测试设备

万用表、电子地上衡、直尺、卷尺、绝缘电阻仪等。

3. 测试方法与步骤

目测蓄电池包/系统的外观，用电压表检测蓄电池包/系统的极性，检查蓄电池包/系统的铭牌、标识、接插件端口型号及主键位等是否与企业提供的产品技术条件相符；采用量具测量蓄电池包/系统的外形尺寸和安装尺寸，并根据外形尺寸计算出试验样品的体积，单位为L；用衡器测量蓄电池包/系统的质量，单位为kg（称重时至少包括GB/T 31467.3—2015[6]附录A规定的组成部分）。

4. 数据处理及评价指标

蓄电池包/系统的外观不得有变形及裂纹，表面干燥、无毛刺、无外伤、无污物，且有清晰、正确的标志。

蓄电池包/系统的极性应正确、清晰。

蓄电池包/系统的铭牌、标识、插接件端口型号及主键位等应符合企业提供的产品技术条件。

蓄电池包/系统的外形尺寸、安装尺寸、质量等应符合企业提供的产品技术条件，或满足企业提供的数模及图样的要求。

6.2.4 电性能试验

6.2.4.1 放电容量和放电能量

1. 测试目的

测量蓄电池包/系统在不同温度、不同放电倍率下的放电容量、放电能量及单体蓄电池之间的一致性情况，并评估是否满足设计要求。

2. 测试设备

蓄电池系统充放电设备、高低温交变湿热试验箱、恒温试验箱等。

3. 测试方法与步骤

某一目标温度下的蓄电池包/系统放电容量和放电能量试验步骤见表6-24。

蓄电池包/系统应测试室温（RT）、高温40℃、低温0℃和-20℃下的放电容量和放电能量。

功率型蓄电池包/系统应测试I_1和$I_{max}(T)$的放电容量和放电能量；能量型蓄电池包/

系统应测试 $1/3I_1$、I_1 和 I_{max}（T）的放电容量和放电能量。

其他温度、倍率条件下的放电容量和放电能量则根据需要参照本试验步骤进行测试。

表 6-24 放电容量和放电能量试验步骤

序号	蓄电池包/系统状态	试验方法章条号	环境温度	备注
1	环境适应	6.2.2.4	RT	—
2	标准充电	6.2.2.2 步骤②	RT	—
3	标准循环	6.2.2.2	RT	—
4	环境适应	6.2.2.4	目标温度	室温试验忽略该步骤
5	$1/3I_1$ 放电	—	目标温度	记录放电容量、放电能量，仅针对能量型
6	环境适应	6.2.2.4	RT	—
7	标准充电	6.2.2.2 步骤②	RT	—
8	标准循环	6.2.2.2	RT	—
9	环境适应	6.2.2.4	目标温度	室温试验忽略该步骤
10	$1I_1$ 放电	—	目标温度	记录放电容量、放电能量
11	环境适应	6.2.2.4	RT	—
12	标准充电	6.2.2.2 步骤②	RT	—
13	标准循环	6.2.2.2	RT	—
14	环境适应	6.2.2.4	目标温度	室温试验忽略该步骤
15	I_{max}（T）放电	—	目标温度	记录放电容量、放电能量

4. 数据处理及评价指标

记录放电容量和放电能量，各温度和倍率条件下的放电容量和放电能量应满足设计要求。

试验全程记录所有单体蓄电池的电压，各试验阶段单体蓄电池之间的电压差应满足设计要求。

根据需要记录试验过程中的蓄电池温度和环境温度（温度箱温度）。

6.2.4.2 库仑效率和能量效率

1. 测试目的

测量能量型蓄电池包/系统在不同温度、不同充放电倍率下的能量循环效率，并评估是否满足设计要求。

2. 测试设备

蓄电池系统充放电设备、高低温交变湿热试验箱、恒温试验箱等。

3. 测试方法与步骤

某一目标温度下的蓄电池包/系统库仑效率和能量效率试验步骤见表 6-25。

蓄电池包/系统应测试室温（RT）、低温 0℃ 和 T_{min} 下的能量循环效率。

蓄电池包/系统应测试 $1/3I_1$、$1I_1$ 和 I_{max}（T）的能量循环效率。

其他温度、倍率条件下的能量循环效率则根据需要参照本试验步骤进行测试。

注：T_{min} 指企业提供的蓄电池包/系统最低工作温度。

表 6-25　库仑效率和能量效率试验步骤

序号	蓄电池包/系统状态	试验方法章条号	环境温度	备注
1	环境适应	6.2.2.4	RT	—
2	标准充电	6.2.2.2 步骤②	RT	—
3	标准放电	6.2.2.2 步骤①	RT	—
4	环境适应	6.2.2.4	目标温度	—
5	$1/3 I_1$ 充电	—	目标温度	记录充电容量、充电能量
6	环境适应	6.2.2.4	目标温度	—
7	$1/3 I_1$ 放电	—	目标温度	记录放电容量、放电能量
8	环境适应	6.2.2.4	目标温度	—
9	I_1 充电	—	目标温度	记录充电容量、充电能量
10	环境适应	6.2.2.4	目标温度	—
11	I_1 放电	—	目标温度	记录放电容量、放电能量
12	环境适应	6.2.2.4	目标温度	—
13	$I_{max}(T)$ 充电	—	目标温度	记录充电容量、充电能量
14	环境适应	6.2.2.4	目标温度	—
15	$I_{max}(T)$ 放电	—	目标温度	记录放电容量、放电能量

4. 数据处理及评价指标

记录各试验阶段的充电容量和放电容量，以及充电能量和放电能量，按照下式计算库仑效率和能量效率，各温度和倍率条件下的库仑效率和能量效率应满足设计要求。

$$库仑效率\ \eta_c = \frac{放电容量}{充电容量} \times 100\% \quad (6-9)$$

$$能量效率\ \eta_e = \frac{放电能量}{充电能量} \times 100\% \quad (6-10)$$

根据需要记录试验过程中的蓄电池电压、蓄电池温度和环境温度（温度箱温度）等信息。

6.2.4.3　快速充放电效率测试

1. 测试目的

测量蓄电池包/系统在不同温度、不同 SOC 状态下的快速充放电效率，并评估是否满足设计要求。

2. 测试设备

蓄电池系统充放电设备、高低温交变湿热试验箱、恒温试验箱等。

3. 测试方法与步骤

某一目标温度下的蓄电池包/系统快速充放电效率试验步骤见表 6-26。

蓄电池包/系统应测试室温（RT）、高温 40℃、低温 0℃和 -20℃下的快速充放电效率。

蓄电池包/系统应测试 65%SOC、50%SOC 和 35%SOC 状态下的快速充放电效率。

其他温度、SOC 状态下的快速充放电效率则根据需要参照本试验步骤进行测试。

表 6-26 快速充放电效率试验步骤

序号	蓄电池包/系统状态	试验方法章条号	环境温度	备注
1	环境适应	6.2.2.4	RT	—
2	标准充电	6.2.2.2 步骤②	RT	—
3	标准循环	6.2.2.2	RT	—
4	调整 SOC 至目标值	6.2.2.3	RT	SOC 目标值分别为 65%、50% 和 35%，或者企业规定的其他 SOC 目标值
5	环境适应	6.2.2.4	目标温度	室温试验忽略该步骤
6	快速充放电效率测试工况	—	目标温度	① $20I_1$ 或 I'_{dmax}（SOC, T, t）恒流（取两者之间较大值）放电，持续 12s，记录放电能量 E_o。② 静置 40s ③ $15I_1$ 或 I'_{cmax}（SOC, T, t）恒流（取两者之间较大值）充电，持续 16s（或者为中和放电容量的其他充电时间），记录充电能量 E_i
7	环境适应	6.2.2.4	RT	—
8	程序跳转	—	RT	跳转到步骤 3，直至完成该目标温度下所有的快速充放电效率测试
9	标准放电	6.2.2.2 步骤①	RT	—

4. 数据处理及评价指标

记录各温度、SOC 状态下的放电能量 E_o 和充电能量 E_i，按照下式计算快速充放电效率，各温度和倍率条件下的快速充放电效率应满足设计要求。

$$快速充放电效率 \eta = \left|\frac{E_o}{E_i}\right| \times 100\% \tag{6-11}$$

根据需要记录试验过程中的蓄电池电压、蓄电池温度和环境温度（温度箱温度）等信息。

6.2.4.4 室温倍率放电性能

1. 测试目的

测量蓄电池包/系统在室温下的倍率放电性能，并评估是否满足设计要求。

2. 测试设备

蓄电池系统充放电设备、高低温交变湿热试验箱、恒温试验箱等。

3. 测试方法与步骤

功率型蓄电池包/系统室温倍率放电性能试验步骤见表 6-27，能量型蓄电池包/系统室温倍率放电性能试验步骤见表 6-28。

除功率型蓄电池包/系统需要测试 $8I_1$ 和能量型蓄电池包/系统需要测试 $3I_1$ 倍率放电性能外，还可参照本试验步骤进行其他倍率的放电性能测试。

表 6-27 室温倍率放电性能试验步骤（功率型）

序号	蓄电池包/系统状态	试验方法章条号	环境温度	备注
1	环境适应	6.2.2.4	RT	—
2	标准充电	6.2.2.2 步骤②	RT	—
3	标准循环	6.2.2.2	RT	—
4	$8I_1$ 放电（或企业要求的其他倍率）	—	RT	记录放电容量
5	环境适应	6.2.2.4	RT	—
6	程序跳转	—	RT	跳转到步骤2，直至完成企业要求的其他倍率放电性能测试

表 6-28 室温倍率放电性能试验步骤（能量型）

序号	蓄电池包/系统状态	试验方法章条号	环境温度	备注
1	环境适应	6.2.2.4	RT	—
2	标准充电	6.2.2.2 步骤②	RT	—
3	标准循环	6.2.2.2	RT	—
4	$3I_1$ 放电（或企业要求的其他倍率）	—	RT	记录放电容量
5	环境适应	6.2.2.4	RT	—
6	程序跳转	—	RT	跳转到步骤2，直至完成企业要求的其他倍率放电性能测试

4. 数据处理及评价指标

记录各试验阶段的放电容量，并与蓄电池额定容量进行比较，其比值应满足设计要求。

根据需要记录试验过程中的蓄电池电压、蓄电池温度和环境温度（温度箱温度）等信息。

6.2.4.5 室温倍率充电性能

1. 测试目的

测量蓄电池包/系统在室温下的倍率充电性能，并评估是否满足设计要求。

2. 测试设备

蓄电池系统充放电设备、高低温交变湿热试验箱、恒温试验箱等。

3. 测试方法与步骤

蓄电池包/系统的室温倍率充电性能试验步骤见表 6-29。

除测试 $2I_1$ 倍率充电性能外，还可参照本试验步骤进行其他倍率的充电性能测试。

表 6-29 室温倍率充电性能试验步骤

序号	蓄电池包/系统状态	试验方法章条号	环境温度	备注
1	环境适应	6.2.2.4	RT	—
2	标准充电	6.2.2.2 步骤②	RT	—
3	标准放电	6.2.2.2 步骤①	RT	—
4	$2I_1$ 充电（或企业要求的其他快充倍率）	—	RT	充电时间应不大于 1/nh（n 为充电倍率）
5	静置 1h	—	RT	—
6	$1I_1$ 放电至截止条件	—	RT	记录放电容量
7	环境适应	6.2.2.4	RT	—
8	程序跳转	—	RT	跳转到步骤2，直至完成企业要求的其他倍率充电性能测试

4. 数据处理及评价指标

记录各试验阶段的放电容量，并与电池额定容量进行比较，其比值应满足设计要求。

根据需要记录试验过程中的蓄电池电压、蓄电池温度和环境温度（温度箱温度）等信息。

6.2.4.6 恒定功率放电测试

1. 测试目的

验证蓄电池包/系统在使用过程中实际的恒定功率放电能力，并评估是否满足设计要求。

2. 测试设备

蓄电池系统充放电设备、高低温交变湿热试验箱、恒温试验箱等。

3. 测试方法与步骤

蓄电池包/系统的恒定功率放电试验步骤见表 6-30。

除测试 $P_{dmax}(T)$ 恒定功率放电性能外，还可参照本试验步骤进行其他温度及恒定功率的放电性能测试。

表 6-30 恒定功率放电试验步骤

序号	蓄电池包/系统状态	试验方法章条号	环境温度	备注
1	环境适应	6.2.2.4	RT	—
2	标准充电	6.2.2.2 步骤②	RT	—
3	标准循环	6.2.2.2	RT	—
4	环境适应	6.2.2.4	RT	—
5	恒定功率放电测试	—	RT	放电功率：$P_{dmax}(T)$ 或按照企业要求 截止条件：达到放电截止条件（或按照企业要求）
6	环境适应	6.2.2.4	RT	—
7	程序跳转	—	RT	跳转到步骤2，直至完成企业要求的其他温度及恒定功率放电性能测试

4. 数据处理及评价指标

记录动力蓄电池的放电功率及能够持续的放电时间，其数值应满足设计要求。

根据需要记录试验过程中的蓄电池电压、蓄电池温度和环境温度（温度箱温度）等信息。

6.2.4.7 自放电及容量和功率测试

1. 测试目的

验证蓄电池包/系统的自放电性能，并评估是否满足设计要求。

2. 测试设备

蓄电池系统充放电设备、高低温交变湿热试验箱、恒温试验箱等。

3. 测试方法与步骤

蓄电池包/系统的自放电及容量和功率试验步骤见表6-31。

存储时间推荐为30天，也可以根据企业要求将存储时间延长为90天或其他时间长度。

表6-31 自放电及容量和功率试验步骤

序号	蓄电池包/系统状态	试验方法章条号	环境温度	备注
1	环境适应	6.2.2.4	RT	—
2	标准充电	6.2.2.2 步骤②	RT	—
3	标准循环	6.2.2.2	RT	记录放电容量
4	调整SOC至目标值	6.2.2.3	RT	50%SOC或者企业规定的数值
5	环境适应	6.2.2.4	RT	—
6	静置6h	—	RT	记录静置结束时的开路电压（OCV）
7	存储720h（30天）	—	RT	存储过程中断开高压、低压连接，关闭冷却系统及其他必要的连接装置
8	标准放电	6.2.2.2 步骤①	RT	记录放电容量，用于计算自放电率
9	标准充电	6.2.2.2 步骤②	RT	—
10	标准循环	6.2.2.2	RT	记录放电容量，用于计算容量恢复率
11	调整SOC至80%	6.2.2.3	RT	—
12	脉冲功率充电测试	—	RT	充电功率：P'_{cmax}（SOC, T, t）或按照企业要求 充电时间：30s
13	静置30min	—	RT	—
14	标准循环	6.2.2.2	RT	—
15	调整SOC至30%	6.2.2.3	RT	—
16	脉冲功率放电测试	—	RT	放电功率：P'_{dmax}（SOC, T, t）或按照企业要求 放电时间：30s
17	静置30min	—	RT	—
18	标准放电	6.2.2.2 步骤①	RT	—

4. 数据处理及评价指标

记录存储试验前的放电容量和开路电压、存储试验后的放电容量和恢复容量，按照下式计算自放电率和容量恢复率，其数值应满足设计要求。

$$自放电率 = \left(1 - \frac{步骤8的放电容量}{步骤3的放电容量 \times 步骤4的SOC目标值}\right) \times 100\% \quad (6-12)$$

$$容量恢复率 = \frac{步骤10的放电容量}{步骤3的放电容量} \times 100\% \quad (6-13)$$

存储试验后的脉冲功率测试阶段，其充放电功率及持续时间应满足设计要求。

根据需要记录试验过程中的蓄电池电压、蓄电池温度和环境温度（温度箱温度）等信息。

6.2.4.8 开路电压测试

1. 测试目的

测量蓄电池包/系统的开路电压（OCV），并评估是否满足设计要求。

2. 测试设备

蓄电池系统充放电设备、高低温交变湿热试验箱、恒温试验箱等。

3. 测试方法与步骤

蓄电池包/系统的开路电压（OCV）试验步骤见表6-32。

蓄电池包/系统应进行SOC分别为90%至10%（梯度-10%）共计9个点的开路电压测试，其他温度、SOC状态下的开路电压（OCV）则根据需要参照本试验步骤进行测试。

表6-32 开路电压（OCV）试验步骤

序号	蓄电池包/系统状态	试验方法章条号	环境温度	备注
1	环境适应	6.2.2.4	RT	—
2	标准充电	6.2.2.2 步骤②	RT	—
3	标准循环	6.2.2.2	RT	记录放电容量
4	调整SOC至目标值	6.2.2.3	RT	第1次SOC为90%，以后每循环1次，SOC降低10%，直至SOC为10%
5	静置1h（或企业要求的静置时间）	—	RT	记录静置结束时的开路电压为 V_{d_ocv}
6	程序跳转	—	RT	跳转到步骤4，直至完成SOC下降阶段所有的开路电压测试
7	标准循环	6.2.2.2	RT	—
8	标准放电	6.2.2.2 步骤①	RT	记录放电容量
9	$1I_1$充电至SOC目标值	—	RT	第1次SOC为10%，以后每循环1次，SOC增加10%，直至SOC为90%
10	静置1h（或企业要求的静置时间）	—	RT	记录静置结束时的开路电压 V_{c_ocv}
11	程序跳转	—	RT	跳转到步骤9，直至完成SOC上升阶段所有的开路电压测试
12	标准放电	6.2.2.2 步骤①	RT	—

4. 数据处理及评价指标

分别记录SOC下降阶段和SOC上升阶段的开路电压，按照下式计算开路电压（OCV），其数值应满足设计要求。

$$OCV = \frac{V_{d\_ocv} + V_{c\_ocv}}{2} \tag{6-14}$$

根据需要记录试验过程中的单体蓄电池电压、蓄电池温度和环境温度（温度箱温度）等信息。

6.2.4.9 HPPC 测试

1. 测试目的

测试蓄电池包/系统的混合脉冲充放电能力，并评估是否满足设计要求。

2. 测试设备

蓄电池系统充放电设备、高低温交变湿热试验箱、恒温试验箱等。

3. 测试方法与步骤

某一目标温度下的蓄电池包/系统 HPPC 试验步骤见表 6-33。

蓄电池包/系统应进行室温（RT）、高温 40℃、低温 0℃ 和 T_{min} 下的 HPPC 测试。

蓄电池包/系统应进行 SOC 分别为 90% 至 10%（梯度 -10%）共计 9 个点的 HPPC 测试。

其他温度、SOC 状态下的 HPPC 参数则根据需要参照本试验步骤进行测试。

表 6-33 HPPC 试验步骤

序号	蓄电池包/系统状态	试验方法章条号	环境温度	备注
1	环境适应	6.2.2.4	RT	—
2	标准充电	6.2.2.2 步骤②	RT	—
3	标准循环	6.2.2.2	RT	记录第一次试验的放电容量
4	调整 SOC 至目标值	6.2.2.3	RT	第 1 次 SOC 为 90%，以后每循环 1 次，SOC 降低 10%，直至 SOC 为 10%
5	环境适应	6.2.2.4	目标温度	记录环境适应结束时的 OCV，记为 V_{0dd}
6	HPPC 测试	—	目标温度	① 恒流放电 恒定电流：I_d（$5I_1$ 或按照企业要求） 持续时间：10s 记录放电结束时的电压 V_{10dd} ② 静置 40s（或企业要求的静置时间）；记录静置结束时的 OCV，记为 V_{0cd} ③ 恒流充电 恒定电流：I_c（$3I_1$ 或按照企业要求） 持续时间：10s 记录充电结束时的电压 V_{10cd}
7	环境适应	6.2.2.4	RT	—
8	程序跳转	—	RT	跳转到步骤 3，直至完成所有的 HPPC 测试
9	标准放电	6.2.2.2 步骤①	RT	—

4. 数据处理及评价指标

① 记录各 SOC 状态下的试验前静态电压、试验充放电电流和脉冲 10s 电压（以脉冲 10s 时刻为基准），按照下式计算脉冲内阻，其数值应满足设计要求。

$$R_d = (V_{10dd} - V_{0dd})/I_d \tag{6-15}$$

$$R_c = (V_{10cd} - V_{0cd})/I_c \tag{6-16}$$

式中　R_d——某 SOC 状态、某环境温度下的放电内阻；

　　　R_c——某 SOC 状态、某环境温度下的充电内阻；

　　　V_0dd——某 SOC 状态、某环境温度下恒流放电开始前的静态电压值；

　　　V_0cd——某 SOC 状态、某环境温度下恒流充电开始前的静态电压值。

② 根据开路电压（OCV）和脉冲内阻（DCR）数据，可以计算出不同 SOC 状态下的充放电可用电流及功率。

$$I'_\mathrm{dmax}(\mathrm{SOC}, T, t) = (\mathrm{OCV} - V_\mathrm{min})/R_\mathrm{d} \quad (6\text{-}17)$$

$$I'_\mathrm{cmax}(\mathrm{SOC}, T, t) = (V_\mathrm{max} - \mathrm{OCV})/R_\mathrm{c} \quad (6\text{-}18)$$

$$P'_\mathrm{dmax}(\mathrm{SOC}, T, t) = V_\mathrm{min}(\mathrm{OCV} - V_\mathrm{min})/R_\mathrm{d} \quad (6\text{-}19)$$

$$P'_\mathrm{cmax}(\mathrm{SOC}, T, t) = V_\mathrm{max}(V_\mathrm{max} - \mathrm{OCV})/R_\mathrm{c} \quad (6\text{-}20)$$

式中　$I'_\mathrm{dmax}(\mathrm{SOC}, T, t)$——某 SOC 状态、环境温度 T，脉冲持续时间 t 下的最大允许放电电流；

　　　$I'_\mathrm{cmax}(\mathrm{SOC}, T, t)$——某 SOC 状态、环境温度 T，脉冲持续时间 t 下的最大允许充电电流；

　　　$P'_\mathrm{dmax}(\mathrm{SOC}, T, t)$——某 SOC 状态、环境温度 T，脉冲持续时间 t 下的最大允许放电功率；

　　　$P'_\mathrm{cmax}(\mathrm{SOC}, T, t)$——某 SOC 状态、环境温度 T，脉冲持续时间 t 下的最大允许充电功率；

　　　V_min——放电最低截止电压；

　　　V_max——充电最高截止电压。

③ 根据需要记录试验过程中的单体蓄电池电压、蓄电池温度和环境温度（温度箱温度）等信息。

6.2.4.10　脉冲功率测试

1. 测试目的

验证蓄电池包/系统在使用过程中实际的混合脉冲充放电能力，并评估是否满足设计要求。

2. 测试设备

蓄电池系统充放电设备、高低温交变湿热试验箱、恒温试验箱等。

3. 测试方法与步骤

某一目标温度下的蓄电池包/系统脉冲功率试验步骤见表 6-34。

蓄电池包/系统应进行室温（RT）、高温 40℃、低温 0℃ 和 T_min 下的脉冲功率测试。

蓄电池包/系统应进行 SOC 分别为 90% 至 10%（梯度 -10%）共计 9 个点的脉冲功率测试。

其他温度、SOC 状态下的脉冲功率参数则根据需要参照本试验步骤进行测试验证。

表 6-34 脉冲功率试验步骤

序号	蓄电池包/系统状态	试验方法章条号	环境温度	备注
1	环境适应	6.2.2.4	RT	—
2	标准充电	6.2.2.2 步骤②	RT	—
3	标准循环	6.2.2.2	RT	记录第一次试验的放电容量
4	调整 SOC 至目标值	6.2.2.3	RT	第 1 次 SOC 为 90%，以后每循环 1 次，SOC 降低 10%，直至 SOC 为 10%
5	环境适应	6.2.2.4	目标温度	—
6	脉冲功率测试	—	目标温度	① 恒功率放电 恒定功率：P'_{dmax}(SOC, T, t) 持续时间：10s ② 静置 40s ③ 恒功率充电 恒定功率：P'_{cmax}(SOC, T, t) 持续时间：10s
7	环境适应	6.2.2.4	RT	—
8	程序跳转	—	RT	跳转到步骤 3，直至完成所有的脉冲功率测试
9	标准放电	6.2.2.2 步骤①	RT	—

4. 数据处理及评价指标

记录各 SOC 状态下的动力蓄电池充放电功率及能够持续的时间，其数值应满足设计要求。

根据需要记录试验过程中的蓄电池电压、蓄电池温度和环境温度（温度箱温度）等信息。

6.2.4.11 功率密度测试

1. 测试目的

测量蓄电池包/系统在室温下的功率密度，并评估是否满足设计要求。

2. 测试设备

蓄电池系统充放电设备、高低温交变湿热试验箱、恒温试验箱、电子地上衡等。

3. 测试方法与步骤

蓄电池包/系统的功率密度试验步骤见表 6-35。

表 6-35 功率密度试验步骤

序号	蓄电池包/系统状态	试验方法章条号	环境温度	备注
1	环境适应	6.2.2.4	RT	—
2	标准充电	6.2.2.2 步骤②	RT	—
3	标准循环	6.2.2.2	RT	记录放电容量
4	$1I_1$ 放电 30min	—	RT	—
5	I'_{dmax}(SOC, T, t) 放电 10s	—	RT	记录 10s 放电能量
6	静置 30min	—	RT	—
7	I'_{cmax}(SOC, T, t) 充电 10s	—	RT	记录 10s 充电能量
8	静置 30min	—	RT	—
9	$1I_1$ 放电至截止条件	—	RT	—

4. 数据处理及评价指标

记录动力蓄电池充放电电流及能够持续的时间，当持续时间可以达到 10s 时，记录蓄电池在 10s 内的充放电能量（W·h），按照下式计算充放电功率密度，其数值应满足设计要求。

$$放电功率密度 =（10s 放电能量 \times 360）/M \tag{6-21}$$

$$充电功率密度 =（10s 放电能量 \times 360）/M \tag{6-22}$$

式中　M —— 蓄电池包/系统质量（kg）。

根据需要记录试验过程中的蓄电池电压、蓄电池温度和环境温度（温度箱温度）等信息。

6.2.4.12　能量密度测试

1. 测试目的

测量蓄电池包/系统在室温下的放电能量和质量，据此计算能量密度，并评估是否满足设计要求。

2. 测试设备

蓄电池系统充放电设备、高低温交变湿热试验箱、恒温试验箱、电子地上衡等。

3. 测试对象的定义

测试对象为蓄电池系统或蓄电池子系统，且应和 GB/T 31467.3—2015[6] 的测试对象保持一致。

① 若选择蓄电池包作为测试对象，应和 GB/T 31467.3—2015[6] 的 A.1 保持一致。

② 若选择蓄电池系统作为测试对象，应和 GB/T 31467.3—2015[6] 的 A.2 和 A.3 保持一致。

4. 测试方法与步骤

（1）放电能量 E 测试步骤

室温环境下，按照如下步骤测试：

① 按照不低于 $1/3I_1$ 的电流放电至企业规定的放电终止条件，静置不小于 30min。

② 按照企业规定的充电方式充电至企业规定的充电截止条件（充电时间不大于 8h），静置不小于 30min。

③ 重复步骤①，计量放电能量 E（以 W·h 计）。

④ 重复步骤②、步骤③ 2 次，取 3 次放电能量 E 的平均值 $E_{average}$。

（2）蓄电池包/系统质量测试

用衡器测量测试对象的质量 M（以 kg 计，称重时至少包括 GB/T 31467.3—2015[6] 附录 A 规定的组成部分）。

① 若选择整套蓄电池系统（含蓄电池系统由一个蓄电池包组成）进行测试，称重时应包含全部蓄电池包及附件、动力线束、低压线束和蓄电池控制单元（装车状态）。

② 若选择蓄电池包进行测试（蓄电池系统由两个或多个蓄电池包组成），称重时应包含动力线束、低压线束及蓄电池控制单元（装车状态），取能量密度最小的蓄电池包作为

整车蓄电池系统能量密度。

③ 若蓄电池系统为液冷，称重时应包含冷却液，不包含蓄电池包外储存冷却液的容器及冷却机。

④ 若整车控制器与蓄电池控制单元集成在一起，如可以拆分，则称重时去除整车控制器相关部件。

5. 数据处理及评价指标

记录动力蓄电池的 3 次放电能量 E 和质量 M，按照下式计算放电能量密度（PED）（以 W·h/kg 计），其数值应满足设计要求。

$$PED = E_{average}/M \qquad (6-23)$$

式中　$E_{average}$——蓄电池 3 次放电能量 E 的平均值（W·h）；
　　　M——蓄电池包/系统质量（kg）。

根据需要记录试验过程中的蓄电池电压、蓄电池温度和环境温度（温度箱温度）等信息。

6.2.4.13　快充倍率测试

1. 测试目的

测量功率型蓄电池包/系统在室温下的快充倍率，并评估是否满足设计要求。

2. 测试设备

蓄电池系统充放电设备、高低温交变湿热试验箱、恒温试验箱等。

3. 测试对象的定义

测试对象为蓄电池系统或蓄电池子系统，且应和 GB/T 31467.3—2015[6] 的测试对象保持一致。

① 若选择蓄电池包作为测试对象，应和 GB/T 31467.3—2015[6] 的 A.1 保持一致。

② 若选择蓄电池系统作为测试对象，应和 GB/T 31467.3—2015[6] 的 A.2 和 A.3 保持一致。

4. 测试方法与步骤

室温环境下，按照如下步骤测试：

① 按照 $1I_1$ 的电流放电至企业规定的放电终止条件，静置不小于 30min。

② 按照企业规定的充电方式充电至企业规定的充电截止条件（充电时间不大于 8h），静置不小于 30min。

③ 重复步骤①，计量放电容量 Q_0（以 A·h 计）。

④ 按照企业规定的最快充电方式（该充电方式应不高于 GB/T 31484—2015[1] 中 6.1.1.3 使用的充电方式）充电至 80%SOC（SOC 值为蓄电池管理系统上报数值），静置 30min，计量充电时间 t（以 s 计）。

⑤ 按照步骤①相同的电流放电至 20%SOC（SOC 值为蓄电池管理系统上报数值），静置 30min，计量放电容量 Q_1（以 A·h 计），如果 Q_1 低于 $0.55Q_0$，则终止试验。

⑥ 重复步骤④、步骤⑤ 10 次，如果测试过程中测试对象温度超过企业规定的最高工作温度，则终止试验。

⑦ 取步骤⑥ 10 次充电时间 t 的平均值为 $t_{average}$。
⑧ 按照 $1I_1$ 的电流放电至企业规定的放电终止条件，试验结束。

5. 数据处理及评价指标

记录动力蓄电池的初次放电容量 Q_0 和后续的 10 次放电容量 Q_n，当满足 $Q_n \geq 0.55Q_0$ 时，计算 Q_n 对应的 10 次充电时间 t 的平均值 $t_{average}$，按照下式计算快充倍率 CR（以 C 计），其数值应满足设计要求。

$$CR = 2160/t_{average} \tag{6-24}$$

式中　$t_{average}$——蓄电池包 / 系统 10 次充电时间 t 的平均值（s）。

根据需要记录试验过程中的蓄电池电压、蓄电池温度和环境温度（温度箱温度）等信息。

6.2.4.14　EOL 功率测试

1. 测试目的

当蓄电池包 / 系统在其实际放电容量衰减到额定容量的 80% 前提下（或者内阻增加到初始值的 150% 时），测量室温条件下不同 SOC 状态下的峰值功率，并评估是否满足设计要求。

2. 测试设备

蓄电池系统充放电设备、高低温交变湿热试验箱、恒温试验箱等。

3. 测试方法与步骤

蓄电池包 / 系统的 EOL 功率试验步骤见表 6-36。

蓄电池包 / 系统应测试在低 SOC 状态下的脉冲峰值放电功率和高 SOC 状态下的脉冲峰值充电（回馈）功率。

表 6-36　EOL 功率试验步骤

序号	蓄电池包 / 系统状态	试验方法章条号	环境温度	备注
1	环境适应	6.2.2.4	RT	—
2	标准充电	6.2.2.2 步骤②	RT	—
3	标准循环	6.2.2.2	RT	记录放电容量
4	I_1 放电 42min	—	RT	I_1 在数值上与步骤 3 的放电容量相等，调整 SOC 到 30%
5	静置 30min（或按照企业要求）	—	RT	—
6	P'_{dmax}（SOC, T, t）恒功率放电 10s	—	RT	—
7	标准放电	6.2.2.2 步骤①	RT	—
8	标准充电	6.2.2.2 步骤②	RT	—
9	I_1 放电 12min	—	RT	I_1 在数值上与步骤 3 的放电容量相等，调整 SOC 到 80%
10	静置 30min（或按照企业要求）	—	RT	—
11	P'_{cmax}（SOC, T, t）恒功率充电 10s	—	RT	—
12	标准放电	6.2.2.2 步骤①	RT	—

4. 数据处理及评价指标

记录动力蓄电池的充放电功率及能够持续的充放电时间，其数值应满足设计要求。

根据需要记录试验过程中的蓄电池电压、蓄电池温度和环境温度（温度箱温度）等信息。

6.2.4.15 标准循环寿命测试

1. 测试目的

验证蓄电池包/系统的标准循环使用寿命,并评估是否满足设计要求。

2. 测试设备

蓄电池系统充放电设备、高低温交变湿热试验箱、恒温试验箱等。

3. 测试方法与步骤

室温环境下,按照如下步骤测试:

① 以 I_1 放电至企业规定的放电截止条件。

② 搁置 30min 或按照企业推荐的搁置时间,一般不高于 60min。

③ 以 I_1 或按照企业推荐的充电机制充电至企业规定的充电截止条件。

④ 搁置 30min 或按照企业推荐的搁置时间,一般不高于 60min。

⑤ 以 I_1 放电至企业规定的放电截止条件,记录放电容量。

⑥ 将步骤②~步骤⑤连续循环 500 次(或者企业推荐的循环次数),计量室温放电容量和放电能量。

4. 可选的标准循环寿命测试方法

① 温度条件:可以在室温(RT)、低温或高温等温度条件下进行标准循环寿命测试。

② 放电倍率:可以选择 $1/2I_1$、I_1、$2I_1$ 或 $I_{max}(T)$ 等放电倍率进行标准循环寿命测试。

③ 温度和放电倍率的组合。

5. 数据处理及评价指标

记录动力蓄电池的充放电电流以及每次循环的放电容量和放电能量等数值,当连续循环完规定的次数后,其放电容量和放电能量数值应满足设计要求。

根据需要记录试验过程中的蓄电池电压、蓄电池温度和环境温度(温度箱温度)等信息。

6.2.4.16 工况循环寿命测试

1. 测试目的

模拟蓄电池包/系统在正常使用状态下实际的使用寿命,并评估是否满足设计要求。

2. 测试设备

蓄电池系统充放电设备、高低温交变湿热试验箱、恒温试验箱等。

3. 测试工况

参考 GB/T 18386—2017[8] 在整车转鼓上采集 NEDC 工况对应的蓄电池系统实时充放电功率,数据采集的时间间隔应不大于 1s,重复进行三次试验,取三次试验的平均值作为工况循环寿命的试验工况数据。

4. 测试方法与步骤

室温环境下,按照如下步骤测试:

① 以 I_1 放电至企业规定的放电截止条件。

② 搁置 30min 或按照企业推荐的搁置时间,一般不高于 60min。

③ 以 I_1 或按照企业推荐的充电机制充电至企业规定的充电截止条件。
④ 搁置 30min 或按照企业推荐的搁置时间，一般不高于 60min。
⑤ 以 I_1 放电至企业规定的放电截止条件，计量初始放电能量。
⑥ 重复步骤②。
⑦ 重复步骤③。
⑧ 重复步骤④。
⑨ 采用功率跟踪模式运行工况循环寿命的试验工况数据，直至蓄电池包/系统任一单体蓄电池电压低于企业规定的放电截止电压，记录放电能量。
⑩ 将步骤⑥~⑨连续循环至蓄电池包/系统的累计放电能量达到初始放电能量的 500 倍（或者企业推荐的倍数），计量室温放电容量和放电能量。

5. 可选的工况循环寿命测试方法

① 温度条件：可以在室温（RT）、低温或高温等温度条件下进行工况循环寿命测试。
② 充放电功率：可以选择 1 倍、1.5 倍或 2 倍等充放电功率倍数进行工况循环寿命测试。
③ 温度和充放电功率倍数的组合。

6. 数据处理及评价指标

记录动力蓄电池的充放电功率和累计放电能量等数值，当连续循环完规定的初始放电能量倍数后，其放电容量和放电能量数值应满足设计要求。

根据需要记录试验过程中的蓄电池电压、蓄电池温度和环境温度（温度箱温度）等信息。

6.2.4.17 能量密度测试实例

1. 测试前准备

蓄电池系统 1 套、高低压线束 1 套、蓄电池系统与外部通信 dbc 文件。
① 蓄电池系统样品信息见表 6-37。

表 6-37 蓄电池系统样品信息

样品形式	项目	样品情况
蓄电池系统	产品型号	—
	产品组合形式	1P104S
	额定电压 /V	379.6
	额定容量 /A·h	156
	额定能量 /W·h	59217
	系统充电终止电压 /V	447.2
	系统放电终止电压 /V	291.2
	单体充电保护电压 /V	4.28
	单体放电保护电压 /V	2.80
	充电工作温度范围 /℃	−20~55
	放电工作温度范围 /℃	−30~55
	尺寸 /mm	—
	重量 /kg	412

② 充放电方法。
充电方法：充电电流 156A 恒流充电到单体蓄电池电压 ≥ 4.28V，静置时间 30min；

充电电流 7.8A 恒流充电到单体蓄电池电压≥ 4.28V。

放电方法：放电电流 52A 恒流放电到单体蓄电池电压≤ 2.8V。

充放电循环之间静置时间 120min。

2. 测试设备

蓄电池系统充放电设备、高低温交变湿热试验箱、恒温试验箱等。

3. 测试方法与步骤

测试对象为蓄电池系统，室温环境下，按照如下步骤测试：

① 蓄电池系统以 52A 恒流放电，直到系统放电终止电压 291.2V 或者单体蓄电池放电保护电压 2.8V，静置 120min。

② 以 156A 恒流充电到单体蓄电池电压≥ 4.28V，静置 30min；继续以 7.8A 恒流充电到单体蓄电池电压≥ 4.28V，静置 120min。

③ 重复步骤①，计量放电能量 E（以 W·h 计）。

④ 重复步骤②、步骤③ 2 次，取 3 次放电能量 E 的平均值 $E_{average}$。

⑤ 用衡器测量测试对象的质量 M（以 kg 计）。

⑥ 根据公式（6-23）计算测试对象放电能量密度（PED）（以 W·h/kg 计）。

4. 数据处理及评价指标

蓄电池系统试验数据记录及处理结果见表 6-38，蓄电池系统放电能量曲线如图 6-14 所示。

表 6-38 蓄电池系统试验数据记录及处理结果

样品编号	第1组有效数据 放电能量/W·h	第1组有效数据 放电能量/W·h	第1组有效数据 放电能量/W·h	放电能量平均值/W·h	质量/kg
001	28758.88	28792.53	28778.61	28776.67	243.8

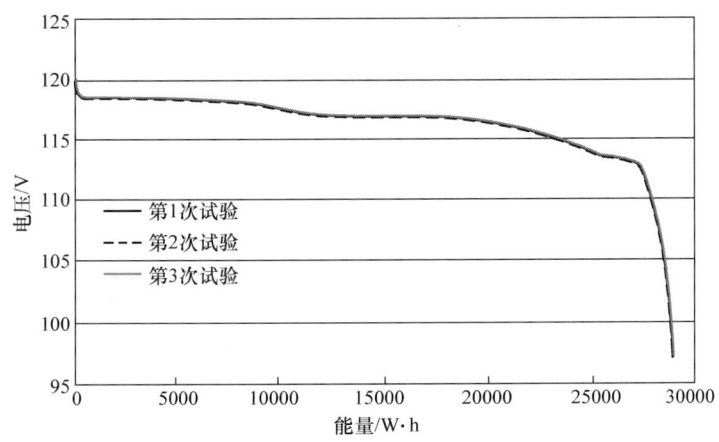

图 6-14 蓄电池系统放电能量曲线

根据公式（6-23）计算结果如下：

$$PED = E_{average}/M = 28776.67/243.8 = 118.03 \text{W·h/kg}$$

6.2.5 BMS 控制方法试验

6.2.5.1 动态短时放电功率测试

1. 测试目的

测量蓄电池系统在不同温度、不同 SOC 状态下的短时放电功率，并评估是否满足设计要求。

2. 测试设备

蓄电池系统充放电设备、高低温交变湿热试验箱、恒温试验箱、CANoe 等。

3. 测试方法与步骤

蓄电池系统的动态短时放电功率试验步骤见表 6-39。

蓄电池系统应测试低温 0℃、-10℃和 -20℃下的短时放电功率。

其他温度、SOC 状态下的动态短时放电功率则根据需要参照本试验步骤进行测试验证。

表 6-39 动态短时放电功率试验步骤

序号	蓄电池包 / 系统状态	试验方法章条号	环境温度	备注
1	环境适应	6.2.2.4	RT	—
2	标准充电	6.2.2.2 步骤②	RT	—
3	标准循环	6.2.2.2	RT	—
4	调整 SOC 至 50%	6.2.2.3	RT	—
5	环境适应	6.2.2.4	目标温度	—
6	动态短时放电功率测试工况	—	目标温度	① 根据 BMS 发送出来的 30s 短时放电功率值进行恒功率放电 30s ② 静置 10s ③ 重复步骤 1、步骤 2，直到 BMS 发送出来的 30s 短时放电功率值低于其设计的最小值或者单体蓄电池电压达到保护值
7	环境适应	6.2.2.4	RT	—
8	程序跳转	—	RT	跳转到步骤 3，直至完成所有目标温度下的短时放电功率测试
9	标准放电	6.2.2.2 步骤①	RT	—

4. 数据处理及评价指标

记录蓄电池系统的放电功率及能够持续的时间，并与 BMS 发送出来的短时放电功率和持续时间进行对比，其对比结果应满足设计要求。

根据需要记录试验过程中的蓄电池电压、蓄电池温度和环境温度（温度箱温度）、SOC 数值等信息。

6.2.5.2 动态短时回馈功率测试

1. 测试目的

测量蓄电池系统在不同温度、不同 SOC 状态下的短时回馈功率，并评估是否满足设计要求。

2. 测试设备
蓄电池系统充放电设备、高低温交变湿热试验箱、恒温试验箱、CANoe 等。

3. 测试方法与步骤
蓄电池系统的动态短时回馈功率试验步骤见表 6-40。

蓄电池系统应测试低温 0℃、-10℃ 和 -20℃ 下的短时回馈功率。

其他温度、SOC 状态下的动态短时回馈功率则根据需要参照本试验步骤进行测试验证。

表 6-40 动态短时回馈功率试验步骤

序号	蓄电池包/系统状态	试验方法章条号	环境温度	备注
1	环境适应	6.2.2.4	RT	—
2	标准充电	6.2.2.2 步骤②	RT	—
3	标准循环	6.2.2.2	RT	—
4	调整 SOC 至 50%	6.2.2.3	RT	—
5	环境适应	6.2.2.4	目标温度	—
6	动态短时回馈功率测试工况	—	目标温度	① 根据 BMS 发送出来的 30s 短时回馈功率值进行恒功率充电 30s ② 静置 10s ③ 重复步骤 1、步骤 2，直到 BMS 发送出来的 30s 短时回馈功率值低于其设计的最小值或者单体蓄电池电压达到保护值
7	环境适应	6.2.2.4	RT	—
8	程序跳转	—	RT	跳转到步骤 3，直至完成所有目标温度下的短时回馈功率测试
9	标准放电	6.2.2.2 步骤①	RT	—

4. 数据处理及评价指标
记录蓄电池系统的回馈功率及能够持续的时间，并与 BMS 发送出来的短时回馈功率和持续时间进行对比，对比结果应满足设计要求。

根据需要记录试验过程中的蓄电池电压、蓄电池温度和环境温度（温度箱温度）、SOC 数值等信息。

6.2.5.3 模拟蓄电池正向衰减

1. 测试目的
检测蓄电池系统衰减后 BMS 监测准确度。

2. 测试设备
蓄电池系统充放电设备、高低温交变湿热试验箱、恒温试验箱、CANoe 等。

3. 测试方法与步骤
室温环境下，按照如下步骤测试：

① 以 I_1 放电至企业规定的放电截止条件。

② 搁置 30min 或按照企业推荐的搁置时间，一般不高于 60min。

③ 以 I_1 或按照企业推荐的充电机制充电至企业规定的充电截止条件。

④ 搁置 30min 或按照企业推荐的搁置时间，一般不高于 60min。

⑤ 以 I_1 放电至企业规定的放电截止条件，计量放电容量。

⑥ 将 BMS 监测 SOC 的蓄电池系统容量值，调大至实际值的 110%。

⑦ 将蓄电池系统以 $2I_1$（或企业要求的其他快充倍率）恒流充电至截止条件，搁置 30min。

⑧ 将蓄电池系统以 I_1 恒流放电至截止条件。

⑨ 搁置 2h。

将步骤⑦~步骤⑨循环 10 次。

4. 数据处理及评价指标

记录蓄电池系统的放电容量，实时记录蓄电池系统的 SOC 真值和 BMS 发送出来的 SOC 数值，经过 10 次循环后，其误差应满足设计要求。

BMS 发送出来的 SOC 数值应平滑，不应出现突变情况。

根据需要记录试验过程中的蓄电池电压、蓄电池温度和环境温度（温度箱温度）等信息。

6.2.5.4 模拟蓄电池反向衰减

1. 测试目的

检测蓄电池系统修复后或容量增大后 BMS 监测准确度。

2. 测试设备

蓄电池系统充放电设备、高低温交变湿热试验箱、恒温试验箱、CANoe 等。

3. 测试方法与步骤

室温环境下，按照如下步骤测试：

① 以 I_1 放电至企业规定的放电截止条件。

② 搁置 30min 或按照企业推荐的搁置时间，一般不高于 60min。

③ 以 I_1 或按照企业推荐的充电机制充电至企业规定的充电截止条件。

④ 搁置 30min 或按照企业推荐的搁置时间，一般不高于 60min。

⑤ 以 I_1 放电至企业规定的放电截止条件，计量放电容量。

⑥ 将 BMS 监测 SOC 的蓄电池系统容量值，调小至实际值的 90%。

⑦ 将蓄电池系统以 $2I_1$（或企业要求的其他快充倍率）恒流充电至截止条件，搁置 30min。

⑧ 将蓄电池系统以 I_1 恒流放电至截止条件。

⑨ 搁置 2h。

将步骤⑦~步骤⑨循环 10 次。

4. 数据处理及评价指标

记录蓄电池系统的放电容量，实时记录蓄电池系统的 SOC 真值和 BMS 发送出来的 SOC 数值，经过 10 次循环后，其误差应满足设计要求。

BMS 发送出来的 SOC 数值应平滑，不应出现突变情况。

根据需要记录试验过程中的蓄电池电压、蓄电池温度和环境温度（温度箱温度）等信息。

6.2.5.5 SOC 累积误差

1. 测试目的

测量蓄电池系统在持续运行充放电工况的条件下，其 BMS 发送出来的 SOC 数值与 SOC 真值之间的差异，并评估是否满足设计要求。

2. 测试设备

蓄电池系统充放电设备、高低温交变湿热试验箱、恒温试验箱、CANoe 等。

3. 测试方法与步骤

某一目标温度下的蓄电池系统 SOC 累积误差试验步骤见表 6-41。

表 6-41 SOC 累积误差试验步骤

序号	蓄电池包/系统状态	试验方法章条号	环境温度	备注
1	环境适应	6.2.2.4	RT	—
2	标准充电	6.2.2.2 步骤②	RT	—
3	标准循环 2 次	6.2.2.2	RT	记录放电容量分别为 Q_{01} 和 Q_{02}
4	标准放电	6.2.2.2 步骤①	RT	记录放电容量为 Q_{03}
5	可用容量 Q_0 计算	—	—	如果 Q_{01}、Q_{02} 和 Q_{03} 与其算术平均值 Q_0 的偏差均小于 2%，则取 Q_0 为蓄电池系统的可用容量。否则重复进行试验
6	环境适应	6.2.2.4	目标温度	—
7	标准充电	6.2.2.2 步骤②	目标温度	静置时间结束后将蓄电池管理系统 SOC 值设定为 100%，同时开始实时记录测试设备的累积循环充放电容量 Q_1（充电为负，放电为正），以作为 SOC$_{真值}$ 的计算依据
8	Q_0（A）放电 12min	—	目标温度	调整 SOC 至 80%
9	静置 30~60min	—	目标温度	—
10	循环工况放电至实际 SOC 接近 30%	—	目标温度	循环运行 6.2.2.5 节工况 N 次（N 是使实际 SOC 接近 30% 的最大数）
11	静置 30~60min	—	目标温度	—
12	标准充电至实际 SOC 为 80%	6.2.2.2 步骤②	目标温度	参考 6.2.2.2 步骤②充电至实际 SOC 为 80%
13	静置 30~60min	—	目标温度	—
14	程序跳转	—	目标温度	跳转到步骤 10，共计循环 10 次
15	记录 SOC$_{BMS}$	—	—	记录蓄电池管理系统上报的 SOC 数值
16	标准放电	6.2.2.2 步骤①	目标温度	—
17	计算 SOC$_{真值}$	—	—	$SOC_{真值} = \dfrac{Q_0 - Q_1}{Q_0} \times 100\%$

蓄电池系统应测试 -20℃、25℃、65℃ 三个温度点的 SOC 累积误差。

蓄电池系统在低温下的测试，可以适当降低充放电的倍率。

对于循环运行工况，可以根据蓄电池系统所应用的整车类型、蓄电池系统倍率充放电能力以及测试环境温度的不同，选用 6.2.2.5 节中合适的充放电工况进行测试。

其他温度条件下的 SOC 累积误差则根据需要参照本试验步骤进行测试。

4. 数据处理及评价指标

某一目标温度下的蓄电池系统 SOC 累积误差试验数据记录格式见表 6-42。

表 6-42 SOC 累积误差试验数据记录格式

序号	温度条件	试验阶段	$SOC_{真值}$	SOC_{BMS}	容量数值	备注
1	−20℃、25℃或者65℃	测试可用容量 Q_0	—	—		记录 Q_0 数值
2		标准充电	100%	100%	—	以下记录累积循环充放电容量 Q_1，并据此计算 $SOC_{真值}$
3		调整 SOC	80%			—
4		第1次工况放电				SOC 接近 30%
5		第1次充电	80%			—
6		第2次工况放电				SOC 接近 30%
7		第2次充电	80%			—
8		第3次工况放电				SOC 接近 30%
9		第3次充电	80%			—
10		第4次工况放电				SOC 接近 30%
11		第4次充电	80%			—
12		第5次工况放电				SOC 接近 30%
13		第5次充电	80%			—
14		第6次工况放电				SOC 接近 30%
15		第6次充电	80%			—
16		第7次工况放电				SOC 接近 30%
17		第7次充电	80%			—
18		第8次工况放电				SOC 接近 30%
19		第8次充电	80%			—
20		第9次工况放电				SOC 接近 30%
21		第9次充电	80%			—
22		第10次工况放电				SOC 接近 30%
23		第10次充电	80%			记录 SOC_{BMS}

记录蓄电池系统可用容量 Q_0 数值，记录试验结束时的标准放电容量 Q_1，按照下式计算 SOC 真值：

$$SOC_{真值} = \frac{Q_0 - Q_1}{Q_0} \times 100\% \quad (6\text{-}25)$$

记录循环运行工况结束时 BMS 上报的 SOC 数值，按照下式计算 SOC 累积误差，其数值应满足设计要求。

$$SOC_{累积误差} = |SOC_{真值} - SOC_{BMS}| \quad (6\text{-}26)$$

根据需要记录试验过程中的蓄电池电压、蓄电池温度和环境温度（温度箱温度）等信息。

6.2.5.6 SOC 误差修正速度

1. 测试目的

测量蓄电池系统在人为更改 SOC 数值，并持续运行充放电工况的条件下，其 BMS 发送出来的 SOC 数值与 SOC 真值之间差异的修正速度，并评估是否满足设计要求。

2. 测试设备

蓄电池系统充放电设备、高低温交变湿热试验箱、恒温试验箱、CANoe 等。

3. 测试方法与步骤

某一目标温度下的蓄电池系统 SOC 误差修正速度试验步骤见表 6-43~ 表 6-45。

表 6-43 SOC 误差修正速度试验步骤（SOC ≥ 80%）

序号	蓄电池包 / 系统状态	试验方法章条号	环境温度	备注
1	环境适应	6.2.2.4	RT	—
2	标准充电	6.2.2.2 步骤②	RT	—
3	标准循环 2 次	6.2.2.2	RT	记录放电容量分别为 Q_{01} 和 Q_{02}
4	标准放电	6.2.2.2 步骤①	RT	记录放电容量为 Q_{03}
5	可用容量 Q_0 计算	—	—	如果 Q_{01}、Q_{02} 和 Q_{03} 与其算术平均值 Q_0 的偏差均小于 2%，则取 Q_0 为蓄电池系统的可用容量。否则重复进行试验
6	环境适应	6.2.2.4	目标温度	—
7	标准充电	6.2.2.2 步骤②	目标温度	—
8	Q_0（A）放电 6min	—	目标温度	调整 SOC 至 90%，开始 SOC ≥ 80% 区间下的测试
9	静置 30~60min	—	目标温度	—
10	更改 SOC 数值	—	—	将蓄电池管理系统 SOC 值设定为 75%
11	循环工况放电至实际 SOC 为 30%	—	目标温度	循环运行 6.2.2.5 工况，放电到实际 SOC 为 30%
12	静置 30~60min	—	目标温度	—
13	标准充电至实际 SOC 为 95%	6.2.2.2 步骤②	目标温度	参考 6.2.2.2 步骤②充电至实际 SOC 为 95%
14	静置 30~60min	—	目标温度	—
15	程序跳转	—	目标温度	跳转到步骤 11，共计循环 3 次
16	实时记录 SOC_{BMS}	—	—	实时记录蓄电池管理系统上报的 SOC 数值
17	实时记录 Q_1	—	—	实时记录从步骤 8 开始的累积循环充放电容量 Q_1（充电为负，放电为正）
18	计算 $SOC_{真值}$	—	—	$SOC_{真值} = \dfrac{Q_0 - Q_1}{Q_0} \times 100\%$

表 6-44 SOC 误差修正速度试验步骤（30% < SOC < 80%）

序号	蓄电池包 / 系统状态	试验方法章条号	环境温度	备注
1	环境适应	6.2.2.4	RT	对于连续试验，可以忽略步骤 1~步骤 5 可用容量 Q_0 的测试和计算过程
2	标准充电	6.2.2.2 步骤②	RT	—
3	标准循环 2 次	6.2.2.2	RT	记录放电容量分别为 Q_{01} 和 Q_{02}
4	标准放电	6.2.2.2 步骤①	RT	记录放电容量为 Q_{03}
5	可用容量 Q_0 计算	—	—	如果 Q_{01}、Q_{02} 和 Q_{03} 与其算术平均值 Q_0 的偏差均小于 2%，则取 Q_0 为蓄电池系统的可用容量。否则重复进行试验
6	环境适应	6.2.2.4	目标温度	—

（续）

序号	蓄电池包/系统状态	试验方法章条号	环境温度	备注
7	标准充电	6.2.2.2 步骤②	目标温度	—
8	Q_0（A）放电 15min	—	目标温度	调整 SOC 至 75%，开始 30% < SOC < 80% 区间下 SOC 接近 80% 且估计值上偏的测试
9	静置 30~60min	—	目标温度	—
10	更改 SOC 数值	—	—	将蓄电池管理系统 SOC 值设定为 90%
11	循环工况放电至实际 SOC 为 30%	—	目标温度	循环运行 6.2.2.5 工况，放电到实际 SOC 为 30%
12	静置 30~60min	—	目标温度	—
13	标准充电至实际 SOC 为 80%	6.2.2.2 步骤②	目标温度	参考 6.2.2.2 步骤②充电至实际 SOC 为 80%
14	静置 30~60min	—	目标温度	—
15	程序跳转	—	目标温度	跳转到步骤 11，共计循环 3 次
16	实时记录 SOC_{BMS}	—	—	实时记录蓄电池管理系统上报的 SOC 数值
17	实时记录 Q_1	—	—	实时记录从步骤 8 开始的累积循环充放电容量 Q_1（充电为负，放电为正）
18	计算 $SOC_{真值}$	—	—	$SOC_{真值} = \dfrac{Q_0 - Q_1}{Q_0} \times 100\%$
19	标准循环	6.2.2.2	目标温度	—
20	Q_0（A）放电 15min	—	目标温度	调整 SOC 至 75%，开始 30% < SOC < 80% 区间下 SOC 接近 80% 且估计值下偏的测试
21	静置 30~60min	—	目标温度	—
22	更改 SOC 数值	—	—	将蓄电池管理系统 SOC 值设定为 60%
23	循环工况放电至实际 SOC 为 30%	—	目标温度	循环运行 6.2.2.5 工况，放电到实际 SOC 为 30%
24	静置 30~60min	—	目标温度	—
25	标准充电至实际 SOC 为 80%	6.2.2.2 步骤②	目标温度	参考 6.2.2.2 步骤②充电至实际 SOC 为 80%
26	静置 30~60min	—	目标温度	—
27	程序跳转	—	目标温度	跳转到步骤 23，共计循环 3 次
28	实时记录 SOC_{BMS}	—	—	实时记录蓄电池管理系统上报的 SOC 数值
29	实时记录 Q_1	—	—	实时记录从步骤 20 开始的累积循环充放电容量 Q_1（充电为负，放电为正）
30	计算 $SOC_{真值}$	—	—	$SOC_{真值} = \dfrac{Q_0 - Q_1}{Q_0} \times 100\%$
31	标准循环	6.2.2.2	目标温度	—
32	Q_0（A）放电 39min	—	目标温度	调整 SOC 至 35%，开始 30% < SOC < 80% 区间下 SOC 接近 30% 且估计值上偏的测试
33	静置 30~60min	—	目标温度	—
34	更改 SOC 数值	—	—	将蓄电池管理系统 SOC 值设定为 50%
35	循环工况放电至实际 SOC 为 30%	—	目标温度	循环运行 6.2.2.5 工况，放电到实际 SOC 为 30%
36	静置 30~60min	—	目标温度	—
37	标准充电至实际 SOC 为 80%	6.2.2.2 步骤②	目标温度	参考 6.2.2.2 步骤②充电至实际 SOC 为 80%

（续）

序号	蓄电池包/系统状态	试验方法章条号	环境温度	备注
38	静置 30~60min	—	目标温度	
39	程序跳转	—	目标温度	跳转到步骤 35，共计循环 3 次
40	实时记录 SOC_{BMS}	—	—	实时记录蓄电池管理系统上报的 SOC 数值
41	实时记录 Q_1	—	—	实时记录从步骤 32 开始的累积循环充放电容量 Q_1（充电为负，放电为正）
42	计算 $SOC_{真值}$	—	—	$SOC_{真值} = \dfrac{Q_0 - Q_1}{Q_0} \times 100\%$
43	标准循环	6.2.2.2	目标温度	
44	Q_0（A）放电 39min	—	目标温度	调整 SOC 至 35%，开始 30% < SOC < 80% 区间下 SOC 接近 30% 且估计值下偏的测试
45	静置 30~60min	—	目标温度	
46	更改 SOC 数值	—	—	将蓄电池管理系统 SOC 值设定为 20%
47	循环工况放电至实际 SOC 为 30%	—	目标温度	循环运行 6.2.2.5 工况，放电到实际 SOC 为 30%
48	静置 30~60min	—	目标温度	
49	标准充电至实际 SOC 为 80%	6.2.2.2 步骤②	目标温度	参考 6.2.2.2 步骤②充电至实际 SOC 为 80%
50	静置 30~60min	—	目标温度	
51	程序跳转	—	目标温度	跳转到步骤 47，共计循环 3 次
52	实时记录 SOC_{BMS}	—	—	实时记录蓄电池管理系统上报的 SOC 数值
53	实时记录 Q_1	—	—	实时记录从步骤 44 开始的累积循环充放电容量 Q_1（充电为负，放电为正）
54	计算 $SOC_{真值}$	—	—	$SOC_{真值} = \dfrac{Q_0 - Q_1}{Q_0} \times 100\%$

表 6-45　SOC 误差修正速度试验步骤（SOC ≤ 30%）

序号	蓄电池包/系统状态	试验方法章条号	环境温度	备注
1	环境适应	6.2.2.4	RT	对于连续试验，可以忽略步骤 1~步骤 5 可用容量 Q_0 的测试和计算过程
2	标准充电	6.2.2.2 步骤②	RT	—
3	标准循环 2 次	6.2.2.2	RT	记录放电容量分别为 Q_{01} 和 Q_{02}
4	标准放电	6.2.2.2 步骤①	RT	记录放电容量为 Q_{03}
5	可用容量 Q_0 计算	—	—	如果 Q_{01}、Q_{02} 和 Q_{03} 与其算术平均值 Q_0 的偏差均小于 2%，则取 Q_0 为蓄电池系统的可用容量。否则重复进行试验
6	环境适应	6.2.2.4	目标温度	
7	标准充电	6.2.2.2 步骤②	目标温度	
8	Q_0（A）放电 48min	—	目标温度	调整 SOC 至 20%，开始 SOC ≤ 30% 区间下的测试
9	静置 30~60min	—	目标温度	—
10	更改 SOC 数值	—	—	将蓄电池管理系统 SOC 值设定为 35%
11	循环工况放电至实际 SOC 为 5%	—	目标温度	循环运行 6.2.2.5 工况，放电到实际 SOC 为 5%
12	静置 30~60min	—	目标温度	—

（续）

序号	蓄电池包/系统状态	试验方法章条号	环境温度	备注
13	标准充电至实际SOC为80%	6.2.2.2 步骤②	目标温度	参考6.2.2.2步骤②充电至实际SOC为80%
14	静置30~60min	—	目标温度	—
15	程序跳转	—	目标温度	跳转到步骤11，共计循环3次
16	实时记录SOC$_{BMS}$	—	—	实时记录蓄电池管理系统上报的SOC数值
17	实时记录Q_1	—	—	实时记录从步骤8开始的累积循环充放电容量Q_1（充电为负，放电为正）
18	计算SOC$_{真值}$	—	—	$SOC_{真值}=\dfrac{Q_0-Q_1}{Q_0}\times 100\%$

蓄电池系统应测试 −20℃、25℃、65℃ 三个温度点的 SOC 误差修正速度（或者在 −20~65℃ 范围内选取至少3个温度点分别进行测试，原则上需要包含低温、常温和高温）。

蓄电池系统在低温下的测试，可以适当降低充放电的倍率。

蓄电池系统应测试 SOC≥80%、30%<SOC<80%、SOC≤30% 三个 SOC 区间下的 SOC 误差修正速度。

对于循环运行工况，可以根据蓄电池系统所应用的整车类型、蓄电池系统倍率充放电能力以及测试环境温度的不同，选用6.2.2.5节中合适的充放电工况进行测试。在不同 SOC 范围内测试时可以选择不同的充放电工况，原则上三个 SOC 区间的测试都要进行。

测试过程中实时记录蓄电池管理系统上报的 SOC 数值。

测试过程中实时记录测试设备的累积循环充放电容量 Q_1（充电为负，放电为正），实时计算 SOC 真值。

$$SOC_{真值}=\left(\dfrac{Q_0-Q_1}{Q_0}\times 100\%\right) \quad (6\text{-}27)$$

测试过程中实时记录自 SOC 数值更改时刻开始测试设备的累加循环充放电容量 Q_2（充电容量和放电容量绝对值的累加）。

其他 SOC 状态或温度下的 SOC 误差修正速度则根据需要参照本试验步骤进行测试。

4. 数据处理及评价指标

某一目标温度下的蓄电池系统 SOC 误差修正速度试验数据记录格式见表6-46。

表6-46 SOC误差修正速度试验数据记录格式

序号	SOC区间	试验阶段	SOC$_{真值}$	SOC$_{BMS}$	SOC误差	备注
1		调整SOC	90%	—	—	—
2		更改SOC	90%	75%	—	SOC更改为75%
3		第1次工况放电	30%			
4	SOC≥80%	第1次充电	95%			
5		第2次工况放电	30%			
6		第2次充电	95%			
7		第3次工况放电	30%			
8		第3次充电	95%			

（续）

序号	SOC 区间	试验阶段	SOC 真值	SOC$_{BMS}$	SOC 误差	备注
9	30% < SOC < 80%（SOC 接近 80% 且估计值上偏）	调整 SOC	75%	—	—	—
10		更改 SOC	75%	90%		SOC 更改为 90%
11		第 1 次工况放电	30%			—
12		第 1 次充电	80%			—
13		第 2 次工况放电	30%			—
14		第 2 次充电	80%			—
15		第 3 次工况放电	30%			—
16		第 3 次充电	80%			—
17	30% < SOC < 80%（SOC 接近 80% 且估计值下偏）	调整 SOC	75%	—	—	—
18		更改 SOC	75%	60%		SOC 更改为 60%
19		第 1 次工况放电	30%			—
20		第 1 次充电	80%			—
21		第 2 次工况放电	30%			—
22		第 2 次充电	80%			—
23		第 3 次工况放电	30%			—
24		第 3 次充电	80%			—
25	30% < SOC < 80%（SOC 接近 30% 且估计值上偏）	调整 SOC	35%	—	—	—
26		更改 SOC	35%	50%		SOC 更改为 50%
27		第 1 次工况放电	30%			—
28		第 1 次充电	80%			—
29		第 2 次工况放电	30%			—
30		第 2 次充电	80%			—
31		第 3 次工况放电	30%			—
32		第 3 次充电	80%			—
33	30% < SOC < 80%（SOC 接近 30% 且估计值下偏）	调整 SOC	35%	—	—	—
34		更改 SOC	35%	20%		SOC 更改为 20%
35		第 1 次工况放电	30%			—
36		第 1 次充电	80%			—
37		第 2 次工况放电	30%			—
38		第 2 次充电	80%			—
39		第 3 次工况放电	30%			—
40		第 3 次充电	80%			—
41	SOC ≤ 30%	调整 SOC	20%	—	—	—
42		更改 SOC	20%	35%		SOC 更改为 35%
43		第 1 次工况放电	5%			—
44		第 1 次充电	80%			—
45		第 2 次工况放电	5%			—
46		第 2 次充电	80%			—
47		第 3 次工况放电	5%			—
48		第 3 次充电	80%			—

记录蓄电池系统可用容量 Q_0 数值，实时记录 BMS 上报的 SOC 数值和由累积循环充放电容量 Q_1 计算出的 SOC 真值，实时记录自 SOC 数值更改时刻开始测试设备的累加循环充放电容量 Q_2，按照下式计算 SOC 实时误差和 SOC 误差修正速度，其数值应满足设计

要求。

$$SOC_{实时误差} = |SOC_{真值} - SOC_{BMS}| \quad (6-28)$$
$$SOC_{误差修正速度} = (SOC_{修改幅度} - SOC_{实时误差})/(Q_2/Q_0) \quad (6-29)$$

式中 Q_2——SOC 实时误差降低到规定数值以内的累加循环充放电容量（W·h）。

SOC 修改幅度表示在蓄电池系统 SOC 调整到目标值后，将蓄电池管理系统 SOC 修改设定的数值与 SOC 实际值之间的差值，该数值一般为 15。

根据需要记录试验过程中的蓄电池电压、蓄电池温度和环境温度（温度箱温度）等信息。

6.2.5.7 SOP 估算精度

1. 测试目的

测量蓄电池系统在不同温度、不同 SOC 状态下的短时放电功率，并与 BMS 发送出来的 SOP 数值进行比较，并评估是否满足设计要求。

2. 测试设备

蓄电池系统充放电设备、高低温交变湿热试验箱、恒温试验箱、CANoe 等。

3. 测试方法与步骤

某一目标温度下的蓄电池系统 SOP 估算精度试验步骤见表 6-47。

蓄电池系统应测试 -20℃、25℃、65℃ 三个温度点的 SOP 估算精度（或者在 $-20 \sim 65$℃ 范围内选取至少 3 个温度点分别进行测试，原则上需要包含低温、常温和高温）。

蓄电池系统应测试 80%、50%、30% 三个 SOC 点的 SOP 估算精度（或者在 0~100% 区间内选取至少 3 个 SOC 点分别进行测试，SOC 点需要包含高端、低端和中间区段）。

对于循环运行工况，可以根据蓄电池系统所应用的整车类型、蓄电池系统倍率充放电能力以及测试环境温度的不同，选用 6.2.2.5 中合适的充放电工况进行测试。

其他温度和 SOC 条件下的 SOP 估算精度则根据需要参照本试验步骤进行测试。

表 6-47 SOP 估算精度试验步骤

序号	蓄电池包/系统状态	试验方法章条号	环境温度	备注
1	环境适应	6.2.2.4	RT	—
2	标准充电	6.2.2.2 步骤②	RT	—
3	标准循环	6.2.2.2	RT	记录放电容量
4	设定 SOC 数值	—	—	将蓄电池管理系统 SOC 值设定为 100%
5	调整 SOC 至目标值	6.2.2.3	RT	第 1 阶段 SOC 实际值为 80%，以后依次调整为 50% 和 30%
6	环境适应	6.2.2.4	目标温度	—
7	记录充放电峰值功率 SOP_{BMS}	—	目标温度	记录蓄电池管理系统上报的 10s 脉冲峰值放电功率 $P'_{dmax}(SOC, T, t)$ 和 10s 脉冲峰值充电功率 $P'_{cmax}(SOC, T, t)$
8	恒定功率放电	—	目标温度	以 $P_1 = P'_{dmax}(SOC, T, t)$ 恒定功率持续放电至截止条件或者放电倍率达到上限，记录放电时间 t_1
9	计算 P_{n+1} 数值	—	—	如果 $t_n \geq 10s$，则取 $P_{n+1}=1.1P_n$，否则取 $P_{n+1}=0.9P_n$，或者取其他合适的数值
10	以 I_1 充电至 SOC 目标值	—	目标温度	第 1 阶段 SOC 实际值为 80%，以后依次调整为 50% 和 30%

（续）

序号	蓄电池包/系统状态	试验方法章条号	环境温度	备注
11	静置 30~60min	—	目标温度	
12	恒定功率放电	—	目标温度	以 P_{n+1} 恒定功率持续放电至截止条件或者放电倍率达到上限，记录放电时间 t_{n+1}
13	程序跳转	—	目标温度	跳转到步骤9，直至完成峰值功率测试5次及以上，且至少有2次 t>10s，有2次 t<10s
14	拟合放电 SOP 估算精度	—	—	
15	以 I_1 充电至 SOC 目标值	—	目标温度	第1阶段 SOC 实际值为80%，以后依次调整为50%和30%
16	恒定功率充电	—	目标温度	以 $P_1=P'_{cmax}(SOC, T, t)$ 恒定功率持续充电至截止条件或者充电倍率达到上限，记录放电时间 t_1
17	计算 P_{n+1} 数值	—	—	如果 $t_n \geq$ 10s，则取 P_{n+1}=1.1P_n，否则取 P_{n+1}=0.9P_n，或者取其他合适的数值
18	以 I_1 放电至 SOC 目标值	—	目标温度	第1阶段 SOC 实际值为80%，以后依次调整为50%和30%
19	静置 30~60min	—	目标温度	—
20	恒定功率充电	—	目标温度	以 P_{n+1} 恒定功率持续充电至截止条件或者充电倍率达到上限，记录放电时间 t_{n+1}
21	程序跳转	—	目标温度	跳转到步骤17，直至完成峰值功率测试5次及以上，且至少有2次 t>10s，有2次 t<10s
22	拟合充电 SOP 估算精度	—	—	
23	标准放电	6.2.2.2 步骤①	目标温度	
24	程序跳转	—	—	跳转到步骤1，直至完成所有 SOC 点的 SOP 估算精度测试

4. 数据处理及评价指标

某一目标温度和 SOC 条件下的蓄电池系统 SOP 估算精度试验数据记录格式见表 6-48。

表 6-48　SOP 估算精度试验数据记录格式

序号	温度条件/SOC 点	试验阶段	功率/kW	持续时间/s	容量数值	备注
1		测试放电容量	—	—		记录放电容量
2		记录脉冲放电功率 SOP_{BMS}			—	记录蓄电池管理系统上报的 $P'_{dmax}(SOC, T, t)$
3		第1次放电试验			—	—
4		第2次放电试验			—	—
5		第3次放电试验			—	—
6		第4次放电试验			—	—
7	−20℃、25℃或者 65℃ SOC=80%，或者 50%、30%	第5次放电试验			—	判断是否至少有2次 t>10s，有2次 t<10s？否则继续放电试验
8		第__次放电试验			—	
9		记录脉冲充电功率 SOP_{BMS}			—	记录蓄电池管理系统上报的 $P'_{cmax}(SOC, T, t)$
10		第1次充电试验			—	
11		第2次充电试验			—	
12		第3次充电试验			—	
13		第4次充电试验			—	
14		第5次充电试验			—	判断是否至少有2次 t>10s，有2次 t<10s？否则继续充电试验
15		第__次充电试验			—	

记录蓄电池系统的充放电功率及持续时间。重复峰值功率测试 5 次及以上，至少有 2 次 $t>10s$，有 2 次 $t<10s$。得到蓄电池系统在该 SOC 点的充（放）电峰值功率 P 与充（放）电时间 t 的关系曲线，依据曲线的趋势选择函数类型进行 $SOP=f(t)$ 的曲线拟合。

从拟合曲线中用查询法可得蓄电池系统 $SOP_{真值}=f(10s)$，按照下式计算 SOP 误差，其数值应满足设计要求。

$$SOP_{误差}=\left|\frac{SOP_{真值}-SOP_{BMS}}{SOP_{真值}}\right|\times100\% \quad (6-30)$$

根据需要记录试验过程中的蓄电池电压、蓄电池温度和环境温度（温度箱温度）、SOC 数值等信息。

6.2.5.8　SOE 估算精度

1. 测试目的

测量蓄电池系统在不同温度、不同 SOC 状态下的剩余能量，并与 BMS 发送出来的 SOE 数值进行比较，并评估是否满足设计要求。

2. 测试设备

蓄电池系统充放电设备、高低温交变湿热试验箱、恒温试验箱、CANoe 等。

3. 测试方法与步骤

某一目标温度下的蓄电池系统 SOE 估算精度试验步骤见表 6-49。

蓄电池系统应测试 -20℃、25℃、65℃ 三个温度点的 SOE 估算精度（或者在 -20~65℃ 范围内选取至少 3 个温度点分别进行测试，原则上需要包含低温、常温和高温）。

蓄电池系统在低温下的测试，可以适当降低充放电的倍率。

蓄电池系统应测试 80%，50%，30% 三个 SOC 点的 SOE 估算精度。

其他温度和 SOC 条件下的 SOE 估算精度则根据需要参照本试验步骤进行测试。

表 6-49　SOE 估算精度试验步骤

序号	蓄电池包/系统状态	试验方法章条号	环境温度	备注
1	环境适应	6.2.2.4	RT	—
2	标准充电	6.2.2.2 步骤②	RT	—
3	标准循环	6.2.2.2	RT	记录放电容量
4	设定 SOC 数值	—	—	将蓄电池管理系统 SOC 值设定为 100%
5	调整 SOC 至目标值	6.2.2.3	RT	第 1 阶段 SOC 实际值为 80%，以后依次调整为 50% 和 30%
6	环境适应	6.2.2.4	目标温度	—
7	记录蓄电池系统可用能量 SOE_{BMS}	—	目标温度	记录蓄电池管理系统上报的蓄电池系统可用能量 SOE_{BMS}
8	标准放电	6.2.2.2 步骤①	目标温度	记录放电能量，记为 $SOE_{真值}$
9	计算 SOE 估算精度	—	—	$SOE_{误差}=\left|\frac{SOE_{真值}-SOE_{BMS}}{SOE_{真值}}\right|\times100\%$
10	程序跳转	—	—	跳转到步骤 1，直至完成所有 SOC 点的 SOE 估算精度测试

4. 数据处理及评价指标

记录蓄电池系统的放电容量和放电能量，以及 BMS 上报的蓄电池系统可用能量 SOE_{BMS} 和随后标准放电的实际放电能量 $SOE_{真值}$，按照下式计算 SOE 误差，其数值应满足设计要求。

$$SOE_{误差} = \left| \frac{SOE_{真值} - SOE_{BMS}}{SOE_{真值}} \right| \times 100\% \quad (6\text{-}31)$$

根据需要记录试验过程中的蓄电池电压、蓄电池温度和环境温度（温度箱温度）、SOC 数值等信息。

6.2.6 BMS 功能保护试验

6.2.6.1 过温保护

1. 测试目的

验证蓄电池系统运行期间发生内部过温时，蓄电池系统在不借助外部保护措施的情况下是否可以实现过温保护。

2. 测试设备

蓄电池系统充放电设备、高低温交变湿热试验箱、CANoe、绝缘电阻仪等。

3. 测试方法与步骤

1）试验开始时，除冷却系统外，其他可能影响蓄电池系统功能并与试验结果相关的所有保护装置都应处于正常运行状态。

2）蓄电池系统应由外部充放电设备进行连续充电和放电，使电流在企业规定的正常工作范围内尽可能快地升高蓄电池系统的温度。直到符合以下任一条件时，结束试验。

① 测试对象自动终止或限制充电或放电。
② 测试对象发出终止或限制充电或放电的信号。
③ 测试对象的温度稳定，温度变化在 2h 内小于 4℃。

注：为保证试验操作安全，企业应提供试验上限参数，采用此上限参数强制终止的试验判定为失败。

3）试验结束后，在试验环境温度下观察 1h。

4. 数据处理及评价指标

① 记录试验过程及观察期间蓄电池系统是否有泄漏、外壳破裂、起火或爆炸现象。
② 记录试验前后蓄电池系统的绝缘电阻值。

6.2.6.2 过电流保护

1. 测试目的

验证蓄电池系统在外部直流充电过程中的过电流保护性能，以防蓄电池系统由于过大的充电电流（按照蓄电池系统生产企业的规定）而引起严重事故。

2. 测试设备

蓄电池系统充放电设备、CANoe、绝缘电阻仪等。

3. 测试方法与步骤

1）试验在 20℃ ±10℃ 的环境温度下进行。

2）调整测试对象的 SOC 到正常工作范围的中间部分，只要蓄电池系统能够正常运行，可不需要精确的调整。

3）连接外部充放电设备，改变或禁用充电控制通信协议，以允许通过与蓄电池系统生产企业协商确定的过电流水平。

4）起动外部充放电设备，对蓄电池系统进行充电，以达到蓄电池系统生产企业规定的最高正常充电电流。然后，将充电电流在 5s 内从最高正常充电电流增加到与蓄电池系统生产企业协商确定的过电流水平，并继续进行充电。当符合以下任一条件时，结束试验。

① 测试对象自动终止充电电流。

② 测试对象发出终止充电电流的信号。

③ 测试对象的温度稳定，温度变化在 2h 内小于 4℃。

注：为保证试验操作安全，企业应提供试验上限参数，采用此上限参数强制终止的试验判定为失败。

5）试验结束后，在试验环境温度下观察 1h。

4. 数据处理及评价指标

① 记录试验过程及观察期间蓄电池系统是否有泄漏、外壳破裂、起火或爆炸现象。

② 记录试验前后蓄电池系统的绝缘电阻值。

6.2.6.3 外部短路保护

1. 测试目的

验证蓄电池系统的外部短路保护性能，以防蓄电池系统由于外部短路而引起严重事故。

2. 测试设备

蓄电池系统充放电设备、蓄电池系统短路试验台、CANoe、绝缘电阻仪等。

3. 测试方法与步骤

1）试验应在 20℃ ±10℃ 的环境温度或更高温度（如果蓄电池系统生产企业要求）下进行。

2）试验开始时，可能影响测试对象功能并与试验结果相关的所有保护装置都应处于正常运行状态。用于充电和放电的相关主要接触器都应闭合（如蓄电池系统回路中包含相关继电器），用来表示可行车模式以及允许外部充电模式。如果不能在单次试验中完成，则应进行两次或更多次试验。

3）将测试对象的正极端子和负极端子相互连接。短路连接电阻不超过 5mΩ。

4）保持短路状态，直至符合以下任一条件时，结束试验。

① 测试对象的保护功能起作用，并终止短路电流。

② 测试对象外壳温度稳定（温度变化在 2h 内小于 4℃）后，继续短路至少 1h。

5）试验结束后，应在试验环境温度下观察 1h。

4. 数据处理及评价指标

① 记录试验过程及观察期间蓄电池系统是否有泄漏、外壳破裂、起火或爆炸现象。

② 记录试验前后的绝缘电阻值。

6.2.6.4 过充电保护

1. 测试目的

验证蓄电池系统的过充电保护性能，以防蓄电池系统由于过高的 SOC 而引起严重事故。

2. 测试设备

蓄电池系统充放电设备、CANoe、绝缘电阻仪等。

3. 测试方法与步骤

1）试验应在 20℃ ±10℃ 的环境温度或更高温度（如果蓄电池系统生产企业要求）下进行。

2）调整测试对象的 SOC 到正常工作范围的中间部分。只要测试对象能够正常运行，可不需要精确的调整。

3）试验开始时，可能影响测试对象功能并与试验结果相关的所有保护装置都应处于正常运行状态。用于充电的所有相关的主要接触器都应闭合（如蓄电池系统回路中包含相关继电器）。外部充电设备应连接到测试对象的主端子。外部充电设备的充电控制限制应禁用。

4）测试对象应由外部充电设备在蓄电池系统生产企业许可的用时最短的充电策略下进行充电。直至符合以下任一条件时，结束试验。

① 测试对象自动终止充电电流。

② 测试对象发出终止充电电流的信号。

③ 当测试对象的过充电保护控制未起作用，或者如果没有自动终止充电的功能，继续充电，使得测试对象温度超过蓄电池系统生产企业规定的最高工作温度再加 10℃ 的温度值。

④ 当充电电流未终止且测试对象温度低于最高工作温度再加 10℃ 的温度值时，充电应持续 12h。

注： 为保证试验操作安全，企业应提供试验上限参数，采用此上限参数强制终止的试验判定为失败。

5）试验结束后，应在试验环境温度下观察 1h。

4. 数据处理及评价指标

① 记录试验过程及观察期间蓄电池系统是否有泄漏、外壳破裂、起火或爆炸现象。

② 记录试验前后的绝缘电阻值。

6.2.6.5 过放电保护

1. 测试目的

验证蓄电池系统的过放电保护性能，以防蓄电池系统由于 SOC 过低而引起严重事故。

2. 测试设备

蓄电池系统充放电设备、CANoe、绝缘电阻仪等。

3. 测试方法与步骤

1）试验应在 20℃ ±10℃ 的环境温度或更高温度（如果蓄电池系统生产企业要求）下进行。

2）调整测试对象的 SOC 到较低水平，但必须在正常的工作范围内。只要测试对象能够正常运行，可不需要精确的调整。

3）试验开始时，可能影响测试对象功能并与试验结果相关的所有保护装置都应处于正常运行状态。用于放电的所有相关的主要接触器都应闭合（如蓄电池系统回路中包含相关继电器）。外部放电设备应连接到测试对象的主端子。

4）与蓄电池系统生产企业协商，在规定的正常工作范围内以稳定的电流进行放电。放电持续进行，直至符合以下任一条件时，结束试验。

① 测试对象自动终止放电电流。

② 测试对象发出终止放电电流的信号。

③ 当测试对象的过放电保护控制未起作用，或者如果没有自动终止放电的功能，继续放电，使得测试对象放电到其额定电压的 25% 为止。

④ 测试对象的温度稳定，温度变化在 2h 内小于 4℃。

5）试验结束后，在试验环境温度下观察 1h。

4. 数据处理及评价指标

① 记录试验过程及观察期间蓄电池系统是否有泄漏、外壳破裂、起火或爆炸现象。

② 记录试验前后的绝缘电阻值。

6.2.7 环境适应性试验

6.2.7.1 高温工作测试流程

1. 测试目的

验证蓄电池包/系统在使用过程中的高温工作性能，并评估是否满足设计要求。

2. 测试设备

蓄电池系统充放电设备、高低温交变湿热试验箱、绝缘电阻仪等。

3. 测试方法与步骤

蓄电池包/系统的高温工作测试流程试验步骤见表 6-50。

表 6-50 高温工作测试流程试验步骤

序号	蓄电池包/系统状态	试验方法章条号	环境温度	备注
1	环境适应	6.2.2.4	RT	—
2	标准充电	6.2.2.2 步骤②	RT	—
3	标准循环	6.2.2.2	RT	记录放电容量
4	调整 SOC 至 50%（或按照企业规定）	6.2.2.3	RT	—

(续)

序号	蓄电池包/系统状态	试验方法章条号	环境温度	备注
5	DCR 检测	—	RT	恒流放电 恒定电流：$5I_1$ 或按照企业要求 持续时间：12s 根据 6.2.4.9 计算放电 10s 时的 DCR
6	标准循环	6.2.2.2	RT	—
7	环境适应	6.2.2.4	高温 40℃	—
8	以不低于 $1/3I_1$ 恒流放电至截止条件	—	高温 40℃	—
9	静置 5min	—	高温 40℃	—
10	以不低于 $1/3I_1$ 恒流充电至截止条件	—	高温 40℃	—
11	静置 5min	—	高温 40℃	—
12	程序跳转	—	高温 40℃	跳转到步骤 8，直至循环时间达到 96h，或过程温度达到蓄电池系统保护温度
13	环境适应	6.2.2.4	RT	—
14	标准循环 2 次	6.2.2.2	RT	记录后一次放电容量
15	调整 SOC 至 50%（或按照企业规定）	6.2.2.3	RT	—
16	DCR 检测	—	RT	恒流放电 恒定电流：$5I_1$ 或按照企业要求 持续时间：12s 根据 6.2.4.9 计算放电 10s 时的 DCR
17	标准放电	6.2.2.2 步骤①	RT	—

4. 数据处理及评价指标

① 记录蓄电池包/系统在高温环境中是否可以正常工作，BMS 功能是否正常。

② 记录蓄电池包/系统在高温工作试验前后的放电容量、DCR。

6.2.7.2 低温工作测试流程

1. 测试目的

验证蓄电池包/系统在使用过程中的低温工作性能，并评估是否满足设计要求。

2. 测试设备

蓄电池系统充放电设备、高低温交变湿热试验箱、绝缘电阻仪等。

3. 测试方法与步骤

蓄电池包/系统的低温工作测试流程试验步骤见表 6-51。

表 6-51　低温工作测试流程试验步骤

序号	蓄电池包/系统状态	试验方法章条号	环境温度	备注
1	环境适应	6.2.2.4	RT	—
2	标准充电	6.2.2.2 步骤②	RT	—
3	标准循环	6.2.2.2	RT	记录放电容量
4	调整 SOC 至 50%（或按照企业规定）	6.2.2.3	RT	—
5	DCR 检测	—	RT	恒流放电 恒定电流：$5I_1$ 或按照企业要求 持续时间：12s 根据 6.2.4.9 计算放电 10s 时的 DCR
6	标准循环	6.2.2.2	RT	

(续)

序号	蓄电池包/系统状态	试验方法章条号	环境温度	备注
7	环境适应	6.2.2.4	低温 −20℃	—
8	以不低于 $1/10I_1$ 恒流放电至截止条件	—	低温 −20℃	—
9	静置 5min	—	低温 −20℃	—
10	以不低于 $1/10I_1$ 恒流充电至截止条件	—	低温 −20℃	—
11	静置 5min	—	低温 −20℃	—
12	程序跳转	—	低温 −20℃	跳转到步骤8，直至循环时间达到48h
13	环境适应	6.2.2.4	RT	—
14	标准循环 2 次	6.2.2.2	RT	记录后一次放电容量
15	调整 SOC 至 50%（或按照企业规定）	6.2.2.3	RT	—
16	DCR 检测	—	RT	恒流放电 恒定电流：$5I_1$ 或按照企业要求 持续时间：12s 根据 6.2.4.9 计算放电 10s 时的 DCR
17	标准放电	6.2.2.2 步骤①	RT	—

4. 数据处理及评价指标

① 记录蓄电池包/系统在低温环境中是否可以正常工作，BMS 功能是否正常。

② 记录蓄电池包/系统在低温工作试验前后的放电容量、DCR。

6.2.7.3 隔热试验测试流程

1. 测试目的

验证蓄电池包/系统在使用过程中的隔热保温性能，并评估是否满足设计要求。

2. 测试设备

蓄电池系统充放电设备、高低温交变湿热试验箱、绝缘电阻仪、计时器等。

3. 测试方法与步骤

蓄电池包/系统的隔热试验测试流程试验步骤见表 6-52。

表 6-52 隔热试验测试流程试验步骤

序号	蓄电池包/系统状态	试验方法章条号	环境温度	备注
1	环境适应	6.2.2.4	RT	—
2	标准充电	6.2.2.2 步骤②	RT	—
3	标准循环	6.2.2.2	RT	—
4	调整 SOC 至 50%	6.2.2.3	RT	—
5	环境适应	6.2.2.4	高温 40℃	—
6	低温静置	—	低温 −20℃	记录单体蓄电池的最低温度降到 0℃ 时的时间（要求温度箱的降温速度不低于 5℃/min）
7	环境适应	6.2.2.4	RT	—
8	标准循环	6.2.2.2	RT	—

试验全程记录所有单体蓄电池的电压和温度传感器的温度，记录 SOC 数值。

4. 数据处理及评价指标

① 记录蓄电池包/系统内部单体蓄电池的最低温度降到 0℃ 的时间。

② 记录试验后蓄电池包/系统充放电功能是否正常、BMS 通信功能是否正常。

6.2.7.4 系统加热时间及温升测试

1. 测试目的

测试在低温环境下蓄电池包/系统加热完成的时间和加热过程的温差,并评估是否满足设计要求。

2. 测试设备

蓄电池系统充放电设备、高低温交变湿热试验箱、绝缘电阻仪、计时器等。

3. 测试方法与步骤

① 在室温环境下将蓄电池包/系统的 SOC 调整到 20%。

② 将蓄电池包/系统搁置在温度箱中,开启制冷功能,直到蓄电池包/系统内部所有单体蓄电池温度降低到 -20℃ 或 -10℃(温差 ≤ 2℃)。

③ 按照双方制定的充电和加热策略对蓄电池包/系统进行加热充电。

④ 试验过程中记录蓄电池包/系统的继电器开闭情况、各单体蓄电池温度分布情况、充电时间、每个阶段的加热时间等参数。

4. 数据处理及评价指标

① 记录 -20℃ 下蓄电池包/系统加热充电完成的时间,以及全程的温差。

② 记录 -10℃ 下蓄电池包/系统加热充电完成的时间,以及全程的温差。

6.2.7.5 结露测试

1. 测试目的

验证蓄电池包/系统在高低温湿热环境下的工作性能,并评估是否满足设计要求。

2. 测试设备

蓄电池系统充放电设备、高低温交变湿热试验箱、绝缘电阻仪、计时器等。

3. 测试方法与步骤

蓄电池包/系统的结露试验步骤见表 6-53,试验相关的湿热循环工况见表 6-54。

表 6-53 结露试验步骤

序号	蓄电池包/系统状态	试验方法章条号	环境温度	备注
1	环境适应	6.2.2.4	RT	—
2	标准充电	6.2.2.2 步骤②	RT	—
3	环境适应	6.2.2.4	RT	—
4	测试绝缘电阻	—	RT	测试正负极之间,以及分别与壳体(地)之间的绝缘电阻值
5	湿热循环 5 次	—	—	按照表 6-54
6	测试绝缘电阻	—	RT	测试正负极之间,以及分别与壳体(地)之间的绝缘电阻值(测试在湿热循环试验后 30min 内完成)

(续)

序号	蓄电池包/系统状态	试验方法章条号	环境温度	备注
7	烘烤24h	—	高温50℃	—
8	环境适应	6.2.2.4	RT	—
9	标准循环	6.2.2.2	RT	—
10	标准放电	6.2.2.2 步骤①	RT	—

表6-54 湿热循环工况

温度/℃	湿度（%）	步骤时间/h	累计时间/h
25	55	0	0
65	98	1.5	1.5
65	98	4	6.5
25	55	1.5	7
25	55	1	8
65	98	1.5	9.5
65	98	4	13.5
25	55	1.5	15
25	55	9	24
65	98	1.5	26.5
65	98	4	29.5
25	55	1.5	31
25	55	1	32
65	98	1.5	33.5
65	98	4	37.5
25	55	1.5	39
25	55	2.5	41.5
−35	—	1.5	42
−35	—	3	45
25	55	1.5	46.5
25	55	1.5	48

4. 数据处理及评价指标

① 记录试验过程中蓄电池包/系统是否有泄漏、外壳破裂、着火或爆炸现象。

② 记录试验前后绝缘电阻值。

③ 记录试验后蓄电池包/系统充放电功能是否正常、BMS通信功能是否正常。

6.2.7.6 化学液体暴露试验

1. 测试目的

测试蓄电池包/系统的外部结构在某些化学液体暴露环境中的抗腐蚀能力，并评估是否满足设计要求。

2. 测试设备

蓄电池系统充放电设备、高低温交变湿热试验箱、绝缘电阻仪、计时器、化学液体等。

3. 测试方法与步骤

（1）试验条件及试验方法

蓄电池包/系统的化学液体暴露试验条件及试验方法见表6-55。

表6-55　化学液体暴露试验条件及试验方法

编号	化学试剂	环境温度	持续时间	试验方式
A	制动液	50℃	22h	滴加
B	防冻剂	50℃	22h	滴加
C	机油	50℃	22h	滴加
D	液压油	50℃	22h	滴加
E	可乐	RT	22h	滴加
F	低温清洗剂	RT	22h	擦拭
G	变速器油	RT	22h	滴加
H	汽油	RT	10min	滴加
I	石油醚	RT	10min	擦拭
J	甲基化酒精	RT	10min	擦拭
K	汽车清洗剂	RT	2h	泼洒

（2）试验区域

化学液体暴露试验区域包括蓄电池包/系统的上盖、下盖，上下盖密封处，泄压阀处，高低压接口，标签（以实际所贴标签为准），以及上下盖螺栓（选其中11个螺栓作为测试螺栓）等区域。

（3）试验步骤

蓄电池包/系统的化学液体暴露试验步骤见表6-56。

表6-56　化学液体暴露试验步骤

序号	步骤	描述
1	试验准备	检查蓄电池包/系统功能、绝缘电阻和气密性
2	A~D 试剂试验	①将表6-55中的试剂A~D按表中方式施加在箱体的试验区域 ②将样品置于高低温箱中，并在50℃条件下静置22h。用棉布擦拭标签数次，最后用肥皂水清洗干净 ③检查蓄电池功能，绝缘电阻及气密性
3	E~G 试剂试验	①将表6-55中的试剂E~G按表中方式施加在箱体的试验区域 ②将样品置于高低温箱中，并在25℃条件下静置22h。用棉布擦拭标签数次，最后用肥皂水清洗干净 ③检查蓄电池功能，绝缘电阻及气密性
4	H~J 试剂试验	①将表6-55中的试剂H~J按表中方式施加在箱体的试验区域 ②将样品置于高低温箱中，并在25℃条件下静置10min。用棉布擦拭标签数次，最后用肥皂水清洗干净 ③检查蓄电池功能，绝缘电阻及气密性
5	K 试剂试验	①将表6-55中的试剂K按表中方式施加在箱体的试验区域 ②将样品置于高低温箱中，并在25℃条件下静置2h。用棉布擦拭标签数次，最后用肥皂水清洗干净 ③检查蓄电池功能，绝缘电阻及气密性
6	标准循环	6.2.2.2
7	标准放电	6.2.2.2 步骤①

4. 数据处理及评价指标

① 记录试验过程中蓄电池包/系统是否有泄漏、外壳破裂、着火或爆炸现象。

② 记录试验前后绝缘电阻值。

③ 记录试验后蓄电池包/系统充放电功能是否正常、BMS通信功能是否正常。

6.2.7.7 IP67防护等级测试

1. 测试目的

测试蓄电池包/系统外壳对水和粉尘的防护能力，并评估是否满足设计要求。

2. 测试设备

蓄电池系统充放电设备、恒温试验箱、沙尘试验箱、密封防水试验箱、绝缘电阻仪等。

3. 测试方法与步骤

蓄电池包/系统的防尘试验步骤见表6-57，蓄电池包/系统的防水试验步骤见表6-58。

表6-57 防尘试验步骤

序号	步骤	描述
1	初始状态确认	① 检查蓄电池包/系统的外观 ② 绝缘电阻测试
2	防尘试验	① 将蓄电池包/系统置于砂尘试验箱，开启扬尘模式 ② 持续喷尘8h
3	试验后检查	① 检查蓄电池包/系统外观 ② 绝缘电阻测试 ③ 拆箱检查蓄电池包/系统内部是否有粉尘

表6-58 防水试验步骤

序号	步骤	描述
1	初始状态确认	① 检查蓄电池包/系统的外观 ② 绝缘电阻测试 ③ 将蓄电池包/系统的各种高低压接插件按整车连接方式进行连接
2	防水试验	① 在保证蓄电池包/系统箱体最高点浸入水面以下10cm前提下，将蓄电池包/系统最低点浸入水中至少1m，时间30min ② 将样品移出水中
3	试验后检查	① 对蓄电池包/系统进行清洁或用气枪清理表面水渍 ② 绝缘电阻测试 ③ 拆箱检查蓄电池包/系统内部和接插件是否有水渗入

4. 数据处理及评价指标

① 记录试验过程中蓄电池包/系统是否有泄漏、外壳破裂、着火或爆炸现象。

② 记录试验前后绝缘电阻值。

③ 记录防尘试验后蓄电池包/系统内部是否有肉眼可见的明显粉尘沉积。

④ 记录防水试验后蓄电池包/系统内部和接插件是否有水渗入。

6.2.7.8 盐雾试验

1. 测试目的

测试蓄电池包/系统在盐雾环境中对盐雾和盐水的抵御能力，并评估是否满足设计要求。

2. 测试设备

蓄电池系统充放电设备、恒温试验箱、循环盐雾试验箱、绝缘电阻仪等。

3. 测试方法与步骤

蓄电池包/系统的盐雾试验参照 GB/T 28046.4—2011[9] 中 5.5.2 的测试方法，按照 GB/T 2423.17—2008[10] 的测试条件进行试验。

盐溶液采用氯化钠（化学纯、分析纯）和蒸馏水或去离子水配置，其质量分数为 5%±1%。35℃ ±2℃下测量 pH 值在 6.5~7.2 之间。

将测试对象放入盐雾箱中，设置盐雾试验循环控制参数如图 6-15 所示，一个循环持续 24h。在 35℃ ±2℃下对测试对象喷雾 8h，然后静置 16h，在一个循环的第 4h 和第 5h 之间进行低压上电监控。共进行 6 个循环。

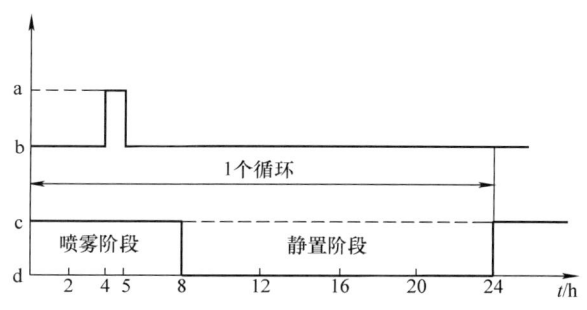

图 6-15　盐雾试验循环控制参数
a—低压上电监控　b—连接线束完毕，不通电
c—打开（喷盐雾）　d—关闭（停喷盐雾）

4. 数据处理及评价指标

① 记录试验过程中蓄电池包/系统是否有泄漏、外壳破裂、着火或爆炸现象。

② 记录试验前后绝缘电阻值。

③ 记录 BMS 通信是否正常，有无故障上报。

6.2.7.9 气密性试验

1. 测试目的

测试蓄电池包/系统壳体的气密性情况，并评估是否满足设计要求。

2. 测试设备

蓄电池系统充放电设备、恒温试验箱、气密性试验台、绝缘电阻仪等。

3. 测试方法与步骤

蓄电池包/系统的气密性试验步骤见表 6-59。

表 6-59　气密性试验步骤

序号	步骤	描述
1	初始状态检查确认	检查样品外观并拍照
2	测试前检查	通过上位机软件监控确认蓄电池包测试前状态
3	测试流程	对蓄电池包/系统按照一定压力（压力值由生产企业提供）进行充气，达到设定压力后压 90s，然后关闭气阀并保持 30s。测试关闭气阀后 10s 时压力值并计算气体泄漏量
4	测试结束	检查样品外观并拍照，测试完成

4. 数据处理及评价指标

记录关闭气阀 10s 时的气体泄漏量。

6.2.8 安全性试验

6.2.8.1 振动

1. 测试目的

模拟汽车在实际运行中蓄电池包/系统所经历的机械载荷，评估样品对材料疲劳失效、螺栓断裂以及电子元器件失效等故障的承受能力。

2. 测试设备

蓄电池系统充放电设备、恒温试验箱、振动试验台、绝缘电阻仪等。

3. 测试方法与步骤

蓄电池包/系统的振动试验步骤见表 6-60。

试验开始前，将测试对象的 SOC 状态调至不低于企业规定的正常 SOC 工作范围的 50%。

表 6-60 振动试验步骤

序号	步骤	描述
1	初始状态确认	① 蓄电池包/系统外观检查并拍照 ② 蓄电池包/系统绝缘电阻、气密性测试 ③ 确认蓄电池包/系统应用车型及安装方向
2	设备准备	① 将测试样品安装于振动夹具 ② 将测试样品与夹具一起安装在振动台面上 ③ 记录试验前蓄电池箱螺栓拧紧力矩
3	z 方向随机振动	进行随机振动，振动条件见表 6-61 或表 6-62
4	z 方向定频振动	进行正弦定频振动，振动条件见表 6-61 或表 6-62
5	检查确认	检查测试样品的外观、转矩，并判断是否适合进行下一步的振动试验
6	y 方向随机振动	进行随机振动，振动条件见表 6-61 或表 6-62
7	y 方向定频振动	进行正弦定频振动，振动条件见表 6-61 或表 6-62
8	检查确认	检查测试样品的外观、转矩，并判断是否适合进行下一步的振动试验
9	x 方向随机振动	进行随机振动，振动条件见表 6-61 或表 6-62
10	x 方向定频振动	进行正弦定频振动，振动条件见表 6-61 或表 6-62
11	检查确认	检查测试样品的外观、转矩
12	测试中止	测试过程中若发现如下情况，则测试中止： ① 蓄电池包/系统出现明显的断裂和异响 ② 蓄电池包/系统的关键部件出现脱落 ③ 蓄电池包/系统的电压及温度出现异常
13	测试完成	① 蓄电池包/系统外观检查并拍照 ② 蓄电池包/系统绝缘电阻、气密性测试 ③ 记录试验后蓄电池箱螺栓拧紧力矩
14	拆箱检查	拆箱检查蓄电池包/系统内部结构是否有松动和损坏，并进行拍照

商用车用蓄电池包/系统的振动测试条件及测试曲线见表 6-61 和图 6-16。

表 6-61 商用车用蓄电池包/系统的振动测试条件

频率/Hz	z 轴功率谱密度（PSD）/(g^2/Hz)	y 轴功率谱密度（PSD）/(g^2/Hz)	x 轴功率谱密度（PSD）/(g^2/Hz)
随机振动			
5	0.008	0.005	0.002
10	0.042	0.025	0.018
15	0.042	0.025	0.018
40	0.0005	—	—
60	—	0.0001	—
100	0.0005	0.0001	—
200	0.00001	0.00001	0.00001
RMS	0.73g	0.57g	0.52g
时间	12h	12h	12h
正弦定频振动			
定频幅值	±1.5g	±1.5g	±2.0g
定频频率	20Hz	20Hz	20Hz
时间	2h	2h	2h

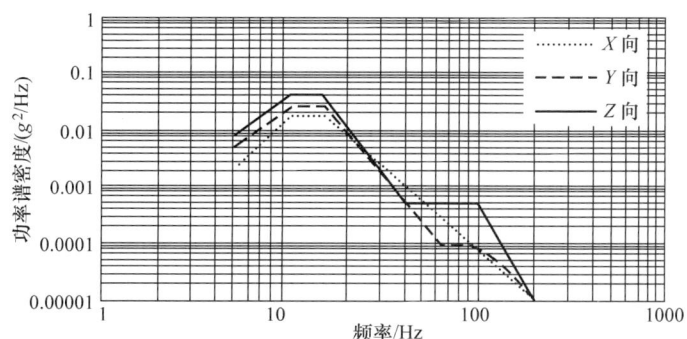

图 6-16 商用车用蓄电池包/系统的随机振动测试曲线

乘用车用蓄电池包/系统的振动测试条件及测试曲线见表 6-62 和图 6-17。

表 6-62 乘用车用蓄电池包/系统的振动测试条件

频率/Hz	z 轴功率谱密度（PSD）/(g^2/Hz)	y 轴功率谱密度（PSD）/(g^2/Hz)	x 轴功率谱密度（PSD）/(g^2/Hz)
随机振动			
5	0.015	0.005	0.006
10	—	0.025	—
15	0.015	—	—
20	—	—	—
30	—	—	0.006
65	0.001	—	—
100	0.001	—	—
200	0.0001	0.00015	0.00003
RMS	0.64g	0.45g	0.50g
时间	12h	12h	12h

（续）

频率/Hz	z轴功率谱密度（PSD）/(g^2/Hz)	y轴功率谱密度（PSD）/(g^2/Hz)	x轴功率谱密度（PSD）/(g^2/Hz)
正弦定频振动			
定频幅值	±1.5g	±1.5g	±2.0g
定频频率	20Hz	20Hz	20Hz
时间	1h	1h	1h

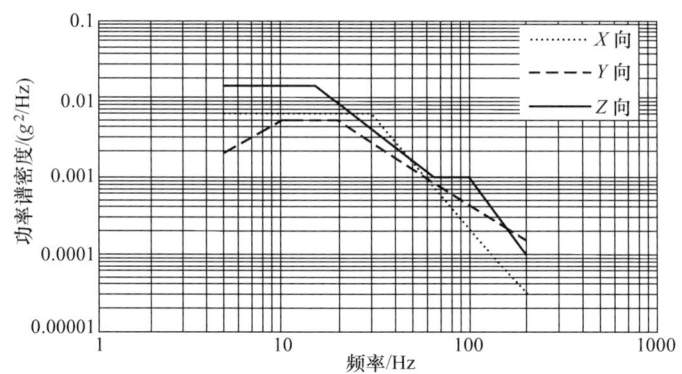

图 6-17　乘用车用蓄电池包/系统的随机振动测试曲线

根据蓄电池包/系统的使用车辆类型不同，商用车/乘用车的蓄电池包/系统振动测试参数对比分析分别见表 6-63、表 6-64 和表 6-65。

表 6-63　商用车用蓄电池包/系统振动 z 轴测试参数对比分析表

频率/Hz	z轴功率谱密度（PSD）/(g^2/Hz)	z轴功率谱密度（PSD）/(g^2/Hz)	对比结果
随机振动			
5	0.008	0.015	+0.007
10	0.042	—	−0.042
15	0.042	0.015	−0.027
20	—	—	—
30	—	—	—
40	0.0005	—	−0.0005
60	—	—	—
65	—	0.001	+0.001
100	0.0005	0.001	+0.0005
200	0.00001	0.0001	+0.00009
RMS	0.73g	0.64g	−0.09
时间	12h	12h	0
正弦定频振动			
定频幅值	±1.5g	±1.5g	0
定频频率	20Hz	20Hz	0
时间	2h	1h	−1

表 6-64 商用车用蓄电池包/系统振动 y 轴测试参数对比分析表

频率/Hz	y 轴功率谱密度(PSD)/(g^2/Hz)	y 轴功率谱密度(PSD)/(g^2/Hz)	对比结果
随机振动			
5	0.005	0.005	0
10	0.025	0.025	0
15	0.025	—	−0.025
20	—	—	—
30	—	—	—
40	—	—	—
60	0.0001	—	−0.0001
65	—	—	—
100	0.0001	—	−0.0001
200	0.00001	0.00015	+0.00014
RMS	$0.57g$	$0.45g$	−0.12
时间	12h	12h	0
正弦定频振动			
定频幅值	$±1.5g$	$±1.5g$	0
定频频率	20Hz	20Hz	0
时间	2h	1h	−1

表 6-65 商用车用蓄电池包/系统振动 x 轴测试参数对比分析表

频率/Hz	x 轴功率谱密度(PSD)/(g^2/Hz)	x 轴功率谱密度(PSD)/(g^2/Hz)	对比结果
随机振动			
5	0.002	0.006	+0.004
10	0.018	—	−0.018
15	0.018	—	−0.018
20	—	—	—
30	—	0.006	+0.006
40	—	—	—
60	—	—	—
65	—	—	—
100	—	—	—
200	0.00001	0.00003	+0.00002
RMS	$0.52g$	$0.50g$	−0.02
时间	12h	12h	0
正弦定频振动			
定频幅值	$±2.0g$	$±2.0g$	0
定频频率	20Hz	20Hz	0
时间	2h	1h	−1

4. 数据处理及评价指标

① 记录试验过程中蓄电池包/系统是否有泄漏、外壳破裂、着火或爆炸现象。

② 记录试验前后的绝缘电阻值。

③ 记录试验过程中蓄电池包/系统的电压及温度。

6.2.8.2 模拟碰撞

1. 测试目的

模拟蓄电池包/系统在汽车发生碰撞时受到的影响,从而评估样品的结构强度能否满足设计需求。

2. 测试设备

蓄电池系统充放电设备、恒温试验箱、模拟碰撞试验台、绝缘电阻仪等。

3. 测试方法与步骤

参考测试对象在汽车上的安装位置和 GB/T 2423.43—2008[11] 的要求,将测试对象水平安装在带有支架的台车上。根据测试对象的使用环境给台车施加规定的脉冲,该脉冲应满足表 6-66 和图 6-18 所限定的边界条件(汽车行驶方向为 x 轴,另一垂直于行驶方向的水平方向为 y 轴,整车整备质量为 m)。对于测试对象存在多个安装方向($x/y/z$)时,取加速度较大的安装方向进行试验。试验结束后在试验环境温度下观察 2h。

表 6-66 模拟碰撞试验脉冲参数表

试验	脉宽/ms	$m \leq 3.5t$		$3.5 < m < 7.5t$		$m \geq 7.5t$	
		x 方向加速度/g	y 方向加速度/g	x 方向加速度/g	y 方向加速度/g	x 方向加速度/g	y 方向加速度/g
A	20	0	0	0	0	0	0
B	50	20	8	10	5	6.6	5
C	65	20	8	10	5	6.6	5
D	100	0	0	0	0	0	0
E	0	10	4.5	5	2.5	4	2.5
F	50	28	15	17	10	12	10
G	80	28	15	17	10	12	10
H	120	0	0	0	0	0	0

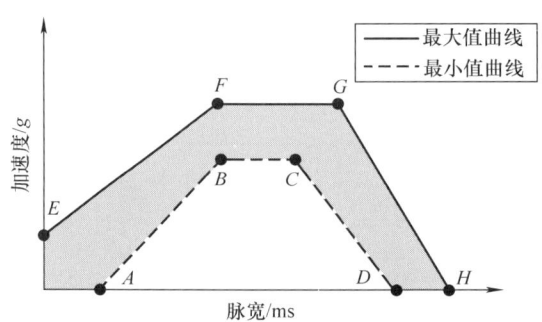

图 6-18 模拟碰撞试验加速度脉冲示意图

4. 数据处理及评价指标

① 记录试验过程中及观察期间蓄电池包/系统是否有泄漏、外壳破裂、着火或爆炸现象。
② 记录试验前后的绝缘电阻值。

6.2.8.3 挤压

1. 测试目的

模拟蓄电池包/系统发生挤压时可能出现的安全风险,从而评估样品的结构强度能否满足设计需求。

2. 测试设备

蓄电池系统充放电设备、恒温试验箱、蓄电池系统挤压试验台、绝缘电阻仪等。

3. 测试方法与步骤

挤压方向为 x 和 y 向(汽车行驶方向为 x 轴,另一垂直于行驶方向的水平方向为 y 轴),挤压速度不大于 2mm/s,挤压力达到 100kN 或挤压变形量达到挤压方向整体尺寸的 30% 时停止挤压,保持 10min。试验结束后在试验环境温度下观察 1h。

挤压板形式示意图如图 6-19 所示,可选择以下两种中的一种。

① 半径为 75mm 的半圆柱体,半圆柱体的长度(L)大于测试对象的高度,但不超过 1m,如图 6-19a 所示。

② 外廓尺寸为 600mm×600mm 或更小,三个半圆柱体半径为 75mm,半圆柱体间距为 30mm,如图 6-19b 所示。

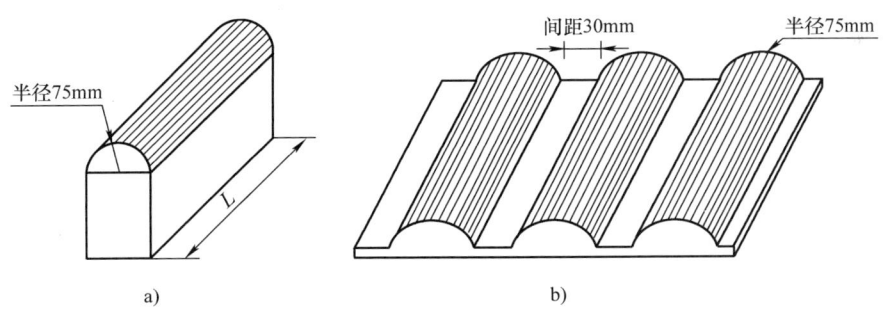

图 6-19 挤压板形式示意图
a)挤压板形式一 b)挤压板形式二

4. 数据处理及评价指标

① 记录试验过程中及观察期间蓄电池包/系统是否有着火、爆炸等现象。
② 记录挤压试验结束时的挤压力及挤压变形量。

6.2.8.4 翻转

1. 测试目的

模拟蓄电池包/系统发生翻转时可能出现的安全风险,从而评估样品的结构强度能否满足设计需求。

2. 测试设备

蓄电池系统充放电设备、恒温试验箱、蓄电池系统翻转试验台、绝缘电阻仪等。

3. 测试方法与步骤

测试对象绕 x 轴先以 6°/s 速度转动 360°，然后以 90° 增量旋转，每隔 90° 增量保持 1h，旋转 360° 停止。观察 2h。

测试对象绕 y 轴先以 6°/s 速度转动 360°，然后以 90° 增量旋转，每隔 90° 增量保持 1h，旋转 360° 停止。观察 2h。

4. 数据处理及评价指标

① 记录试验过程中及观察期间蓄电池包/系统是否有着火、爆炸等现象。

② 记录试验前后的绝缘电阻值。

6.2.8.5 跌落

1. 测试目的

评估蓄电池包/系统发生跌落时可能出现的安全风险，从而评估样品的结构强度能否满足设计需求。

2. 测试设备

蓄电池系统充放电设备、恒温试验箱、蓄电池系统跌落试验台、绝缘电阻仪等。

3. 测试方法与步骤

测试对象以实际维修或者安装过程中最可能跌落的方向，若无法确定最可能跌落的方向，则沿 z 轴方向，从 1m 的高度处自由跌落到水泥地面，观察 2h。

4. 数据处理及评价指标

① 记录试验过程中及观察期间蓄电池包/系统是否有漏液、外壳破裂、起火或爆炸现象。

② 记录试验前后的绝缘电阻值。

6.2.8.6 底部球击

1. 测试目的

模拟蓄电池包/系统遭受底部方向障碍物冲击的情况，以验证蓄电池包/系统底部的结构强度能否满足设计需求。

2. 测试设备

蓄电池系统充放电设备、恒温试验箱、底部球击试验台、绝缘电阻仪等。

3. 测试方法与步骤

蓄电池包/系统的底部球击试验步骤见表 6-67。

表 6-67 底部球击试验步骤

序号	步骤	描述
1	初始状态确认	① 检查蓄电池包/系统外观并拍照 ② 充电至 50%SOC
2	试验过程	① 将蓄电池包/系统安装于试验夹具中，底部方向朝上 ② 压力机装配 150mm 的球体试验工装 ③ 调整压力机球体位置至需要挤压的部位，并使球体表面与箱体表面处于刚好接触的距离 ④ 开始挤压试验，设置压力机以恒定挤压速度 1mm/s 挤压蓄电池包/系统，直至挤压力达到 25kN ⑤ 重复步骤③、步骤④，依次对其他需要试验的区域进行底部球击试验。记录试验结果
3	试验后状态确认	① 检查蓄电池包/系统外观并拍照 ② 拆箱检查蓄电池包/系统内部并拍照

4. 数据处理及评价指标

① 记录试验过程中蓄电池包/系统是否有起火、爆炸等现象。

② 记录试验前后的绝缘电阻值。

③ 检查蓄电池包/系统内的单体蓄电池或模块是否发生漏液、破损、短路、漏电、连接片变形或产生位移等现象。

6.2.8.7 砂石冲击

1. 测试目的

模拟蓄电池包/系统底部涂层的抗剥落能力，并评估是否满足设计要求。

2. 测试设备

蓄电池系统充放电设备、恒温试验箱、砂石冲击试验台、绝缘电阻仪等。

3. 测试方法与步骤

蓄电池包/系统的砂石冲击试验安装示意图如图 6-20 所示。调整转台倾角，分别对喷射角 20°、45°、75° 和 90° 进行试验。每个角度喷射时间 25~30s，碎石用量 1kg。

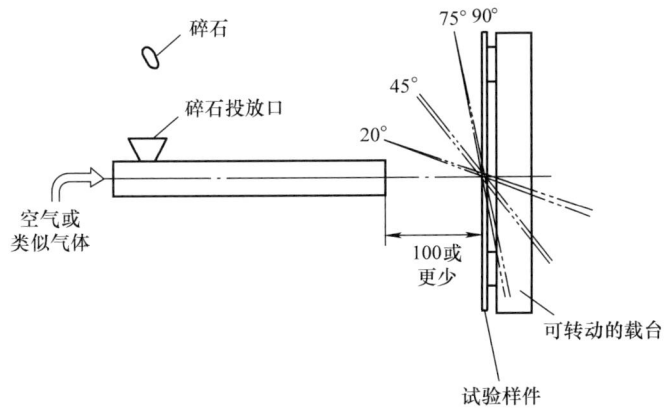

图 6-20　砂石冲击试验安装示意图

4. 数据处理及评价指标

记录蓄电池包/系统受碎石冲击部位是否有钣金裸露。

6.2.8.8 外部火烧

1. 测试目的

测试蓄电池包/系统在外部火烧时可能存在的安全风险，并评估是否满足设计要求。

2. 测试设备

蓄电池系统充放电设备、恒温试验箱、外部火烧试验台、绝缘电阻仪、风速仪等。

3. 测试方法与步骤

试验环境温度为 0℃ 以上，风速不大于 2.5km/h。

测试中，盛放汽油的平盘尺寸应超过测试对象水平投影尺寸 20cm，不超过 50cm。平盘高度不高于汽油表面 8cm。测试对象应居中放置。汽油液面与测试对象底部的距离设定为 50cm，或者为汽车空载状态下测试对象底面的离地高度。平盘底层注入水。外部火烧示意图如图 6-21 所示。

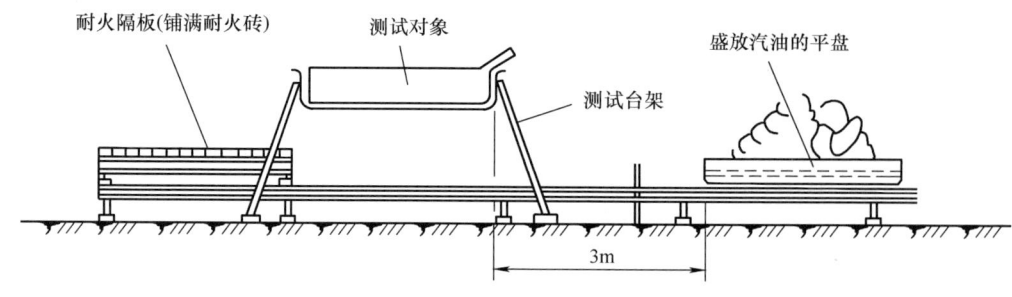

图 6-21　外部火烧示意图

外部火烧试验分为以下 4 个阶段：

① 预热：在离测试对象至少 3m 远的地方点燃汽油，经过 60s 的预热后，将油盘置于测试对象下方。如果油盘尺寸太大无法移动，可以采用移动测试对象和支架的方式。

② 直接燃烧：测试对象直接暴露在火焰下 70s。

③ 间接燃烧：将耐火隔板盖在油盘上。测试对象在该状态下测试 60s。或经双方协商同意，继续直接暴露在火焰中 60s。耐火隔板由标准耐火砖拼成，其尺寸和技术数据如图 6-22 所示。

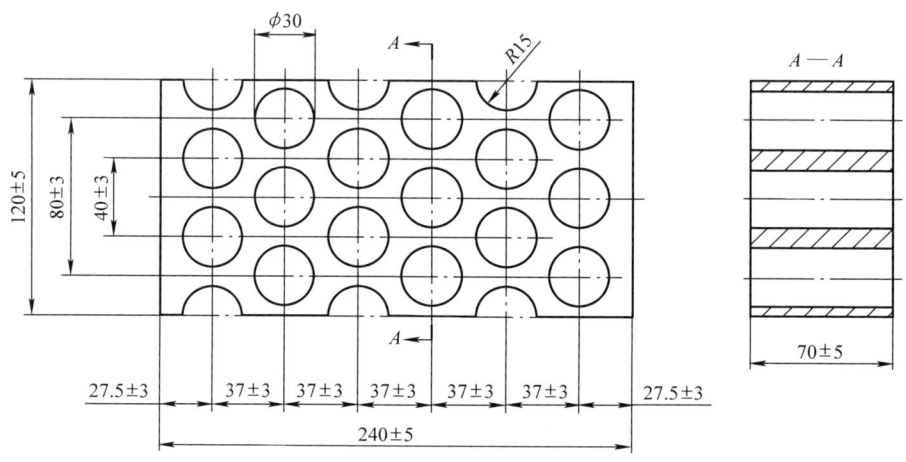

图 6-22　耐火隔板的尺寸和技术数据

说明：耐火性为 SK 30；成分为 30%~33% Al_2O_3；密度为 1900~2000kg/m^3；有效孔面积为 44.18%；开孔率为 20%~22% 体积比。

④ 离开火源：将油盘或者测试对象移开，在试验环境温度下观察 2h 或测试对象外表温度降至 45℃ 以下。

4. 数据处理及评价指标

① 记录试验过程中及观察期间蓄电池包/系统是否有起火、爆炸等现象。

② 如果有火苗，记录是否在火源移开后 2min 内熄灭。

6.2.8.9 热失控扩展

1. 测试目的

测试蓄电池包/系统在单个蓄电池发生热失控时的安全风险,并评估是否满足设计要求。

2. 测试设备

蓄电池系统充放电设备、恒温试验箱、蓄电池系统针刺试验台、加热装置、温度采集系统、绝缘电阻仪、风速仪等。

3. 测试条件

试验在环境温度为0℃以上,相对湿度为10%~90%,大气压力为86~106kPa的环境中进行。试验开始前,对测试对象的SOC进行调整。对于设计为外部充电的蓄电池包/系统,SOC调至不低于企业规定的正常SOC工作范围的95%。对于设计为仅可通过汽车能源进行充电的蓄电池包/系统,SOC调至不低于企业规定的正常SOC工作范围的90%。试验开始前,所有的试验装置应正常运行。试验应尽可能少地对测试样品进行改动,企业需提交所做改动的清单。试验应在室内环境或者风速不大于2.5km/h的环境下进行。

4. 测试方法与步骤

热失控触发对象:测试对象中的单体蓄电池。选择蓄电池包/系统内靠近中心位置,或者被其他单体蓄电池包围的单体蓄电池。

1)针刺触发热失控方法:针刺材料为钢;刺针直径为3~8mm;针尖形状为圆锥形,角度为20°~60°;针刺速度为0.1~10mm/s;针刺位置及方向为选择能触发单体蓄电池发生热失控的位置和方向(例如,垂直于极片的方向)。

2)加热触发热失控方法:使用平面状或者棒状加热装置,并且其表面应覆盖陶瓷、金属或绝缘层。对于尺寸与单体蓄电池相同的块状加热装置,可用该加热装置代替其中一个单体蓄电池,与触发对象的表面直接接触;对于薄膜加热装置,则应将其始终附着在触发对象的表面;加热装置的加热面积都应不大于单体蓄电池的表面积;将加热装置的加热面与单体蓄电池表面直接接触,加热装置的位置应与规定的温度传感器的位置相对应;安装完成后,应在24 h内起动加热装置,以加热装置的最大功率对触发对象进行加热;加热装置的功率选择见表6-68;当发生热失控或者对应的温度传感器温度达到300℃时,停止触发。

表6-68 加热装置功率选择

测试对象电能 E/W·h	加热装置最大功率/W
$E<100$	30~300
$100 \leq E<400$	300~1000
$400 \leq E<800$	300~2000
$E \geq 800$	>600

3)推荐的监控点布置方案:监测电压或温度,应使用原始的电路或追加新增的测试用电路。温度数据的采样间隔应小于1s,准确度要求为±2℃。针刺触发时,温度传感器的位置应尽可能接近短路点,也可使用针的温度(针刺触发时温度传感器的布置位置示意图如图6-23所示)。加热触发时,温度传感器布置在远离热传导的一侧,即安装在加热装

置的对侧（图6-24）。

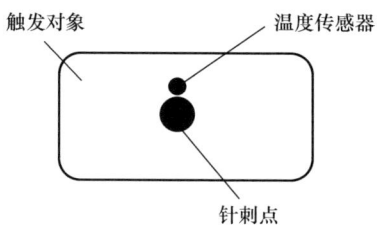

图6-23 针刺触发时温度传感器的布置位置示意图

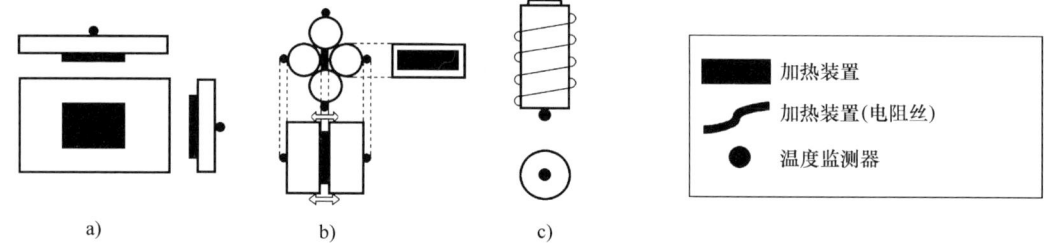

图6-24 加热触发时温度传感器的布置位置示意图
a）硬壳及软包电池 b）圆柱形电池Ⅰ c）圆柱形电池Ⅱ

4）推荐的发生热失控的判定条件：

① 试验对象产生电压降，且下降值超过初始电压的25%。

② 监测点温度达到蓄电池生产企业规定的最高工作温度。

③ 监测点的温升速率 $dT/dt \geq 1℃/s$，且持续3s以上。

当①和③或者②和③发生时，判定发生热失控。

5. 数据处理及评价指标

① 如果采用推荐的方法作为热失控触发方法，且未发生热失控，为了确保热扩散不会导致汽车乘员危险，需证明采用如上两种推荐方法均不会发生热失控。

② 如果发生热失控，记录热事故报警信号发出后试验对象外部发生起火或爆炸的时间（以先发生者为准），该时间应不低于5min。

6.2.8.10 浸水安全

1. 测试目的

测试蓄电池包/系统在浸水情况下可能存在的安全风险，并评估是否满足设计要求。

2. 测试设备

蓄电池系统充放电设备、恒温试验箱、海水浸泡试验箱、绝缘电阻仪等。

3. 测试方法与步骤

测试对象按照整车连接方式连接好线束、接插件等零部件，选择以下两种方式中的一种进行试验。

① 测试对象以实车装配方向置于3.5%氯化钠溶液（质量分数）中2h，水深要足以淹没测试对象。

② 测试对象参照 GB/T 4208—2017[12] 中 14.2.7 所述方法和流程进行试验。测试对象按照企业规定的安装状态全部浸入水中。对于高度小于 850mm 的测试对象，其最低点应低于水面 1000mm；对于高度等于或大于 850mm 的测试对象，其最高点应低于水面 150mm。试验持续时间 30min。水温与测试对象温差不大于 5℃。

将蓄电池包 / 系统取出水面，在试验环境温度下静置观察 2h。

4. 数据处理及评价指标

按照方式①进行试验，应记录蓄电池包 / 系统在试验过程中及试验后观察期间是否有起火、爆炸等现象。

按照方式②进行试验，应记录蓄电池包 / 系统试验后的绝缘电阻值，是否满足 IPX7 要求，是否存在泄漏、外壳破裂、起火或爆炸等现象。

6.3 解析试验

动力蓄电池解析试验主要是针对无标签或不可直接从标签上获得动力蓄电池相关信息的测试评价工作，例如梯次利用的动力蓄电池，其单体蓄电池或蓄电池模块可以参考 GB/T 34015—2017《车用动力电池回收利用 余能检测》[13] 进行部分参数的解析；对于无标签或不可直接从标签上获得相关信息的蓄电池包 / 系统，则需要对部分 CAN 通信信息和部分传感器信息进行必要的解析，以便开展后续的针对蓄电池包 / 系统的测试评价工作。

动力蓄电池解析试验项目汇总见表 6-69。

表 6-69 动力蓄电池解析试验项目汇总

序号	电池层级	试验项目	试验标准	试验方法章条号
1	单体蓄电池 / 模块	基本参数测量	本手册	6.3.1.1
2	单体蓄电池 / 模块	蓄电池类型解析	本手册	6.3.1.2
3	单体蓄电池 / 模块	标称电压测量	本手册	6.3.1.3
4	单体蓄电池 / 模块	实际容量测量	本手册	6.3.1.4
5	单体蓄电池 / 模块	能量型 / 功率型区分方法	本手册	6.3.1.5
6	蓄电池包 / 系统	CAN 通信信息解析	本手册	6.3.2
7	蓄电池包 / 系统	电压传感器信号解析	本手册	6.3.3.1
8	蓄电池包 / 系统	电流传感器信号解析	本手册	6.3.3.2
9	蓄电池包 / 系统	温度传感器信号解析	本手册	6.3.3.3

6.3.1 基本信息解析

6.3.1.1 基本参数测量

（1）外观

试验方法：在良好的光线条件下，用目测法检查动力蓄电池的外观。

试验结果：如果外观有变形、裂纹、漏液等情况，不应对其进行解析试验。

（2）极性

试验方法：用电压表检测动力蓄电池的极性。

试验结果：端子极性标识应正确、清晰。

（3）外形尺寸

试验方法：用量具测量动力蓄电池的外形尺寸，并记录数据。

试验结果：外形尺寸应符合企业提供的产品技术条件（如果有）。

（4）质量

试验方法：用衡器测量动力蓄电池的质量，并记录数据。

试验结果：质量应符合企业提供的产品技术条件（如果有）。

（5）串并联数

试验方法：用目测法确定动力蓄电池的串并联数量（必要时可拆开动力蓄电池的外壳），并记录数据。

试验结果：串并联数应符合企业提供的产品技术条件（如果有）。

（6）静态电压

试验方法：用电压表测量动力蓄电池的静态电压（对蓄电池模块内的单体蓄电池电压也需一一测量），并分别记录数据。

试验结果：静态电压应在动力蓄电池的工作电压范围内（如果有）。

一般情况下，各类型动力单体蓄电池的工作电压范围如下。

① 镍氢蓄电池，工作电压范围 0.9~1.4V，标称电压 1.2V。

② 钛酸锂电池，工作电压范围 1.5~2.7V，标称电压 2.3V。

③ 磷酸铁锂电池，工作电压范围 2.5~3.65V，标称电压 3.2V。

④ 锰系/钴系/三元材料等电池，工作电压范围 3.0~4.1V，标称电压 3.6~3.7V。

6.3.1.2 蓄电池类型解析

1. 适用范围

适用于单体蓄电池、模块。

2. 测试设备

单体蓄电池充放电设备、蓄电池模块充放电设备、万用表等。

3. 测试方法与步骤

用电压表测量动力蓄电池的静态电压，根据静态电压的范围，初步判断动力蓄电池的类型。

一般情况下，镍氢蓄电池、钛酸锂电池、磷酸铁锂电池之间不会出现静态电压重合的情况，据此可以有效区分出镍氢蓄电池和钛酸锂电池的类型。

对于磷酸铁锂电池与锰系/钴系/三元材料等电池，由于其工作电压范围在 3.0~3.65V 之间存在重合的情况，需要采用以下方法进行区分（其中测试电流采用 6.3.1.3 节表 6-70 中的首次充放电电流）。

1）电池内阻法：取动力单体蓄电池在 3.1~3.5V 之间的 10s 充电和放电内阻作为基本内阻，然后间隔 0.1V 电压梯度依次向上和向下调整单体蓄电池的静态电压，并测试其 10s

充电和放电内阻，当发现其内阻大于 1.5 倍基本内阻时停止试验。根据单体蓄电池的实际工作电压范围判断蓄电池的类型。

① 基本内阻的测试：测试动力单体蓄电池在 3.1~3.5V 之间的 10s 充电和放电内阻（每间隔 0.1V 测试一次，每次调整电压时采用目标电压 +0.05V 恒流充电，或者目标电压 -0.05V 恒流放电，充放电后静置 10min）。取 5 次试验数值的平均值作为动力单体蓄电池的充电／放电基本内阻。

② 充电截止电压的测试：从 3.6V 开始，步长 +0.1V，测试单体蓄电池的 10s 充电内阻，直到实际的单体蓄电池 10s 充电内阻大于 1.5 倍基本充电内阻时停止试验。

③ 放电截止电压的测试：从 3.1V 开始，步长 -0.1V，测试单体蓄电池的 10s 放电内阻，直到实际的单体蓄电池 10s 放电内阻大于 1.5 倍基本放电内阻时停止试验。

④ 实际工作电压范围的判定：根据单体蓄电池的充电截止电压和放电截止电压的数值，可以确定单体蓄电池的实际工作电压范围。

2）恒压充放电法：取动力单体蓄电池在 3.1~3.5V 之间的恒压充放电到截止电流的时间和恒压充放电的容量数值作为基准，然后间隔 0.1V 电压梯度依次向上和向下调整单体蓄电池的充放电目标电压并测试其恒压充放电的容量数值，与基准数值进行比较，判断是否达到单体蓄电池的充放电截止条件，并据此判断蓄电池的类型。

3）综合解析法：结合电池内阻法和恒压充放电法，即同时测试单体蓄电池的恒压充放电容量和 10s 充放电内阻，向上和向下寻找单体蓄电池的充放电截止条件，并据此判断蓄电池的类型。

6.3.1.3 标称电压测量

1. 适用范围

适用于单体蓄电池、模块。

2. 测试设备

单体蓄电池充放电设备、蓄电池模块充放电设备、万用表等。

3. 测试方法与步骤

用电压表测量动力蓄电池的静态电压，根据静态电压的范围，初步判断动力蓄电池的类型（磷酸铁锂电池、锰系／钴系／三元材料等电池之间的判定方式参考 6.3.1.2 节）。

根据动力蓄电池质量确定的首次充放电电流见表 6-70。

表 6-70 首次充放电电流

电池类型	I_c/A		I_m/A	
	有标签	无标签	有标签	无标签
软包锂离子动力蓄电池	$I_c=C_n/5$ 或 $I_c=W_n/5U$	$I_c=0.0066×m+0.8321$	$I_m=C_n/5$ 或 $I_m=W_n/5U$	$I_m=n_1I_c$
钢壳、铝壳或塑料壳锂离子动力蓄电池	$I_c=C_n/5$ 或 $I_c=W_n/5U$	$I_c=0.0070×m-0.6656$	$I_m=C_n/5$ 或 $I_m=W_n/5U$	$I_m=n_1I_c$
金属氢化物镍动力蓄电池	$I_c=C_n/5$ 或 $I_c=W_n/5U$	$I_c=0.0108×m-0.0757$	$I_m=C_n/5$ 或 $I_m=W_n/5U$	$I_m=n_1I_c$

注：n_1 为模块中并联单体蓄电池数量。

根据动力蓄电池类型确定其充放电截止电压（或根据6.3.1.2节试验方法进行测定）。

按以下方法测试动力蓄电池的放电容量和放电能量，并将动力蓄电池的放电能量除以放电容量，便得到动力蓄电池的标称电压。

对于动力单体蓄电池：

① 室温下，单体蓄电池先以 I_c 电流放电至放电终止电压，搁置 30min。

② 以 I_c 电流恒流充电至充电终止电压时转恒压充电，至充电终止电流降至 $0.25I_c$ 时停止充电。充电后搁置 30min。

③ 室温下，单体蓄电池以 I_c 电流放电，直到放电至放电终止电压。

④ 计量放电容量（单位为 A·h）和放电能量（单位为 W·h）。

⑤ 重复步骤①~步骤③ 5次，当连续3次放电容量试验结果的极差小于平均值的3%，可提前结束试验，取最后3次试验结果平均值。

对于动力蓄电池模块：

① 室温下，蓄电池模块先以 I_m 电流放电至任一单体蓄电池电压达到放电终止电压，搁置 30min。

② 以 I_m 电流恒流充电至单体蓄电池充电终止电压的 n_2（表示模块中并联电池单体数量）倍时转恒压充电，至充电终止电流降至 $0.25I_m$ 时停止充电。若充电过程中有单体蓄电池电压超过充电终止电压 0.1V 时则停止充电。充电后搁置 30min。

③ 室温下，蓄电池模块以 I_m 电流放电，直到任一单体蓄电池电压达到放电终止电压。

④ 计量放电容量（单位为 A·h）和放电能量（单位为 W·h）。

⑤ 重复步骤①~步骤③ 5次，当连续3次放电容量试验结果的极差小于平均值的3%，可提前结束试验，取最后3次试验结果平均值。

6.3.1.4 实际容量测量

如果企业提供了产品技术条件，或者有产品的铭牌信息，则直接读取相关数据作为动力蓄电池的额定容量。

如果没有上述信息，可根据6.3.1.3节测试出来的动力蓄电池放电容量，对其向下取整后的数值即可作为动力蓄电池的额定容量（对于不大于10的数值，可以保留一位小数向下取整）。

6.3.1.5 能量型/功率型区分方法

根据6.3.1.3节测试出来的动力蓄电池放电容量，除以动力蓄电池的质量得到动力蓄电池的能量密度，与表6-71能量型/功率型动力蓄电池能量密度中的对应数值进行比较，据此确定为能量型或功率型动力蓄电池（必要时可对功率型动力蓄电池用倍率放电性能进行验证）。

表 6-71　能量型 / 功率型动力蓄电池能量密度

蓄电池类型	能量密度范围 /(W·h/kg)	
	磷酸铁锂电池	锰系 / 钴系 / 三元材料等电池
能量型	110~160	150~230
功率型	< 110	< 150

注：镍氢蓄电池和钛酸锂电池均为功率型电池。

6.3.2　CAN 通信信息解析

CAN 通信信息的解析主要分为 CAN 拓扑结构、CAN 通信速率、CAN 通信数据格式等解析。

CAN 拓扑结构的解析：动力蓄电池包 / 系统的 CAN 拓扑结构一般分为一体式结构和主从式结构。一体式结构则会通过 CAN 网络向外部发出最高 / 最低单体电压、最高 / 最低温度、总电压、总电流等信号。

主从式结构比较复杂，可以采用冗余总线法对其 CAN 拓扑结构进行解析。其中在动力蓄电池包 / 系统的内部 CAN 网络上一般会传输每个单体蓄电池的电压、每个温度传感器的温度等信号；在外部 CAN 网络上一般会发出最高 / 最低单体电压、最高 / 最低温度、总电压、总电流等信号。

一般主从式动力蓄电池系统 CAN 网络拓扑结构如图 6-25 所示。

CAN 通信速率一般为 500kbit/s、250kbit/s 或者 125kbit/s，将 CANoe 采集软件的速率参数分别设置为上述值，只要在某一个速率值上能够正常采集 CAN 通信数据，则可以确定该数值为 CAN 通信速率。

CAN 通信数据格式一般分为 Intel 格式和 Motorola 格式，可以将 CAN dbc 数据库中的格式分别设置为 Intel 格式和 Motorola 格式中的某一种，观察采集到数据的连续性和合理性，并据此确定 CAN 通信数据的格式。

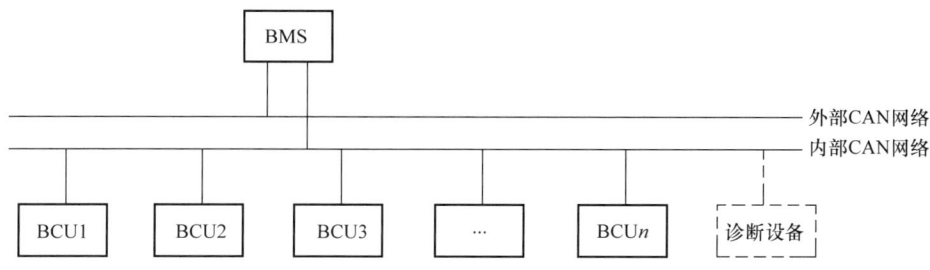

图 6-25　主从式动力蓄电池系统 CAN 网络拓扑结构

6.3.3　传感器信号解析

传感器的主要功用是把非电量信号转换成电量信号，或者将物理量、电量、化学量的信息转换成电控单元（ECU）能够理解的信号。

用于电动汽车动力蓄电池的传感器主要有温度、电流、电压等传感器，以下是对该类传感器信号的解析方法。

6.3.3.1 电压信号

在采集的 CAN 通信信号中识别出动力单体蓄电池的电压信号，该类信号的数量很多且信号之间的数值差别很小。

为便于计算单体蓄电池电压信号的比例因子 $V_{\text{c-factor}}$ 和偏移量 $V_{\text{c-offset}}$，设计试验流程如下。

① 采用充放电设备将动力蓄电池包/系统放电到其放电截止条件，静置 10min 后采集一组 CAN 通信信号，并在其中分散选取 10 个总线信号，取其平均值为 $V_{\text{l 总线}}$。

② 用电压表在动力蓄电池包/系统中分散选取 10 只单体蓄电池并测量和记录其静态电压，取其平均值为 $V_{\text{l 物理}}$。

③ 采用充放电设备将动力蓄电池包/系统充电到其充电截止条件，静置 10min 后采集一组 CAN 通信信号，并在其中分散选取 10 个总线信号，取其平均值为 $V_{\text{h 总线}}$。

④ 用电压表在动力蓄电池包/系统中分散选取 10 只单体蓄电池并测量和记录其静态电压，取其平均值为 $V_{\text{h 物理}}$。

一般情况下，信号物理值与总线值之间的关系如下：

$$\text{信号物理值} = \text{信号总线值} \times \text{factor} + \text{offset} \tag{6-32}$$

根据上述试验流程采集的 4 组信号，设计计算公式如下：

$$V_{\text{l 物理}} = V_{\text{l 总线}} V_{\text{c-factor}} + V_{\text{c-offset}} \tag{6-33}$$

$$V_{\text{h 物理}} = V_{\text{h 总线}} V_{\text{c-factor}} + V_{\text{c-offset}} \tag{6-34}$$

据此可以计算单体蓄电池电压信号的比例因子 $V_{\text{c-factor}}$ 和偏移量 $V_{\text{c-offset}}$ 数值，并对该数值按其有效位进行圆整。

结果验证：根据解析出的单体蓄电池电压信号 CAN 总线值与物理值之间的转换参数 $V_{\text{c-factor}}$ 和偏移量 $V_{\text{c-offset}}$ 数值，制作相关的 CAN dbc 数据库并加载到 CANoe 等数据采集软件中，运行数据采集软件便可以直接读取单体蓄电池电压信号的物理值。通过充放电设备对动力蓄电池包/系统进行充放电，通过 CANoe 软件读取不同 SOC 条件下的单体蓄电池电压值，并与万用表读取的真实数据进行对比，其数值之间的差异应该在一个很小的比值范围内。

6.3.3.2 电流信号

在采集的 CAN 通信信号中识别出动力蓄电池的电流信号，该类信号一般随着充放电设备的电流变化而变化。

为便于计算动力蓄电池电流信号的比例因子 I_{factor} 和偏移量 I_{offset}，设计试验流程如下。

① 采用充放电设备对动力蓄电池系统进行恒流充电试验，读取 CAN 总线电流值为 $I_{\text{cha 总线}}$。

② 读取充放电设备显示的充电电流物理值为 $I_{\text{cha 物理}}$。

③ 采用充放电设备对动力蓄电池系统进行恒流放电试验，读取 CAN 总线电流值为 $I_{\text{dch 总线}}$。

④ 读取充放电设备显示的放电电流物理值为 $I_{\text{dch 物理}}$。

一般情况下，信号物理值与总线值之间的关系如下：

$$\text{信号物理值} = \text{信号总线值} \times \text{factor} + \text{offset} \tag{6-35}$$

根据上述试验流程采集的 4 组信号，设计计算公式如下：

$$I_{\text{cha 物理}} = I_{\text{cha 总线}} I_{\text{factor}} + I_{\text{offset}} \tag{6-36}$$

$$I_{\text{dch 物理}} = I_{\text{dch 总线}} I_{\text{factor}} + I_{\text{offset}} \tag{6-37}$$

据此可以计算动力蓄电池电流信号的比例因子 I_{factor} 和偏移量 I_{offset} 数值，并对该数值按其有效位进行圆整。

结果验证：根据解析出的动力蓄电池电流信号 CAN 总线值与物理值之间的转换参数 I_{factor} 和偏移量 I_{offset} 数值，制作相关的 CAN dbc 数据库并加载到 CANoe 等数据采集软件中，运行数据采集软件便可以直接读取动力蓄电池电流信号的物理值。通过充放电设备对动力蓄电池系统进行充放电，通过 CANoe 软件读取不同充放电倍率下的电流数值，并与充放电设备的电流显示数据进行对比，其数值之间的差异应该在一个很小的比值范围内。

6.3.3.3 温度信号

在采集的 CAN 通信信号中识别出动力蓄电池的温度信号，该类信号的数量较多且信号之间的数值差别很小。

为便于计算动力蓄电池温度信号的比例因子 T_{factor} 和偏移量 T_{offset}，设计试验流程如下。

① 将动力蓄电池包/系统放进温度箱中，调整温度箱到低温恒温状态（一般可以设定为 0℃），静置 12h 后采集一组 CAN 通信信号，并在其中分散选取 5 个总线信号，取其平均值为 $T_{\text{l 总线}}$。

② 读取温度箱显示的低温数值为 $T_{\text{l 物理}}$。

③ 调整温度箱到高温恒温状态（一般可以设定为 40℃），静置 5h 后采集一组 CAN 通信信号，并在其中分散选取 5 个总线信号，取其平均值为 $T_{\text{h 总线}}$。

④ 读取温度箱显示的高温数值为 $T_{\text{h 物理}}$。

一般情况下，信号物理值与总线值之间的关系如下：

$$\text{信号物理值} = \text{信号总线值} \times \text{factor} + \text{offset} \tag{6-38}$$

根据上述试验流程采集的 4 组信号，设计计算公式如下：

$$T_{\text{l 物理}} = T_{\text{l 总线}} T_{\text{factor}} + T_{\text{offset}} \tag{6-39}$$

$$T_{\text{h 物理}} = T_{\text{h 总线}} T_{\text{factor}} + T_{\text{offset}} \tag{6-40}$$

据此可以计算动力蓄电池温度信号的比例因子 T_{factor} 和偏移量 T_{offset} 数值，并对该数值按其有效位进行圆整。

结果验证：根据解析出的动力蓄电池温度信号 CAN 总线值与物理值之间的转换参数 T_{factor} 和偏移量 T_{offset} 数值，制作相关的 CAN dbc 数据库并加载到 CANoe 等数据采集软件中，运行数据采集软件便可以直接读取动力蓄电池温度信号的物理值。调整温度箱的温度目标值并静置一段时间，通过 CANoe 软件读取不同温度下的数值，并与温度箱的显示值进行对比（注意对于封闭的动力蓄电池包/系统，其内部温度的变化是一个渐进的过程），其数值之间的差异应该在一个很小的比值范围内。

6.4 展望

动力蓄电池主流技术的发展经历了镍氢蓄电池、磷酸铁锂电池和三元材料锂电池阶段。在车用动力蓄电池领域，锂离子蓄电池已经成为主流，目前国际主流动力蓄电池企业主要电池类型基本为磷酸铁锂和三元材料锂电池。在国内市场，磷酸铁锂和三元材料锂电池同样是车用动力蓄电池的主流，2016年和2017年装机容量分别占市场总量的94.5%和93.3%。

从新电池技术布局来看，固态电池具有技术优势，能够解决当前产业面临的许多问题（如能量密度偏低、热分解温度低、易燃烧爆炸等），国内外企业争先布局并取得了技术突破，但从产业发展来看，固态电池现处于行业积累期，还有技术和产业配套诸多问题亟待解决。

电池企业在提升现有技术路线产品性能的同时，也应该积极布局下一代动力蓄电池的研发，以便在下一轮竞争中占据主导权。

伴随着动力蓄电池技术的不同发展阶段，动力蓄电池的测试评价方法经历了2006年版QC/T标准、2015年版GB/T标准和正在制定的GB和GB/T标准阶段，现行有效的标准为2015年版的GB/T标准。

2006年版标准主要有QC/T 743—2006《电动汽车用锂离子蓄电池》[14]和QC/T 744—2006《电动汽车用金属氢化物镍蓄电池》[15]这两个针对单体蓄电池和蓄电池模块的标准，其中电性能试验主要集中在单体蓄电池上，同时考核单体蓄电池和蓄电池模块的安全性能。没有推出针对蓄电池包/系统的标准。

2015年版标准主要有针对单体蓄电池和蓄电池模块的标准GB/T 31484—2015[1]（循环寿命）、GB/T 31485—2015[2]（安全要求）和GB/T 31486—2015[3]（电性能），以及针对蓄电池包/系统的标准GB/T 31467.1—2015[4]（功率型）、GB/T 31467.2—2015[5]（能量型）和GB/T 31467.3—2015[6]（安全性能）。其间在2011年推出了针对BMS的标准QC/T 897—2011[7]。

2015年版针对单体蓄电池和蓄电池模块的标准，其中电性能试验主要集中在蓄电池模块上，同时考核单体蓄电池和蓄电池模块的安全性能，与2006年版标准相比在电性能试验对象上发生了改变。

目前正在制定的标准主要有GB标准《电动汽车用锂离子动力蓄电池安全要求》和GB/T标准《电动汽车用电池管理系统技术条件》，其中GB标准涵盖了单体蓄电池和蓄电池包/系统的安全试验方法和符合性判定条件，没有涉及蓄电池模块的试验项目。

新的GB和GB/T标准推出后，将代替现行有效的GB/T 31485—2015[2]、GB/T 31467.3—2015[6]和QC/T 897—2011[7]。

为适应动力蓄电池技术的发展，新型的动力蓄电池测试设备和测试评价方法也将相继出现。针对单体蓄电池的充放电设备，其电压有升高的趋势；针对蓄电池包/系统的充放电设备将向超大功率、超低能耗方面发展；针对动力蓄电池安全和寿命的测试评价方法也将日趋成熟，用于蓄电池管理系统的硬件在环、部件在环等测试评价方法也将陆续出现和发展成熟。

参考文献

[1] 全国汽车标准化技术委员会. 电动汽车用动力蓄电池循环寿命要求及试验方法：GB/T 31484—2015 [S]. 北京：中国标准出版社，2015.

[2] 全国汽车标准化技术委员会. 电动汽车用动力蓄电池安全要求及试验方法：GB/T 31485—2015 [S]. 北京：中国标准出版社，2015.

[3] 全国汽车标准化技术委员会. 电动汽车用动力蓄电池电性能要求及试验方法：GB/T 31486—2015[S]. 北京：中国标准出版社，2015.

[4] 全国汽车标准化技术委员会. 电动汽车用锂离子动力蓄电池包和系统 第1部分：高功率应用测试规程：GB/T 31467.1—2015 [S]. 北京：中国标准出版社，2015.

[5] 全国汽车标准化技术委员会. 电动汽车用锂离子动力蓄电池包和系统 第2部分：高能量应用测试规程：GB/T 31467.2—2015 [S]. 北京：中国标准出版社，2015.

[6] 全国汽车标准化技术委员会. 电动汽车用锂离子动力蓄电池包和系统 第3部分：安全性要求与测试方法：GB/T 31467.3—2015 [S]. 北京：中国标准出版社，2015.

[7] 全国汽车标准化技术委员会. 电动汽车用电池管理系统技术条件：QC/T 897—2011 [S]. 北京：中国计划出版社，2011.

[8] 全国汽车标准化技术委员会. 电动汽车 能量消耗率和续驶里程 试验方法：GB/T 18386—2017 [S]. 北京：中国标准出版社，2017.

[9] 全国汽车标准化技术委员会. 道路车辆 电气及电子设备的环境条件和试验 第4部分：气候负荷：GB/T 28046.4—2011 [S]. 北京：中国标准出版社，2011.

[10] 全国电工电子产品环境条件与环境试验标准化技术委员会. 电工电子产品环境试验 第2部分：试验方法 试验Ka：盐雾：GB/T 2423.17—2008 [S]. 北京：中国标准出版社，2008.

[11] 全国电工电子产品环境条件与环境试验标准化技术委员会. 电工电子产品环境试验 第2部分：试验方法 振动、冲击和类似动力学试验样品的安装：GB/T 2423.43—2008 [S]. 北京：中国标准出版社，2008.

[12] 全国电气安全标准化技术委员会. 外壳防护等级（IP代码）：GB/T 4208—2017 [S]. 北京：中国标准出版社，2017.

[13] 全国汽车标准化技术委员会. 车用动力电池回收利用余能检测：GB/T 34015—2017 [S]. 北京：中国标准出版社，2017.

[14] 全国汽车标准化技术委员会. 电动汽车用锂离子蓄电池：QC/T 743—2006 [S]. 北京：中国计划出版社，2006.

[15] 全国汽车标准化技术委员会. 电动汽车用金属氢化物镍蓄电池：QC/T 744—2006[S]. 北京：中国计划出版社，2006.

第7章 燃料电池堆与系统测试评价

燃料电池堆与燃料电池系统是燃料电池汽车相对独立的体系,也是整车厂可以从供应商处采购到的产品。燃料电池堆通常是由数百个单电池和其他必要的结构件,如集流板、端板、密封件等组成的具有统一电输出的组合体。燃料电池系统是指由燃料电池模块和必要的辅助部件组成的一个完整的可稳定运行的发电系统,辅助系统通常包括氧化剂供给系统、燃料供给系统、水热管理系统与控制子系统等。

无论从制造和采购角度,都需要通过测试环节对燃料电池堆与燃料电池系统的产品参数进行标定与验证;此外,也可以通过测试对已使用的燃料电池堆与燃料电池系统进行性能及安全性评估。本章分为两部分内容,分别为燃料电池堆测试与燃料电池系统测试。燃料电池堆测试部分包括燃料电池堆参数测试、安全性测试、性能测试、低温储存与起动测试、冲击振动测试、测试实例;燃料电池系统测试部分包括燃料电池系统测试准备、稳态性能测试、起动特性测试、动态特性测试、安全性测试。本章内容主要适用于以氢气为燃料、空气为氧化剂的车用质子交换膜燃料电池堆与系统,其他反应气体、其他种类的燃料电池、其他用途场合,由于具有不同参数与结构,在参考本部分测试方法时应注意区分。另外,本章测试不涉及测试顺序,用户可根据产品检测的具体规定进行测试内容选项及测试顺序选取。

7.1 测试对象

7.1.1 燃料电池堆

燃料电池堆由膜电极(MEA)、双极板层叠而成,如图 7-1 所示。MEA 为燃料电池堆的核心部件，包括质子交换膜、阴/阳极催化层和扩散层。质子交换膜为氢质子的传输介质，阴、阳极催化层分别为氧化剂还原和燃料氧化的电化学反应场所，扩散层起着收集电流、支撑催化层、传递反应气和产物水的作用。双极板是燃料电池堆的关键部件之一，起着均匀分配燃料和氧化剂、实现电堆内各单电池间电的连接、支撑电堆、收集并导出电流、阻隔反应气体等功能。通常双极板中同时设有冷却液流场，允许冷却液循环流经各片双极板，带走电堆工作所产生的废热，维持电堆温度。双极板与膜电极之间的密封元件起到防止流体外漏及流体之间互窜的密封作用，端板与螺栓用于电池堆结构的固定，也可用金属绑带或拉板等紧固装置代替螺栓。

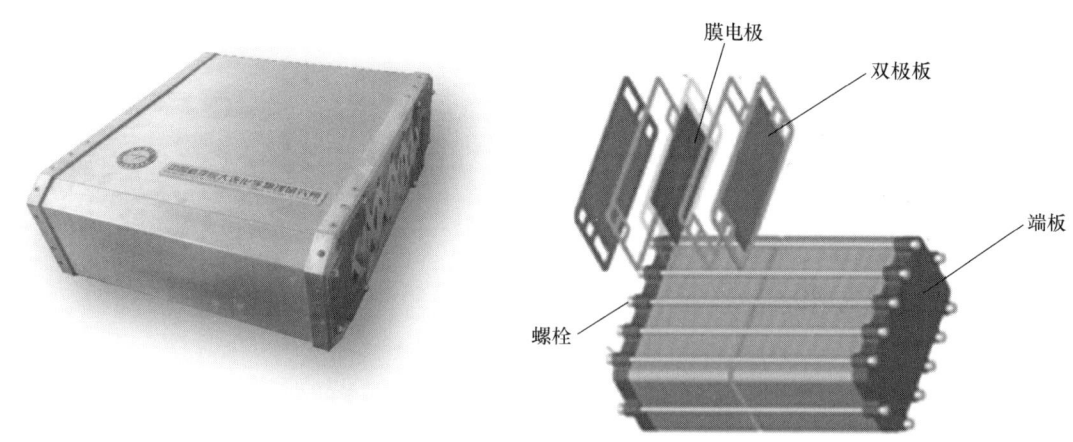

图 7-1　燃料电池堆及组成

7.1.2　燃料电池系统

燃料电池系统作为燃料电池汽车的主要动力源，负责向车辆驱动系统提供所需的主要能量，它包括燃料电池堆和辅助系统两部分。

燃料电池系统结构如图 7-2 所示。主要包括燃料电池堆和辅助系统。辅助系统主要包括空气供应子系统、氢气控制子系统（氢瓶不属于这个子系统，在此为了系统完整性，加上了此部分）、水热管理系统、控制系统等。空气供应子系统主要是向燃料电池堆提供所需的合适的空气；氢气控制子系统可对由储氢、供氢系统供应至燃料电池堆的氢气进行合理的控制（包括氢气循环利用等）；水热管理系统主要是保障燃料电池系统的温湿度平衡，提供必要的加热及散热；控制系统主要是协调燃料电池系统正常工作，并检测燃料电池系统状态。

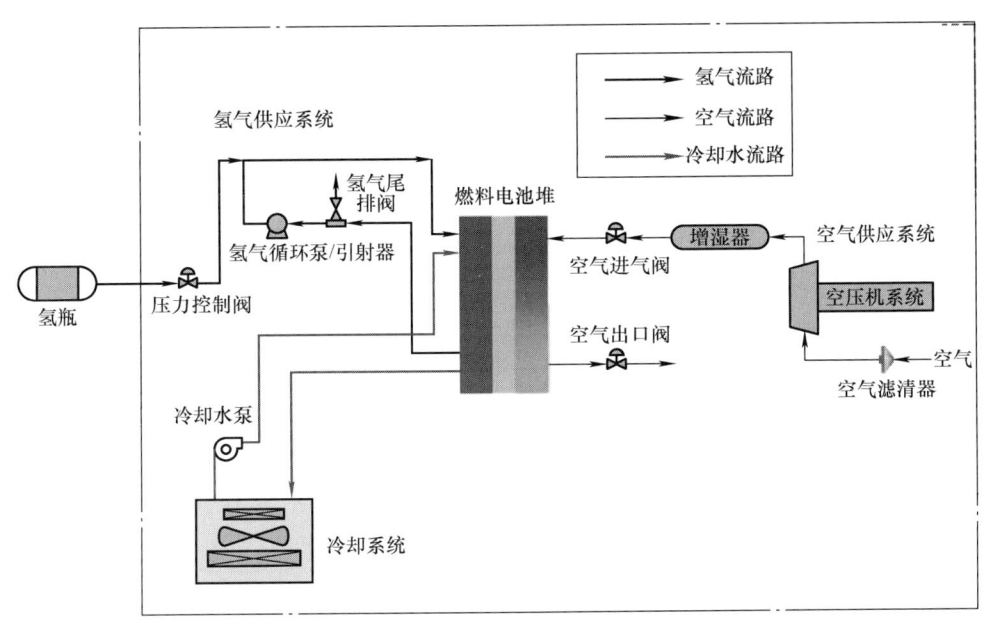

图 7-2 燃料电池系统结构图

7.2 燃料电池堆参数确认与测量

1. 测试目的

确认燃料电池堆的基本参数,核对测试对象的完整性及测试仪器、台架与测试参数范围的匹配性。

2. 测试设备

量具、衡器等。

3. 依据标准

GB/T 33978—2017《道路车辆用质子交换膜燃料电池模块》[1]。

4. 测试方法与步骤

① 外观检查:测试之前进行外观检查,若有明显的破损、划痕,标签、标识损坏等需要与供应商确认。

② 极性确认:根据供应商的标识,确认燃料电池堆正、负极输出端子,并进行明显标识。

③ 体积测量:对燃料电池堆实际尺寸进行测量,计算燃料电池堆体积。

④ 质量测量:对燃料电池堆称重(干态、不含冷却液),记录燃料电池堆质量。

⑤ 其他参数确认。与燃料电池堆供应商确认膜电极活性面积、燃料电池堆单电池节数、额定功率、峰值功率(或最大加载电流)、操作温度、操作压力、湿度、氢气/空气化学计量比(确认最大流量)等。

5. 数据处理及评价指标

燃料电池堆常用的基本参数见表 7-1。

表 7-1 燃料电池堆基本参数

参数	单位	测量值	确认方式
体积	L		实测或供应商提供
质量	kg		实测或供应商提供
单片电极活性面积	cm^2		供应商提供
燃料电池堆节数	节		供应商提供
电压范围	V		供应商提供
电流范围	A		供应商提供
额定功率	kW		供应商提供
峰值功率	kW		供应商提供
操作温度	℃		供应商指定测量点
操作压力	MPa		供应商指定测量点
阳极增湿度要求	RH		供应商指定测量点
阴极增湿度要求	RH		供应商指定测量点
氢气计量比	—		供应商指定
空气计量比	—		供应商指定

7.3 燃料电池堆安全性测试

安全性是保证电池堆正常运行的关键。对于氢燃料电池堆，安全性主要包括氢安全与电安全，对应的测试包括燃料电池堆气密性测试、绝缘电阻测试等。

7.3.1 气密性测试

1. 测试目的

测试燃料电池堆的密封情况，通常测试三类气密性。

① 燃料电池堆整体气密性测试：测试的是燃料电池堆各腔体介质到外界环境的泄漏量。

② 氢气泄漏量测试：测试的是氢气由阳极腔到电池堆外、空气腔（阴极腔）和冷却剂腔的泄漏量之和。

③ 燃料电池堆各腔体窜气量测试：测试的是氢气腔（即阳极腔）、空气腔（即阴极腔）、冷却剂腔介质相互之间的窜气量。

2. 测试设备

燃料电池堆气密性测试装置（可自制或定制）、压力表、气体流量计，皂膜流量计等。

3. 依据标准

GB/T 20042.2—2008《质子交换膜燃料电池堆 通用技术条件》[2]。

GB/T 29838—2013《燃料电池 模块》[3]。

GB/T 33978—2017《道路车辆用质子交换膜燃料电池模块》。

GB/T 24549—2009《燃料电池电动汽车 安全要求》。

GB/T 36288—2018《燃料电池电动汽车 燃料电池堆安全要求》[4]。

4. 测试方法与步骤

1）整体气密性测试：采用压降法测试燃料电池堆整体气密性，测试示意图如图 7-3

所示，由进气稳压阀、气体入口截止阀、流量计、压力表、气体出口截止阀等组成。

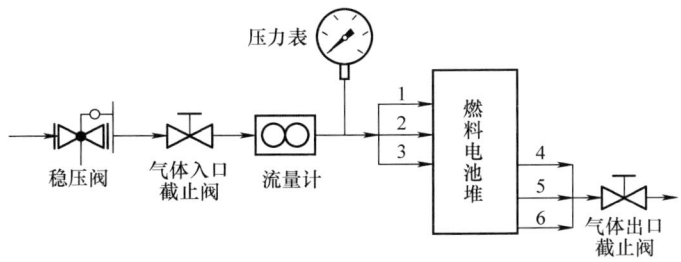

图 7-3　燃料电池堆整体气密性测试示意图

1—阳极腔入口　2—阴极腔入口　3—冷却剂腔入口　4—阳极腔出口　5—阴极腔出口　6—冷却剂腔出口

测试气体：氦氮混合气体（氦气体积分数不低于10%）。

测试压力：取 1.5 倍燃料电池堆标称压力。

准备阶段：将燃料电池堆各腔体出口封闭或出口并联后关闭出口截止阀，在室温下用检测气同时通入燃料电池堆的阳极腔、阴极腔及冷却剂腔并逐渐加压到测试压力（1.5 倍燃料电池堆标称压力），保持气体压力稳定（建议 >1min），使各腔内和管路内气体压力达到平衡，然后进入燃料电池堆整体气密性测试阶段。

测试阶段：关闭燃料电池堆气体入口截止阀，记录燃料电池堆气体入口初始压力值，计时 20min，记录 20min 后燃料电池堆入口压力值，计算燃料电池堆入口压力降。通过压力变化值，判断电池堆整体气密性状态。

2）氢气泄漏量测试。

测试气体：氢气。

测试压力：50kPa（G）。

检测流程如图 7-4 所示，保持燃料电池堆空气腔、冷却剂腔和大气相通，关闭燃料电池堆氢气出口截止阀，测试气体经稳压阀、流量计、压力表、燃料电池堆氢气入口进入燃料电池堆氢气腔，缓慢地增加燃料电池堆氢气腔内压力至 50kPa（G），并保持压力恒定在 50kPa（G），直至流量计显示的流量保持稳定。读取流量计上的气体流量，将流量计的流量读数转换为标准状态下的数值，单位一般采用 NmL/min，所得到的值即为氢气泄漏量。

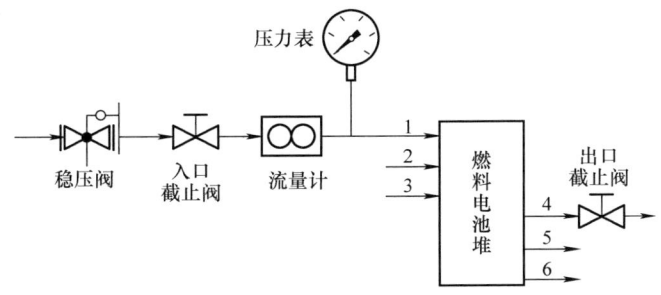

图 7-4　燃料电池堆氢气泄漏量检测示意图

1—阳极腔入口　2—阴极腔入口　3—冷却剂腔入口　4—阳极腔出口　5—阴极腔出口　6—冷却剂腔出口

3）各腔体窜气量测试。

测试气体：氮气或氢气。

① 阴阳极腔之间窜气量测试。测试流程如图 7-5 所示，除阳极腔与阴极腔进气口外，燃料电池堆其余进出口全部封闭。将阴极腔的进气口接上一定精度的流量计（如皂膜流量计），由阳极腔的进气口通入氦气或氮气，调整压力至两腔最大允许工作压差，稳定 1min 后，读出在时间 t（一般为 1~5min）内皂膜流量计读数，将流量计的流量读数转换为标准状态下的数值，一般单位为 NmL/min，即 Q_{test1}；得出相应的窜气率 q_{test1}（$q_{test1}=Q_{test1}/t$）。

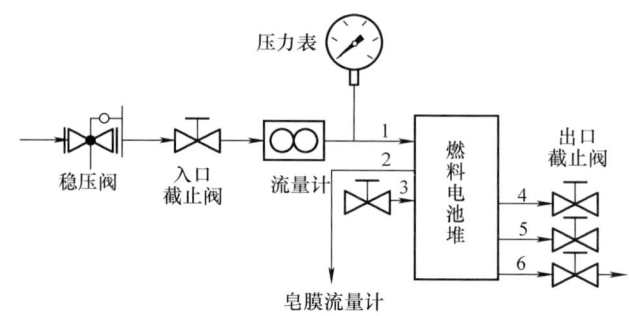

图 7-5　燃料电池堆阴阳极腔之间窜气量测试示意图
1—阳极腔入口　2—阴极腔入口　3—冷却剂腔入口　4—阳极腔出口　5—阴极腔出口　6—冷却剂腔出口

② 阴阳极腔向冷却剂腔窜气量测试。测试流程如图 7-6 所示。将燃料电池堆阳极腔、阴极腔、冷却剂腔出口全部封闭。将冷却剂腔的进气口接上一定准确度的流量计（如皂膜流量计），由阳极腔、阴极腔的进气口同时通入氦气或氮气，调整压力至测试压力（即 1.5 倍燃料电池堆标称压力），稳定 1min 后，读出在时间 t（一般 1~5min）内皂膜流量计读数，将流量计的流量读数转换为标准状态，一般采用 NmL/min，得到 Q_{test2}，计算相应的窜气率 q_{test2}（$q_{test2}=Q_{test2}/t$）。

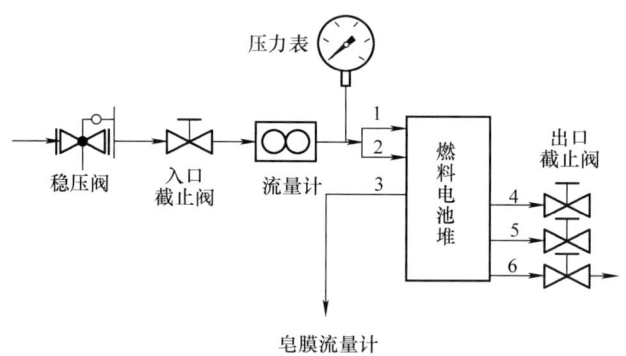

图 7-6　燃料电池堆阴阳极腔向冷却剂腔窜气量测试示意图
1—阳极腔入口　2—阴极腔入口　3—冷却剂腔入口　4—阳极腔出口　5—阴极腔出口　6—冷却剂腔出口

若要区分阳极腔或阴极腔向冷却剂腔窜气量，可采用冷却剂腔进气，分别测量阳极腔与阴极腔气体流量的方法。

5. 数据处理及评价指标（表 7-2~ 表 7-4）

表 7-2　燃料电池堆整体的气密性测试

燃料电池堆编号	初始压力 /kPa	保压 20min 后压力 /kPa	压力降 /kPa

表 7-3　燃料电池堆氢气泄漏量

燃料电池堆编号	测试压力 /kPa	泄漏量 /(NmL/min)

表 7-4　燃料电池堆各腔体窜气量

燃料电池堆编号	腔体	测试压力 /kPa	泄漏量 /(NmL/min)
	阴阳极腔之间窜气量		
	阴阳极腔向冷却剂腔窜气量		

6. 评价方法

燃料电池堆气密性符合 GB/T 36288—2018《燃料电池电动汽车　燃料电池堆安全要求》5.2 规定，燃料电池堆整体气密性测试结果不应低于初始压力的 85%；氢气泄漏量与各腔体的互窜量结果应符合制造商规定。

注：燃料电池堆氢气泄漏量和燃料电池堆各腔体窜气量测试，以氦气或氮气作为试验气体时，燃料漏气速率要按式（7-1）进行修订，氦气测试时为 $1.5q_H$，氮气测试时为 $2q_H$，R 为修订系数。

$$q_H = Rq_{test} \quad (7-1)$$

式中　q_H——燃料气体（氢气）单位时间内的气体泄漏速率（mL/min）；

q_{test}——测试气体单位时间内的气体泄漏速率（mL/min）。

修订系数 R 的计算方法，见式（7-2）或式（7-3），取较高值。

$$R = (d_{test}/d_H)^{1/2} \quad (7-2)$$

式中　d_{test}——试验气体的相对密度；

d_H——燃料气体（氢气）的相对密度。

$$R = \mu_{test}/\mu_H \quad (7-3)$$

式中　μ_{test}——试验气体的运动黏度；

μ_H——燃料气体的运动黏度。

7.3.2　压力测试

1. 测试目的

测试燃料电池堆的许可工作压力、阴阳极腔体的许可压力差。

2. 测试设备

燃料电池堆压力测试装置（可自制或定制）、压力表。

3. 依据标准

GB/T 20042.2—2008《质子交换膜燃料电池　电池堆通用技术条件》。

GB/T 29838—2013《燃料电池　模块》。

GB/T 33978—2017《道路车辆用质子交换膜燃料电池模块》。

4. 测试方法与步骤

① 许可工作压力测试。燃料电池堆在最高或最低运行温度下测试，以要求更高者为

准。向燃料电池堆（包括阳极腔、阴极腔和冷却剂腔）通入适当的气体（空气或氮气），逐步加压至不低于1.3倍许可工作压力，并维持稳定不少于1min；如果无法实现测试条件（温度），应在环境温度下对燃料电池堆加压至不低于1.5倍许可工作压力进行测试。

② 许可压差测试。压差测试适用于阳极和阴极采用不同流道的燃料电池堆。燃料电池堆在最高或最低运行温度下测试，以要求更高者为准。向阳极和阴极腔通入适当的气体（空气或氮气），并逐渐加压，达到最大允许工作压差的1.3倍，保持压力稳定不少于1min。如果无法实现测试条件（温度），应在环境温度下对燃料电池堆加压至不低于1.5倍许可工作压差进行测试。

5. 数据处理及评价指标

① 许可工作压力测试后燃料电池堆不应有破裂、裂缝、永久变形或物理损伤。

② 许可压差测试后燃料电池堆不应有破裂、裂缝、永久变形或物理损伤；在测试温度范围内，阳极腔与阴极腔的窜气量不应增大。

7.3.3 绝缘电阻测试

1. 测试目的

测试燃料电池堆的电绝缘性能。燃料电池堆一般具有高于100V的直流电压，应对其绝缘性能进行相应的试验，确保符合电气安全要求。

2. 测试设备

万用表、兆欧表等。

3. 依据标准

GB/T 29838—2013《燃料电池模块》。

GB/T 33978—2017《道路车辆用质子交换膜燃料电池模块》。

4. 测试方法与步骤

① 测量位置：燃料电池堆集流体和封装表面裸露的金属部分；燃料电池堆集流体和燃料电池堆安装外框上裸露的金属面，考虑安装变形。

② 将燃料电池堆放置于燃料电池堆支架或绝缘木桌上。在不通入反应气体的状态下，使用万用表测试燃料电池堆母线电压，确认正负极电压小于DC36V。

③ 为防止触电发生，检查每个流体管路接管、管接头的完整性，不要直接接触燃料电池堆内的冷却液，或和燃料电池堆有物理连接的其他不明性质的液体。

④ 燃料电池堆与冷却循环系统正确连接，起动冷却液循环泵，燃料电池堆冷却剂腔充满冷却液后，关闭冷却液循环泵。

⑤ 将燃料电池堆的高压母线正负金属端子短接，将兆欧表红色探头接触高压母线的端子（正负极处于短路状态），将黑色探头接触燃料电池堆封装壳体外表面外露金属接地点。设置兆欧表量程至测试电压档，采用待测燃料电池堆开路电压1.5倍或以上的电压值作为测试电压，施加电压的时间应足够长，直到达到一个稳定的读数或已经按下"运行"按钮经过5s。记录绝缘电阻结果后松开"运行"按钮。

⑥ 测试完成后，开放燃料电池堆冷却剂腔出口，放空燃料电池堆模块内冷却液。

⑦ 使用压缩气体（氮气或空气）吹扫燃料电池堆冷却剂腔，避免燃料电池堆重新装箱或者搬运过程中冷却剂腔内液体泄漏。

警告：电击危险，不允许兆欧表的探头引线接触燃料电池堆零部件。

注意：确保没有人员身体部位正在直接接触燃料电池堆，确保没有人员密切接近燃料电池堆导线、布线或燃料电池堆本身。

5. 数据处理及评价指标（表7-5）

绝缘性能指标：单位电压的绝缘电阻值，即绝缘电阻值/测试电压。

注意：测试电压为燃料电池堆开路电压1.5倍或以上的电压值。

表7-5 燃料电池堆绝缘电阻测试结果

燃料电池堆编号		
测试电压	V	
绝缘电阻	MΩ	
绝缘电阻指标	Ω/V	

注：如果绝缘电阻测试后燃料电池堆模块封装内部零部件发生更改，按最终交货状态重新测试绝缘电阻。

6. 评价方法

燃料电池堆绝缘电阻符合GB/T 36288—2018《燃料电池电动汽车燃料电池堆安全要求》5.3.1规定，正负极的对地绝缘性能不应低于100Ω/V。

7.4 燃料电池堆性能测试

燃料电池堆性能是燃料电池堆的重要指标之一，是决定燃料电池汽车性能的关键因素。性能测试主要包括燃料电池堆极化曲线、燃料电池堆额定功率、燃料电池堆峰值功率、气体利用率、燃料电池堆效率等。

7.4.1 极化曲线测试

1. 测试目的

测试燃料电池堆电压随电流强度或电流密度变化的曲线，测试燃料电池堆的整体电输出性能。

2. 测试设备

燃料电池堆测试平台、电子负载等。

3. 依据标准

GB/T 24554—2009《燃料电池发动机性能试验方法》[5]。

GB/T 28183—2011《客车用燃料电池发电系统测试方法》[6]。

4. 测试方法与步骤

① 与供应商协商确定测试条件：包括燃料电池堆进气化学计量比、进气湿度、电池堆操作压力、电池堆操作温度等参数。

② 将燃料电池堆安装在测试平台上，使用氮气吹扫燃料电池堆，根据供应商的活化程序进行活化，直至达到供应商规定的活化完成状态。

③ 燃料电池堆活化完成后降载至开路状态维持 10~30s。

④ 极化测试：一般以恒电流方式加载，在燃料电池堆工作范围内选择多个工况点，每个工况点至少持续稳定运行 5min。

⑤ 建议以每步增加 50~100mA/cm² 的速率加载（也可参照供应商的建议），直到燃料电池堆内单电池最低电压达到 0.4V 或供应商规定的电池堆电压或单电池电压下限值。测量记录各个工况点的功率、电流、电压、单电压、反应气利用率、温度、压力、空气化学计量比、氢气化学计量比等参数。

⑥ 最高加载工况点运行完成后，按照加载相反的顺序进行降载至开路，测试结束。最后使用氮气吹扫燃料电池堆。

本节所有测试应先保证燃料电池堆的气密性，气密性达不到要求应停止测试。加载方式也可以采用恒功率模式，在燃料电池堆工作范围内选择多个工况点，可以是 0、10%P_E、20%P_E、30%P_E、40%P_E、50%P_E、60%P_E、70%P_E、80%P_E、90%P_E、P_E、P_{max}，依次加载，其中 P_E 为燃料电池堆额定功率，P_{max} 为燃料电池堆峰值功率。每个工况点至少运行 5min，测量记录各个工况点的功率、电流、电压、单电压、反应气利用率、温度、压力、空气化学计量比、氢气化学计量比等参数。

5. 数据处理及评价指标

根据记录数据绘制电流/电流密度与电压、功率的关系曲线。

6. 极化曲线意义

极化是指由于电流流过电极界面引起的电极电势偏离其热力学电势的现象。典型燃料电池极化曲线如图 7-7 所示。

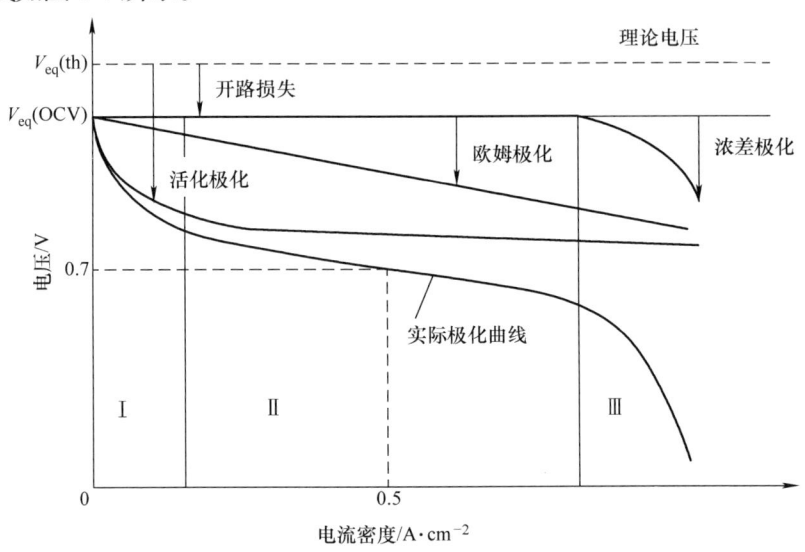

图 7-7 典型燃料电池极化曲线

（1）理论电压

针对低热值，即氢氧反应生成气态水，理论电压为 1.18V，$H_2+0.5O_2=H_2O(g)$。

针对高热值，即氢氧反应生成液态水，理论电压为1.23V，$H_2+0.5O_2=H_2O(l)$。

(2) 活化极化

活化极化是指由反应物质在电极表面发生的电化学反应受动力学控制而产生的极化。活化极化包括阳极极化和阴极极化两部分，其中，对于以氢气为燃料、空气为氧化剂的质子交换膜燃料电池，活化极化主要来源于阴极极化，即阴极侧氧还原反应（Oxygen Reduction Reaction，ORR）的过电势。著名的 Butler-Volmer 方程从理论上阐述了电极界面的电化学过程：

$$j = j^0 \left[\frac{c_O^s}{c_O^0} e^{\alpha nF\eta/(RT)} - \frac{c_R^s}{c_R^0} e^{-(1-\alpha)nF\eta/(RT)} \right] \quad (7\text{-}4)$$

式中　j——极化电流密度；

j^0——交换电流密度；

n——电化学反应中转移的电子数；

F——法拉第常数；

η——电压损失；

α——传递系数，它表示反应界面电势的改变如何改变正向和逆向活化能垒的大小；

c_O^s——反应物质粒子的表面浓度；

c_O^0——反应物质的整体浓度；

c_R^s——生成物质的表面浓度；

c_R^0——生成物质的整体浓度。

根据 Butler-Volmer 方程，降低电极活化极化损失可以通过选择高活性催化剂、提高电池工作温度、增加反应气体浓度、增大操作压力等方法实现。

开路损失也属于活化极化的一部分，主要受催化剂表面状态和渗氢电流影响。

(3) 欧姆极化

欧姆极化是指由于内电阻而引起的燃料电池电压损耗，该极化电压损耗遵循欧姆定律。内阻包括电子传递电阻与离子传递电阻，主要与膜的质子导电率、电极、极板的电子导电率以及它们之间的界面接触电阻有关，可以表示为

$$\eta_{\text{ohmic}} = iR_{\text{total}} \quad (7\text{-}5)$$

$$R_{\text{total}} = R_{\text{ionic}} + R_{\text{electonic}} + R_{\text{contact}} \quad (7\text{-}6)$$

式中　η_{ohmic}——由离子和电子传导而引起的欧姆极化过电位；

R_{ionic}——离子电阻；

$R_{\text{electonic}}$——电子电阻；

R_{contact}——接触电阻。

在质子交换膜燃料电池中，电子电阻远小于接触电阻和离子电阻。因此，提高性能要从降低接触电阻与离子传递电阻着手，如减薄膜的厚度、降低极板表面的接触电阻等。

(4) 浓差极化

浓差极化是指由于反应气体在电极反应界面的传递速率不能满足电极反应的实际需求而产生的极化。浓差极化与电极、流场结构、反应物的过量系数等相关。

$$\eta_{\text{conc}} = \frac{RT}{4F}\ln\left(1-\frac{i}{i_{\lim}}\right) \tag{7-7}$$

式中 η_{conc}——由传质引起的浓差极化过电位；
R——理想气体常数；
T——反应温度；
F——法拉第常数；
i——电流；
$i_{\lim}$——极限电流。

因此燃料电池输出实际电压等于热力学理论电压减去活化极化过电位、欧姆极化过电位、浓差极化过电位：

$$V = E_{\text{thermo}} - \eta_{\text{act}} - \eta_{\text{ohmic}} - \eta_{\text{conc}} \tag{7-8}$$

式中 E_{thermo}——热力学理论电压；
η_{act}——由反应动力学引起的活化极化过电位；
η_{ohmic}——由离子和电子传导而引起的欧姆极化过电位；
η_{conc}——由传质引起的浓差极化过电位。

7.4.2 额定功率测试

1. 测试目的

测试燃料电池堆在生产商规定的正常运行条件下，燃料电池堆的最大连续电输出功率。

2. 测试设备

燃料电池堆测试平台、电子负载等。

3. 依据标准

GB/T 24554—2009《燃料电池发动机性能试验方法》。
GB/T 28183—2011《客车燃料电池发电系统测试方法》。

4. 测试方法与步骤

① 与供应商确定测试条件：包括燃料电池堆进气化学计量比、进气湿度、电池堆操作压力、电池堆操作温度等参数。

② 将燃料电池堆安装在测试平台上，使用氮气吹扫燃料电池堆，根据供应商的活化程序进行活化，直至达到供应商规定的活化完成状态。

③ 燃料电池堆活化完成后降载至开路状态维持 10~30s。

④ 根据供应商提供的方式或按 10% P_E 增量步骤进行加载，加载至 P_E 后持续运行 60min。测试结束后按照制造厂规定的或按 10% P_E 减量步骤方式进行卸载至开路，最后使用氮气吹扫燃料电池堆。

⑤ 记录燃料电池堆的额定功率，每次加载的电流、电压、单电池电压、温度、压力、空气化学计量比、氢气化学计量比等参数。

5. 数据处理及评价指标（表 7-6）

表 7-6　燃料电池堆额定功率测试结果

燃料电池堆编号	额定功率	电流	电压	空气化学计量比	氢气化学计量比

7.4.3　峰值功率测试

1. 测试目的

测试燃料电池堆在生产商规定的正常运行条件下，在一个约定的短时间内产生的不低于额定功率的最大功率。

2. 测试设备

燃料电池堆测试平台、电子负载。

3. 依据标准

GB/T 24554—2009《燃料电池发动机性能试验方法》。

GB/T 28183—2011《客车燃料电池发电系统测试方法》。

4. 测试方法与步骤

① 与供应商确定测试条件：包括燃料电池堆进气化学计量比、进气湿度、电池堆操作压力、电池堆操作温度等参数。

② 将燃料电池堆安装在测试平台上，使用氮气吹扫燃料电池堆，根据供应商的活化程序进行活化，直至达到供应商规定的活化完成状态。

③ 燃料电池堆活化完成后降载至开路状态维持 10~30s。

④ 根据供应商提供的方式或按 10% P_E 增量步骤进行加载，加载至 P_E 后持续运行 10min。

⑤ 按照供应商提供的加载方式由 P_E 加载至设定的峰值功率，在该功率点持续稳定运行设定的时间（根据燃料电池堆产品技术要求确定），到达设定的时间点后按照供应商规定的或按 10% P_E 减量步骤方式进行卸载至开路，最后使用氮气吹扫燃料电池堆。

⑥ 记录燃料电池堆的峰值功率，每次加载的电流、电压、单电池电压、温度、压力、空气化学计量比、氢气化学计量比等参数。

5. 数据处理及评价指标（表 7-7）

表 7-7　燃料电池堆峰值功率测试结果

燃料电池堆编号	峰值功率	电流	电压	空气化学计量比	氢气化学计量比

7.4.4　反应气（氢气、空气）利用率测试

反应气的利用率是指实际输出电流所需的燃料或氧化剂量（依据法拉第定律计算）和进入燃料电池的燃料或氧化剂总量的百分比。在燃料电池堆整体气密性没有外漏等不正常

情况下，反应物利用率与反应物计量比互为倒数。

1. 测试目的

测试燃料电池堆实际输出时反应气体利用率。

2. 测试设备

燃料电池堆测试平台、电子负载、计时器等。

3. 测试方法与步骤

① 与供应商确定测试条件：包括燃料电池堆进气化学计量比、进气湿度、电池堆操作压力、电池堆操作温度等参数。

② 将燃料电池堆安装在测试平台上，使用氮气吹扫燃料电池堆，根据供应商的活化程序进行活化，直至达到供应商规定的活化完成状态。

③ 燃料电池堆活化完成后降载至开路状态维持10~30s。

④ 根据供应商提供的方式进行加载，加载至指定功率后至少持续运行10min。燃料电池堆运行稳定后，记录输出平均电流 I（5s记录一次）、测试的时间 t、进气口的气体质量流量（氢气质量流量 M_H，空气质量流量 M_{air}）。

⑤ 测试完成后按照制造厂规定的卸载方式进行卸载至开路，最后使用氮气吹扫燃料电池堆。

4. 数据处理与评价指标（表7-8）

氢气利用率与空气利用率按式（7-13）和式（7-14）计算。

表7-8　燃料电池堆气体利用率测试结果

燃料电池堆编号	功率	电流	电压	空气利用率	氢气利用率

5. 反应气利用率计算方法

燃料电池工作时，电池燃料（氢）和氧化剂（氧）的消耗与输出电量之间的定量关系符合法拉第定律：

氢气：
$$m_H = k_e^H Q = k_e^H It \tag{7-9}$$

氧气：
$$m_O = k_e^O Q = k_e^O It \tag{7-10}$$

式中　k_e——电化学当量（g/A·s），它表示产生单位电量所需的化学物质量。

燃料电池实际工作中，反应气的利用率为实际输出电流所需的燃料或氧化剂量（依据法拉第定律计算）和进入燃料电池的燃料或氧化剂总量的百分比。

法拉第第二定律反映燃料和氧化剂消耗量与其本性之间的关系。它告诉我们，燃料电池每输出1F（26.8A·s或96500C）电量，必须消耗1g当量的燃料和1g当量的氧化剂。对氢氧燃料电池，则需消耗1.008g氢和8.000g氧。

氢气：
$$k_e^H = 1.04 \times 10^{-5} \text{g/A·s} \tag{7-11}$$

氧气：
$$k_e^O = 8.29 \times 10^{-5} \text{g/A·s} \tag{7-12}$$

电量 Q（C）等于电流强度 I（A）和时间 t（s）的乘积，1C等于1A·s，则

氢气利用率：
$$f_{g,H} = \frac{m_H}{M_H} = \frac{nk_e^H It}{M_H} = \frac{1}{\lambda_H} \tag{7-13}$$

空气利用率：
$$f_{g,air} = \frac{m_{air}}{M_{air}} = \frac{nk_e^O It}{C_O M_O} = \frac{1}{\lambda_{air}} \quad (7\text{-}14)$$

式中　C_O——空气中氧的质量分数；
　　　n——电池堆节数；
　　　M_H——氢气实际质量流量；
　　　M_{air}——空气实际质量流量；
　　　λ_H——氢气计量比；
　　　λ_{air}——空气计量比。

7.4.5 燃料电池堆效率测试

1. 测试目的

测试燃料电池堆效率。

2. 测试设备

燃料电池堆测试平台、电子负载。

3. 测试方法与步骤

① 与供应商确定测试条件：包括燃料电池堆进气化学计量比、进气湿度、电池堆操作压力、电池堆操作温度、冷却液流量、电池堆节数等参数。

② 将燃料电池堆安装在测试平台上，使用氮气吹扫燃料电池堆，根据供应商的活化程序进行活化，直至达到供应商规定的活化完成状态。

③ 燃料电池堆活化完成后降载至开路状态维持 10~30s。

④ 据供应商提供的方式进行加载，加载至指定功率后至少持续运行 10min。

⑤ 燃料电池堆运行稳定后，根据 7.4.4 测得氢气利用率 f_g，同时使用测试平台巡检功能或其他设备，记录单电池的输出电压，计算平均电压 V。

⑥ 测试完成后按照供应商规定的卸载方式进行卸载至开路，最后使用氮气吹扫燃料电池堆。

4. 数据处理与评价指标（表 7-9）

燃料电池堆效率可按下式计算：

低热值效率：
$$f_{FC,LHV} = \frac{V}{1.25} f_g \quad (7\text{-}15)$$

高热值效率：
$$f_{FC,HHV} = \frac{V}{1.48} f_g \quad (7\text{-}16)$$

表 7-9　燃料电池堆效率测试结果

燃料电池堆编号	功率	电流	电压	电堆效率

注：车用燃料电池一般采用低热值效率。

5. 燃料电池效率计算方法

燃料电池效率为燃料电池热电转换效率，即燃料电池输出电能（IVt）与进入燃料电池热焓（ΔH）的比值。燃料电池能流图如图 7-8 所示，效率计算公式为

$$f_{FC} = \frac{IVt}{\Delta H} = \frac{\Delta G}{\Delta H} \frac{V}{\frac{\Delta G}{nF}} \frac{It}{f_g nF} f_g \qquad (7\text{-}17)$$

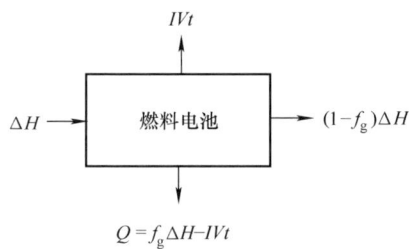

图 7-8　燃料电池能流图
ΔH—进入燃料电池的燃料的热焓
IVt—燃料电池输出的电能
f_g—燃料的利用率
$(1-f_g)\Delta H$—经尾气排放的燃料带走的热焓
Q—燃料电池与环境热交换的能量

式中　$\dfrac{V}{\frac{\Delta G}{nF}} = \dfrac{V}{E}$ ——电压效率 f_V；

$\dfrac{\Delta G}{\Delta H}$ ——热力学效率 f_T；

$\dfrac{It}{f_g nF}$ ——电流效率或法拉第效率 f_I；

f_g ——燃料利用率；

n ——电化学反应中转移的电子数。

因此燃料电池效率可表示为

$$f_{FC} = f_T f_V f_I f_g \qquad (7\text{-}18)$$

当以氢气为燃料时，如果生成的是液态水，则获得的燃料电池效率为高热值效率（HHV）；而如果生成的是气态水，则获得的燃料电池的效率为低热值效率（LHV）；高热值与低热值之差为水冷凝放出的潜热。电池内部存在漏电电流导致电流效率或法拉第效率小于 100%。除了 DMFC 外，其他燃料电池的漏电电流 ≤ 1mA/cm^2，而工作电流通常 > 100mA/cm^2，因此 $f_I \geq 99\%$，一般取为 1。标准情况下：

高热值热力学效率为

$$f_{T,HHV} = \frac{\Delta G}{\Delta H} = \frac{-237.3\text{kJ/mol} \times n}{-286\text{kJ/mol} \times n} = 0.830$$

低热值热力学效率为

$$f_{T,LHV} = \frac{\Delta G}{\Delta H} = \frac{-228.6\text{kJ/mol} \times n}{-241.8\text{kJ/mol} \times n} = 0.945$$

因此，高热值燃料电池堆效率为

$$f_{FC,HHV} = f_{T,HHV} f_V f_I f_g = 0.83 \times \frac{V}{1.23} \times 1 \times f_g$$

$$f_{FC,HHV} = \frac{V}{1.48} f_g$$

低热值燃料电池堆效率为

$$f_{FC,LHV} = f_{T,LHV} f_V f_I f_g = 0.945 \times \frac{V}{1.18} \times 1 \times f_g$$

$$f_{FC,LHV} = \frac{V}{1.25} f_g$$

7.4.6 操作参数对性能的影响测试

1. 测试目的

燃料电池堆的性能与其操作条件具有强相关性,本项测试主要考察燃料电池堆操作条件,如温度、压力、湿度、化学计量比等参数对燃料电池堆性能的影响。

2. 测试设备

燃料电池堆测试平台、电子负载等。

3. 测试方法与步骤

1)与供应商确定测试条件:包括燃料电池堆进气化学计量比范围、进气湿度范围、电池堆操作压力范围、电池堆操作温度范围等参数。

2)将燃料电池堆安装在测试平台上,使用氮气吹扫燃料电池堆,根据供应商的活化程序进行活化,直至达到供应商规定的活化完成状态。

3)燃料电池堆活化完成后降载至开路状态维持 10~30s。

4)改变参数测试极化曲线。

① 在供应商规定的操作温度范围内选取 2~4 个温度值,按 7.4.1 节的方法分别测试极化曲线。

② 在供应商规定的操作压力范围内选取 2~4 个压力值,按 7.4.1 节的方法分别测试极化曲线。

③ 在供应商规定的气体湿度范围内选取 2~4 个湿度值,按 7.4.1 节的方法分别测试极化曲线。

④ 在供应商规定的空气或氢气化学计量比范围内选取 2~4 个值,按 7.4.1 节的方法分别测试极化曲线。

5)测试完成后使用氮气吹扫燃料电池堆。

注意:各项参数范围不应超出燃料电池堆的正常工作范围。

4. 数据处理与评价指标

根据记录的数据绘制电流/电流密度与电压、功率的关系曲线。

7.4.7 单电池一致性测试

燃料电池堆单电池一致性是表示燃料电池堆单电压偏离平均单电压程度的指标。一致性好的燃料电池堆,可以实现电池堆内各单电池电流同步放电,不会存在个别节单电压偏低、反极等导致燃料电池堆效率降低甚至失效的现象。

1. 测试目的

通过燃料电池堆的单电压巡检(CVM),实时监控燃料电池堆中各个单电池电压分布情况,测试燃料电池堆内单电池电压偏离平均电压的程度。

2. 测试设备

燃料电池堆测试平台、电子负载。

3. 测试方法与步骤

将燃料电池堆单电压巡检测试线与平台对应的信号采集系统相连，燃料电池堆加载逐渐达到额定功率，在指定的温度、压力、增湿度、氢气化学计量比、空气化学计量比的操作条件下保持稳定，记录额定功率下的电流、电压、各节单电压。

4. 数据处理与评价指标（表7-10）

燃料电池堆的一致性评价指标用标准差（Standard Deviation）表示。标准差可以反映燃料电池堆内单节个体间的离散程度，N 片单电池的电压值即形成整个样本，整个样本总体的标准差计算公式如下：

$$\sigma = \sqrt{\frac{1}{N}\sum_{1}^{N}(x_i - \mu)^2} \tag{7-19}$$

式中　　N——单电池片数；

x_i——单电池电压（i=1, 2, 3, …, N）；

μ——平均单电池电压。

表 7-10　燃料电池堆一致性测试结果

燃料电池堆编号	功率	电流	电压	标准差 σ

7.5　燃料电池堆低温存储与启动测试

燃料电池发电是水伴生的电化学反应过程，质子传导需要水，电化学反应会生成水。在0℃以下，反复的水、冰相变引起的体积变化会对电池材料与结构产生影响，导致气体传递性质变化、动力性能下降、燃料电池系统的启动延迟等；另外，冰造成的反应气传递阻力增大、电池堆组件机械应力的增加和形态改变、热和电的界面性能变差等，都会导致燃料电池工作性能降低。因此，燃料电池0℃以下低温存储与启动是燃料电池重要的测试项目之一。

7.5.1　低温存储测试

1. 测试目的

测试燃料电池堆在低温环境的适应性，低温存储后燃料电池堆的性能变化情况。

2. 测试设备

高低温存储试验箱、燃料电池堆测试平台、电子负载等。

3. 依据标准

GB/T 31035—2014《质子交换膜燃料电池堆低温特性试验方法》[7]。

4. 测试方法与步骤

按以下步骤进行燃料电池堆的低温存储试验：

① 燃料电池堆正常稳定运行条件下且燃料电池堆内部温度达到正常工作温度，按照

供应商规定的关机程序进行燃料电池堆关机。

② 将燃料电池堆置于高低温存储试验箱中，按试验要求设置试验箱温度，静置 12h 以上。

③ 将燃料电池堆试验环境温度升至室温，静置 12h 以上。

④ 重复①~③过程，共 2 次。

⑤ 在室温下，按照 7.3、7.4 节进行燃料电池堆气密性测试和燃料电池堆性能测试。

⑥ 将低温存储试验后的燃料电池堆性能参数与低温存储试验前的燃料电池堆性能参数进行比较，进而得出该燃料电池堆的低温存储特性。

5. 数据处理与评价指标（表 7-11）

表 7-11 低温存储前后燃料电池堆数据比较

燃料电池堆编号	项目		低温存储前数据	低温存储后数据	差别（%）
	燃料电池堆气密性				
	燃料电池堆整体的气密性				
	燃料电池堆氢气泄漏量				
	燃料电池堆各腔体窜气量	阴阳极腔之间			
		阴阳极腔与冷却剂腔之间			
	运行特性				
1	额定输出功率（电压、电流）				
2	峰值输出功率（电压、电流）				

7.5.2 低温启动测试

1. 测试目的

测试燃料电池堆在低温环境的适应性，考察低温启动时间以及低温启动后燃料电池堆的性能变化情况。

2. 测试设备

高低温存储试验箱、燃料电池堆测试平台、电子负载等。

3. 依据标准

GB/T 31035—2014《质子交换膜燃料电池堆低温特性试验方法》。

4. 测试方法与步骤

按照以下步骤进行燃料电池堆低温启动试验：

① 燃料电池堆正常稳定运行情况下，按照供应商规定的关机程序，对低温存储前的燃料电池堆进行关机。

② 将燃料电池堆置于高低温存储试验箱中，按试验要求设置试验箱温度，静置 12h 以上。

③ 将燃料电池堆在低温试验环境中，按照供应商规定的低温启动程序启动，记录达到额定功率输出的时间、能量消耗及相关的电流、电压。

④ 将燃料电池堆在额定功率输出下稳定运行 10min。

⑤ 重复①~④，达到连续成功启动 2 次。

⑥ 在室温下，按照 7.3、7.4 节进行燃料电池堆的气密性测试、压力测试和燃料电池

堆性能测试。

⑦ 将低温启动测试后的燃料电池堆性能参数与低温启动测试前标准温度环境燃料电池堆的性能参数进行比较，进而得出该燃料电池堆的低温启动特性。

5. 数据处理与评价指标（表 7-12、表 7-13）

表 7-12　燃料电池堆低温启动测试结果

编号	项目	参数	测试值	备注
	设定的低温启动温度	温度		
	低温启动时间	时间		
	低温启动能耗	燃料电池发电系统外加电能		
		燃料电池发电系统外加热能		
	低温启动气体消耗	低温启动氢气消耗		
		低温启动空气消耗		

表 7-13　低温启动前后燃料电池堆数据比较

项目		低温启动前数据	低温启动后数据	差别（%）
燃料电池堆气密性				
	燃料电池堆整体的气密性			
	燃料电池堆氢气泄漏量			
燃料电池堆各腔体窜气量	阴阳极腔之间			
	阴阳极腔与冷却剂腔之间			
运行特性				
1	额定输出功率（电压、电流）			
2	峰值输出功率（电压、电流）			

7.6　燃料电池堆冲击、振动测试

7.6.1　冲击测试

1. 测试目的

测试燃料电池堆对冲击的耐受性。

2. 测试设备

冲击测试平台等。

3. 依据标准

GB/T 20042.2—2008《质子交换膜燃料电池电池堆　通用技术条件》。

GB/T 29838—2013《燃料电池　模块》。

GB/T 33978—2017《道路车辆用质子交换膜燃料电池模块》。

GB/T 36288—2018《燃料电池电动汽车　燃料电池堆安全要求》。

GB/T 31467.3—2015《电动汽车用锂离子动力蓄电池包和系统　第 3 部分：安全性要求与测试方法》[8]。

4. 测试方法与步骤

① 燃料电池堆冷却剂腔、空气腔、氢气腔分别加满冷却剂、空气、氦气，气体压力为 1.5 倍燃料电池堆标称压力。

② 燃料电池堆在冲击台上的夹具按照道路车辆总布置的集成框架进行设计，燃料电池堆按照相关要求进行安装，燃料电池堆底部增加 5mm 厚硅橡胶垫，对燃料电池堆封装上的固定点进行固定。燃料电池堆在冲击台上的安装通过工装夹具完成。

③ 固定后，在 3 个轴向，即横向、纵向、垂直方向上以 5.0g 的冲击加速度进行冲击试验。机械冲击脉冲采用半正弦波形，持续时间 15ms，每个方向各进行一次。

④ 冲击前后对燃料电池堆的关键尺寸进行测量，记录相关值，对比变化。

⑤ 冲击后观察燃料电池堆连接结构和安装固定部件是否出现裂缝、扭曲变形等缺陷。

⑥ 考察燃料电池堆紧固件松动情况。

⑦ 冲击后对燃料电池堆进行密封性测试。

⑧ 冲击后对燃料电池堆进行性能测试。

5. 数据处理与评价指标（表 7-14~ 表 7-17）

表 7-14 燃料电池堆冲击前后气密性数据记录表

项目		冲击前	横向冲击后	纵向冲击后	垂直方向冲击后
燃料电池堆整体气密性					
燃料电池堆氢气泄漏量					
燃料电池堆各腔体窜气量	阴阳极腔之间				
	阴阳极腔与冷却剂腔之间				

表 7-15 燃料电池堆冲击前后尺寸数据记录表

燃料电池堆编号	冲击前	横向冲击后	纵向冲击后	垂直方向冲击后

表 7-16 燃料电池堆冲击前后紧固状态及结构变化记录表

冲击前的扭力 /N·m	冲击后的扭力 /N·m	结构有无破坏

表 7-17 燃料电池堆冲击前后性能对比

燃料电池堆编号	冲击前额定功率		冲击后额定功率		冲击前峰值功率		冲击后峰值功率	
	电流	电压	电流	电压	电流	电压	电流	电压

6. 评价方法

燃料电池堆冲击耐受性符合 GB/T 36288—2018《燃料电池电动汽车 燃料电池堆安全要求》5.1 要求，燃料电池堆冲击后机械结构不发生损坏，安全性、性能不发生变化。

7.6.2 振动测试

1. 测试目的

测试燃料电池堆对振动的耐受性。

2. 测试设备

振动测试平台。

3. 依据标准

GB/T 20042.2—2008《质子交换膜燃料电池电池堆 通用技术条件》。

GB/T 29838—2013《燃料电池模块》。

GB/T 33978—2017《道路车辆用质子交换膜燃料电池模块》。

GB/T 36288—2018《燃料电池电动汽车 燃料电池堆安全要求》。

GB/T 31467.3—2015《电动汽车用锂离子动力蓄电池包和系统 第3部分：安全性要求与测试方法》。

4. 测试方法与步骤

① 燃料电池堆在振动台上的夹具按照道路车辆总布置的集成框架进行设计，燃料电池堆按照相关要求进行安装，燃料电池堆底部增加5mm厚硅橡胶垫，对燃料电池堆封装上的固定点进行固定。燃料电池堆在振动台上的安装通过工装夹具完成。可参考附录1中的振动强度要求对燃料电池堆进行振动测试。

② 振动前后对燃料电池堆的关键尺寸进行测量，记录相关值，对比振动前后变化。

③ 振动后观察燃料电池堆连接结构和安装固定部件是否出现裂缝、扭曲变形等缺陷。

④ 考察燃料电池堆紧固件松动情况；如燃料电池堆异常共振、出现异响，表明机械紧固部件失效。

⑤ 振动后对燃料电池堆进行密封性测试。

⑥ 振动后对燃料电池堆进行性能测试。

如检测到上述异常情况，需要停止振动测试，对故障排查、解决后重新进行振动测试，最终达到一次性通过振动测试。

5. 数据处理与评价指标（表7-18~表7-21）

表7-18 燃料电池堆振动前后气密性数据记录表

项目		振动前	横向振动后	纵向振动后	垂直方向振动后
燃料电池堆整体的气密性					
燃料电池堆氢气泄漏量					
燃料电池堆各腔体窜气量	阴阳极腔之间				
	阴阳极腔与冷却剂腔之间				

表7-19 燃料电池堆振动前后的尺寸数据记录表

燃料电池堆尺寸	振动前	横向振动后	纵向振动后	垂直方向振动后
内尺寸测量				
外尺寸测量				

表 7-20　燃料电池堆振动前后紧固状态及结构变化记录表

振动前的扭力 /N·m	振动后的扭力 /N·m	结构有无破坏

表 7-21　燃料电池堆振动前后性能对比

燃料电池堆编号	振动前额定功率		振动后额定功率		振动前峰值功率		振动后峰值功率	
	电流	电压	电流	电压	电流	电压	电流	电压

6. 评价方法

燃料电池堆振动后机械结构不发生损坏，安全性、性能不发生变化。

7.7　燃料电池堆测试实例

为了更好地应用本章的测试方法，本部分给出燃料电池堆测试实例，供实际操作人员参考。以一个 288 节额定功率 42kW 的电池堆为例，按照前面章节所述的测试方法，选择燃料电池堆基本参数、安全性、性能进行实际测试分析。

7.7.1　基本参数测试

按 7.2 节测试方法实际测量燃料电池堆质量、体积。与供应商确认燃料电池堆基本参数，见表 7-22。

表 7-22　燃料电池堆基本参数

参数	单位	值	确认方式
体积	L	20	实测
质量	kg	30	实测
单片电极活性面积	cm^2	270	供应商
燃料电池堆节数	节	240	实测
电压范围	V	0~288	供应商
电流范围	A	0~300	供应商
额定功率	kW	42	供应商
峰值功率	kW	50	供应商
操作温度	℃	65~70	供应商
操作压力	MPa	0~0.2	供应商
阳极增湿度要求	RH	0~50%	
阴极增湿度要求	RH	40%~80%	
氢气计量比	—	1.2	
空气计量比	—	2.5	

7.7.2　安全性测试

按 7.3 节的测试方法测试燃料电池堆的气密性及绝缘电阻。

1. 燃料电池堆密封性测试

燃料电池堆整体密封性测试采用氦氮混合气（氦气体积分数为10%）为检测气体，燃料电池堆氢气外漏量与燃料电池堆各腔体窜气量测试采用氦气为检测气体。测试结果见表7-23。

表7-23 燃料电池堆密封性测试数据

测试项目	试验气体	操作压力/kPa	流量/(NmL/min)	压降（20min）/kPa
燃料电池堆整体密封性	氦氮混合气	150	—	10
氢气外漏量	氦气	50	81	—
阴阳极腔窜气量	氦气	50	80	—
阴阳极腔向冷却剂腔窜气量	氦气	150	2	—

电堆气密性测试结果符合要求。

2. 绝缘电阻测试

按7.3.2节方法进行电池堆绝缘电阻测试。从供应商提供数据可知，本测试电池堆开路电压为288V，选择测试电压高于1.5倍的开路电压，取测试电压500V。设置兆欧表的电压为500V，测量记录绝缘电阻值为2MΩ。测试结果见表7-24所示。

表7-24 燃料电池堆绝缘电阻测试数据

测试电压	500V
绝缘电阻	2MΩ
绝缘电阻指标	4000Ω/V

电池堆绝缘性能符合要求。

7.7.3 性能测试

按7.4节的测试方法测试燃料电池堆的性能。按照供应商规定的活化方法活化燃料电池堆，活化完成后，进行性能测试。测试条件为：空气计量比2.5，氢气计量比1.2，空气侧增湿60%，氢气侧不增湿；气体操作压力为常压；燃料电池堆冷却液出口温度65℃。

1. 燃料电池堆极化曲线测试

按照7.4.1节的测试方法测试燃料电池堆性能极化曲线，结果如图7-9所示。

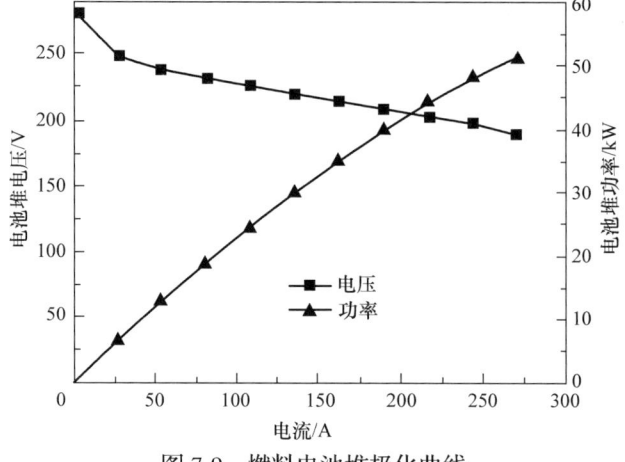

图7-9 燃料电池堆极化曲线

燃料电池堆加载电流由 0 至 270A，电压变化范围为 282V 至 189V，无明显传质极化区出现，功率变化范围为 0~50kW。

2. 额定功率及峰值功率测试

按照 7.4.2、7.4.3 节的测试方法测试燃料电池堆额定功率及峰值功率，结果见表 7-25。

表 7-25 燃料电池堆额定功率及峰值功率测试结果

	功率/kW	电流/A	电压/V	空气计量比	氢气计量比
额定值	42	210	200	2.5	1.2
峰值	50	270	189	2.5	1.2

3. 反应气利用率计算

按照 7.5.4 节的测试方法测试燃料电池堆气体利用率；或者在燃料电池堆整体气密性没有不正常的情况下，按操作参数设定的气体计量比直接计算气体利用率。

$$空气利用率 = \frac{1}{空气计量比} = \frac{1}{2.5} = 40\%$$

$$氢气利用率 = \frac{1}{氢气计量比} = \frac{1}{1.2} = 83.33\%$$

4. 燃料电池堆效率

按照 7.5.5 节的测试方法测试燃料电池堆效率。

燃料电池堆额定功率运行时，燃料电池堆内单电池平均电压为 0.65V，分别计算高热值燃料电池堆效率及低热值燃料电池堆效率。

高热值燃料电池堆效率：

$$f_{EC,HHV} = \frac{V}{1.48} f_g = \frac{0.65}{1.48} \times 83.33\% = 36.6\%$$

低热值燃料电池堆效率：

$$f_{FC,LHV} = \frac{V}{1.25} f_g = \frac{0.65}{1.23} \times 83.33\% = 44.03\%$$

5. 燃料电池堆一致性测试

按 7.4.7 节的测试方法，燃料电池堆额定功率运行时，采集 288 节燃料电池堆的各节单电池电压，测试燃料电池堆一致性，测试结果如图 7-10 所示。单电池最高电压 0.661V，最低电压 0.642V，平均电压 0.650V，标准差按式 $\sigma = \sqrt{\frac{1}{N}\sum_{1}^{N}(x_i - \mu)^2}$ 计算。

标准差：$\sigma = 0.012V$。燃料电池堆一致性较好。

6. 燃料电池堆操作参数对性能的影响

按 7.4.6 节的测试方法，以恒电流的加载方式测试燃料电池堆极化曲线，分别测试操作温度、操作压力、空气湿度、气体计量比对燃料电池堆性能的影响，根据测试结果绘制的极化曲线如图 7-11~图 7-14 所示。

图 7-11 所示为温度对燃料电池堆输出性能的影响。操作条件：空气计量比 2.5，氢气计量比 1.2，气体操作压力 100kPa，空气相对湿度 60%，分别测试燃料电池堆循环水出口

温度 45℃、55℃、65℃时的燃料电池堆极化曲线。电流范围由 0 加载至最大电流 270A，最大功率输出分别为 48kW、50.5kW、51.2kW。温度升高，燃料电池堆的性能提升。

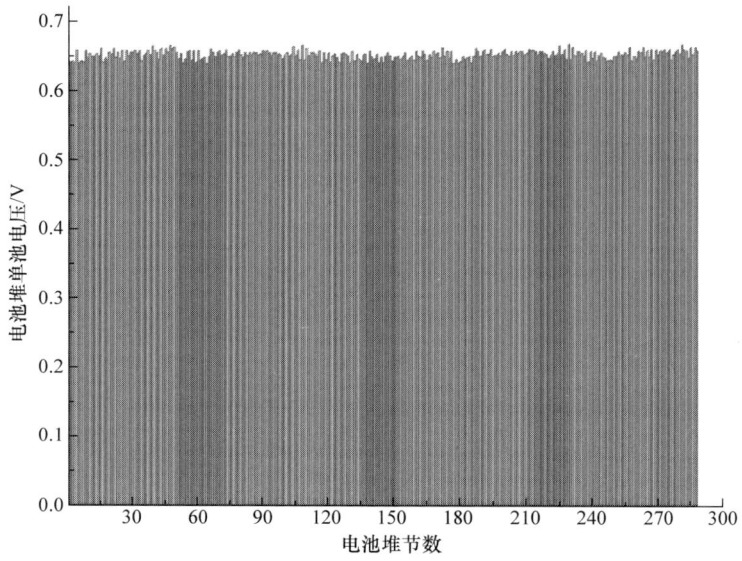

图 7-10　燃料电池堆单电压分布图

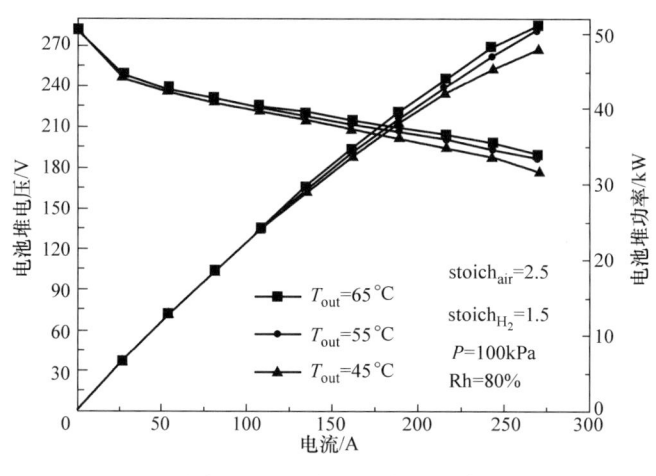

图 7-11　温度对性能的影响

图 7-12 所示为气体压力对燃料电池堆输出性能的影响。操作条件：燃料电池堆温度 65℃，空气计量比 2.5，氢气计量比 1.2，空气相对湿度 60%，分别测试气体压力 100kPa、120kPa、150kPa 时的燃料电池堆极化曲线。电流范围由 0 加载至最大电流 270A，最大功率输出分别为 50.1kW、51.8kW、53kW。气体压力升高，燃料电池堆性能提升。

图 7-13 所示为空气相对湿度对燃料电池堆输出性能的影响。操作条件：燃料电池堆温度 65℃，空气计量比 2.5，氢气计量比 1.2，气体压力 100kPa，分别测试空气相对湿度 20%、50%、80% 时的燃料电池堆极化曲线。电流范围由 0 加载至最大电流 270A，最大功率输出分别为 46kW、50.3W、51.2kW。相对湿度 20% 时，电池性能较差，空气相对湿

度增加至50%，燃料电池堆性能明显提升，相对湿度80%时，性能较相对湿度50%时略有提升。湿度增加，降低了离子传递电阻引起的欧姆极化，燃料电池堆性能升高。

图7-14所示为气体计量比对燃料电池堆输出性能的影响。操作条件：燃料电池堆温度65℃，气体压力100kPa，空气相对湿度60%。

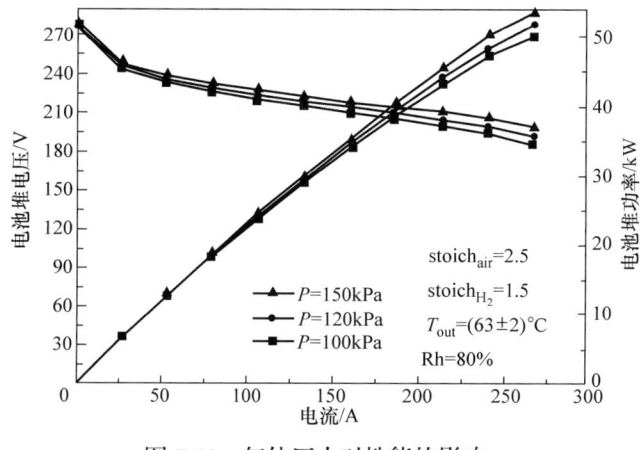

图7-12 气体压力对性能的影响

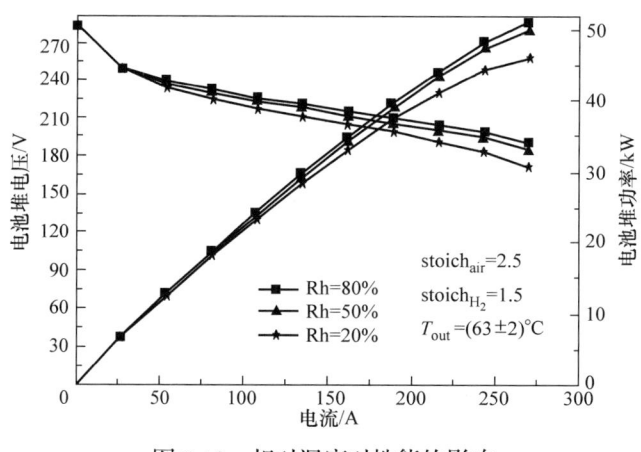

图7-13 相对湿度对性能的影响

图7-14a所示为空气计量比的影响，氢气计量比1.2，分别测试空气计量比2、2.25、2.5时的燃料电池堆极化曲线；电流范围由0加载至最大电流270A，最大功率输出分别为47kW、49W、51kW。图7-14b所示为氢气计量比的影响，空气计量比2.5，分别测试氢气计量比1.25、1.5、1.75时的燃料电池堆极化曲线。电流范围由0加载至最大电流270A，最大功率输出分别为49.8kW、50.1W、50.9kW。氢气计量比提高，燃料电池堆性能略有提升。

气体计量比提高，降低了浓差极化，燃料电池堆性能提升。

7. 燃料电池堆性能测试结果小结

本测试实例主要测试结果见表7-26。

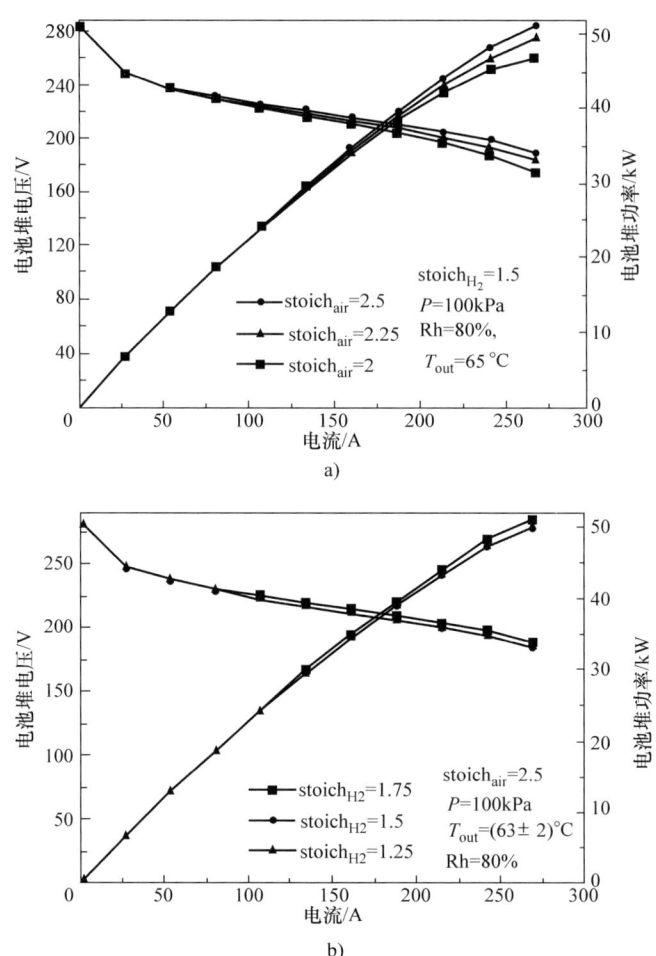

图 7-14 气体计量比对性能影响

a）空气计量比对性能影响　b）氢气计量比对性能影响

表 7-26 燃料电池堆性能测试结果

测试项目		测试结果
体积 /L		20
质量 /kg		30
绝缘电阻 /(Ω/V)		4000
气密性		符合要求
燃料电池堆额定功率 /kW		42
燃料电池堆峰值功率 /kW		50
空气利用率		40%
氢气利用率		83.33
燃料电池堆效率	高热值效率	36.6%
	低热值效率	44.03%
燃料电池堆一致性标准差 σ/mV		12

7.8 燃料电池系统测试准备

这一部分内容主要是关于燃料电池系统的测试，主要包括燃料电池系统的气密性测试、绝缘性测试，以及燃料电池系统的稳态特性、动态响应特性、动态循环特性、动态平均效率、起动特性、氢气排放特性等性能的测试方法，同时对燃料电池系统测试过程中基本术语、试验准备要求、测量过程中的误差要求等进行了介绍。

7.8.1 燃料电池系统测试条件

在进行燃料电池系统测试之前，应对测试所需满足的基本测试条件进行确认，明确燃料电池系统及测试平台的硬件接口及软件接口，主要包括：

① 燃料电池系统与测试平台进行对接的所有管路接口及连接形式，主要包括氢气供气管路接口及散热管路接口等。

② 燃料电池系统所需的辅助电源电压及功率范围，主要包括动力电电压范围及功率，控制用低压电电压范围及功率等。

③ 燃料电池系统所需的供氢及散热能力信息，包括供氢压力、供氢流量及散热方式，冷却液流量及温度、压力等。

④ 燃料电池系统测试所需满足的环境条件信息，包括环境温度、湿度、大气压等。

⑤ 燃料电池系统的通信方式及通信协议，确认燃料电池系统及测试平台之间的信息交互方式及数量。

燃料电池系统测试信息流示意图如图 7-15 所示。

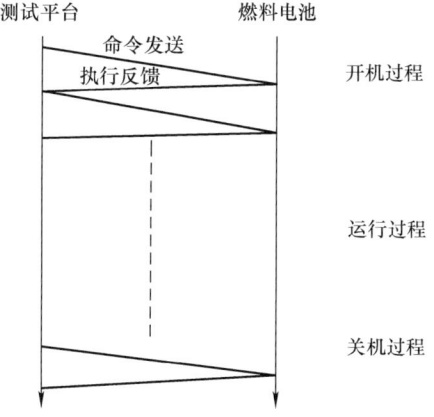

图 7-15 燃料电池系统测试信息流示意图

7.8.2 测试状态的规定

燃料电池系统本身的状态对测试结果有一定的影响，所以在测试之前都要对燃料电池系统的测试状态作出规定，一般分为冷机状态和热机状态。冷机状态指燃料电池系统内部温度与环境温度相同。热机状态指燃料电池系统内部温度处于正常工作温度范围（因为每个厂家的燃料电池系统正常工作温度都不相同，所以正常工作温度由厂家规定）。

因为燃料电池系统内部温度很难测量，所以对于燃料电池系统热机状态工作温度的判定都是根据燃料电池系统冷却液的出口温度来判定燃料电池系统当前的工作温度，对于燃料电池系统冷机状态的判定是燃料电池系统在环境温度下至少静置 12h，这样即认为燃料电池系统处于冷机状态。

7.8.3 测量误差的规定

在测试中,对于测量误差都要控制在一定范围内,相对误差一般要求不超过5%。但是对于在小功率范围内,采用相对误差就不太合适,可采用绝对误差来要求,这样对于测试设备的要求就会降低。具体要求见如下规定:

$$\Delta P = 5\% P_{设} \tag{7-20}$$

$$\Delta = | P_{设} - P_{加} | \tag{7-21}$$

$$\delta = \frac{\Delta}{P_{设}} \tag{7-22}$$

式中 $P_{设}$——设定的燃料电池系统加载功率(kW);
 $P_{加}$——燃料电池系统实际加载功率(kW);
 Δ——功率加载误差(kW);
 δ——燃料电池系统功率加载相对误差。

如果 $\Delta P > 1\text{kW}$,则燃料电池系统功率加载误差满足:

$$\delta \leq 5\% \tag{7-23}$$

如果 $\Delta P \leq 1\text{kW}$,则燃料电池系统功率加载误差应采用绝对误差来限制,功率加载绝对误差满足:

$$| \Delta | \leq 1\text{kW} \tag{7-24}$$

7.8.4 浸机及热机处理方法

燃料电池系统浸机一般分为常温浸机和低温(0℃以下)浸机,这主要是试验前的预处理过程。对燃料电池系统进行浸机处理的主要目的,是保证试验前燃料电池系统的初始状态一致,避免因为燃料电池系统初始状态不一致导致试验结果出现不一致的情况。

7.8.4.1 常温浸机方法

燃料电池系统(冷却液加注完成)在常温环境条件下静置足够长的时间,以保证燃料电池系统内部温度与环境温度相同,浸机时间至少为12h。在浸机期间,不能对燃料电池系统做任何改动。

按照上述方法处理后,则可认为燃料电池系统处于冷机状态。

7.8.4.2 低温(0℃以下)浸机方法

燃料电池系统(冷却液加注完成)在规定的低温环境条件下静置足够长的时间,以保证燃料电池系统内部温度与环境温度相同,有效浸机时间至少为12h。

有效浸机时间:从环境舱的温度达到设定温度后开始计时到浸机结束,环境舱的温度控制在±3℃内,否则浸机无效。

按照上述方法处理后,则可认为燃料电池系统处于冷机状态。

7.8.4.3 热机方法

按照制造厂的使用规定,使燃料电池系统工作在一定功率,同时监测燃料电池堆冷却液的出口温度,一旦燃料电池堆冷却液的出口温度达到正常工作温度,即认为燃料电池系统达到热机状态。

7.9 燃料电池系统稳态性能测试

7.9.1 稳态特性测试

燃料电池系统稳态特性主要是指燃料电池系统在稳定状态下的输出特性,主要包括燃料电池系统的输出特性曲线测试、额定功率测试、峰值功率测试等。稳定特性测试主要关注燃料电池堆的极化曲线及总输出功率特性、辅助系统的功率特性、燃料电池系统的氢气消耗量特性、燃料电池系统输出功率(即净输出功率)曲线特性等。

1. 测试条件

试验前燃料电池发动机处于热机状态,测量的功率点一般要覆盖全功率范围。试验过程应自动进行,不能有人工干预。

2. 测试设备

燃料电池系统测试平台。

3. 测试方法

① 在燃料电池系统工作范围内选择 12 个工况点,分别是怠速状态、10% P_E、20% P_E、30% P_E、40% P_E、50% P_E、60% P_E、70% P_E、80% P_E、90% P_E、P_E、峰值功率。

② 按照制造商规定的操作程序起动燃料电池系统,进行热机处理。

③ 热机过程结束后,回到怠速状态运行 10s。

④ 按照规定的加载方法加载到预先确定的工况点,在每个工况点至少持续稳定运行 3min。

⑤ 每个工况点分析数据时间长度不能少于 2min。

⑥ 本试验项目数据处理结果包括峰值功率点,对于峰值功率点的试验数据,采用峰值功率试验数据,本试验项目不再重复进行,该点的分析数据时间长度取决于峰值功率试验数据时间长度。

⑦ 如果在试验过程中试验中断,则试验需重新从步骤①进行。

4. 测试结果

通过试验数据,分析燃料电池系统的稳态特性。燃料电池系统稳态特性可以从以下 4 个方面进行分析:

燃料电池堆稳态特性包括极化曲线特性、功率特性、效率特性、氢气利用率特性等。

辅助系统特性主要是指辅助系统功率特性。

燃料电池系统稳态特性包括功率特性、效率特性。

氢耗稳态特性主要包括氢气的消耗量特性、氢气的消耗率特性、氢气的排放特性等。

7.9.2 额定功率特性试验

额定功率是燃料电池系统的特征值，在额定功率下燃料电池系统能够长时间持续稳定运行，试验目的主要是考察燃料电池系统能否在额定功率点长时间运行。

1. 测试条件

额定功率特性测试一般都是在燃料电池系统处于热机状态下进行试验，试验过程应自动进行，不能有人工干预。

2. 测试设备

燃料电池系统测试平台。

3. 测试方法

① 按照制造商规定的操作程序起动燃料电池系统，进行热机处理。

② 热机过程结束后，回到怠速状态运行 10s。

③ 测试平台按照规定的加载方法进行加载，加载到额定功率后持续稳定运行 60min。

4. 测试结果

试验中测量的数据有燃料电池系统的电压、电流，氢气的消耗量，辅助系统的电压、电流。

燃料电池系统额定功率特性测试记录表见表 7-27。

表 7-27 燃料电池系统额定功率特性测试记录表

燃料电池系统电压 /V	
燃料电池系统电流 /A	
燃料电池系统氢气的消耗量 /g	
辅助系统电压 /V	
辅助系统电流 /A	

7.9.3 峰值功率特性试验

峰值功率是表征燃料电池系统短时间内最大输出能力的指标，峰值功率持续工作时间的长短取决于燃料电池系统本身的设计要求，不同厂家的产品都会有所区别。试验目的主要是考察燃料电池系统的峰值能力。

1. 测试条件

试验前燃料电池系统的状态为热机状态。试验过程应自动进行，不能有人工干预。

2. 测试设备

燃料电池系统测试平台。

3. 测试方法

① 燃料电池系统首先进行热机处理，热机过程结束后，回到怠速状态运行 10s。

② 测试平台按照规定的加载方法进行加载，加载到额定功率后在该功率点至少稳定运行 10min，然后按照规定的加载方式加载到设定的峰值功率，在该功率点持续稳定运行

设定的时间（根据产品技术要求确定），然后按照制造厂规定的卸载方式进行卸载。

4. 测试结果

试验中测量的数据有峰值功率运行的时间，燃料电池系统的电压、电流，氢气的消耗量，辅助系统的电压、电流。

燃料电池系统峰值功率特性测试记录表见表 7-28。

表 7-28 燃料电池系统峰值功率特性测试记录表

燃料电池系统峰值功率特性测试	峰值功率运行时间 /min	
	燃料电池系统电压 /V	
	燃料电池系统电流 /A	
	燃料电池系统氢气的消耗量 /g	
	辅助系统电压 /V	
	辅助系统电流 /A	

7.9.4 稳态性能指标

燃料电池系统稳态性能指标见表 7-29。

表 7-29 燃料电池系统稳态性能指标

序号	性能指标	单位	备注
1	燃料电池单电池理论氢气流量	g/s	
2	燃料电池堆的理论氢气流量	g/s	
3	燃料电池堆的功率	kW	
4	燃料电池堆效率		
5	燃料电池系统功率	kW	
6	燃料电池系统效率		
7	燃料电池堆氢气利用率		
8	燃料电池堆的氢耗率	g/kW·h	
9	燃料电池系统的氢耗率	g/kW·h	
10	燃料电池堆功率因子		
11	燃料电池系统功率因子		

7.10 燃料电池系统启动特性试验

启动特性是燃料电池系统最基本的性能之一，按照启动时的环境温度和燃料电池系统内部温度来划分的话包括热启动和冷启动，按照燃料电池系统最终状态来划分，可分为怠速启动和额定功率启动。

启动特性试验的主要目的：考察燃料电池在不同环境条件下的启动时间，因为这直接关系到整车的启动时间；其次，考察燃料电池系统启动稳定性；第三，通过分析启动过程的动态过程，可以评价燃料电池系统的启动过程响应品质。

具体划分参见表 7-30。

表 7-30 燃料电池系统启动特性试验分类

序号	条目	类型	子类型	定义
1	冷启动试验	怠速冷启动	常温怠速冷启动	在常温环境条件下，冷机状态的燃料电池系统在停机状态下启动后达到怠速状态，并持续稳定运行 10min
2			低温（0℃以下）怠速冷启动	在规定的低温环境条件下，冷机状态的燃料电池系统在停机状态下启动后达到怠速状态，并持续稳定运行 10min
3		额定功率冷启动	常温额定功率冷启动	在常温环境条件下，冷机状态的燃料电池系统在停机状态下启动后达到额定功率，并持续稳定运行 10min
4			低温（0℃以下）额定功率冷启动	在规定的低温环境条件下，冷机状态的燃料电池系统在停机状态下启动后达到额定功率，并持续稳定运行 10min
5	热启动试验	常温怠速热启动试验		热机状态的燃料电池系统在停机状态下启动后达到怠速状态，并持续稳定运行 10min
6		常温额定功率热启动试验		热机状态的燃料电池系统在停机状态下启动后达到额定功率，并持续稳定运行 10min

燃料电池系统启动特性试验过程应包括如下步骤：

① 系统测试平台为燃料电池系统提供启动所需的条件并发送启动命令。

② 燃料电池系统按其内部固有逻辑执行启动命令。

③ 燃料电池系统向系统测试平台反馈启动成功或失败信息。

④ 系统测试平台监测燃料电池系统启动过程中的相关信息，并在完成测试后向燃料电池系统发送关机命令。

⑤ 燃料电池系统关机。

7.10.1 常温启动特性试验方法

7.10.1.1 常温怠速冷启动特性试验

这个试验主要考察燃料电池系统在常温环境条件下的怠速冷态启动能力及其稳定性。

1. 测试条件

试验前燃料电池系统处于常温环境下，按照规定的浸机方法进行浸机处理。试验过程应自动进行，不能有人工干预。

2. 测试设备

燃料电池系统测试平台。

3. 测试方法

① 按照制造厂建议的启动操作步骤启动燃料电池系统。

② 燃料电池系统启动后，在怠速状态下持续稳定运行 10min，则启动成功，否则启动失败。

③ 启动失败处理：如果燃料电池系统在启动过程中自动关机，没有启动成功，则立刻启动燃料电池系统的冷却系统及测试平台的冷却系统工作，同时监测燃料电池堆冷却液的出口温度，如果冷却液的出口温度与环境温度相同（温度误差在 ±1℃内），则可进行下

一次常温怠速冷启动测试；总共有 3 次机会。

4. 测试结果

试验中测量的数据有启动时间，燃料电池系统的电压、电流、氢气流量，辅助系统的电压、电流。

燃料电池系统常温冷启动特性测试记录表见表 7-31。

表 7-31 燃料电池系统常温冷启动特性测试记录表

启动时间 /min	
燃料电池系统电压 /V	
燃料电池系统电流 /A	
燃料电池系统氢气的消耗量 /g	
辅助系统电压 /V	
辅助系统电流 /A	

7.10.1.2 常温怠速热启动试验

这个试验主要考察燃料电池系统在常温环境条件下的怠速热态启动能力及其稳定性。

1. 测试条件

试验前燃料电池系统按照规定的方法进行热机，使燃料电池系统处于热机状态。试验过程应自动进行，不能有人工干预。

2. 测试设备

燃料电池系统测试平台。

3. 测试方法

① 热机过程结束后，停机 10s，然后按照制造厂规定的启动操作步骤启动燃料电池系统。

② 燃料电池系统启动后，在怠速状态下持续稳定运行 10min，则启动成功，否则启动失败。

③ 启动失败处理：如果燃料电池系统启动失败，3min 后进行下一次启动；总共有三次机会。

4. 测试结果

试验中测量的数据有热启动时间，燃料电池系统的电压、电流、氢气流量，辅助系统的电压、电流。

7.10.1.3 常温额定功率冷启动测试

这个试验主要考察燃料电池系统在常温环境条件下的额定功率冷态启动能力及其稳定性。

1. 测试条件

试验前燃料电池系统处于常温环境下，按照规定的浸机方法进行浸机处理，使燃料电池系统处于冷机状态。试验过程应自动进行，不能有人工干预。

2. 测试设备

燃料电池系统测试平台。

3. 测试方法

① 按照制造厂建议的启动操作步骤启动燃料电池系统。

② 测试平台按照制造厂建议的方法向燃料电池系统发送工作指令，同时测试平台按照规定的加载方法进行加载，加载到额定功率点后，燃料电池系统在额定功率下持续稳定运行10min，则燃料电池系统额定功率启动成功，否则额定功率启动失败。

③ 启动失败处理：如果燃料电池系统在启动过程中自动关机，没有启动成功，则立刻启动燃料电池系统的冷却系统及测试平台的冷却系统工作，同时监测燃料电池堆冷却液的出口温度，如果冷却液的出口温度与环境温度相同（温度误差在±1℃内），则可进行下一次常温额定功率冷启动测试；总共有3次机会。

4. 测试结果

试验中测量的数据有冷启动时间，燃料电池系统的电压、电流、氢气流量，辅助系统的电压、电流。

7.10.1.4 常温额定功率热启动试验

这个试验主要考察燃料电池系统在常温环境条件下的额定功率热态启动能力及其稳定性。

1. 测试条件

试验前燃料电池系统按照规定的方法进行热机，使燃料电池系统处于热机状态。试验过程应自动进行，不能有人工干预。

2. 测试设备

燃料电池系统测试平台。

3. 测试方法

① 热机过程结束后，停机10s，然后按照制造厂建议的启动操作步骤启动燃料电池系统。

② 测试平台按照制造厂建议的方法向燃料电池系统发送工作指令，同时测试平台按照规定的加载方法进行加载，加载到额定功率点后，燃料电池系统在额定功率下持续稳定运行10min，则燃料电池系统额定功率启动成功，否则额定功率启动失败。

③ 如果启动失败，3min后进行下一次启动；总共有3次机会。

4. 测试结果

试验中测量的数据有启动时间，燃料电池系统的电压、电流、氢气流量，辅助系统的电压、电流。

7.10.2 低温冷启动特性测试

7.10.2.1 低温怠速冷启动测试

这个试验主要考察燃料电池系统在低温环境条件下的怠速启动能力及其稳定性。

1. 测试条件

试验前燃料电池系统置于环境舱中,将环境舱的温度设定为规定的温度,按照规定的浸机方法进行浸机处理。试验过程中,环境舱的温度应该满足规定要求。试验过程应自动进行,不能有人工干预。

2. 测试设备

燃料电池系统测试平台。

3. 测试方法

① 预处理过程结束后,按照制造厂建议的启动操作步骤启动燃料电池系统。

② 燃料电池系统启动后,在怠速状态下持续稳定运行 10min,则燃料电池系统低温怠速冷启动成功,否则低温怠速冷启动失败;只有 1 次机会。

4. 测试结果

试验中测量的数据有启动时间、环境温度、冷却液起始温度、燃料电池堆的电压、燃料电池堆的电流、辅助系统的电压、辅助系统的电流、氢气的消耗量等。

7.10.2.2 额定功率低温冷启动测试

这个试验主要考察燃料电池系统在低温环境条件下的额定功率启动能力及其稳定性。

1. 测试条件

试验前燃料电池系统置于环境舱中,将环境舱的温度设定为规定的温度,按照规定的浸机方法进行浸机处理。试验过程中,环境舱的温度应该满足规定要求。试验过程应自动进行,不能有人工干预。

2. 测试设备

燃料电池系统测试平台。

3. 测试方法

① 预处理过程结束后,按照制造厂建议的启动操作步骤启动燃料电池系统。

② 测试平台按照制造厂建议的方法向燃料电池系统发送工作指令,同时测试平台按照规定的加载方法进行加载,加载到额定功率点后燃料电池系统在额定功率下持续稳定运行 10min,则燃料电池系统额定功率低温冷启动成功,否则额定功率低温冷启动失败;只有 1 次机会。

4. 测试结果

试验过程中记录的数据:启动时间、环境温度、冷却液起始温度、燃料电池堆的电压、燃料电池堆的电流、辅助系统的电压、辅助系统的电流、氢气的消耗量等。

7.10.3 启动特性的评价

启动时间是评价燃料电池系统启动特性的基本指标,但是这个指标并不能全面反映燃料电池系统的启动特性品质,燃料电池系统在启动过程中的稳定性(如燃料电池堆的电压波动等)、氢气瞬时消耗量等指标也是评价燃料电池系统启动特性的指标。对于燃料电池系统的启动特性评价,需要综合考虑这些指标。

7.11 燃料电池系统动态特性测试

动态特性是反映燃料电池系统快速响应及反应的能力,是燃料电池系统的一个基本指标。动态特性包括动态响应特性和动态循环特性。

7.11.1 动态响应特性

动态响应特性是燃料电池系统在短时间内从一个状态变换到另一个状态的能力,在标准里面推荐取从怠速状态到 90% P_E 的响应时间作为评价燃料电池系统响应特性的指标。

1. 测试条件

试验前燃料电池系统处于热机状态。试验过程应自动进行,不能有人工干预。

2. 测试设备

燃料电池系统测试平台。

3. 测试方法

① 燃料电池系统首先进行热机处理,热机过程结束后,回到怠速状态运行 10s。

② 按照规定的加载方式加载到动态响应的起始功率点,在该功率点至少稳定运行 1min。

③ 测试平台向燃料电池系统发送动态阶跃工作指令,同时测试平台按照规定的加载方式加载,直至达到动态阶跃的截止点,燃料电池系统在该功率点至少持续稳定运行 10min。

④ 如果试验过程中试验中断,3min 后可进行下一次试验,总共有三次机会。

注意:推荐取怠速状态到 90% P_E 的响应时间作为评价燃料电池系统的加载动态响应指标。P_E 为燃料电池系统额定功率。

4. 测试结果

试验过程中记录的数据:动态阶跃响应时间,燃料电池系统的电压、电流,氢气的消耗量,辅助系统的电压、电流。

燃料电池系统动态响应特性测试记录表见表 7-32。

表 7-32 燃料电池系统动态响应特性测试记录表

动态阶跃响应时间 /min	
燃料电池系统电压 /V	
燃料电池系统电流 /A	
燃料电池系统氢气的消耗量 /g	
辅助系统电压 /V	
辅助系统电流 /A	

7.11.2 动态循环特性

动态循环特性是考察燃料电池系统在循环工况下的综合特性,可以评价燃料电池系统动态平均效率、动态情况下的氢耗特性、动态氢气排放特性等，这个指标比稳态特性指标更接近实际情况。动态循环工况要具备整车的行驶特征，这样试验结果才能与实际情况比较接近。

动态循环特性测试包括热机状态下的动态循环特性测试和冷机状态下的动态循环特性测试。

1. 测试条件

热机状态下的循环工况测试是指试验开始前燃料电池系统处于热机状态，然后进行动态循环加载测试。冷机状态下的循环工况测试是指试验开始前燃料电池系统处于冷机状态，然后进行动态循环加载测试。试验过程应自动进行，不能有人工干预。

2. 测试设备

燃料电池系统测试平台。

3. 测试方法

① 燃料电池系统首先进行热机或冷机处理。

② 按照附录2规定的循环工况进行动态循环测试。

4. 测试结果

试验过程中记录的数据：燃料电池系统的电压、电流，氢气的消耗量。

燃料电池系统动态循环特性测试记录表见表7-33。

表7-33 燃料电池系统动态响应特性测试记录表

燃料电池系统电压 /V	
燃料电池系统电流 /A	
燃料电池系统氢气的消耗量 /g	

7.11.3 动态平均效率特性测试

燃料电池汽车在行驶过程中，燃料电池系统一般都处于动态工况，在实际中测得的稳态效率并不能全面反映燃料电池系统的实际效率，而燃料电池系统动态效率是一个瞬时变化值，很难用一个准确值来反映燃料电池系统的动态效率，可以考虑用动态平均效率来表征燃料电池系统的动态效率品质。

1. 测试条件

试验前燃料电池系统处于热机状态。试验过程应自动进行，不能有人工干预。

2. 测试设备

燃料电池系统测试平台。

3. 测试方法

① 燃料电池系统首先进行热机处理。

② 按照附录2规定的动态循环进行加载试验。

③ 试验进行三次，试验结果取三次平均值。

4. 测试结果

动态平均效率为燃料电池系统在一个完整循环工况下实际输出的能量与所消耗的氢气包含的能量之比（按照氢气低热值计算）。试验中测量的数据为燃料电池系统氢气的消耗量，燃料电池系统的电流、电压等参数。

燃料电池系统内部温度对燃料电池系统的性能会有影响，可以考察燃料电池系统在不同温度条件下的动态平均效率，这样可以评价温度对燃料电池系统动态平均效率的影响。

如果氢气质量流量计以流量单位记录结果，则燃料电池系统在某段时间内的实测氢气消耗量按下式计算：

$$M_{H_2} = \int_{T_1}^{T_2} m_{H_2} dt \tag{7-25}$$

式中　M_{H_2}——燃料电池系统实测氢气消耗量（g）；
　　　m_{H_2}——燃料电池系统实测氢气流量（g/s）；
　　　T_1——起始时间（s）；
　　　T_2——结束时间（s）。

燃料电池系统能量为

$$Q_F = \int_{T_1}^{T_2} P_F dt \tag{7-26}$$

式中　Q_F——某段时间内燃料电池系统能量（kJ）；
　　　P_F——燃料电池系统功率（kW）。

燃料电池系统动态平均效率为

$$\overline{\eta_{FD}} = \frac{1000 Q_F}{M_{H_2} LHV_{H_2}} \times 100\% \tag{7-27}$$

式中　Q_F——某段时间内燃料电池系统能量（kJ）；
　　　M_{H_2}——燃料电池系统实测氢气消耗量（g）；
　　　LHV_{H_2}——氢气低热值，1.2×10^5 kJ/kg；
　　　$\overline{\eta_{FD}}$——燃料电池系统动态平均效率。

7.11.4　氢气排放特性测试

燃料电池系统在运行过程中都会定期排出一部分氢气，在稳态情况下和动态情况下，两者排出的氢气会有区别，所以要考察稳态情况下的氢气排放特性和动态循环工况下的氢气排放特性。

氢气排放量是通过测量得到的供应给燃料电池系统的实际氢气消耗量和理论计算得到的理论氢气消耗量计算得到的。

7.11.4.1　稳态工况氢气排放测试

稳态工况下的氢气排放特性在国家标准里面是考察处于热机状态的燃料电池系统在稳

态情况下的氢气排放特性。

1. 测试条件

试验前燃料电池系统处于热机状态。试验过程应自动进行，不能有人工干预。

2. 测试设备

燃料电池系统测试平台。

3. 测试方法

具体的试验方法与稳态特性试验方法相同。在燃料电池系统工作范围内选择 11 个工况点，分别是怠速、$10\% P_E$、$20\% P_E$、$30\% P_E$、$40\% P_E$、$50\% P_E$、$60\% P_E$、$70\% P_E$、$80\% P_E$、$90\% P_E$、P_E；在每个工况点至少持续稳定运行 3min；每个工况点分析数据时间长度不能少于 2min。

4. 测试结果

氢气排放量是通过测量得到的供应给燃料电池系统的实际氢气消耗量和理论计算得到的理论氢气消耗量计算得到的，详细过程见 7.11.4.3 节。

7.11.4.2 动态循环工况下的氢气排放

动态氢气排放是在动态循环工况下进行测试和评价，指燃料电池系统运行一个完整的循环工况时排出了多少氢气。

1. 测试条件

试验前燃料电池系统处于热机状态。试验过程应自动进行，不能有人工干预。

2. 测试设备

燃料电池系统测试平台。

3. 测试方法

① 燃料电池系统首先进行热机处理。

② 按照循环工况测试过程进行动态循环工况下的氢气排放特性试验，循环工况参照附录 2。

燃料电池系统内部温度对燃料电池系统的性能会有影响，可以考察燃料电池系统在不同温度条件下的动态氢气排放，这样可以评价温度对燃料电池系统动态氢气排放的影响。

4. 测试结果

氢气排放量是通过测量得到的供应给燃料电池系统的实际氢气消耗量和理论计算得到的理论氢气消耗量计算得到的，详细过程见 7.11.4.3 节。

7.11.4.3 氢气排放的数据处理方法

1. 燃料电池堆实际氢耗量

如果氢气质量流量计以流量单位记录结果，则燃料电池堆在某段时间内的实测氢耗量按下式计算：

$$M_{H_2} = \int_{T_1}^{T_2} m_{H_2} dt \tag{7-28}$$

式中　M_{H_2}——燃料电池堆实测氢气消耗量（g）；
　　　m_{H_2}——燃料电池堆实测氢气流量（g/s）；
　　　T_1——起始时间（s）；
　　　T_2——结束时间（s）。

2. 燃料电池理论氢耗量

燃料电池堆在某段时间内的理论氢耗量按下式计算：

$$M_{H_2\_theo} = \int_{T_1}^{T_2} m_{H_2\_theo} dt \tag{7-29}$$

式中　$M_{H_2\_theo}$——燃料电池堆理论氢气消耗量（g）；
　　　$m_{H_2\_theo}$——燃料电池堆理论氢气流量（g/s）；
　　　T_1——起始时间（s）；
　　　T_2——结束时间（s）。

理论氢气流量按法拉第公式计算：

$$m_{H_2\_theo} = (mIN)/(nF) \tag{7-30}$$

式中　$m_{H_2\_theo}$——燃料电池堆理论氢气流量（g/s）；
　　　m——氢气摩尔质量，2.016g/mol；
　　　I——燃料电池堆电流（A）；
　　　N——燃料电池堆单电池片数；
　　　n——每个氢分子释放的电子数，2；
　　　F——法拉第常数，96485C/mol。

3. 氢气排放量

燃料电池堆在某段时间内排放的氢气按下式计算：

$$m_{H_2\_emis} = m_{H_2} - M_{H_2\_theo} \tag{7-31}$$

式中　$m_{H_2\_emis}$——某段时间内排放的氢气质量（g）；
　　　m_{H_2}——某段时间内实际消耗的氢气质量（g）；
　　　$M_{H_2\_theo}$——某段时间内理论消耗氢气质量（g）。

4. 氢气排放率

燃料电池堆在某段时间内的氢气排放率按下式计算：

$$b_{H_2\_emis} = 3600 \times M_{H_2\_emis}/Q_S \tag{7-32}$$

式中　$b_{H_2\_emis}$——某段时间内氢气排放率[g/(kW·h)]；
　　　$M_{H_2\_emis}$——某段时间内排放的氢气质量（g）；
　　　Q_S——某段时间内燃料电池堆能量（kJ）。

燃料电池堆能量为

$$Q_S = \int_{T_1}^{T_2} P_S dt \tag{7-33}$$

式中　Q_S——某段时间内燃料电池堆能量（kJ）；
　　　P_S——燃料电池堆功率（kW）。

7.12 燃料电池系统安全性测试

燃料电池系统的安全性测试主要包括氢安全和电安全。其中氢安全是燃料电池系统特有的，主要是关于氢气的气密性测试。

7.12.1 紧急停机功能测试

燃料电池系统应该具有自我保护功能，比如在突然中断氢气供应（在车辆发生碰撞的情况下要立刻切断氢气供应）的情况下能够进行自我保护，避免燃料电池系统发生损坏。

1. 测试条件

试验前燃料电池系统处于热机状态。试验过程应自动进行，不能有人工干预。

2. 测试设备

燃料电池系统测试平台。

3. 测试方法

① 燃料电池系统工作在比较大的功率点（功率值一般不低于 50% P_E），持续运行 5min。

② 紧急切断气源，5min 后重新起动燃料电池系统。

③ 检查燃料电池系统是否能正常起动。

7.12.2 气密性测试

氢气属于易燃易爆气体，所以燃料电池系统的气密性是燃料电池系统安全性测试的一项主要项目。燃料电池系统的气密性测试都是在燃料电池系统处于常温冷机状态下进行测试的，也就是说测试前都要对燃料电池系统进行浸机处理，保证燃料电池系统处于冷机状态，这样测试结果才比较准确。

1. 测试条件

将燃料电池系统置于环境温度下，进行浸机处理，使燃料电池系统处于冷机状态。

2. 测试设备

压力表。

3. 测试方法

气密性测试包括内漏测试和外漏测试。

（1）内漏测试

① 如果燃料电池系统氢气侧的工作压力高于 0.05MPa（包括 0.05MPa）：关闭燃料电池堆的氢气排气端口，从氢气进气端口充入氦氮混合气体（氦气体积分数不低于 10%；如果条件允许，最好采用氦气作为检测气体），压力设定为 0.05MPa，压力稳定后关闭进气阀门，其他端口保持畅通，保压 20min。根据压力的下降值判断燃料电池系统的气密性，具体技术指标由企业根据实际情况确定。记录最终压力下降值。

② 如果燃料电池系统氢气侧的工作压力低于 0.05 MPa（不包括 0.05MPa）：关闭燃

料电池堆的氢气排气端口，从氢气进气端口充入氦氮混合气体（氦气体积分数不低于10%；如果条件允许，最好采用氦气作为检测气体），如果燃料电池堆氢气侧工作压力介于 0.03~0.05MPa 之间，压力设定值为燃料电池堆的工作压力，如果燃料电池堆氢气侧的工作压力低于 0.03MPa，则压力设定值为 0.03MPa，保压 20min。根据压力的下降值判断燃料电池系统的气密性，具体技术指标由企业根据实际情况确定。记录最终压力下降值。

（2）外漏测试

① 关闭燃料电池系统的氢气排气端口、空气排气端口和冷却液出口，同时向氢气流道、空气流道和冷却液流道加注氦氮混合气体（氦气体积分数不低于10%）。

② 如果条件允许，最好采用氦气作为检测气体。压力均设定在正常工作压力，压力稳定后关闭进气阀门，保压 20min。

③ 根据压力的下降值判断燃料电池系统的气密性，具体技术指标由企业根据实际情况确定。记录最终压力下降值。

4. 测试结果（表 7-34）

表 7-34　燃料电池系统的气密性测试

初始压力 /kPa	保压 20min 后压力 /kPa	压力降 /kPa

7.12.3　绝缘性测试

燃料电池系统电安全测试主要是燃料电池系统的绝缘性测试。燃料电池系统的绝缘性是燃料电池汽车整车绝缘性的一个薄弱环节，主要是因为燃料电池系统在运行过程中，系统的冷却液导电离子会增加，这样会导致燃料电池系统的绝缘性降低。因此，燃料电池系统的绝缘性测试一般都是在性能测试结束之后进行。

1. 测试条件

试验前燃料电池冷却系统处于运转状态，冷却液处于冷态，且在所有性能测试项目结束后进行该项目的测试。

2. 测试设备

兆欧表。

当燃料电池系统的最高电压不超过 250V 时，兆欧表量程选择为 500V，当燃料电池系统最高工作电压超过 250V，但是不高于 1000V 时，兆欧表量程选择为 1000V。测量时，应在兆欧表指针或者显示数值达到稳定后再读数。

3. 测试方法

① 燃料电池冷却系统处于运转状态，且冷却液处于冷态。

② 用兆欧表测量燃料电池系统正负极分别对燃料电池发动机外壳的绝缘电阻值。

③ 记录测量的绝缘电阻值，燃料电池系统的绝缘电阻值应符合 GB/T 18384—2015 的规定。

7.13 展望

随着燃料电池技术的发展,相关燃料电池堆的技术标准体系不断健全,测试内容也会不断丰富。如燃料电池高原环境适应性的测试是非常必要的,建议未来建立相关的测试标准。因为高原环境低氧浓度、低气压的空气对燃料电池性能会产生负面的影响。随着海拔的升高,大气压力降低,空气中氧浓度降低,海拔每升高100m,大气压下降5.9mmHg(1mmHg=133Pa),氧分压下降约1.2mmHg,氧体积分数下降0.16%。如何模拟高原环境,测试燃料电池高原环境下的性能变化,是未来测试技术需要解决的问题。此外,燃料电池堆与系统相关部件的测量方法有待进一步完善和补充,电池堆的关键部件如双极板、膜电极,系统部件包括空压机、氢循环泵等,也是研发人员比较关注的,希望未来本书修订时能够进行补充。另外,燃料电池耐久性的测试方法,包括部件的耐久性、电池堆的耐久性、系统耐久性等,也是比较关键的测试内容,由于相关标准还处于制定过程中,暂时未在本部分体现。

附录

附录 1 燃料电池堆振动工况(表 7-35)

表 7-35 燃料电池堆振动测试频率、强度、时间参考值

振动方向	频率 /Hz	振动加速度(g_{rms})/(m/s^2)	振动时间 /h
垂直振动	10	1.99	0.15
	16		
	19.35		
	25.2		
	34.9		
	45		
	80		
	168		
	188.5		
	10	0.95	3.5
	16		
	19.35		
	25.2		
	34.9		
	45		
	80		
	168		
	188.5		

（续）

振动方向	频率/Hz	振动加速度$(g_{rms})/(m/s^2)$	振动时间/h
垂直振动	10	1.94	0.15
	16		
	17.1		
	21.9		
	25		
	35		
	44.7		
	80		
	169		
	189		
	10	0.95	3.5
	16		
	17.1		
	21.9		
	25		
	35		
	44.7		
	80		
	169		
	189		
纵向振动	10	1.59	0.09
	14		
	24		
	78.5		
	124		
	188.5		
	10	0.76	6.7
	14		
	24		
	78.5		
	124		
	188.5		
	10	1.59	0.09
	14		
	24		
	78.5		
	124		
	188.5		
	10	0.76	6.7
	14		
	24		
	78.5		
	124		
	188.5		

（续）

振动方向	频率/Hz	振动加速度(g_{rms})/(m/s²)	振动时间/h
横向振动	10	1.59	0.09
	14		
	24		
	78.5		
	124		
	188.5		
	10	0.76	6.7
	14		
	24		
	78.5		
	124		
	188.5		
	10	1.59	0.09
	14		
	24		
	78.5		
	124		
	188.5		
	10	0.76	6.7
	14		
	24		
	78.5		
	124		
	188.5		
垂直振动	10	1.96	0.15
	21.9		
	23.95		
	29.85		
	35		
	44.7		
	79.5		
	170		
	188.5		
	10	0.96	3.5
	21.9		
	23.95		
	29.85		
	35		
	44.7		
	79.5		
	170		
	188.5		

附录2 燃料电池系统循环工况

燃料电池发动机系统循环工况见图7-16和表7-36。

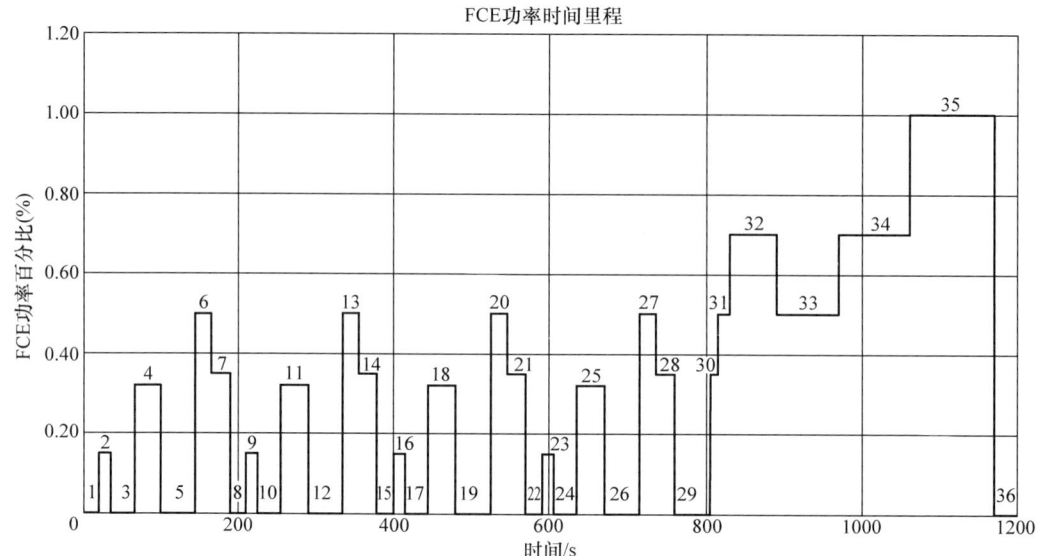

图 7-16 燃料电池系统动态循环工况加载曲线

表 7-36 燃料电池系统动态循环加载阶段

加载步骤	加载功率/kW	加载时间/s
1	P_I	20
2	15% P_E	15
3	P_I	30
4	32% P_E	35
5	P_I	45
6	50% P_E	20
7	35% P_E	25
8	P_I	20
9	15% P_E	15
10	P_I	30
11	32% P_E	35
12	P_I	45
13	50% P_E	20
14	35% P_E	25
15	P_I	20
16	15% P_E	15
17	P_I	30
18	32% P_E	35

(续)

加载步骤	加载功率/kW	加载时间/s
19	P_I	45
20	50% P_E	20
21	35% P_E	25
22	P_I	20
23	15% P_E	15
24	P_I	30
25	32% P_E	35
26	P_I	45
27	50% P_E	20
28	35% P_E	25
29	P_I	45
30	35% P_E	10
31	50% P_E	15
32	70% P_E	60
33	50% P_E	80
34	70% P_E	90
35	100% P_E	110
36	P_I	30

注：P_I 表示怠速工况，P_E 表示额定功率，均由厂家自行规定，相邻工况转换之间可以增加过渡阶梯，过渡时间根据具体情况确定。

附录3 燃料电池系统稳态性能相关数据的计算

1. 燃料电池单电池理论氢气流量

氢耗量与电流之间的关系符合法拉第定律，即单电池氢耗量与电流之间的关系为

$$m_{SH_2\_theo} = (mI)/(nF) \tag{7-34}$$

式中　$m_{SH_2\_theo}$——燃料电池单电池理论氢气流量（g/s）；
　　　m——氢气摩尔质量，2.016g/mol；
　　　I——燃料电池单电池电流（A）；
　　　n——每个氢分子释放的电子数，2；
　　　F——法拉第常数，96485C/mol。

2. 燃料电池堆的理论氢气流量

燃料电池堆的理论氢气流量与电流之间的关系为

$$m_{H_2\_theo} = m_{SH_2\_theo} N \tag{7-35}$$

式中　$m_{H_2\_theo}$——燃料电池堆理论氢气流量（g/s）；
　　　N——燃料电池堆单电池片数；

$m_{SH_2\_theo}$——燃料电池单电池理论氢气流量（g/s）。

3. 燃料电池堆的功率

燃料电池堆功率按下式计算：

$$P_S = U_S I_S / 1000 \tag{7-36}$$

式中　P_S——燃料电池堆功率（kW）；
　　　U_S——燃料电池堆电压（V）；
　　　I_S——燃料电池堆电流（A）。

4. 燃料电池堆效率

燃料电池堆效率按下式计算：

$$\eta_S = \frac{1000 P_S}{m_{H_2} LHV_{H_2}} \times 100\% \tag{7-37}$$

式中　LHV_{H_2}——氢气低热值，1.2×10^5 kJ/kg；
　　　η_S——燃料电池堆效率；
　　　m_{H_2}——燃料电池实际氢气流量（g/s）。

5. 燃料电池系统功率

如果燃料电池系统电压和电流可直接测量得到，则燃料电池系统功率按下式计算：

$$P_F = U_F I_F / 1000 \tag{7-38}$$

式中　P_F——燃料电池系统功率（kW）；
　　　U_F——燃料电池系统电压（V）；
　　　I_F——燃料电池系统电流（A）。

如果燃料电池系统的功率由燃料电池堆功率和辅助系统功率相减得到，那么燃料电池系统功率按照下式计算：

$$P_F = P_S - P_A \tag{7-39}$$

式中　P_F——燃料电池系统功率（kW）；
　　　P_S——燃料电池堆功率（kW）；
　　　P_A——辅助系统功率（kW）。

6. 燃料电池系统效率

燃料电池系统效率按下式计算：

$$\eta_F = \frac{1000 P_F}{m_{H_2} LHV_{H_2}} \times 100\% \tag{7-40}$$

式中　η_F——燃料电池系统效率；
　　　m_{H_2}——燃料电池实际氢气流量（g/s）。

7. 燃料电池堆氢气利用率

燃料电池堆氢气利用率是燃料电池堆的理论氢气流量（或理论氢气消耗量）与燃料电池堆的实际氢气流量（或实际氢气消耗量）之比。

$$\mu_{H_2} = \frac{m_{H_2\_theo}}{m_{H_2}} \times 100\% \tag{7-41}$$

式中 $m_{H_2\_theo}$——燃料电池堆理论氢气流量（g/s）；
m_{H_2}——燃料电池堆实际氢气流量（g/s）。

8. 燃料电池堆的氢耗率

燃料电池堆的氢气消耗率是燃料电池堆输出单位功率需要消耗的氢气量，它是表征燃料电池堆效率的特征参数。

$$G_{S\_H_2} = \frac{3600 m_{H_2}}{P_S} \tag{7-42}$$

式中 $G_{S\_H_2}$——燃料电池堆氢耗率（g/kW·h）；
P_S——燃料电池堆功率（kW）；
m_{H_2}——燃料电池堆实际氢气流量（g/s）。

9. 燃料电池系统的氢耗率

燃料电池系统的氢气消耗率是燃料电池系统输出单位功率需要消耗的氢气量，它是表征燃料电池系统效率的特征参数。

$$G_{F\_H_2} = \frac{3600 m_{H_2}}{P_F} \tag{7-43}$$

式中 $G_{F\_H_2}$——燃料电池系统氢耗率（g/kW·h）；
P_F——燃料电池系统功率（kW）；
m_{H_2}——燃料电池实际氢气流量（g/s）。

10. 效率和氢耗率之间的关系

由效率式（7-37）、式（7-40）定义和氢耗率式（7-42）、式（7-43）定义可知：

$$\lambda_S = \eta_S G_{S\_H_2} = 30 \tag{7-44}$$
$$\lambda_F = \eta_F G_{F\_H_2} = 30 \tag{7-45}$$

式中 λ_S——常数（g/J）；
λ_F——常数（g/J）；
η_S——燃料电池堆效率；
η_F——燃料电池系统效率；
$G_{S\_H_2}$——燃料电池堆氢耗率（g/kW·h）；
$G_{F\_H_2}$——燃料电池系统氢耗率（g/kW·h）。

11. 燃料电池堆功率因子

燃料电池堆功率因子定义如下：

$$R_{AS} = \frac{P_A}{P_S} \tag{7-46}$$

式中 R_{AS}——燃料电池堆功率因子；
P_A——辅助系统功率（kW）；
P_S——燃料电池堆功率（kW）。

12. 燃料电池系统功率因子

燃料电池系统功率因子定义如下：

$$R_{AF} = \frac{P_A}{P_F} \tag{7-47}$$

式中　R_{AF}——燃料电池系统功率因子；

　　　P_A——辅助系统功率（kW）；

　　　P_F——燃料电池系统功率（kW）。

参考文献

[1] 全国燃料电池及液流电池标准化技术委员会. 道路车辆用质子交换膜燃料电池模块：GB/T 33978—2017 [S]. 北京：中国标准出版社，2017.

[2] 全国燃料电池标准化技术委员会. 质子交换膜燃料电池电池堆　通用技术条件：GB/T 20042.2—2008 [S]. 北京：中国标准出版社，2008.

[3] 全国燃料电池及液流电池标准化技术委员会. 燃料电池模块：GB/T 29838—2013 [S]. 北京：中国标准出版社，2014.

[4] 全国燃料电池及液流电池标准化技术委员会. 燃料电池电动汽车燃料电池堆安全要求：GB/T 36288—2018 [S]. 北京：中国标准出版社，2018.

[5] 全国汽车标准化技术委员会. 燃料电池发动机性能试验方法：GB/T 24554—2009 [S]. 北京：中国标准出版社，2010.

[6] 全国燃料电池标准化技术委员会. 客车燃料电池发电系统测试方法：GB/T 28183—2011 [S]. 北京：中国标准出版社，2012.

[7] 全国燃料电池及液流电池标准化技术委员会. 质子交换膜燃料电池堆低温特性试验方法：GB/T 31035—2014 [S]. 北京：中国标准出版社，2014.

[8] 全国汽车标准化技术委员会. 电动汽车用锂离子动力蓄电池包和系统　第3部分：安全性要求与测试方法：GB/T 31467.3—2015 [S]. 北京：中国标准出版社，2015.

第8章 充电设施测试评价

随着环境污染、能源短缺等问题日益严重，电动汽车已经成为新能源时代重点发展的对象，我国电动汽车充电基础设施建设也随之蓬勃发展，同时对电动汽车充电设施的快速化、通用化、智能化以及集成化提出了更高的要求。充电设备是充电系统最为重要的组成部分，目前充电设备主要包括非车载充电机、车载充电机以及交流充电桩。作为以电动汽车动力蓄电池系统为服务对象的新型电源系统，为了保证投入使用的充电设备质量，以及电动汽车充电的可靠性，必须对充电设备性能参数进行充分评测，建立完善的评价指标体系，以保障电动汽车充电设施行业安全、健康、可持续地发展。本章重点结合国内外已经发布的标准介绍电动汽车充电设备的主要性能指标及测试评价方法，各种充电设备测试项目见表 8-1。

表 8-1 充电设备测试项目

充电设备	测试项目名称	主要测试内容
非车载充电机	电气性能测试	输出电流误差 输出电压误差 稳流准确度 稳压准确度 纹波系数 效率 功率因数 起动冲击电流 均流不平衡度

（续）

充电设备	测试项目名称	主要测试内容
非车载充电机	安全保护功能测试	输入过电压/欠电压保护 输出限电压/限电流保护 接地保护 短路保护 反接保护 过温保护 断电保护
	电气安全性能测试	工频耐压 冲击耐压 绝缘电阻 漏电流 电气间隙和爬电距离
	气候环境测试	高温工作 低温工作 恒定湿热 盐雾
	机械强度测试	振动 冲击
	电磁兼容测试	抗扰度 电磁发射
	温升测试	
	IP防护等级测试	
	噪声测试	
车载充电机	电气性能测试	输出电流误差 输出电压误差 稳流准确度 稳压准确度 纹波系数 效率 功率因数 起动冲击电流 输出响应时间
	安全保护功能测试	输入过电压/欠电压保护 输出限电压/限电流保护 电位平衡和接地保护 短路保护 反接保护 过温保护 断电保护
	电气安全性能测试	工频耐压 冲击耐压 绝缘电阻 电气间隙和爬电距离
	气候环境测试	高温工作 高温储存 低温工作 低温储存 温度/湿度组合循环 盐雾
	机械强度测试	振动 冲击

（续）

充电设备	测试项目名称	主要测试内容
	电磁兼容测试	抗扰度 干扰性 谐波电流含量
	耐环境测试	耐工业溶剂性能 IP 防护
	噪声测试	
交流充电桩	安全防护测试	紧急停机 过负荷保护 短路保护 剩余电流保护 充电接口连接异常保护
	电气安全性能测试	工频耐压 冲击耐压 绝缘电阻 电气间隙和爬电距离
	耐环境测试	低温试验 高温试验 湿热试验 防霉变试验 防盐雾试验 耐锈性能试验 耐非常热和火试验 机械强度试验 IP 防护等级
	电磁兼容测试	浪涌抗扰度 电快速瞬变脉冲群抗扰度 射频电磁场辐射抗扰度 静电放电抗扰度
无线充电系统	电气性能测试	系统效率 功率因数
	安全防护测试	过电流保护 短路保护 电击防护 IP 防护等级 异物防护
	电气安全性能测试	工频耐压 冲击耐压 绝缘电阻 接触电流 保护导体尺寸
	耐环境测试	温度试验 低温试验 湿度试验 干热试验 电击保护 IP 防护等级
	电磁兼容测试	谐波电流 电磁辐射 接触电流
	温升测试	

8.1 非车载充电机测试

8.1.1 基本结构

非车载充电机是安装在电动汽车车体外、将交流电能变换为直流电能、为电动汽车动力蓄电池充电的专用装置。目前非车载充电机主要指采用传导方式为动力蓄电池充电的充电装置。

非车载充电机的基本结构一般由输入整流环节、功率因数校正环节、DC/DC 功率变换环节及输出滤波环节组成（图 8-1）。

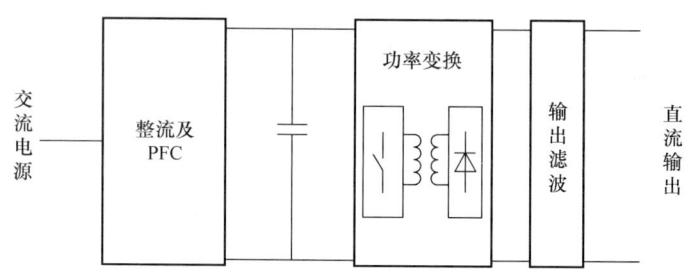

图 8-1 非车载充电机基本结构

1. 输入整流及功率因数校正环节

对单相或三相交流电进行整流并完成功率因数的校正，再经过滤波后形成稳定的直流母线电压，从而提供给后级的 DC/DC 功率变换环节。完整的输入整流环节需要应用到快速熔断器、预充电电阻和继电器、单相或三相整流桥、PFC 电路、滤波电感、直流母线支撑电容和滤波电容等元件。

2. DC/DC 变换环节

通常采用隔离型变换方式，主要元件包括绝缘型双极型晶体管（IGBT）、高频变压器、输出整流桥、输出滤波电感和电容、输出防逆流二极管、快速熔断器及开关器件缓冲电路等。

非车载充电机测试总体可分为性能测试、安全测试和环境测试等。性能测试主要包括电气性能试验；安全测试主要包括安全防护试验和电气安全试验；环境测试主要包括气候环境、机械环境和电磁环境等适应性试验。

8.1.2 电气性能测试

1. 测试目的

电气性能是非车载充电机重要性能指标之一，是充电设施与车辆进行能量交换的基础，主要评估非车载充电机输入/输出特性是否满足实际应用需求。

2. 测试设备

非车载充电机电气性能测试平台如图 8-2 所示，其中主要测试设备包括可调电源、可调负载、交流电压表、交流电流表、直流电压表、直流电流表和功率表等。

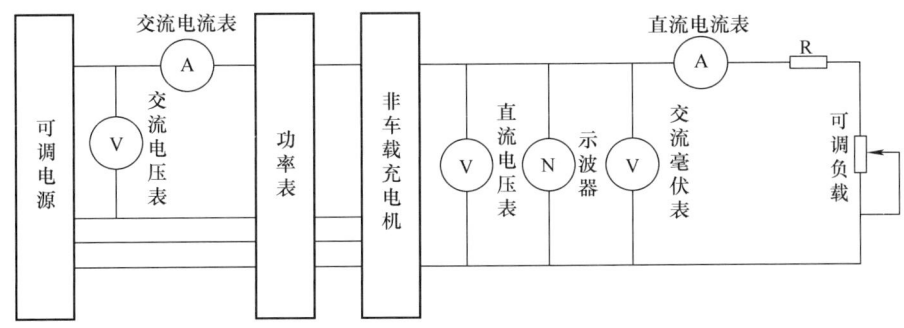

图 8-2 非车载充电机电气性能测试平台

其中可调电源用于调节非车载充电机的供电电源、模拟电网过电压和欠电压等情况。可调负载可以采用电阻性负载，也可以采用电子负载，以模拟非车载充电机的各种功率负荷。另外还可以采用集成式功能更加完善的功率分析仪，直接完成非车载充电机输入/输出电压、输入/输出电流的测量，以及系统功率因数、效率、谐波的分析。

3. 依据标准

NB/T 33001—2018《电动汽车非车载传导式充电机技术条件》[1]。

NB/T 33008.1—2018《电动汽车充电设备检验试验规范 第 1 部分：非车载充电机》。

DB11/Z 752—2014《电动汽车电能供给与保障技术规范 非车载充电机》[2]。

4. 测试方法与步骤

非车载充电机的电气性能指标主要包括输出电流误差、输出电压误差、稳流精度、稳压精度、纹波系数、效率、功率因数、起动冲击电流和均流不平衡度。

（1）输出电流误差

输出电流误差用于检测非车载充电机直流电流输出的整定误差。主要试验部分为非车载充电机输出端。

① 非车载充电机连接电阻性负载，工作在恒流状态。

② 电源电压为额定值，并设定输出电流为 20%、50% 和 100% 额定值。

③ 调整输出电压为规定变化范围的中间值，分别测量输出电流。

④ 输出电流绝对误差计算方法：一般当输出电流大于等于 30A 时，计算输出电流相对误差；当直流电流小于 30A 时，计算输出电流绝对误差。

输出电流相对误差的计算公式：

$$\xi_{I1} = \frac{(I_Z - I_{Z0})}{I_{Z0}} \times 100\% \qquad (8\text{-}1)$$

输出电流绝对误差的计算公式：

$$\xi_{I2} = I_Z - I_{Z0} \qquad (8\text{-}2)$$

式中　ξ_{I1}——输出电流相对误差（%）；

　　　ξ_{I2}——输出电流绝对误差（A）；

　　　I_Z——输出电流测量值（A）；

I_{Z0}——输出电流设定值（A）。

（2）输出电压误差

输出电压误差用于检测非车载充电机直流电压输出的整定误差。主要试验部分为非车载充电机输出端。

① 非车载充电机连接电阻性负载，工作在稳压状态。

② 电源电压为额定值，并设定输出电压分别为规定的电压范围的上限值、下限值以及上限值与下限值的平均值。

③ 调整输出电流为50%额定值，分别测量直流侧输出电压。

④ 输出电压误差的计算方法：

$$\xi_U = \frac{(U_Z - U_{Z0})}{U_{Z0}} \times 100\% \qquad (8-3)$$

式中　ξ_U——输出电压误差（%）；

　　　U_Z——输出电压测量值（V）；

　　　U_{Z0}——输出电压设定值（V）。

（3）稳流精度

稳流精度试验用于检测非车载充电机的输出电流稳定偏差程度。主要试验部分为非车载充电机输出端。

① 非车载充电机连接电阻性负载，工作在稳流状态。

② 将输出电流分别设定为50%额定值和100%额定值，将电源电压为额定值且输出电压在调整范围内中间值时的输出电流测量值作为输出电流标准值。

③ 电源电压在85%~115%额定值范围内变化，调整可调负载使输出电压在变化范围内变化，测量非车载充电机直流输出电流，找出变化范围内直流侧输出电流的极限值。

④ 稳流精度计算方法：

$$\delta_I = \frac{(I_M - I_Z)}{I_Z} \times 100\% \qquad (8-4)$$

式中　δ_I——稳流精度（%）；

　　　I_M——直流侧电流波动极限值（A）；

　　　I_Z——交流侧电压为额定值且直流侧电压在调整范围内的中间值时，直流侧电流测量值（A）。

（4）稳压精度

稳压精度试验用于检测非车载充电机输出电压稳定偏差程度。主要试验部分为非车载充电机输出端精度。

① 非车载充电机连接电阻性负载，工作在稳压状态。

② 将输出电压分别设定为输出电压范围的上限值、下限值以及上限值与下限值的平均值，作为输出电压标准值。

③ 电源电压在85%~115%额定值范围内变化，调整负载可调电阻使直流侧电流在额

定值的 10%~100% 范围内变化，测量非车载充电机直流侧输出电压，找出变化范围内直流侧输出电压的极限值。

④ 稳压精度计算方法：

$$\delta_U = \frac{(U - U_O)}{U_O} \times 100\% \tag{8-5}$$

式中　δ_U——稳压精度（%）；
　　　U——分别为测得电压的最大值和最小值（V）；
　　　U_O——输出电压标准值（V）。

（5）纹波系数

纹波系数试验用于检测非车载充电机的输出直流电压中含有的工频交流成分，可以分为纹波有效值系数和纹波峰值系数两种。主要试验部位为非车载充电机输出端。

① 非车载充电机连接电阻性负载，工作在稳流状态。

② 输出电压分别设定为输出电压范围的上限值、下限值以及上限值与下限值的平均值。

③ 交流侧电压在 85%~115% 额定值范围内变化，调整负载电阻使直流侧电流在额定值的 10%~100% 范围内变化，分别测量非车载充电机的输出电压 U_{DC}、输出电压的交流分量峰-峰值 U_{pp} 和交流分量有效值 U_{rms}。

④ 纹波系数计算方法。

电压纹波峰值系数的计算公式：

$$X_{pp} = \frac{U_{pp}}{U_{DC}} \times 100\% \tag{8-6}$$

式中　X_{pp}——电压纹波峰值系数；
　　　U_{pp}——输出电压交流分量峰-峰值（V）；
　　　U_{DC}——直流输出电压平均值（V）。

电压纹波有效值系数的计算公式：

$$X_{rms} = \frac{U_{rms}}{U_{DC}} \times 100\% \tag{8-7}$$

式中　X_{rms}——电压纹波有效值系数；
　　　U_{rms}——输出电压交流分量有效值（V）；
　　　U_{DC}——直流输出电压平均值（V）。

（6）效率

效率主要用于检测非车载充电机在额定输入额定输出条件下的能耗。主要试验部位为非车载充电机交流输入端和直流输出端。

① 非车载充电机连接电阻性负载，电源电压为额定值。

② 输出功率为额定功率的 50%~100% 时，测量交流侧基波有功功率、输出电压和输出电流。

③ 效率的计算方法：

$$\eta = \frac{U_Z I_Z}{P_J} \times 100\% \quad (8-8)$$

式中 η——效率；
U_Z——输出电压（V）；
I_Z——输出电流（A）；
P_J——交流基波有功功率（W）。

另外，可以在不同工作条件下进行测试获得效率曲线，以便更加全面地评估非车载充电机的能耗。

（7）功率因数

作为连接在电网上的非线性负载，功率因数用于衡量非车载充电机效率高低的关键指标。主要试验部位为非车载充电机交流输入端。

① 非车载充电机连接电阻性负载，电源电压为额定值。

② 输出功率为额定功率的 50%~100% 时，用电能质量分析仪或功率因数表测量交流输入有功功率和交流输入视在功率。

③ 功率因数计算方法：

$$\cos\varphi = \frac{P}{S} \quad (8-9)$$

式中 $\cos\varphi$——功率因数；
P——交流输入有功功率（W）；
S——交流输入视在功率（W）。

（8）起动冲击电流

起动冲击电流用于检测非车载充电机软起动特性。主要试验部位为非车载充电机输入端。

① 非车载充电机连接电阻性负载，设置在满载状态下工作。

② 起动非车载充电机，测量并记录非车载充电机的交流侧输入电流。

③ 起动冲击电流计算方法：

$$\xi_1 = \frac{(I_{Max} - I_Z)}{I_Z} \times 100\% \quad (8-10)$$

式中 ξ_1——起动冲击电流；
I_{Max}——交流测起动冲击峰值电流（A）；
I_Z——额定输入电流（A）。

（9）均流不平衡度

大功率非车载充电机通常采用多个开关电源模块并机工作的方式，各模块应该能够按照比例均分负载。均流不平衡度用于检测非车载充电机的各个开关电源模块的负载分配情况。主要试验部位为非车载充电机输出端。

① 非车载充电机连接电阻性负载，电源电压为额定值。

② 输出电流为 50%~100% 额定输出电流时，用直流电流表分别测量各个模块的输出

电流。

③ 断开任意一个模块电源后,重复上述试验。

④ 均流不平衡度的计算方法:

$$\delta_I = \frac{(I_M - I_Z)}{I_N} \times 100\% \qquad (8\text{-}11)$$

式中　δ_I——均流不平衡度;

I_M——单模块输出电流最大值或最小值(A);

I_Z——单模块输出电流平均值(A);

I_N——单模块额定输出电流值(A)。

5. 试验项目及评价方法

非车载充电机电气性能测试的各个试验项目的基本试验点以及评价方法参见表8-2,也可以根据实际考核需求设定其他测试点。

表8-2　电气性能试验项目及性能评价方法

序号	试验项目	输入电压	输出电压	输出电流	参考评价方法
1	输出电流误差	U_{in}	U_{men}	20%I_n、50%I_n、100%I_n	≥30A：≤±1% <30A：≤±0.3A
2	输出电压误差	U_{in}	U_{min}、U_{men}、U_{max}	50%I_n	≤±0.5%
3	稳流精度	85%U_{in}、U_{in}、115%U_{in}	U_{min}、U_{men}、U_{max}	10%I_n、50%I_n、100%I_n	≤±1%
4	稳压精度	85%U_{in}、U_{in}、115%U_{in}	U_{min}、U_{men}、U_{max}	10%I_n、50%I_n、100%I_n	≤±0.5%
5	纹波系数	85%U_{in}、U_{in}、115%U_{in}	U_{min}、U_{men}、U_{max}	10%I_n、50%I_n、100%I_n	≤±0.5%
6	效率	U_{in}	U_{min}(50%U_{max})、U_{max}	50%I_n、100%I_n	≥0.92
7	功率因数	U_{in}	U_{min}(50%U_{max})、U_{max}	50%I_n、100%I_n	≥0.99
8	起动电流	U_{in}	U_{max}	100%I_n	≤110%
9	均流不平衡度	U_{in}	U_{min}、U_{men}、U_{max}	50%I_n、100%I_n	≤±5%

注:U_{in}为额定输入电压,U_{max}为电压输出范围的上限值,U_{men}为电压输出范围的中值,U_{min}为电压输出范围的下限值,I_n为额定输出电流。

8.1.3　安全保护功能测试

1. 测试目的

安全保护功能是保障充电安全的重要措施,在充电过程中,充电设备应首先保障使用者的人身安全,同时也要保障设备的自身安全。安全保护功能测试主要是通过模拟在使用过程中可能会出现的输入电源异常、连接负载异常等情况测试设备的自身保护功能是否有效和完善。

2. 测试设备

可调电源、可调负载、交流电压表、交流电流表、直流电压表、直流电流表、短路开关等故障模拟装置。

3. 依据标准

NB/T 33001—2018《电动汽车非车载传导式充电机技术条件》。

NB/T 33008.1—2018《电动汽车充电设备检验试验规范 第 1 部分：非车载充电机》。

DB11/Z 752—2014《电动汽车电能供给与保障技术规范 非车载充电机》。

4. 测试方法与步骤

非车载充电机的安全保护功能主要包括输入过电压/欠电压、输出限压、输出限流、接地保护、短路保护、反接保护、过温保护、断电保护等。

（1）输入过电压/欠电压保护

输入过电压/欠电压的试验电压范围应该根据非车载充电机对输入电源的要求进行设置，通常要求输入过电压保护动作值不能低于 115% 额定输入电压，输入欠电压保护动作值不能高于 85% 额定输入电压。

① 非车载充电机连接电阻性负载，并设置在满载状态下工作。

② 调整输入电源电压，使其高于输入电压额定值 15% 或低于输入电压额定值 15% 时，检测非车载充电机的状态，非车载充电机应停止直流输出，并报警提示。

③ 故障排除后，非车载充电机检测电源电压符合充电条件时应能正常工作。

（2）输出限压/限流保护

① 非车载充电机在恒流状态下运行，当输出电压达到限压整定值时，增加负载电阻值，应能自动限制直流输出电压的增加。

② 非车载充电机在稳压状态下运行，当输出电流达到限流整定值时，减小负载电阻值，应能自动限制直流输出电流的增加。当输出电流减少到限制电流以下时，能自动恢复工作。

（3）接地保护

① 整定非车载充电机接地保护值。

② 模拟非车载充电机直流输出发生接地故障或绝缘水平下降到绝缘接地保护定值，非车载充电机应停止直流输出，并报警提示。

③ 试验后，重新开启非车载充电机的电源开关，应能正常工作。

（4）短路保护

① 在非车载充电机不连接负载的条件下将输出端短接，开启非车载充电机的电源开关，非车载充电机应有报警提示。

② 试验后，断开短接设备，重新开启非车载充电机的电源开关，应能正常工作。

（5）反接保护

① 将非车载充电机输出端与动力蓄电池系统正负极反接，起动非车载充电机时应停止直流输出，并报警提示。

② 故障排除后，非车载充电机应能正常工作。

（6）过温保护

① 非车载充电机连接电阻性负载，关闭冷却系统或人工降低冷却效能，起动非车载充电机工作。

② 充电机的内部温度达到保护设定值时，应自动停机或降功率运行。

③当温度恢复正常后，非车载充电机应能正常工作。

（7）断电保护

①非车载充电机连接电阻性负载，并设置在满载状态下工作。

②切断输入电源重新通电后，非车载充电机不应自动起动充电。

③人工确认起动后，非车载充电机应能正常工作。

5. 评价方法

安全防护功能指标全部为合格性评判指标，具有此项防护功能、动作反应正常即判定为合格。

8.1.4 电气安全性能测试

1. 测试目的

电气安全性测试主要是用于检测电气设备、元器件和绝缘性能而进行的一系列相关试验，以保障非车载充电机运行时不会发生由于电气事故引起的人员伤亡、设备损坏、财产损失等损害。

2. 测试设备

绝缘电阻测试仪（兆欧表）、耐压测试仪、泄漏电流测试仪、游标卡尺等。

3. 依据标准

NB/T 33001—2018《电动汽车非车载传导式充电机技术条件》。

NB/T 33008.1—2018《电动汽车充电设备检验试验规范 第1部分：非车载充电机》。

DB11/Z 752—2014《电动汽车电能供给与保障技术规范 非车载充电机》。

GB/T 3859.1—2013《半导体变流器 通用要求和电网换相变流器 第1-1部分：基本要求规范》。

4. 测试方法与步骤

电气安全性能主要包括耐压、绝缘电阻、漏电流、电气间隙和爬电距离。其中耐压试验用于对非车载充电机进行规定电压下的绝缘强度试验，考核绝缘水平，发现绝缘缺陷，衡量过电压的能力，主要分为工频耐压试验和冲击耐压试验。通常可以在环境试验后进行电气安全性能试验，充分评估设备在长期实际使用过程中的绝缘性能。

（1）工频耐压

①试验前应该按照GB/T 3859.1—2013中7.2.2.2的规定对非车载充电机进行预处理。

②根据非车载充电机的工作电压，在非车载充电机非电气连接的各带电回路之间、各独立带电回路与地（金属外壳）之间施加表8-3所规定的工频耐压，持续时间为1min。

③也可采用直流耐压进行测试，试验电压应为交流电压有效值的1.4倍。

（2）冲击耐压

①按照表8-3规定的试验电压，分别在非车载充电机各带电回路之间、各带电回路与地（金属外壳）之间施加3次正极性和3次负极性雷电波冲击电压，每次间隔时间不小于5s。

②试验中其他电路和外露的导电部分连在一起接地。

(3) 绝缘电阻

① 使用表 8-3 规定的电压等级的兆欧表分别测量非车载充电机各带电回路之间、各带电回路对地（金属外壳）之间的绝缘电阻。

② 在测试电压加载 1min 后进行测量。

一般要求绝缘电阻不应小于 10MΩ。

表 8-3 绝缘试验电压等级

额定绝缘电压 U_i/V	绝缘电阻测试仪器的电压等级 /V	工频耐压试验电压 /kV	冲击耐压试验电压 /kV
$U_i ≤ 60$	250	1.0	1.0
$60 < U_i ≤ 300$	500	2.0	5.0
$300 < U_i ≤ 750$	1000	2.5	12.0

(4) 漏电流

通常要求在湿热试验后进行非车载充电机漏电流测试。

① 非车载充电机连接电阻性负载，并设置在满载状态下工作。

② 在充电机输入端施加 1.1 倍标称电压时，分别测量输入相线、中线与保护地之间的漏电流值。

一般要求非车载充电机对地的漏电流不应大于 3.5mA。

(5) 电气间隙和爬电距离

电气间隙指在两个导电部件之间或导电部件与设备防护界面之间的最短空间距离。而爬电距离指两个导电部件之间或导电部件与设备防护界面之间沿固体绝缘材料表面的最短距离。

通常采用测量工具测量非车载充电机的电气间隙和爬电距离，测量结果应符合表 8-4 的要求。

表 8-4 电气间隙与爬电距离

额定工作电压 /V	电气间隙 /mm	爬电距离 /mm
$150 < U_i ≤ 300$	6.0	6.3
$300 < U_i ≤ 500$	8.0	10.0
$500 < U_i ≤ 750$	12.0	16.0

注：小母线汇流排或不同极的裸露带电导体之间，以及裸露带电导体与未经绝缘的不带电导体之间的电气间隙不小于 12mm，爬电距离不小于 20mm。

5. 评价方法

电气安全性能指标全部为合格性评判指标，在试验过程中未出现绝缘击穿和闪络现象，性能指标达到要求即判定为合格。

8.1.5 气候环境测试

1. 测试目的

气候环境测试用于检测非车载充电机对于应用环境温湿度、盐雾等方面的适应性，能否在预定的应用环境下达到规定设计技术指标和安全要求，主要包括高温试验、低温试验、湿热试验和盐雾试验。气候环境性能的测试要求主要基于对非车载充电机产品应用环境的需求，主要包括工作温度、工作湿度、温湿度变化等。

2. 测试设备

高低温试验箱、恒温恒湿试验箱、盐雾试验箱等。

3. 依据标准

NB/T 33001—2018《电动汽车非车载传导式充电机技术条件》。

NB/T 33008.1—2018《电动汽车充电设备检验试验规范 第1部分：非车载充电机》。

DB11/Z 752—2014《电动汽车电能供给与保障技术规范 非车载充电机》。

GB/T 2423 环境试验系列标准。

4. 测试方法与步骤

（1）高温工作

高温工作试验通常采用 GB/T 2423.2—2008《电工电子产品环境试验 第2部分：试验方法 试验B：高温》中规定的方法。

① 非车载充电机连接电阻性负载，并设置使非车载充电机工作在满载状态。

② 按照 GB/T 2423.2—2008 中"试验 Bd：散热试验样品温度渐变的高温试验—试验样品在升温调节期不通电"的要求进行。试验中，取高温试验温度为非车载充电机工作时的最高环境温度，试验持续时间为 16h。

③ 在试验期间和试验结束后，非车载充电机应能正常工作。正常工作一般指充电机的充放电、通信、显示及各项保护功能都应正常，不允许有功能丧失。

（2）低温工作

低温工作试验通常采用 GB/T 2423.1—2008《电工电子产品环境试验 第2部分：试验方法 试验A：低温》中规定的方法。

① 非车载充电机连接电阻性负载，并设置使非车载充电机工作在满载状态。

② 按照 GB/T 2423.1—2008 中"试验 Ad：散热试验样品温度渐变的低温试验—试验样品在温度开始稳定后通电"的要求进行。

③ 试验中，取低温试验温度为非车载充电机工作时的最低环境温度，试验持续时间为 16h。

④ 在试验期间和试验结束后，充电机应能正常工作。

（3）恒定湿热

恒定湿热试验通常采用 GB/T 2423.3—2016《电工电子产品环境试验 第2部分：试验方法 试验 Cab：恒定湿热试验》中规定的方法。

① 将非车载充电机置于恒定湿热试验箱内，在温度为 40℃±2℃、相对湿度为 93%±3% 的环境下。

② 连续试验 48h 后，非车载充电机在正常环境条件下放置 2h，应能正常工作。

（4）盐雾

盐雾试验通常采用标准 GB/T 2423.17—2008《电工电子产品环境试验 第2部分：试验方法 试验 Ka：盐雾》中规定的方法。

① 将非车载充电机置于盐雾试验箱内，采用质量分数为（5±1）%、pH值为6.5~7.2的盐溶液。

② 试验持续时间为24h，非车载充电机清洗干燥后在正常环境条件下放置2h后，应能正常工作。

5. 评价方法

气候环境测试通常根据应用环境需求，要求在试验期间和试验结束后，非车载充电机都能够正常工作，基本功能正常即可达到标准及技术指标要求。

8.1.6 机械强度测试

1. 测试目的

机械强度测试用于检测非车载充电机在装配、运输过程、使用过程中对于机械负荷的承受能力，主要考核产品部件因机械负荷导致的失效和损坏，主要包括振动试验、冲击试验。

2. 测试设备

振动试验机、冲击试验机等。

3. 依据标准

NB/T 33001—2018《电动汽车非车载传导式充电机技术条件》。

NB/T 33008.1—2018《电动汽车充电设备检验试验规范 第1部分：非车载充电机》。

DB11/Z 752—2014《电动汽车电能供给与保障技术规范 非车载充电机》。

GB/T 2423环境试验系列标准。

4. 测试方法与步骤

（1）振动

正弦振动用于检测非车载充电机的抗机械振动能力，确定其机械薄弱环节和特性降低情况。正弦振动测试通常根据GB/T 2423.10—2008《电工电子产品环境试验 第2部分：试验方法 试验Fc：振动（正弦）》中规定的方法。

① 非车载充电机在包装状态下按照包装指示放置方向固定在振动试验机台面上。

② 试验中，振动频率范围为5~100Hz，加速度为10m/s^2，扫频速率为1oct/min，分别沿相互垂直的三个轴线进行10次扫频循环。

（2）冲击

冲击用于检测非车载充电机的抗机械冲击能力，通常根据GB/T 2423.5—1995《电工电子产品环境试验 第2部分：试验方法 试验Ea和导则：冲击》中规定的方法。

① 非车载充电机在包装状态下按照包装指示放置方向固定在冲击试验机台面上。

② 采用半正弦形脉冲波形，峰值加速度为150m/s^2，持续时间为11ms。

5. 评价方法

机械强度测试的主要评价方法为在试验后非车载充电机应能正常工作，外包装不应有机械损坏、变形和紧固部位松动的现象。

8.1.7 电磁兼容测试

1. 测试目的

电磁兼容性（EMC）指非车载充电机在其电磁环境中能正常工作且不对该环境中任何事物构成不能承受的电磁骚扰的能力。因此，非车载充电机电磁兼容性能分为抗扰度和电磁发射限值两部分。

2. 测试设备

静电放电模拟器、传导 EMC 发生器、射频抗扰度测试系统、发射辐射测试系统等。

3. 依据标准

NB/T 33001—2018《电动汽车非车载传导式充电机技术条件》。

NB/T 33008.1—2018《电动汽车充电设备检验试验规范 第 1 部分：非车载充电机》。

DB11/Z 752—2014《电动汽车电能供给与保障技术规范 非车载充电机》。

GB/T 18487.2—2017《电动汽车传导充电系统 第 2 部分：非车载传导供电设备电磁兼容要求》。

GB/T 17626 和 GB/T 17625 电磁兼容系列标准。

4. 测试方法与步骤

非车载充电机的电磁兼容测试主要部位包括电源端口、信号/控制端口、有线网络端口、外壳端口和电能传输端口，其中电能传输端口又包括直流输出端口以及用于电动汽车的信号/控制和通信端口。

（1）抗扰度试验

非车载充电机的电磁兼容抗扰度测试主要参照 GB/T 17626 和 GB/T 17625。由于目前我国在住宅环境内进行非车载直流充电的模式较少，如表 8-5 所示，主要介绍除住宅环境外的直流充电抗扰度的测试方法及限值要求。

表 8-5 抗扰度测试方法

试验部位	工作模式	试验项目	试验方法/参考标准	试验要求	性能判据
外壳	待机和充电模式	静电放电抗扰度	GB/T 17626.2—2018	±6kV（接触） ±8kV（空气）	B
		射频电磁场辐射抗扰度	GB/T 17626.3—2016	10V/m（80~1000MHz）	A
			GB/T 17626.3—2016	10V/m（1.4~2GHz）	A
			IEC 61000-4-3—2010	10V/m（2~2.7GHz）	A
		工频磁场抗扰度	GB/T 17626.8—2006	30A/m（32A 以下系统） 100A/m（32A 以上系统）	A
交流电源输入（和直接连接到电源端口的信号/控制端口）	待机和充电模式	电快速瞬变脉冲群抗扰度	GB/T 17626.4—2018	±4kV 5/50ns 100kHz	B
		射频场感应的传导骚扰抗扰度	GB/T 17626.6—2017	10V（rms）（0.15~80MHz）	A
		电压暂降和短时中断抗扰度	GB/T 17626.11—2008（≤16A） GB/T 17626.34—2012（>16A）	40%，持续 10 周期 70%，持续 25 周期 80%，持续 250 周期 0，持续 250 周期	B B B C

(续)

试验部位	工作模式	试验项目	试验方法/参考标准	试验要求	性能判据
直流电源输入（和直接连接到电源输入端的I/O端口）	待机和充电模式	电快速瞬变脉冲群抗扰度	GB/T 17626.4—2018	±2kV 5/50ns 100kHz	B
		浪涌抗扰度	GB/T 17626.5—2008	1.2/50（8/20）μs ±2kV ±1kV	B
		射频场感应的传导骚扰抗扰度	GB/T 17626.6—2017	10V（rms） （0.15~80MHz）	A
		电压暂降和短时中断抗扰度	GB/T 17626.29—2006	40%和70% 80%和120% 0%	B B B
有线网络和信号/控制	待机和充电模式	电快速瞬变脉冲群抗扰度	GB/T 17626.4—2018	±2kV 5/50ns 100kHz	B
		浪涌抗扰度	GB/T 17626.5—2008	1.2/50（8/20）μs ±2kV ±1kV	B
		射频场感应的传导骚扰抗扰度	GB/T 17626.6—2017	10V（rms） （0.15~80MHz）	A
电能传输端口	待机模式	电快速瞬变脉冲群抗扰度	GB/T 17626.4—2018	±2kV 5/50ns 100kHz	B
	待机和充电模式	射频场感应的传导骚扰抗扰度	GB/T 17626.6—2017	10V（rms） （0.15~80MHz）	A

（2）电磁发射试验

① 射频骚扰。射频骚扰可以分为传导骚扰和辐射骚扰两项，分别针对非车载充电机的不同输入输出端口以及外壳进行测试，具体发射限值和测试方法参见表8-6。

表8-6 电磁发射试验

试验项目	试验部位	试验方法/参考标准	限值要求
传导骚扰 （150kHz~30MHz）	交流输入端	GB 4824—2013	GB 4824—2013的表2或3
	直流输出端	GB/T 18487.2—2017 附录A和附录B	参见表8-7 CISPR 32:2015 表A.11
	有线网络和信号/控制端口	CISPR 32:2015	CISPR 32:2015 表A.11
辐射骚扰 150kHz~1000MHz	保护车辆无钥匙进入系统	外壳	GB/T 18487.2—2017 附录D	参见表8-8
	外壳	GB 4824—2013	GB 4824—2013的表4或表5

表8-7 直流输出端传导骚扰限值

频率范围/MHz	额定频率≤20kVA		额定频率>20kVA，≤20kVA		额定频率>75kVA	
	电压限值/dB（μV）		电压限值/dB（μV）		电压限值/dB（μV）	
	准峰值	平均值	准峰值	平均值	准峰值	平均值
0.15~5	89~97	76~84	106~116	96~106	122~132	112~122
5~30	89	76	89~106	76~96	105~122	92~112

表 8-8　保护车辆无钥匙进入系统的外壳辐射骚扰限值

频率范围 /kHz	峰值限值 /dB（μA/m）
20~10	60~62
10~30	60
30~75	60~95
75~120	55~95
120~140	55
140~185	55~95

② 低频骚扰。低频骚扰主要用于检测非车载充电机的交流输入端口的谐波电流、电压波动和闪烁，具体试验限制要求和测试方法主要参考电磁兼容系列标准 GB 17625.1—2012、GB/T 17625.8—2015、GB 17625.2—2007、GB/T 17625.7—2013，参见表 8-9。

表 8-9　低频骚扰

试验项目	参考标准
谐波电流	GB 17625.1—2012（每相额定电流 ≤ 16A）
	GB/T 17625.8—2015（每相额定电流 > 16A 且 ≤ 75A）
电压波动和闪烁	GB 17625.2—2007（每相额定电流 ≤ 16A）
	GB/T 17625.7—2013（每相额定电流 > 16A 且 ≤ 75A）

如果每相输入电流大于 75A 的非车载充电机，建议在每相输入电流不大于 75A 的最大模块数量配置下进行试验。

5. 评价方法

按照电磁兼容标准测试方法，以选定的测试严酷等级进行试验，抗扰度试验要求达到设定的功能状态等级要求，电磁发射试验要求不超过设定的试验项目电压限值和电流限值。

8.1.8　温升测试

1. 测试目的

温升测试是在型式试验中鉴定非车载充电机质量的重要试验项目之一。温升试验的目的为确定非车载充电机各种部件的温升是否符合有关标准规定的要求，从而为设备长期安全运行提供可靠的依据。

2. 测试设备

温升测试仪、温度测试传感器等。

3. 依据标准

NB/T 33001—2018《电动汽车非车载传导式充电机技术条件》。
NB/T 33008.1—2018《电动汽车充电设备检验试验规范　第 1 部分：非车载充电机》。
DB11/Z 752—2014《电动汽车电能供给与保障技术规范　非车载充电机》。

4. 测试方法与步骤

① 在非车载充电机被测部位安装测温元件，可以采用融化颗粒、变换指示器或热电

偶进行测量。

② 非车载充电机连接电阻性负载,并设置在满载状态下工作。

③ 在额定输入电压稳定状态下连续运行时,关好柜门,使各发热元件的温度逐渐上升至稳定,测量各发热元件的温升。

5. 评价方法

非车载充电机在额定负载下长期连续运行,内部各发热元器件及各部位连接端子处的温升要求参见表 8-10。

表 8-10 非车载充电机各部分极限温升

部件或器件	极限温升 /K
动力电源输入端子	50
输入断路器、接触器接线端子	50
塑料绝缘线	25
充电模块输入输出连接端子	50
功率电阻	25
电流采样分流器端子连接处	70
熔断器端子连接处	70
直流接触器外壳与极柱	50
直流输出接线端子	50

8.1.9 IP 防护测试

1. 测试目的

IP 防护用于检测非车载充电机是否具备防尘和防水进入的能力,主要考核设备壳体的密封性能。

2. 测试设备

防水检测仪、气密性测试仪、测试探针等。

3. 依据标准

NB/T 33001—2018《电动汽车非车载传导式充电机技术条件》。

NB/T 33008.1—2018《电动汽车充电设备检验试验规范 第 1 部分:非车载充电机》。

DB11/Z 752—2014《电动汽车电能供给与保障技术规范 非车载充电机》。

GB/T 4208—2017《外壳防护等级(IP 代码)》。

4. 测试方法与步骤

非车载充电机的 IP 防护试验主要按照 GB/T 4208—2017《外壳防护等级(IP 代码)》的规定进行。

5. 评价方法

对于在室外使用的非车载充电机的 IP 防护等级一般要求至少为 IP55,室内使用的 IP 防护等级一般为 IP32,通过相应严酷等级的测试即达到对应的 IP 防护等级。

8.1.10 噪声测试

1. 测试目的

噪声测试用于检测非车载充电机在运行过程中发出的噪声对周围环境的影响。

2. 测试设备

噪声计、声级计等。

3. 依据标准

NB/T 33001—2018《电动汽车非车载传导式充电机技术条件》。

NB/T 33008.1—2018《电动汽车充电设备检验试验规范 第1部分：非车载充电机》。

DB11/Z 752—2014《电动汽车电能供给与保障技术规范 非车载充电机》。

4. 测试方法与步骤

① 非车载充电机连接电阻性负载，并设置在满载状态下工作。

② 在周围环境噪声不大于40dB的条件下，距充电机外围前、后、左、右各1m处，离地面高度1~1.5m处，测量非车载充电机的噪声值。

5. 评价方法

根据非车载充电机不同的安装场所，其使用时的噪声最大值应符合表8-11的要求，小于限值要求即判定为合格。

表8-11 噪声级别要求

噪声等级	噪声最大值 /dB
1级	≤ 55
2级	56~80
3级	> 80

8.2 车载充电机

8.2.1 基本结构

车载充电机指固定安装在电动汽车上运行，将交流电能变换为直流电能，一般采用传导方式为电动汽车动力蓄电池充电的专用装置。车载充电机供电电源为单相220V或三相380V、频率为50Hz的交流电源，所能达到的功率等级较小。

为了实现把来自电网的单相或三相交流输入电能变换成稳定、可控的直流输出，车载充电机基本结构一般由二极管桥式整流、有源功率因数校正、LC滤波、高频DC/DC斩波变换组成。虽然二极管桥式不控整流电路具有结构简单、价格低廉及使用方便等优点，但其网侧谐波电流含量高、功率因数较低，然而传导式车载充电机的功率一般较小，单独使用时对电网造成的谐波污染较小，因此一般不采用谐波抑制技术。但是为了提高网侧输入功率因数和输入电能的利用效率，通常在二极管整流桥后接一个由Boost DC/DC斩波电路组成的有源功率因数校正环节，通过对全控型功率开关器件的高频通断控制，可以实现网侧功率因数达到1。LC滤波器中的大容量电解电容一般称为支撑电容，主要起到平波和稳压的作用，并给后端的高频DC/DC斩波电路提供稳定的直流电压。综合考虑功率等级、成本、控制难易程度和安全性等方面，车载充电机所用的高频DC/DC斩波电路宜选用Back或Boost等单管电路拓扑。

与非车载充电机一样，车载充电机测试也可总体分为性能测试、安全测试和环境测试等部分。其中电气性能和安全防护等性能测试方法基本与非车载充电机相同，但是由于使用环境的不同，车载充电机环境适应性能方面的测试则更多地参考汽车电子设备的测试标准。

8.2.2 电气性能测试

1. 测试目的

电气性能测试主要用于检测评估车载充电机输入输出特性是否满足实际应用需求。

2. 测试设备

车载充电机测试平台如图8-3所示，其中主要测试设备包括交流稳压可调电源、可调节负载、交流参数数字分析仪、交流电压表、直流电压表、直流电流测试装置、示波器等。

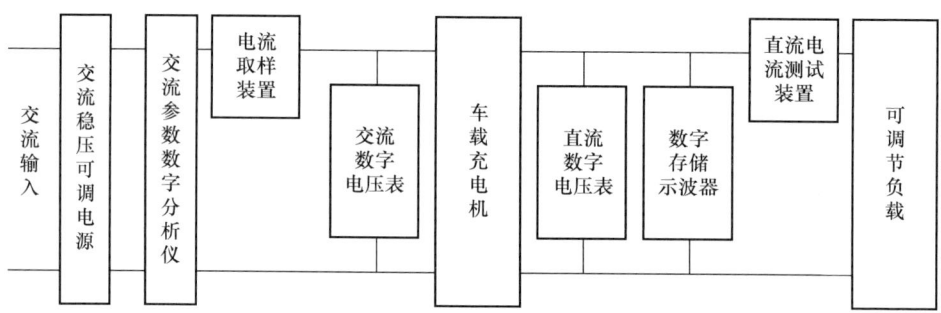

图8-3 车载充电机测试平台

3. 依据标准

QC/T 895—2011《电动汽车用传导式充电机》[3]。

DB11/Z 753—2014《电动汽车电能供给与保障技术规范 车载充电机》[4]。

4. 测试方法与步骤

（1）输出电流误差

输出电流误差用于检测车载充电机直流电流输出的整定误差。主要试验部分为车载充电机输出端。

① 车载充电机连接电阻性负载，开启车载充电机，使其工作在恒流输出模式下，输出电流为车载充电机输出电流范围内的某设定值I_{Z0}。

② 调节输入电压在额定值的±15%范围内变化，输出电压在车载充电机输出电压范围内变化时，测量车载充电机的实际输出电流I_Z。

③ 输出电流误差计算方法：

$$\xi_{\mathrm{I}} = \frac{(I_{Z} - I_{Z0})}{I_{Z0}} \times 100\% \qquad (8\text{-}12)$$

式中　ξ_{I}——输出电流误差（%）；

　　　I_{Z}——输出电流测量值（A）；

　　　I_{Z0}——输出电流设定值（A）。

（2）输出电压误差

输出电压误差用于检测车载充电机直流电压输出的整定误差。主要试验部分为车载充电机输出端。

① 车载充电机连接电阻性负载，开启车载充电机，使其工作在恒压输出模式下，输出电压为车载充电机输出电流范围内的某设定值 U_{Z0}。

② 调节输入电压在额定值的 ±15% 范围内变化，输出电流在空载到额定电流范围内变化时，测量车载充电机的实际输出电压 U_{Z}。

③ 输出电压误差计算方法：

$$\xi_{\mathrm{U}} = \frac{(U_{Z} - U_{Z0})}{U_{Z0}} \times 100\% \qquad (8\text{-}13)$$

式中　ξ_{U}——输出电压误差（%）；

　　　U_{Z}——输出电压测量值（V）；

　　　U_{Z0}——输出电压设定值（V）。

（3）稳流精度

稳流精度试验用于检测车载充电机的电流稳定偏差程度。主要试验部分为车载充电机输出端。

① 车载充电机连接电阻性负载，开启车载充电机，使其工作在恒流输出模式下，输出电流为车载充电机输出电流范围内的某设定值 I_{Z}。

② 调节输入电压在额定值的 ±15% 范围内变化，输出电压在车载充电机输出电压范围内变化时，测量车载充电机的实际输出电流极限值 I_{M}。

③ 稳流精度计算方法：

$$\delta_{\mathrm{I}} = \frac{(I_{M} - I_{Z})}{I_{Z}} \times 100\% \qquad (8\text{-}14)$$

式中　δ_{I}——稳流精度（%）；

　　　I_{M}——直流侧电流波动极限值（A）；

　　　I_{Z}——交流侧电压为额定值且直流侧电压在调整范围内的中间值时，直流侧电流测量值（A）。

（4）稳压精度

稳压精度试验用于检测车载充电机输出电压稳定偏差程度。主要试验部分为车载充电机输出端。

① 车载充电机连接电阻性负载，开启车载充电机，使其工作在恒压输出模式下，输出电压为车载充电机输出电流范围内的某设定值 U_{Z}。

② 调节输入电压在额定值的 ±15% 范围内变化，输出电流在空载到额定电流范围内变化时，测量车载充电机的实际输出电压 U_M。

③ 稳压精度计算方法：

$$\delta_U = \frac{(U_M - U_Z)}{U_Z} \times 100\% \qquad (8\text{-}15)$$

式中　δ_U——稳压精度（%）；

　　　U_Z——交流输入电压为额定值且负载电流为 50% 的额定电流时，输出电压测量值（V）；

　　　U_M——输出电压极限值（V）。

（5）纹波系数

纹波系数试验用于检测车载充电机的输出直流电压中含有的工频交流成分，可以分为纹波有效值系数和纹波峰值系数两种。主要试验部分为车载充电机输出端。

① 车载充电机连接电阻性负载，开启车载充电机，使其工作在恒压输出模式下，输出电压为车载充电机输出电流范围内的某设定值 U_{DC}。

② 调节输入电压在额定值的 ±15% 范围内变化，输出电流在空载到额定电流范围内变化时，分别测量车载充电机的输出电压的交流分量峰-峰值 U_{PP} 和交流分量有效值 U_{rms}。

③ 纹波系数计算方法。

电压纹波峰值系数的计算公式：

$$X_{pp} = \frac{U_{pp}}{U_{DC}} \times 100\% \qquad (8\text{-}16)$$

式中　X_{pp}——电压纹波峰值系数；

　　　U_{pp}——输出电压交流分量峰-峰值（V）；

　　　U_{DC}——直流输出电压平均值（V）。

电压纹波有效值系数的计算公式：

$$X_{rms} = \frac{U_{rms}}{U_{DC}} \times 100\% \qquad (8\text{-}17)$$

式中　X_{rms}——电压纹波有效值系数；

　　　U_{rms}——输出电压交流分量有效值（V）；

　　　U_{DC}——直流输出电压平均值（V）。

（6）效率和功率因数

效率和功率因数试验用于评估车载充电机在额定输入额定输出条件下的能耗。主要试验部分为车载充电机交流输入端和直流输出端。

① 在额定输入电压、额定频率的条件下，车载充电机连接电阻性负载，使其工作在满载状态下。

② 使用交流参数数字分析仪测量车载充电机的功率因数，测量交流侧基波有功功率、直流输出功率。

③ 效率和功率因数计算方法。

效率的计算公式：

$$\eta = \frac{P_{DC}}{P_J} \times 100\% \quad (8\text{-}18)$$

式中　η——充电效率（%）；
　　　P_{DC}——直流输出（W）；
　　　P_J——交流基波有功功率（W）。

功率因数的计算公式：

$$\cos\varphi = \frac{P}{S} \quad (8\text{-}19)$$

式中　$\cos\varphi$——功率因数；
　　　P——交流输入有功功率（W）；
　　　S——交流输入视在功率（W）。

（7）起动冲击电流

起动冲击电流用于检测车载充电机软起动特性。一般要求车载充电机起动时交流输入的冲击电流峰值不应超过负载稳定工作时输入电流峰值的120%。主要试验部位为车载充电机输入端。

① 在额定输入电压、额定输入频率条件下，车载充电机连接电阻性负载，使其工作在额定负载状态。

② 起动车载充电机，使用示波器测量并记录车载充电机的交流侧输入电流峰值。

③ 起动冲击电流计算方法：

$$\xi_I = \frac{(I_{Max} - I_Z)}{I_Z} \times 100\% \quad (8\text{-}20)$$

式中　ξ_I——起动冲击电流；
　　　I_{Max}——交流测起动冲击峰值电流（A）；
　　　I_Z——额定输入电流（A）。

（8）输出响应时间

输出响应时间用于检测车载充电机直流输出电压的调节速度，需要车载充电机能够在规定时间内调节直流输出电压达到额定值或者接收到关机命令后，输出电流从额定输出电流下降到0，以便评估车载充电机的起动特性以及关断特性。主要试验部分为车载充电机交流输入端和直流输出端。

① 在额定输入电压、额定频率的条件下，车载充电机连接电阻性负载，使其工作在恒压输出模式下，使用示波器记录车载充电机完全起动后，测量输出电压的上升时间、输出电压的上升峰值以及稳定值。

② 当车载充电机收到关机命令后，测量输出电流的下降时间。

5. 试验项目及评价方法

一般对于车载充电机的各种电气性能参数的要求及评价方法可以参见表8-12，也可以根据实际应用需求设定其他测试点。

表 8-12 电气性能指标要求

序号	试验项目	输入电压	输出电压	输出电流	性能评价方法
1	输出电流误差	U_{in}	U_{men}	20%I_n、50%I_n、100%I_n	≤±2%
2	输出电压误差	U_{in}	U_{min}、U_{men}、U_{max}	50%I_n	≤±0.5%
3	稳压精度	85%U_{in}、U_{in}、115%U_{in}	U_{min}、U_{men}、U_{max}	10%I_n、50%I_n、100%I_n	≤±0.5%
4	稳流精度	85%U_{in}、U_{in}、115%U_{in}	U_{min}、U_{men}、U_{max}	10%I_n、50%I_n、100%I_n	≤±3%
5	纹波系数	85%U_{in}、U_{in}、115%U_{in}	U_{min}、U_{men}、U_{max}	10%I_n、50%I_n、100%I_n	≤±2%
6	效率	U_{in}	U_{min}（50%U_{max}）、U_{max}	50%I_n、100%I_n	≥0.92
7	功率因数	U_{in}	U_{min}（50%U_{max}）、U_{max}	50%I_n、100%I_n	≥0.96
8	起动电流	U_{in}	U_{max}	100%I_n	≤120%
9	输出响应时间	U_{in}	U_{max}	100%I_n	≤5s

注：U_{in} 为额定输入电压，U_{max} 为电压输出范围的上限值，U_{men} 为电压输出范围的中值，U_{min} 为电压输出范围的下限值，I_n 为额定输出电流。

8.2.3 安全保护功能测试

1. 测试目的

安全保护功能测试主要用于检测车载充电机在使用过程中，对于可能出现的输入电源异常、连接负载异常等情况是否有自身防护功能，以保障充电过程的人身安全和设备安全。

2. 测试设备

交流电压表、交流参数数字分析仪、示波器、直流电压表、直流电流测试装置、交流稳压可调电源和可调节负载。

3. 依据标准

QC/T 895—2011《电动汽车用传导式充电机》。

DB11/Z 753—2014《电动汽车电能供给与保障技术规范　车载充电机》。

4. 测试方法与步骤

车载充电机的安全保护功能主要包括输入过电压/欠电压、输出过电压/欠电压、电位平衡和接地保护、短路保护、反接保护、过温保护、断电保护等。

（1）输入过电压/欠电压保护

① 车载充电机连接电阻性负载，并设置在满载状态下工作。

② 调整输入电源电压，使其高于输入电压额定值15%或低于输入电压额定值15%时，车载充电机应关闭输出，并报警提示。

③ 故障排除后，车载充电机应具有自动恢复功能。

（2）输出过电压/欠电压保护

① 车载充电机连接电阻性负载，在额定输入电压和频率范围内，使其工作在恒流状态下。

② 调节电阻负载电压，使其逐步达到车载充电机直流过电压保护值和直流欠电压保护值，车载充电机应关闭输出，并报警提示。

③ 故障排除后，车载充电机应具有自动恢复功能。

（3）电位平衡和接地保护

① 用一个不超过 DC 60V 的无负载电压，使动力电路最大电流的 1.5 倍或 25A 的电流

（取其较大值）通过任何两个外露可导电部件，至少 5s，测量其电压降。

② 根据电流和电压降计算得到电阻值。一般要求电阻值不超过 0.1Ω。

（4）短路保护

① 车载充电机不连接负载的条件下将输出端短接，开启车载充电机的电源开关，车载充电机应关闭输出，并报警提示。

② 故障排除后，车载充电机应能正常工作。

（5）反接保护

① 将车载充电机输出正极与容性负载的负极相连，车载充电机输出负极与容性负载正极相连。

② 在额定的输入电压和频率范围内，起动车载充电机。车载充电机应不起动，并报警提示。

③ 故障排除后，车载充电机应能正常工作。

（6）过温保护

① 在额定的输入电压和频率范围内，开启车载充电机，使其工作于工作状态。

② 提高车载充电机温度监测点的温度，使其超过设定值，车载充电机应自动停机或降功率运行。

③ 当温度恢复正常后，车载充电机应具有自动恢复功能。

（7）断电保护

① 在额定的输入电压和频率条件下，开启车载充电机，使其工作于额定工作状态。

② 使车载充电机的输出短路，检查车载充电机是否具有切断输入电源的能力。

③ 故障排除后，车载充电机应能正常工作。

5. 评价方法

与非车载充电机相同，车载充电机安全防护功能指标全部为合格性评判指标，动作反应正常即判定为合格。

8.2.4 电气安全性能测试

1. 测试目的

电气安全性能测试主要是用于检测车载充电机的元器件绝缘性能而进行的一系列相关试验，以保障车载充电机运行时不会发生由于电气事故引起的人员伤亡、设备损坏、财产损失等损害。

2. 测试设备

绝缘电阻测试仪（兆欧表）、耐压测试仪、泄漏电流测试仪、游标卡尺等。

3. 依据标准

QC/T 895—2011《电动汽车用传导式充电机》。

DB11/Z 753—2014《电动汽车电能供给与保障技术规范　车载充电机》。

4. 测试方法与步骤

车载充电机电气安全性能测试主要包括工频耐压、冲击耐压、绝缘电阻、电气间隙和爬电距离。

（1）工频耐压

① 将通过固定电阻或参考点接地的电路断开（如果有）。

② 在车载充电机未工作的状态下，在各独立电路与其壳体之间、无电气联系的各电路之间施加频率为 50Hz±5Hz 的正弦波形交流电压 1min。

③ 试验电压等级参照表 8-13 选取。

（2）冲击耐压

① 按照表 8-13 规定的试验电压，分别在车载充电机各带电回路之间、各带电回路与地（金属外壳）之间施加 3 次正极性和 3 次负极性雷电波冲击电压，每次间隔时间不小于 5s。

② 试验中其他电路和外露的导电部分连在一起接地。

（3）绝缘电阻

使用表 8-13 规定的电压等级的兆欧表分别测量车载充电机高压电路和其壳体之间、无电气联系的各电路之间的绝缘电阻。

表 8-13　绝缘试验电压等级

额定绝缘电压 U_i/V	绝缘电阻测试仪器的电压等级 /V	工频耐压试验电压 /V	冲击耐压试验电压 /V
$U_i \leq 60$	250	500（700）	500（700）
$60 < U_i \leq 250$	500	2000（2800）	2000（2800）
$250 < U_i \leq 500$	1000	2000（2800）	2000（2800）
$500 < U_i \leq 750$	1000	$2U+1000$	$2U+1000$

（4）电气间隙和爬电距离

① 用游标卡尺（或同等测试仪器）测量车载充电机的两相邻导体或一个导体与相邻壳表面的最短距离。

② 爬电距离一般按照 GB/T 16935.1—2008《低压系统内设备的绝缘配合　第 1 部分：原理、要求和试验》的规定进行试验。

5.评价方法

车载充电机电气安全性能测试的各个试验项目的评价方法参见表 8-14。

表 8-14　电气安全性能要求及评价方法

试验项目	性能要求及评价方法					
工频耐压	试验部位在试验过程中应无击穿放电					
冲击耐压	试验部位在试验过程中应无击穿放电					
绝缘电阻	≥ 10MΩ					
电气间隙和爬电距离	额定绝缘电压		额定电流 ≤ 63A		额定电流 > 63A	
	交流	直流	电气间隙 /mm	爬电距离 /mm	电气间隙 /mm	爬电距离 /mm
	≤ 60	≤ 75	2	3	3	4
	> 60~250	> 75~300	3	4	5	6
	> 250~380	> 300~450	4	6	6	10
	> 380~500	> 450~600	6	10	8	14
	> 500~660	> 600~700	6	12	8	14
	> 660~750	> 700~800	10	14	10	20
	> 750~1140	> 800~1200	14	20	14	28

8.2.5 气候环境测试

1. 测试目的

气候环境试验用于检测车载充电机对于汽车应用环境的适应性，设备性能能否在预定的应用环境下达到规定设计技术指标和安全要求，主要包括高低温工作试验、高低温储存试验、温湿度循环试验和盐雾试验。

2. 测试设备

高低温试验箱、恒温恒湿试验箱、盐雾试验箱等。

3. 依据标准

QC/T 895—2011《电动汽车用传导式充电机》。

DB11/Z 753—2014《电动汽车电能供给与保障技术规范　车载充电机》。

GB/T 2423 环境试验系列标准。

4. 测试方法与步骤

（1）高温工作

高温工作试验通常采用 GB/T 2423.2—2008《电工电子产品环境试验　第 2 部分：试验方法　试验 B：高温》中规定的方法。

① 将车载充电机放入初始温度为室温的温箱中，调节温箱温度使其达到最高工作温度（如 85℃±2℃）后，使车载充电机处于满载工作状态并持续 2h。

② 在试验期间和试验结束后，车载充电机应能正常工作。

（2）高温储存

① 将车载充电机放入初始温度为室温的温箱中，调节温箱温度使其达到最高贮存温度（如 95℃±2℃）后保持 4h，之后将车载充电机从温箱中取出，室温下放置 2h。

② 试验结束后，车载充电机应能正常工作。

（3）低温工作

低温工作试验通常采用 GB/T 2423.2—2008《电工电子产品环境试验　第 2 部分：试验方法　试验 B：低温》中规定的方法。

① 将车载充电机放入初始温度为室温的温箱中，调节温箱温度使其达到最低工作温度（如 -20℃±2℃）后，使车载充电机处于满载工作状态并持续 2h。

② 在试验期间和试验结束后，车载充电机应能正常工作。

（4）低温储存

① 将车载充电机放入初始温度为室温的温箱中，调节温箱温度使其达到最低贮存温度（如 -30℃±2℃）后保持 4h。

② 之后将车载充电机从温箱中取出，室温下放置 2h。

③ 试验结束后，车载充电机应能正常工作。

（5）温度/湿度组合循环

恒定湿热试验通常采用 GB/T 2423.34—2012《环境试验　第 2 部分：试验方法　试验 Z/AD：温度湿度组合循环试验》中规定的方法。

① 将车载充电机置于温度湿度循环试验箱内，在 -10~65℃之间进行两个循环的温度/湿度组合循环试验。

② 每个循环 24h，其中每个循环周期中的温度和湿度的变化情况如图 8-4 所示。在 0~45℃时，车载充电机应处于工作状态。

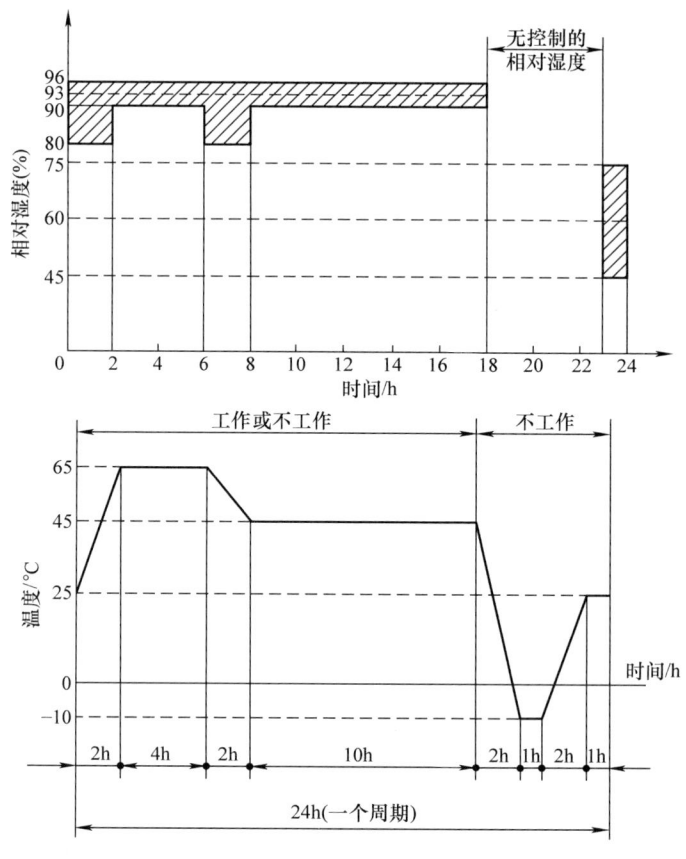

图 8-4　温度/湿度组合循环

（6）盐雾

盐雾试验通常采用 GB/T 2423.17—2008《电工电子产品环境试验　第 2 部分：试验方法　试验 Ka：盐雾》中规定的方法。

① 将车载充电机置于盐雾试验箱内，采用质量分数为（5±1）%、pH 为 6.5~7.2 的盐溶液，试验持续时间为 48h。

② 车载充电机清洗干燥后在正常环境条件下放置 1~2h 后，应能正常工作。

5. 评价方法

车载充电机气候环境测试通常根据汽车应用环境需求，要求在试验期间和试验结束后能够正常工作，基本功能正常即可达到标准及技术指标要求。如果对车载充电机环境性能有更高的要求，也可以增加试验持续工作时间。

8.2.6 机械强度测试

1. 测试目的

机械强度测试用于检测车载充电机在装配、运输过程、使用过程中对于机械负荷的承受能力,主要考核产品部件因机械负荷导致的失效和损坏,主要包括振动试验、冲击试验。

2. 测试设备

振动试验机、冲击试验机等。

3. 依据标准

QC/T 895—2011《电动汽车用传导式充电机》。

DB11/Z 753—2014《电动汽车电能供给与保障技术规范 车载充电机》。

GB/T 2423 环境试验系列标准。

4. 测试方法与步骤

（1）振动

正弦振动测试通常采用 GB/T 2423.10—2008《电工电子产品环境试验 第2部分:试验方法 试验 Fc:振动（正弦）》中规定的方法。

① 车载充电机处于不同工作状态,按照实车安装方式安装在振动台上。

② 使车载充电机承受上下、左右、前后三个方向的扫频振动试验,每个方向试验时间为 8h,扫频振动试验条件按照表 8-15 的要求进行。

③ 试验结束后,车载充电机应能正常工作。

表 8-15 扫频振动试验条件

频率 /Hz	振幅 /mm	加速度 /(m/s²)	扫频速度 /(oct/min)	每个方向试验时间 /h
10~25	1.2	—	1	8
25~500	—	30		

（2）冲击

冲击试验通常采用 GB/T 2423.5—2019《电工电子产品环境试验 第2部分:试验方法 试验 Ea 和导则:冲击》中规定的方法。

① 车载充电机处于不同工作状态,按照实车安装方式安装在冲击台上。

② 使车载充电机承受峰值加速度为 500m/s²、标称脉冲持续时间为 18ms 的半正弦脉冲冲击。

③ 试验结束后,车载充电机应能正常工作。

5. 评价方法

机械强度测试的主要评价方法为在试验后车载充电机应能正常工作,外包装不应有机械损坏、变形和紧固部位松动的现象。

8.2.7　电磁兼容测试

1. 测试目的

电磁兼容性（EMC）指车载充电机在其电磁环境中能正常工作且不对该环境中任何事物构成不能承受的电磁骚扰的能力。车载充电机电磁兼容性能要求分为抗扰度和干扰性两部分，即车载充电机工作时应该能够承受车内以及车外干扰源的电磁干扰，也不应对车内其他电气设备以及车外电气设备产生电磁干扰。

2. 测试设备

静电放电模拟器、传导 EMC 发生器、射频抗扰度测试系统、发射辐射测试系统、功率分析仪等。

3. 依据标准

QC/T 895—2011《电动汽车用传导式充电机》。

DB11/Z 753—2014《电动汽车电能供给与保障技术规范　车载充电机》。

GB/T 17619—1998《机动车电子电器组件的电磁辐射抗扰性限值和测量方法》。

GB/T 18387—2017《电动车辆的电磁场发射强度的限值和测量方法》。

GB/T 17626 和 GB/T 17625 电磁兼容系列标准。

4. 测试方法与步骤

（1）抗扰度试验

车载充电机的电磁兼容抗扰度测试主要参照 GB/T 17619—1998《机动车电子电器组件的电磁辐射抗扰性限值和测量方法》。

（2）干扰性试验

车载充电机的电磁兼容干扰性测试主要参照 GB/T 18387—2017《电动车辆的电磁场发射强度的限值和测量方法》进行试验。

（3）谐波电流含量

车载充电机产生的谐波电流含量按照输入单相电流的大小分别参照 GB 17625.1—2012《电磁兼容　限值　谐波电流发射限值（设备每相输入电流≤ 16A）》和 GB/Z 17625.6—2003《电磁兼容　限值　对额定电流大于 16A 的设备在低压供电系统中产生的谐波电流的限制》进行试验。

5. 评价方法

按照电磁兼容标准测试方法，以选定的测试严酷等级进行试验，抗扰度试验要求达到设定的功能状态等级要求，干扰性试验和谐波电流含量试验要求不超过设定的试验项目电压限值和电流限值。

8.2.8　耐环境测试

1. 测试目的

耐环境测试主要用于检测车载充电机对于除了机械环境、气候环境和电磁环境之外的其他环境因素的耐受能力，即是否具备防腐蚀、防尘和防水进入的能力。

2. 测试设备

防水检测仪、气密性测试仪、测试探针等。

3. 依据标准

QC/T 895—2011《电动汽车用传导式充电机》。

DB11/Z 753—2014《电动汽车电能供给与保障技术规范 车载充电机》。

GB/T 4208—2008《外壳防护等级（IP 代码）》。

4. 测试方法与步骤

（1）耐工业溶剂性能

车载充电机在不工作状态下，至少使用三种表 8-16 规定的试剂涂抹充电机外表面。溶剂种类、试件存放温度及润浸持续时间按照表 8-16 的规定。

表 8-16 溶剂种类、试件存放温度及润浸持续时间

溶剂种类	试件存放温度 /℃	润浸持续时间 /h
制动液	65	48
防冻液	65	48
室内清洁剂	65	48
玻璃清洁剂	室温	48
其他试剂	室温	48

（2）IP 防护

IP 用于测试车载充电机密闭性能，车载充电机的 IP 防护试验主要按照 GB/T 4208—2008《外壳防护等级（IP 代码）》的规定进行。

5. 评价方法

车载充电机的 IP 防护等级应该按照车身布局的要求进行设定，一般最低不应低于 IP20。耐工业溶剂性能主要评价方法为车载充电机在试验后能够正常工作，达到要求即为合格。

8.2.9 噪声测试

1. 测试目的

噪声测试用于检测车载充电机在运行过程中发出的噪声对周围环境和使用人员的影响。

2. 测试设备

噪声计、声级计等。

3. 依据标准

QC/T 895—2011《电动汽车用传导式充电机》。

DB11/Z 753—2014《电动汽车电能供给与保障技术规范 车载充电机》。

4. 测试方法与步骤

① 车载充电机在额定负载和周围环境噪声不大于 40dB 的条件下。

② 在距噪声源水平位置 1m 处、离地面高度 1~1.5m 处测量车载充电机的工作噪声。

5. 评价方法

车载充电机噪声的评价方法为车载充电机及其冷却系统的工作噪声不应大于 60dB（A 级）。

8.3 交流充电桩

8.3.1 基本结构

交流充电桩通常指采用传导方式为具有车载充电装置的电动汽车提供交流电源的专用供电装置。交流充电桩一般由桩体、电源输入接口、充电接口、保护电路、控制电路、安全防护装置构成，必要时还可以增加计量装置、读卡装置、人机交互装置、通信接口等。交流充电桩的一般结构如图 8-5 所示。

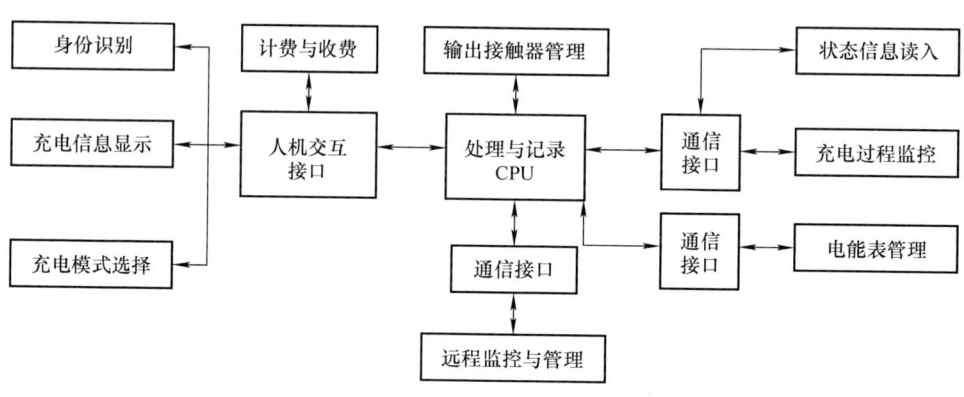

图 8-5 交流充电桩一般结构

与非车载充电机、车载充电机相比，交流充电桩的功能较为简单，因此交流充电桩的测试主要分为安全防护测试、电气安全性能测试、耐环境测试和电磁兼容测试。

8.3.2 安全防护测试

1. 测试目的

安全防护测试主要用于检测交流充电桩在使用过程中，对于可能出现的负荷异常等情况是否具有自身防护功能，以保障充电过程的人身安全和设备安全。

2. 测试设备

交流电压表、交流参数数字分析仪、示波器、直流电压表、直流电流测试装置、交流稳压可调电源和可调节负载、模拟故障装置等。

3. 依据标准

NB/T 33002—2018《电动汽车交流充电桩技术条件》[5]。

NB/T 33008.2—2018《电动汽车充电设备检验试验规范 第 2 部分：交流充电桩》。

DB11/Z 799—2014《电动汽车电能供给与保障技术规范 交流充电桩》[6]。

4. 测试方法与步骤

交流充电桩的安全防护测试主要包括紧急停机、过负荷保护、短路保护、剩余电流保护、充电接口连接异常保护等。

（1）紧急停机
① 交流充电桩连接电阻性负载，调节交流充电桩输出电流为额定值。
② 按下急停开关，交流充电桩应立即停止输出，并有报警提示。
③ 紧急停机后，交流充电桩不应自动恢复充电。
（2）过负荷保护
① 交流充电桩连接电阻性负载，调整交流充电桩输出电流。
② 使其达到过负荷保护整定值，交流充电桩应延时停止输出，并有报警提示。
③ 故障排除后，交流充电桩不应自动恢复充电。
（3）短路保护
① 交流充电桩连接电阻性负载，调整交流充电桩输出电流。
② 使其达到短路保护整定值，交流充电桩应立即停止输出，并有报警提示。
③ 故障排除后，交流充电桩不应自动恢复充电。
（4）剩余电流保护
① 交流充电桩连接电阻性负载，调整交流充电桩输出电流在额定值。
② 按下漏电保护装置的试验按钮，交流充电桩应立即停止输出，并有报警提示。
③ 故障排除后，交流充电桩不应自动恢复充电。
（5）充电接口连接异常保护
① 交流充电桩连接电阻性负载，调节交流充电桩输出电流在额定值。
② 手动断开充电接口，交流充电桩应立即停止输出。
③ 重新连接充电接口后，交流充电桩不应自动恢复充电。

5. 评价方法

安全防护功能指标全部为合格性评判指标，具有此项防护功能、动作反应正常即判定为合格。

8.3.3 电气安全性能测试

1. 测试目的

电气安全测试主要是用于检测交流充电桩绝缘性能而进行的一系列相关试验，以保障交流充电桩运行时不会发生由于电气事故引起的人员伤亡、设备损坏、财产损失等损害。

2. 测试设备

绝缘电阻测试仪（兆欧表）、耐压测试仪、泄漏电流测试仪、游标卡尺等测量工具。

3. 依据标准

NB/T 33002—2018《电动汽车交流充电桩技术条件》。
NB/T 33008.2—2018《电动汽车充电设备检验试验规范 第2部分：交流充电桩》。
DB11/Z 799—2014《电动汽车电能供给与保障技术规范 交流充电桩》。

4. 测试方法与步骤

交流充电桩的电气安全性能测试主要包括工频耐电压试验、冲击耐电压试验、绝缘电阻试验、电气间隙和爬电距离试验。

（1）工频耐电压试验

试验电源为频率为 50Hz 的交流正弦波，在被测部位施加表 8-17 所规定的试验电压。

（2）冲击耐电压试验

按表 8-17 规定的试验电压，在被测部位施加 3 次正极性和 3 次负极性雷电波的短时冲击电压，每次间隔时间不小于 5s。

（3）绝缘电阻试验

在测试电压加载 1min 后，使用满足表 8-17 中电压等级要求的绝缘电阻测试仪测量被测部位的绝缘电阻。

表 8-17 绝缘试验试验等级

额定绝缘电压 U_i/V	绝缘电阻测试仪器的电压等级 /V	工频耐电压试验电压 /kV	冲击耐电压试验电压 /kV
$U_i \leq 60$	250	1.0	1
$60 < U_i \leq 300$	500	2.0	5

（4）电气间隙和爬电距离

① 用游标卡尺等测量工具测量交流充电桩的两相邻导体或一个导体与相邻壳表面的最短距离。

② 爬电距离一般按照 GB/T 16935.1—2008《低压系统内设备的绝缘配合 第 1 部分：原理、要求和试验》的规定进行试验。

5. 评价方法

交流充电桩电气安全性能测试的各个试验项目的评价方法参见表 8-18。

表 8-18 电气安全性能要求及评价方法

试验项目	性能要求及评价方法		
工频耐压	试验过程中应无绝缘击穿和闪络现象，试验部位在试验过程中应无击穿放电		
冲击耐压	试验过程中应无绝缘击穿和闪络现象，试验部位在试验过程中应无击穿放电		
绝缘电阻	$\geq 10M\Omega$		
电气间隙和爬电距离	额定绝缘电压 U_i/V	电气间隙 /mm	爬电距离 /mm
	$U_i \leq 60$	3	3
	$60 < U_i \leq 300$	6	6.3

8.3.4 耐环境测试

1. 测试目的

耐环境测试主要用于检测交流充电桩对应用环境的适应性能，通常通过测试仪器模拟使用过程承受的气候、机械等方面的负荷进行试验。

2. 测试设备

高低温试验箱、恒温恒湿试验箱、盐雾试验箱、振动试验机、冲击试验机、防水检测仪、气密性测试仪、测试探针等。

3. 依据标准

NB/T 33002—2018《电动汽车交流充电桩技术条件》。
NB/T 33008.2—2018《电动汽车充电设备检验试验规范 第2部分：交流充电桩》。
DB11/Z 799—2014《电动汽车电能供给与保障技术规范 交流充电桩》。
GB/T 2423 环境试验系列标准。

4. 测试方法与步骤

（1）低温试验

通常按照GB/T 2423.1—2008中"试验Ab：非散热试验样品温度渐变的低温试验"的要求进行试验。

① 试验中，取低温试验温度为最低工作温度（如-25℃），试验持续时间为16h。
② 试验期间和试验结束后，交流充电桩应能正常工作。

（2）高温试验

通常按照GB/T 2423.2—2008中"试验Bb：非散热试验样品温度渐变的高温试验"的要求进行试验。

① 试验中，取高温试验温度为最高工作温度（+55℃），试验持续时间为16h。
② 在试验期间和试验结束后，交流充电桩应能正常工作。

（3）湿热试验

湿热试验通常参照GB/T 2423.3—2016标准规定的方法进行测试。

① 在温度（40±2）℃、相对湿度（93±3）%的环境下保持96h。
② 在试验结束前1h进行工频耐压试验和测量绝缘电阻复试。

（4）防霉变试验

① 按照GB/T 2423.16—2008中5.1规定的方法进行试验。
② 试样取出后，长霉程度应不超过2a等级，置于正常条件下恢复24h，交流充电桩应能正常工作。

（5）防盐雾试验

① 按照GB/T 2423.17—2008规定的方法进行试验，试验周期为24h。
② 清洗干燥后置于正常条件下恢复2h，交流充电桩应能正常工作。

（6）耐锈性能试验

按照GB/T 7251.3—2017《低压成套开关设备和控制设备 第3部分：由一般人员操作的配电板（DBO）》中8.2.11规定的方法进行试验，试验后交流充电桩表面应无任何锈迹。

（7）耐非正常热和火试验

按照GB 14048.1—2012《低压开关设备和控制设备 第1部分：总则》中8.2.1.1.1规定的方法进行试验，用于固定载流部件所使用的绝缘材料部件试验温度为850℃，其他绝缘材料部件试验温度为650℃。

（8）机械强度试验

交流充电桩在-5℃环境下存放2h后，用弹簧锤进行机械强度试验；撞击能量0.7J，分别对交流充电机可接近表面不同位置各进行3次撞击。

(9) IP 防护等级

按照 GB/T 4208—2017《外壳防护等级（IP 代码）》的规定进行试验，试验结果应符合交流充电桩的 IP 等级要求。

5. 评价方法

交流充电桩耐环境测试的各个试验项目的评价方法参见表 8-19。

表 8-19 耐环境性能要求及评价方法

试验项目	性能要求及评价方法
低温试验	试验期间和试验结束后，交流充电桩应能正常工作
高温试验	试验期间和试验结束后，交流充电桩应能正常工作
湿热试验	① 绝缘电阻值不应小于 1MΩ，施加电压按照要求的 75% 施加 ② 试验结束后，恢复至正常大气条件，交流充电桩应能正常功工作
防霉变试验	试验结束后交流充电桩应能正常工作
防盐雾试验	试验结束后交流充电桩应能正常工作
耐锈性能试验	试验结束后交流充电桩表面应无任何锈迹
耐非正常热和火试验	① 试验样品的火焰或灼热在移开灼热丝之后 30s 内熄灭 ② 使用规定的包装绢纸铺底层时，绢纸不应起燃
机械强度试验	试验后检查盖板和壳体没有损坏，或损坏时不触及带电部件及影响交流充电桩的使用，操作机构没有损坏，绝缘材料的敷层和护套没有损坏
IP 防护等级	一般为室内安装的不低于 IP32，室外安装的不低于 IP54

8.3.5 电磁兼容测试

交流充电桩电磁兼容测试主要包括浪涌（冲击）抗扰度、电快速瞬变脉冲群抗扰度、射频电磁场辐射抗扰度、静电放电抗扰度和电磁辐射干扰性，具体要求与测试标准参见表 8-20。

表 8-20 交流充电桩电磁兼容试验

测试项目	测试强度	测试标准
浪涌（冲击）抗扰度	（1.2/50）~（8/20）μs 2kV（线 - 地） 1kV（线 - 线）	GB/T 17626.5
电快速瞬变脉冲群抗扰度	2kV	GB/T 17626.4
射频电磁场辐射抗扰度	10V/m	GB/T 17626.3
静电放电抗扰度	8kV/ 空气放电	GB/T 17626.2

8.4 无线充电系统

8.4.1 基本结构

电动汽车无线充电系统是指将交流 / 直流电网（电源）通过无线电能传输技术为电动

汽车动力蓄电池提供电能的装置。根据充电方式的不同，电动汽车无线充电系统分为静态无线充电系统和动态无线充电系统。动态无线充电系统的技术尚不成熟，尚处于实验室及少数试点验证阶段。

静态磁耦合无线充电装置结构如图 8-6 所示[7]，整体装置可分为 4 个部分：发射侧电源变换电路、电能传输电路、接收侧电源变换电路、辅助控制电路。发射侧电源变换电路通过电网获得能量，将输入系统的交流电经整流、斩波、逆变成高频交流电，通过发射线圈形成一个电能传输磁场，将电能转化为电磁场能量，然后通过接收线圈接收磁场能量，重新转化为电能。接收线圈接收到的电能经整流装置转换为直流电给电池充电，直到整个充电工作完成。控制保护电路主要是实现对系统频率、开关管驱动信号、充电状态等的控制。

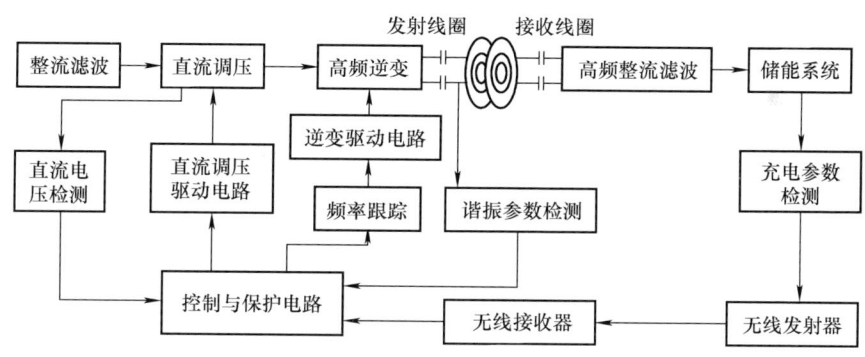

图 8-6　磁耦合谐振式无线充电装置结构图

无线充电在电动汽车领域的应用，具有高效率、大功率的基本需求，根据目前各项技术的性能特质和技术成熟度，磁耦合无线充电更加适用于电动汽车应用场合。并且作为电动汽车的一类充电方式，无线充电系统与传导式充电具有共性技术方面，因此本节主要介绍静态磁耦合无线充电系统（Stationary Magnetic Field Wireless Power Transfer，MF-WPT，以下简称无线充电系统）特殊的性能要求与测试方法。

8.4.2　电气性能测试

1. 测试目的

无线充电系统电气性能测试主要包括效率试验和功率因数试验，与传导式充电系统不同，无线充电系统的电气性能不仅与输出功率相关，还与系统一次设备和二次设备的位置密切相关。

2. 测试设备

无线充电系统试验测试平台如图 8-7 所示，其中主要测试设备包括三相/单相可调电源、可调电阻负载（电子负载）、测量仪器等，其中测量仪器主要包括数字功率计、交流电压表、交流电流表、功率因数测量仪（电能质量分析仪）、直流电压表、直流电流表等。另外，要求测试平台必须可以容纳次级设备和初级设备。

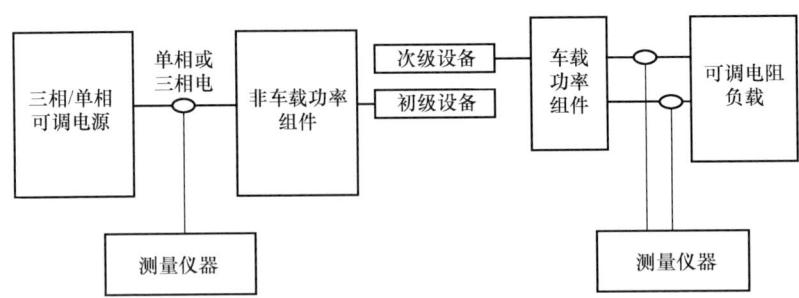

图 8-7 无线充电系统测试平台

3. 依据标准

IEC 61980-1—2015《电动汽车无线充电系统 第1部分：通用要求》。

SAE J2954—2017《轻型插入式/电动汽车的无线充电和对准方法》。

目前正在编制的电动汽车无线充电系统系列标准。

4. 测试方法与步骤

（1）系统效率

系统效率是无线充电系统最为关键的指标之一，也是影响其有效应用的重要指标。与传导充电不同，无线充电系统一定存在耦合机构及相应的补偿电路拓扑情况，且耦合机构的状况（线圈形状、结构参数、磁心布局等）、补偿电路拓扑的差异化较大，因此无线充电系统的系统效率不仅与功率输出值相关，还与初次级设备相对位置密切相关。无线充电系统的系统效率分为无偏移系统效率测试和有偏移系统效率测试。主要试验部位为系统交流输入端和直流输出端。

① 系统无偏移条件下效率测试。额定输入条件下，分别测试 MF-WPT 系统在 50% 额定输出功率、75% 额定输出功率、100% 额定输出功率下，初次级气隙为标称值和最小气隙值以及最大气隙值时的系统效率。系统效率计算方法为

$$\eta = \frac{U_Z I_Z}{P_J} \times 100\% \tag{8-21}$$

式中 η——充电效率；

U_Z——输出电压（V）；

I_Z——输出电流（A）；

P_J——交流基波有功功率（W）。

② 系统有偏移条件下的效率测试。系统有偏移条件的基本测试方法与无偏移条件的一致，但测试条件进一步扩展，不仅包括初次级距离高度的变化，还要充分考虑初次级相对位置的水平变化。

测试中以行驶方向为 X 轴、行驶方向的横向为 Y 轴，以高度方向为 Z 轴，分别测试多种偏移条件下的系统效率。如表 8-21 所示，X 轴以 25mm 为步长，逐步偏移至 ±75mm 为止，Y 轴以 25mm 为步长，逐步偏移至 ±100mm 为止，Z 轴偏移选取最小值、标称值、最大值三个测试值。

表 8-21 X/Y/Z 轴偏移条件

X 轴偏移	Y 轴偏移	Z 轴偏移
0mm	25mm	最小 Z 气隙值
0mm	50mm	最小 Z 气隙值
0mm	75mm	最小 Z 气隙值
0mm	100mm	最小 Z 气隙值
0mm	25mm	标称值
0mm	50mm	标称值
0mm	75mm	标称值
0mm	100mm	标称值
0mm	25mm	最大 Z 气隙值
0mm	50mm	最大 Z 气隙值
0mm	75mm	最大 Z 气隙值
0mm	100mm	最大 Z 气隙值
25mm	25mm	最小 Z 气隙值
25mm	50mm	最小 Z 气隙值
25mm	75mm	最小 Z 气隙值
25mm	100mm	最小 Z 气隙值
25mm	25mm	标称值
25mm	50mm	标称值
25mm	75mm	标称值
25mm	100mm	标称值
25mm	25mm	最大 Z 气隙值
25mm	50mm	最大 Z 气隙值
25mm	75mm	最大 Z 气隙值
25mm	100mm	最大 Z 气隙值

测量点选取时，应随机选择图 8-8 所示的坐标系中的任意一个象限。

如表 8-22 所示，一般可以通过测试获得无线充电系统不同位置范围内的最佳效率。

（2）功率因数

额定输入条件下，在与系统效率测试相同的测试条件下测试无偏移和 X/Y 轴有方向偏移的功率因数。功率因数计算方法：

$$\cos\varphi = \frac{P}{S} \tag{8-22}$$

式中　$\cos\varphi$——功率因数；

P——交流输入有功功率（W）；

S——交流输入视在功率（W）。

5. 评价方法

无线充电系统的电气性能测试的技术要求与评估方法参见表 8-23。

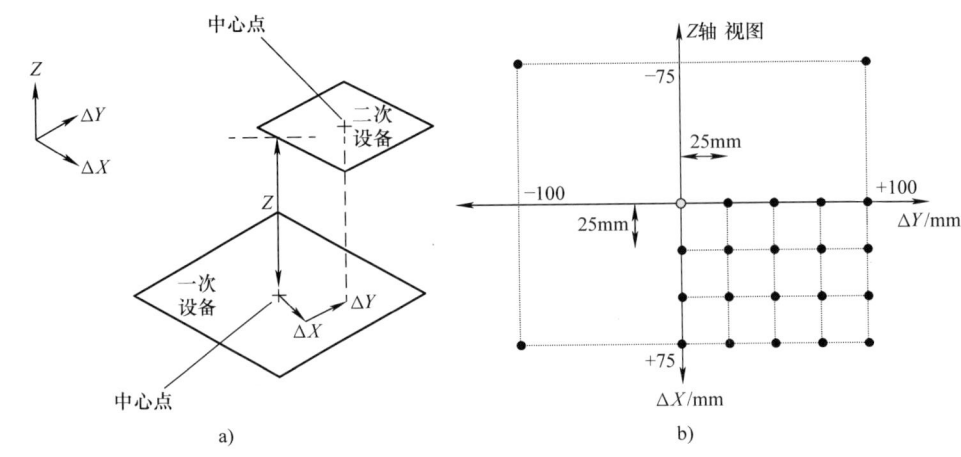

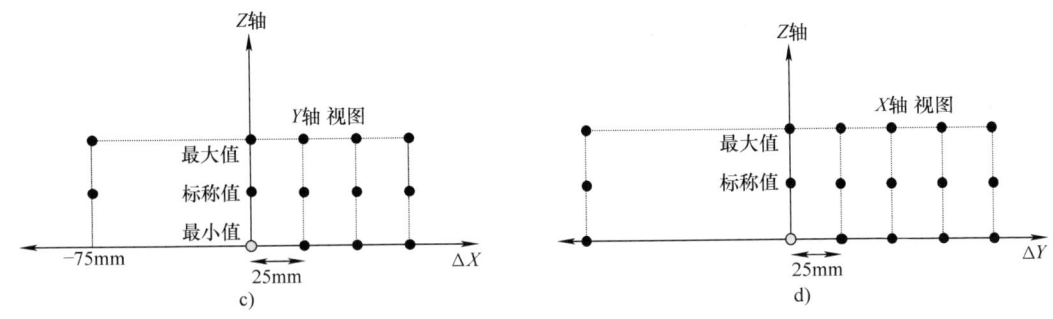

图 8-8 效率测试点分布图

a）坐标定义　b）Z 轴俯视　c）Y 轴俯视　d）X 轴俯视

表 8-22 效率测试

性能指标	测试结果
机械气隙	190mm
垂直自由度	±40mm
水平自由度	X 方向 ±75mm Y 方向 ±100mm
最佳效率	90%

表 8-23 电气性能测试的技术要求与评估方法

性能指标	性能要求及评估方法	
	无偏差	有偏差
系统效率	≥85%	≥80%
功率因数	≥0.98	

8.4.3 安全防护测试

1. 测试目的

安全防护测试主要用于检测无线充电设备在使用过程中，对于可能出现的负荷异常等情况是否有自身防护功能，以保障充电过程的人身安全和设备安全。

2. 测试设备

三相/单相可调电源、可调电阻负载（电子负载）、数字功率计、交流电压表、交流电流表、功率因数测量仪（电能质量分析仪）、直流电压表、直流电流表、电桥、接地电阻试验仪或数字式低电阻试验仪、测温设备等。

3. 依据标准

IEC 61980-1—2015《电动汽车无线充电系统 第1部分：通用要求》。
SAE J2954—2017《轻型插入式/电动汽车的无线充电和对准方法》。
目前正在编制的电动汽车无线充电系统系列标准。

4. 测试方法及步骤

（1）过电流保护
① 无线充电系统连接负载，并设置在额定负载状态下运行。
② 缓慢增加输出负载功率、负载功率增加速度可设置为5kW/s。
③ 系统应自动进入限流输出状态或者切断直流输出，并由地面设备发出警告提示。

（2）短路保护
① 无线充电系统连接负载，并设置在额定负载状态下运行。
② 短接系统的直流输出端，系统应切断直流输出，并由地面设备发出警告提示。

（3）电击防护
电击防护分为直接接触防护和间接接触防护。
① 直接接触防护通过IP防护试验试具进行试验，无线充电系统不用工具就能打开的外壳部分被打开后，试指应不易触及危险带电部件。
② 间接接触防护通过电桥、接地电阻试验仪或数字式低电阻试验仪测量，无线充电系统地面设备内任意接地的点至总接地之间的电阻不应大于0.1Ω，车载设备中人体可直接接触的可导电部分与电位均衡点之间的电阻不应大于0.1Ω，测量点不应少于3个。如果测量点涂敷防腐漆，需将防腐漆刮去，露出非绝缘材料后再进行试验，接地端子应有明显的标志。

（4）IP防护等级
通常按照GB/T 4208—2017中规定的试验方法分别对充电柜、冷源柜体外壳以及车载设备模块、初级设备和次级设备进行测试。
一般要求非车载功率组件外壳IP等级为IP32（室内）和IP54（室外）。原边设备的最小IP等级为IP67，车载设备的最小IP等级为IP67。

（5）异物防护
无线充电系统的初级、次级之间的异物检测试验，需要测试异物外壳温度，以及水平距离异物的20cm、40cm、60cm处的温度，异物检测的温升试验和灼热试验要求见

表 8-24。

表 8-24　异物检测的温升试验和灼热试验

异物类型	温升测试	灼热测试	备注
回形针	√	√	回形针长度 29mm
硬币	√		一元、五角、一角模拟硬币
螺钉	√		参考尺寸：M5
易拉罐	√		常见各种易拉罐
铝片	√		5cm×7.5cm
钢片	√		5cm×7.5cm
钢丝球	√	√	标准钢丝球（如刷锅用）
铝箔纸	√	√	食物包装和香烟包装的锡箔纸规格：30cm×30cm，2.5cm×2.5cm
延长线缆	√		30m 长，16 号线缆绕成 25 圈以上

5. 评价方法

安全防护功能指标全部为合格性评判指标，具有此项防护功能、动作反应正常即判定为合格。

8.4.4　电气安全性能测试

1. 测试目的

电气安全测试主要是用于检测无线充电设备的绝缘性能而进行的一系列相关试验，以保障无线充电系统运行时不会发生由于电气事故引起的人员伤亡、设备损坏、财产损失等损害。

2. 测试设备

绝缘电阻测试仪（兆欧表）、耐压测试仪、泄漏电流测试仪、游标卡尺等。

3. 依据标准

IEC 61980-1—2015《电动汽车无线充电系统　第 1 部分：通用要求》。
SAE J2954—2017《轻型插入式/电动汽车的无线充电和对准方法》。
目前正在编制的电动汽车无线充电系统系列标准。

4. 测试方法与步骤

（1）工频耐压试验

电动汽车无线充电系统非电气连接的各带电回路之间、各独立带电回路与地（金属外壳）之间，按其工作电压应能承受表 8-25 所规定历时 1min 的工频耐压试验。

（2）冲击耐压试验

无线充电系统的控制柜非电气连接的各带电回路之间、各独立带电回路与地（金属外壳）之间按表 8-25 规定施加 3 次正极性和 3 次负极性标准雷电波的短时冲击电压，每次间隙不小于 5s，试验时其他回路和外露的导电部分接地。

表 8-25 绝缘试验的试验等级

额定绝缘电压 U_i/V	绝缘电阻测试仪器的电压等级 /V	工频耐压试验电压 /kV	冲击耐压试验电压 /kV
$U_i \leq 60$	250	DC 1.414/AC 1.0	1
$60 < U_i \leq 300$	500	DC 2.828/AC 2.0	±2.5
$300 < U_i \leq 700$	1000	DC 3.535/AC 2.5	±6
$700 < U_i \leq 950$	1000	DC $2U_i$+1 AC $2.8U_i$+1.4	±6

（3）接触电流

无线充电系统在额定电压下，输出最大功率和电流状态，地面设备连接至交流电网的情况下，按照 GB/T 12113—2003 进行测试：在测试 Db（湿热交变测试，按 GB/T 2423.4—2008 要求进行）后的 1h 之内进行测试；在测试 Ca（湿热稳态测试，40℃±2℃并且 93% 的相对湿度，测试 4 天，按 GB/T 2423.3—2006 要求进行）后的 1h 之内进行测试。

无线充电系统由隔离变压器供电，或以与地隔离的方式安装。通过固定电阻连接的电路，或者参考接地的电路，在测试前应断开。交流电极和可接触金属零件的接触电流应依照 GB 4943.1—2011 进行测试。

（4）绝缘电阻试验

用开路电压为表 8-26 中规定的电压等级的测试仪器测量电动汽车无线充电系统非电气连接的各带电回路之间、各独立带电回路与地（金属外壳）之间的绝缘电阻。

（5）保护导体尺寸

对于额定电流大于 16A 的无线充电系统，用游标卡尺测量保护连接导体的尺寸。

5. 评价方法

无线充电系统电气安全性能测试的各个试验项目的评价方法参见表 8-26。

表 8-26 电气安全性能要求及评价方法

试验项目	性能要求及评价方法			
工频耐压	试验过程中应无绝缘击穿和飞弧现象			
冲击耐压	试验过程中，试验部位不应出现击穿放电，允许出现不导致损坏绝缘的闪络			
接触电流		测试部位	等级 I	等级 II
	带电电极和可接触金属零件之间 任何（活动的）网络极和连接在一起的外部绝缘的金属箔之间	3.5mA	0.25mA
	带电电极和不可接触不带电金属零件之间 任何（活动的）网络极和通常为激活（双层绝缘）的可接触金属零件（固定）之间	不适用	3.5mA
	不可接触和可接触的不带电金属零件之间 不可接触的及可接触的固定连接在一起的金属零件和外部绝缘的金属箔（附加绝缘）之间	不适用	0.5mA

（续）

试验项目	性能要求及评价方法		
绝缘电阻	≥ 10MΩ		
保护导体尺寸	要考虑的电路电流额定值 I/A	最小导体尺寸	
		截面积 /mm²	截面积 /mm²
	16I ≤ 25	1.5	2
	25I ≤ 32	2.5	3
	32I ≤ 40	4	5
	40I ≤ 63	6	8
	63I ≤ 80	10	13
	80I ≤ 100	16	21
	100I ≤ 125	25	33
	125I ≤ 160	35	42
	160I ≤ 190	50	53
	190I ≤ 230	70	85
	230I ≤ 260	95	107
	260I ≤ 300	120	126
	300I ≤ 340	150	152
	340I ≤ 400	185	202
	400I ≤ 460	240	253

8.4.5 耐环境测试

1. 测试目的

耐环境测试主要用于检测无线充电系统对环境的耐受能力，设备是否能够在设计要求的环境温度、湿度条件下正常工作。

2. 测试设备

高低温试验箱、恒温恒湿试验箱、盐雾试验箱、防水检测仪、气密性测试仪、测试探针等。

3. 依据标准

IEC 61980-1—2015《电动汽车无线充电系统 第1部分：通用要求》。

SAE J2954—2017《轻型插入式/电动汽车的无线充电和对准方法》。

目前正在编制的电动汽车无线充电系统系列标准。

4. 测试方法与步骤

（1）温度试验

无线充电系统应通过高低温条件下的功能测试，包括符合GB/T 2423.1—2008要求的最低温测试（测试Ab）和符合GB/T 2423.2—2008要求的最高温测试（测试Bb）。

无线充电系统要通过在各温度下的起动和停止周期测试。温度测试要求见表8-27。

表8-27 温度测试要求

温度测试要求	室内安装	室外安装
温度上限	50℃	50℃
温度下限	−5℃	−20℃
24h平均温度	≤ 35℃	

（2）湿度试验

电动汽车无线充电系统应设计运行在相对湿度为5%~95%的范围内，可以选择下面两种测试方法的一种进行试验。

① 室内安装：最高温50℃时空气相对湿度不超过50%。低温时可能允许更高的相对湿度，如20℃时90%。应留意可能由于温度变化发生的中度冷凝。

按照GB/T 2423.4—2008的规定，在温度在（40±3）℃、相对湿度为95%（测试Db）环境下，进行6个周期为24h的湿热循环试验。或者按照GB/T 2423.17—2008的规定，在温度为（35±2）℃（测试Ka：盐雾）环境下，进行2个周期为24h的盐雾试验。

② 室外安装：最高温度为25℃时的最高相对湿度可暂时达到100%。

按照GB/T 2423.4—2008的规定，在温度在（40±3）℃、相对湿度为95%（测试Db）环境下，进行5个周期为24h的湿热循环试验。或者按照GB/T 2423.17—2008的规定，在温度为（35±2）℃（测试Ka：盐雾）环境下，进行7个周期为24h的盐雾试验。

（3）干热试验

在太阳辐射下的热测试可以在更高的温度下进行，该试验可以按照GB/T 2423.24—2013中试验Sa的规定进行。

（4）低温试验

按照GB/T 2423.1—2008中试验Ab的规定进行低温试验，其中：

① 室外使用设备，−20℃ ±3℃运行16h。

② 室内使用设备，−5℃ ±3℃运行16h。

当设备运行的环境比以上规定温度更低时，根据需要，针对极端寒冷气候的低温试验应该按照GB/T 2423.1—2008进行（测试Ab），以制造商定义的额定最低温运行16h。

5. 评价方法

无线充电设备耐环境测试的各个试验项目的评价方法为根据测试方法要求，试验期间和试验结束后，系统应能正常工作。

8.4.6 电磁兼容测试

1. 测试目的

基于电磁感应原理的无线充电系统在工作时，电流流过线圈产生磁场，进而位于磁场附近的线圈产生感应电流，在能量传输过程中一旦产生电磁泄漏，就会对周围的生物和电子设备产生影响，甚至危害人体健康。此外无线充电系统内部的耦合及其与外部环境、车身、底盘等部件的耦合，也存在电磁辐射泄漏的隐患[8]。因此，无线充电系统在使用过程中产生电磁辐射对人身安全影响的问题一直备受关注，为了保证无线充电系统使用过程中的安全性，必须进行无线充电系统的电磁兼容性能测试评估。电磁兼容测试主要用于检测无线充电系统对外的谐波和电磁辐射情况，避免工作时对电网和使用人员造成危害。

2. 测试设备

电磁场测试设备（测试仪器的频率范围必须包含电动汽车无线充电系统工作频率）、示波器等。

3. 依据标准

IEC 61980-1—2015《电动汽车无线充电系统 第1部分：通用要求》。

SAE J2954《轻型插入式 / 电动汽车的无线充电和对准方法》。

目前正在编制的电动汽车无线充电系统系列标准。

4. 测试方法与步骤

无线充电系统的电磁兼容测试主要包括电磁辐射试验和接触电流试验。

（1）车载功率组件电磁辐射试验

无线充电电动汽车的电磁辐射保护区域主要分为4个部分，其中主要完成保护区域3和保护区域4的电磁辐射测试。无线充电电动汽车保护区域示意图如图8-9所示。保护区域3又分为3a和3b两部分，3a表示距离地面高度为70cm及以下区域；3b表示距离地面高度为70cm以上区域。保护区域4为电动汽车的车舱部分。

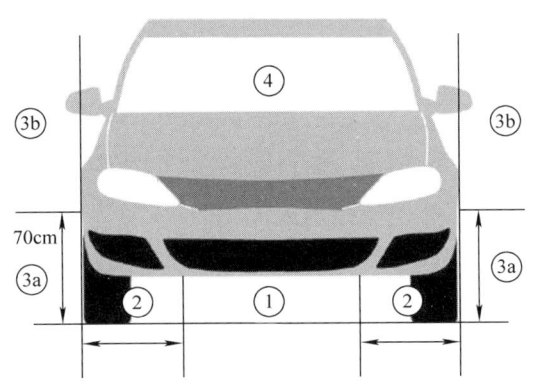

图 8-9　无线充电电动汽车保护区域示意图

① 保护区域3电磁场测试：如图8-10所示，在车前、车后、车左和车右四个测试区域中的测试点距离车体表面20cm，在垂直方向和水平方向上每个测试区域内的测试点不少于3个。

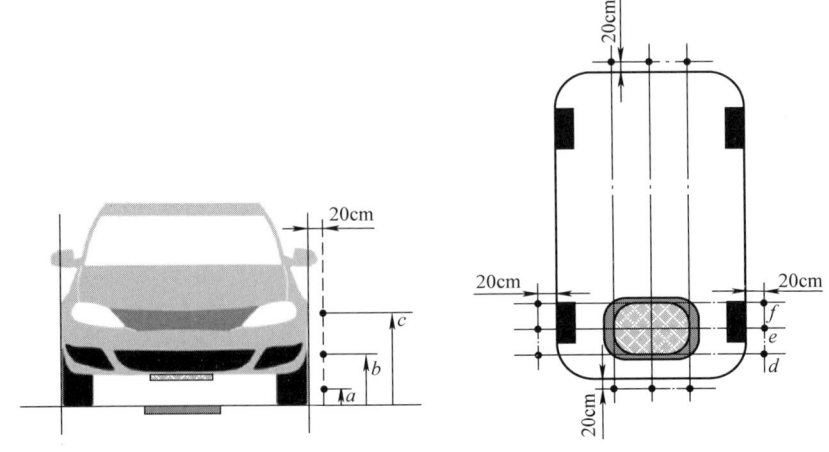

图 8-10　测试点示意图

② 保护区域4电磁场测试：每个座椅的测试点位置如图8-11所示，分别为头部（A）、胸部（B）、坐垫处（C）和脚部（D）。测试点应位于4个位置表面上方垂直距离10cm处。

③ 电动汽车处于静止状态，无线充电系统应正常工作在额定功率，且次级设备应安装在车上。无线充电系统初级设备和次级设备的偏移范围和机械气隙应满足要求。

④ 对各测试点分别进行电场强度测试、磁感应强度或磁场强度测试，记录测试值并标记出测得的最大值。

（2）非车载功率组件电磁辐射试验

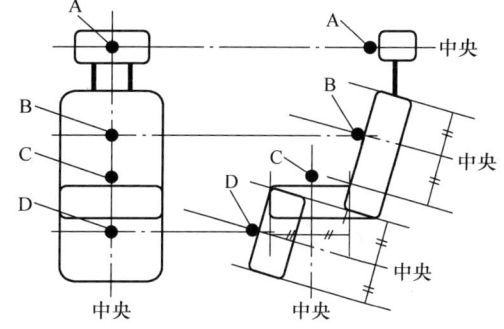

图8-11 座椅测试点位置

① 仅选取人可能接触到的非车载功率组件表面进行电磁场测试。

② 每个组件表面的测试点应不少于1个，其中必须测试的点位于组件表面上方垂直距离20cm、水平平移测试设备最大读数处。

③ 对各测试点分别进行电场强度测试、磁感应强度或磁场强度测试，记录测试值并标记出测得的最大值。

（3）接触电流试验

接触电流指当人体或动物接触一个或多个装置或设备的可触及零部件时，流过他们身体的电流。接触电流测试主要测试无线充电系统的电灼伤接触电流和感知或反应接触电流。

① 在电动汽车上可触及部件与地，选用图8-12和图8-13所示的合适测试系统。

② 按照GB/T 12113—2003的规定进行测试，接入A端电极时，先将B端电极接到地，然后再将A端电极接到可触及零部件上，测量AB电极之间的接触电流。

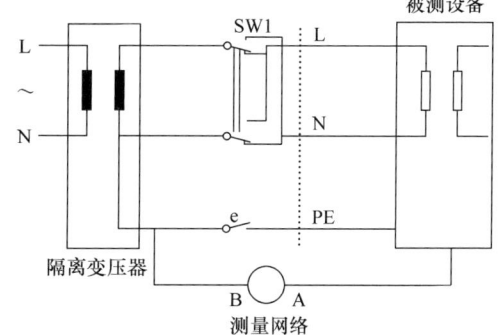

图8-12 单相接线形式时测试系统示意图

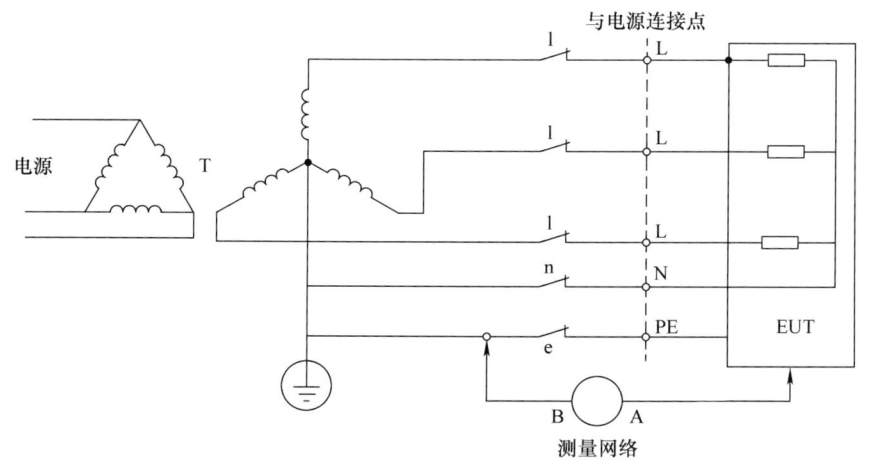

图8-13 三相星形带中性点接线形式时接触电流测试系统示意图

③ 接触电流计算方法。

电灼伤接触电流：选取图 8-14 的测试网络，交流电压 U_1 除以 500Ω 电阻值即可得到电灼伤未加权电流有效值。

感知或反应接触电流：选取图 8-15 的测试网络，U_2 峰值除以 500Ω 电阻值即可得到感知或反应电流的最大值，其中电压 U_2 是 U_1 的频率加权值。

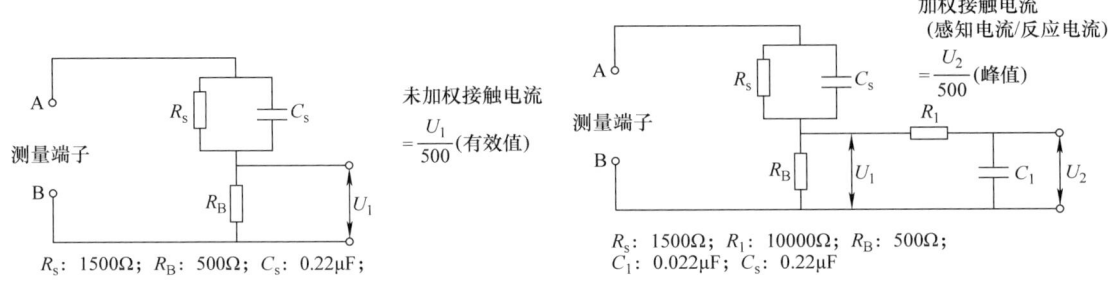

图 8-14　电灼伤接触电流测试网络　　　　图 8-15　感知电流或反应电流测试网络

5. 评价方法

无线充电系统电磁兼容性能测试应该符合《电动汽车无线充电电磁环境限值与测试方法》规定的相关要求。

8.4.7　温升测试

1. 测试目的

温升试验主要用于检测无线充电设备可接触部件、零件、绝缘材料等的温升是否符合有关标准规定的要求，从而保证设备在预期使用年限内能够可靠工作。

2. 测试设备

温升测试仪、温度测试传感器等。

3. 依据标准

IEC 61980-1—2015《电动汽车无线充电系统　第 1 部分：通用要求》。

SAE J2954—2017《轻型插入式/电动汽车的无线充电和对准方法》。

目前正在编制的电动汽车无线充电系统系列标准。

4. 测试方法与步骤

（1）可触及零部件

根据 GB 7251.1—2013 的规定，测试系统零部件的温度与设备外的环境温度的温差。对于室内测试，测试结果应校正到环境温度为 20~25℃。对于室外安装设备或电动车载设备，测试结果应校正到环境温度为（40±2）℃。

（2）材料温度极限

根据 GB 7251.1—2013 的规定进行测试，试验应持续到热稳定，当设备在额定环境温度（35℃）运行时，测试各个部件的温升。

5. 评价方法

在伸臂范围内的设备部件不应达到能导致人体烧伤的温度，最高温度不得超过表 8-28 中规定的值。材料中温度不应超过表 8-29 中显示的温度上限。

表 8-28 最高表面温度

位置	金属表面 /℃	非金属表面 /℃
提拿、携带或持握的把手或旋钮	55	65
接触但非提拿、携带或持握的把手或旋钮 接触表面和用户维护时需要触及的表面	70	80
偶尔接触的表面	80	90

表 8-29 在正常使用中的温升

部件	环境温度35℃时的温升（GB 7251.1—2013）/K
绕组，如果绝缘系统（线轴，以及与绕组接触的其他绝缘材料）	—
A 类	65
E 类	80
B 类	85
F 类	105
H 类	130
其他类	—
外部导体端子和开关端子	35
内部和外部接线所使用的绝缘材料	—
橡胶	30
聚氯乙烯	35
恶化可能影响安全的部分	—
橡胶（除了电线的绝缘）	40
苯酚甲醛	70
尿素甲醛	50
浸渍纸和织物	50
浸渍木材	50
聚氯乙烯（除了电线的绝缘），聚苯乙烯和相同的热塑料性材料	30
漆布	40
支撑件	—
印制电路板	—
用苯酚-甲醛，三聚氰胺-甲醛树脂，苯酚-糠醛或聚酯粘合	70
用环氧树脂粘合	105

8.5 案例展示

8.5.1 非车载充电机

1. 试验目的

参照非车载充电机相关标准,通过测试 2 台非车载充电机,重点对比分析非车载充电机的电气性能和保护功能是否达到标准技术要求。

2. 试验设备

单相/三相稳压可调电源、可调节阻性负载、霍尔传感器、功率分析仪、万用表。

3. 测试方法与步骤

① 测试分别采用三相调压器作为输入电源,大功率电阻作为负载,PZ4000 型功率分析仪作为测试仪器。测试原理如图 8-16 所示。

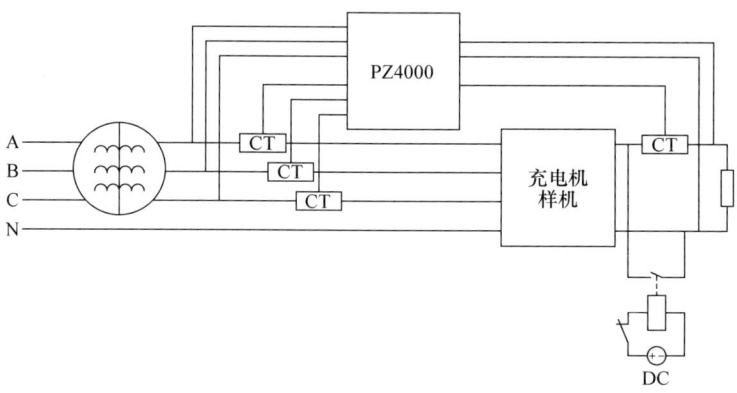

图 8-16 测试原理图

② 测试分为两种情况,第一种为恒流输出,第二种为恒压输出。

③ 首先进行充电机恒流条件下的连续测试,持续时间为 3h,分别在开机后的 10min、30min、1h、2h 及 3h 的时间点记录各参数。如果测试过程中发生停机中断情况,记录中断的次数及原因,停机时间不计算在测试时间内。

④ 连续测试结束后,进行输入电压下限、输入电压上限、输出短路保护测试各一次。

⑤ 停机 30min 后,开始恒压输出条件下的测试,其步骤和恒流输出条件下的测试步骤相同。

4. 试验数据

通过测试获得 2 台非车载充电机的测试数据,参见表 8-30 和表 8-31。

5. 性能评价

(1) 输出电压误差和输出电流误差

通过数据分析可知,通过恒流限压状态的输出电流数据可以计算得到非车载充电机满载时输出电流误差,通过恒压限流状态的输出电压数据可以计算得到非车载充电机满载时输出电压误差。

表 8-30 非车载充电机 1 测试数据

测试时间 /min	+10	+30	+60	+120	+180
测试条件	恒流限压：120A<75V				
输出电流 /A	119.81	119.81	119.81	119.80	119.82
输出电压 /V	68.06	68.31	68.37	68.36	68.41
稳流准确度	0.16%	0.16%	0.16%	0.17%	0.15%
电流 THD	38.02%	36.93%	37.64%	37.86%	37.42%
功率因数	0.9186	0.9166	0.9181	0.9170	0.9189
效率	91.49%	92.14%	91.99%	91.83%	91.91%
输入电压下限	正常√			停机	
输入电压上限	正常√			停机	
输出短路保护	保护√			未保护	
测试条件	恒压限流：75V<120A				
输出电流 /A	102.22	102.14	102.14	102.14	102.15
输出电压 /V	75.23	75.20	75.26	75.25	75.27
稳压准确度	0.31%	0.27%	0.35%	0.33%	0.36%
电流 THD	36.48%	37.69%	37.11%	37.97%	39.46%
功率因数	0.9106	0.9085	0.9128	0.9077	0.9124
效率	91.58%	91.80%	92.01%	92.18%	92.17%
输入电压下限	正常√			停机	
输入电压上限	正常√			停机	
输出短路保护	保护√			未保护	

表 8-31 非车载充电机 2 测试数据

测试时间 /min	+10	+30	+60	+120	+180
测试条件	恒流限压：120A<75V				
输出电流 /A	120.09	120.08	120.07	120.05	120.04
输出电压 /V	68.36	68.45	68.45	68.45	68.54
稳流准确度	0.075%	0.067%	0.058%	0.042%	0.033%
电流 THD	42.03%	40.23%	40.22%	39.44%	38.35%
功率因数	0.9041	0.9045	0.9016	0.9028	0.9004
效率	93.38%	93.39%	93.29%	92.98%	93.28%
输入电压下限	正常√			停机	
输入电压上限	正常√			停机	
输出短路保护	保护√，短路后输出 6V，120A			未保护	
测试条件	恒压限流：75V<120A				
输出电流 /A	102.82	102.72	102.69	102.68	102.68
输出电压 /V	75.33	75.55	75.54	75.52	75.56
稳压准确度	0.44%	0.73%	0.72%	0.69%	0.75%
电流 THD	40.29%	37.49%	41.80%	41.96%	41.41%
功率因数	0.8992	0.9166	0.8957	0.8964	0.8974
效率	93.80%	93.61%	93.66%	93.88%	93.79%
输入电压下限	正常√			停机	
输入电压上限	正常√			停机	
输出短路保护	保护√，短路后输出 6V，122A			未保护	

非车载充电机 1 满载时的输出电压误差为 0.17%，非车载充电机 2 满载时的输出电压误差为 0.075%。如图 8-17 所示，非车载充电机 2 在各个测试时间点的输出电压误差均小于非车载充电机 1 的输出电压误差。非车载充电机 1 满载时的输出电流误差为 0.36%，非车载充电机 2 满载时的输出电流误差为 0.75%。如图 8-18 所示，非车载充电机 1 在各个测试时间点的输出电流误差均小于非车载充电机 2 的输出电流误差。

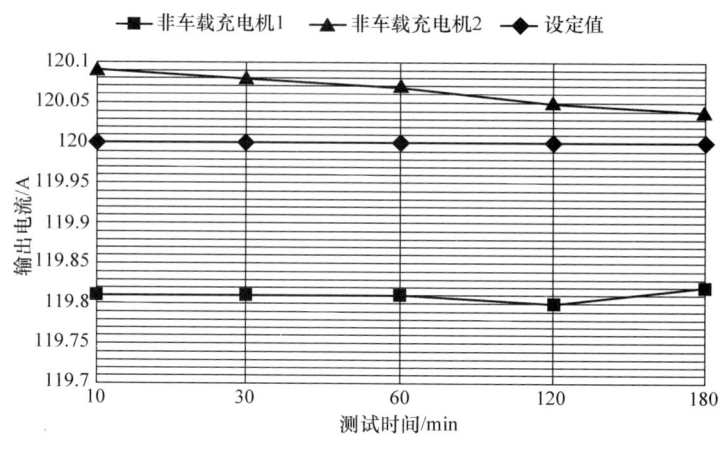

图 8-17　输出电压误差

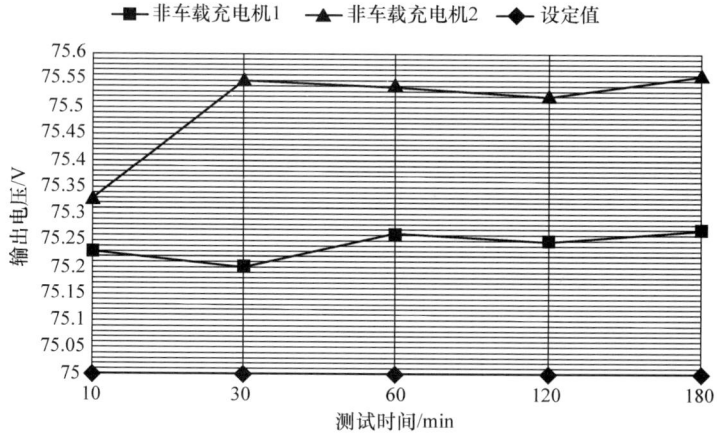

图 8-18　输出电流误差

（2）稳压精度和稳流精度

通过数据分析可知，非车载充电机 1 满载时的稳流精度为 0.16%，非车载充电机 2 满载时的稳流精度小于 0.10%。如图 8-19 所示，非车载充电机 2 在各个测试时间点的稳流精度均小于非车载充电机 1 的稳流精度，因此非车载充电机 2 的稳流精度性能指标较好。非车载充电机 1 满载时的稳压精度超过 0.30%，非车载充电机 2 满载时的稳压精度为 0.70% 左右。如图 8-20 所示，非车载充电机 1 在各个测试时间点的稳压精度均小于非车载充电机 2 的稳压精度。

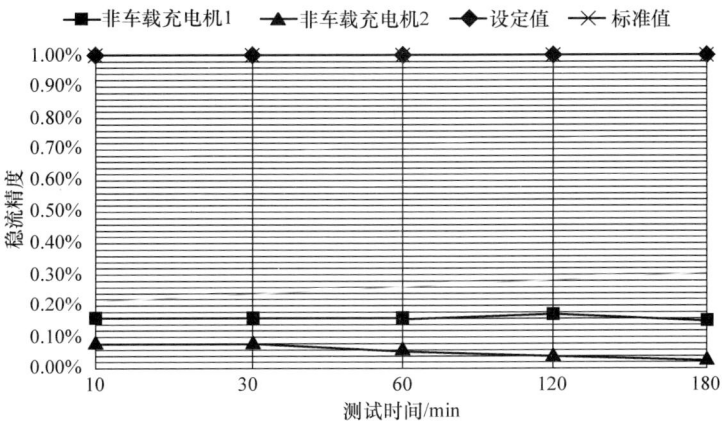

图 8-19 稳流精度

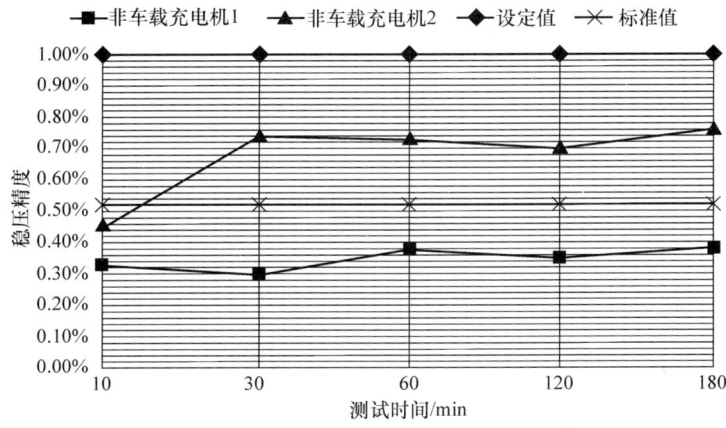

图 8-20 稳压精度

（3）电流 THD

通过数据分析可知，非车载充电机 1 满载时的电流 THD 最大为 39.46%，最小为 36.48%；非车载充电机 2 满载时的电流 THD 最大为 42.03%，最小为 37.49%。如图 8-21 所示，非车载充电机 1 在绝大多数测试时间点的电流 THD 均小于非车载充电机 2 的电流 THD。

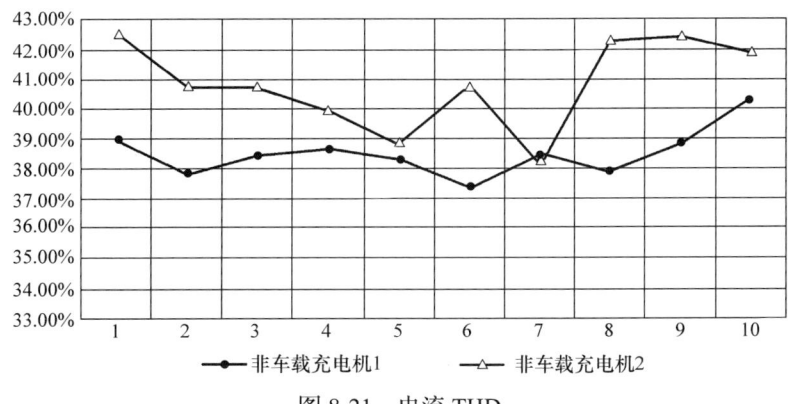

图 8-21 电流 THD

（4）功率因数和效率

通过数据分析可知，非车载充电机 1 满载时的功率因数为 0.91 左右；非车载充电机 2 满载时的功率因数为 0.90 左右。如图 8-22 所示，非车载充电机 1 在绝大多数测试时间点的功率因数均高于非车载充电机 2 的功率因数。非车载充电机 1 满载时的效率为 91%~92%；非车载充电机 2 满载时的效率为 93% 左右。如图 8-23 所示，非车载充电机 2 在各个测试时间点的效率均高于非车载充电机 1 的效率。

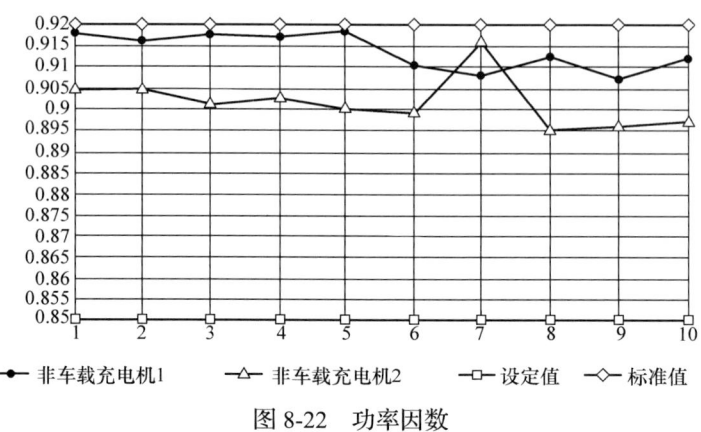

图 8-22　功率因数

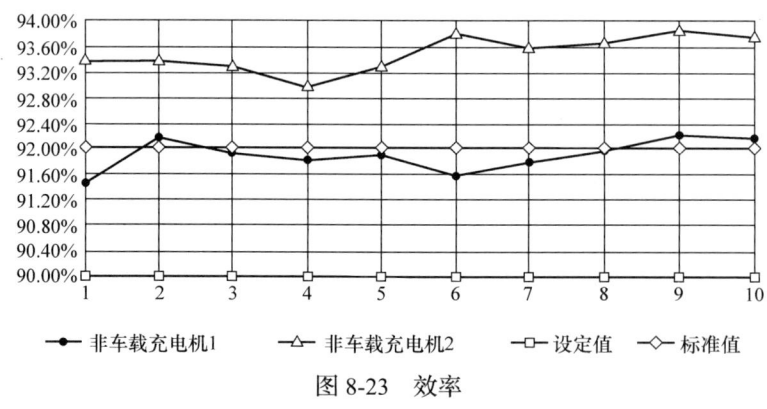

图 8-23　效率

（5）保护功能

通过测试，2 台非车载充电机都具有过电压保护、欠电压保护和输出短路保护功能。

8.5.2　车载充电机

1. 试验目的

参照车载充电机相关标准，通过测试 3 台车载充电机，重点对比分析车载充电机的电气性能和保护功能是否达到标准技术要求。

2. 试验设备

单相/三相稳压可调电源、可调节阻性负载、交流电流互感器、直流电流分流器、功率分析仪、万用表。

3. 测试方法与步骤

DB11/Z 753—2014《电动汽车电能供给与保障技术规范 车载充电机》。

4. 试验数据

通过测试获得 3 台车载充电机的测试数据，参见表 8-32。

表 8-32 车载充电机测试数据

	性能参数	车载充电机 1	车载充电机 2	车载充电机 3
电气性能	输出电压误差	0.37%	0.78%	0.95%
	输出电流误差	11.98%	0.39%	0.72%
	电压纹波系数	0.49%/0.67%	0.8%/2.02%	1.22%/2.70%
	稳压准确度	0.19%	0.48%	1.03%
	稳流准确度	5.99%	3.11%	2.03%
	功率因数	0.998/0.990	0.997/0.988	0.946/0.931
	效率	93.18%	92.45%	88.11%
保护性能	欠电压保护	具备	具备	具备
	过电压保护	具备	具备	具备
	短路保护	具备	具备	具备
	过温保护	具备	具备	具备
	反接保护	具备	具备	具备
	接地保护	具备	具备	具备

对比 3 台车载充电机的性能指标可知：车载充电机 1 除了电流性能较差外，其他性能都是 3 台被测车载充电机中最优的，而车载充电机 3 的各项性能均为最低。

如表 8-33 所示，根据北京地方标准中性能指标规定进行合格性评定，车载充电机 1 符合标准要求 4 项（输出电压误差、稳压准确度、功率因数和效率），不符合标准要求 3 项（电压纹波系数、输出电流误差、稳流准确度）；车载充电机 2 符合标准要求 4 项（输出电流误差、稳压准确度、功率因数和效率），不符合标准要求 3 项（电压纹波系数、输出电压误差、稳流准确度）；而车载充电机 3 仅有输出电流误差性能符合标准要求，其他性能均不符合标准要求。

表 8-33 车载充电机性能评价

	性能参数	性能要求	车载充电机 1	车载充电机 2	车载充电机 3
电气性能	输出电压误差	≤ ±0.5%	合格	不合格	不合格
	输出电流误差	≤ ±2%	不合格	合格	合格
	电压纹波系数	≤ 2%	不合格	不合格	不合格
	稳压准确度	≤ ±0.5%	合格	合格	不合格
	稳流准确度	≤ ±3%	不合格	不合格	合格
	功率因数	≥ 0.96	合格	合格	不合格
	效率	≥ 92%	合格	合格	不合格

（续）

性能参数		性能要求	车载充电机1	车载充电机2	车载充电机3
保护性能	欠电压保护	关闭输出警告提示	合格	合格	合格
	过电压保护		合格	合格	合格
	短路保护		合格	合格	合格
	过温保护		合格	合格	合格
	反接保护		合格	合格	合格
	接地保护		合格	合格	合格

8.6 展望

充电设备作为一种为电动汽车提供能量补给的电力电子装置，其基本性能指标与通用电源设备一致，相关性能评价和测试方法已经相对成熟。但是随着电池快速充电技术的不断发展，对于充电设备的功率等级以及系统功能提出了更高的要求，也会不断涌现出更多更新的建设模式，如具备功率共享、按需分配、柔性充电、V2G等功能，能够灵活匹配不同车型充电功率，并能适应未来大功率充电发展需求的新型充电技术已经成为充电设备的技术发展趋势。随着应用的发展，应该及时完善新型充电设备的性能要求和测试方法，从功能性、可靠性、兼容性、协议一致性、通信信号质量等多方面建立充电设备综合测评指标体系[9]，为实现对充电设备科学准确测评奠定基础[10]。

参考文献

[1] 能源行业电动汽车充电设施标准化技术委员会. 电动汽车非车载传导式充电机技术条件：NB/T 33001—2018 [S]. 北京：中国电力出版社，2018.

[2] 北京市质量技术监督局. 电动汽车电能供给与保障技术规范 非车载充电机：DB11/Z 752—2014 [S]. 北京：北京科学技术出版社，2014.

[3] 全国汽车标准化技术委员会. 电动汽车用传导式车载充电机：QC/T 895—2011 [S]. 北京：中国计划出版社，2011.

[4] 北京市质量技术监督局. 电动汽车电能供给与保障技术规范 车载充电机：DB11/Z 753—2014 [S]. 北京：北京科学技术出版社，2014.

[5] 能源行业电动汽车充电设施标准化技术委员会. 电动汽车交流充电桩技术条件：NB/T 33002—2018 [S]. 北京：中国电力出版社，2018.

[6] 北京市质量技术监督局. 电动汽车电能供给与保障技术规范 交流充电桩：DB11/Z 799—2014 [S]. 北京：北京科学技术出版社，2014.

[7] 杨儒龙，刘述喜，等. 电动汽车无线充电系统的研究 [J]. 新能源，2018（11）：10-14.

[8] 蒋莉，王文峰，等. 车辆无线充电系统对人体安全的影响 [J]. 安全与电磁兼容，2018（02）：25-28，43.

[9] 朱科屹，周唯，等. 非车载充电机综合测评实证研究 [J]. 电子科学技术，2017，4（1）：57-63.

[10] 朱科屹，宋娟，等. 电动汽车直流充电桩综合测评指标体系研究 [J]. 工业技术创新，2017，4（1）：17-21.